U0924213

宁德市

档案史料

丛书

编纂委员会

宁德市档案馆　福鼎市档案馆　厦门大学马克思主义学院　编

闽东抗日战争档案史料

第八辑　伤兵之友社

主　编　郑　伟　李小平　林劲松　张　侃
执行主编　陈劲松　董兴艳　叶召法　陈承纯

厦门大学出版社　XIAMEN UNIVERSITY PRESS
国家一级出版社
全国百佳图书出版单位

图书在版编目(CIP)数据

闽东抗日战争档案史料. 第八辑/宁德市档案馆，福鼎市档案馆，厦门大学马克思主义学院编.—厦门：厦门大学出版社，2020.10

ISBN 978-7-5615-7931-2

Ⅰ. ①闽…　Ⅱ. ①宁…　②福…　③厦…　Ⅲ. ①抗日战争—历史档案—福建　Ⅳ. ①K265.06

中国版本图书馆 CIP 数据核字(2020)第 194276 号

出 版 人　郑文礼
责任编辑　韩轲轲
装帧设计　李夏凌
技术编辑　朱　楷

出版发行　厦门大学出版社
社　　址　厦门市软件园二期望海路 39 号
邮政编码　361008
总　　机　0592-2181111　0592-2181406(传真)
营销中心　0592-2184458　0592-2181365
网　　址　http://www.xmupress.com
邮　　箱　xmup@xmupress.com
印　　刷　厦门集大印刷厂

开本　787 mm×1 092 mm　1/16
印张　32.5
插页　4
字数　778 千字
版次　2020 年 10 月第 1 版
印次　2020 年 10 月第 1 次印刷
定价　180.00 元

厦门大学出版社
微信二维码

厦门大学出版社
微博二维码

前　言

1931年的“九一八”事变后，中国人民经过十四年艰苦卓绝的浴血奋战，最终赢得了抗日战争的胜利，这是中国近代以来抗击帝国主义入侵的第一次完全胜利，也是为世界人民反击法西斯主义暴政和争取和平所做出的重大贡献。抗日战争中，中国人始终洋溢着自信、自立、自强的民族精神；而抗日战争的胜利，也开启了古老中国凤凰涅槃、浴火重生的新征程；如今，鲜血写就的抗日战争历史，其精神已凝结为中华民族走向伟大复兴的核心价值。

历史是一个民族的灵魂，不是任人打扮的婢女。维护历史的尊严，就是维护人类良知，就是要留下正义、善良与仁慈，将邪恶、血腥和残暴钉在历史的耻辱柱上；坚守真实的共同记忆，就是坚守理性火炬而照亮自我，念念不忘，必有回响，才可穿越丛林，走向未来。

20世纪像一列轰轰烈烈的火车，正渐渐地驶离我们的视野。但它依旧是未曾合上的书，与现实生活仍有千丝万缕的联系。习近平总书记在中共中央政治局第二十五次集体学习时强调，坚持正确的历史观，就是“让历史说话，用史实发言”。[①] 史料是一切历史阐述的基础，前辈学者早就指出：“只有掌握了更丰富的史料，才能使中国的历史，在史料的总和中，显出它的大势；在史料的分析中，显出它的细节；在史料的升华中，显出它的发展法则。”[②]有人比喻，历史解释犹如果肉，历史事实犹如果核，严肃、负责的历史解释都必须建立在“事实的硬核”之上。[③] 缺乏基本史实的支撑，任何历史描述和历史解释只能是没有生命的空壳。

一直以来，日本极右翼分子不顾历史事实，美化战争，甚至走向否认历史、推卸战争责任的极端。清代龚自珍说：“欲知大道，必先为史。灭人之国，必先

① 习近平：《让历史说话，用史实发言》，《人民日报》2015年8月1日。

② 翦伯赞：《略论中国文献学上的史料》，翦伯赞：《史料与史学》，北京大学出版社1985年版，第17页。

③ [英]爱德华·霍列特·卡尔：《历史是什么?》，商务印书馆1981年版，第4页。

去其史。”因此，如何遏制解构、歪曲、篡改历史的行为，已成为社会各界必须面对的问题。在纪念世界反法西斯战争胜利和中国人民抗日战争胜利70周年之际，习近平总书记高屋建瓴地指出：“抗战研究要深入，就要更多通过档案、资料、事实、当事人证词等各种人证、物证来说话。”[①]此论切中要害。敬畏历史，尊重事实，才能守住记忆。

1937年“八一三”事变后，日本除在华北各地进一步扩大侵略和进攻上海外，还加紧在沿海地区的侵略活动。8月25日，日本海军宣布对中国海岸实行封锁，企图占领福建，变其为侵略华南地区乃至东南亚地区的基地。宁德俗称闽东，南靠福州市，北邻浙江省温州市，东临东海，西接建阳，现辖蕉城、福鼎、霞浦、福安、寿宁、周宁、古田、屏南、柘荣9县(市、区)。宁德人民素有光荣的革命传统，为了抗击日本帝国主义的野蛮侵略，开展了多种形式的民众抗日运动，实行全民抗战。

闽东抗日战争档案史料丰富，为了使整理、编辑工作细致有序地展开，本辑以“伤兵之友社”为主题进行相关档案的汇编。1938年冬，热心救亡的人士捐款七千多元备制寒衣赠送伤兵，由是创设伤兵之友社。“自抗战军兴以来，我各战场英勇将士杀敌致果，或壮烈牺牲，或裹伤来归，忠贞报国，可泣可歌。今后存恤死亡、慰问伤病，尤宜集中群力，以宏实效，爰参酌广西、湖南等省陈例，组织本战区伤兵之友社，策动一切救护、慰藉、指导、训练工作。”[②]第三战区伤兵之友社福州支社于1939年9月1日在福州成立，中心工作为宣传、征募、慰劳和救护四项。10月18日，福鼎分社成立后，按照支社的要求，开展了筹募伤兵慰问金、为伤兵征募寒衣、草席等工作。

闽东抗日战争档案现在被保存在宁德市各级档案馆中，它们既是“闽东之光”的历史见证，也是宁德人民的精神财富和文化遗产。为了充分发挥档案“存凭、留史、资政、育人”的作用，宁德市各级档案馆与厦门大学马克思主义学院合作，编辑出版《闽东抗日战争档案史料》，谨以为志。铭记历史，用史实发言；开创未来，中华民族走在复兴路上。

---

① 习近平：《让历史说话，用史实发言》，《人民日报》2015年8月1日。

② 《第三战区伤兵之友社福州支社关于本社业已组织成立拟请陈县长担任福鼎分社社长，检同聘函、章则、钤记等件送请查收，希将成立及启用钤记日期见复备查的公函(1939年10月1日)》，档案号：G133-003-0023-1。

编辑说明

“宁德市档案资料丛书”汇编宁德市、县(市、区)的珍贵馆藏档案。宁德市档案馆民国档案历经辗转,接收时大部分已虫蛀、破损。从1986年开始,档案馆逐卷进行整理、托裱、编制卷内目录和案卷目录,更换案卷皮,重新编制全宗号和案卷号。目前已有案卷目录和全引目录两种检索工具。

本辑《伤兵之友社》所用档案资料以福鼎市档案馆藏民国档案资料辑成,为了便于利用,采取了两种方式处理。

一、分类排列,给每份档案定名并确定时间。第一部分为福鼎县伤兵之友分社组建,第二部分为福鼎县伤兵之友分社社务,第三部分为福鼎县伤兵之友分社业务。按时间归类排列。

二、保留每份档案的馆藏档号,以维护档案的原有属性和归档系统。

福鼎市档案馆藏民国档案为:G133-003-0023、G133-003-0024、G133-003-0025、G133-003-0026、G133-003-0027。

影印出版闽东抗战档案资料,既保持了文献内容的原汁原味,又可呈现史料原貌,亦为抗战史研究提供了颇具特色、细致翔实的历史文献。

为便于阅读,将部分较大页面分为a、b面排版,并尽可能保留原档案所载信息。只是,档案文稿底色、印鉴颜色等因黑白印刷之故,无法保留原色。

由于经验及水平限制,我们在编辑与考订上难免存在缺漏。本书的错误和缺点必定不少,诚恳地希望各方面提出批评和指正。

目　录

一、第三战区伤兵之友社福州支社福鼎分社组建

二、第三战区伤兵之友社福鼎分社社务

三、第三战区伤兵之友社福鼎分社业务工作

(六)筹募伤兵慰劳金 …… 358

第三战区伤兵之友社福州支社福鼎分社组建

(一)第三战区伤兵之友社福州支社福鼎分社组建

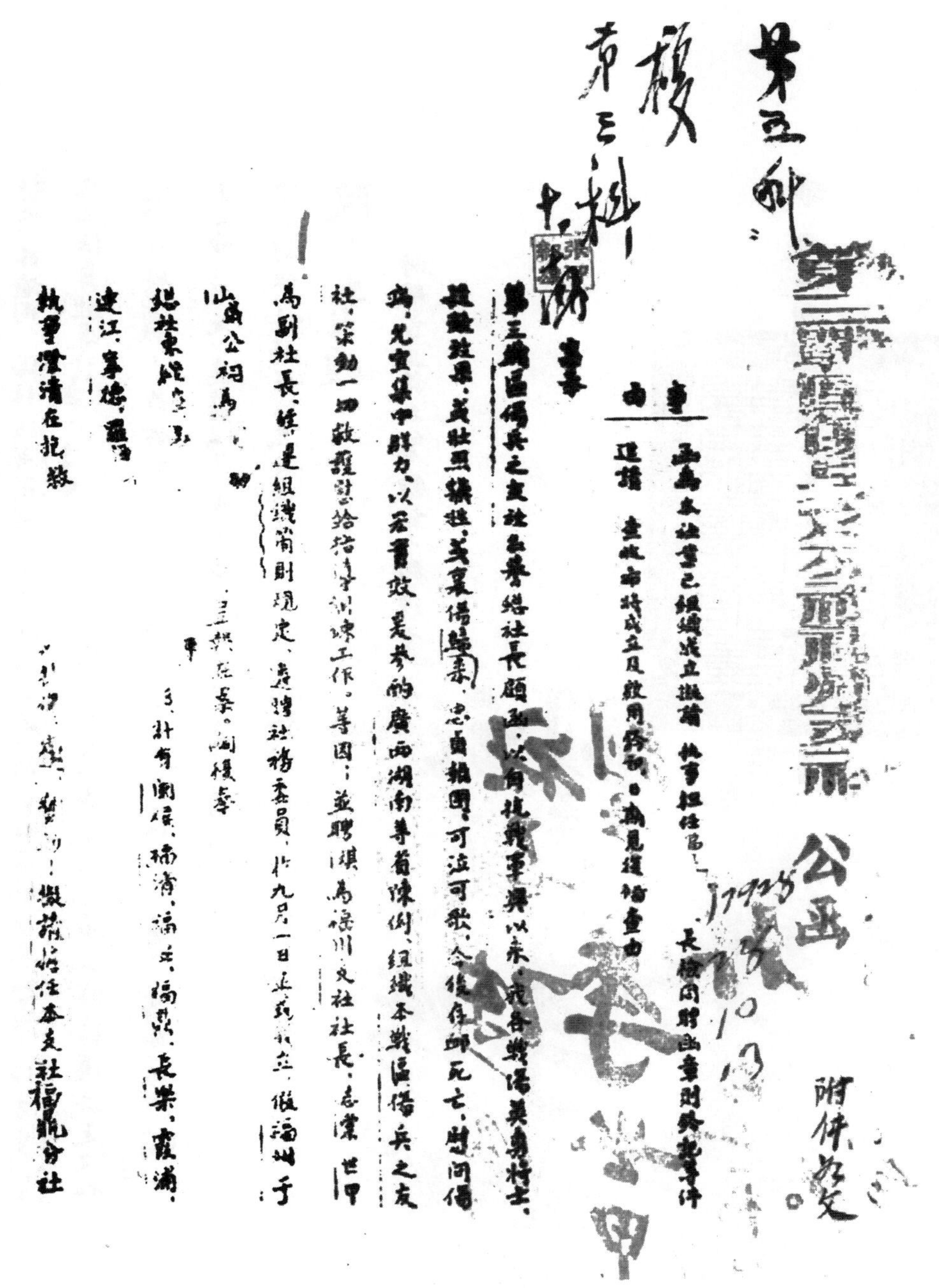

第三戰區傷兵之友社福州支社 公函

事由：函為本社業已組織成立擬請 執事擔任[illegible]長檢同聘函章則鈐記等件送請 查收希將成立及啟用鈐記日期見復備查由

附件

第三戰區傷兵之友社社長顧函以自抗戰軍興以來，我各戰場英勇將士，殺敵致果，義壯無儔，其裹傷歸來，忠勇報國，可泣可歌。今後存卹死亡，慰問傷病，允宜集中群力，以宏實效，爰參酌廣西湖南等省陳例，組織本戰區傷兵之友社，策動一切救護慰勞指導訓練工作。等因，並聘[illegible]為福州支社社長，[illegible]世甲為副社長，[illegible]遵組織簡則規定，遴聘社務委員，於九月一日正式成立，假福州于山[illegible]公祠為[illegible]……計有閩侯、福清、福安、福鼎、長樂、霞浦、連江、寧德、羅源[illegible]……執事熱心抗敵[illegible]……擬請擔任本支社福鼎分社

第三战区伤兵之友社福州支社关于本社业已组织成立拟请陈县长担任福鼎分社社长，检同聘函、章则、钤记等件送请查收，希将成立及启用钤记日期见复备查的公函(1939年10月1日)a面　G133-003-0023

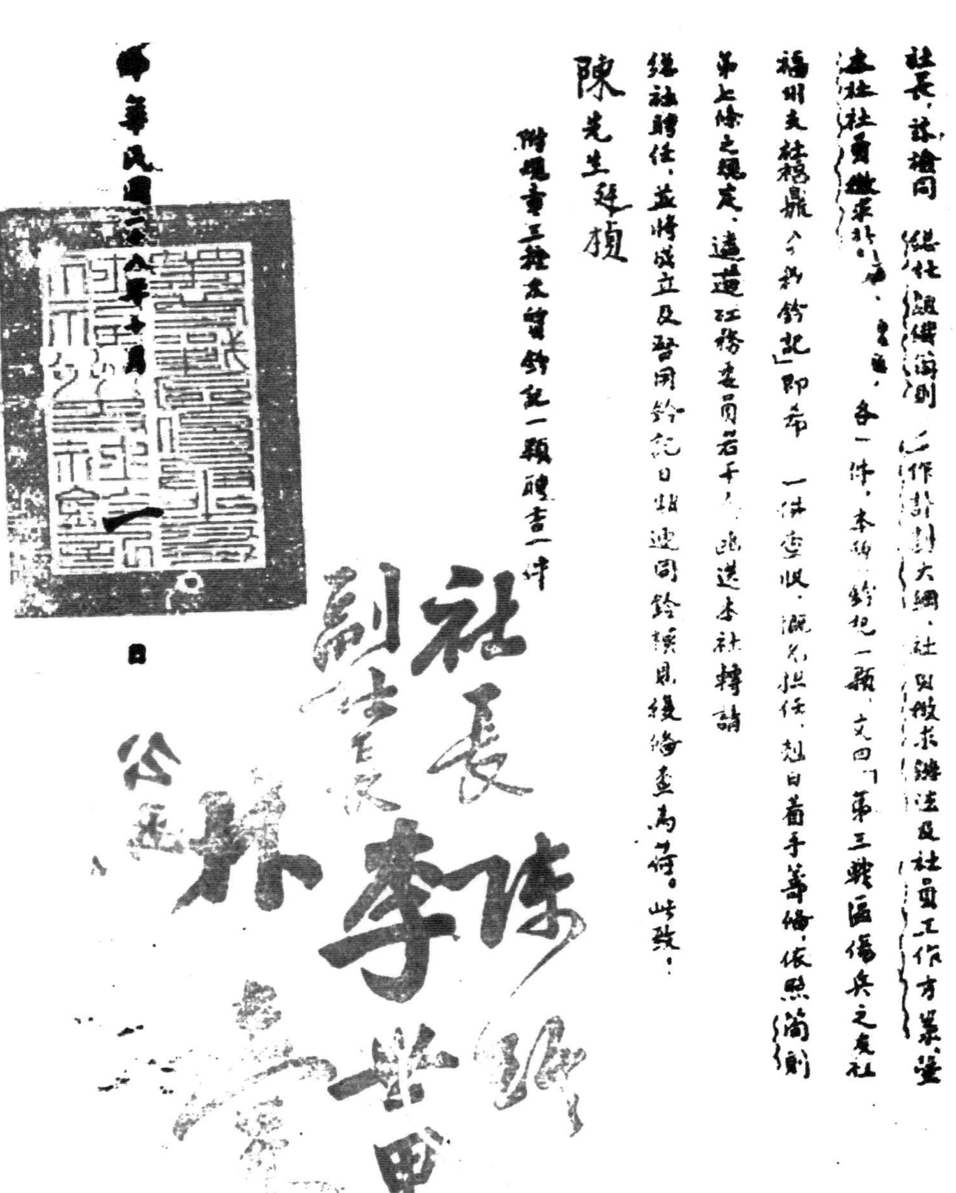
社長，計檢同
總社組織簡則、工作計劃大綱、社員徵求辦法及社員工作方案，暨
本社社員徵求[illegible]各一件，本社鈐記一顆，文曰「第三戰區傷兵之友社
福州支社福鼎分社鈐記」即希 一併查收，[illegible]擔任，[illegible]日着手籌備，依照簡則
第七條之規定，遴選社務委員若干人，函送本社轉請
總社聘任，並將成立及啓用鈐記日期迅同鈐模見復備查為荷。此致
陳先生延楨
附總章三種 本會鈐記一顆 聘書一件
社長 李[illegible]
副社長 林[illegible]
中華民國二十八年十月 日

第三战区伤兵之友社福州支社关于本社业已组织成立拟请陈县长担任福鼎分社社长，检同聘函、章则、铃记等件送请查收，希将成立及启用铃记日期见复备查的公函（1939 年 10 月 1 日）b 面 G133-003-0023

第三戰區傷兵之友社各級組織簡則 二十八年五月二十日佳 司令長官顧核准施行
二十八年五月二十三日呈請中央傷兵管理處備案

一、本社以灌輸傷兵政治知識，解除傷兵身心痛苦，改善傷兵物質生活，鼓舞傷兵抗戰情緒為宗旨。

二、本社各級名稱如左：
(一)第三戰區傷兵之友社總社
(二)第三戰區傷兵之友社某某支社
(三)第三戰區傷兵之友社某某分社

三、其組織系統如左圖

四、總社名譽社長一人，由本戰區司令長官兼任之，名譽副社長五人，由浙贛閩三省府主席及本戰區司令長官司令部參謀長及政治部主任兼任之，委員若干人，由正副名譽社長聘任之。

五、總社社長一人，副社長四人，由戰區傷管處處長、司令長官司令部衛生處處長、兵站衛生處處長及前綫日報社社長、東南日報社社長兼任之。

六、支社社長一人，副社長二人，由總社正副名譽社長聘任之，社務委員若干人，由支社

第三战区伤兵之友社各级组织简则(1939 年 5 月 20 日)a 面　G133-003-0023

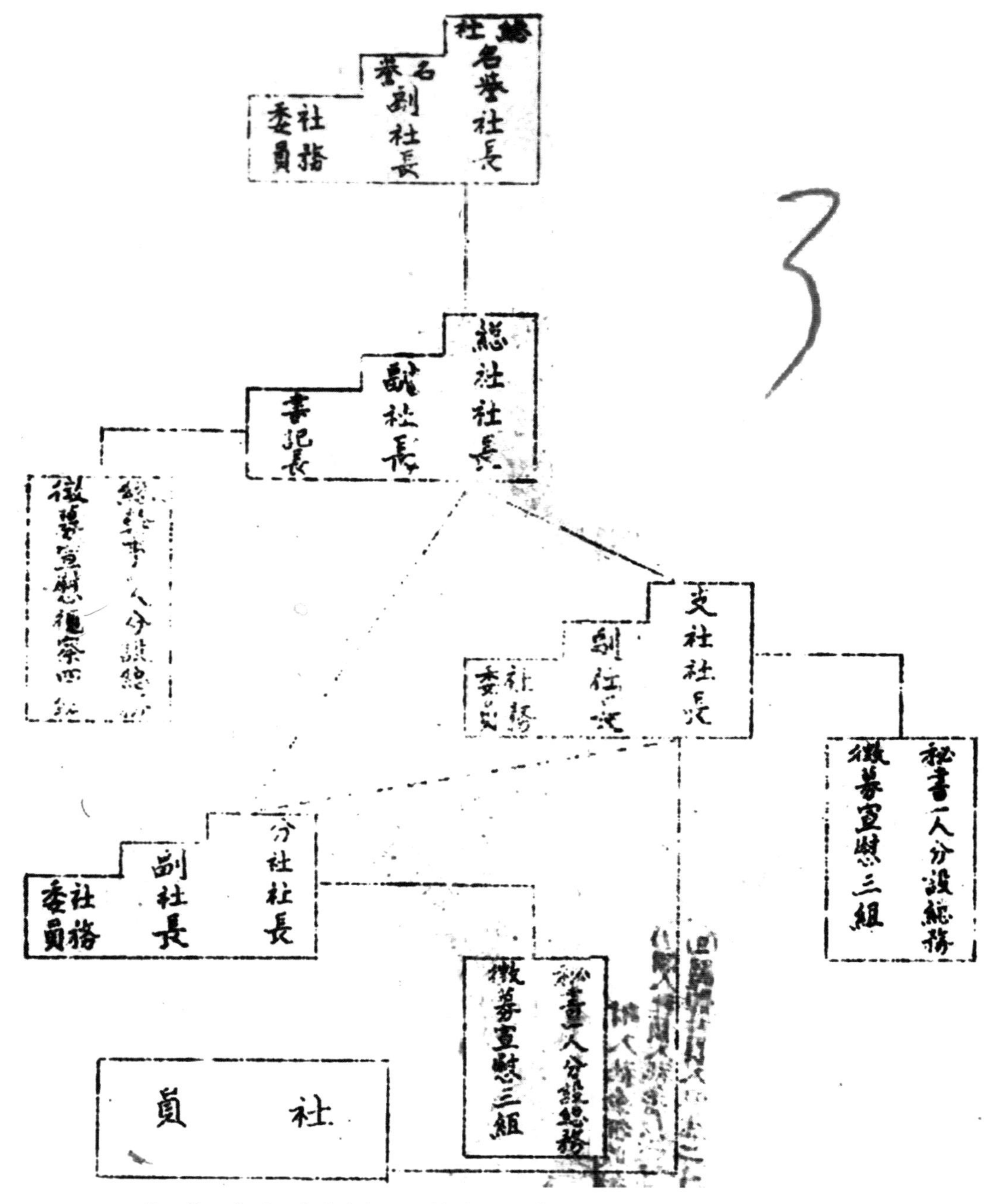

第三战区伤兵之友社各级组织简则(1939 年 5 月 20 日)b 面　G133-003-0023

社長商請總社聘任之。

七、分社社長副社長各一人，社務委員若干人，得由支社商請總社聘任之。

八、支社分社社務委員，須儘先由當地黨政軍各機關及報紙新聞藝術徵募公益人民學生等團体負責人員中遴選之。

九、本社各級工作人員，均以義務兼職為原則。

十、本社暫設金華、衢州、寧波、方巖、屯溪、溫州、浮梁、上饒、建甌九支社，並得酌量情形，呈准增設之。

十一、分社設立之標準，指導系統，規定如左：

(1)經濟繁榮交通便利之縣市。

(2)各傷兵醫院所在地之縣市。

(3)皖南各縣市，得授權屯溪支社指導之，浙東各縣市，除寧波溫州外，得授權方巖或金華支社指導之。浙西各縣市，得授權衢州支社指導之，江西省區浙贛鐵路以北各縣市，得授權浮梁支社指導之，浙贛

第三战区伤兵之友社各级组织简则(1939年5月20日)a面　G133-003-0023

路以閩各縣市，得援權上項支社指導之。

(4)凡支社所在地，應由縣另設分社。

十二、本社各級組織工作綱要如左，其計劃大綱另定之。

(1)總社　關於宣慰征募救護工作之指導設計實施調查事項，及慰勞金慰勞品之支配運輸事項。

(2)支社　關於分社之指導（暨總社授權）及宣慰徵募救護事項。

(3)分社　關於宣慰征募救護社員之徵求及其他一切有關傷兵福利事項。

十三、本組織簡則由第三戰區傷兵管理處擬定，呈請司令長官顧核准施行，並呈報中央傷兵管理處備案

第三战区伤兵之友社各级组织简则(1939年5月20日)b面　G133-003-0023

第三戰區傷兵之友社工作計劃大綱

（一）本大綱根據本社組織簡則第十二條製定之。

（二）各社工作計分宣傳、徵募、慰勞、救護四大項，其中徵募工作，須由總社發動各支分社承辦之，若支社分社有發起徵募之必要時，須俟呈准後行之。

（三）宣傳工作：1、本社擬就本戰區內最有威權之報紙，每旬發刊傷兵之友，登載關於傷兵一切消息，勸導傷兵愛榮譽守紀律，及鼓勵傷兵重上前線殺敵之文字畫報。2、各支分社，就各當地日報，舉辦傷兵之友三日刊或週刊，其編輯內容，與總社同，當地無日報者，得舉辦壁報代替之。3、各支分社，至少須組織宣傳隊一隊，隨時對傷兵鼓舞其重上前線殺敵之精神，向民眾激勵其敬愛傷兵之精誠，踴躍捐輸，參加慰勞，其組織法由各支社分社自訂之。

（四）徵募工作：1、由總社發動各支分社，就各地情況，採取樂捐、義賣、游藝各種方式徵募之。2、凡由民眾捐贈之現金物品，無論其數目多寡，價格大小，應一律登報致謝。3、徵得之現金物品，須妥爲保存，並開單呈報總社支配之。

（五）慰勞工作：1、各支分社，接近傷兵醫院者，須組織慰勞隊一隊，其組織法由各支分社自訂之。

第三战区伤兵之友社工作计划大纲（1939 年 5 月 20 日）a 面　G133-003-0023

2. 精神慰劳，由各支分社联系当地各医院慰劳，或举行游艺会，或代伤兵写书信，但举行游艺会收入须呈报总社，以备考核。3. 物质慰劳，关于慰劳品之运输支配，由总社统筹办理，令各支分社协助之。

(四) 救护工作：1. 各支分社须于沿交通线各地每隔六十华里设置茶水站，招待转院归队伤兵，若伤兵在该地住宿时，须代为收容，并设备驻宿地点。2. 各支分社须于各该县民众募捐担架队切实联络，若未成立担架队者，应设法促成之。

(五) 其他有关伤兵福利事项，有必须举办者，各支分社得呈准办理之。

(八) 本大纲自呈准日施行。

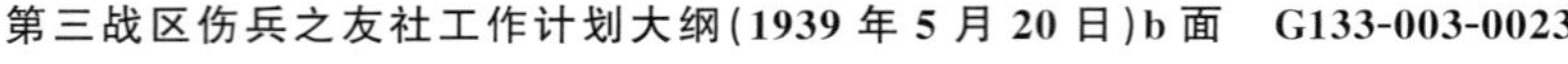
第三战区伤兵之友社工作计划大纲(1939 年 5 月 20 日)b 面　G133-003-0023

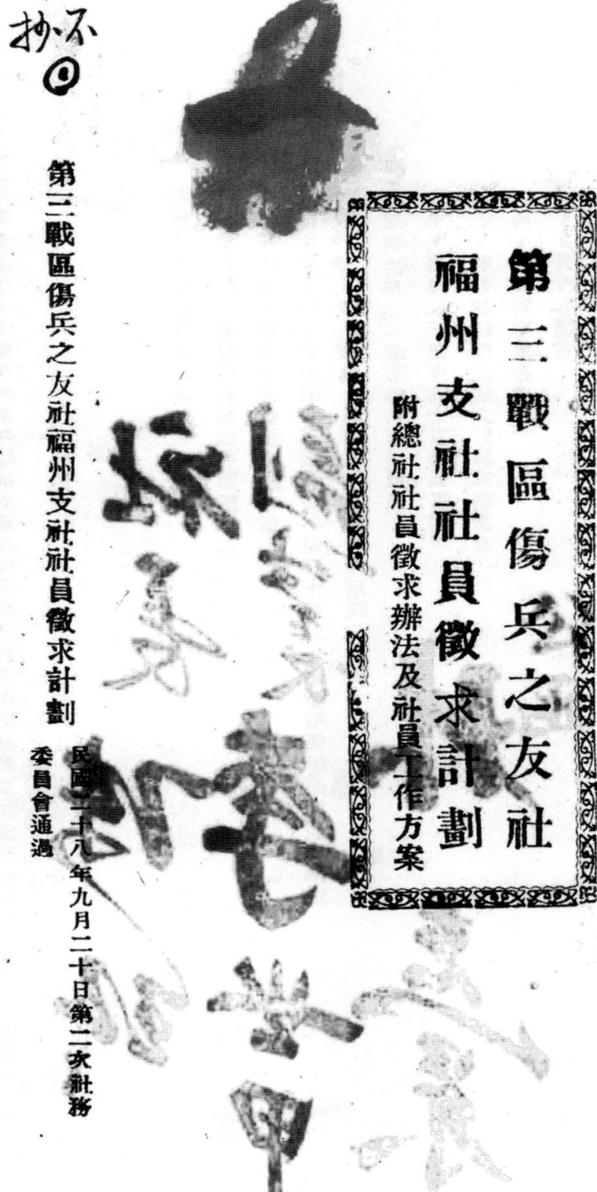

第三戰區傷兵之友社
福州支社社員徵求計劃
附總社社員徵求辦法及社員工作方案

第三戰區傷兵之友社福州支社社員徵求計劃

民國二十八年九月二十日第二次社務委員會通過

一、本計劃依據第三戰區傷兵之友社社員徵求辦法及工作方案訂定之。

二、本社社員徵求範圍暫限於福州市及閩侯縣所轄區域內其他各縣由各縣分社徵求之。

三、本社社員不分籍性別貫年齡職業凡合於　總社社員徵求辦法及工作方案第八條之規定者一律徵求之。

四、凡福州市及閩侯縣所屬各種社團均得徵求爲本社團體社員。

五、本社社員暫不取公開徵求方式概依　總社社員徵求辦法及工作方案第二第三兩條之規定辦理之。

六、社員徵求期限暫定爲三個月自十月一日起至十二月三十一日止必要時得延長一個月。

七、本社社員之徵求取競徵方式辦理之。

八、凡介紹普通社員在一百名以上者得由本社發給名譽獎證或獎章。

九、凡介紹合於　總社社員徵求辦法及工作方案第十條乙款任何一項之社員二人以上者其介紹人與被介

第三战区伤兵之友社福州支社社员征求计划

（1939 年 9 月 20 日）　G133-003-0023

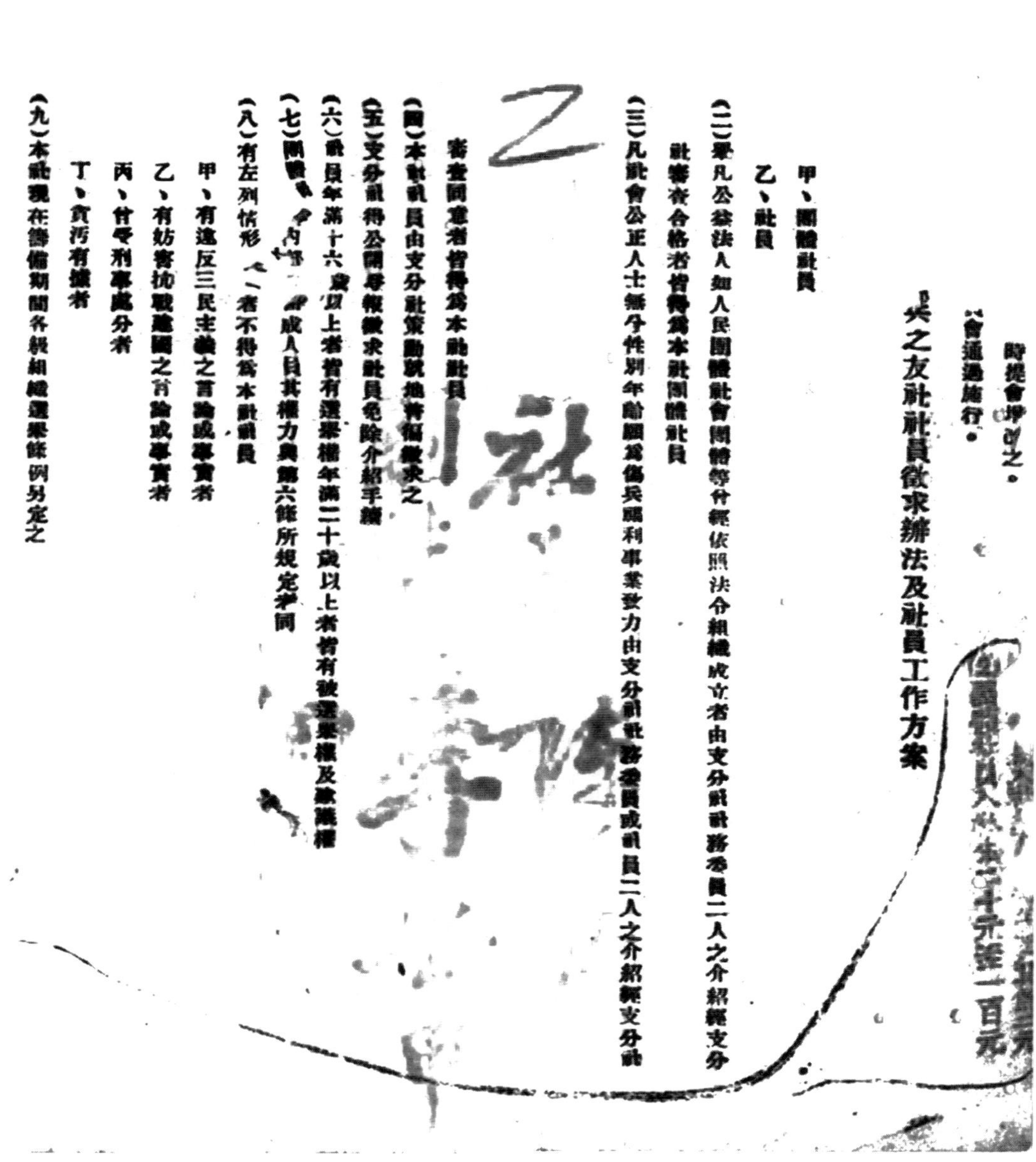

時提會[illegible]之。
[illegible]會通過施行。

[illegible]兵之友社社員徵求辦法及社員工作方案

甲、團體社員

乙、社員

(二)舉凡公益法人如人民團體社會團體等份經依照法令組織成立者由支分社社務委員二人之介紹經支分社審查合格者皆得爲本社團體社員

(三)凡社會公正人士無分性別年齡願爲傷兵福利事業致力由支分社社務委員或社員二人之介紹經支分社審查同意者皆得爲本社社員

(四)本社社員由支分社策動就地普遍徵求之

(五)支分社得公開尋報徵求社員免除介紹手續

(六)社員年滿十六歲以上者皆有選舉權年滿二十歲以上者皆有被選舉權及表決權

(七)團體[illegible]內[illegible]成人員其權力與第六條所規定者同

(八)有左列情形(之一)者不得爲本社社員

甲、有違反三民主義之言論或事實者

乙、有妨害抗戰建國之言論或事實者

丙、曾受刑事處分者

丁、貪污有據者

(九)本社現在籌備期間各級組織選舉條例另定之

附件:伤兵之友社社员征求办法及社员工作方案

(1939年9月20日)a面　G133-003-0023

(十)社員及團體社員工作方案如左

甲、出力方面

1. 親赴前綫担任救護
2. 沿途供給茶水飯餅
3. 在車站或船埠接運
4. 替傷兵換藥看護沐浴理髮洗衣縫補
5. 替傷兵徵募日用品

乙、出錢方面

1. 經常認捐按期繳付
2. 購買藥品繃帶等送給傷兵醫院
3. 獨資或合資購買担架或救護車
4. 獨資或合資組織救護隊
5. 獨資或合資創辦傷兵醫院

丙、出智方面

1. 替傷兵寫信
2. 教傷兵識字
3. 向傷兵報告時事或故事
4. 為傷兵演戲唱歌並帮助傷兵進行正當娛樂
5. 協助傷兵組織俱樂部或各種研究會

(十一)社員及團體社員各種工作均應由支分社領導進行

(十二)本辦法及方案如有未盡事宜得隨時修正之

(十三)本辦法及方案自呈准之日施行

附件:伤兵之友社社员征求办法及社员工作方案

(1939 年 9 月 20 日)b 面　G133-003-0023

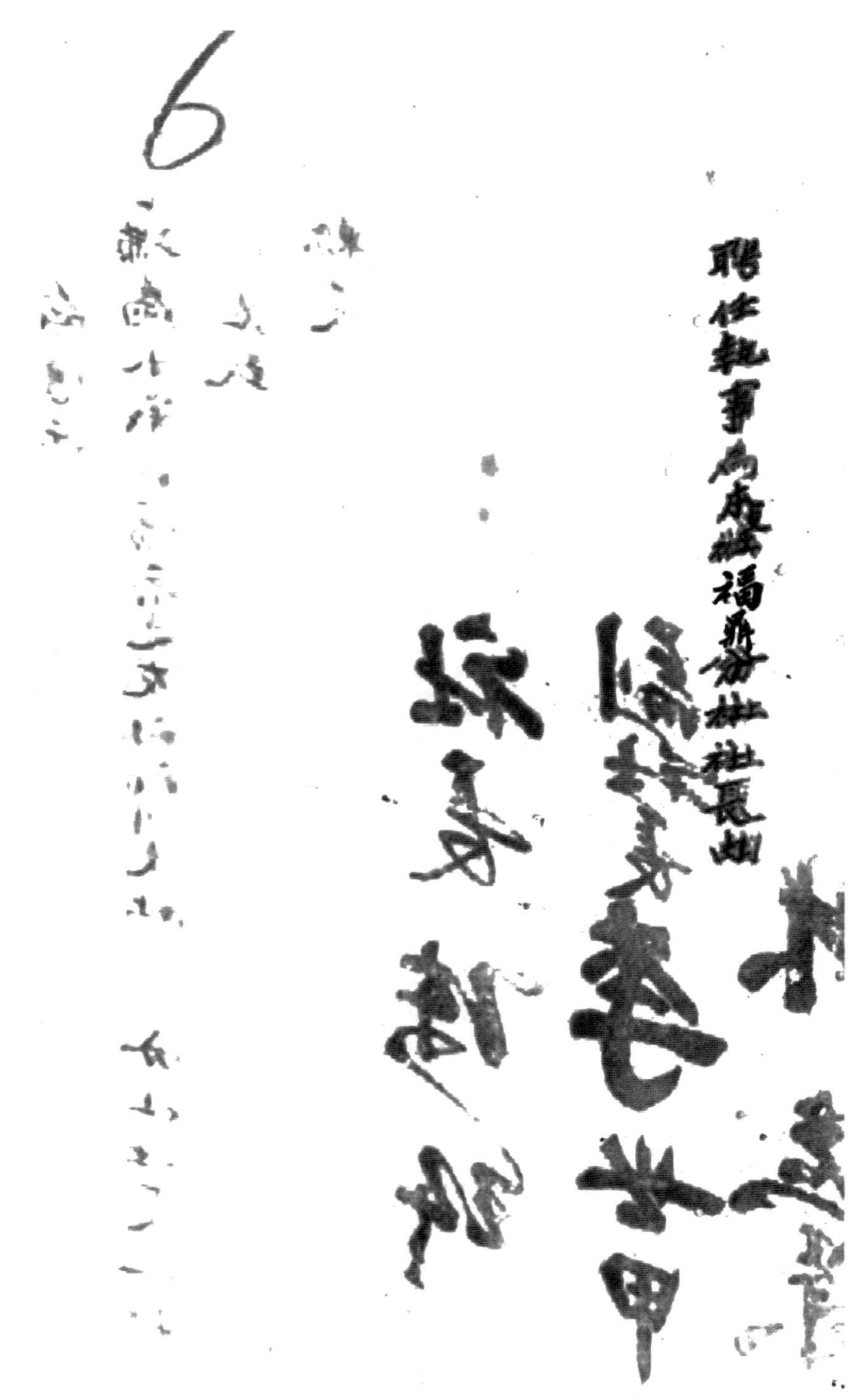
聘任執事爲本支社福鼎分社社長函

第三战区伤兵之友社福州支社聘任陈廷桢县长为本支社福鼎分社社长的聘函

(1939 年 10 月 1 日)a 面 G133-003-0023

第三戰區傷兵之友社福州支社聘函

茲聘任

台端為本戰區傷兵之友社福州支社福鼎分社社長此聘

右致

陳縣長廷楨

社長 陳儀

副社長 李世甲

林志棠

第三战区伤兵之友社福州支社聘任陈廷桢县长为本支社福鼎分社社长的聘函

(1939年10月1日)b面　G133-003-0023

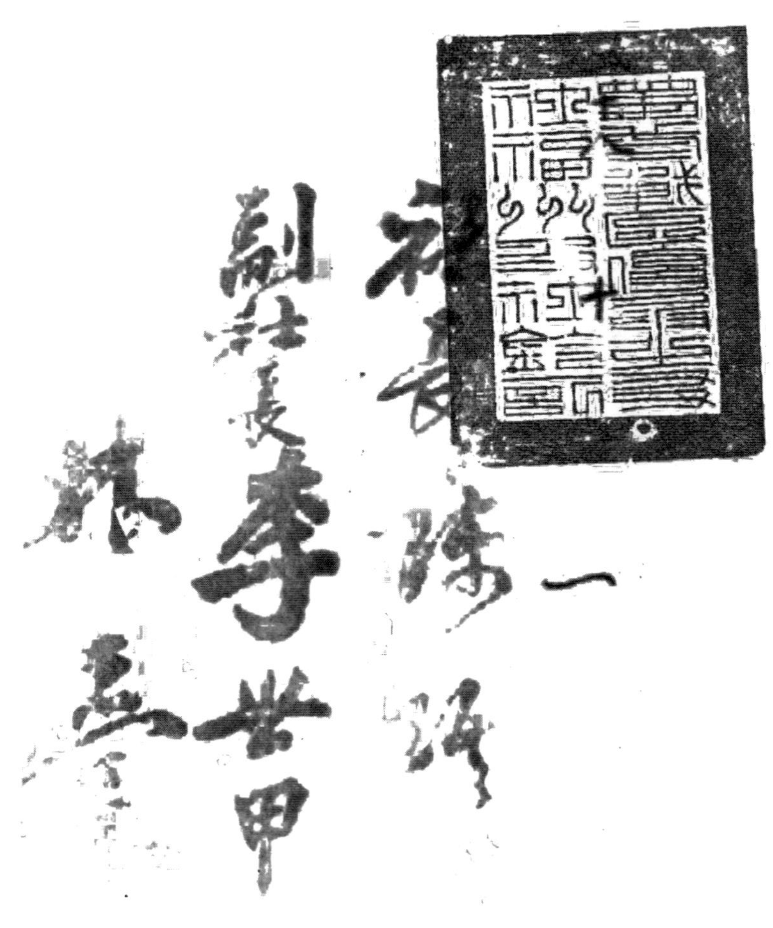

第三战区伤兵之友社福州支社聘任陈廷桢县长为本支社福鼎分社社长的聘函

（1939 年 10 月 1 日）　G133-003-0023

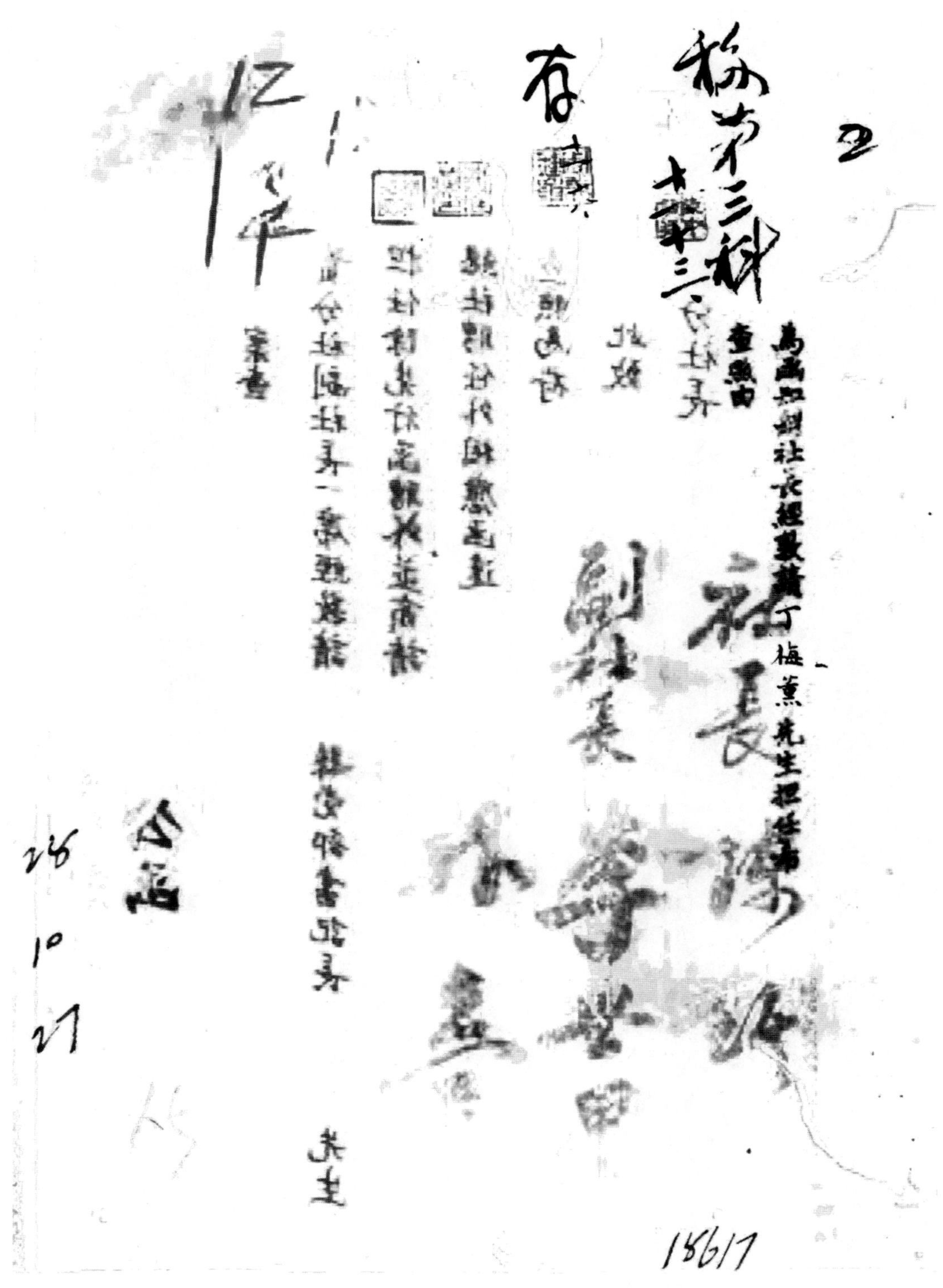

第三战区伤兵之友社福州支社关于敦请丁梅薰担任福鼎分社副社长的公函
(1939 年 10 月 16 日)a 面　G133-003-0023

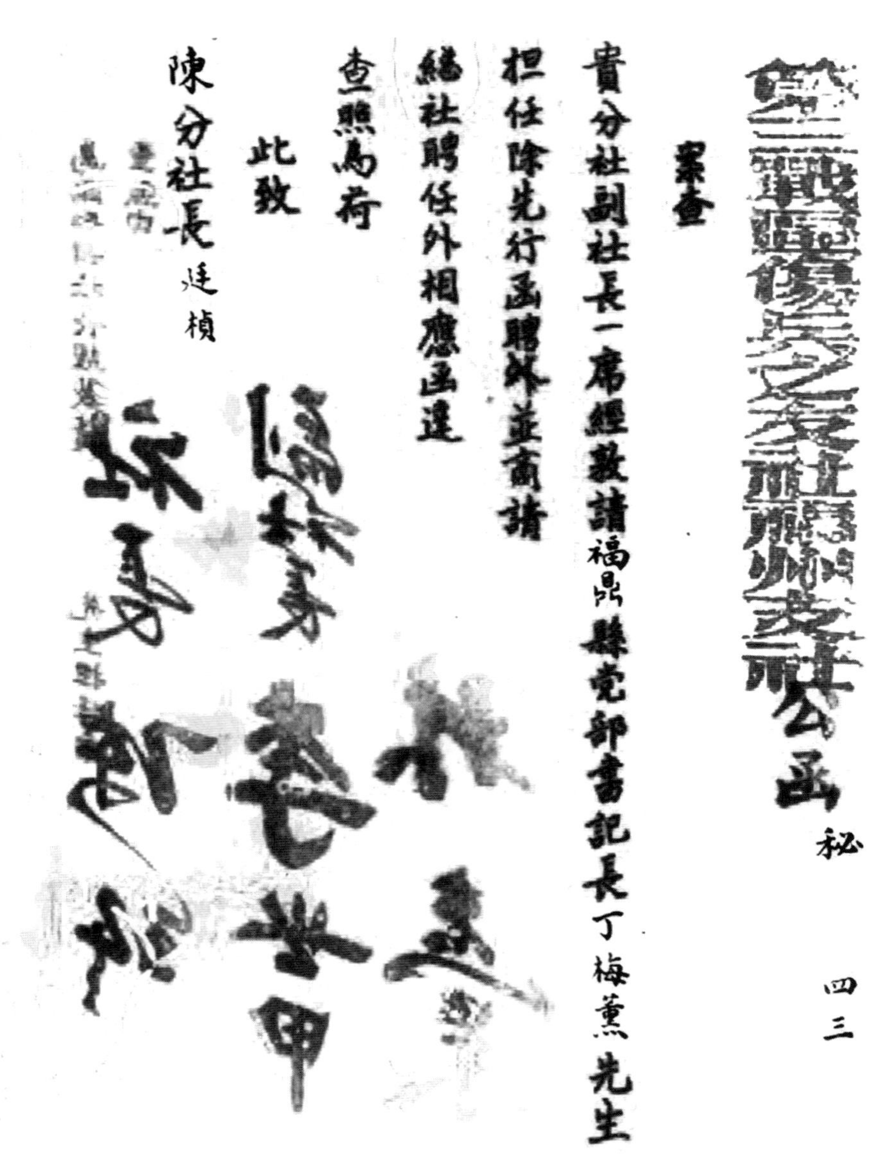
第三战区伤兵之友社福州支社公函 秘 四三

案查
貴分社副社長一席經敦請福鼎縣党部書記長丁梅薰先生担任除先行函聘外並商請
總社聘任外相應函達
查照爲荷
此致
陳分社長廷楨

第三战区伤兵之友社福州支社关于敦请丁梅薰担任福鼎分社副社长的公函

(1939年10月16日)b面 G133-003-0023

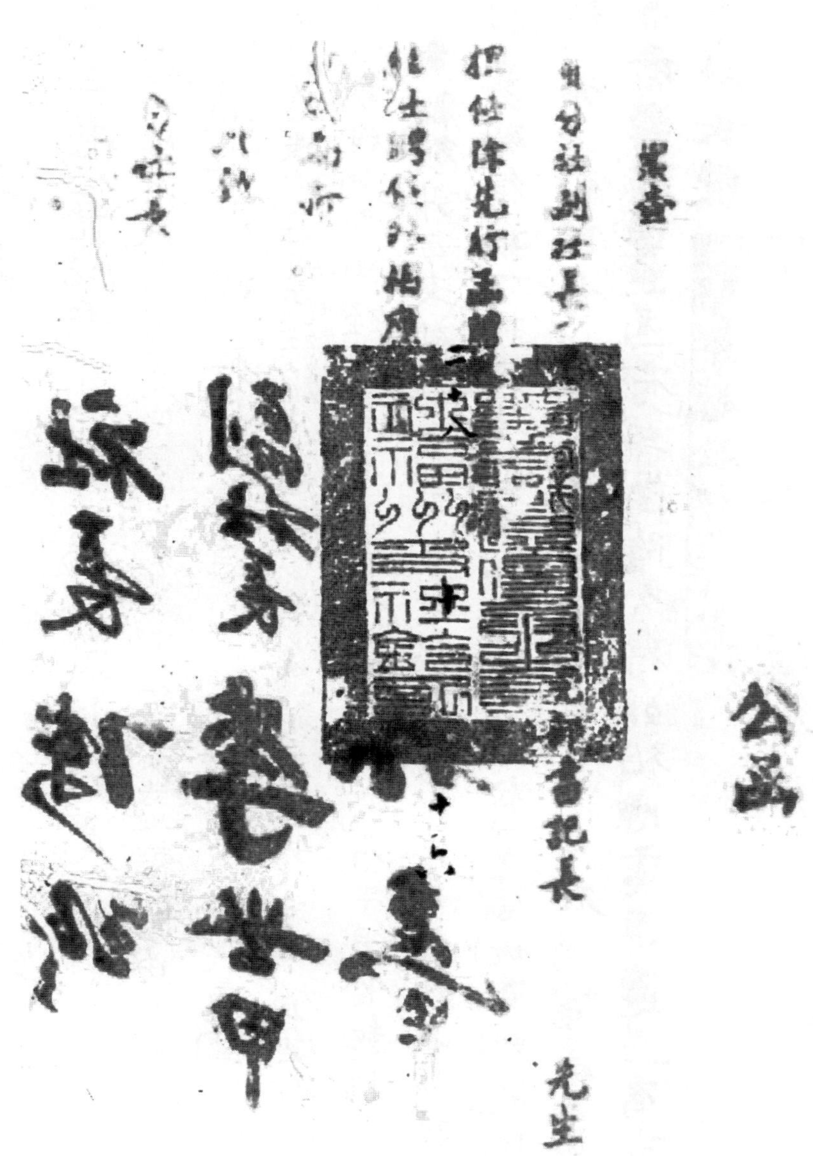

第三战区伤兵之友社福州支社关于敦请丁梅薰担任福鼎分社副社长的通知函

（1939 年 10 月 16 日） G133-003-0023

第三戰區傷兵之友社福州支社代電

事由：規定各支分社月支經費數額辦法希查照轉飭由

福鼎分社陳社長勛鑒：奉總社微亮宣饒代電開："查友社各支分社業經陸續組織成立，各項工作均已積極進行，辦公活動難免需用經費。茲奉名譽社長顧諭：'自十月份起核定經費數額，計每支社月支一百元，分社月支五十元，半數由各該社徵募所得項下撥充，半數則由參加單位或當地有關機關攤派，並飭照案撙節開支，按月造報'等因，相應電達查照，并希轉飭遵照爲荷"等因。除分行外，相應電達遵照爲荷。

兼社長陳　榕社印

中華民國二十八年十月十四日

第三战区伤兵之友社福州支社关于规定各支分社月支经费数额办法的代电

（1939 年 10 月 14 日） G133-003-0023

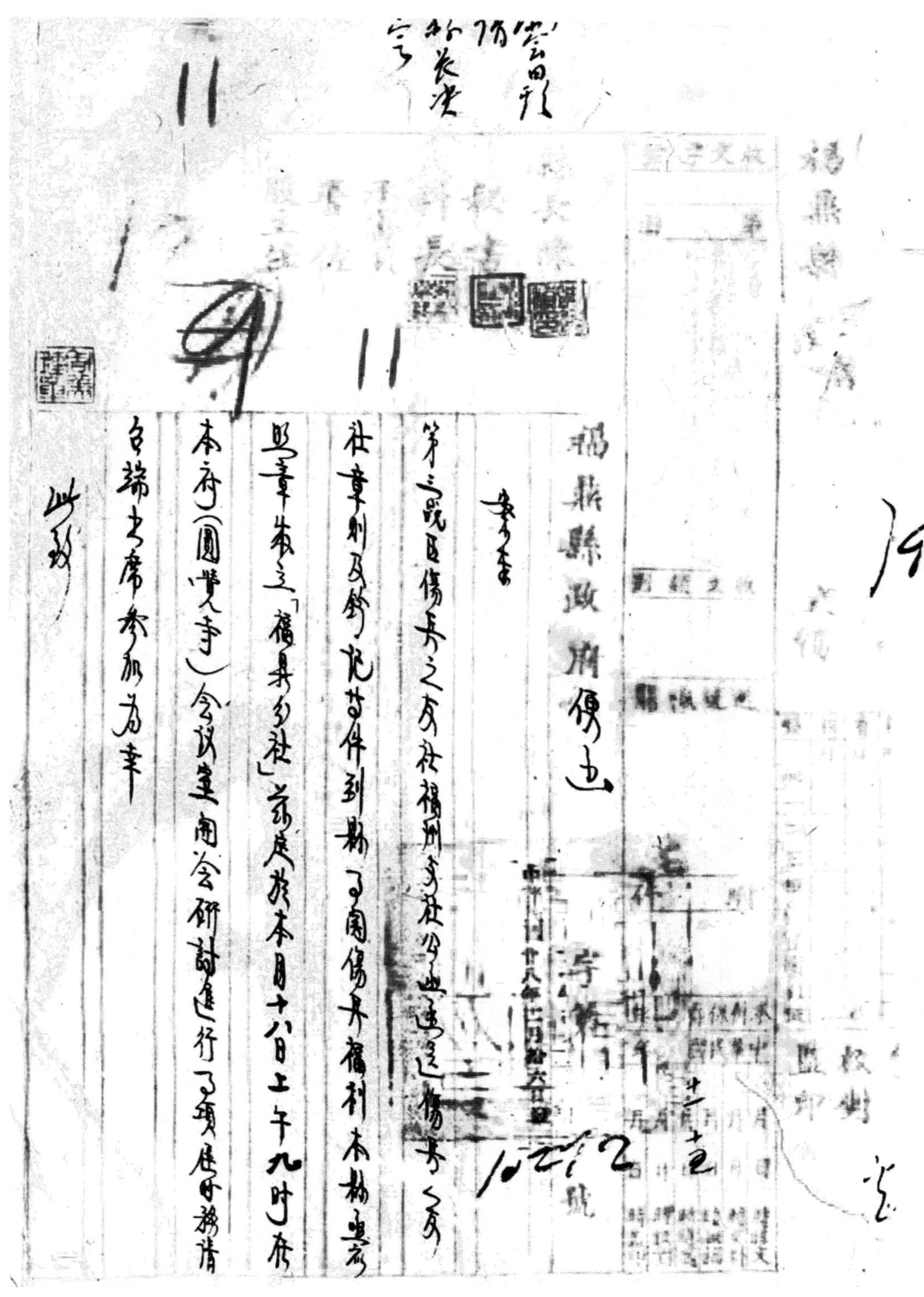

福鼎縣政府便函

案查

第三戰區傷兵之友社福州支社分函送達傷兵之友社章則及記載件到縣，為關傷兵福利本縣亟應照章成立「福鼎分社」，茲定於本月十六日上午九時在本府（圖書室）會議室開會研討進行事項，屆時務請台端出席參加為幸

此致

中華民國廿八年十一月拾六日發

福鼎县政府关于研讨照章成立第三战区伤兵之友社福州支社福鼎分社的会议通知的便函

(1939 年 11 月 16 日)a 面　G133-003-0023

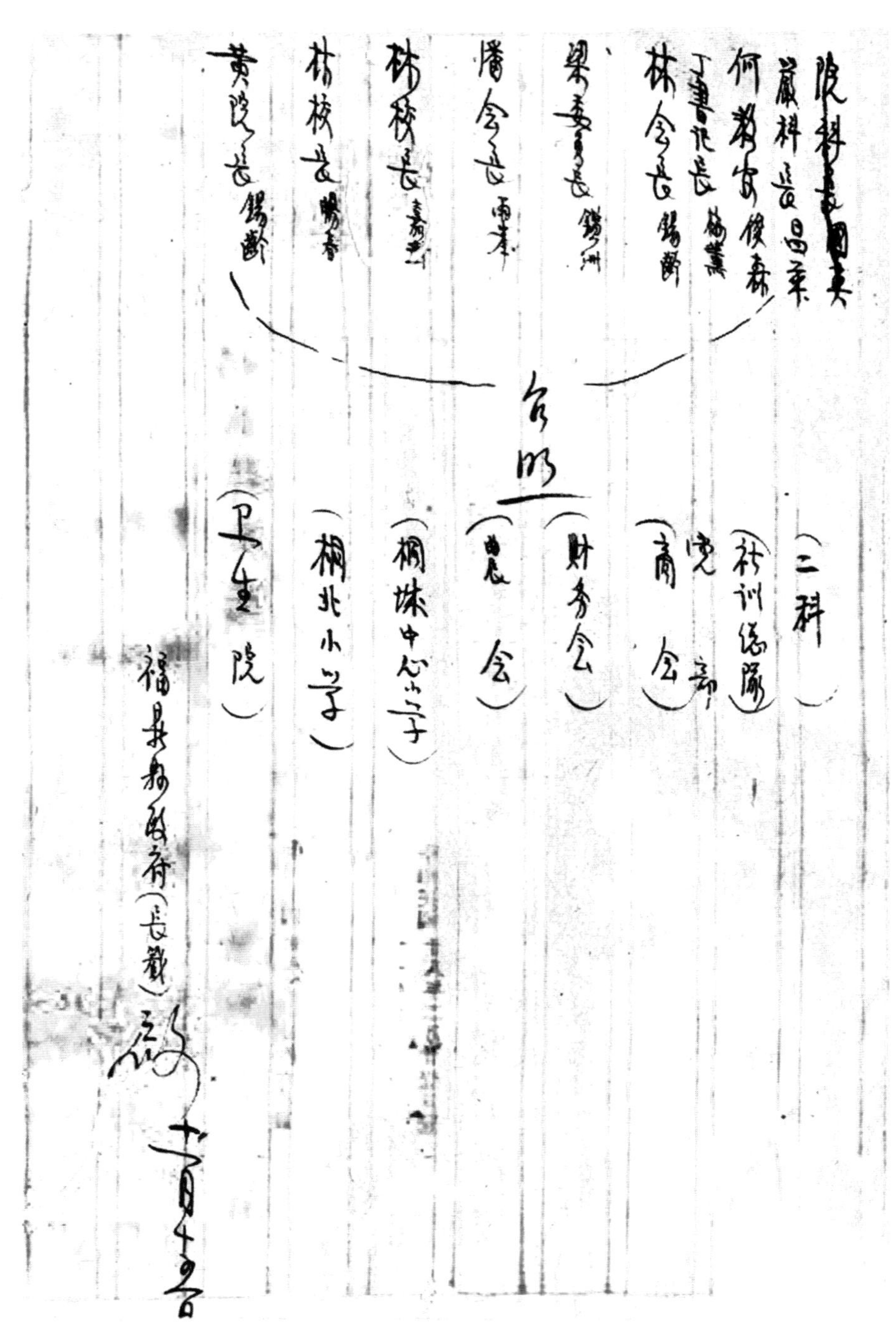
陈科长国英
严科长昌秉
何教官俊森
丁书记长炳业
林会长锡龄
梁委员长锡洲
潘会长雨亭
林校长寿州
林校长赐香
黄院长锡龄
台照
（二科）
（社训总队）
党部
（商会）
（财务会）
（农会）
（桐城中心小学）
（桐北小学）
（卫生院）
福鼎县政府（长薇）启
十一月十六日

福鼎县政府关于研讨照章成立第三战区伤兵之友社福州支社福鼎分社的会议通知的便函

（1939 年 11 月 16 日）b 面　G133-003-0023

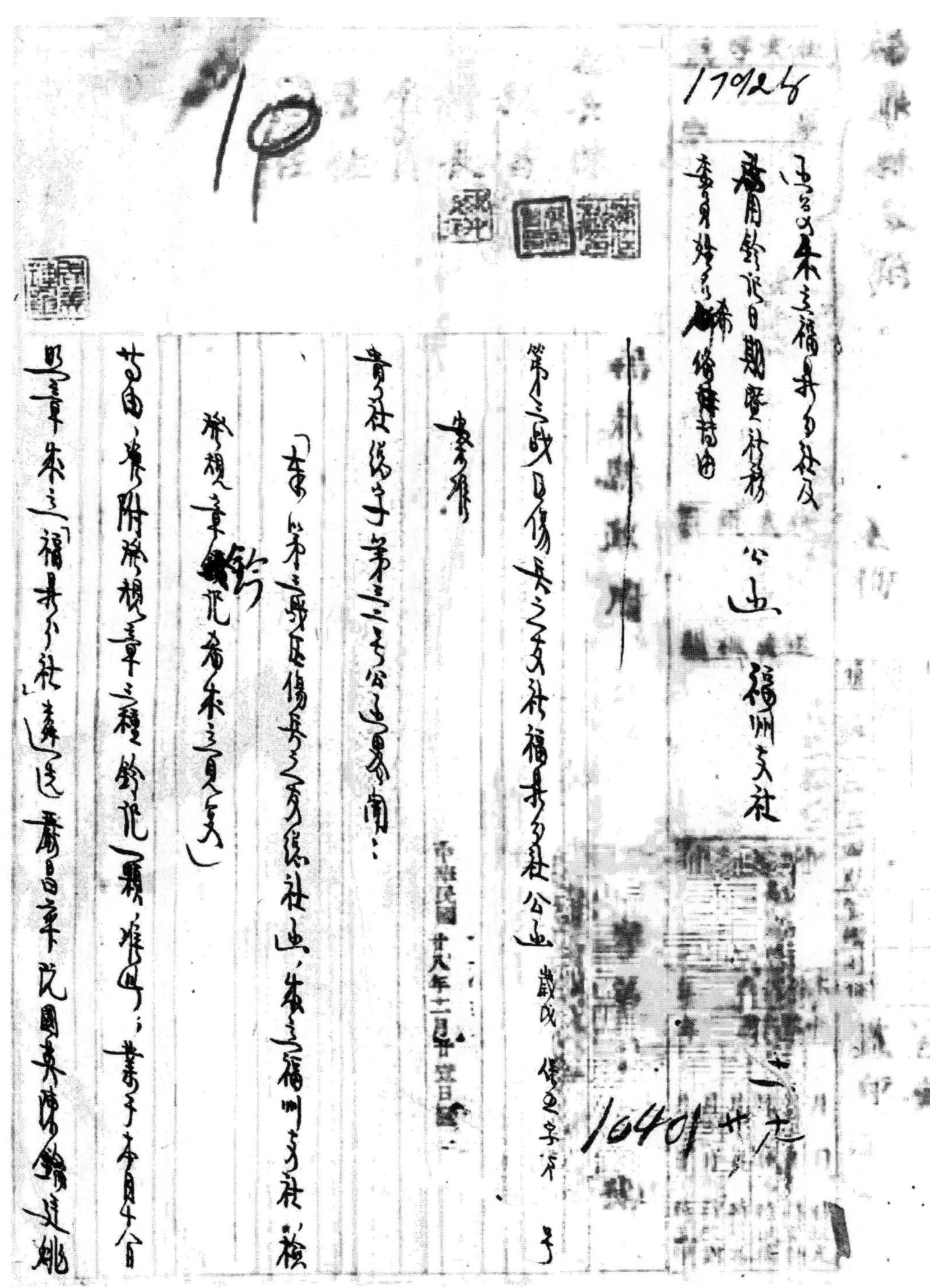

第三战区伤兵之友社福州支社福鼎分社关于成立福鼎分社及启用钤记日期暨社务委员姓名复福州支社的公函(1939 年 11 月 21 日)a 面　G133-003-0023

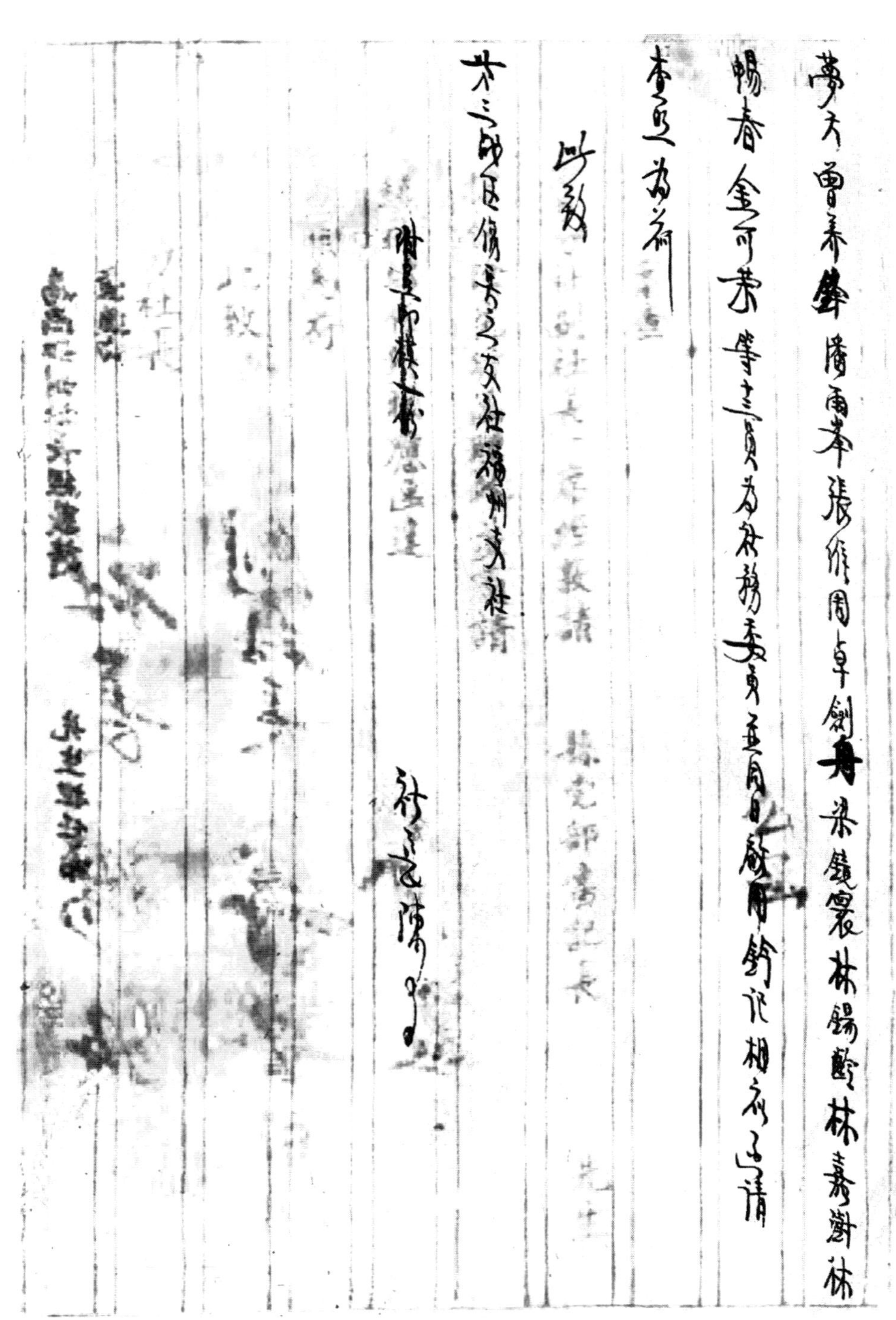
蕭天曾希舜 潘雨本 張修周 卓劍舟 梁鏡寰 林錫齡 林壽尉 林
暢春 金可荣 等十三員為社務委員 五月日啟用鈐記相應函請
查照為荷
此致
第三戰區傷兵之友社福州支社
附章程模式
社長陳

第三战区伤兵之友社福州支社福鼎分社关于成立福鼎分社及启用钤记日期暨社务委员姓名复福州支社的公函(1939 年 11 月 21 日)b 面 G133-003-0023

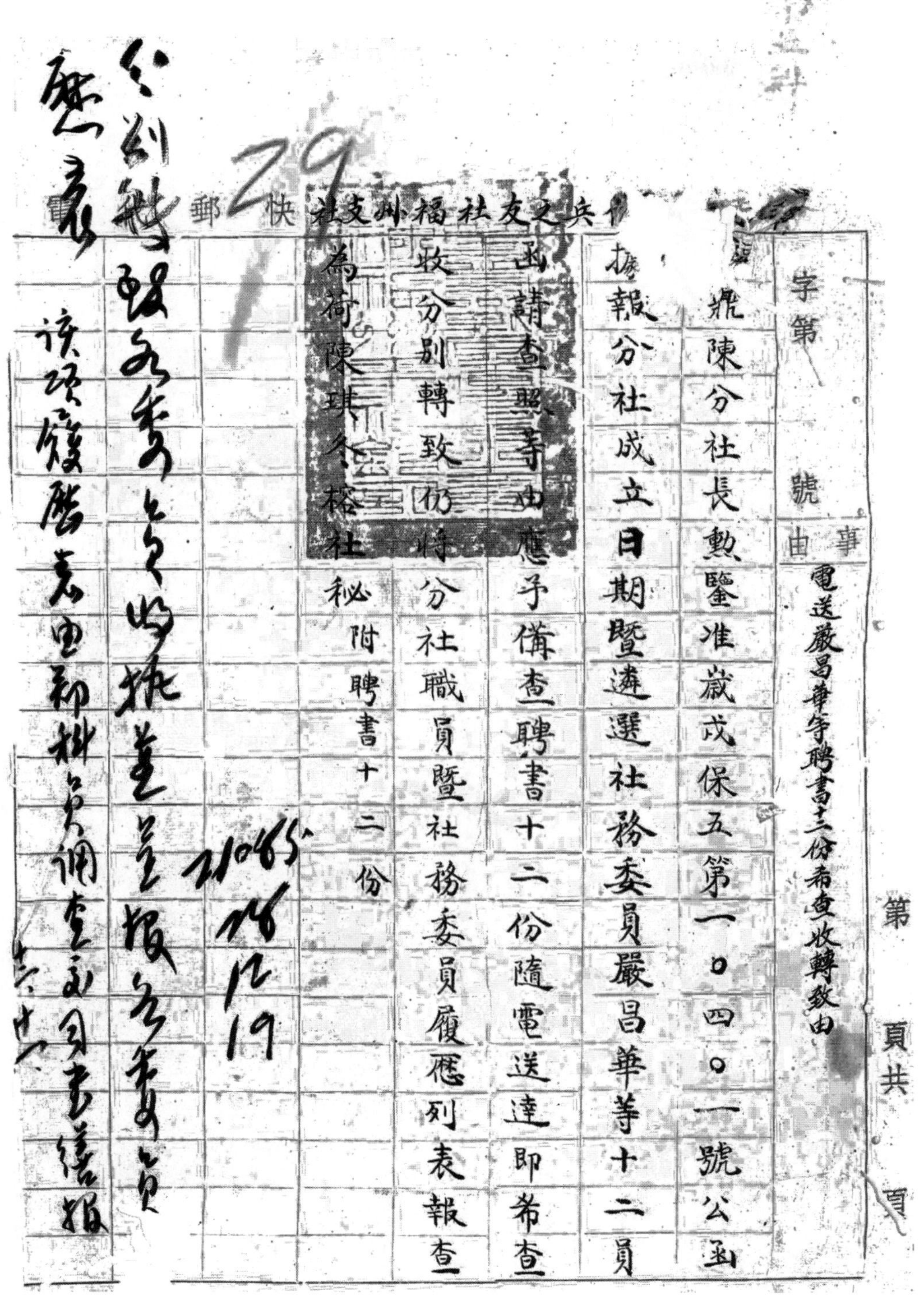
字第　號
事由　電送嚴昌華等聘書十二份希查收轉致由
第　頁共　頁
號陳分社長勲鑒准嶽戌保五第一〇四〇一號公函
據報分社成立日期暨遴選社務委員嚴昌華等十二員
函請查照等由應予備查聘書十二份隨電送達即希查
收分别轉致仍將分社職員暨社務委員履歷列表報查
為荷陳琪冬榕社秘附聘書十二份
傷兵之友社福州支社　快郵　代電

第三战区伤兵之友社福州支社关于送达福鼎分社社务委员严昌华等聘书十二份希查收转致，并将分社职员和社务委员履历列表报查的快邮代电(1939 年 12 月 2 日)　G133-003-0023

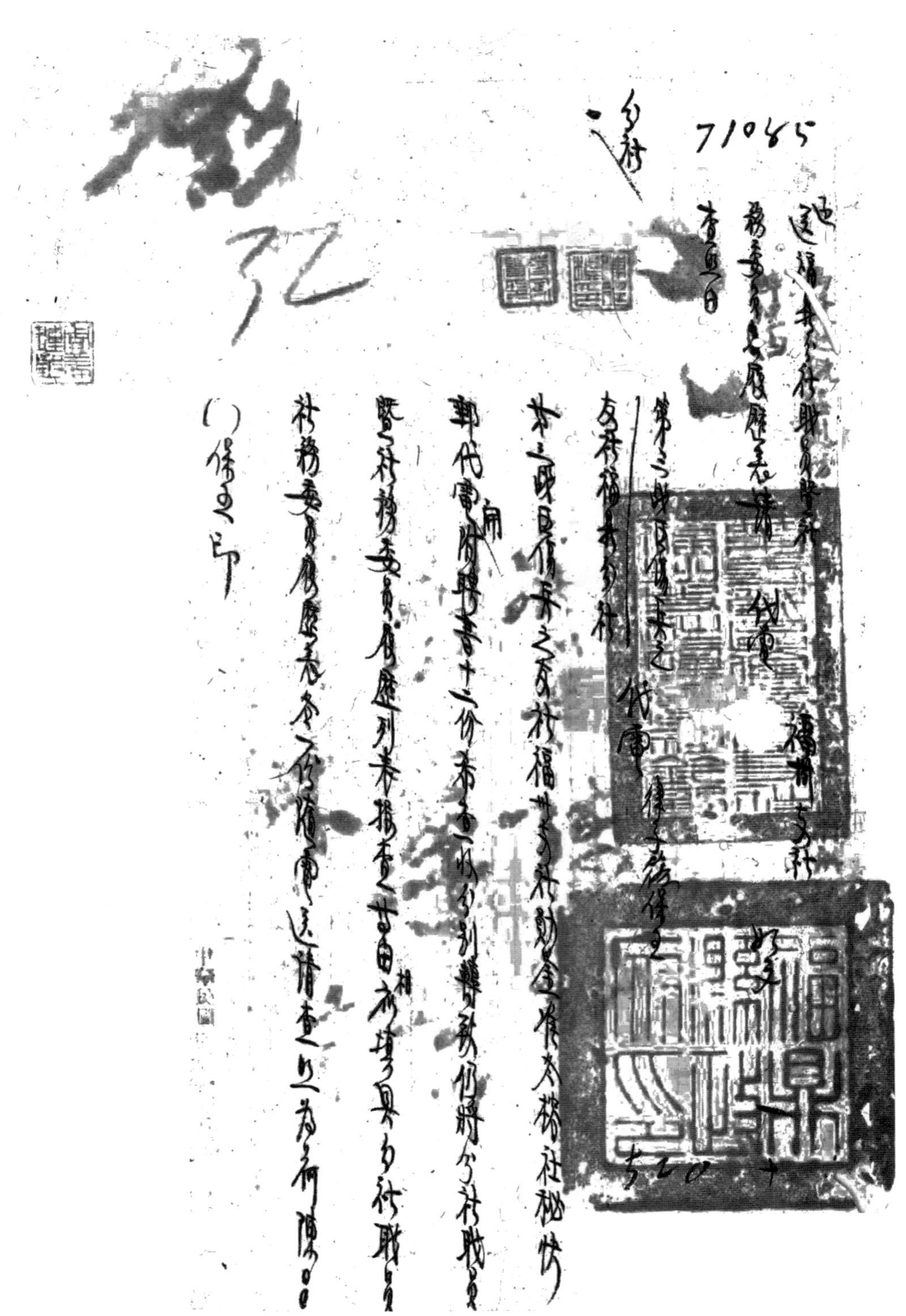

第三战区伤兵之友社福州支社福鼎分社、福鼎县政府关于报送福鼎分社职员及社务委员履历表的代电(1940 年 1 月 17 日)　G133-003-0023

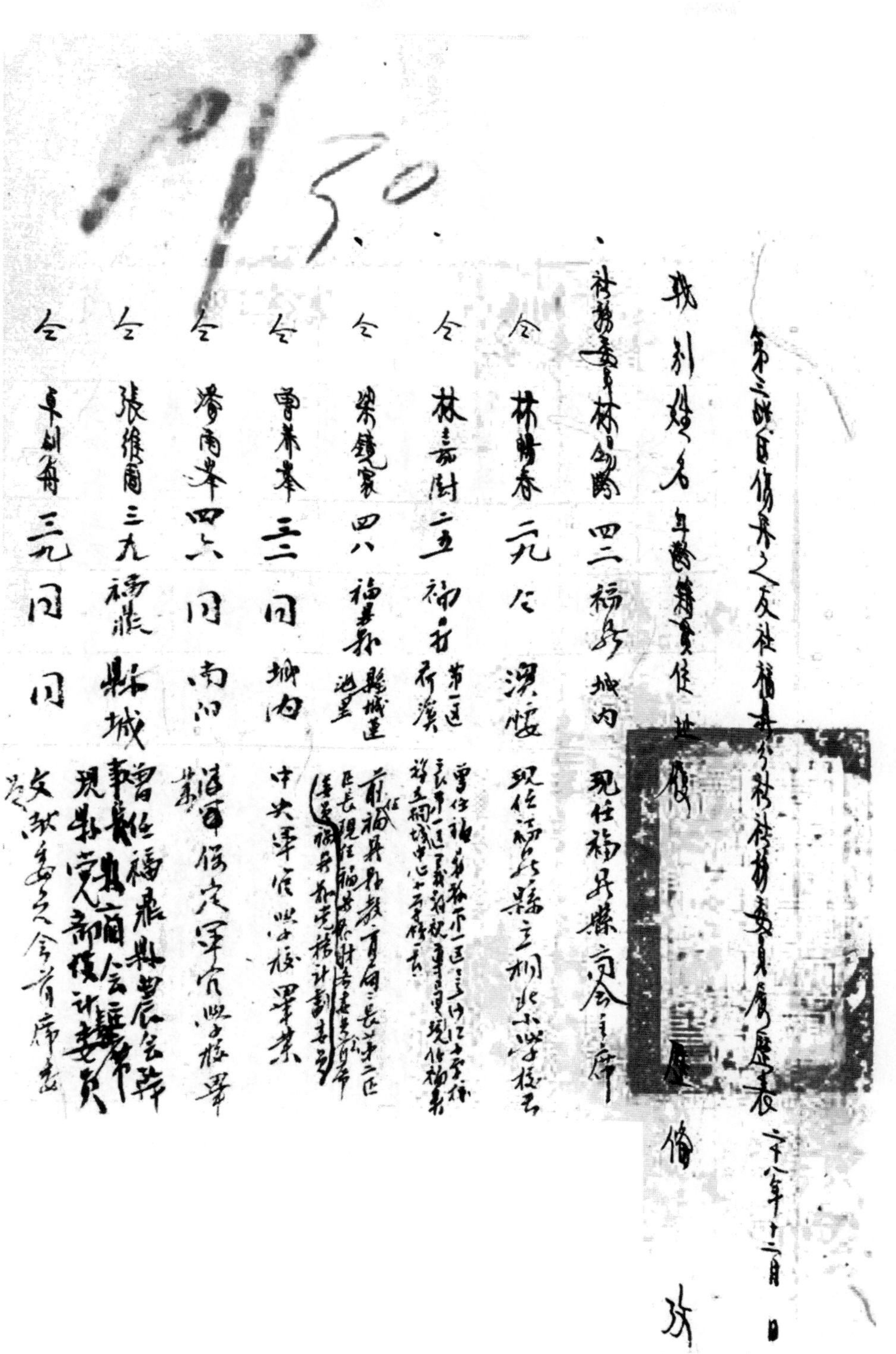

第三战区伤兵之友社福鼎分社社务委员履历表　二十八年十二月　日

职别	姓名	年龄	籍贯	住址	履历	备考
社务委员	林剑鹏	四二	福鼎	城内	现任福鼎县商会主席	
仝	林晴春	二九	仝	澳腰	现任福鼎县立桐北小学校长	
仝	林嘉尉	二五	福鼎	第一区[illegible]	曾任福鼎[illegible]	
仝	梁镜寰	四八	福鼎	县城莲池里	前任福鼎县教育局长[illegible]	
仝	曾[illegible]岑	三三	同	城内	中央军官学校毕业	
仝	潘雨岑	四六	同	南门	陆军保定军官学校毕业	
仝	张维周	三九	福鼎	县城	曾任福鼎县农会理事[illegible]，现县党部[illegible]委员	
仝	卓剑舟	三九	同	同	文献委员会首席委员	

第三战区伤兵之友社福州支社福鼎分社社务委员履历表

(1939 年 12 月)a 面　G133-003-0023

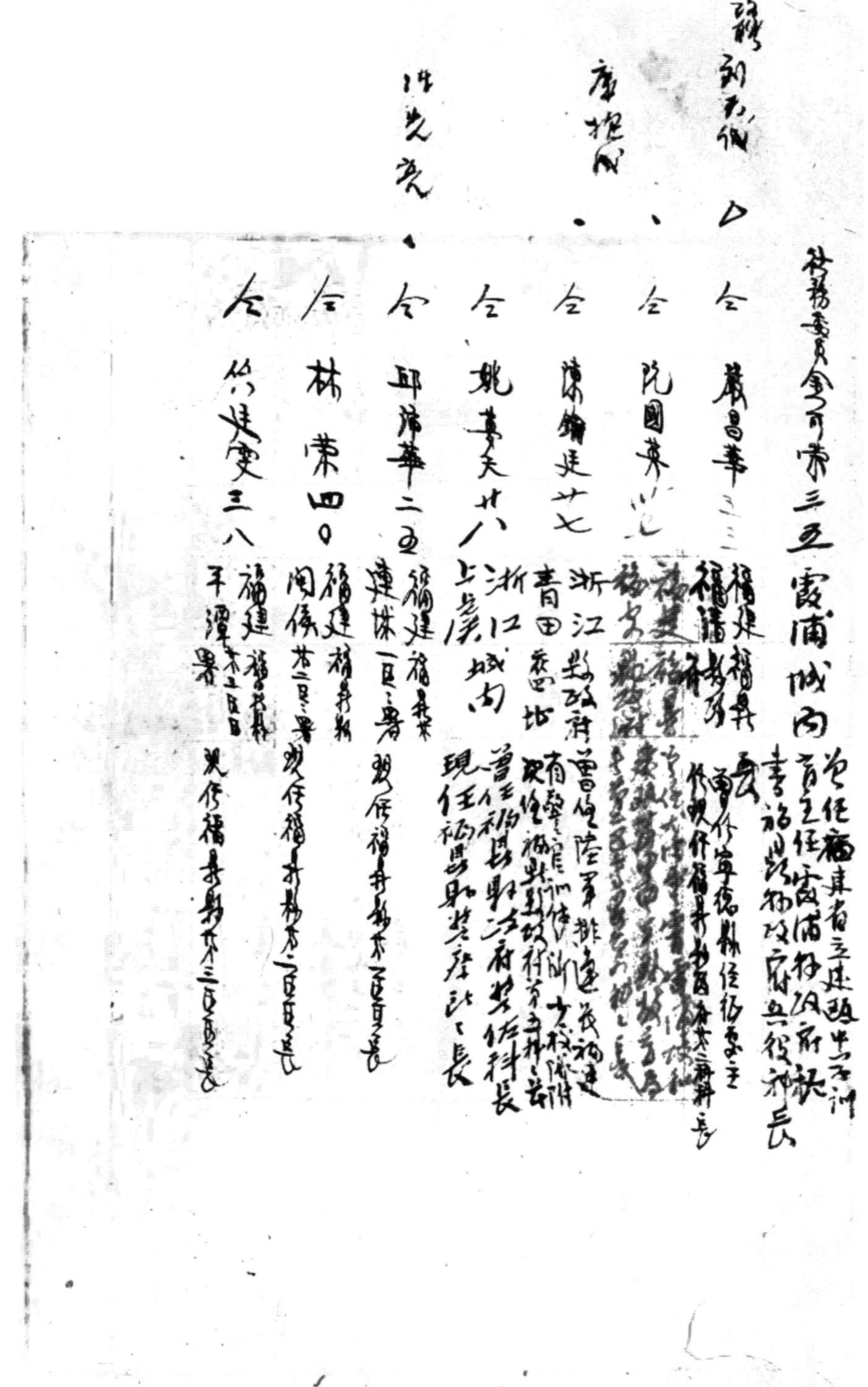

第三战区伤兵之友社福州支社福鼎分社社务委员履历表

（1939 年 12 月）b 面　G133-003-0023

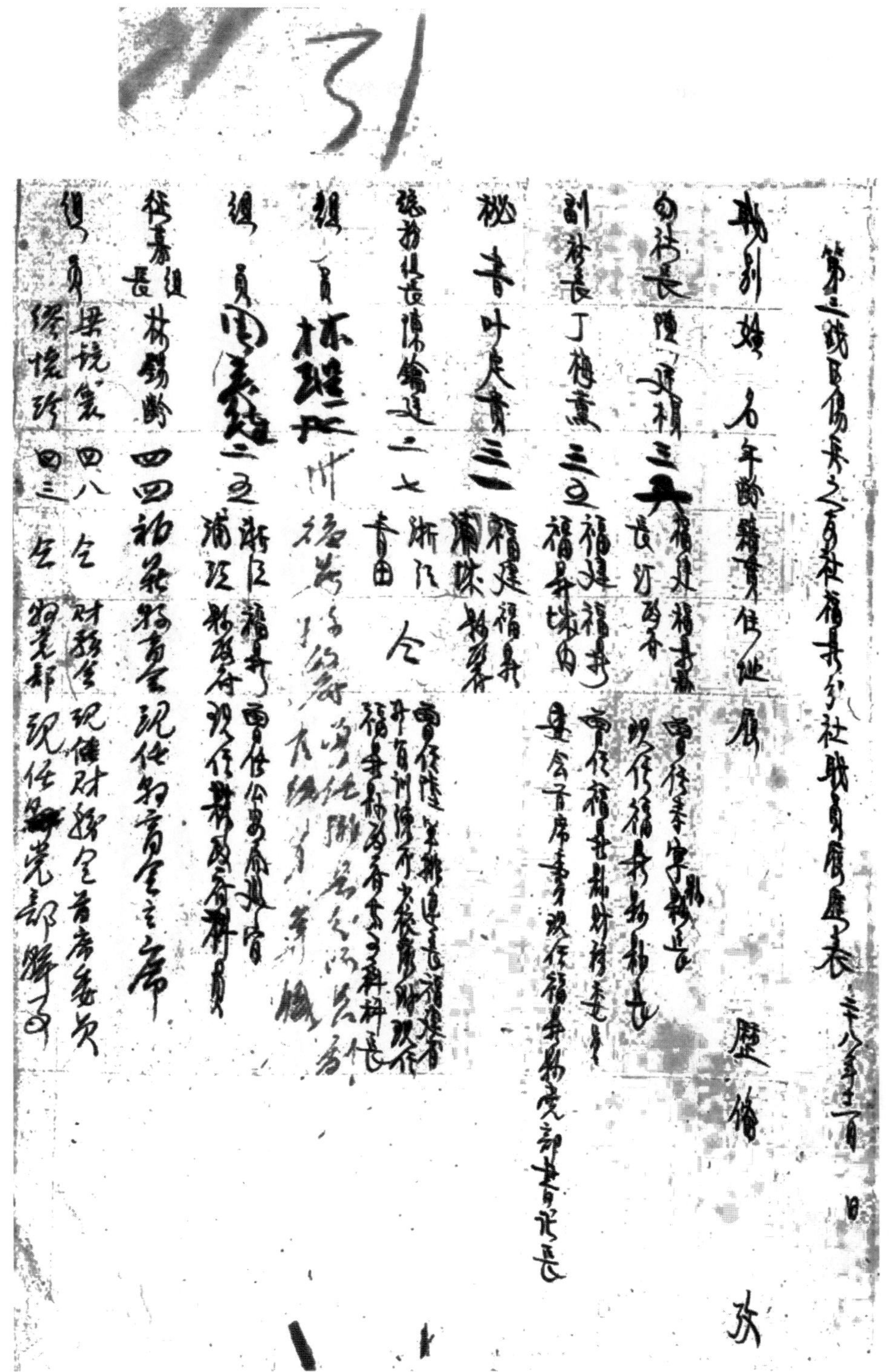

第三战区伤兵之友社福鼎分社职员履历表　二十八年十二月　日

职别	姓名	年龄	籍贯	住址	履历	备考
社长	陈廷相	三六	福建福鼎	长汀路	[illegible]	
副社长	丁梅熹	三三	福建福鼎	福鼎城内	[illegible]	
秘书	叶良贵	三二	福建福鼎	浦东	[illegible]	
总务组长	陈纶廷	二七	浙江青田	仝	[illegible]	
组员	林瑞芝?	卅	福鼎	[illegible]	[illegible]	
组员	周[illegible]	三五	浙江	[illegible]	[illegible]	
征募组长	林锡龄	四四	福鼎	[illegible]	现任[illegible]	
组员	吴镜襄	四八	仝	[illegible]	现任[illegible]	
组员	缪怀珍	四三	仝	县党部	现任县党部[illegible]	

第三战区伤兵之友社福州支社福鼎分社职员履历表

(1939 年 12 月)a 面　G133-003-0023

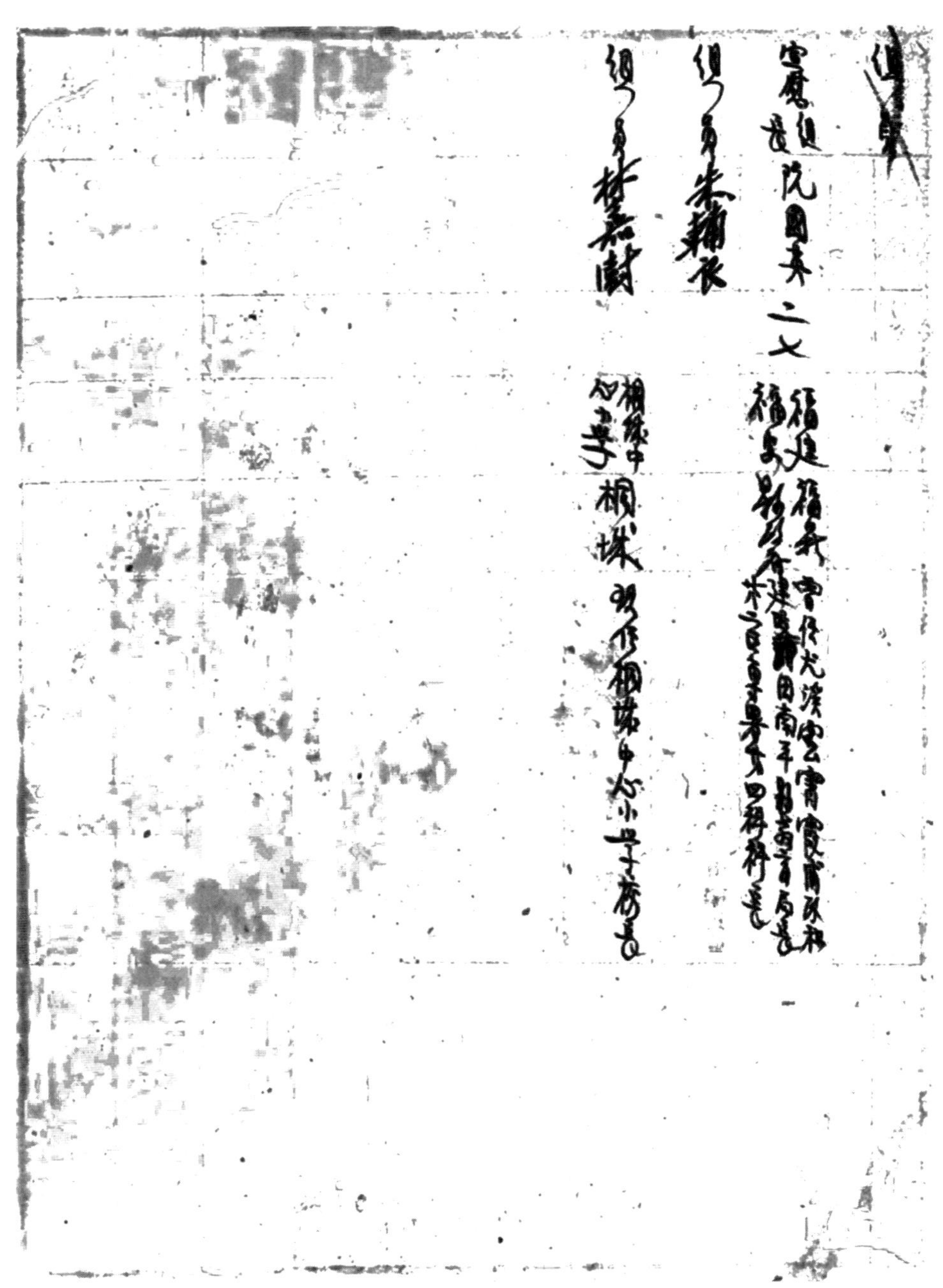

第三战区伤兵之友社福州支社福鼎分社职员履历表
(1939 年 12 月)b 面　G133-003-0023

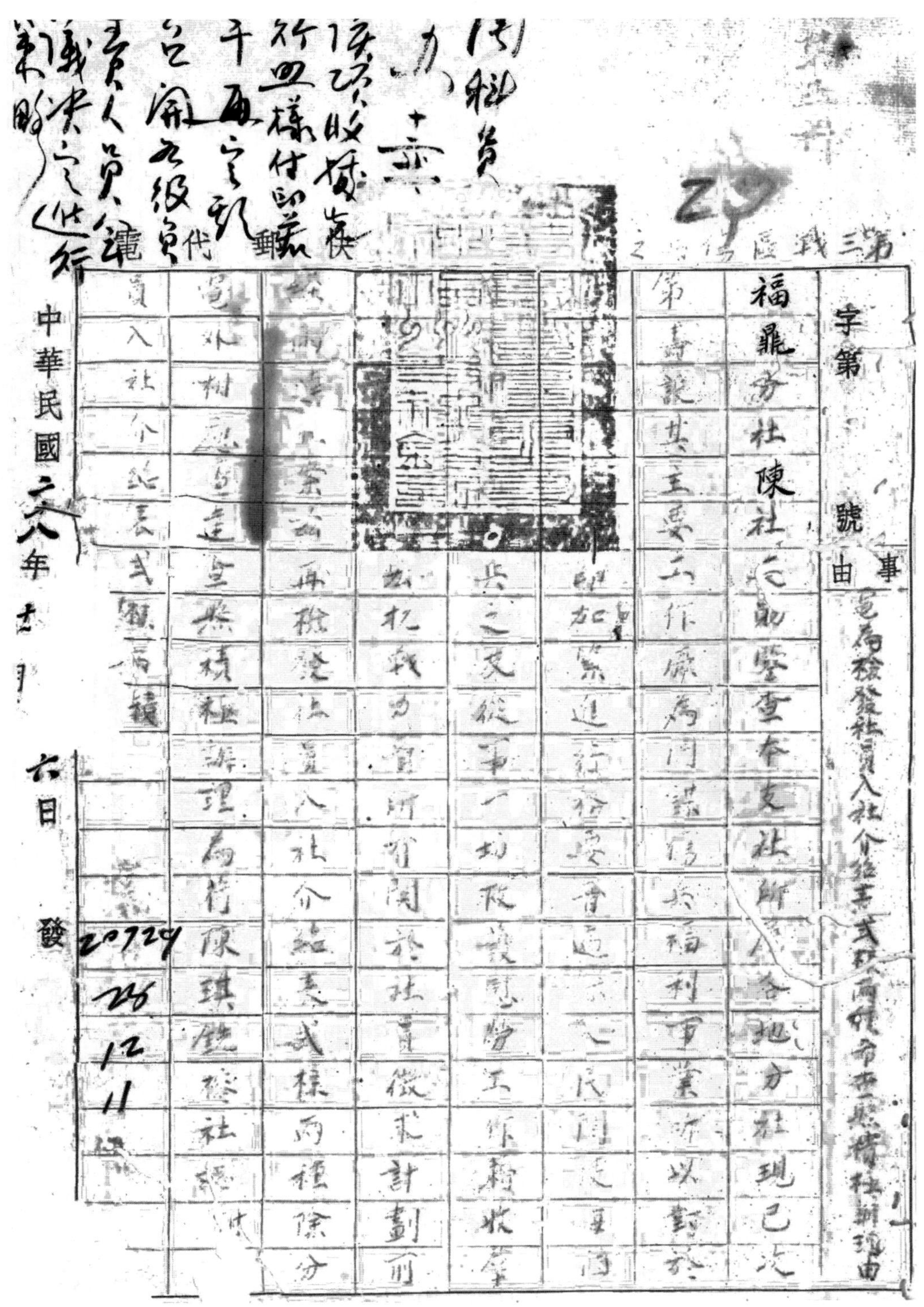

第三戰區傷兵之友社 字第 號

事由 電為檢發社員入社介紹表式樣兩種希查照積極辦理由

福鼎分社陳社長勛鑒查本支社所屬各地分社現已次第籌設其主要工作厥為開設福利事業以對於[illegible]加緊進行[illegible]兵之友從事一切救護慰勞工作藉收[illegible]效[illegible]我們[illegible]所有關於社員徵求計劃前[illegible]再檢發社員入社介紹表式樣兩種除分電外相應[illegible]積極辦理為荷陳琪[illegible]福州支社[illegible]

中華民國二十八年十一月十六日發

第三战区伤兵之友社福州支社关于检发社员入社介绍表式样两种希积极办理的快邮代电

（1939年11月16日） G133-003-0023

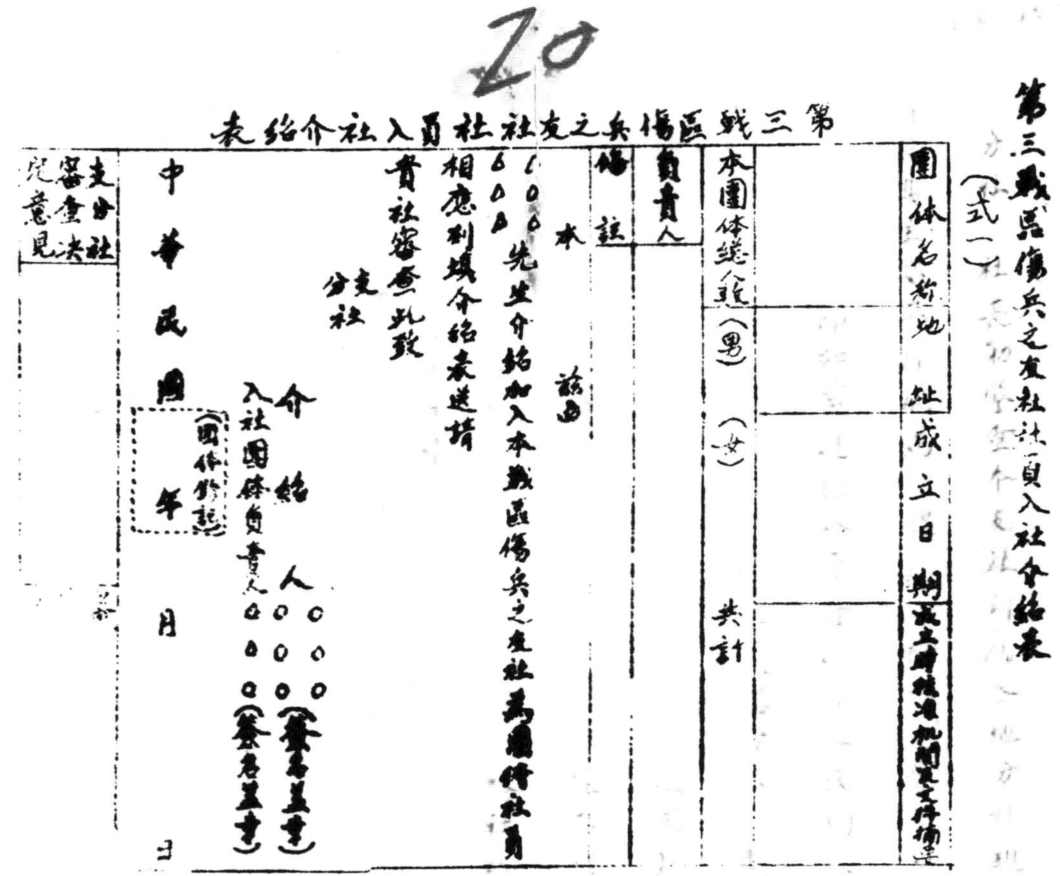
第三战区伤兵之友社社员入社介绍表（式一）

第三战区伤兵之友社社员入社介绍表

团体名称地址	
成立日期	
成立时该机关主管文件摘要	
本团体总人数	（男）　（女）　共计
负责人	
备注	

本　　○○○先生介绍加入本战区伤兵之友社为团体社员　该由　相应列填介绍表送请

贵社审查　此致

支分社

介绍人　○○○（签名盖章）

入社团体负责人　○○○（签名盖章）

中华民国　　年　　月　　日（团体印记）

支分社审查决定意见

附件：第三战区伤兵之友社（团体）社员入社介绍表（式一）

（1939 年 11 月 16 日）　G133-003-0023

（式二）

第三戰區傷兵之友社社員入社介紹表

姓名		性別		年齡		籍貫	
是否黨員	黨證字 號						
資歷							
現任工作							
通訊處		電話					
備註							

○○○論由
○○○於此介紹加入本戰區傷兵之友社為社員願為傷兵福利事業致力相應列填介紹表送請
貴社審查此致
○○分社

介紹人○○○（簽名蓋章）
入社人○○○（簽名蓋章）

中華民國 年 月 日

支分社審查決定意見	
審查人	

說明：

一、介紹表分團體社員（式一）及社員（式二）兩種，由支分社印發[illegible]填用。

二、在分支社入社者無論團體或每人應填二份，一份存分社，一份呈報支社備查。在支社入社者僅填一份。

三、[illegible]社員入社時僅需[illegible]人為介紹，介紹表上應[illegible]備記。

四、依照社員徵求辦法第五項規定免除介紹手續征求之社員，仍應填具介紹表，但可免填介紹人。

附件：第三战区伤兵之友社社员入社介绍表（式二）

（1939 年 11 月 16 日） G133-003-0023

№ 第三戰區傷兵之友社福州支社收據存根	字第 號	№ 福鼎分社 第三戰區傷兵之友社福州支社收據
收到 社員		茲收到 社員
入社金法幣		入社金法幣
經收幹事		經收幹事
中華民國 年 月 日		中華民國 年 月 日

附件：第三战区伤兵之友社福州支社福鼎分社收据(式样)

(1939年11月16日) G133-003-0023

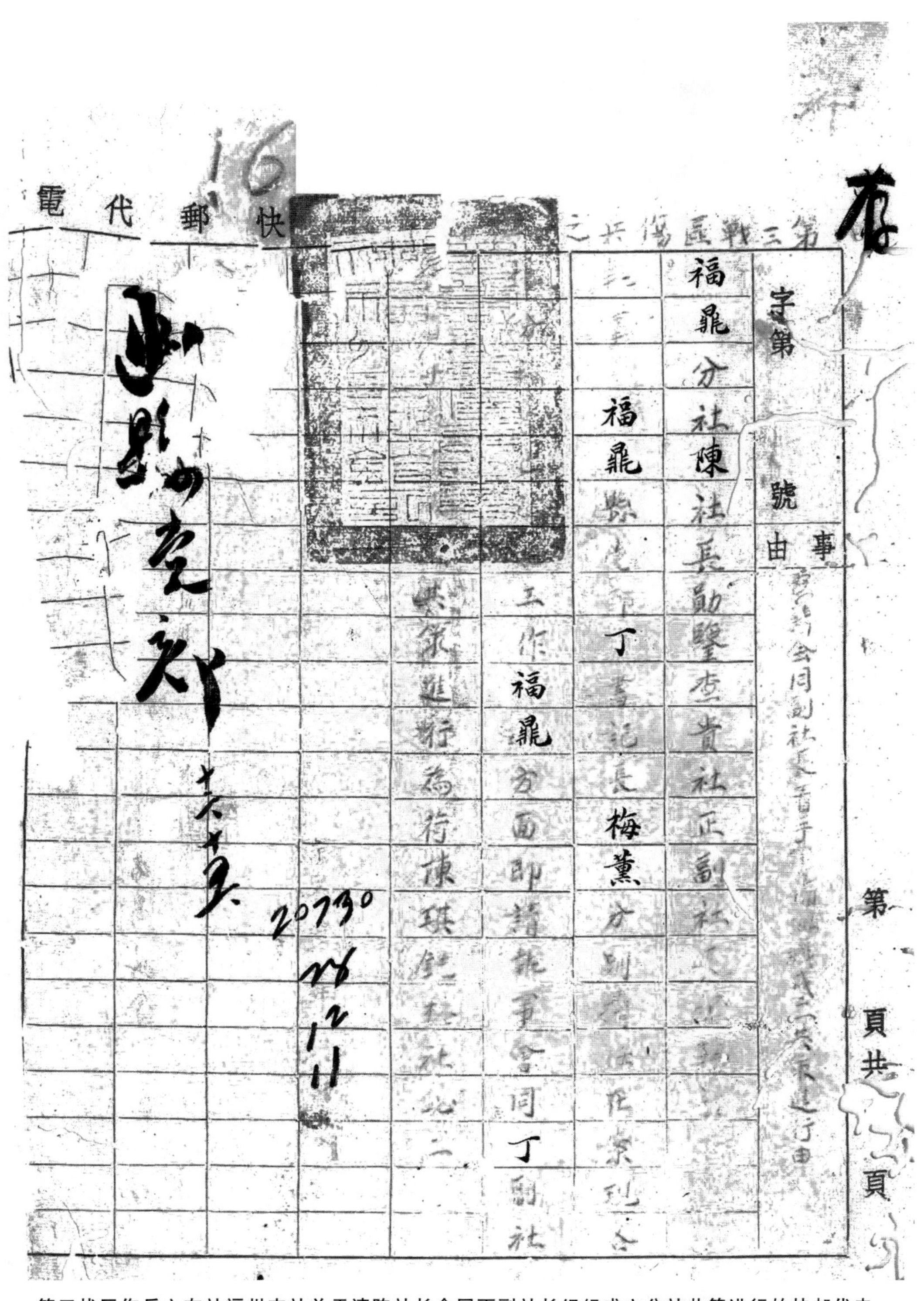

第三战区伤兵之友社福州支社关于请陈社长会同丁副社长组织成立分社共策进行的快邮代电

（1939 年 11 月 16 日） G133-003-0023

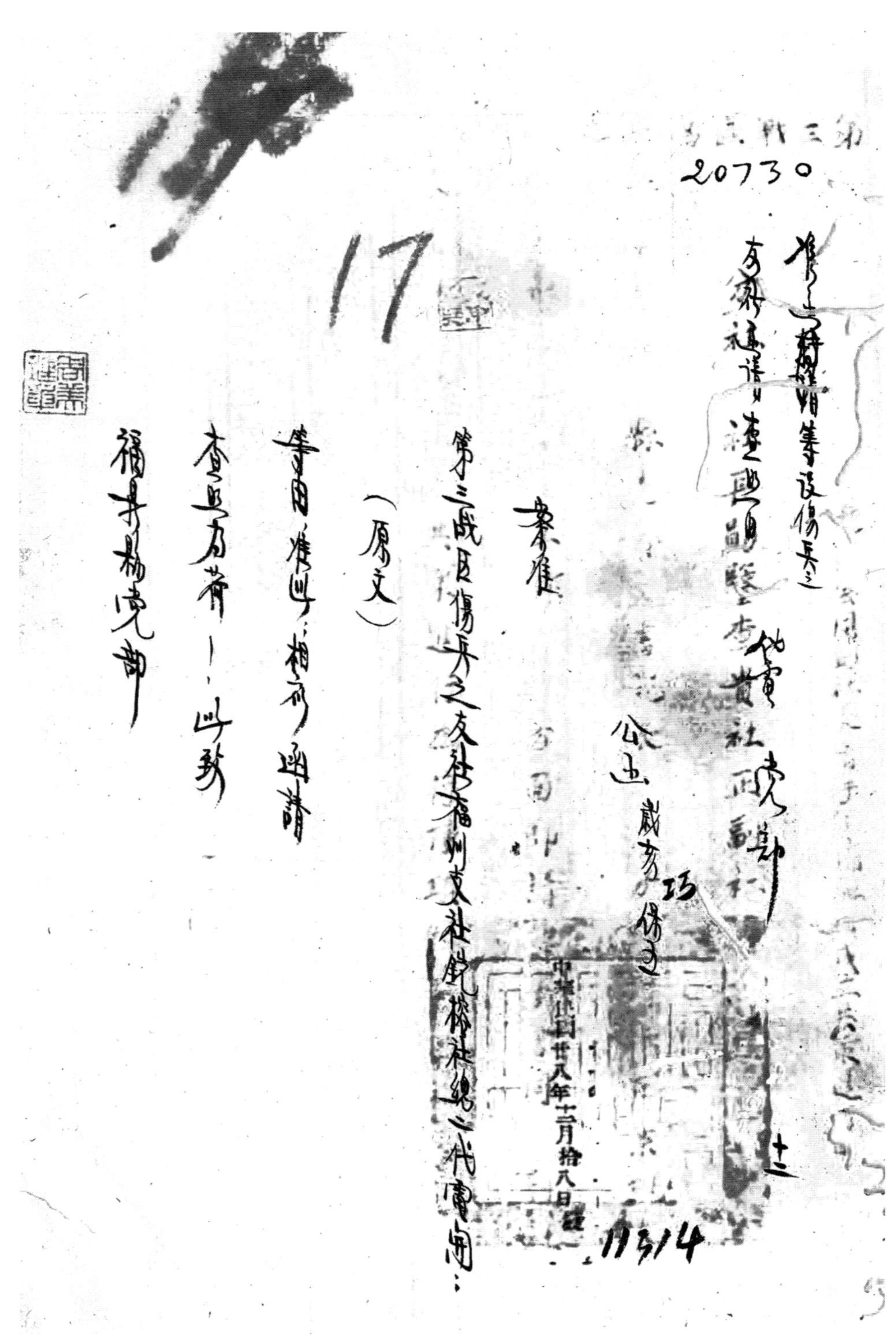
为筹设伤兵之友社请速函暨李黄社两副社长由

据第三战区伤兵之友社福州支社驰称社总之代电开：

案准（原文）

等由，准此，相应函请

查照为荷！此致

福鼎县党部

中华民国廿八年十二月拾八日

福鼎县政府关于筹设伤兵之友社致福鼎县党部的代电

（1939 年 12 月 18 日）　G133-003-0023

第三戰區傷兵之友社福州支社代電　總字第　號

事由：奉總社皓猷宣饒代電轉飭遵照辦理由

福鼎分社：案奉總社皓猷宣饒代電開：准長官司令部政治部軍字第一〇五六一號公函，以據第十三陸軍醫院政訓員何勗樂呈稱：查本戰區傷兵之友社各地支社原為宣慰傷兵而設，與軍醫院政訓工作相同之點頗多，亟應相互連繫，加強效果，詎各地支社有延聘院外人員為社務委員而未及議[illegible]政訓員貝當人員之現象，殊失宣慰與連繫之旨，擬懇鈞部轉飭本戰區傷兵之友社總社建議各地支社應延聘駐地軍醫院政訓員為社務委員，以利工作等情，請查照辦理等由，准此。查各地支分社多已聘延當地傷兵醫院院長、政訓員、管理員等担任社

292
29
1
5

一 1134

第三战区伤兵之友社福州支社关于奉总社皓猷宣饶电：各支社分社应延聘驻地军医院政训员为伤兵之友社社务委员以利工作的代电（1939 年 12 月 28 日）a 面　G133-003-0023

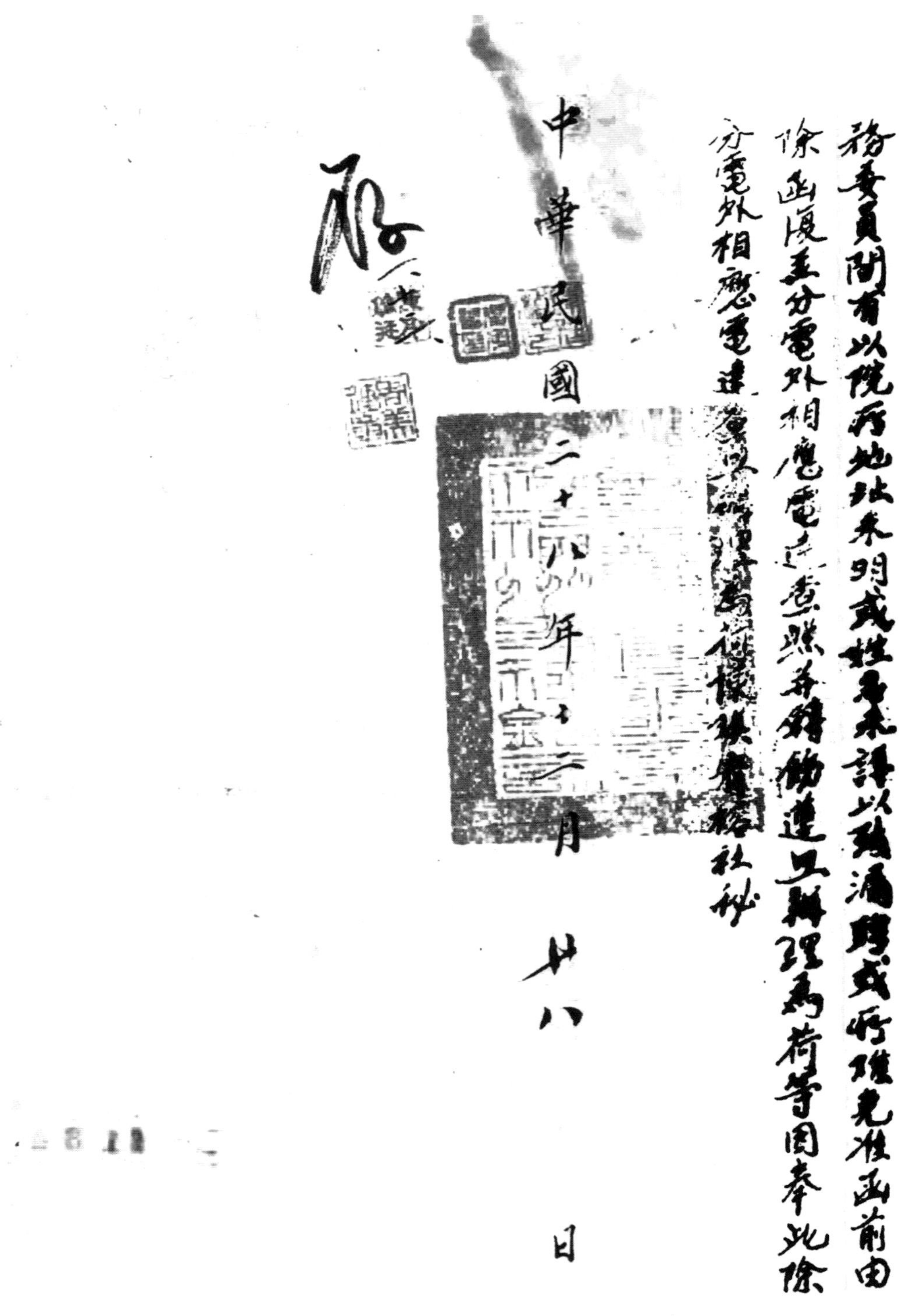

務委員聞有以既有地址未明或姓名未詳以致滿聘或有難克推函前由
除函復並分電外相應電達查照希轉飭遵照辦理為荷等因奉此除
分電外相應電達[illegible]社秘
中華民國二十八年十二月廿八日

第三战区伤兵之友社福州支社关于奉总社皓猷宣饶电:各支社分社应延聘驻地军医院政训员为伤兵之友社社务委员以利工作的代电(1939年12月28日)b面 G133-003-0023

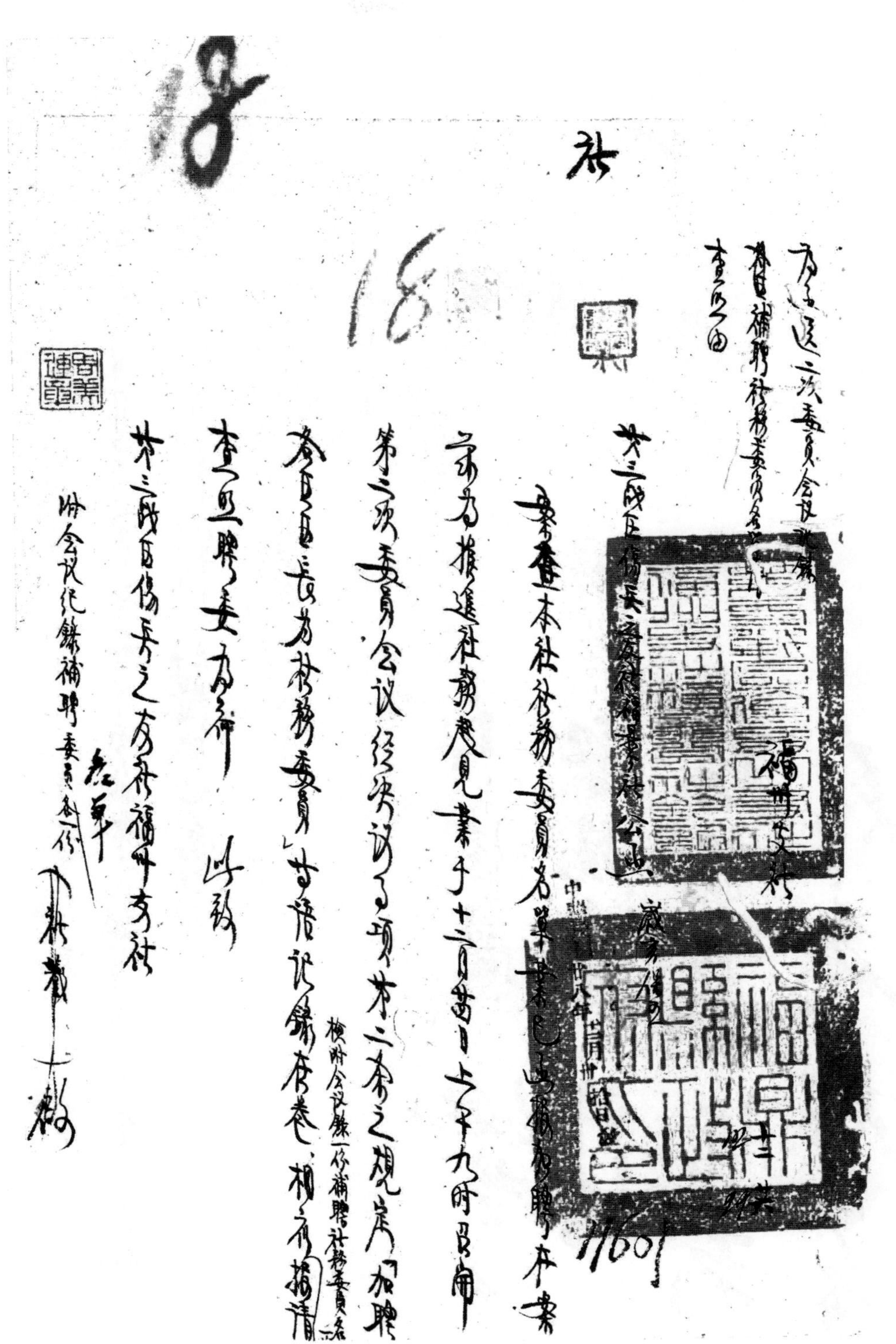

为呈送二次委员会议记录暨补聘社务委员名单请查照由

第三战区伤兵之友社福鼎分社公函

案查本社社务委员名单业已呈报在案。兹为推进社务起见，业于十二月廿日上午九时召开第二次委员会议，经决议事项第二条之规定「加聘[illegible]长为社务委员」等语记录在卷，相应抄请查照聘委为荷。此致

第三战区伤兵之友社福州支社

附会议纪录补聘委员名单各一份

社长 [illegible]

第三战区伤兵之友社福州支社福鼎分社关于报送第二次委员会议记录、补聘社务委员会名单的公函

（1939 年 12 月 30 日） G133-003-0023

第三战区伤兵之友社福鼎分社第二次社务委员会议记录

开会日期 廿八年十二月廿四日 九时

地点 [illegible]分会议厅

出席者 [illegible]

第三战区伤兵之友社福州支社福鼎分社第二次社务委员会议记录

(1939年12月24日)a面 G133-003-0023

[illegible] 丁梅董
黄锡楷
纪录 [illegible]纪青

主席 丁梅董
行礼如仪
甲、报告事项
报告 从略
乙、讨论事项
1. 本社社员应如何征求案
议决 团体社员由本社负责征求，普通社员由
社务委员负责征求，每人最低限额应一律

第三战区伤兵之友社福州支社福鼎分社第二次社务委员会议记录

（1939年12月24日）b面　G133-003-0023

求社员十人限廿九年一月十日缴齐

2、拟加聘各区区长为社务委员案

议决　通过

第三战区伤兵之友社福州支社福鼎分社第二次社务委员会议记录

（1939 年 12 月 24 日）　G133-003-0023

第三戰區傷兵之友社福鼎分社補聘社務委員名單

職別	姓名	住址	備考
社務委員	鄢沛乘	本區署	
仝	林榮	〃區〃	
仝	任廷雯	〃區〃	
仝	卓劍舟		

第三战区伤兵之友社福州支社福鼎分社补聘社务委员会名单

（1939 年 12 月 24 日） G133-003-0023

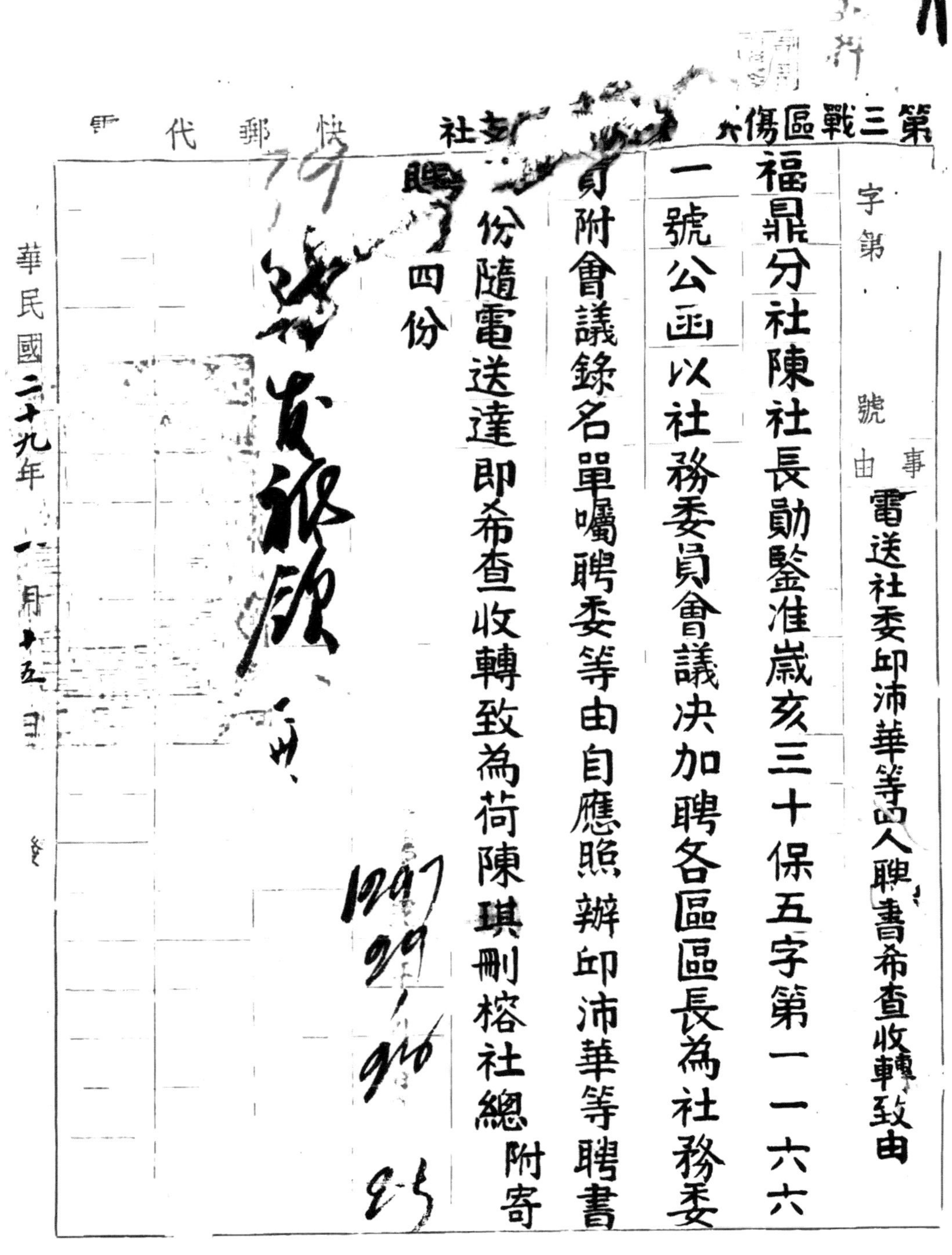
第三战区伤兵之友社福州支社
快邮代电
字第　號
事由　電送社委邱沛華等四人聘書希查收轉致由
福鼎分社陳社長勛鑒准歲亥三十保五字第一一六六一號公函以社務委員會議決加聘各區區長為社務委員附會議錄名單囑聘委等由自應照辦邱沛華等聘書四份隨電送達即希查收轉致為荷陳琪删榕社總附寄聘書四份
華民國二十九年一月十五日

第三战区伤兵之友社福州支社关于寄送社务委员邱沛华等四人聘书希查收转致的快邮代电

（1940 年 1 月 15 日）　G133-003-0023

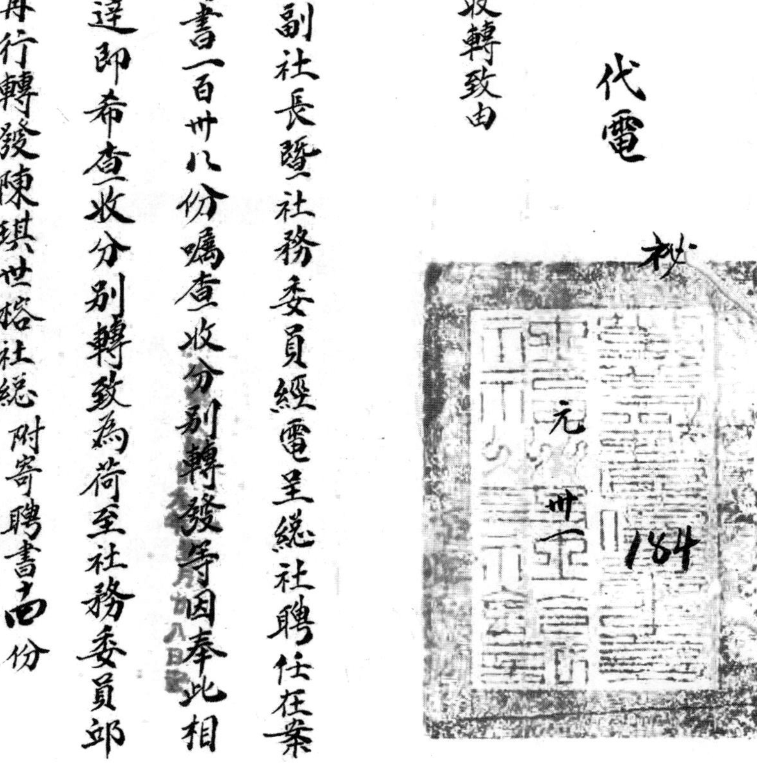

代電

電送總社聘書十四份希查收轉致由

福鼎分社陳社長勛鑒查貴社正副社長暨社務委員經電呈總社聘任在案茲奉總社齊詳宣饒代電附寄聘書一百卅八份囑查收分別轉發等因奉此相應檢同貴社聘書十四份隨電送達即希查收分別轉致為荷至社務委員邱沛華等四人聘書俟奉總社頒到再行轉發陳琪世格社總 附寄聘書十四份

第三战区伤兵之友社福州支社关于寄送总社聘书十四份希查收转致的代电

（1940 年 1 月 31 日） G133-003-0023

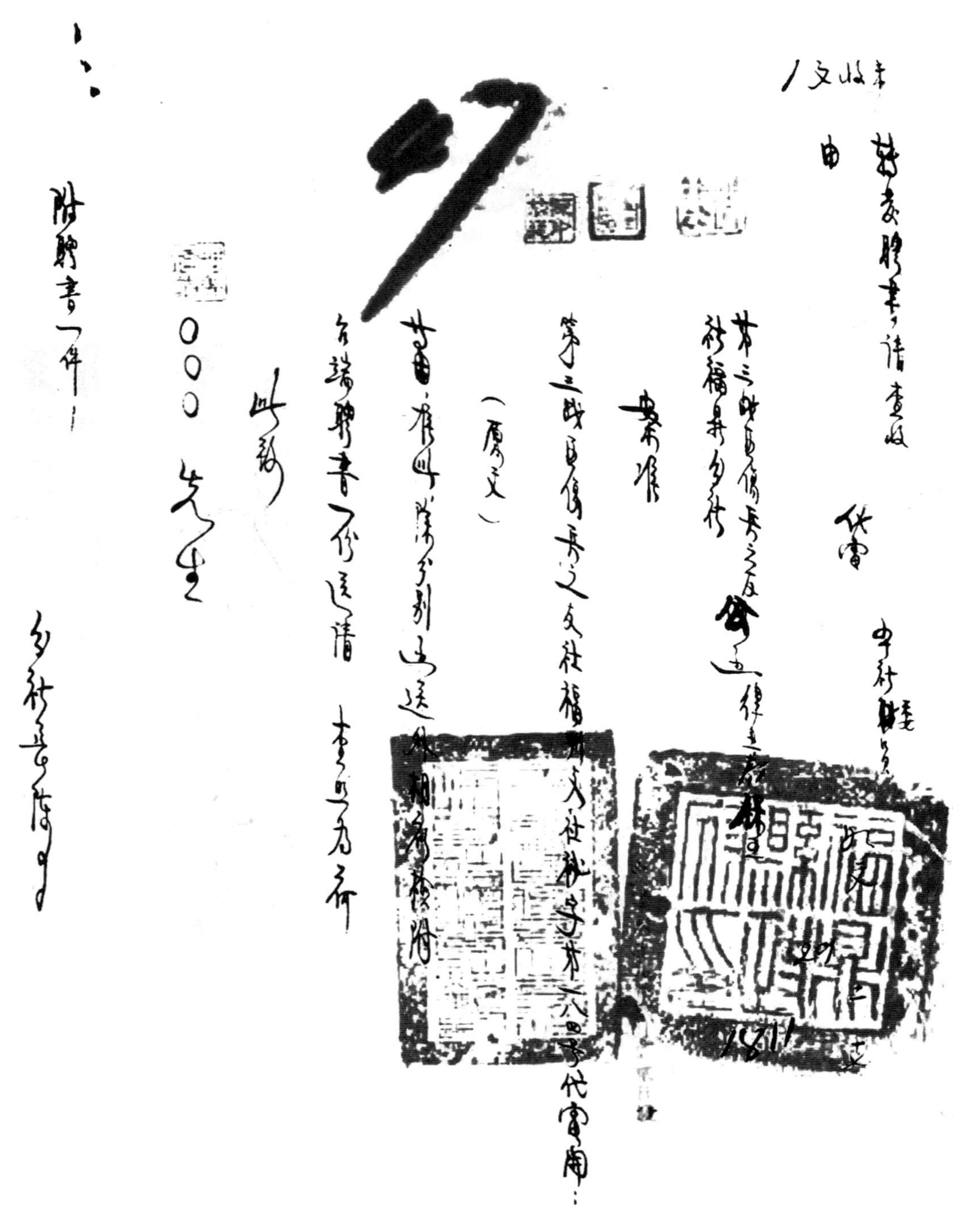

第三战区伤兵之友社福州支社福鼎分社关于转发总社聘书的代电

（1940 年 2 月 22 日） G133-003-0023

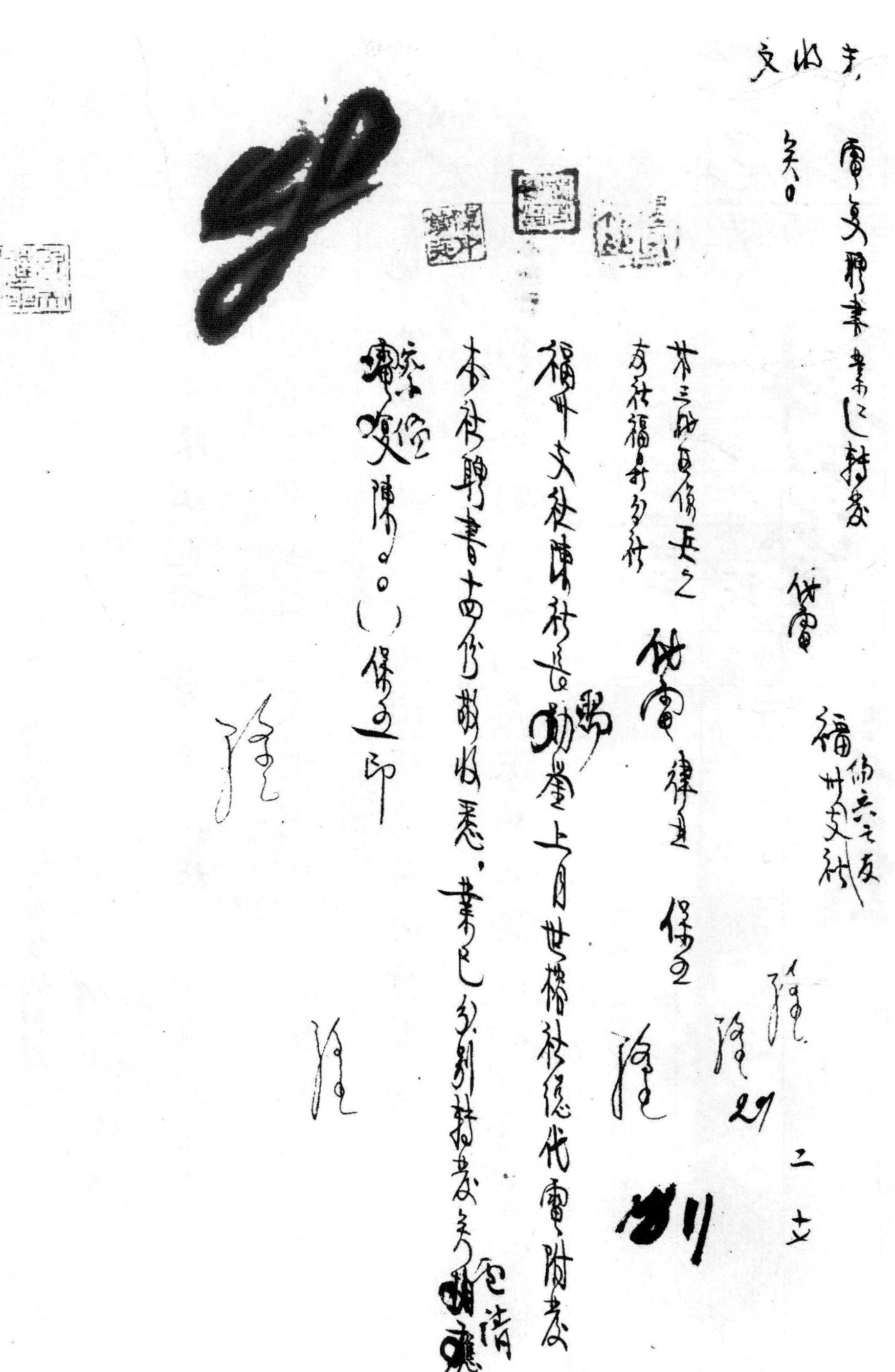

第三战区伤兵之友社福州支社福鼎分社关于本社聘书十四份业已转发的代电

（1940 年 2 月 22 日） G133-003-0023

第三戰區傷兵之友社福州支社快郵代電

字第　號

事由：電送總社聘書四份希分別轉發由

福鼎分社陳社長勛鑒：查貴社社務委員邱沛華等四人經電請總社聘任在案，茲奉總社篠發宣饒代電附寄聘書等件，囑查收轉發等因，相應檢同聘書四份，隨電送達，即希查收分別轉發為荷。陳琪江搭社總

附寄聘書四份

轉發

3639
29
3/13

第三战区伤兵之友社福州支社关于寄送总社聘书四份希分别转发的快邮代电

（1940 年 3 月 3 日）　G133-003-0023

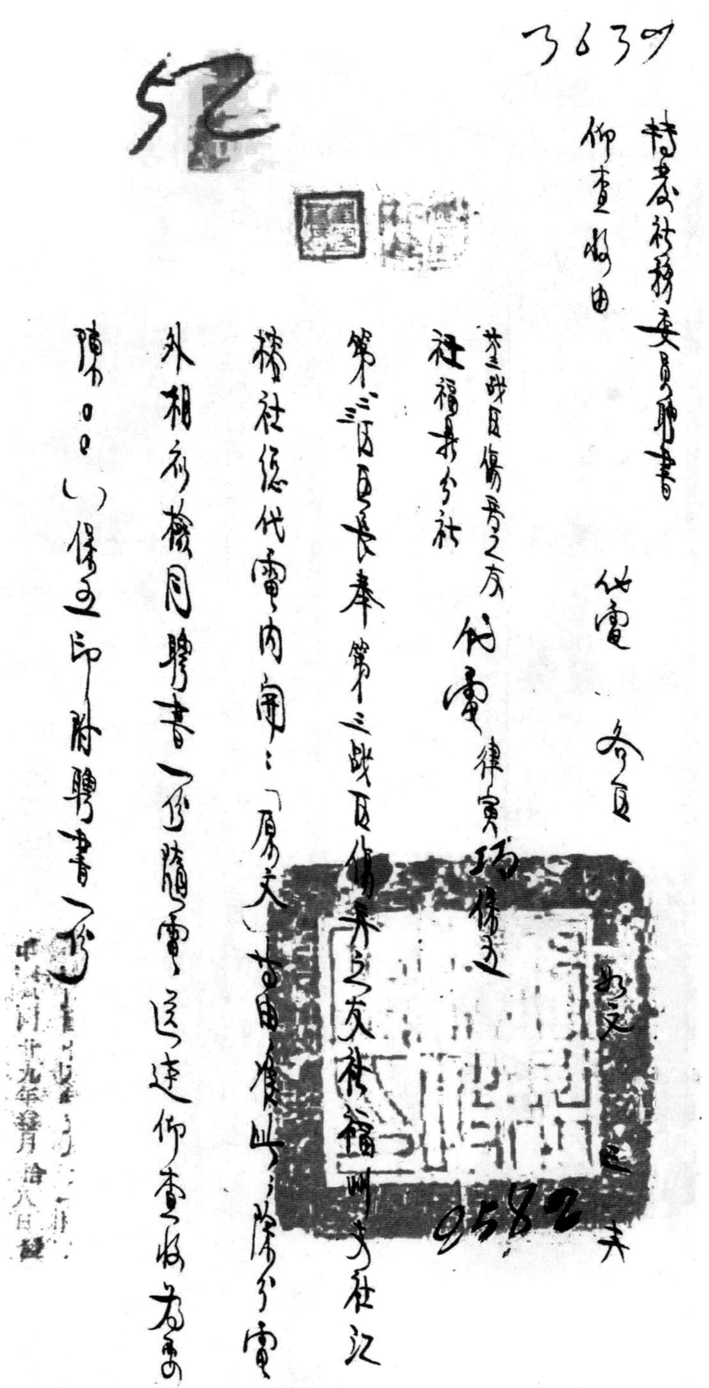

转发社务委员聘书
仰查收由
代电 各员
兹准第三战区伤兵之友 代电律寅瑞伤支 字第 9582 号
社福鼎分社
第三战区长奉第三战区伤兵之友社福州支社江
总社总代电内开：「原文」等由准此，除分电
外，相应检同聘书一份随电送达，仰查收为要
陈〇〇（八）伤支印 附聘书一份
中华民国廿九年叁月拾八日

第三战区伤兵之友社福州支社福鼎分社关于转总社发社务委员聘书的代电

（1940 年 3 月 18 日） G133-003-0023

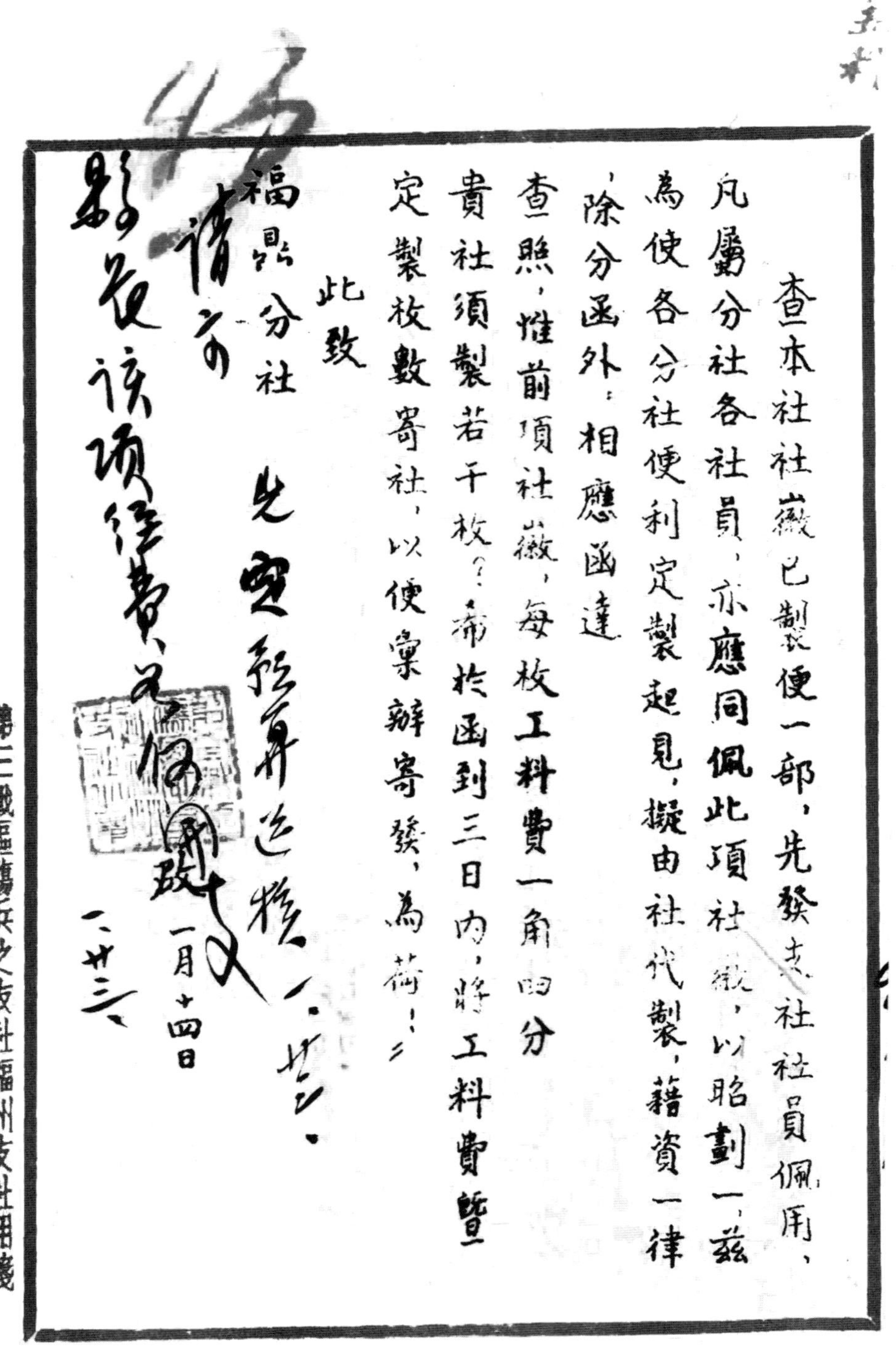

查本社社徽已製便一部，先發支社社員佩用、凡屬分社各社員，亦應同佩此項社徽，以昭劃一，茲為使各分社便利定製起見，擬由社代製，藉資一律，除分函外，相應函達

查照，惟前項社徽，每枚工料費一角四分，

貴社須製若干枚？希於函到三日內，將工料費暨定製枚數寄社，以便彙辦寄發，為荷！

此致

福鼎分社

一月十四日

第三戰區傷兵之友社福州支社用箋

第三战区伤兵之友社福州支社关于支社统一代制社徽各分社函到三日内将定制枚数工料费寄社的公函(1940 年 1 月 14 日)　G133-003-0023

第三战区伤兵之友社福鼎分社公函

准

贵社函开：

云云

等因准此本分社拟先制发共需百枚亦特邮汇工料费十四元希

查收制发为荷

此致

第三战区伤兵之友社福州支社福鼎分社关于本社需社徽百枚并汇工料费十四元希查收制发的公函

(1940 年 1 月 28 日)a 面　G133-003-0023

第三战区伤兵之友社福州支社

福鼎分社社长陈[illegible]

副社长丁[illegible]

第三战区伤兵之友社福州支社福鼎分社关于本社需社徽百枚并汇工料费十四元希查收制发的公函

(1940 年 1 月 28 日)b 面　G133-003-0023

福建省銀行福鼎分理處 匯款回單

委託	
付款 種類	
付款 號數	

匯出日期民國 29 年 2 月 6 日

收款人	第三战区伤兵之友社	金額	手續費	電費	合計
住址	福州于山				
金額（大寫）	[illegible]				

匯款人 [illegible] 住址 [illegible]

請注意
(一)上列各項如有錯誤請將此回條即來更正
(二)上列款項俟收款人收到後出具收條寄回敝行時請匯款人攜此回條來行換取收據自匯款日起以三個月為限過期無效
(三)匯款人所書之收款人姓名住址如有錯誤或因住址遷移無法投解因而退匯時祇能退取正項匯款所有手續費概不退還

福建省银行福鼎分理处汇款回单(1940 年 2 月 6 日)　G133-003-0023

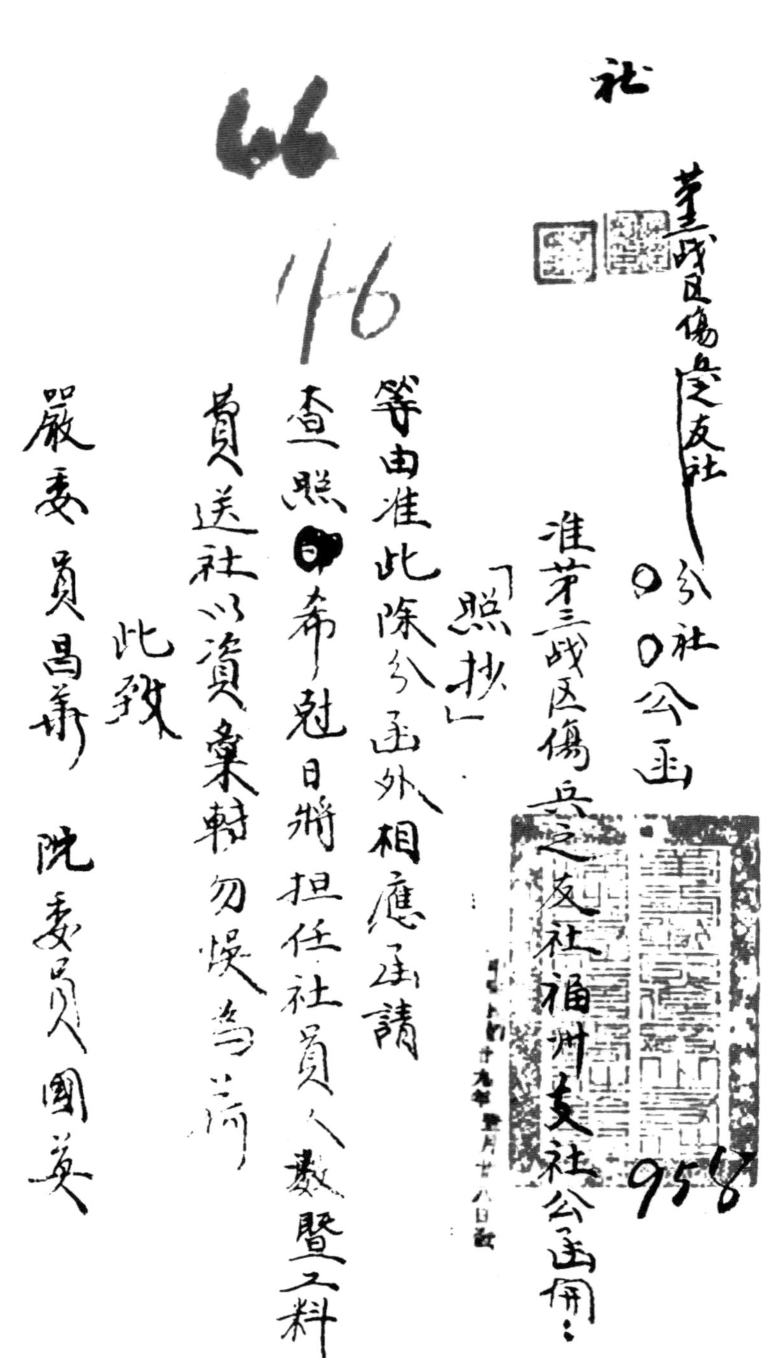

社

第三战区伤兵之友社
○○分社公函

准第三战区伤兵之友社福州支社公函开：
「照抄」
等由准此除分函外相应函请
查照希克日将担任社员人数暨工料
费送社以资汇转勿误为荷
此致
严委员昌新　阮委员国英

廿九年壹月廿八日发

第三战区伤兵之友社福州支社福鼎分社关于各委员克日将担任社员人数及工料费送社汇转勿误的公函(1940 年 1 月 28 日)a 面　G133-003-0023

陳委員鏞廷 金委員可榮 姚委員夢天

林委員賜齡、林委員嘉澍、林委員暢春

梁委員鏡寰、曾委員養鋒 潘委員雨峯

張委員維周 卓委員劍舟 林委員榮

任委員廷雯 邱委員詩華

第三戰區傷兵之友社福鼎分社

社長陳[illegible]

副社長丁[illegible]

第三战区伤兵之友社福州支社福鼎分社关于各委员克日将担任社员人数及工料费送社汇转勿误的公函(1940 年 1 月 28 日)b 面 G133-003-0023

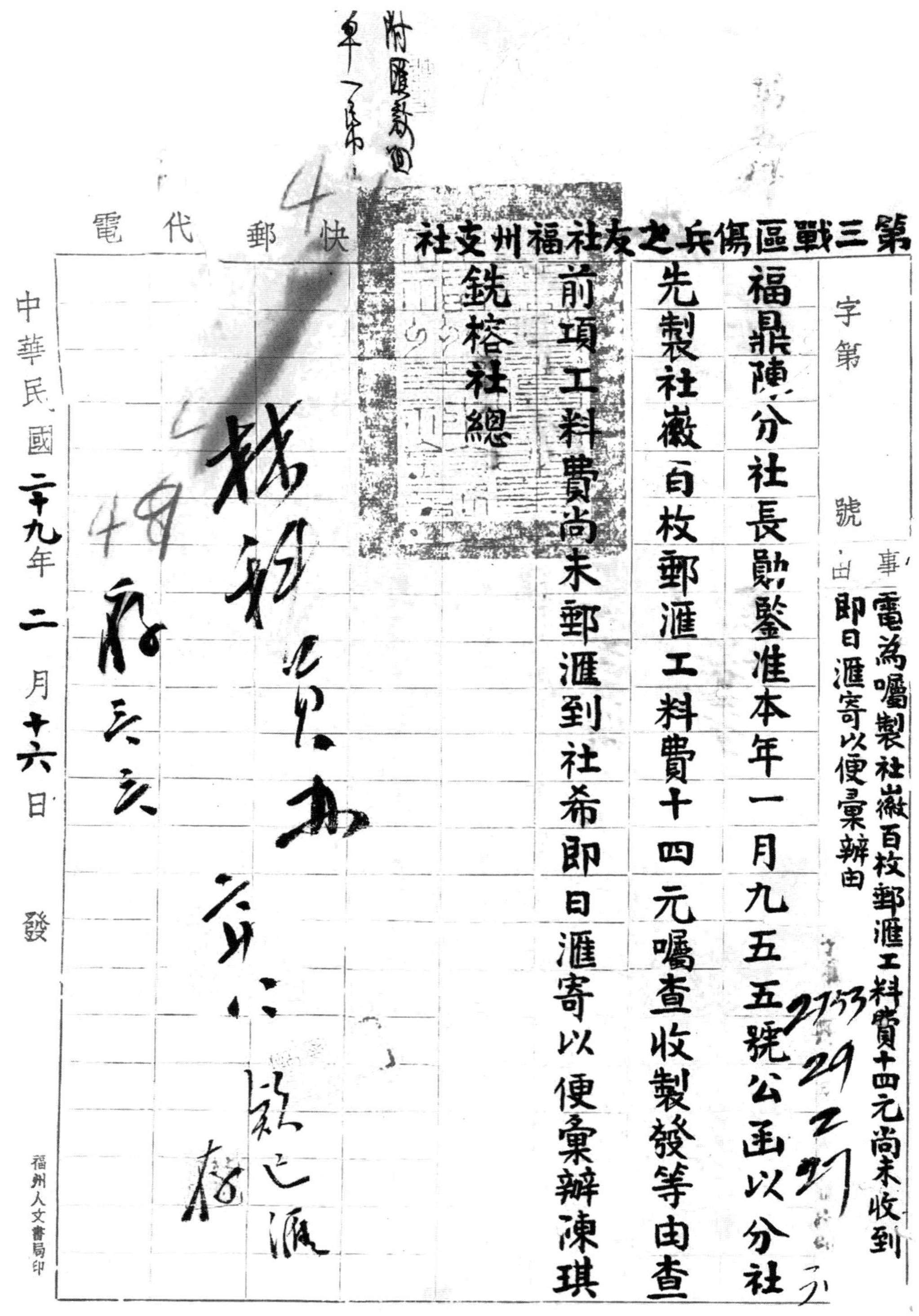
第三战区伤兵之友社福州支社

快邮代电

字第　号

事由：电为嘱制社徽百枚邮汇工料费十四元尚未收到即日汇寄以便汇办由

福鼎陈分社长勋鉴：准本年一月九五五号公函以分社先制社徽百枚邮汇工料费十四元嘱查收制发等由，查前项工料费尚未邮汇到社，希即日汇寄以便汇办。陈琪铣榕社总

中华民国二十九年二月十六日发

福州人文书局印

第三战区伤兵之友社福州支社关于福鼎分社制社徽百枚邮汇工料费尚未收到希即日汇寄以便汇办的代电(1940 年 2 月 16 日)　G133-003-0023

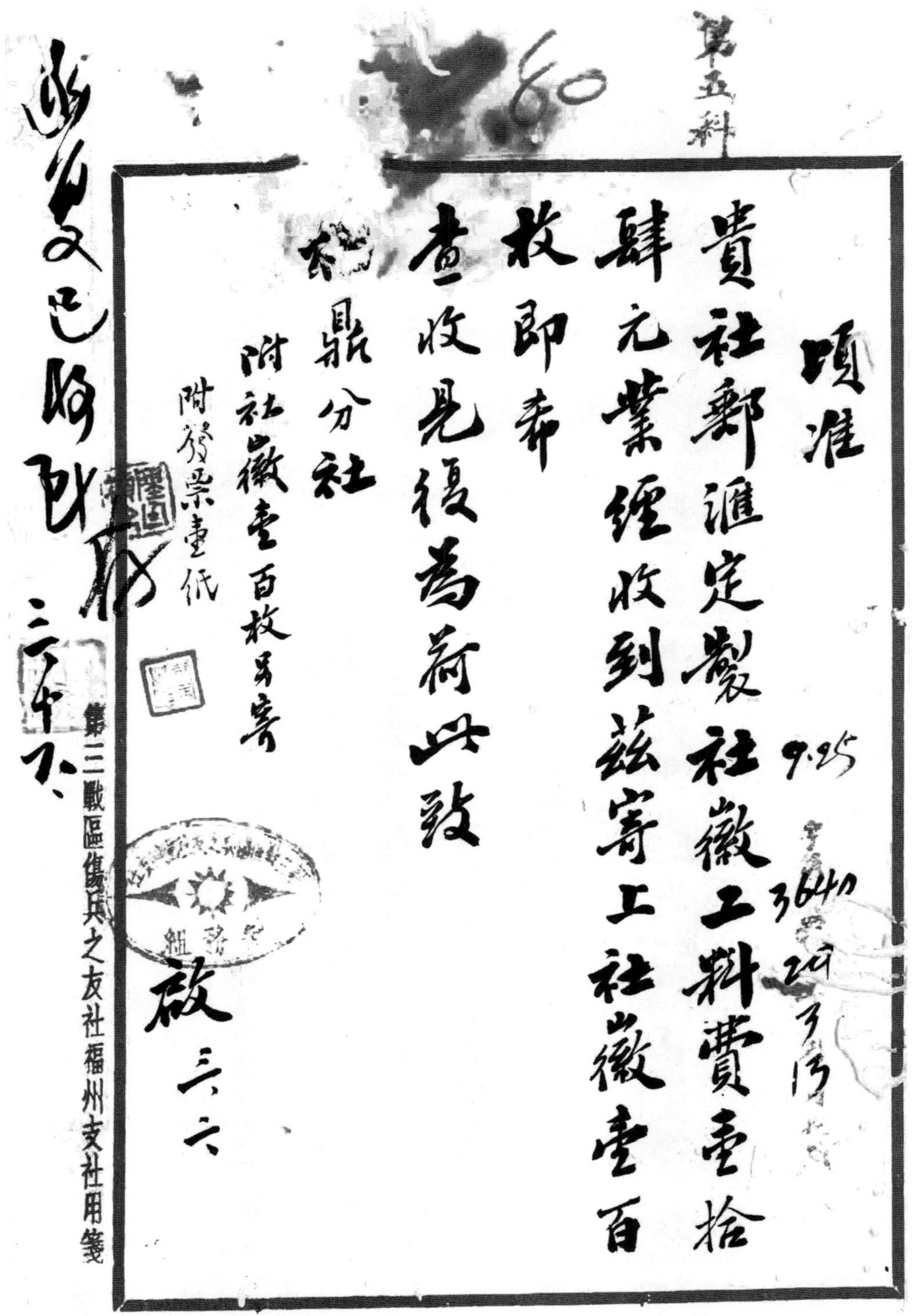

頃准

貴社郵匯定製社徽工料費壹拾肆元業經收到茲寄上社徽壹百枚即希

查收見復為荷此致

福鼎分社

附社徽壹百枚另寄

附發票壹紙

第三戰區傷兵之友社福州支社啟 三、六

第三戰區傷兵之友社福州支社用箋

第三战区伤兵之友社福州支社关于福鼎分社定制社徽工料费收到(会徽另寄)并附发票的复函

(1940 年 3 月 2 日)　G133-003-0024

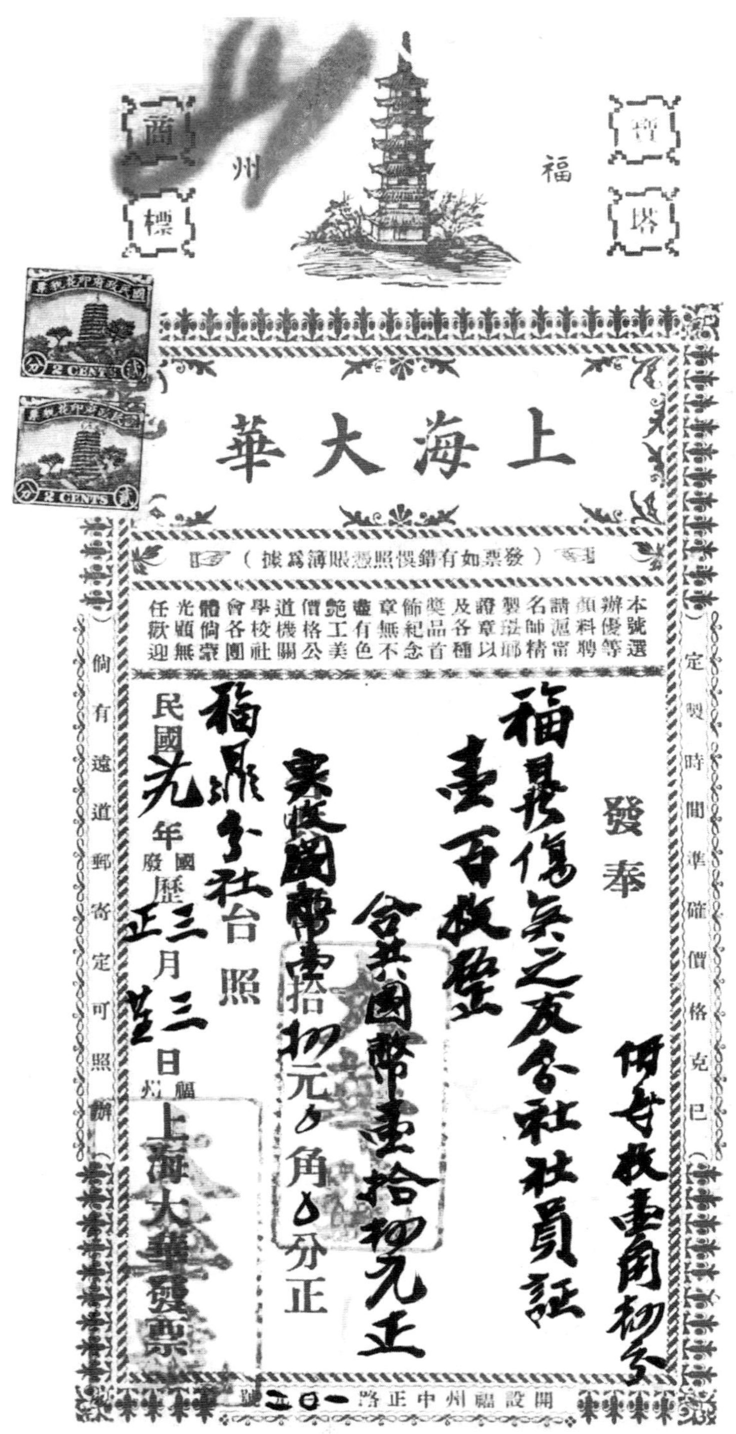

附件：福鼎分社定制社徽工料费发票（1940 年 3 月 3 日） G133-003-0024

（二）福鼎分社征求会员与征缴入会金

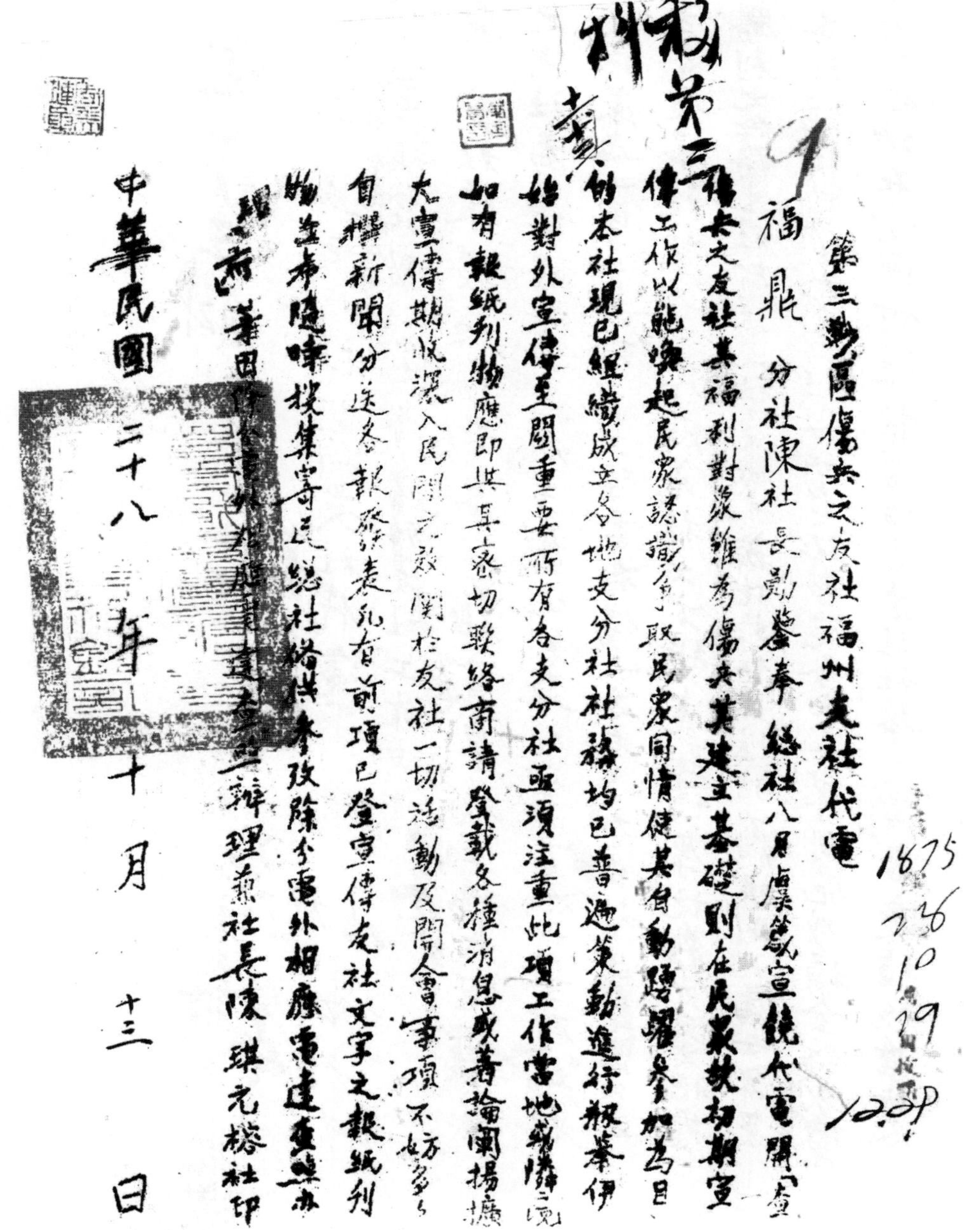

第三戰區傷兵之友社福州支社代電

福鼎分社陳社長勛鑒：奉總社八月虞敍宣皖代電開「查傷兵之友社其福利對象雖為傷兵，其建立基礎則在民眾，故初期宣傳工作以能喚起民眾認識、爭取民眾同情、使其自動踴躍參加為目的。本社現已組織成立，各地支分社社務均已普遍策動進行，報幕伊始，對外宣傳至關重要，所有各支分社亟須注重此項工作。當地、鄰近如有報紙刊物，應即與其密切聯絡，商請登載各種消息或著論闡揚，擴大宣傳，期收深入民間之效。關於友社一切活動及開會事項，不妨多多自撰新聞，分送各報發表。凡有前項已登宣傳友社文字之報紙刊物，並希隨時搜集寄呈總社，俾供參攷。」除分電外，相應電達，查照[illegible]

[illegible]兼因[illegible]外[illegible]電達查照辦理。兼社長陳琪元 榕社印

中華民國二十八年十月十三日

第三战区伤兵之友社福州支社关于各社亟须注重宣传工作以唤起民众踊跃参加的代电

（1939 年 10 月 13 日） G133-003-0023

第三戰區傷兵之友社福州支社代電

事由：電請發動婦女界參加友社工作由（為奉總社代電）

福鼎分社陳社長勛鑒：奉總社八月虞戌宣鏡代電開：查傷兵之友社為籌謀傷兵福利事業之公益社團，其建立基礎端賴廣大之民眾，每一國民無論男女皆當為傷兵之友，各本出智出錢出力之旨，從事各項濟難扶傷之工作，群策群力，方得達到增厚抗戰力量，把握最後勝利之任務。本社對於入社會員徵求辦法，於社員性別不加限制，凡屬女界，果能為本社竭誠致力，無任歡迎。溯自抗戰迄今，我女界同胞或捐金飾，或以當票，或鋁華而入伍，功在黨國，何[illegible]方今本社社務正當普遍積極推行，各

第三战区伤兵之友社福州支社关于发动妇女界参加友社工作的代电

(1939 年 10 月 13 日)a 面 G133-003-0023

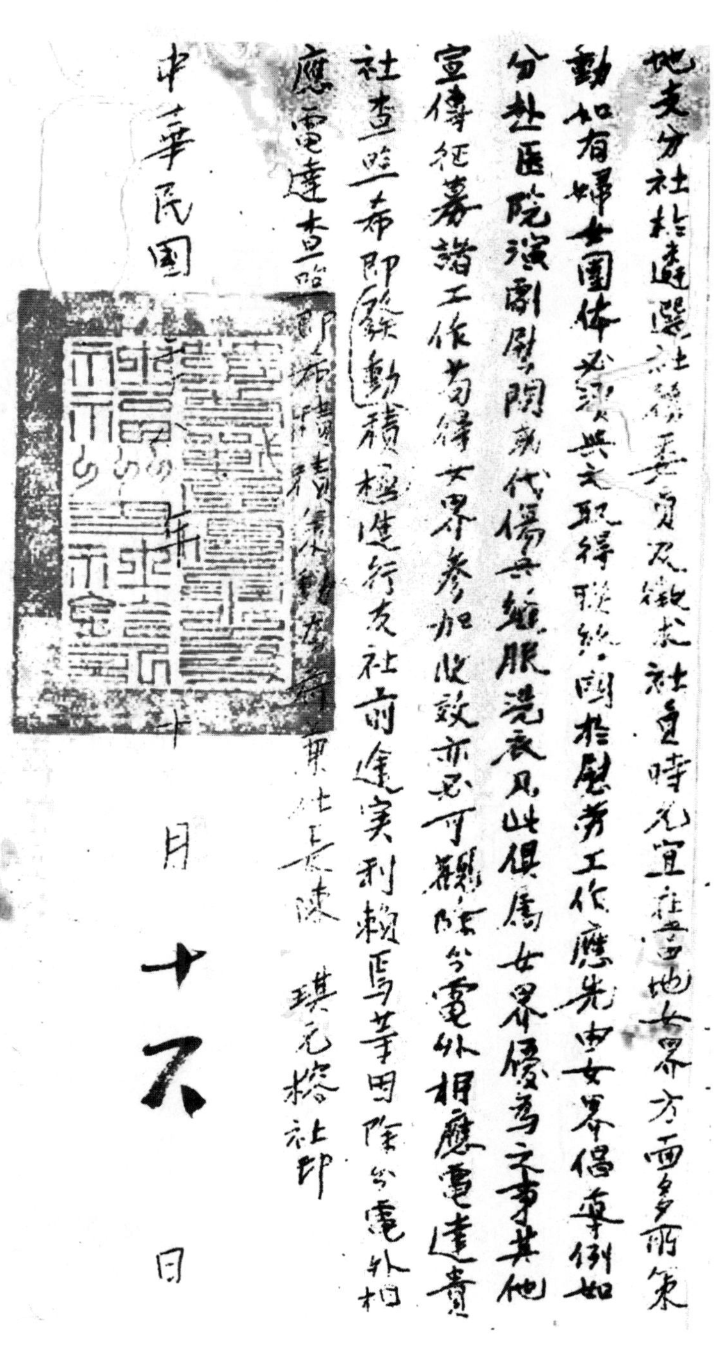
地支分社於遴選社務委員及徵求社員時亦宜注意地女界方面多所策動如有婦女團体者須與之取得联繫關於慰劳工作應先由女界倡導例如分赴医院演劇慰問或代傷兵縫服洗衣凡此俱属女界優為之事其他宣傳征募諸工作尚得女界參加收效亦必可觀除分電外相應電達貴社查照布即發動積極進行友社前途实利賴焉等因除分電外相應電達查照即希積極發動為荷[illegible]支社社長陳琪元榕社印

中華民國[illegible]年十月十不日

第三战区伤兵之友社福州支社关于发动妇女界参加友社工作的代电

(1939年10月13日)b面　G133-003-0023

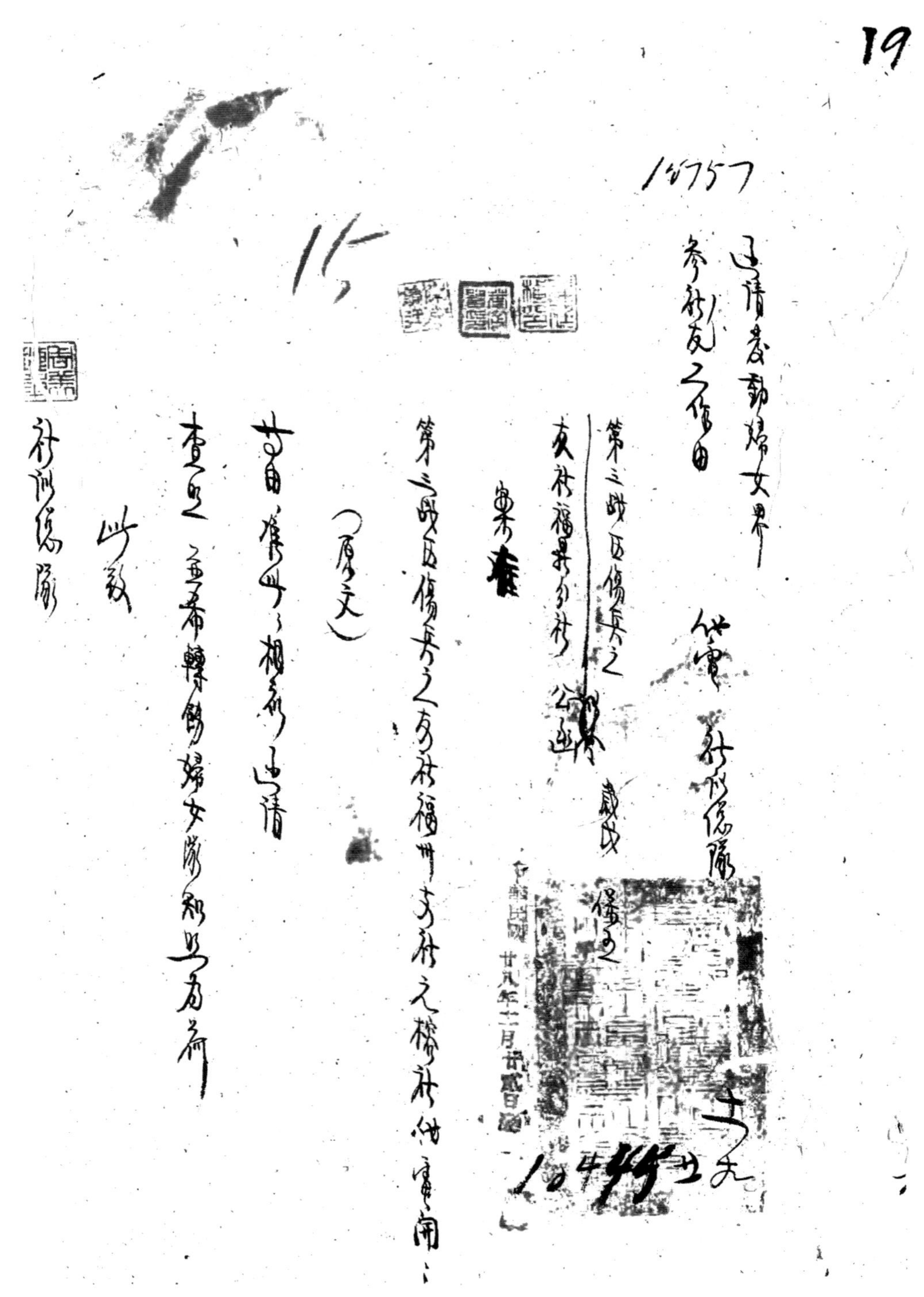
19

10757

为请发动妇女界参加友社工作由

代电

第三战区伤兵之友社福鼎分社 公函

案奉

第三战区伤兵之友社福州支社之总社代电开：

（原文）

等由，准此，相应函请

查照，希转饬妇女队知照为荷

此致

社训伤队

第三战区伤兵之友社福州支社福鼎分社关于请发动妇女界参加友社工作的代电

（1939 年 11 月 22 日） G133-003-0023

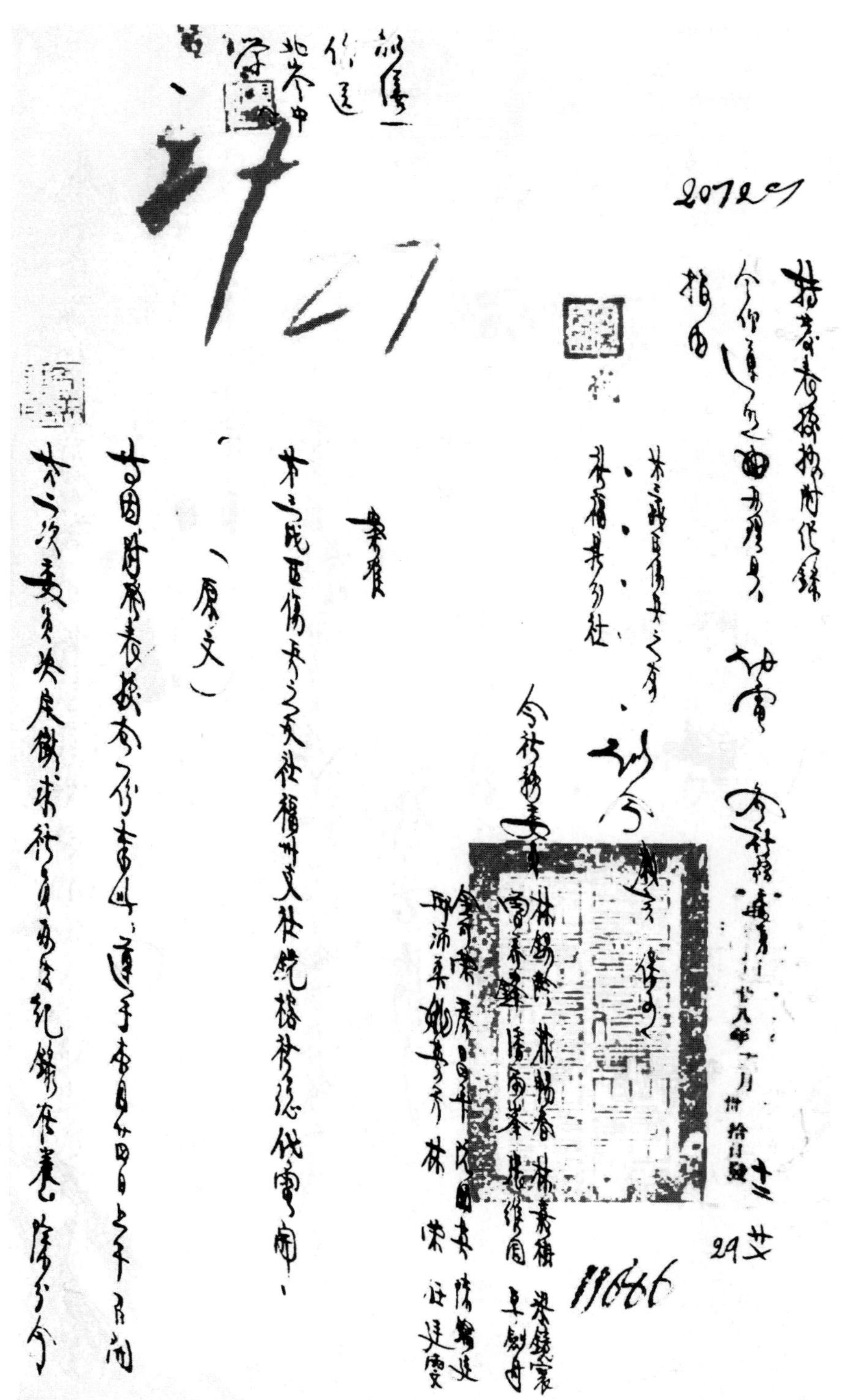

第三战区伤兵之友社福州支社福鼎分社关于转发社员入社介绍表、福鼎分社收据并抄附第二次社务委员会议记录仰各社务委员遵行办理的训令（1939 年 12 月 30 日）a 面　G133-003-0023

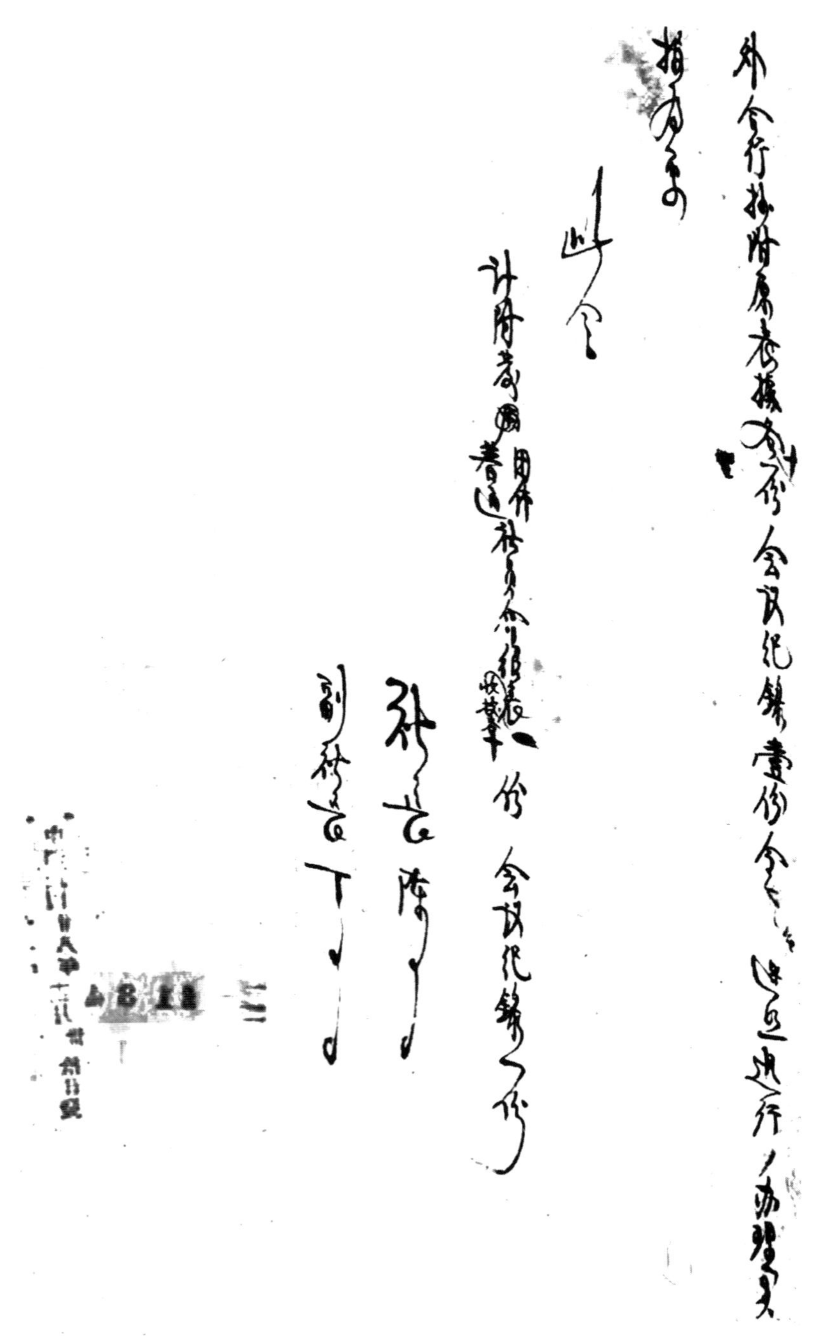

外，合行抄附原表据各十份、会议纪录壹份，令仰遵照进行办理具报为要。

此令。

计附：[illegible]普通社员介绍表、收据各十份，会议纪录一份

社长

副社长

第三战区伤兵之友社福州支社福鼎分社关于转发社员入社介绍表、福鼎分社收据并抄附第二次社务委员会议记录仰各社务委员遵行办理的训令(1939 年 12 月 30 日)b 面　G133-003-0023

No.

第三戰區傷兵之友社福州支社福鼎縣分社收據存根

收到　　社員

入社金法幣　弗

經收幹事

中華民國二十　年　月　日

字第　號

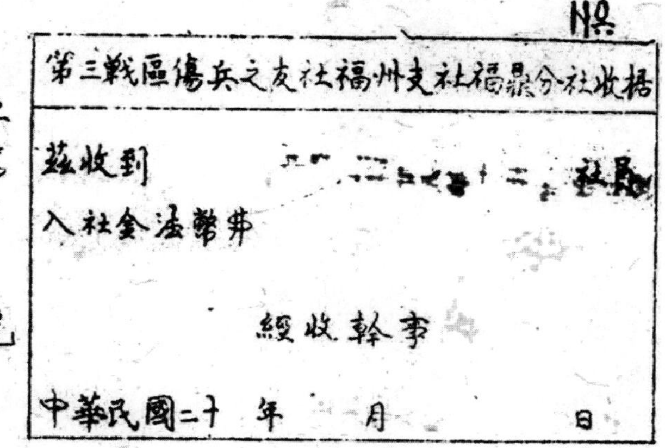

No.

第三戰區傷兵之友社福州支社福鼎分社收據

茲收到　　社員

入社金法幣　弗

經收幹事

中華民國二十　年　月　日

附件：第三战区伤兵之友社福州支社福鼎分社入社金收据式样

（1939年12月30日）　G133-003-0023

第三戰區傷兵之友社福鼎分社第二次社務委員會議紀錄

開會日期：二十八年十二月廿四日上午九時

地　　點：縣政府會議廳

出 席 者：張維周　姚夢天　梁鏡襄　陳鑰廷　林錫齡　陳[illegible]
嚴昌華　林嘉樹　葉之貴　丁梅薰　卓純青

主　　席：丁梅薰　　　　紀　　錄：卓純青

甲、報告事項

報告從略

乙、討論事項

1、本社社員應如何徵求案

議決：團體社員由本社負責徵求，普通社員由社務委員負責徵求，每人最低限額應徵求社員十人，限二十九年一月十日徵齊

2、擬加聘各區區長為社務委員案

議決：通過

附件：第三战区伤兵之友社福州支社福鼎分社第二次社务委员会议记录

（1939 年 12 月 24 日）　G133-003-0023

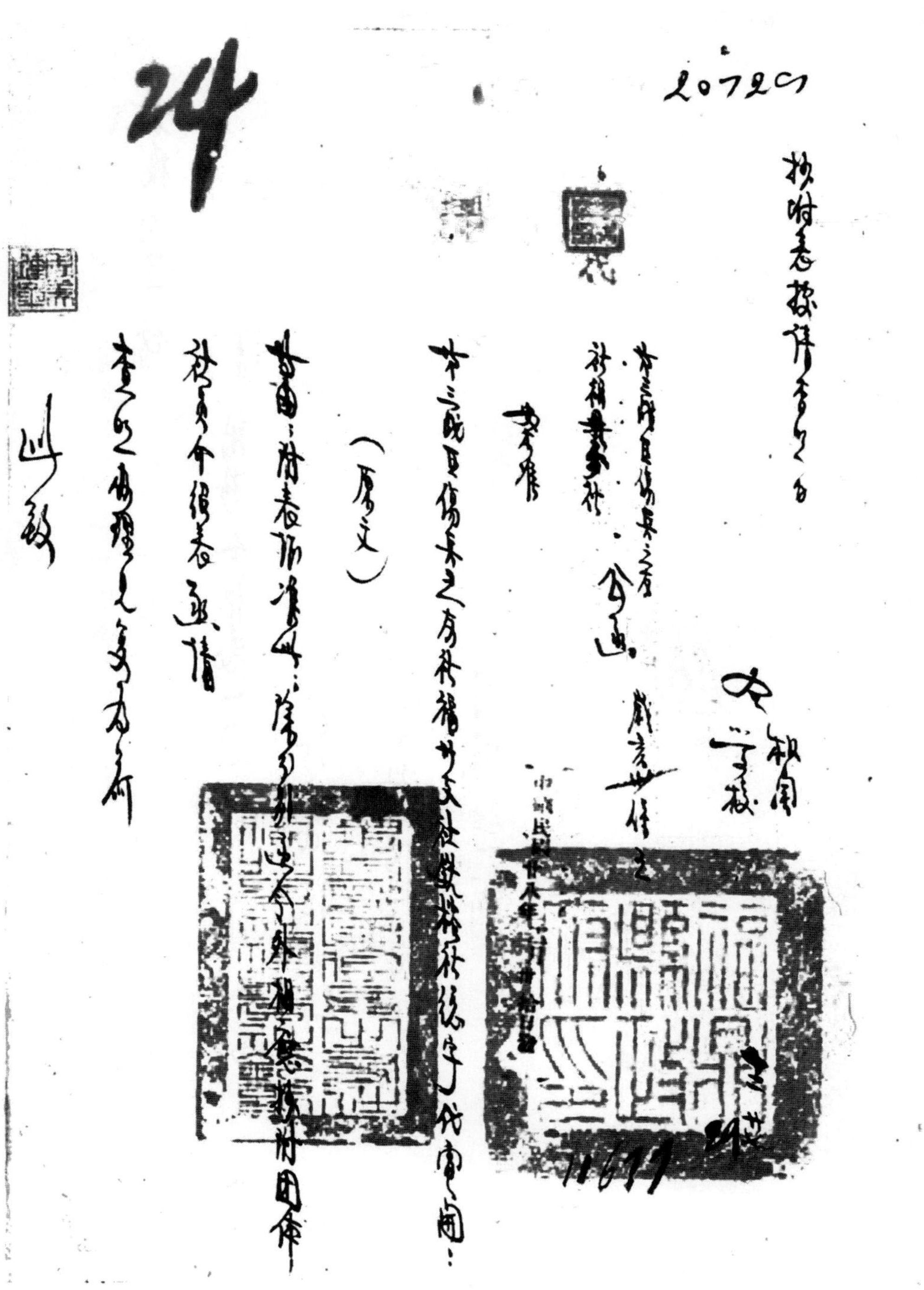

第三战区伤兵之友福州支社福鼎分社关于各机关学校征求团体会员的公函(附表据)
(1939年12月30日)a面　G133-003-0023

各机关学校

附抄会组表一份

社社员陆四〇

副社社员丁〇〇

第三战区伤兵之友福州支社福鼎分社关于各机关学校征求团体会员的公函(附表据)
(1939年12月30日)b面　G133-003-0023

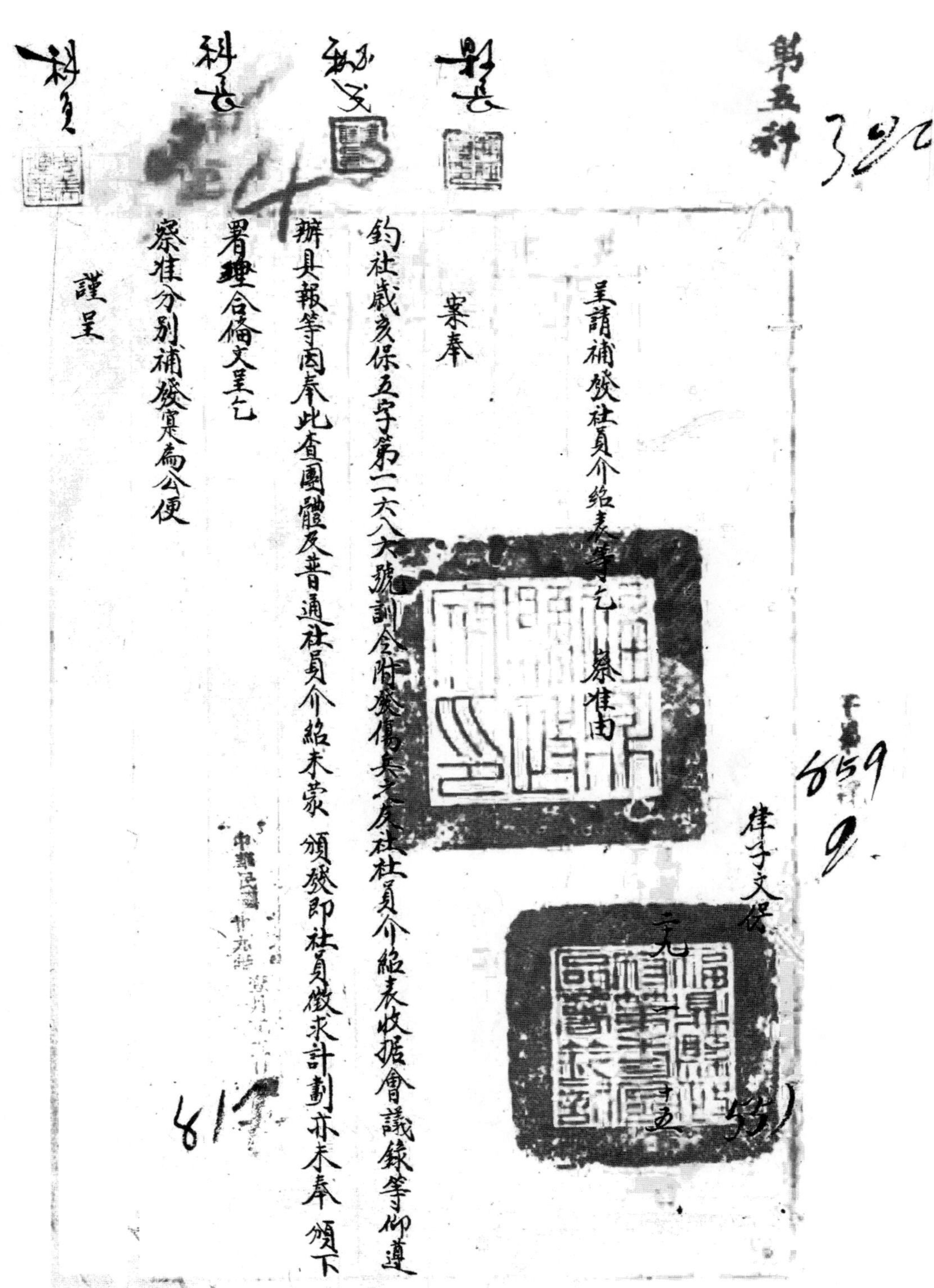
第五科

呈請補發社員介紹表等乞 察准由

案奉

鈞社戚爻保五字第一一六八六號訓令附發傷兵之友社社員介紹表收据會議錄等仰遵

辦具報等因奉此查團體及普通社員介紹表未蒙 頒發即社員徵求計劃亦未奉 頒下

署理合備文呈乞

察准分別補發寔爲公便

謹呈

二九 一 十五

福鼎县政府第三区区署关于申请补发社员入社介绍表、社员征求计划的呈文

（1940年1月15日） G133-003-0023

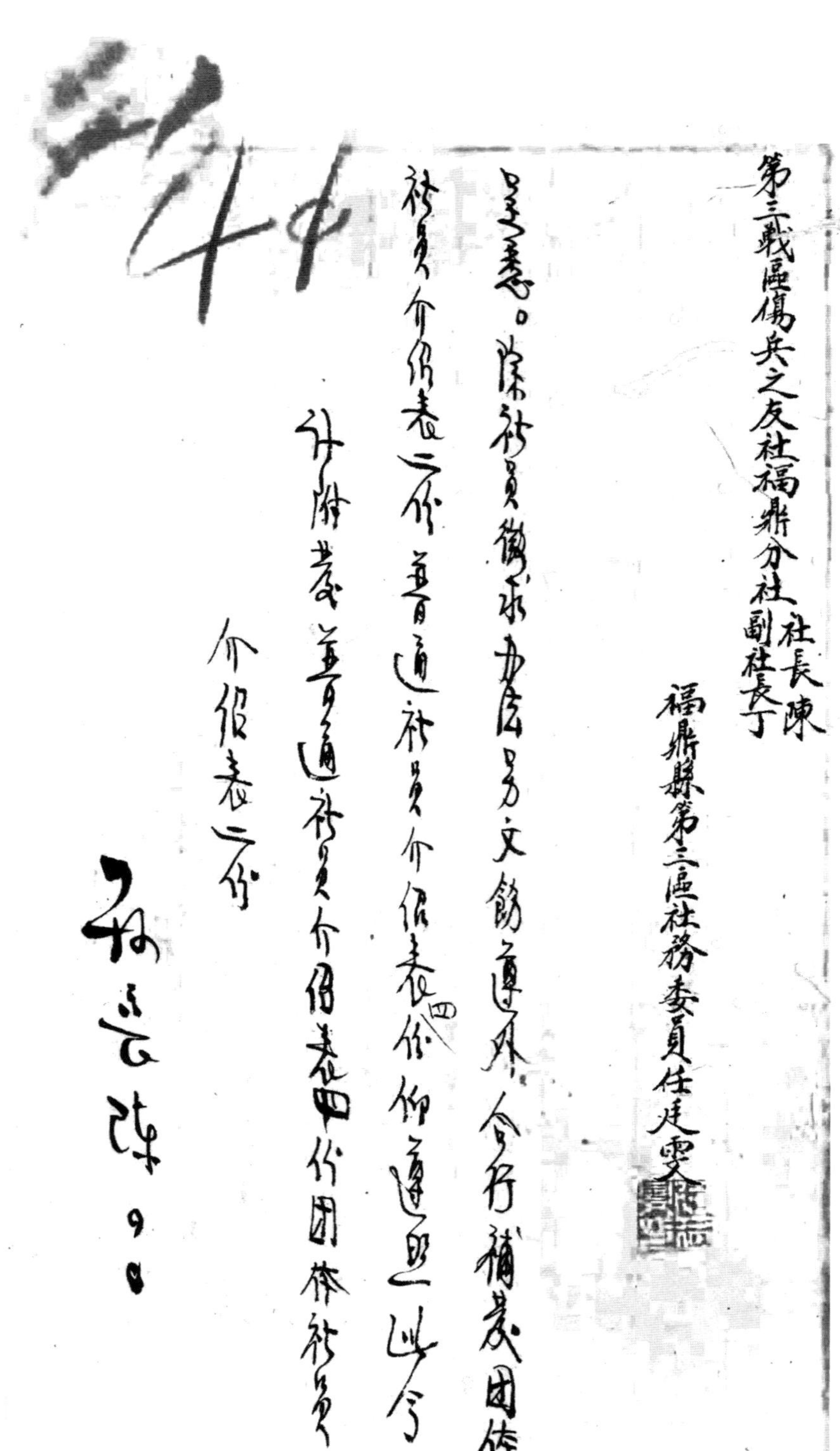

第三戰區傷兵之友社福鼎分社社長陳
　　　　　　　　　　　　　副社長丁

福鼎縣第三區社務委員任廷雯

呈悉。除社員徵求办法另文飭遵外，合行補发团体社員介绍表二份，普通社員介绍表四份，仰遵照。此令

計附发普通社員介绍表四份、团体社員介绍表二份

社長陳○○

福鼎县政府第三区区署关于申请补发社员入社介绍表、社员征求计划的呈文

（1940 年 1 月 15 日）　G133-003-0023

第三戰區傷兵之友社社員入社介紹表

姓名	性別	籍貫	是否黨員

資歷	現任工作	通訊處	備註
		電話	

茲由　　先生介紹加入本戰區傷兵之友社為社員願為傷兵福利事業致力相應列填介紹表

呈請

貴社審查此致

社

介紹人　　（簽名蓋章）

入社人　　（簽名蓋章）

中華民國二十　年　月　日

支分社審查決定意見	審查人

附件：第三战区伤兵之友社福州支社福鼎分社函复并补发第三战区伤兵之友社社员入社介绍表（1940年1月）　G133-003-0023

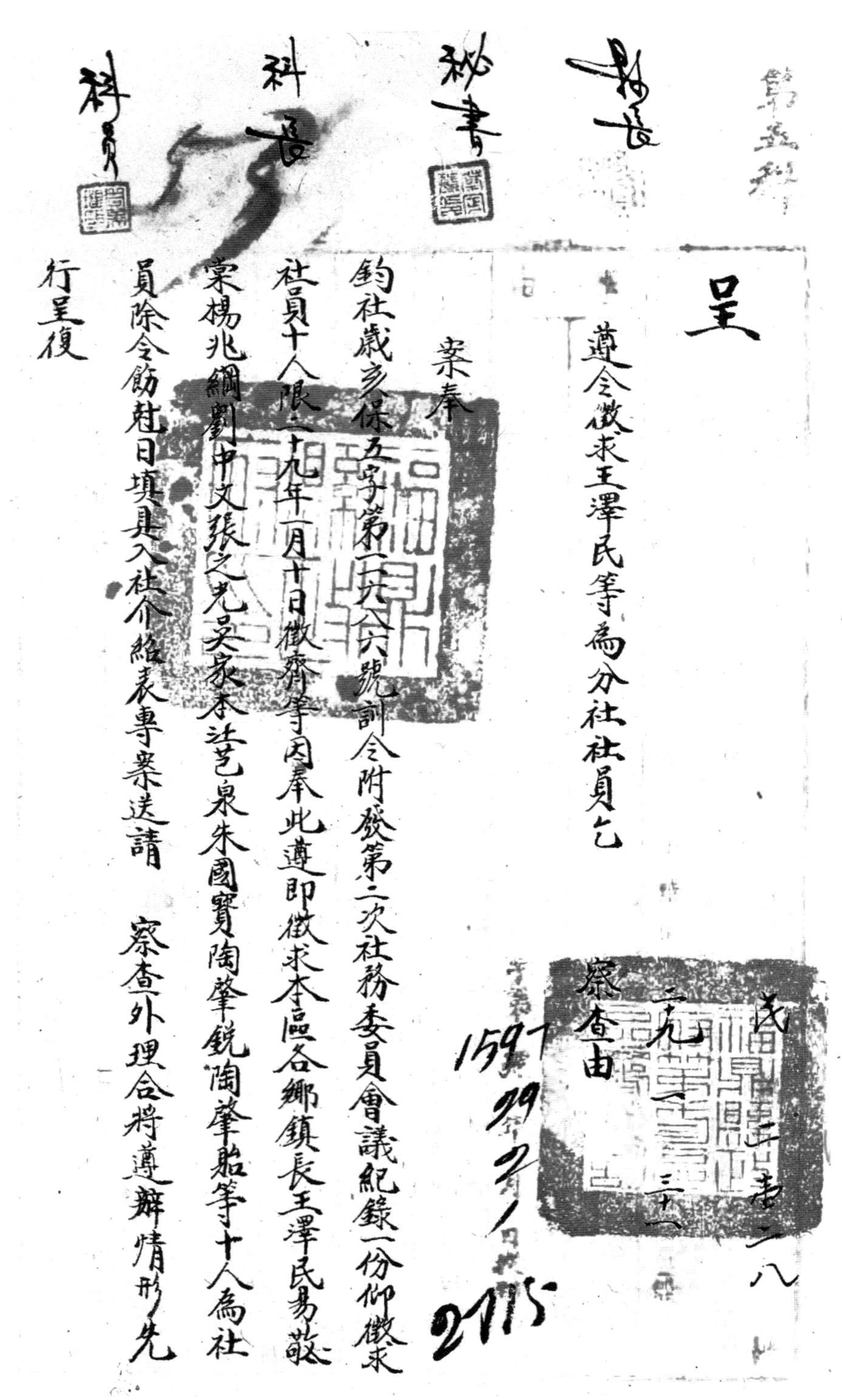

第五科

科長

秘書

科長

科員

呈

遵令徵求王澤民等爲分社社員乞

察查由

民二九、一、三一

1597

29/2/1

2715

案奉

鈞社歲亥保五字第一九八六號訓令附發第二次社務委員會議紀錄一份仰徵求社員十人限二十九年一月十日徵齊等因奉此遵即徵求本區各鄉鎮長王澤民易敬棠楊兆綱劉中文張之光吴家本汪芑泉朱國寶陶肇銳陶肇貽等十人爲社員除令飭尅日填具入社介紹表專案送請

察查外理合將遵辦情形先

行呈復

福鼎县政府第三区(社务委员任廷雯)关于遵令征求王泽民等十人为分社社员的呈文

(1940 年 1 月 31 日) G133-003-0023

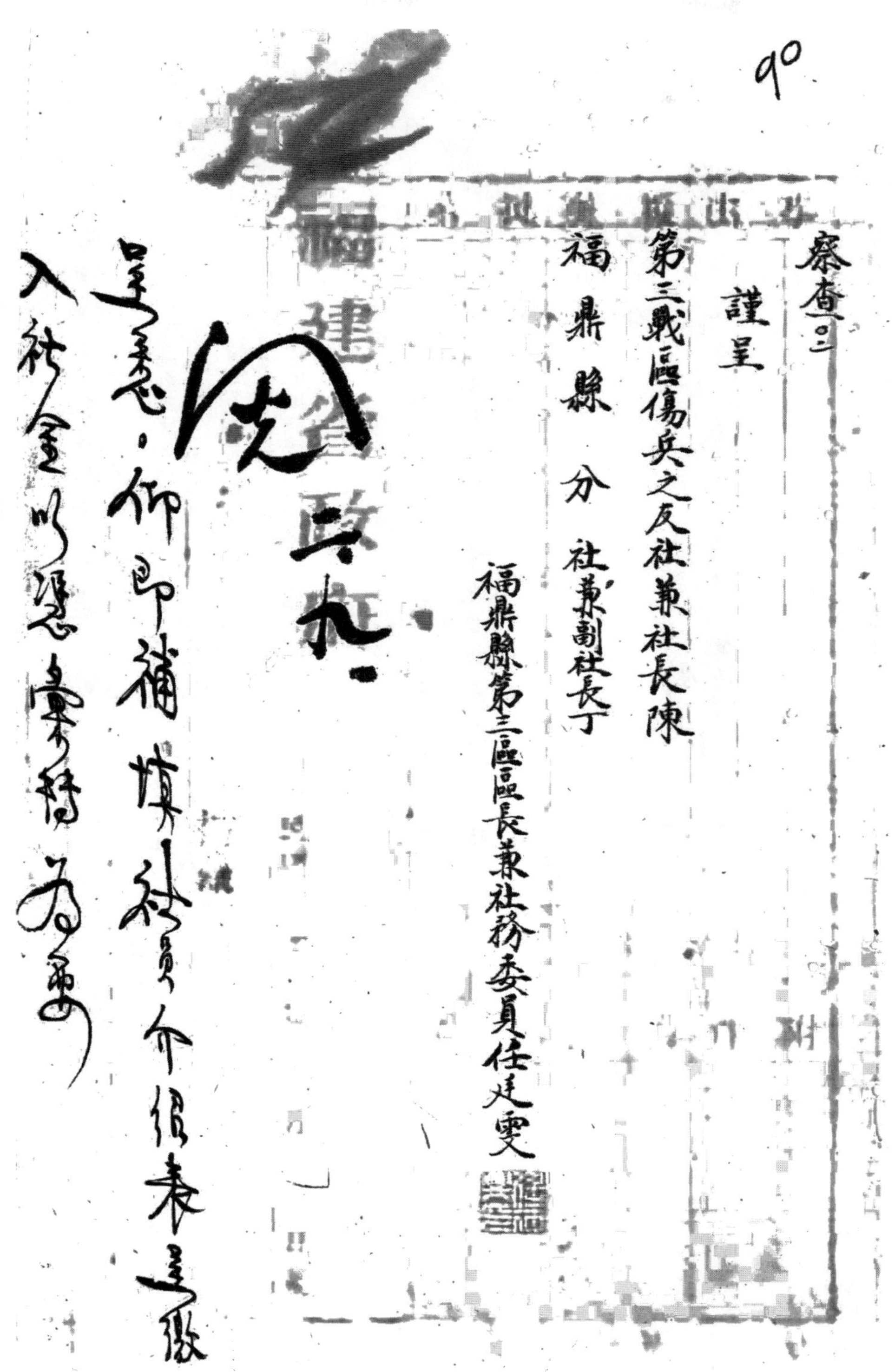
察查〇三

謹呈

第三戰區傷兵之友社兼社長陳

福鼎縣分社兼副社長丁

福鼎縣第三區區長兼社務委員任廷雯

福鼎县政府第三区（社务委员任廷雯）关于遵令征求王泽民等十人为分社社员的呈文

（1940 年 1 月 31 日） G133-003-0023

100

第三戰區傷兵之友社社員入社介紹表

姓名	性別	年齡	籍貫	兵否	黨員
黃錫楷	男	三二歲	浙江平陽	是	的

資歷：上海私立東南醫學院畢業福建省衛生人員訓練班第一期醫師科畢業曾任福建省高等法院法醫師等職

現任工作：福建省福鼎縣縣立衛生院院長

通訊處：現住：福鼎縣縣立衛生院　永久：浙江平陽江南黃車壁

電話：

備註：

茲由

先生介紹加入本戰區傷兵之友社為社員願為傷兵福利事業致力相應列填介紹表送請

貴社審查此致

福鼎分社

介紹人陳錫[illegible]（簽名蓋章）

入社人黃錫楷（簽名蓋章）

中華民國二十九年一月　日

支分社審查決定意見：

審查人：

第三战区伤兵之友社(黄锡楷)社员入社介绍表(1940年1月)　G133-003-0024

第三戰區傷兵之友社社員入社介紹表

姓名	陳永鈿
性別	男
年齡	二十九
籍貫	福建福鼎
是否黨員	已入黨
資歷	福鼎縣區立點頭小學畢業
現任工作	福鼎縣點頭鄉鄉農會幹事長
通訊處	福鼎點頭街危陳廣順
電話	
備註	

茲由

丁梅董先生介紹加入本戰區傷兵之友社為社員願為傷兵福利事業致力相應列填介紹表送請

貴社審查此致

社

介紹人丁梅董（簽名蓋章）

入社人陳永鈿（簽名蓋章）

中華民國二十九年三月　日

支分社審查決定意見	
審查人	

第三战区伤兵之友社(陈永钿)社员入社介绍表(1940年3月)　G133-003-0024

第三战区伤兵之友社福州支社福鼎分社关于征求社员有关伤兵福利迅行办理具报的训令
（1940 年 3 月 10 日） G133-003-0023

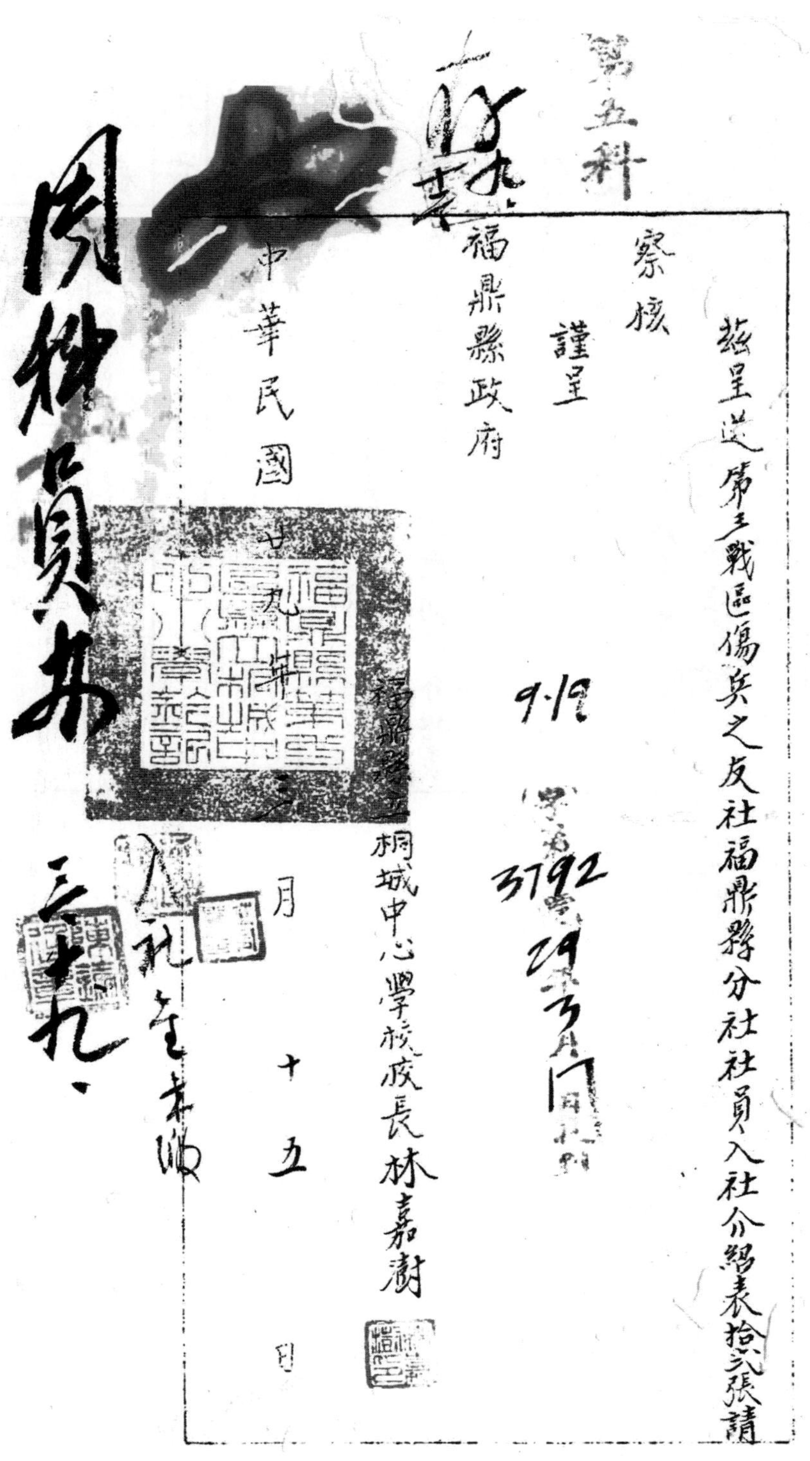

茲呈送第三戰區傷兵之友社福鼎縣分社社員入社介紹表拾貳張請

察核

謹呈

福鼎縣政府

福鼎縣立桐城中心學校校長林嘉澍

中華民國廿九年三月十五日

福鼎县县立桐城中心学校关于福鼎分社社员入社介绍表十二张的呈文

（1940 年 3 月 15 日） G133-003-0024

第三戰區傷兵之友社社員入社介紹表

姓名	性别	年齡	籍貫	是否黨員	資歷	現任工作	通訊處	備註
毛培芳	女	廿四歲	福鼎縣	是黨員	福建省小學教員訓練所畢業曾在教育界服務八年	桐城中心學校教員	桐城中心學校 電話	

茲由林嘉澍先生介紹加入本戰區傷兵之友社為社員願為傷兵福利事業致力相應列填介紹表送請

貴社審查此致

福鼎縣分社

介紹人林嘉澍

毛培芳

中華民國二十九年三月十三日

支分社審查意見

審查人

附件:第三战区伤兵之友社福鼎县分社(毛培芳)入社介绍表

(1940年3月13日)　G133-003-0024

第三戰區傷兵之友社社員入社介

姓名	性别	年齡	籍貫	是否黨員	資歷	現任工作	通訊處	電話	備註
黄女政	男	卅四歲	福鼎縣	是黨員	省立第二中学畢業,曾在教育界服務十三年	桐城中心學校教員	桐城中心学校		

茲由

林嘉衡先生介紹加入本戰區傷兵之友社為社員願為傷兵福利事業致力相應列填介紹表送請

貴社審查此致

福鼎縣分社

[illegible]封

附件:第三战区伤兵之友社福鼎县分社(黄女政)入社介绍表

(1940 年 3 月 13 日) G133-003-0024

第三戰區傷兵之友社社員入社介紹表

姓名	鄭雪青
性別	女
年齡	廿一歲
籍貫	福鼎縣
是否黨員	是黨員
資歷	省立三都中學附設簡易師範科畢業曾在教育界服務四年
現任工作	桐城中心學校教員
通訊處	桐城中心學校
電話	
備註	

茲由林嘉樹先生介紹加入本戰區傷兵之友社為社員願為傷兵福利事業致力相應列填介紹表送請

貴社審查此致

福鼎縣分社

介紹人 林嘉樹

入社人 鄭雪青

中華民國二十九年三月十三

支分社審查決定意見	
審查人	

附件：第三战区伤兵之友社福鼎县分社（郑雪青）入社介绍表

（1940 年 3 月 13 日） G133-003-0024

第三戰區傷兵之友社社員入社介紹表

姓名	性別	年齡	籍貫	是否黨員	資歷	現任工作	通訊處	電話	備註
朱葆震	男	廿九歲	福鼎縣	是党員	福建省小學教員訓練所畢業 曾在教育界服務七年	福鼎縣立桐城中心學校教員	桐城中心學校		

茲由

林嘉澍先生介紹加入本戰區傷兵之友社為社員願為傷兵福利事業致力相應列填介紹表送請

貴社審查此致

福鼎分社

介紹人 林嘉澍

入社人 朱葆震

中華民國二十九年三月十三

支分社審查決定意見

審查人

附件：第三战区伤兵之友社福鼎县分社（朱葆震）入社介绍表

（1940年3月13日） G133-003-0024

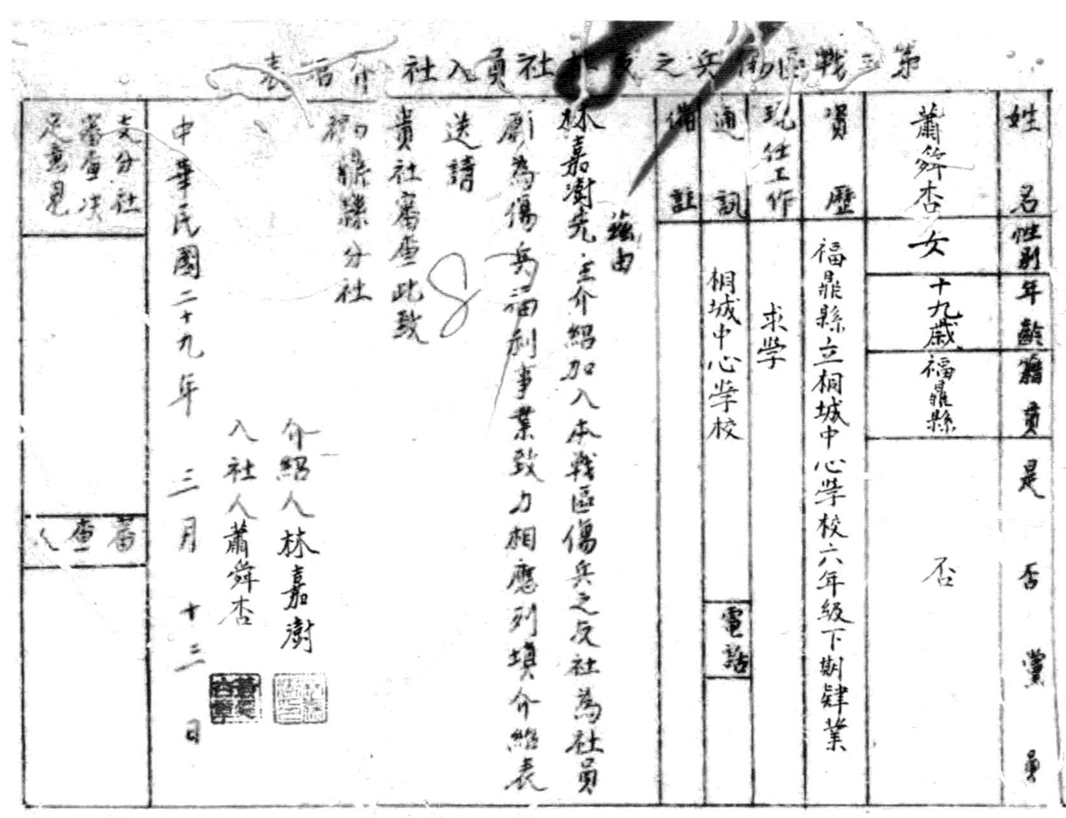

第三戰區傷兵之友社社員入社介紹表

姓名	性別	年齡	籍貫	是否黨員	資歷	現任工作	通訊	備註
蕭舜杏	女	十九歲	福鼎縣	否	福鼎縣立桐城中心学校六年級下期肄業	求学	桐城中心学校	

電話

茲由林嘉澍先生介紹加入本戰區傷兵之友社為社員，願為傷兵福利事業致力，相應列填介紹表送請貴社審查，此致

福鼎縣分社

介紹人　林嘉澍
入社人　蕭舜杏

中華民國二十九年三月十三日

支分社審查決定意見

審查人

附件：第三战区伤兵之友社福鼎县分社（萧舜杏）入社介绍表

（1940 年 3 月 13 日）　G133-003-0024

第三戰區傷兵之友社社員入社介紹表

姓名	性別	年齡	籍貫	是否黨員	資歷	現任工作	通訊處	電話	備註
陈惠琴	女	十五歲	福鼎縣	否	福鼎縣立桐城中心學校六年級下期肄業	求学	桐城中心學校		

茲由林嘉澍先生介紹加入本戰區傷兵之友社為社員，願為傷兵福利事業致力，相應列填介紹表送請

貴社審查此致

福鼎縣分社

介紹人 林嘉澍

入社人 陈惠琴

中華民國二十九年三月十三日

支分社審查意見	
入會	

附件:第三战区伤兵之友社福鼎县分社(陈惠琴)入社介绍表

(1940 年 3 月 13 日) G133-003-0024

第三戰區傷兵之友社社員入社介紹表

姓名：林福仙
性別：女
年齡：十六歲
籍貫：福鼎縣
是否黨員：否 一
資歷：福鼎縣立桐城中心學校六年級下期肄業
現任工作：求學
通訊：桐城中心學校
電話：
備註：

緣由：今由林嘉澍先生介紹加入本戰區傷兵之友社為社員，願為傷兵福利事業致力，相應列填介紹表

送請
貴社審查此致
福鼎縣分社

介紹人林嘉澍
入社人林福仙

中華民國二十九年三月十三日

支分社審查決定意見：

審查人：

附件：第三战区伤兵之友社福鼎县分社（林福仙）入社介绍表

（1940 年 3 月 13 日）　G133-003-0024

第三戰區傷兵之友社社員入社介紹表

姓名	性別	年齡	籍貫	是否黨員
朱翠微	女	十六歲	福鼎縣	否

資歷	現任工作	通訊處	備註
福鼎縣立桐城中心學校六年級下期肄業	求學	桐城中心學校 電話	

茲有林嘉澍先生介紹加入本戰區傷兵之友社為社員願為傷兵福利事業致力𡚒應列填介紹表送請

貴社審查此致

福鼎縣分社

介紹人林嘉澍

入社人朱翠微

中華民國二十　年　月

分社審查決定意見

審查人

附件：第三战区伤兵之友社福鼎县分社（朱翠微）入社介绍表

（1940 年 3 月 13 日）　G133-003-0024

第三戰區傷兵之友社社員入社介紹表

姓名	陳宜園
性别	男
年齡	[illegible]
籍貫	福鼎
是否黨員	否
資歷	桐城中心学校高级一年上期肄業
現任工作	求学
通訊處	桐城中心学校
電話	
備註	

茲由林嘉謝先生介紹加入本戰區傷兵之友社為社員，願為傷兵福利事業致力，相應列填介紹表送請

貴社審查，此致

福鼎分社

介紹人　林嘉謝（印）

入社人　陳宜園（印）

中華民國二十九年三月十三

支分社審查決定意見	審查人

附件：第三战区伤兵之友社福鼎县分社（陈宜园）入社介绍表

（1940年3月13日）　G133-003-0024

第三戰區傷兵之友社社員入社介紹表

姓名	性別	年齡	籍貫	是否黨員
張伍梅	女	十七歲	福鼎縣	否

資歷	現任工作	通訊處	電話	備註
福鼎縣立桐城中心學校六年級下期肄業	求学	桐城中心学校		

茲由林嘉澍先生介紹加入本戰區傷兵之友社為社員願為傷兵福利事業致力相應列填介紹表送請貴社審查此致

福鼎縣分社

介紹人 林嘉澍

入社人 張伍梅

中華民國二十九年三月十三日

支分社審查決定意見	
審查人	

附件：第三战区伤兵之友社福鼎县分社（张伍梅）入社介绍表

（1940 年 3 月 13 日） G133-003-0024

第三戰區傷兵之友社社員入社介紹表

姓名	性別	年齡	籍貫	是否黨員
方媚嫵	女	14	福鼎	否

資歷	現任工作	通訊處	電話	備註
福鼎縣立桐城中心學校（高級）第二年下期	求學	桐城中心學校		

茲由

林嘉澍先生介紹加入本戰區傷兵之友社社員願為傷兵福利事業致力相應列填介紹表送請

貴社審查此致

福鼎分社

介紹人 林嘉澍

入社人 方媚嫵

中華民國二十九年三月十三日

支分社審查決定意見
審查人

附件：第三战区伤兵之友社福鼎县分社（方媚妩）入社介绍表

（1940年3月13日）　G133-003-0024

第三戰區傷兵之友社[illegible]縣社員入社介紹表

姓名	性別	年齡	籍貫	黨員是否	資歷	現任工作	通訊處	電話	備註
陳明椒	男	十二	福鼎	否	桐城中心學校高年一年上期肄業	求學	桐城中心學校		

緣由

林嘉澍先生介紹加入本戰區傷兵之友社為社員願為傷兵福利事業致力相應列填介紹表送請

貴社審查此致

福鼎分社

介紹人 林嘉澍

入社人 陳明椒

中華民國二十九年三月十三

分社審查決定意見	
審查人	

附件：第三战区伤兵之友社福鼎县分社(陈明椒)入社介绍表

(1940年3月13日)　G133-003-0024

418

第三戰區傷兵之友社社員入社介紹表

姓名	性别	年齡	籍貫	是否黨員
朱學家	男	十六	福鼎	否

資歷：福鼎縣立桐城中心小學校畢業

現任工作：

通訊處：福鼎縣桐南中山路二三號

電話：

備註：

茲由

卓劍舟先生介紹加入本戰區傷兵之友社為社員，願為傷兵福利事業致力，相應列填介紹表送請

貴社審查，此致

福鼎縣分社

介紹人　卓劍舟（簽名蓋章）

入社人　朱學家（簽名蓋章）

中華民國二十九年三月二十日

支分社審查決定意見	
審查人	

附件：第三战区伤兵之友社福鼎县分社（朱学家）入社介绍表

（1940 年 3 月 20 日）　G133-003-0025

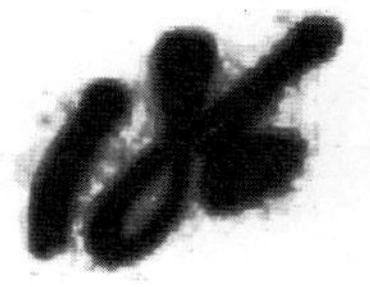

第三戰區傷兵之友社社員入社介紹表

姓名	洪菊仙
性別	女
年齡	十七
籍貫	福鼎
是否黨員	否
資歷	桐北小学畢業
現任工作	
通訊處	福鼎北门外洪成興号
電話	
備註	

茲由

卓劍舟先生介紹加入本戰區傷兵之友社為社員願為傷兵福利事業致力祠應列填介紹表送請

貴社審查此致

福鼎分社

介紹人 卓劍舟（蓋章）

入社人 洪菊仙（蓋章）

中華民國二十九年三月二十日

支分社審查決定意見	
審查人	

附件：第三战区伤兵之友社福鼎县分社（洪菊仙）入社介绍表

（1940 年 3 月 20 日） G133-003-0025

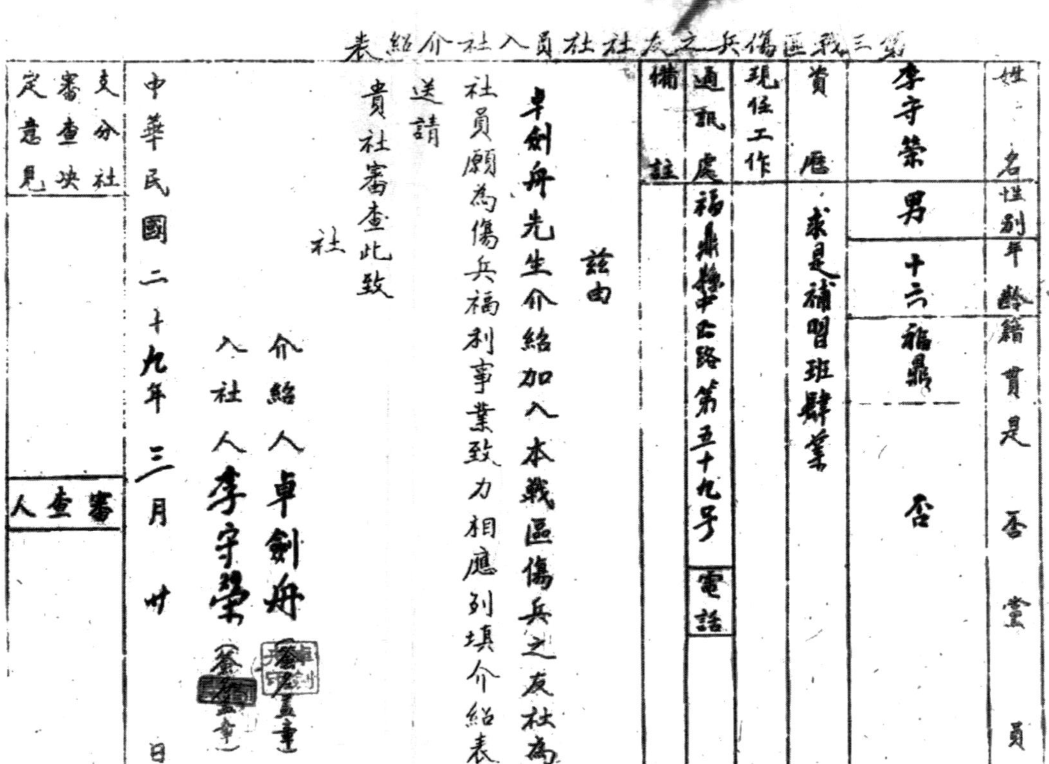
第三戰區傷兵之友社社員入社介紹表

姓名：李守榮
性別：男
年齡：十六
籍貫：福鼎
是否黨員：否
資歷：求是補習班肄業
現任工作：
通訊處：福鼎縣中山路第五十九号
電話：
備註：

茲由
卓劍舟先生介紹加入本戰區傷兵之友社為社員願為傷兵福利事業致力相應列填介紹表送請
貴社審查此致
社

介紹人 卓劍舟（簽名蓋章）
入社人 李守榮（簽名蓋章）

中華民國二十九年三月廿日

支分社審查決定意見
審查人

附件：第三战区伤兵之友社福鼎县分社（李守荣）入社介绍表
（1940 年 3 月 20 日） G133-003-0025

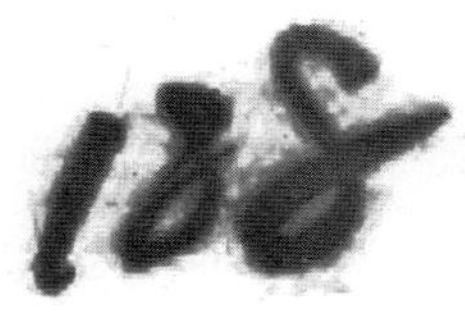

第三戰區傷兵之友社社員入社介紹表

姓名	性別	年齡	籍貫	是否黨員	資歷	現任工作	通訊處	電話	備註
潘國英	男	十八	福鼎縣	否	福鼎縣北嶺初級中學肄業		福鼎縣桐北中山路成康號		

茲由

卓劍舟先生介紹加入本戰區傷兵之友社為社員願為傷兵福利事業致力相應列填介紹表送請

貴社審查此致

福鼎分社

介紹人卓劍舟（簽名蓋章）

入社人潘國英（簽名蓋章）

中華民國二十九年三月二十日

支分社審查決定意見	審查人

附件：第三战区伤兵之友社福鼎县分社（潘国英）入社介绍表

（1940年3月20日） G133-003-0025

第三戰區傷兵之友社社員入社介紹表

姓名	性別	年齡	籍貫	是否黨員
潘興旺	男	十七	福鼎	否

資歷：福鼎縣店桐北小學畢業

現任工作：

通訊處：福鼎城内天燈下新茂昌

電話：

備註：

茲由

卓劍舟先生介紹加入本戰區傷兵之友社為社員願為傷兵福利事業致力相應列填介紹表送請

貴社審查此致

福鼎分社

介紹人卓劍舟（蓋章）

入社人潘興旺（蓋章）

中華民國二十九年三月二十日

支分社審查決定意見：

審查人：

附件：第三战区伤兵之友社福鼎县分社（潘兴旺）入社介绍表

（1940年3月20日） G133-003-0025

第三戰區傷兵之友社社員入社介紹表

姓名	性別	年齡	籍貫	是否黨員	資歷	現任工作	通訊處	備註
曾瑞楊	男	十九	福縣	否	福縣縣立桐城中心小學畢業		福縣桐北咸康國藥號轉 電話	

茲由

卓劍舟先生介紹加入本戰區傷兵之友社為社員願為傷兵福利事業致力相應列填介紹表

送請

貴社審查此致

福縣分社

介紹人 卓劍舟（蓋章）

入社人 曾瑞楊（蓋章）

中華民國二十九年三月二十日

支分社審查決定意見	
審查人	

附件：第三战区伤兵之友社福鼎县分社（曾瑞杨）入社介绍表

（1940 年 3 月 20 日） G133-003-0025

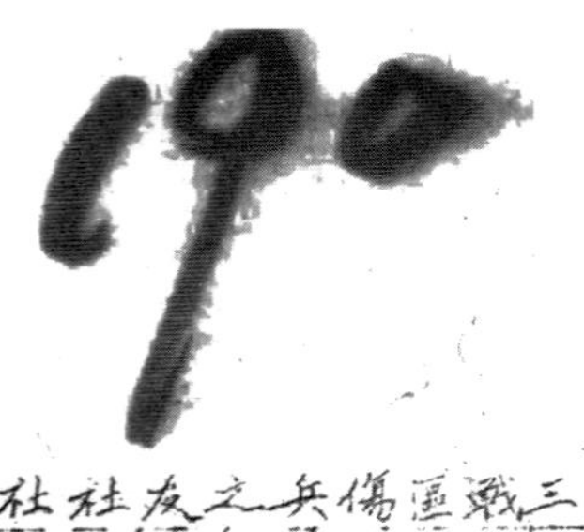

第三戰區傷兵之友社社員入社介紹表

姓名	性別	年齡	籍貫	是否黨員
李登奎	男	二十八	福鼎	

資歷	現任工作	通訊處	備註
育化小學畢業		桐山鎮中山路八十二號　電話	

茲由

卓劍舟先生介紹加入本戰區傷兵之友社為社員願為傷兵福利事業致力相應到填介紹表送請

貴社審查此致

福鼎分社

介紹人　卓劍舟（簽名蓋章）

入社人　李登奎（簽名蓋章）

中華民國二十年三月廿一日

支分社審查決定意見

審查人

附件：第三战区伤兵之友社福鼎县分社（李登奎）入社介绍表

（1940 年 3 月 21 日）　G133-003-0025

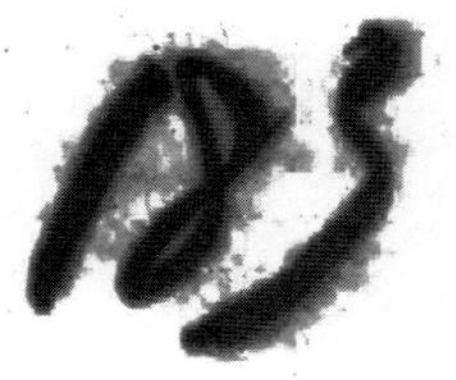

第三戰區傷兵之友社社員入社介紹表

姓名	性別	年齡	籍貫	是否黨員	資歷	現任工作	通訊處	電話	備註
劉正寶	男	十八歲	福鼎	否	福鼎縣平育仁小學畢業		福鼎桐北劉永成55号		

茲由

卓劍舟先生介紹加入本戰區傷兵之友社為社員願為傷兵福利事業致力相應列填介紹表送請

貴社審查此致

福鼎分社

介紹人 卓劍舟（簽章）

入社人 刘正寶（簽章）

中華民國二十九年三月二十二日

支分社審查決定意見	
審查人	

附件：第三战区伤兵之友社福鼎县分社（刘正宝）入社介绍表

（1940年3月22日） G133-003-0025

第三戰區傷兵之友社社員入社介紹表

姓名	性別	年齡	籍貫	是否黨員	學歷	現任工作	通訊處	備註
鄭慶源	男	卅九	福鼎	否	福鼎縣桐北小學畢業		福鼎縣桐北中山路门牌卅七号電話	

茲由

阜劍舟先生介紹加入本戰區傷兵之友社為社員願為傷兵福利事業致力相應列填介紹表送請

貴社審查此致

福鼎分社

介紹人阜劍舟（簽名蓋章）

入社人鄭慶源（簽名蓋章）

中華民國二十九年三月二十二日

支分社審查決定意見	
審查人	

附件：第三战区伤兵之友社福鼎县分社（郑庆源）入社介绍表

（1940 年 3 月 22 日）　G133-003-0025

第三戰區傷兵之友社社員入社介紹表

姓名	性別	年齡	籍貫	是否黨員
顏月兒	女	十七	福鼎	否

資歷	現任工作	通訊處	電話	備註
福鼎縣北嶺初級中學肄業		福鼎南门外信春昌號		

茲由

卓劍舟先生介紹加入本戰區傷兵之友社為社員願為傷兵福利事業致力相應列填介紹表送請

貴社審查此致

福鼎分社

介紹人 卓劍舟（簽名蓋章）

入社人 顏月兒（簽名蓋章）

中華民國二十九年三月二十三日

支分社審查決定意見	
審查人	

附件：第三战区伤兵之友社福鼎县分社（颜月儿）入社介绍表

（1940 年 3 月 23 日） G133-003-0025

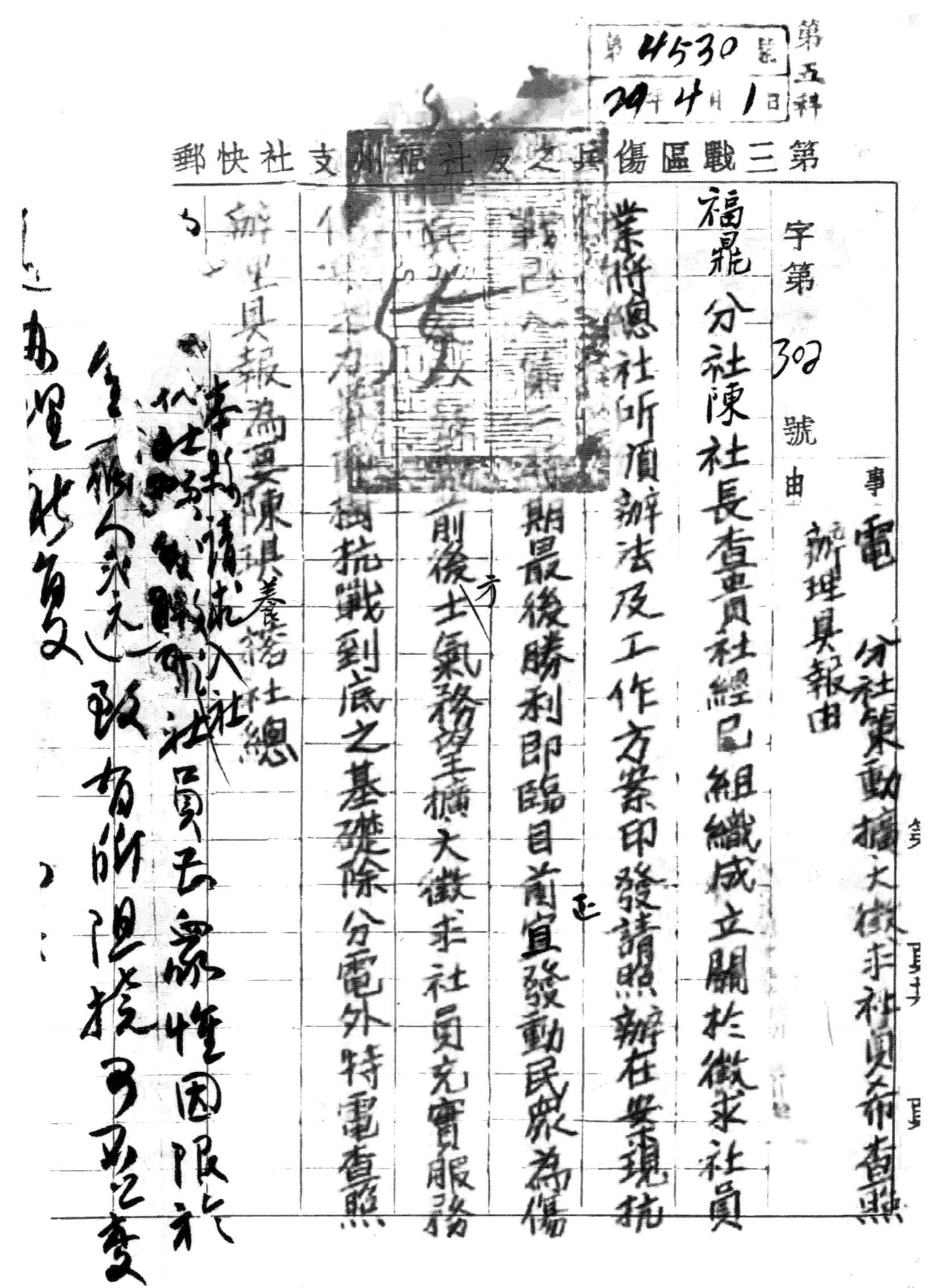
第三戰區傷兵之友社福州支社快郵

第三战区伤兵之友社福州支社关于各分社策动扩大征求社员充实服务伤兵之力量的快邮代电

（1940 年 3 月 22 日）　G133-003-0023

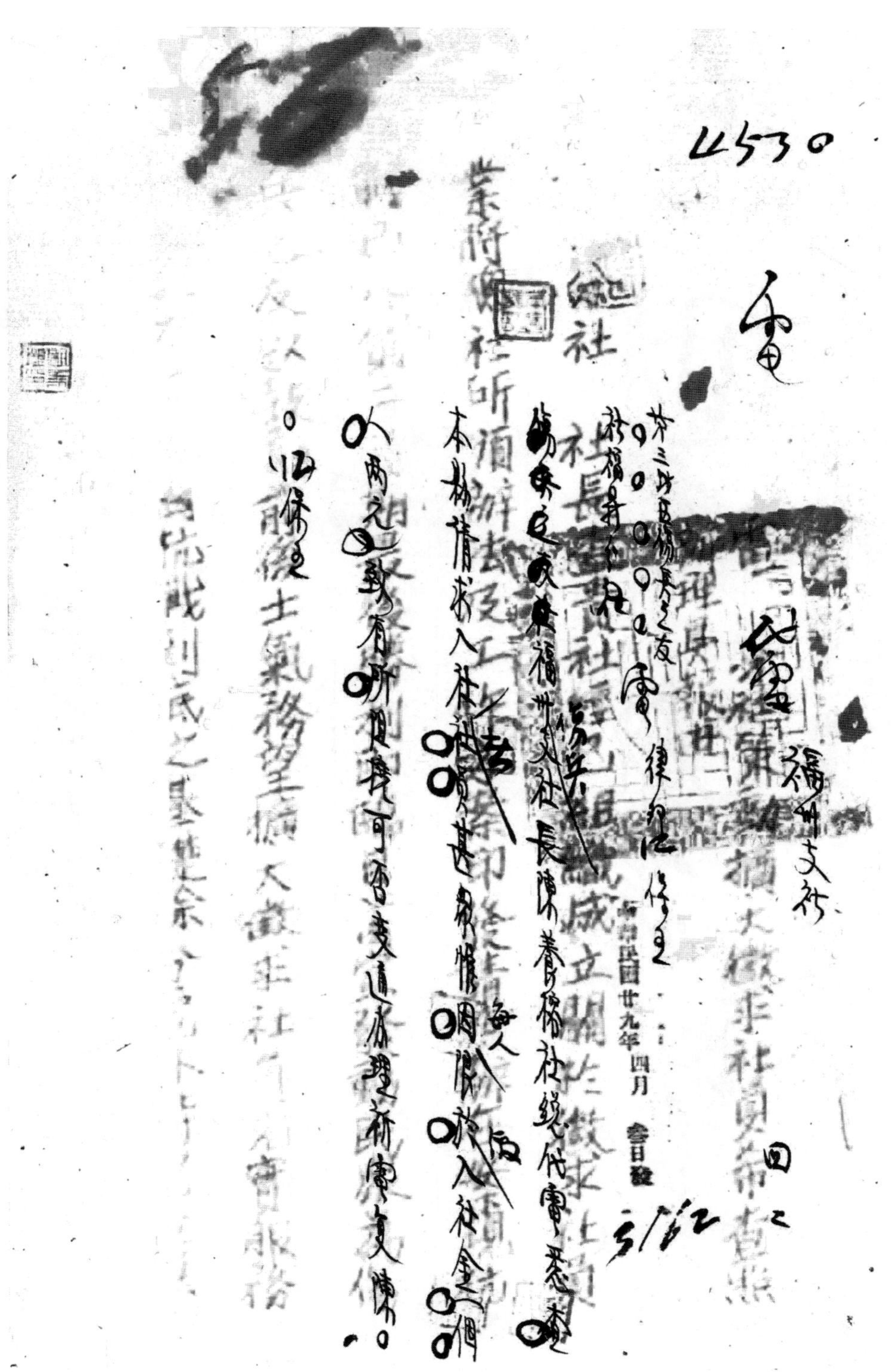

第三战区伤兵之友社福州支社福鼎分社关于入社金可否变通办理的代电

（1940 年 4 月 3 日）　G133-003-0023

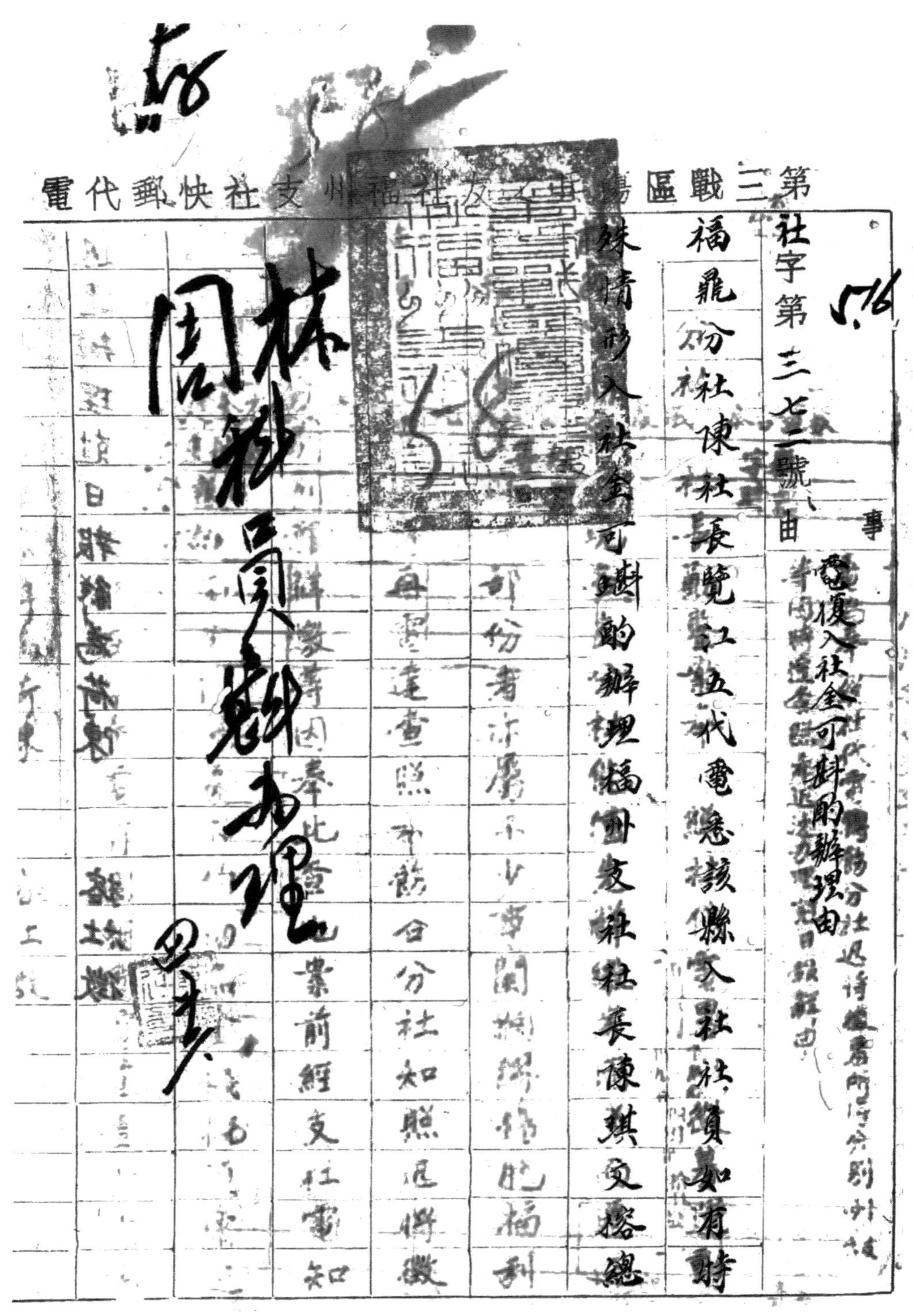

第三戰區傷兵之友社福州支社快郵代電

社字第三七二號

事由　電復入社金可斟酌辦理由

福鼎分社陳社長覽江五代電悉該縣入社社員如有特殊情形入社金可斟酌辦理福州支社社長陳棋文榕總

第三战区伤兵之友社福州支社关于入社金可斟酌办理的快邮代电

（1940 年 4 月 12 日）　G133-003-0023

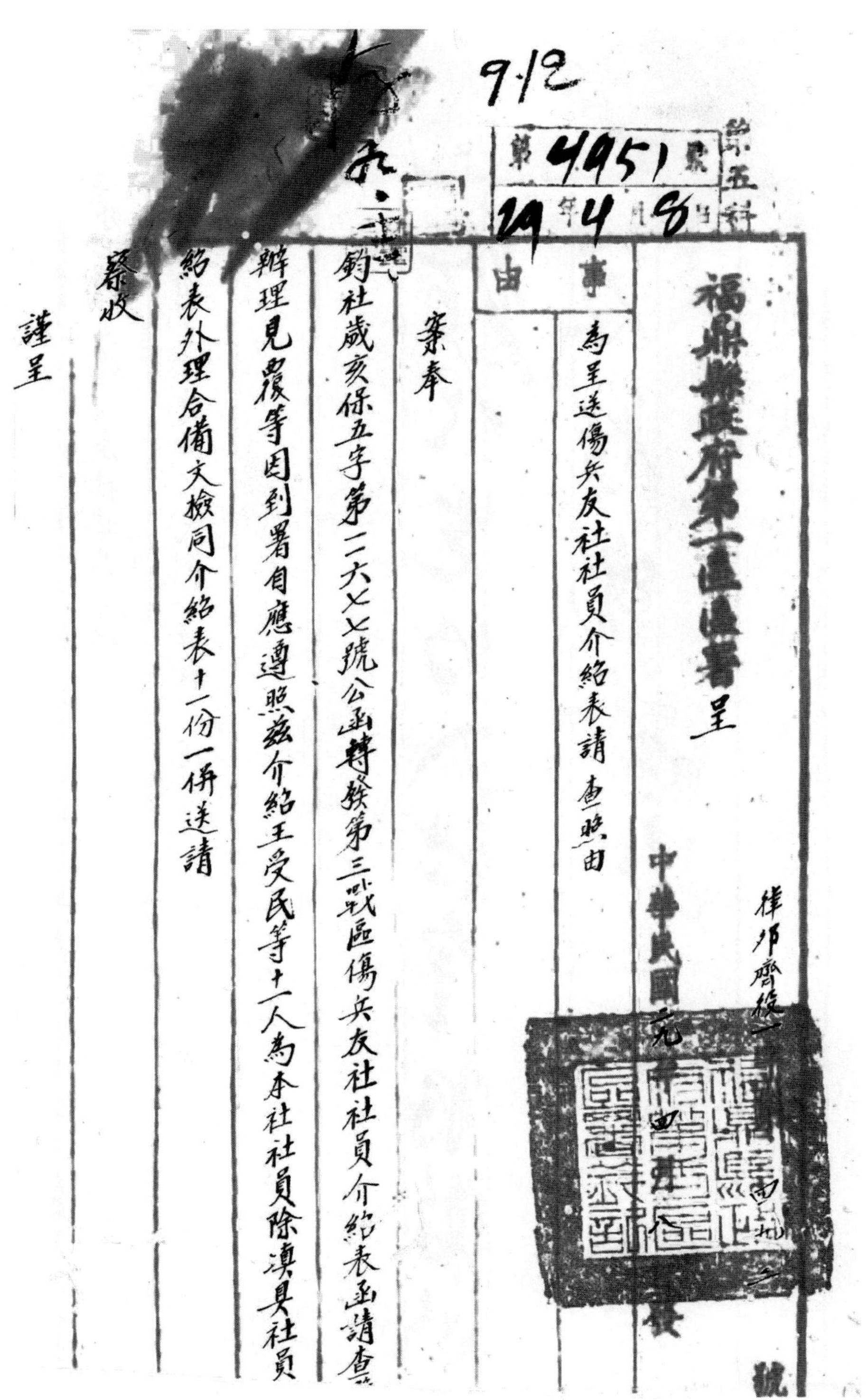
福鼎縣政府第一區區署　呈

事由：為呈送傷兵友社社員介紹表請　查照由

案奉

鈞社歲亥保五字第二六七七號公函轉發第三戰區傷兵友社社員介紹表函請查照辦理見覆等因到署自應遵照茲介紹王受民等十一人為本社社員除填具社員紹表外理合備文檢同介紹表十一份一併送請

察收

謹呈

福鼎县第一区关于报送伤兵友社社员介绍表十二份的呈文

（1940 年 4 月 8 日）　G133-003-0024

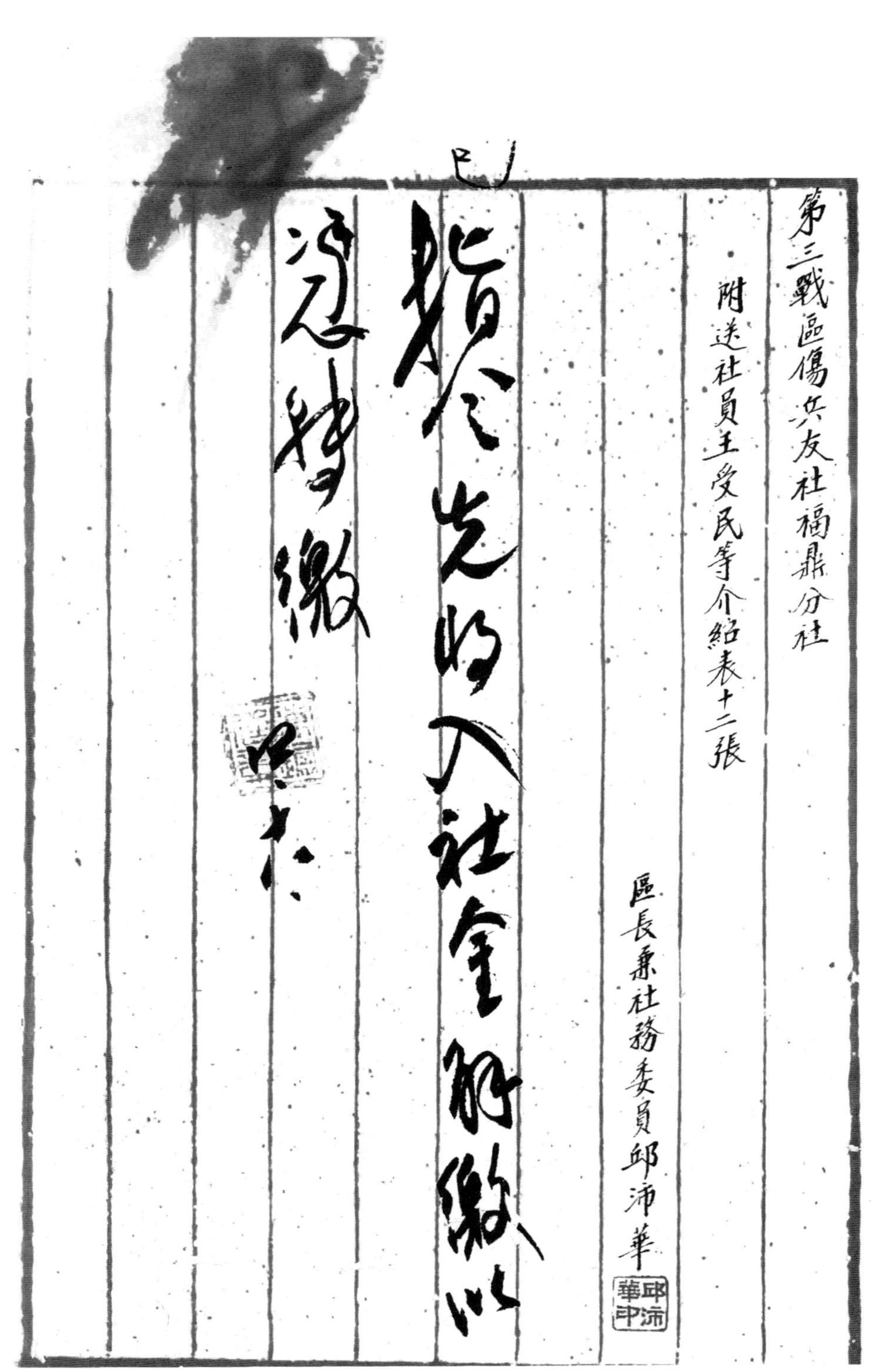
第三戰區傷兵友社福鼎分社
附送社員王受民等介紹表十二張
區長兼社務委員邱沛華
指令先將入社金解繳以憑轉繳

福鼎县第一区关于报送伤兵友社社员介绍表十二份的呈文
（1940年4月8日） G133-003-0024

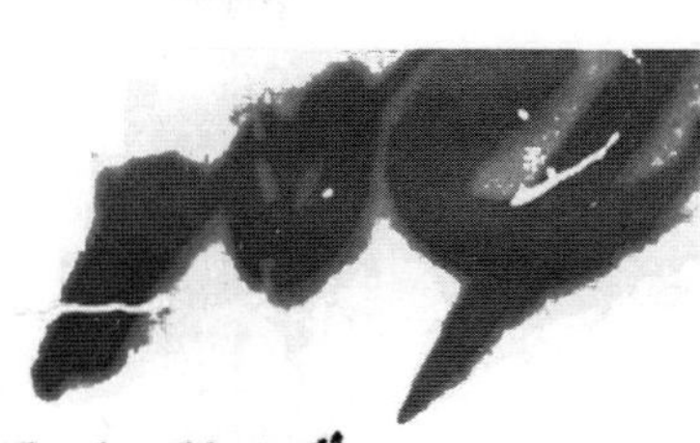

第三戰區傷兵之友社社員入社介紹表

姓名	性別	年齡	籍貫	是否黨員	資歷	現任工作	通信處	備註
檀熙	男	三五	福建永泰	是	福建省行政幹部人員訓練所畢業	福鼎縣政府第一區署區員	福鼎縣第一區	

茲由

邱沛華先生介紹加入本戰區傷兵之友社為社員

願為傷兵福利事業致力捐應列填介紹表送請

貴社審查 此致

第三戰區傷兵之友社福鼎分社

介紹人 邱沛華 簽名蓋章

入社人 檀熙 簽名蓋章

中華民國二十九年三月十日

支分社審查決定意見：

審查人：

第三战区伤兵之友社福鼎县分社(檀熙)入社介绍表

(1940年3月10日) G133-003-0024

第三戰區傷兵之友社社員入社介紹表

姓名	性別	年齡	籍貫	是否黨員
朱學通	男	二八	福建福鼎	是

資歷	福建省保訓合一幹部訓練所第一期畢業
現任工作	福鼎縣第一區玉塘鄉鄉長
通訊處	福建福鼎城南建興店轉
備註	

茲由卯沛華先生介紹加入本戰區傷兵之友社為社員，願為傷兵福利事業效力，相應列填介紹表送請

貴社審查。此致

第三戰區傷兵之友社福鼎分社

介紹人 卯沛華（印）（簽名蓋章）

入社人 朱學通（印）

中華民國二十九年一月二十一日

支分社審查決定意見	
審查人	

第三战区伤兵之友社福鼎县分社（朱学通）入社介绍表

（1940 年 1 月 21 日） G133-003-0024

第三戰區傷兵之友社社員入社介紹表

姓名	性別	年齡	籍貫	是否黨員
卓梅峰	男	三二	福鼎	

資歷	福建省立第三舊制中学畢業服務教界九年各鄉鎮聯保主任三年本縣社訓總隊部書記二年
現任工作	第一區署錄事
通信處	福鼎縣城還西街
備註	

茲由

邱沛華先生介紹加入本戰區傷兵之友社為社員

願為傷兵福利事業致力稍應列填介紹表送請

貴社審查此致

第三戰區傷兵之友社福鼎分社

介紹人邱沛華 簽名蓋章

入社人卓梅峰 簽名蓋章

中華民國二十九年三月二十八日

支分社審查決定意見	
審查人	

第三战区伤兵之友社福鼎县分社(卓梅峰)入社介绍表

(1940 年 3 月 28 日)　G133-003-0024

第三戰區傷兵之友社社員入社介紹表

姓名	性別	年齡	籍貫	是否黨員
王受民	男	三七	福鼎	是

資歷	現任工作	通信處	備註
福建省公務人員訓練所區政系畢業	福鼎縣政府第一區署區員	福鼎縣城北福成興京菓號轉	

茲由

邱沛華先生介紹加入本戰區傷兵之友社為社員

願為傷兵福利事業致力捐應列填介紹表送請

貴社審查此致

第三戰區傷兵之友社福鼎分社

介紹人　邱沛華　簽名蓋章

入社人　王受民　簽名蓋章

中華民國二十九年三月卅日

支分社審查決定意見

審查人

第三战区伤兵之友社福鼎县分社(王受民)入社介绍表

(1940 年 3 月 30 日)　G133-003-0024

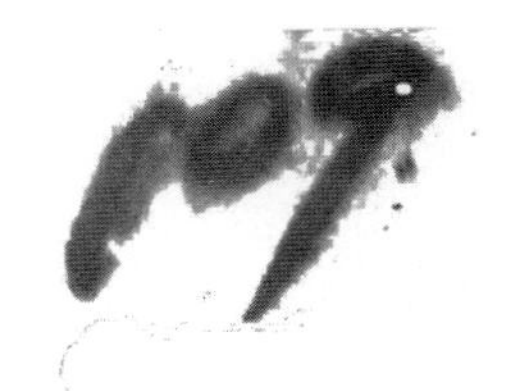

第三戰區傷兵之友社社員入社介紹表

姓名	性別	年齡	籍貫	是否黨員	資歷	現任工作	通信處	備註
游孟和	男	二九	福鼎	否	前縣立育仁小學畢業省立初中肄業三學期	福鼎縣政府第一區署錄事	桐山鎮第九保九甲	

敬啟者

卯沛華先生介紹加入第三戰區傷兵之友社為社員

願為傷兵福利事業致力相應列陳介紹表送請

貴社審查 此致

第三戰區傷兵之友社福鼎分社

介紹人 卯沛華 簽名蓋章

入社人 游孟和 簽名蓋章

中華民國二十九年三月三十日

支分社審查決定意見	
審查人	

第三战区伤兵之友社福鼎县分社(游孟和)入社介绍表

(1940 年 3 月 30 日)　G133-003-0024

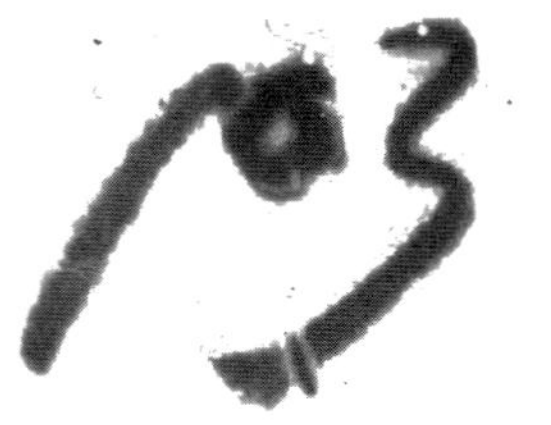

第三戰區傷兵之友社社員入社介紹表

姓名	性別	年齡	籍貫	是否黨員
趙克謀	男	二三	福鼎 閩侯	黨員

資歷：在漳州高級職業學校、省地方行政幹部班畢業、省社訓幹部訓練所二期畢業、曾任社訓科員、督練員等職、

現任工作：福鼎縣國民兵團第一區國民兵隊副隊長一、兼第一區署軍事（?）指導員。

通信處：福鼎縣新[illegible]第一區國民兵隊部

備註：福鼎縣國民兵團團部

茲由邱沛華先生介紹加入本戰區傷兵之友社為社員，願為傷兵福利事業致力捐應（?），列填介紹表送請

貴社審查，此致

第三戰區傷兵之友社福鼎分社

介紹人　邱沛華　簽名蓋章

入社人　趙克謀　簽名蓋章

中華民國二十九年三月三十一日

支分社審查決定意見：

審查人：

第三战区伤兵之友社福鼎县分社(赵克谋)入社介绍表

(1940 年 3 月 31 日)　G133-003-0024

第三戰區傷兵之友社社員入社介紹表

姓名	性別	年齡	籍貫	是否黨員
施得宣	男	三四	福建福鼎	是

資歷	現任工作	通信處	備註
福建省縣政人員訓練所畢業	福鼎縣政府第一區署事務員	福鼎縣南門信泰陽號轉	

茲由

邱沛華先生介紹加入本戰區傷兵之友社為社員

願為傷兵福利事業致力捐應列填介紹表送請

貴社審查此致

第三戰區傷兵之友社福鼎分社

介紹人 邱沛華 簽名蓋章

入社人 施得宣 簽名蓋章

中華民國二十九年三月 日

支分社審查決定意見	
審查人	

第三战区伤兵之友社福鼎县分社(施得宣)入社介绍表

(1940 年 3 月) G133-003-0024

第三戰區傷兵之友社社員入社介紹表

姓名	性別	年齡	籍貫	是否黨員
謝逸鶴	男		福鼎	否

資歷：福建省公務人員訓練所區政系畢業

現任工作：秀嶺鄉鄉長

通訊處：福鼎城內麗新

備註：

事由

邱沛華先生介紹加入本戰區傷兵之友社為社員願為傷兵福利事業致力相應列填介紹表送請

貴社審查此致

福鼎分社

介紹人邱沛華

入社人謝逸鶴

中華民國二十九年三月　日

分社審查決定意見：

審查人：

第三战区伤兵之友社福鼎县分社(谢逸鹤)入社介绍表

(1940年3月)　G133-003-0024

第三戰區傷兵之友社社員入社介紹表

姓名	性别	年齡	籍貫	是否黨員
林鵲塵	男	四〇	福鼎	是

資歷　福鼎縣立第三高等小學畢業，歷充助理區員、聯保主任

現任工作　福鼎縣第一區玉塘鄉鄉長

通訊處　福鼎縣桐山鎮

備註

茲由

卯沛華先生介紹加入本戰區傷兵之友社為社員，願為傷兵福利事業致力相應列填介紹表送請

貴社審查。此致

福鼎分社

介紹人　卯沛華

入社人　林鵲塵

中華民國二九年三月　日

支分社審查決定意見

審查人

第三战区伤兵之友社福鼎县分社(林鹊尘)入社介绍表

(1940年3月)　G133-003-0024

第三戰區傷兵之友社社員入社介紹表

姓名	性別	年齡	籍貫	是否黨員	資歷	現任工作	通訊處	備註
李夢霖	男	二九	福鼎	是	永嘉縣甌海初中肄業 曾任福建省水上保甲第五區書記 福建省船舶總隊第十九大隊第三中隊長 福鼎縣政府第一區署錄事	現任福鼎縣第一區崙嵩鄉鄉長		

茲由

邱沛華先生介紹加入本戰區傷兵之友社為社員 願為傷兵福利事業致力 相應列填介紹表送請

貴社審查 此致

社

介紹人邱沛華（簽名蓋章）

入社人李夢霖（簽名蓋章）

中華民國二十九年三月　日

支分社審查決定意見：

審查人：

第三战区伤兵之友社福鼎县分社（李梦霖）入社介绍表

（1940年3月）　G133-003-0024

第三戰區傷兵之友社社員入社介紹表

姓名	性別	年齡	籍貫	是否黨員
王光國	男	二五	福鼎	否

資歷	福建省立霞浦初級中學肄業二年福建省保訓合一訓練所畢業
現任工作	福鼎縣第一區前岐鎮鎮長
通訊處	福鼎縣前岐鎮
備註	

茲由

邱沛華先生介紹加入本戰區傷兵之友社為社員願為傷兵福利事業致力相應列填介紹表送請

貴社審查此致

社

介紹人 邱沛華（印）

入社人 王光國（印）

中華民國二十九年三月 日

分社審查決定意見	
審查人	

第三战区伤兵之友社福鼎县分社(王光国)入社介绍表

(1940 年 3 月) G133-003-0024

第三戰區傷兵之友社社員入社介紹表

姓名	性別	年齡	籍貫	是否黨員	資歷	現任工作	通訊處	備註
王孫琴	男	二六	福鼎	是黨員	福鼎縣立短期小學師資訓練班畢業	福鼎縣郭唐小學校長	福鼎縣城內	

茲由

鄭沛華先生介紹加入本戰區傷兵之友社為社員

願為傷兵福利事業致力相應列填介紹表送請

貴社審查此致

第三戰區傷兵之友社福鼎分社

介紹人 鄭沛華 簽名 蓋章

入社人 王孫琴 簽名 蓋章

中華民國二十九年四月五日

支分社審查決定意見	
審查人	

第三战区伤兵之友社福鼎县分社(王孙琴)入社介绍表

(1940年4月5日)　G133-003-0024

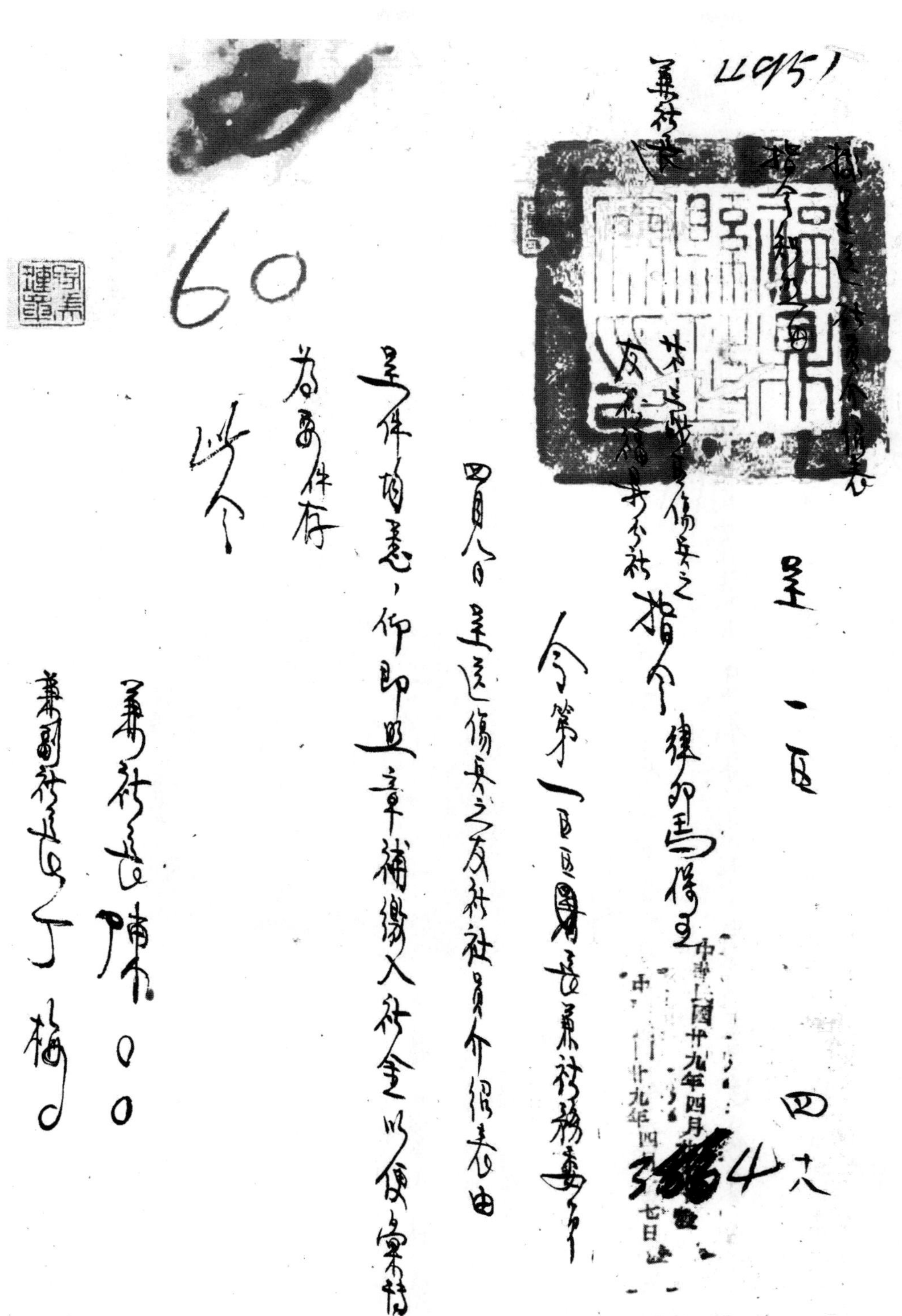

呈 一区

第三战区伤兵之友社福鼎分社指令

令第一区区长兼社务委员

四月八日呈送伤兵之友社社员介绍表由

呈件均悉，仰即照章补缴入社金以便汇转为要，件存。

此令

兼社长 陈〇〇

兼副社长 丁梅

中华民国廿九年四月廿一日

第三战区伤兵之友社福州支社福鼎分社关于第一区所呈社员介绍表均悉仰即照章补缴入社金以便汇转的指令(1940年4月21日) G133-003-0023

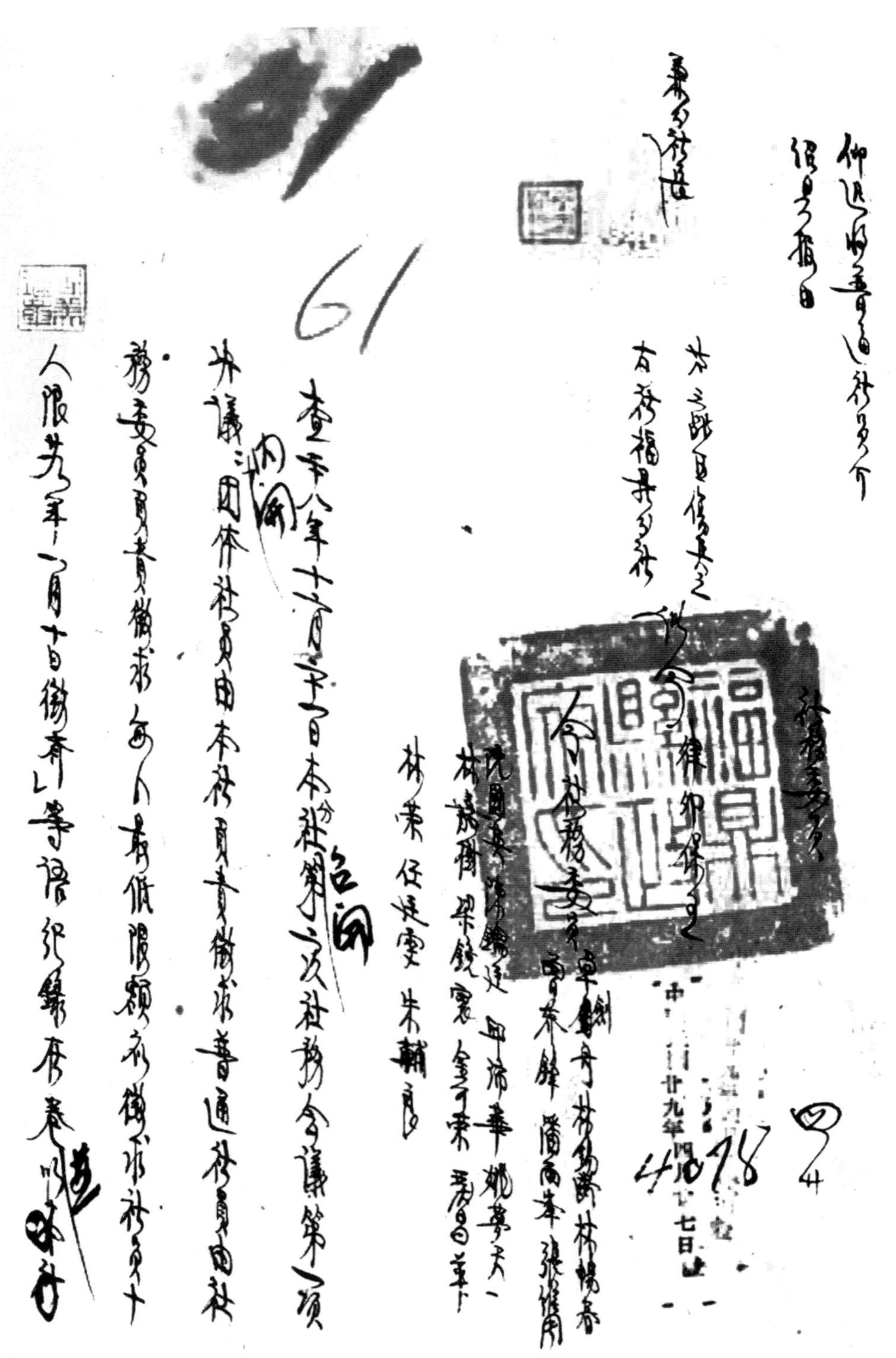

第三战区伤兵之友社福州支社福鼎分社关于各社务委员迅将普通社员介绍表于月底前具报勿延的训令(1940 年 4 月 27 日)a 面　G133-003-0023

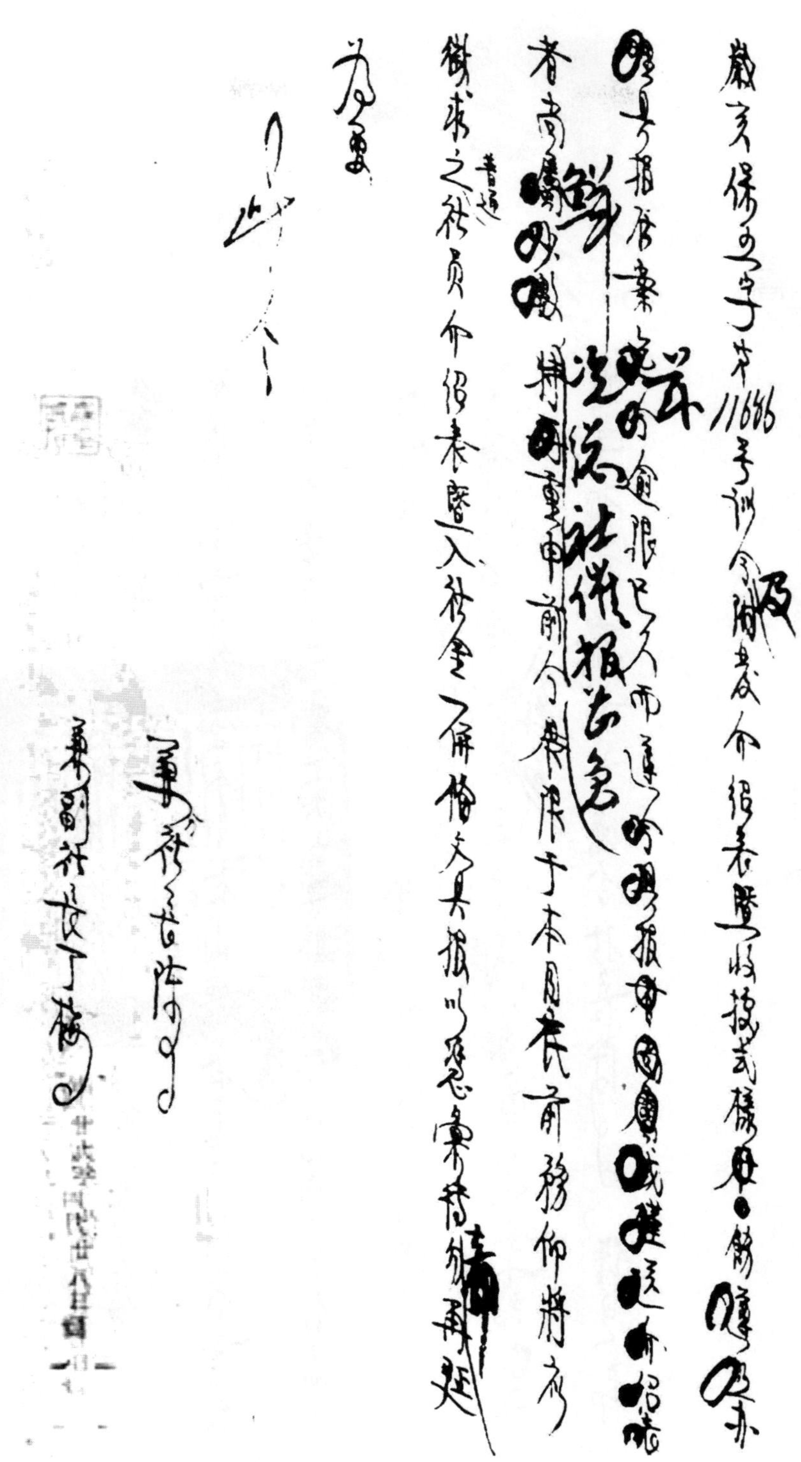

第三战区伤兵之友社福州支社福鼎分社关于各社务委员迅将普通社员介绍表于月底前具报勿延的训令(1940 年 4 月 27 日)b 面　G133-003-0023

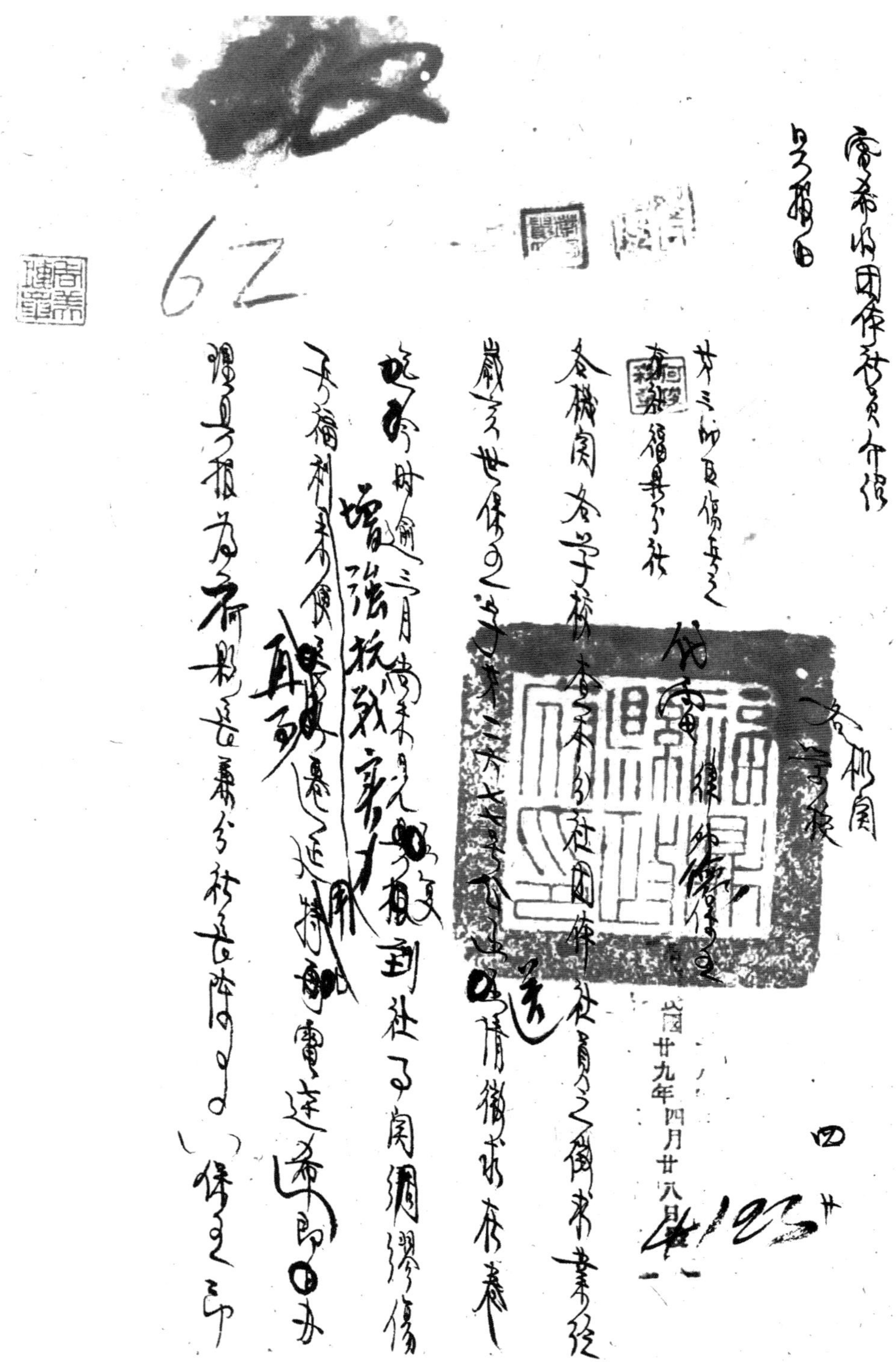

第三战区伤兵之友社福州支社福鼎分社关于各机关学校迅将团体社员介绍表于月底前具报勿延的训令(1940 年 4 月 28 日) G133-003-0023

福建省银行福鼎分理处用笺

摘由：为函复敝处员生业已由敝总处作全体加入为伤兵社员请查照由

案准

贵社保五字第四一二三号代电开：

「查本分社团体社员之征求业经藏亥世保五字第二六七七号公函通请征求在卷，时逾三月尚未见复到社，事关伤兵福利，增强抗战之力，未便再事迟延，用特电达，即希办理具报」

等由。准此，查敝处员生早奉敝总处函令业已作省行全体职员加

福建省银行福鼎分理处关于本分理处员生已作省行职员全体入社其应缴社金亦代付清楚的复函

（1940年5月1日） G133-003-0024

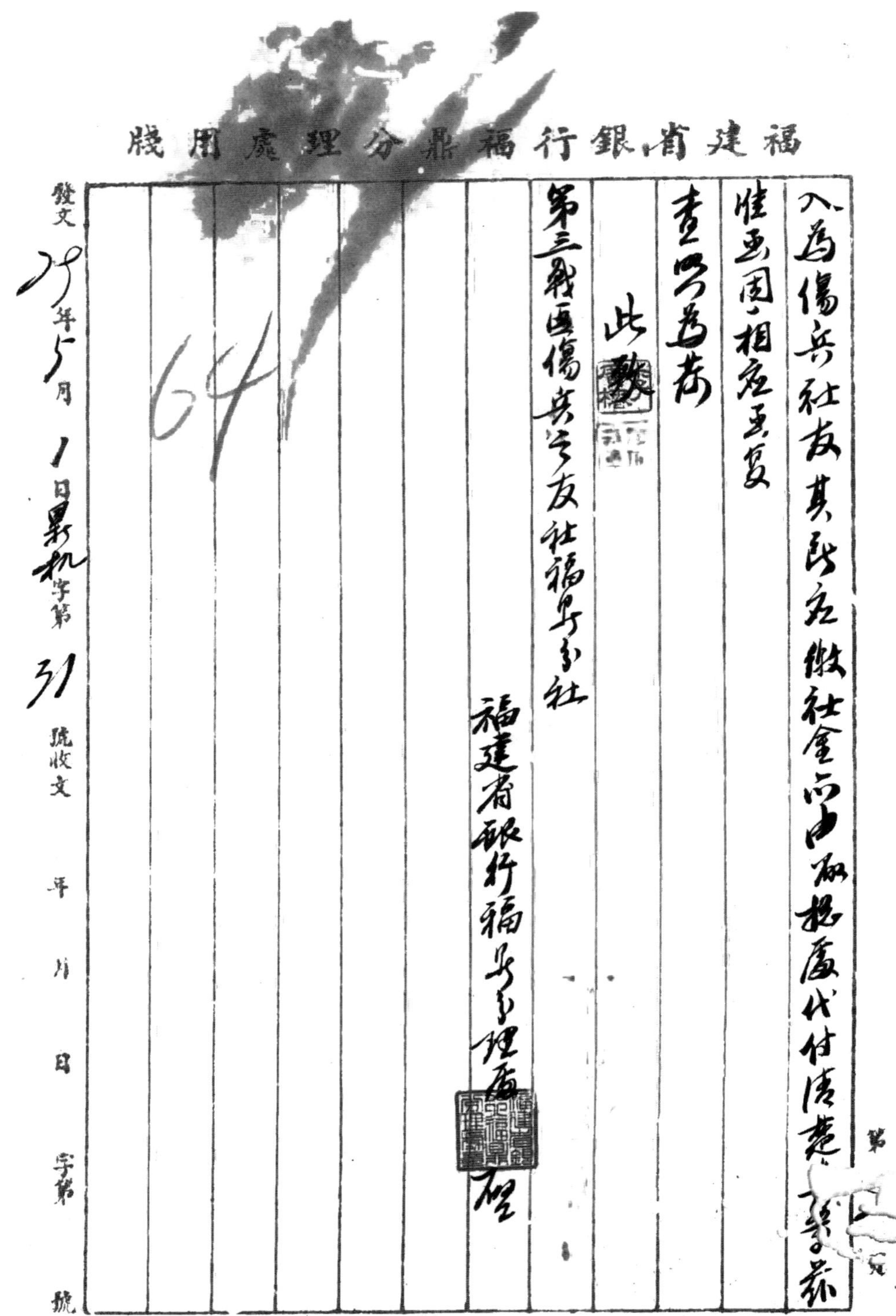

福建省銀行福鼎分理處用牋

入為傷兵社友其所應繳社金亦由本處代付清楚……

准函因，相應函復

查照為荷

此致

第三戰區傷兵之友社福鼎分社

福建省銀行福鼎分理處

經理

發文 29年5月1日 鼎机字第31號

收文 年 月 日 字第 號

福建省银行福鼎分理处关于本分理处员生已作省行职员全体入社其应缴社金亦代付清楚的复函

（1940年5月1日）　G133-003-0024

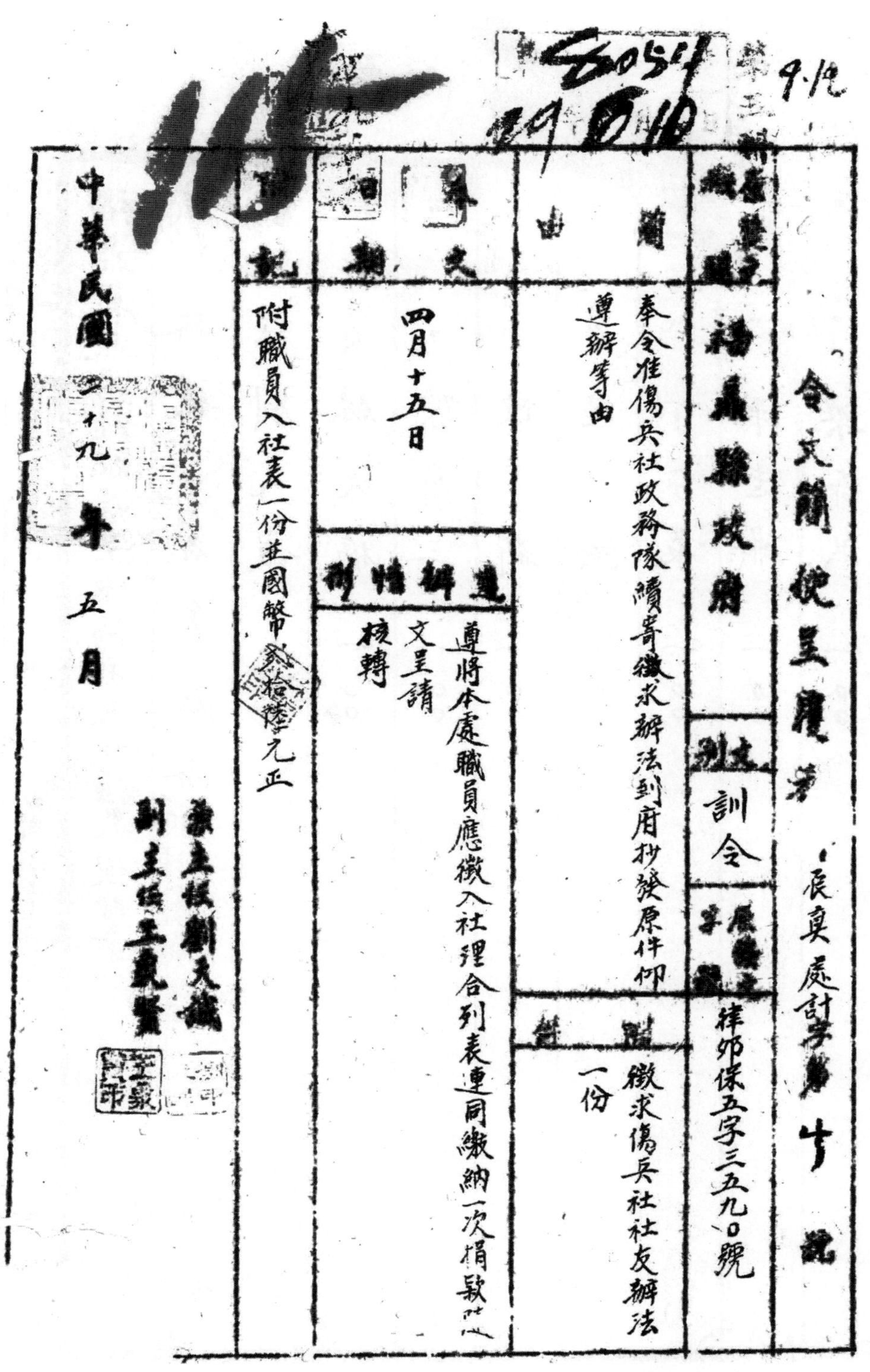

令文简便呈复表

福鼎县政府

训令

律邠保五字三五九〇號

簡由：奉令准傷兵社政務隊續寄徵求辦法到府抄發原件仰遵辦等由

附件：徵求傷兵社社友辦法一份

文到日期：四月十五日

遵辦情形：遵將本處職員應徵入社理合列表連同繳納一次捐款附文呈請核轉

附職員入社表一份並國幣叁拾陸元正

處長劉天誠

副主任王克賢

中華民國二十九年五月

令文简便呈复表：福鼎县政府经征处职员应征入社表与捐款呈请核转

（1940 年 5 月 11 日） G133-003-0024

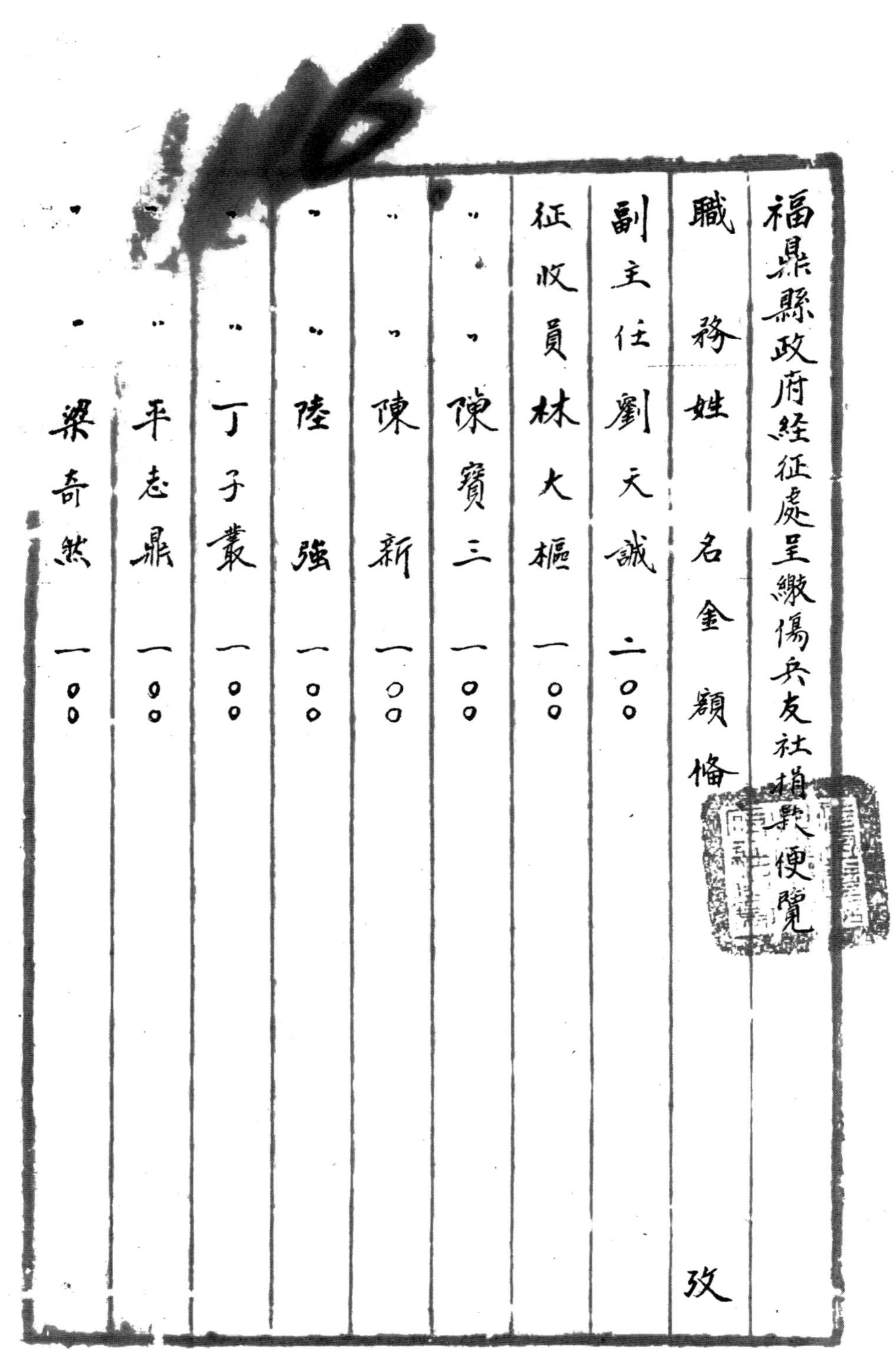

福鼎縣政府経征處呈繳傷兵友社捐款便覽

職務	姓名	金額	備攷
副主任	劉天誠	二〇〇	
征收員	林大樞	一〇〇	
〃	陳寶三	一〇〇	
〃	陳新	一〇〇	
〃	陸強	一〇〇	
〃	丁子叢	一〇〇	
〃	平志鼎	一〇〇	
〃	梁奇然	一〇〇	

附件:福鼎县政府经征处职员呈缴伤兵之友社捐款便览

(1940年5月11日)a面　G133-003-0024

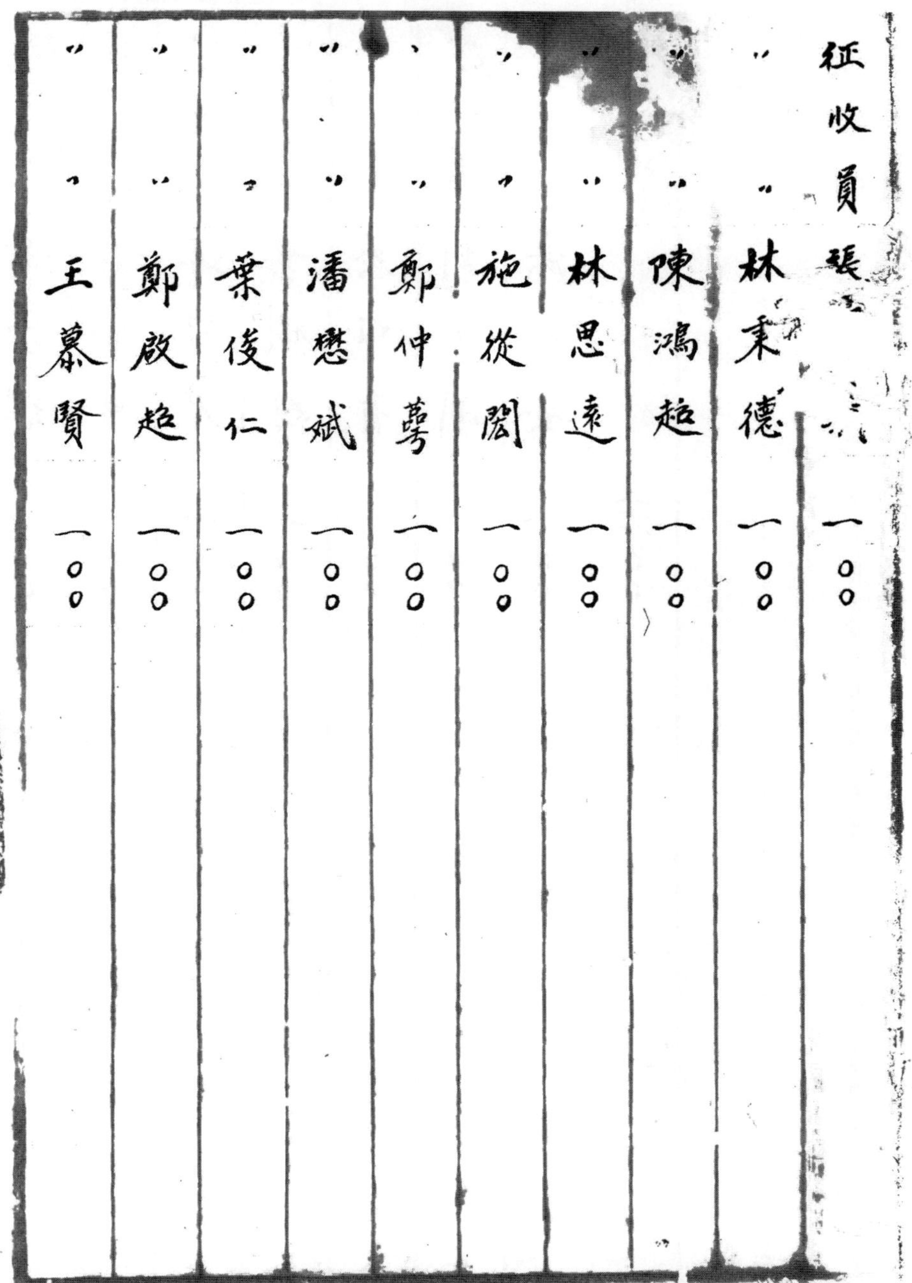

征收員	張[illegible]	一〇〇
〃 〃	林秉德	一〇〇
〃 〃	陳鴻超	一〇〇
〃 〃	林思遠	一〇〇
〃 〃	施從閣	一〇〇
〃 〃	鄭仲萼	一〇〇
〃 〃	潘懋斌	一〇〇
〃 〃	葉俊仁	一〇〇
〃 〃	鄭啟超	一〇〇
〃 〃	王慕賢	一〇〇

附件：福鼎县政府经征处职员呈缴伤兵之友社捐款便览

（1940 年 5 月 11 日）b 面　G133-003-0024

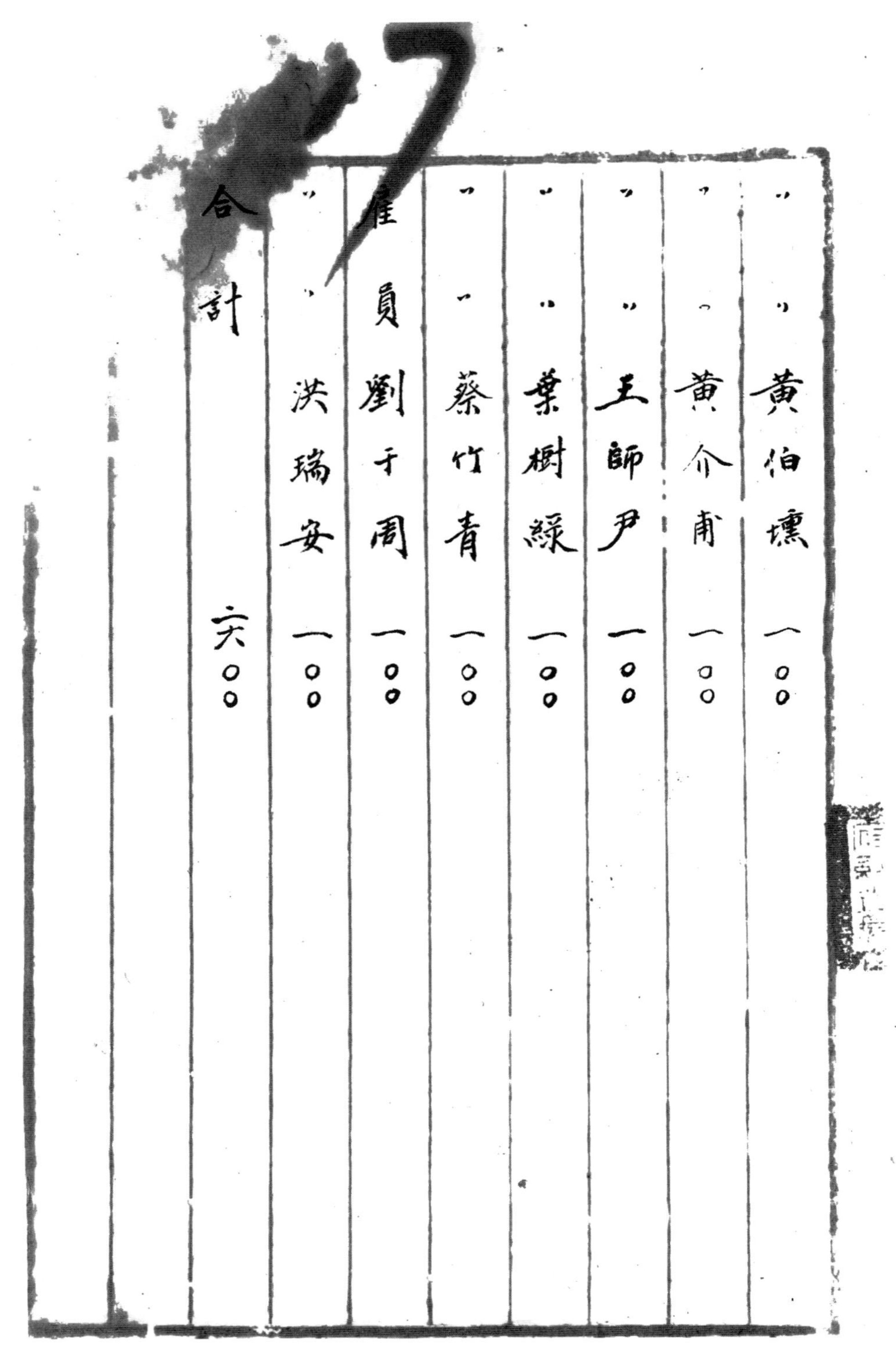

〃〃	黄伯壎	一〇〇
〃〃	黄介甫	一〇〇
〃〃	王師尹	一〇〇
〃〃	葉樹綠	一〇〇
〃〃	蔡竹青	一〇〇
雇員	劉于周	一〇〇
〃〃	洪瑞安	一〇〇
合計		六〇〇

附件:福鼎县政府经征处职员呈缴伤兵之友社捐款便览

(1940 年 5 月 11 日) G133-003-0024

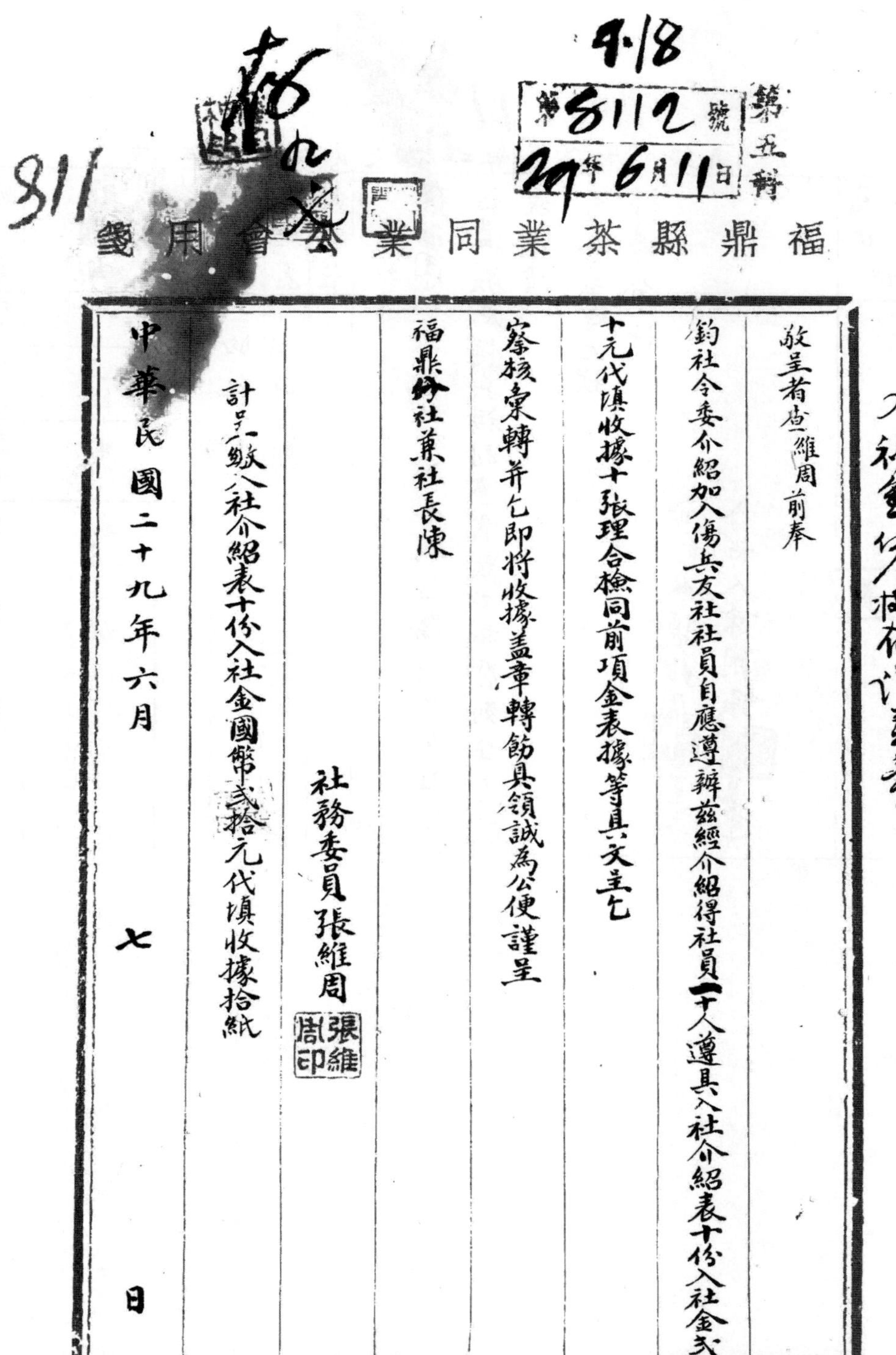
福鼎縣茶業同業公會用箋

敬呈者查維周前奉
鈞社令委介紹加入傷兵友社社員自應遵辦茲經介紹得社員一十人遵具入社介紹表十份入社金弍十元代填收據十張理合檢同前項金表據等具文呈乞
察核彙轉并乞即將收據蓋章轉飭具領誠為公便謹呈
福鼎分社萧社長陳
社務委員張維周
計呈繳入社介紹表十份入社金國幣弍拾元代填收據拾紙
中華民國二十九年六月七日

福鼎县茶业同业公会关于呈缴第三战区伤兵之友社入社介绍表及入社金的呈函
（1940年6月7日） G133-003-0024

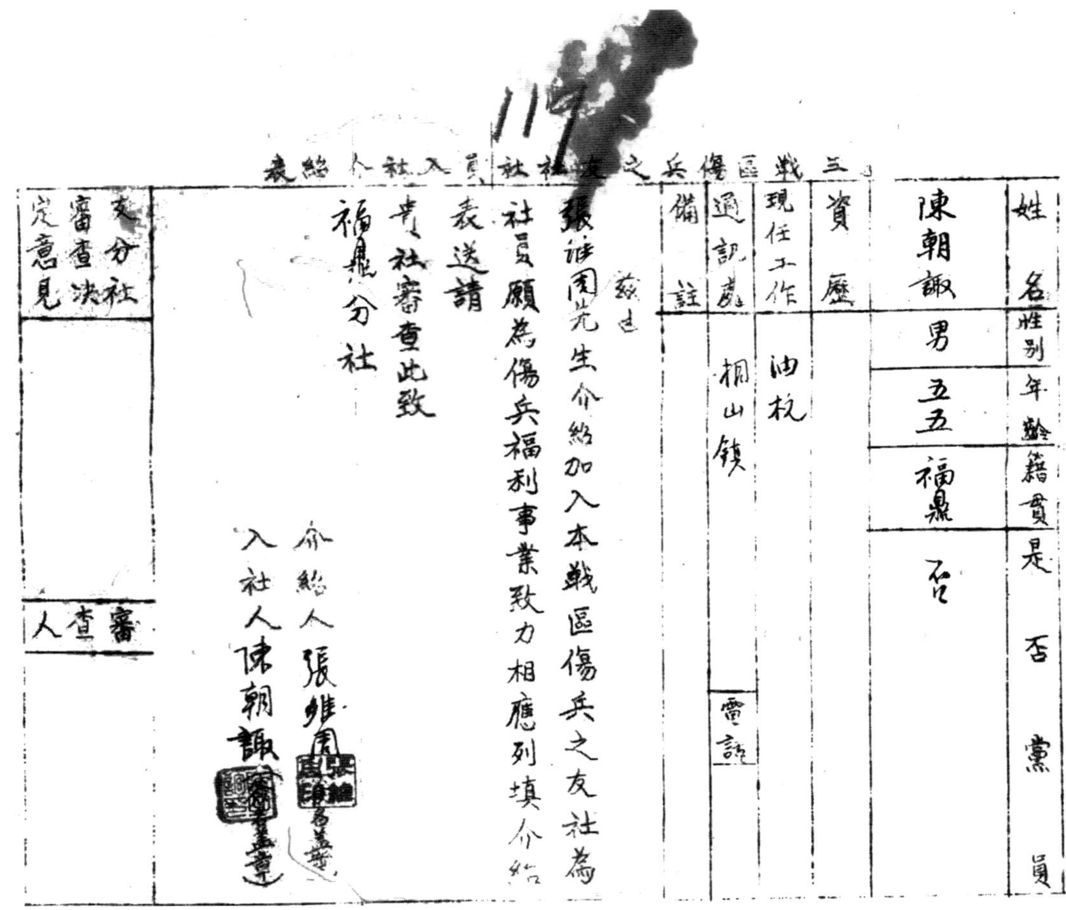

三戰區傷兵之友社社員入社介紹表

姓名	性別	年齡	籍貫	是否黨員
陳朝諏	男	五五	福鼎	否

資歷	現任工作	通訊處	電話	備註
	油枕	桐山鎮		

茲由
張維周先生介紹加入本戰區傷兵之友社為社員願為傷兵福利事業致力相應列填介紹表送請
貴社審查此致
福鼎分社

介紹人 張維周
入社人 陳朝諏

支分社審查決定意見

審查人

附件:第三战区伤兵之友社福鼎县分社(陈朝诹)入社介绍表

(1940年6月)　G133-003-0024

120

第三戰區傷兵之友社支社社員入社介紹表

姓名	性別	年齡	籍貫	是否黨員	資歷	工作	通訊處	電話	備註
張訓庭	男	廿一	福鼎	否		布業商民	相山鎮		

茲由
張維周先生介紹加入本戰區傷兵之友社為
社員願為傷兵福利事業致力相應列填介紹
表送請
貴社審核 此致
福鼎分社

介紹人張維周（簽名蓋章）
入社人張訓庭（簽名蓋章）

支分社審查決定意見	
審查人	

附件：第三战区伤兵之友社福鼎县分社（张训庭）入社介绍表

（1940年6月） G133-003-0024

第三戰區傷兵之友社社員入社介紹表

姓名	性別	年齡	籍貫	是否黨員	資歷	現任工作	通訊處	電話	備註
張濟民	男	三二	福鼎	否		茶商	桐山鎮		

茲由張維周先生介紹加入本戰區傷兵之友社為社員，願為傷兵福利事業致力，相應列填介紹表送請

貴社審查。此致

福鼎分社

介紹人 張維周（蓋章）

入社人 張濟民（蓋章）

審查人

分社審查決定意見

附件：第三战区伤兵之友社福鼎县分社（张济民）入社介绍表

（1940 年 6 月） G133-003-0024

第三戰區傷兵之友社社員入社介紹表

姓名	性別	年齡	籍貫	是否黨員
林鶴樵	男	四四	福鼎	是

資歷	現任工作	通訊處	電話	備註
	縣商會主席	桐山鎮		

緣由

張維周先生介紹加入本戰區傷兵之友社為社員願為傷兵福利事業致力相應列填介紹表送請

貴社審查此致

福鼎分社

介紹人張維周（章）

入社人林鶴樵（章）

審查人	
支分社審查決定意見	

附件：第三战区伤兵之友社福鼎县分社（林鹤樵）入社介绍表

（1940 年 6 月） G133-003-0024

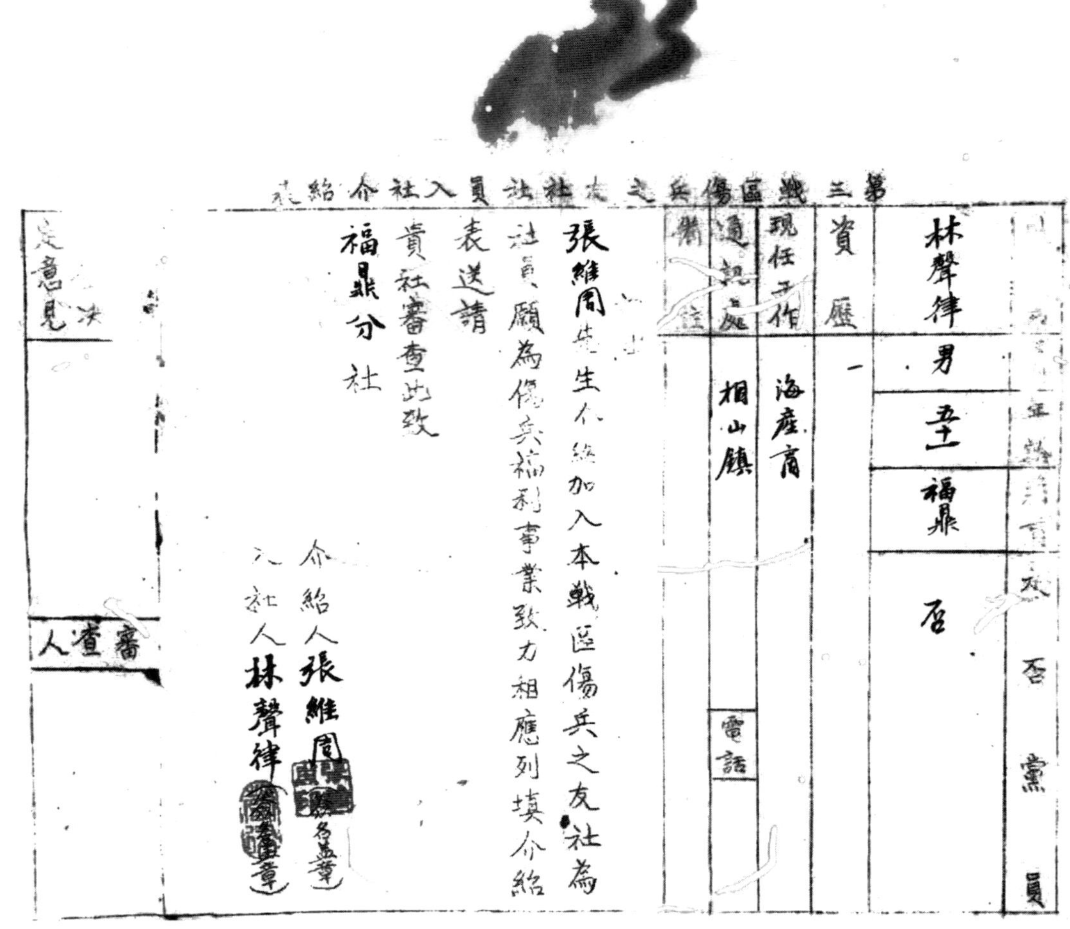

第三戰區傷兵之友社社員入社介紹表

林聲律	男	五十一	福鼎	否	黨員
資歷	一				
現任工作	海産商				
通訊處	相山鎮				
電話					
備註					

張維周先生介紹加入本戰區傷兵之友社為社員，願為傷兵福利事業致力，相應列填介紹表送請

貴社審查此致

福鼎分社

介紹人 張維周（簽名蓋章）

入社人 林聲律（簽名蓋章）

審查人	
決定意見	

附件：第三战区伤兵之友社福鼎县分社（林声律）入社介绍表

（1940 年 6 月） G133-003-0024

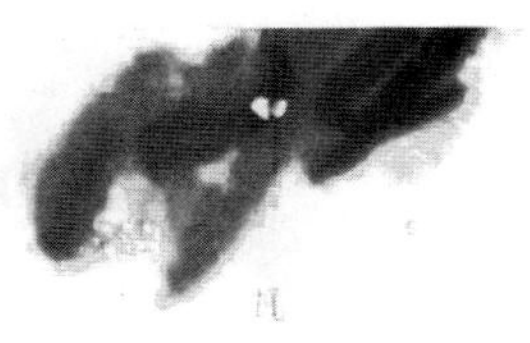

第三戰區傷兵之友社社員入社介紹表

姓名	性別	年齡	籍貫	是否黨員	資歷	現任工作	通訊處	備註
錢鼎文	男	二十八	福鼎	否		布商	桐山鎮 電話	

茲由張維周先生介紹加入本戰區傷兵之友社為社員，願為傷兵福利事業致力，相應列填介紹表，送請

貴社審查，此致

福鼎分社

介紹人　張維周（蓋章）

入社人　錢鼎文（蓋章）

分社支社審查決定意見	
審查人	

附件：第三战区伤兵之友社福鼎县分社（钱鼎文）入社介绍表

（1940年6月）　G133-003-0024

第三戰區傷兵之友社社員入社介紹表

姓名	性別	年齡	籍貫	是否黨員
宋宜紹	男	五三	福鼎	

資歷	現任工作	通訊處	電話	備註
	海產商	桐山鎮		

茲由張維周先生介紹加入本戰區傷兵之友社為社員願為傷兵福利事業致力相應列填介紹表送請貴社審查此致

福鼎分社

介紹人張維周（簽名蓋章）

入社人宋宜紹（簽名蓋章）

總社審查決定意見

審查人

附件：第三战区伤兵之友社福鼎县分社（宋宜绍）入社介绍表

（1940 年 6 月） G133-003-0024

第三戰區傷兵之友社社員入社介紹表

姓名	林培德
性別	男
年齡	四五
籍貫	福鼎
是否黨員	否
資歷	
現任工作	菸葉公會主席
通訊處	桐山鎮
電話	
備註	

茲由

張維周先生介紹加入本戰區傷兵之友社為社員願為傷兵福利事業致力相應列填介紹表送請

貴社審查此致

福鼎分社

介紹人 張維周（簽名蓋章）

入社人 林培德（簽名蓋章）

支分社審查決定	
審	

附件:第三战区伤兵之友社福鼎县分社(林培德)入社介绍表

(1940年6月) G133-003-0024

第三戰區傷兵之友社社員入社介紹表

姓名	性別	年齡	籍貫	是否黨員	資歷	現任工作	通訊處	備註
趙衡九	男	四三	福鼎	否		織襪商	相山鎮 電話	

茲由

張維周先生介紹加入本戰區傷兵之友社為社員願為傷兵福利事業致力相應列填介紹表送請

貴社審查此致

福鼎分社

介紹人（張維周（簽名蓋章）

入社人（趙衡九（簽名蓋章）

審查人

支分社審查決定意見

附件：第三战区伤兵之友社福鼎县分社（赵衡九）入社介绍表

（1940 年 6 月）　G133-003-0024

第三戰區傷兵之友社社員入社介紹表

姓名	褚伯鷹
性別	男
年齡	三七
籍貫	福鼎
是否黨員	否
資歷	
現任工作	布業主席
通訊處	桐山鎮
電話	
備註	

茲由

張維周先生介紹加入本戰區傷兵之友社為社員願為傷兵福利事業致力相應列填介紹表送請

貴社審查此致

福鼎分社

介紹人張維周（簽名蓋章）

入社人褚伯鷹（簽名蓋章）

支分社審查決定意見	
審查人	

附件：第三战区伤兵之友社福鼎县分社（褚伯鹰）入社介绍表

（1940年6月） G133-003-0024

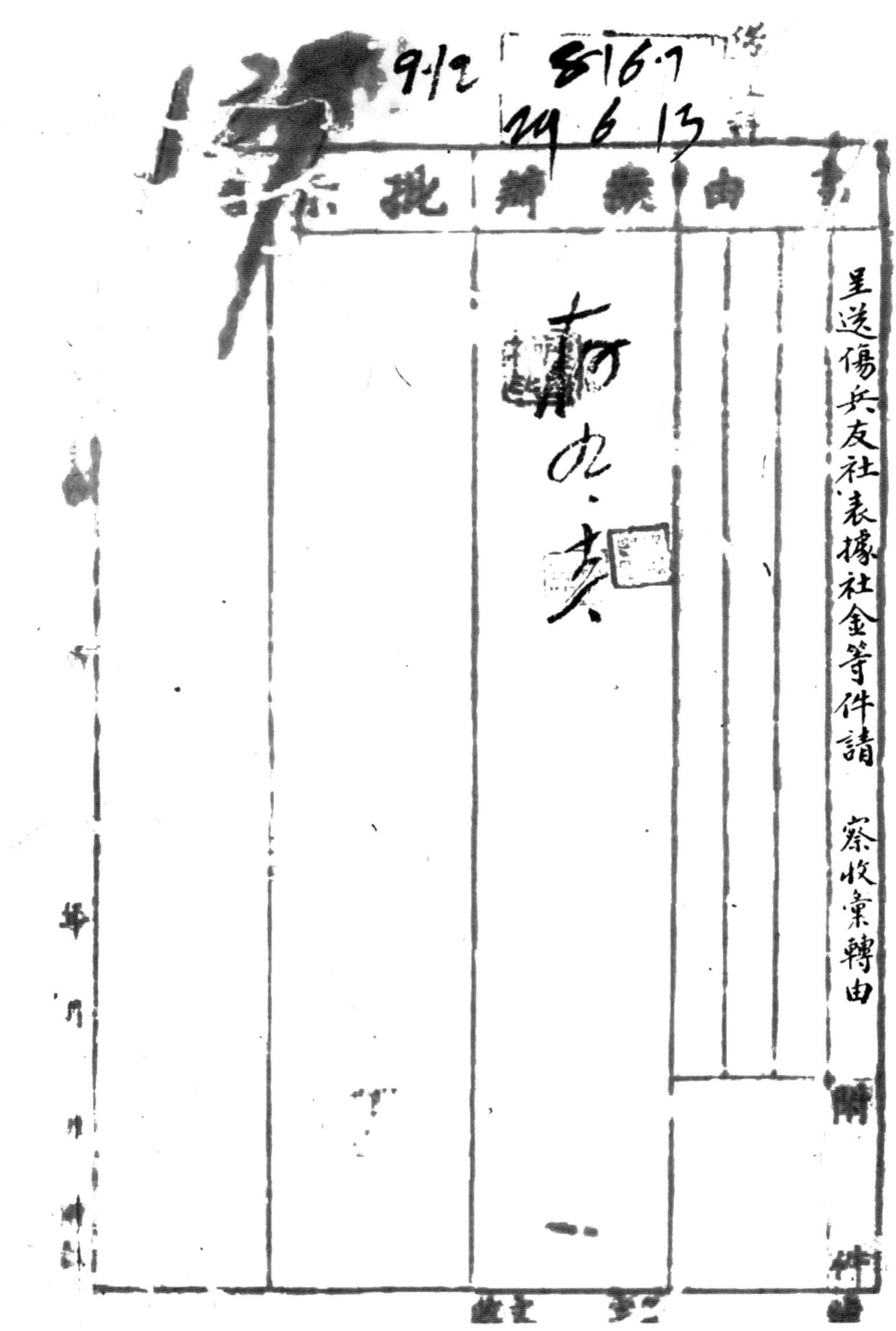

呈送傷兵友社表據社金等件請 察收彙轉由

福鼎县商会关于报送伤兵之友社入社介绍表及入社金的呈函

(1940 年 6 月 7 日)a 面　G133-003-0024

錫齡泰

今介紹加入傷兵友社社員茲經介紹得社員二十人遵具入社介紹表二十份入社金四十元正又代填收據二十張理合檢同社金表據等隨文呈乞

察核彙轉并乞將收據蓋印連同証章發下轉給誠為公便

謹呈

福鼎縣分社兼社長陳

兼社務委員林錫齡（印）

附繳入社介紹表二十份入社金國幣四拾元正代填收據弍拾張

福鼎县商会关于报送伤兵之友社入社介绍表及入社金的呈函

(1940年6月7日)b面 G133-003-0024

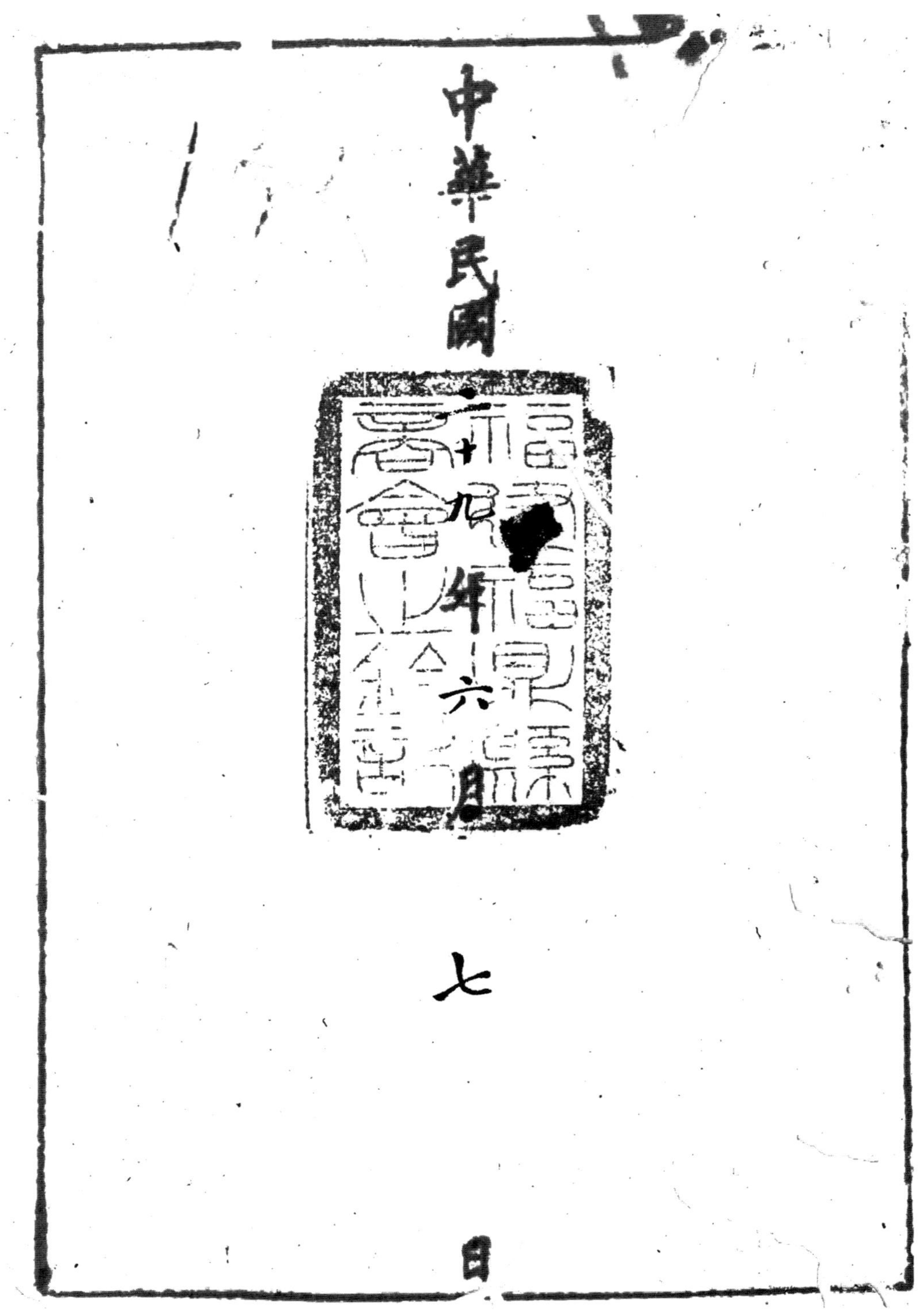
中華民國二十九年六月七日

福鼎县商会关于报送伤兵之友社入社介绍表及入社金的呈函

（1940 年 6 月 7 日）　G133-003-0024

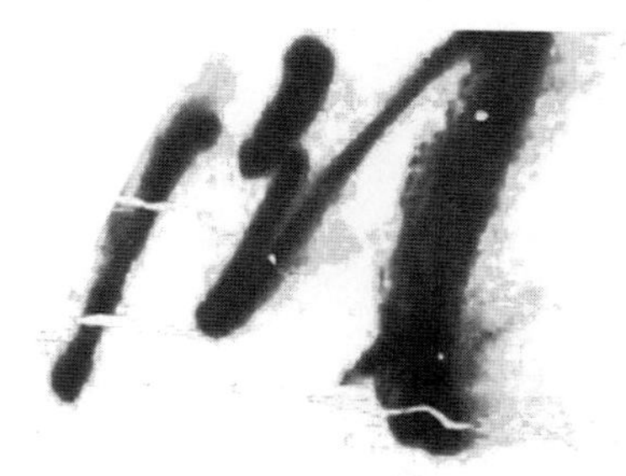

第三戰區傷兵之友社入社介紹表

姓名	性別	年齡	籍貫	是否黨員
王翼對	男	四五	福鼎	否

資歷	現任工作	通訊處	電話	備註
商民	海產商	桐山鎮		

茲由林錫齡先生介紹加入本戰區傷兵之友社爲社員願爲傷兵福利事業致力相應列填介紹表送請貴社審查此致

福鼎分社

介紹人林錫齡

入社人王翼對

支分社審查決定意見
審查人

附件：第三战区伤兵之友社福鼎县分社（王翼对）入社介绍表

（1940年6月）　G133-003-0024

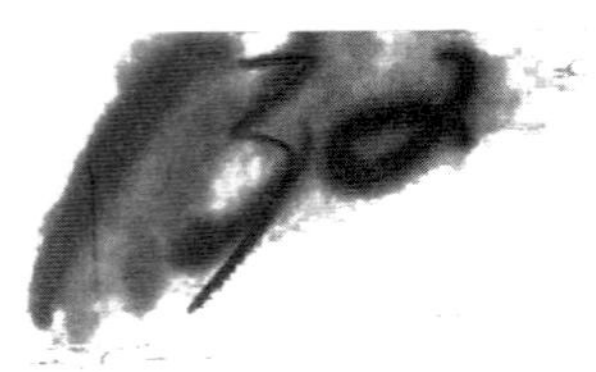

第三战区伤兵之友社社员入社介绍表

姓名	性别	年龄	籍贯	是否党员
刘贻声	男	四五	福鼎	否

资历	商民
现任工作	布商店东
通讯处	桐山镇
电话	
备注	

缘由
林锡龄先生介绍加入本战区伤兵之友社为社员，愿为伤兵福利事业致力，相应列填介绍表送请
贵社审查此致
福鼎分社

介绍人林锡龄（签名盖章）
入社人刘贻声（签名盖章）

分社审查决定意见	
审查人	

附件：第三战区伤兵之友社福鼎县分社（刘贻声）入社介绍表

（1940年6月）　G133-003-0024

第三戰區傷兵之友社社員入社介紹表

姓名	性別	年齡	籍貫	是否黨員	資歷	現任工作	通訊處	電話	備註
賴孝政	男	四十二	福鼎	否	商民曾受小學教育及私塾肄業多年	煤油商	桐山鎮		

茲由

林錫齡先生介紹加入本戰區傷兵之友社為社員願為傷兵福利事業致力相應列填介紹表送請

貴社審查此致

福鼎分社

介紹人林錫齡（蓋章）

入社人賴孝政（蓋章）

支分社審查決定意見	審查人

附件：第三战区伤兵之友社福鼎县分社(赖孝政)入社介绍表

（1940年6月） G133-003-0024

第三戰區傷兵之友社社員入社介紹表

姓名	性別	年齡	籍貫	是否黨員	[illegible]	現在工作	通訊處	電話	備註
陳傳茂	男	三十三	福鼎	否	高氏	藥商	桐山鎮		

茲由陳濟生先生介紹加入本戰區傷兵之友社為社員願為傷兵福利事業致力相應列填介紹表送請貴社審查此致

福鼎分社

介紹人林錫齡

入社人陳傳茂

支分社審查決定意見	
審查人	

附件:第三战区伤兵之友社福鼎县分社(陈传茂)入社介绍表

(1940 年 6 月) G133-003-0024

第三戰區傷兵之友社社員入社介紹表

姓名	性別	年齡	籍貫	是否黨員	資歷	現在工作	通訊處	電話	備註
劉和炳	男	二九	福鼎	否	小學畢業	海產商	桐山鎮		

茲由

林錫齡先生介紹加入本戰區傷兵之友社為社員願為傷兵福利事業致力相應列填介紹表送請

貴社審查此致

福鼎分社

介紹人林錫齡（章）

入社人劉和炳（章）

支分社審查決定意見	
審查人	

附件：第三战区伤兵之友社福鼎县分社（刘和炳）入社介绍表

（1940年6月） G133-003-0024

第三戰區傷兵之友社社縣入社介紹表

姓名：黃美石　性別：男　年齡：四[illegible]　籍貫：福鼎　是否黨員：否

資歷：商民

現任工作：海產商

通訊處：桐山鎮　電話：

備註：

茲由林錫齡先生介紹加入本戰區傷兵之友社為社員願為傷兵福利事業致力相應列填介紹表送請

貴社審查此致

福鼎分社

介紹人林錫齡（簽名蓋章）

入社人黃美石（簽名蓋章）

支分社審查決定意見：

審查人：

附件：第三战区伤兵之友社福鼎县分社（黄美石）入社介绍表

（1940年6月）　G133-003-0024

第三戰區傷兵之友社社員入社介紹表

姓名	性別	年齡	籍貫	是否黨員
洪惠庭	男	二七	福鼎	否

資歷	現任工作	通訊處	電話	備註
小學畢業	海產商	桐山鎮		

茲由

林錫齡先生介紹加入本戰區傷兵之友社爲社員願爲傷兵福利事業致力相應列填介紹表送請

貴社審查此致

福鼎分社

介紹人 林錫齡（簽名蓋章）

入社人 洪惠庭（簽名蓋章）謹

支分社審查決定意見	審查人

附件：第三战区伤兵之友社福鼎县分社(洪惠庭)入社介绍表

(1940年6月)　G133-003-0024

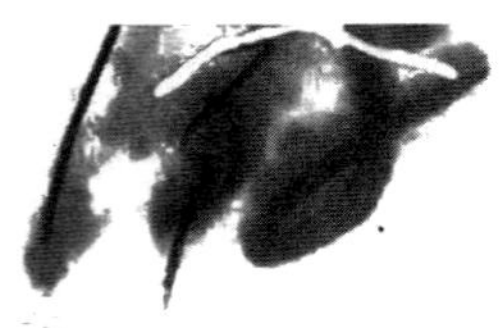

第三戰區傷兵之友社福鼎縣分社入社介紹表

姓名	性別	年齡	籍貫	是否黨員
李幹民	男	四三	福鼎	否

資歷	現任工作	通訊處	電話	備註
小學畢業	布商	桐山鎮		

茲由林錫齡先生介紹加入本戰區傷兵之友社為社員願為傷兵福利事業致力相應列填介紹表送請

貴社審查此致

福鼎分社

介紹人林錫齡（印）

入社人李幹民（印）

支分社審查決定意見	審查人

附件：第三战区伤兵之友社福鼎县分社（李幹民）入社介绍表

（1940年6月） G133-003-0024

第三戰區傷兵之友社社員入社介紹表

姓名	性别	年齡	籍貫	是否黨員	資歷	現任工作	通訊處	電話	備註
李世和	男	三十三	福鼎		商民	海產商	桐山鎮		

茲由

李世和先生介紹加入本戰區傷兵之友社為社員願為傷兵福利事業致力相應列填介紹表送請

貴社審查此致

福鼎分社

介紹人林錫齡（簽名蓋章）

入社人李世和（簽名蓋章）

分社支社審查決定意見	審查人

附件：第三战区伤兵之友社福鼎县分社（李世和）入社介绍表

（1940年6月）　G133-003-0024

第三戰區傷兵之友社社員入社介紹表

姓名	性別	年齡	籍貫	是否黨員
張世安	男	四五	福鼎	是

資歷：私塾肄業

現在工作：福鼎縣商會幹事

通訊處：桐山鎮　電話：

備註：

緣由：林錫齡先生介紹加入本戰區傷兵之友社為社員願為傷兵福利事業致力相應列填介紹表送請

貴社審查此致

福鼎分社

介紹人　林錫齡（簽名蓋章）

入社人　張世安（簽名蓋章）

審查決定意見：

審查人：

附件：第三战区伤兵之友社福鼎县分社（张世安）入社介绍表

（1940 年 6 月）　G133-003-0024

第三戰區傷兵之友社入社介紹表

姓名	性別	年齡	籍貫	是否黨員
張維周	男	三九	福鼎	是

資歷：福建學院法學科畢業曾任法院書記官商會主席茶業公會主席

現任工作：茶商

通訊處：桐山鎮

電話：

備註：

林錫齡先生介紹加入本戰區傷兵之友社為社員願為傷兵福利事業致力相應列填介紹表送請

貴社審查此致

福鼎分社

介紹人林錫齡（簽名蓋章）

入社人張維周（簽名蓋章）

分社審查意見：

支社決定意見：

附件：第三战区伤兵之友社福鼎县分社（张维周）入社介绍表

（1940年6月） G133-003-0024

第三战区伤兵之友社社员入社介绍表

姓名	性别	年龄	籍贯	是否党员
夏星湖	男	四五	福鼎	是

资历：現任米業同業公會主席

工作：米商

通讯处：桐山鎮

电话：

备注：

茲由林錫齡先生介紹加入本戰區傷兵之友社為社員，願為傷兵福利事業致力，相應列填介紹表，送請貴社審查，此致福鼎分社

介紹人 林錫齡（盖章）
入社人 夏星湖（盖章）

支分社審查決定意見：

審查人：

附件：第三战区伤兵之友社福鼎县分社(夏星湖)入社介绍表

(1940年6月) G133-003-0024

第三戰區傷兵之友社社員入社介紹表

姓名	性別	年齡	籍貫	是否黨員	資歷	現任工作	通訊處	附註
高耆明	男	四六	福鼎	否	商民	海產商	桐山鎮 電話	

茲由林錫齡先生介紹加入本戰區傷兵之友社為社員，願為傷兵福利事業致力，相應列填介紹表送請貴社審查見致
福鼎分社

介紹人 林錫齡（簽名蓋章）
入社人 高耆明（簽名蓋章）

支分社審查決定意見：

審查人

附件：第三战区伤兵之友社福鼎县分社（高耆明）入社介绍表

（1940年6月） G133-003-0024

第三戰區傷兵之友社社員入社介紹表

社員姓名	陳兗向
性別	男
年齡	五五
籍貫	福鼎
是否黨員	否
資歷	商民
現任工作	海產商
通訊處	桐山鎮
電話	
備註	

茲由

林錫齡先生介紹加入本戰區傷兵之友社為社員願為傷兵福利事業致力相應列填介紹表送請

貴社審查此致

福鼎分社

介紹人林錫齡

入社人陳兗向（印）

支分社審查決定意見	
審查人	

附件：第三战区伤兵之友社福鼎县分社（陈兖向）入社介绍表

（1940年6月） G133-003-0024

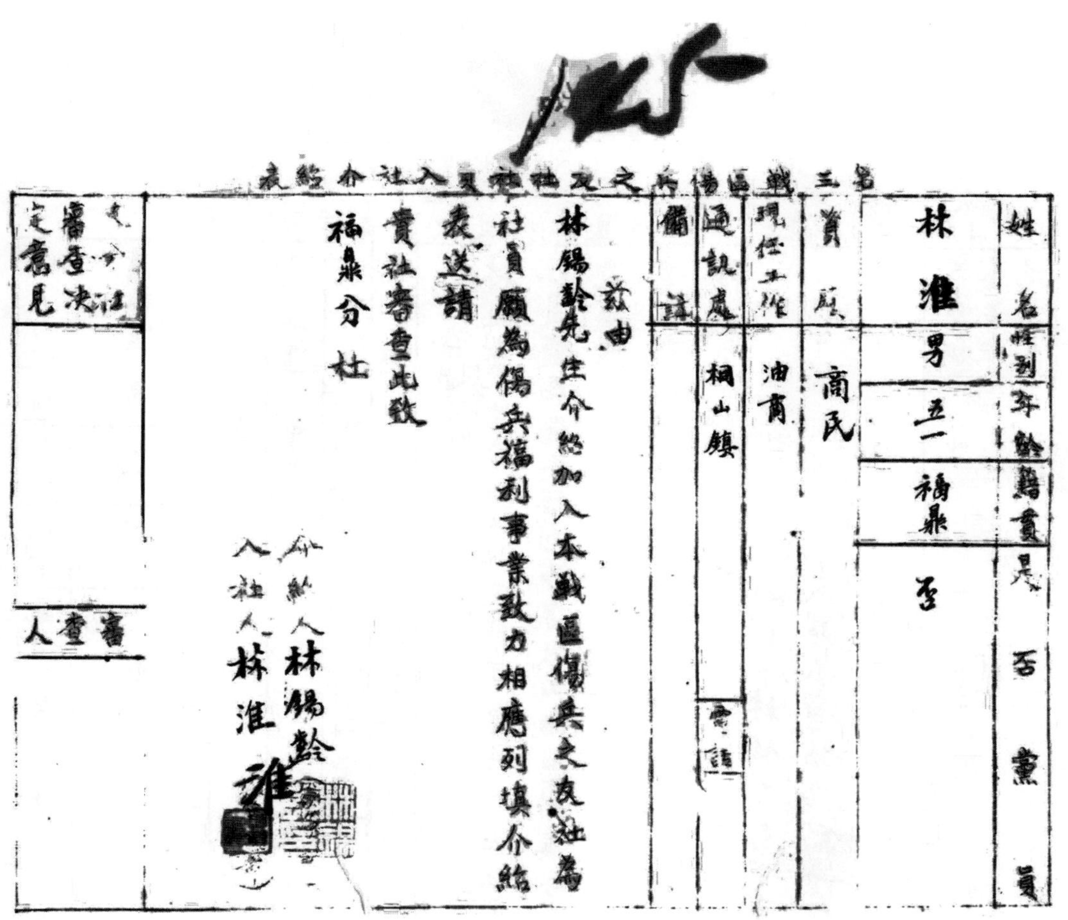

第三战区伤兵之友社福鼎分社入社介绍表

姓名	林淮
性别	男
年龄	五一
籍贯	福鼎
是否党员	否
资历	商民
现任工作	油商
通讯处	桐山镇
电话	
备注	

兹由林锡龄先生介绍加入本战区伤兵之友社为社员，愿为伤兵福利事业致力，相应列填介绍表，送请贵社审查，此致福鼎分社

介绍人林锡龄
入社人林淮

审查人

支分社审查决定意见

附件：第三战区伤兵之友社福鼎县分社（林淮）入社介绍表
（1940 年 6 月） G133-003-0024

第三戰區傷兵之友社社員入社介紹表

姓名	性別	年齡	籍貫	是否黨員	資歷	現任工作	通訊處	電話	備註
葉詠言	男	四一	湖州	否	商民	布商	桐山鎮		

茲由林錫齡先生介紹加入本戰區傷兵之友社為社員願為傷兵福利事業致力相應列填介紹表送請

貴社審查此致

福鼎分社

介紹人 林錫齡（簽名蓋章）

入社人 葉詠言（簽名蓋章）

分社審查決定意見

審查人

附件:第三战区伤兵之友社福鼎县分社(叶詠言)入社介绍表

(1940 年 6 月) G133-003-0024

第三戰區傷兵之友社社員入社介紹表

姓名	性別	年齡	籍貫	是否黨員
陳文策	男	二五	福鼎	否

資歷	現任工作	通訊處	備註
商民	布商	桐山鎮	
		電話	

茲由林錫齡先生介紹加入本戰區傷兵之友社為社員，願為傷兵福利事業致力相應列填介紹表送請

貴社審查批致

福鼎分社

介紹人林錫齡

入社人陳文策

支分社審查決定意見	
審查人	

附件：第三战区伤兵之友社福鼎县分社（陈文策）入社介绍表

（1940 年 6 月） G133-003-0024

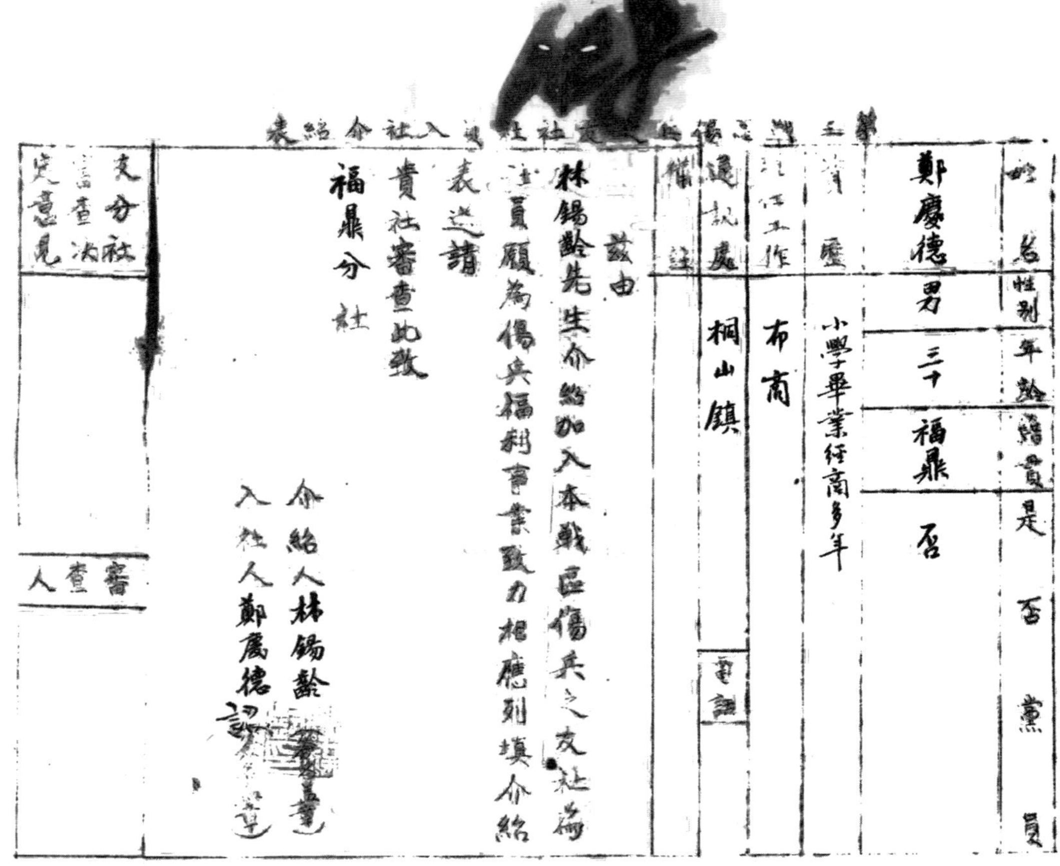

第三战区伤兵之友社福鼎县分社入社介绍表

姓名	性别	年龄	籍贯	是否党员
鄭慶德	男	三十	福鼎	否

学历	现任工作	通讯处	电话	备注
小學畢業经商多年	布商	桐山鎮		

兹由林錫齡先生介紹加入本戰區傷兵之友社為社員願為傷兵福利事業致力相應列填介紹表送請貴社審查此致

福鼎分社

介紹人林錫齡
入社人鄭慶德

分社支审查决定意见	审查人

附件：第三战区伤兵之友社福鼎县分社（郑庆德）入社介绍表

（1940 年 6 月） G133-003-0024

第三战区伤兵之友社入社介绍表

姓名	性别	年龄	籍贯	是否党员
朱孟绎	男	四六	福鼎	否

资历：小学毕业经商多年

现任工作：布商

通讯处：桐山镇

电话：

备注：

介由

林偏龄先生介绍加入本战区伤兵之友社为社员，愿为伤兵福利事业致力，相应列填介绍表送请

贵社审查，此致

福鼎分社

介绍人 林偏龄

入社人 朱孟绎

支社审查决定意见：

审查人：

附件：第三战区伤兵之友社福鼎县分社(朱孟绎)入社介绍表

(1940年6月) G133-003-0024

第三戰區傷兵之友社社員入社介紹表

姓名	性別	年齡	籍貫	是否黨員
李登英	男	二三	福鼎	否

學歷	現任工作	通訊處	電話	備註
中學肄業現在商界營業	矾商	前岐鎮		

茲由林錫齡先生介紹加入本戰區傷兵之友社為社員願為傷兵福利事業致力相應列填介紹表送請貴社審查此致

福鼎分社

介紹人 林錫齡

入社人 李登英（蓋章）

支分社審查決定意見
審查人

附件：第三战区伤兵之友社福鼎县分社（李登英）入社介绍表

（1940 年 6 月） G133-003-0024

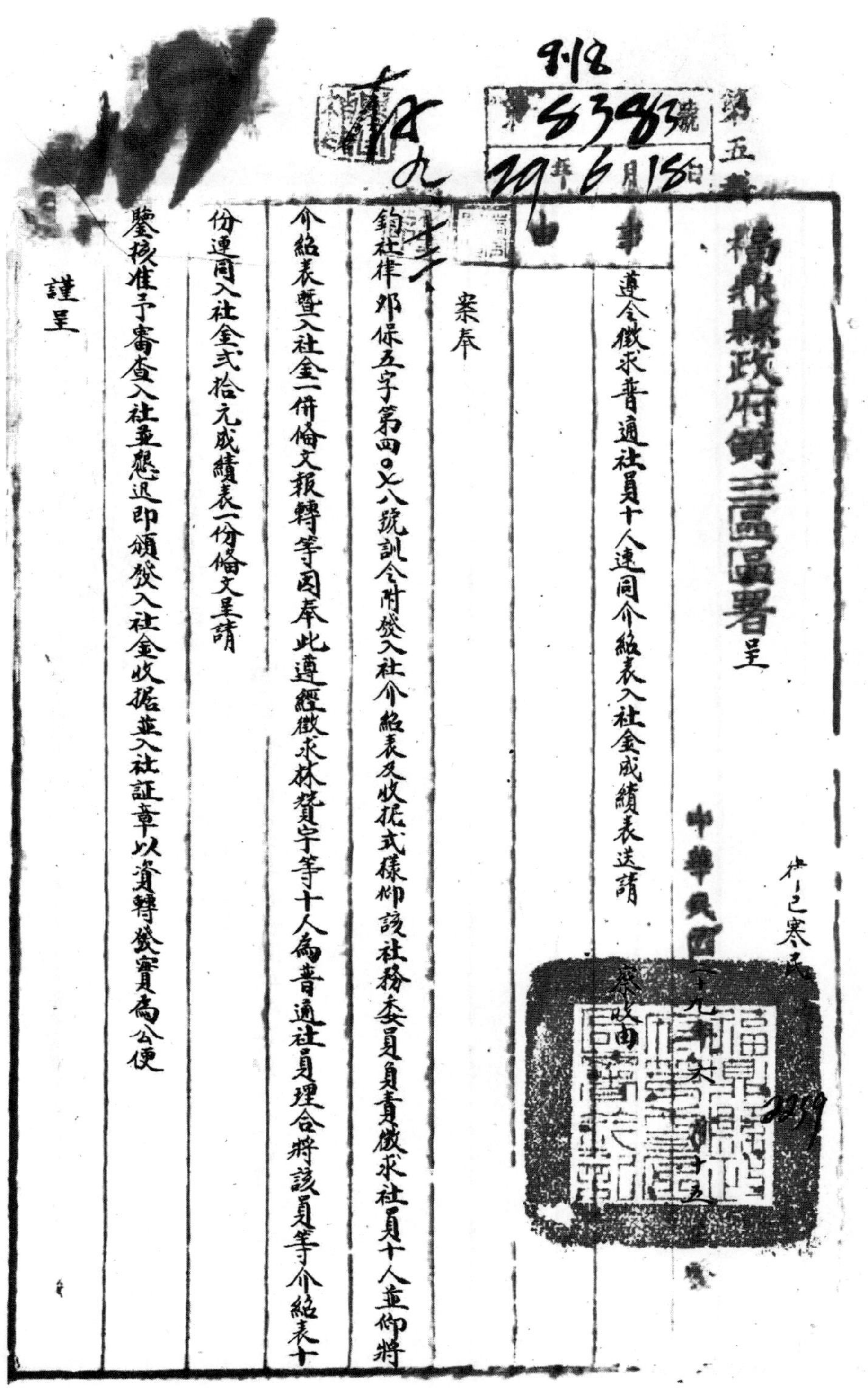

福鼎縣政府第三區區署 呈

事由：遵令徵求普通社員十人連同介紹表入社金成績表送請

案奉

鈞社律邠保五字第四○七八號訓令附發入社介紹表及收据式樣仰該社務委員負責徵求社員十人並仰將介紹表暨入社金一併備文報轉等因奉此遵經徵求林贊宇等十人為普通社員理合將該員等介紹表十份連同入社金弍拾元成績表一份備文呈請

鑒核准予審查入社並懇迅即頒發入社金收据並入社証章以資轉發實為公便

謹呈

中華民國二十九年六月十五日

福鼎县第三区关于遵令征求普通社员十人的介绍表、入社金及成绩表的呈文

（1940 年 6 月 15 日） G133-003-0025

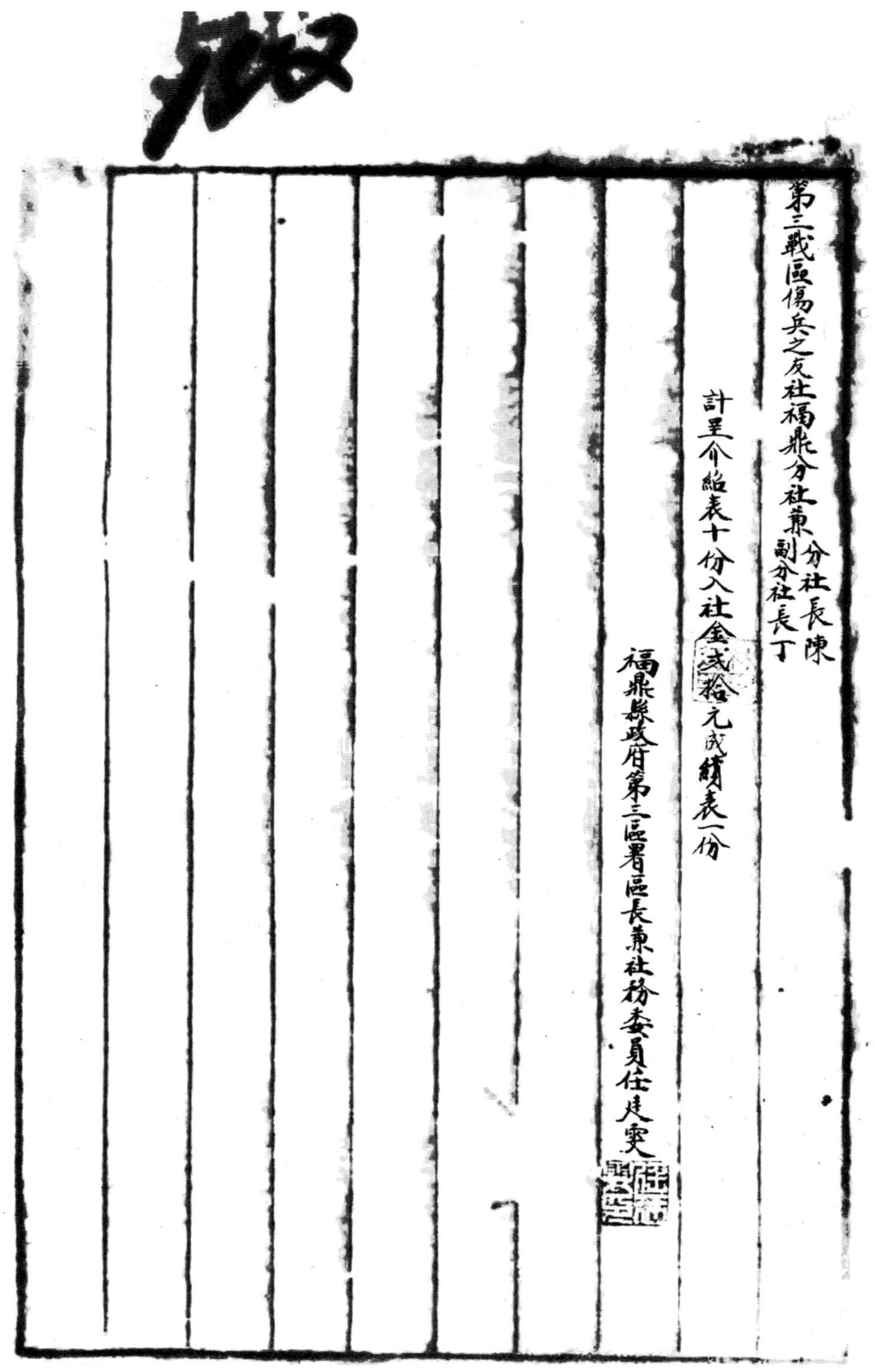
第三戰區傷兵之友社福鼎分社兼分社長陳
副分社長丁

計呈介紹表十份入社金貳拾元成績表一份

福鼎縣政府第三區署區長兼社務委員任建雯

福鼎县第三区关于遵令征求普通社员十人的介绍表、入社金及成绩表的呈文

（1940 年 6 月 15 日） G133-003-0025

159

第三戰區傷兵之友社社員入社介紹表

姓名	性別	年齡	籍貫	是否黨員
汪芑泉	男	二八	福鼎	否

資歷	現任工作	通訊處	備註
福建學院附中畢業 福建省保訓合一幹部訓練所畢業	福鼎縣第三區磻溪鎮鎮長	福鼎縣第三區署轉 電話	

請由

徐廷寀先生介紹加入本戰區傷兵之友社為社員願為傷兵福利事業努力相應列表介紹

表送請

貴社審查此致

社

介紹人徐廷寀（蓋章）

入社人汪芑泉（簽名蓋章）

中華民國二十九年三月三十日

支分社審查決定意見	審查人

附件：第三战区伤兵之友社福鼎县分社（汪芑泉）入社介绍表

（1940年3月30日） G133-003-0025

第三戰區傷兵之友社社員入社介紹表

姓名	性別	年齡	籍貫	是否黨員
易景棠	男	二五	福鼎	是

資歷	現任工作	通訊處	電話	備註
福建省保訓合一幹部訓練所第四期畢業	福鼎縣第三區蔣英鄉鄉長	福鼎縣店下鎮		

茲由

任廷雯先生介紹加入本戰區傷兵之友社為社員願為傷兵福利事業效力擬應列填介紹表送請

貴社審查此致

社

介紹人任廷雯（蓋章或簽字）

入社人易景棠（蓋章或簽字）

中華民國二十九年三月三十日

支分社審查決定意見	
審查人	

附件：第三战区伤兵之友社福鼎县分社（易景棠）入社介绍表

（1940年3月30日）　G133-003-0025

第三戰區傷兵之友社社員入社介紹表

姓名	張之光
性別	男
年齡	三七
籍貫	福鼎
是否黨員	否
資歷	福鼎縣立桐山小學畢業
現任工作	現任福鼎縣第三區翠郊鄉鄉長
通訊處	管陽郵櫃轉
電話	
備註	

茲由任廷雯先生介紹加入本戰區傷兵之友社為社員願為傷兵福利事業努力相應列表介紹

表送請

貴社審查此致

社

介紹人 任廷雯（簽名蓋章）

入社人 張之光（簽名蓋章）

中華民國二十九年四月三日

支分社審查決定意見	
審查人	

附件：第三战区伤兵之友社福鼎县分社（张之光）入社介绍表

（1940 年 4 月 3 日） G133-003-0025

165

第三战区伤兵之友社社员入社介绍表

姓名	性别	年龄	籍贯	是否党员
吴家本	男	二五	福鼎	否

资历	现任工作	通讯处	备注
福鼎县立秦屿小学毕业	现任福鼎县第三区[illegible]乡乡长	福鼎县[illegible]	

兹由任廷栾先生介绍[illegible]入本战区伤兵之友社为社员，愿为伤兵福利事业效力，[illegible]列[illegible]介绍表送请

贵社审查，此致

社

中华民国二十九年四月三日

介绍人 任廷栾（章）

入社人 吴家本（章）

支分社审查决定意见

审查人

附件：第三战区伤兵之友社福鼎县分社（吴家本）入社介绍表

（1940年4月3日）　G133-003-0025

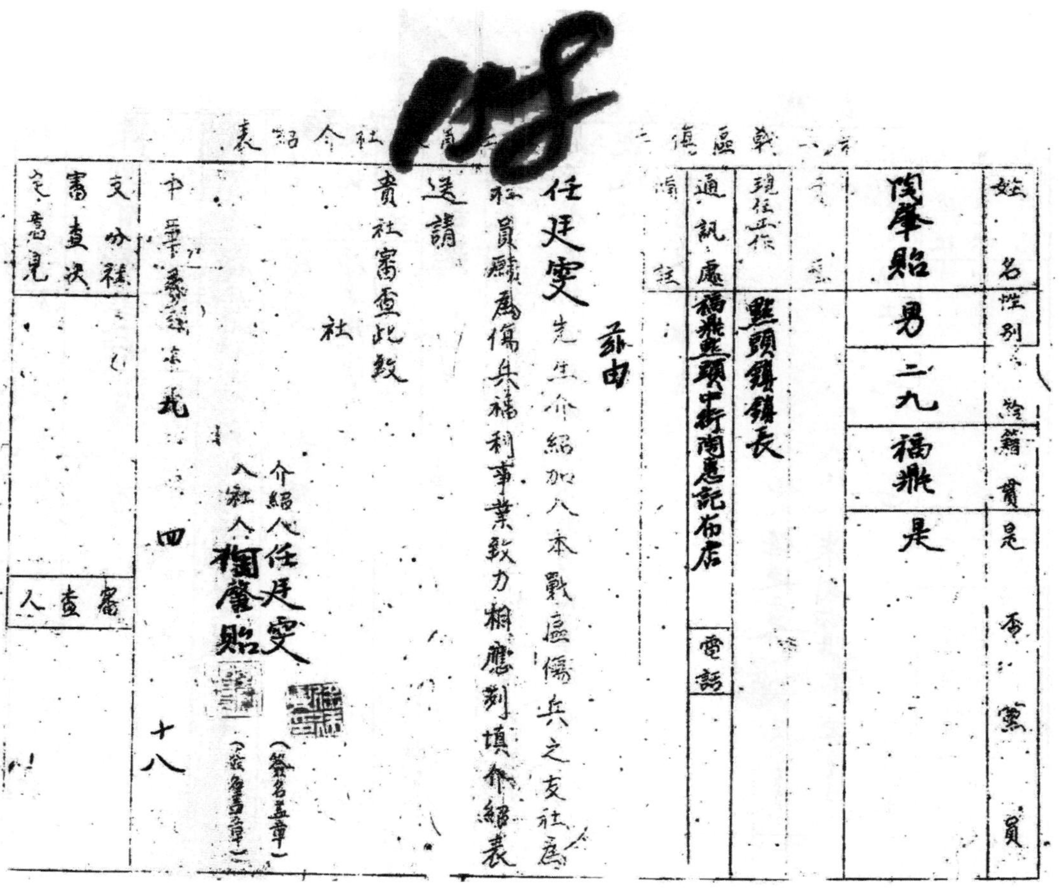

第三戰區傷兵之友社福鼎分社入社介紹表

姓名	性別	年齡	籍貫	是否黨員
陶肇貽	男	二九	福鼎	是

現任工作：點頭鎮鎮長

通訊處：福鼎點頭中街陶惠記布店

電話：

事由

任廷燮先生介紹加入本戰區傷兵之友社為社員願為傷兵福利事業致力相應列填介紹表送請

貴社審查此致

社

介紹人 任廷燮（簽名蓋章）

入社人 陶肇貽（簽名蓋章）

中華民國廿九年四月十八日

審查人

分社審查決定意見

附件：第三战区伤兵之友社福鼎县分社（陶肇贻）入社介绍表

（1940 年 4 月 18 日）　G133-003-0025

第三战区伤兵之友社社员入社介绍表

姓名	朱國寶
性别	男
年龄	三五
籍贯	福鼎
是否党员	否
资历	福建省保训合一干部训练所第四期毕业
现任工作	福鼎县第三区安仁乡乡长
通讯处	福鼎县头朱智
备注	

兹由任廷燮先生介绍加入本战区伤兵之友社为社员，愿为伤兵福利事业致力，相应列[illegible]介绍表送请贵社审查此致

社

介绍人 任廷燮（印）

入社人 朱國寶（印）

中华民国二十九年四月　日

支分社审查决定意见	

附件：第三战区伤兵之友社福鼎县分社（朱国宝）入社介绍表

（1940年4月）　G133-003-0025

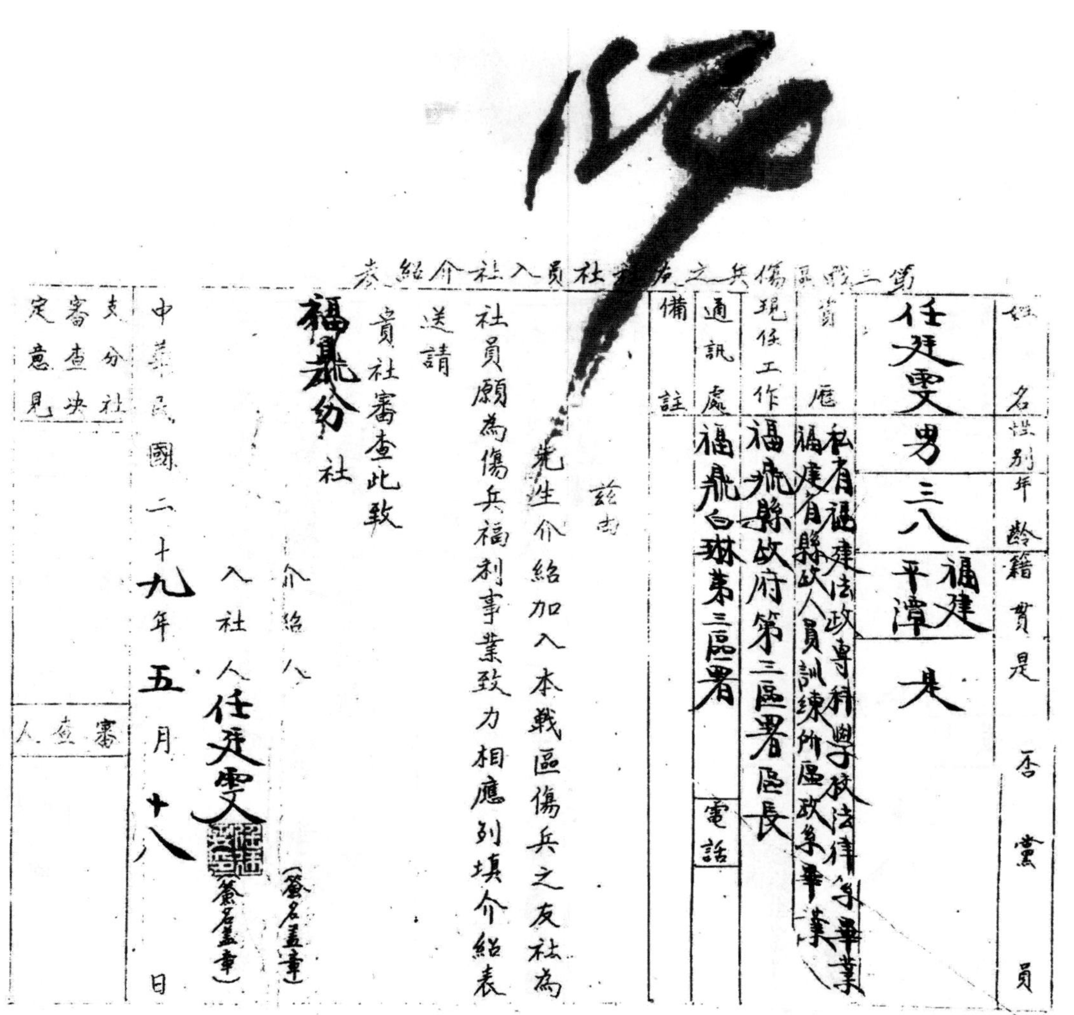

第三戰區傷兵之友社社員入社介紹表

姓名	性別	年齡	籍貫	是否黨員
任廷雯	男	三八	福建平潭	是

資歷：私立福建法政專科學校法律系畢業　福建省縣政人員訓練所區政系畢業

現任工作：福鼎縣政府第三區署區長

通訊處：福鼎白琳第三區署　電話

備註

茲由　　先生介紹加入本戰區傷兵之友社為社員願為傷兵福利事業致力相應列填介紹表送請

貴社審查此致

福鼎分社

介紹人　　（簽名蓋章）

入社人　任廷雯（簽名蓋章）

中華民國二十九年五月十八日

支分社審查决定意見

審查人

附件：第三战区伤兵之友社福鼎县分社(任廷雯)入社介绍表

(1940 年 5 月 18 日)　G133-003-0025

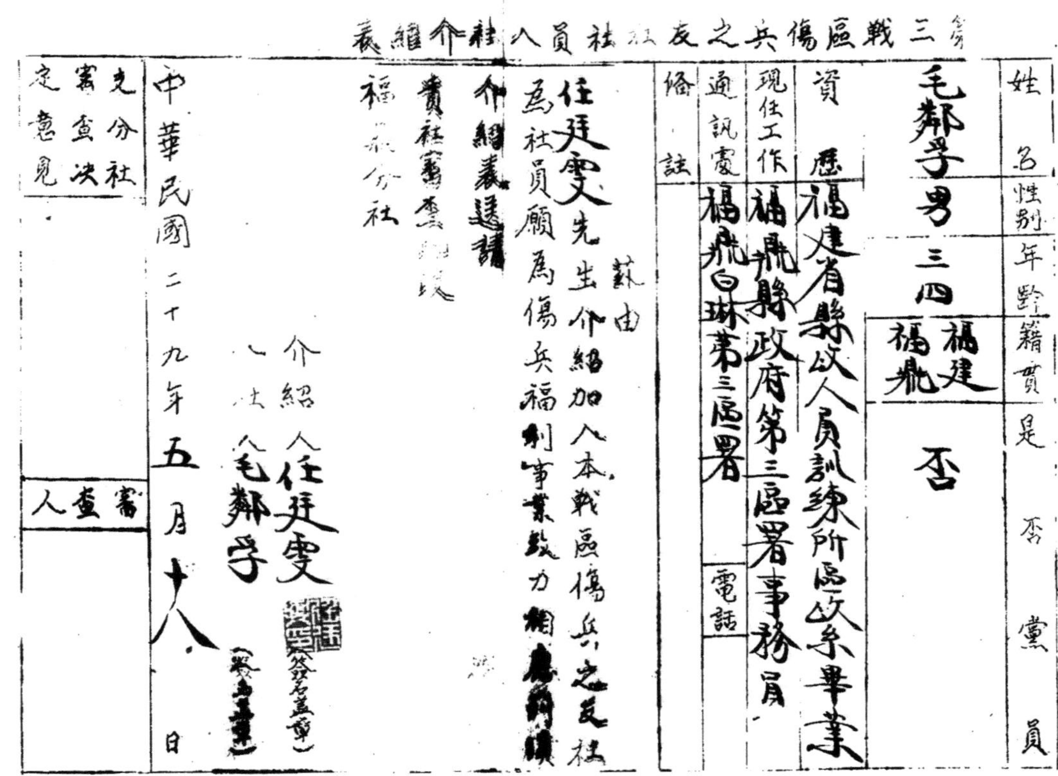

第三戰區傷兵之友社福鼎縣分社社員入社介紹表

姓名	性别	年齡	籍貫	是否黨員
毛鄰孚	男	三四	福建福鼎	否

資歷：福建省縣政人員訓練所區政系畢業

現任工作：福鼎縣政府第三區署事務員

通訊處：福鼎白琳第三區署

電話：

備註：

介紹表逕請

貴社（福鼎分社）　　核

蘇由

任廷雯先生介紹加入本戰區傷兵之友社爲社員，願爲傷兵福利事業致力，相應……

福鼎分社

介紹人：任廷雯（簽名蓋章）

入社人：毛鄰孚（簽名蓋章）

中華民國二十九年五月十八日

分社審查決定意見：

審查人：

附件：第三战区伤兵之友社福鼎县分社（毛麟孚）入社介绍表

（1940年5月18日） G133-003-0025

第三戰區傷兵之友社社員入社介紹表

姓名	性別	年齡	籍貫	是否黨員
黃海	男	二二	福建寧德	否

資歷：福建省立三都中學畢業；福建省地方行政幹訓團區政系畢業；福鼎縣政府第三區署區員

通訊處：福鼎白琳第三區署

電話：

備註：

蘇由

任廷雯先生介紹加入本戰區傷兵之友社為社員，願為傷兵福利事業致力，相應利填介紹表送請

□社（分社）審查此致

福鼎分社

介紹人任廷雯（簽名蓋章）

入社人黃海（簽名蓋章）

中華民國二十九年五月十八日

支分社審查決定意見	
審查人	

附件：第三战区伤兵之友社福鼎县分社（黄海）入社介绍表

（1940 年 5 月 18 日） G133-003-0025

第三戰區傷兵之友社社員入社介紹表

姓名	性別	年齡	籍貫	是否黨員
林贊宇	男	二二	福建寧德	是

資歷	現任工作	通訊處	電話	備註
福建省立三都中學畢業；福建省公務人員訓練所區政系畢業 廿八	福鼎縣政府第三區署區員	福鼎白琳第三區署		

茲由任廷雯先生介紹加入本戰區傷兵之友社為社員，願為傷兵福利事業致力，相應剔填

社長鑒請

貴社審查此致

福鼎分社

介紹人 任廷雯（簽名蓋章）

入社人 林贊宇（簽名蓋章）

中華民國二十九年五月十八日

本分社審查決定意見	
審查人	

附件：第三战区伤兵之友社福鼎县分社(林赞宇)入社介绍表

（1940年5月18日）　G133-003-0025

福鼎縣第三區徵求第三戰區傷兵之友社社員成績表

姓名	性別	年齡	籍貫	通訊處	種類	金額	備考
任廷雯	男	三八	平潭	福鼎白琳	普通	[illegible]〇〇	
毛鄰學	男	三四	福鼎	福鼎白琳第三區署	〃	二〇〇	
黃海	男	二二	寧德	仝右	〃	二〇〇	
林贊字	男	二二	寧德	仝右	〃	二〇〇	
陶肇船	男	二九	福鼎	仝右	〃	二〇〇	
汪芑泉	男	二八	福鼎	磻溪鎮公所	〃	二〇〇	
易景棠	男	二五	福鼎	蔣吳鄉公所	〃	二〇〇	
朱國寶	男	三五	福鼎	安仁鄉公所	〃	二〇〇	

附件:福鼎县第三区征求第三战区伤兵之友社社员成绩表

(1940 年 6 月 15 日)a 面　G133-003-0025

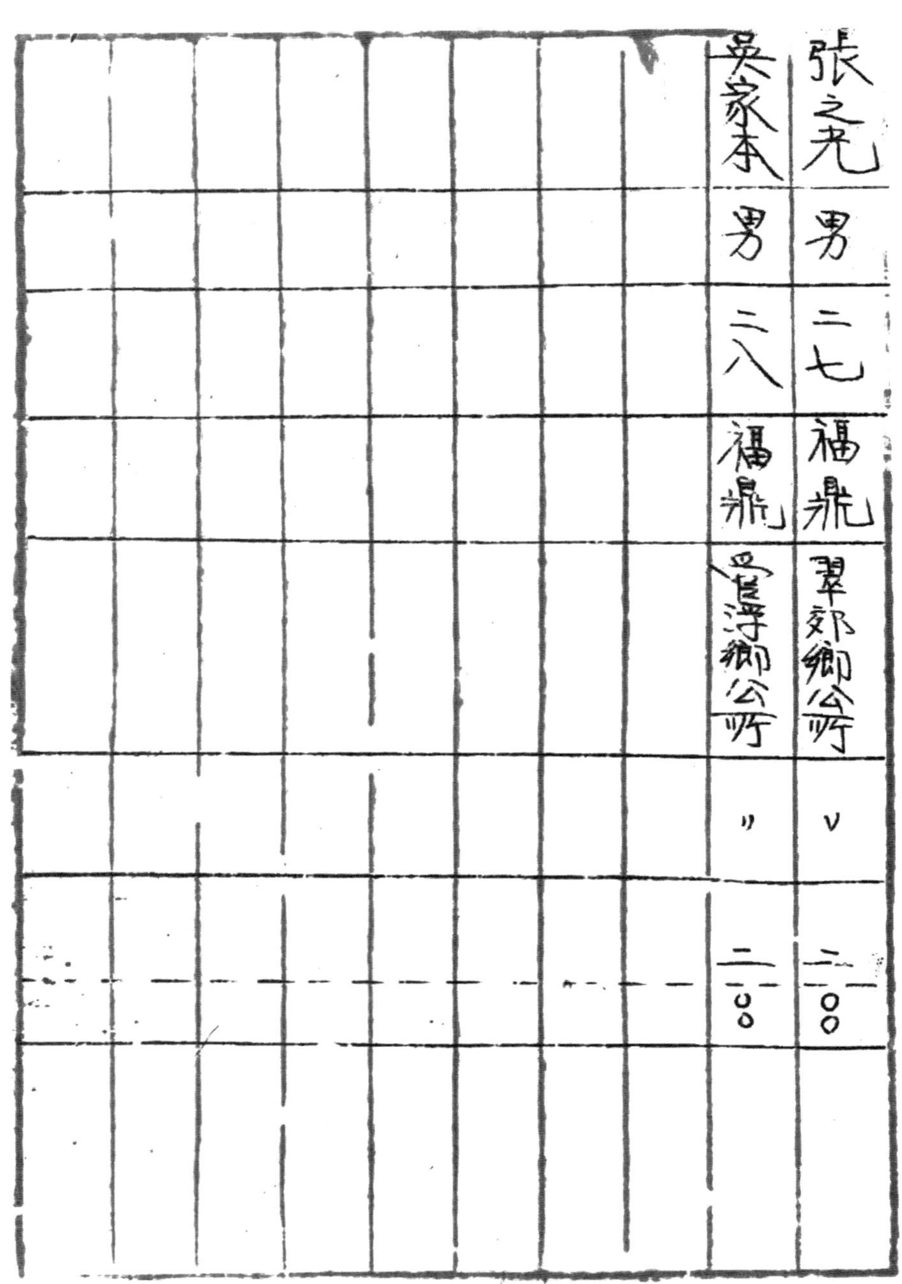

張之光	男	二七	福鼎	翠郊鄉公所	v	二〇〇
吳家本	男	二八	福鼎	[illegible]浮鄉公所	〃	二〇〇

附件：福鼎县第三区征求第三战区伤兵之友社社员成绩表

（1940年6月15日）b面　G133-003-0025

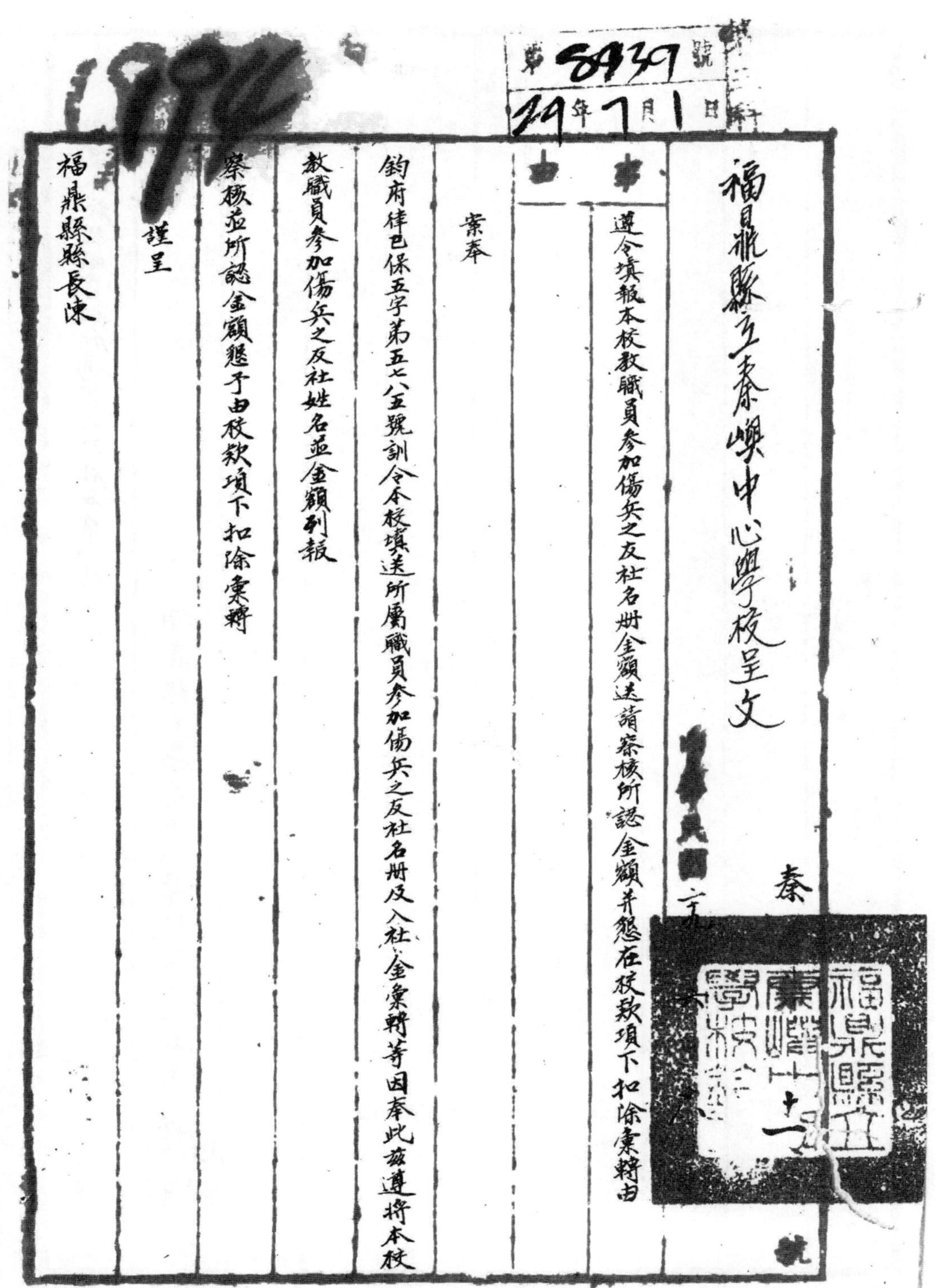

第8439號
29年7月1日

福鼎縣立秦嶼中心學校呈文

遵令填報本校教職員參加傷兵之友社名册金額送請察核所認金額并懇在校款項下扣除彙轉由

秦 字 號

案奉

鈞府律巳保五字第五七八五號訓令本校填送所屬職員參加傷兵之友社名册及入社金彙轉等因奉此茲遵將本校教職員參加傷兵之友社姓名並金額列報

察核並所認金額懇予由校款項下扣除彙轉

謹呈

福鼎縣縣長陳

福鼎县县立秦屿中心学校关于遵令填报本校教职员参加伤兵之友社名册金额，所认金额并恳在校款项下扣除汇转的呈文(1940年6月18日)　G133-003-0025

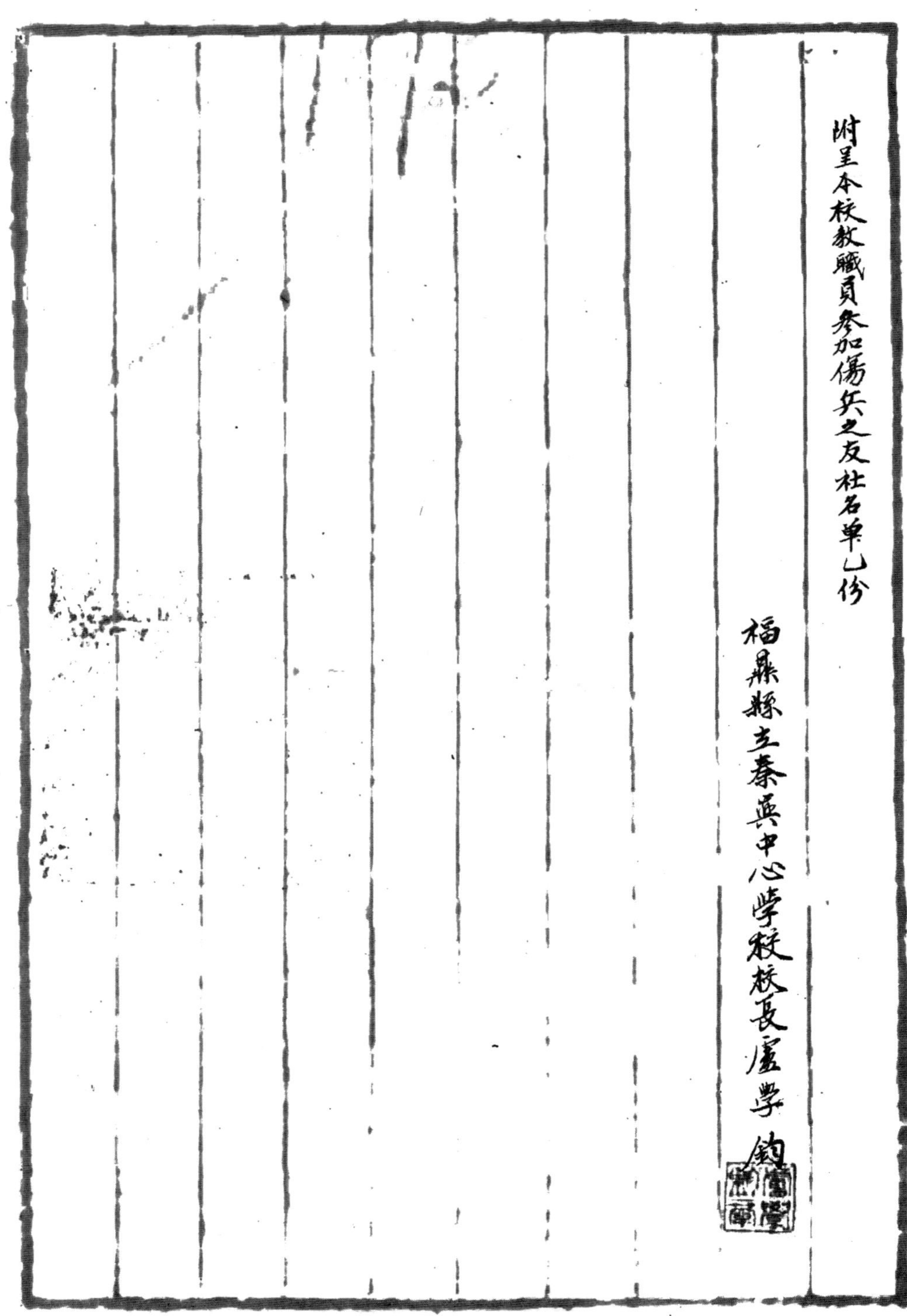
附呈本校教職員參加傷兵之友社名單乙份
福鼎縣立秦嶼中心學校校長盧學鈞

福鼎县县立秦屿中心学校关于遵令填报本校教职员参加伤兵之友社名册金额，所认金额恳在校款项下扣除汇转的呈文（1940 年 6 月 18 日）　G133-003-0025

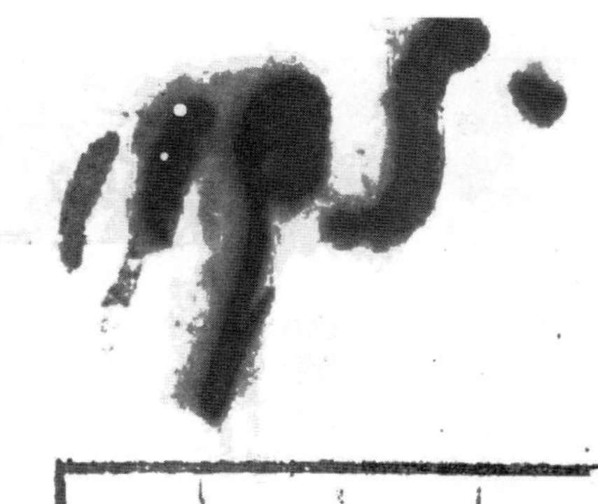

第　號第　頁

縣立秦嶼中心學校教職員參加傷兵之友社名單

姓名	職別	金額	附註
盧學鈞	校長	一元	已參加党務隊
張士團	教員	一元	仝右
朱綬	仝	一元	
陳兆基	仝	一元	
林朝熙	仝	一元	
周庠	仝		

職員月薪不滿二十元應予免費加入

中華民國二十九年六月十八日　校長盧學鈞謹報

附件：福鼎县县立秦屿中心学校教职员参加伤兵之友社名单

（1940年6月18日）　G133-003-0025

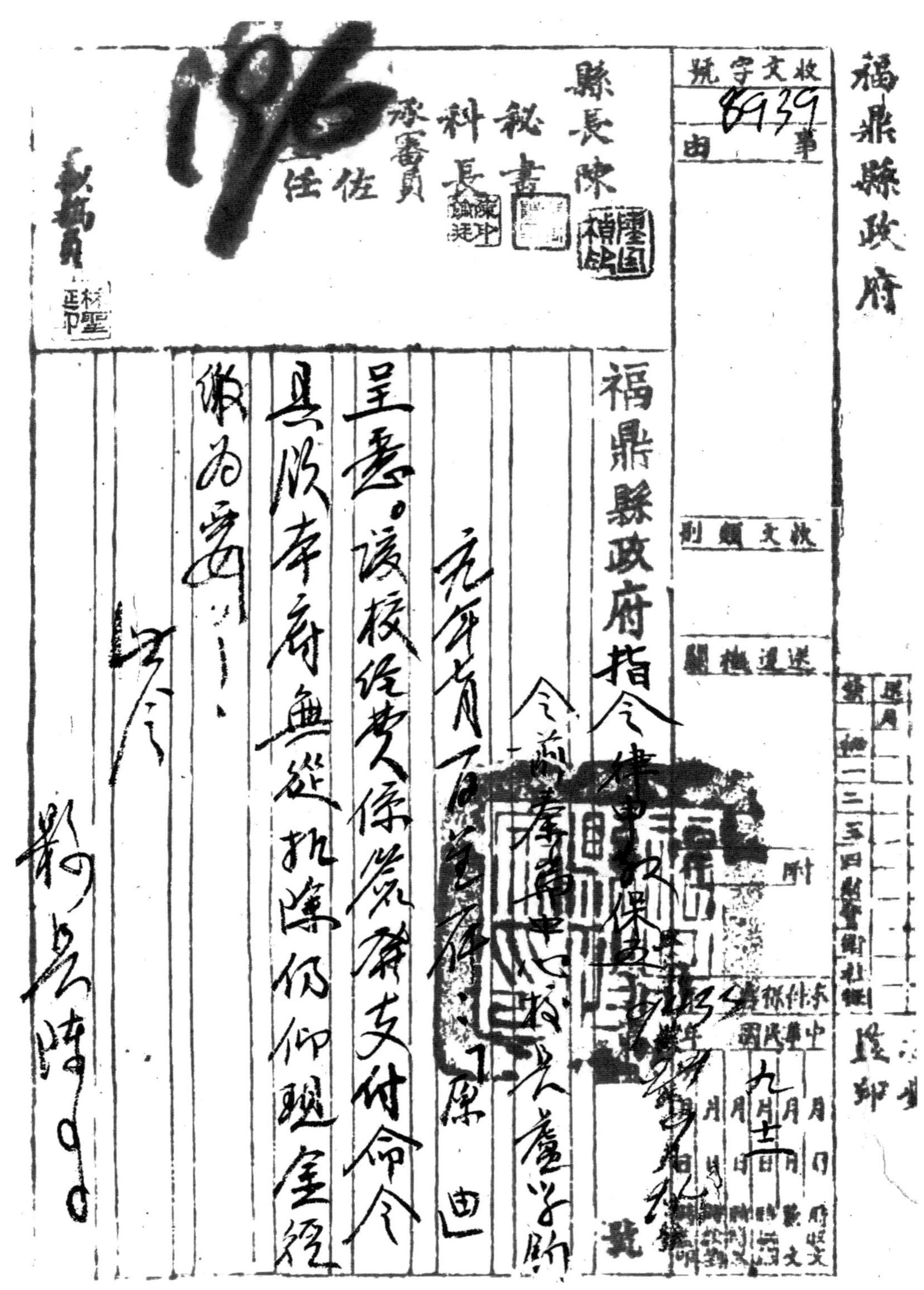

福鼎縣政府

收文字號 8939 號

事由

縣長陳

秘書

科長

承審員

佐任

福鼎縣政府指令

令前秦屿中心校長虞学斯

呈悉。該校經費係統籌支付，命令具報本府無從扣除，仍仰現金徑繳為要！

福鼎县政府关于秦屿中心学校教职员入社金仍须现金径缴的指令

（1940 年 9 月 24 日） G133-003-0025

9972
29 7 20

第三戰區傷兵之友社福州支社快郵代電

総字第569號

事由：電為奉 總社代電調查各分社徵求社員收取社費情形希查照詳報以憑彙轉由

第1頁共2頁

福鼎分社陳社長業奉第三戰區傷兵之友總社養場宣洋代電開查本社前頒社員徵求辦法及社員工作方案條社費之規定惟第（十）項乙節內有經常語稱各支分社徵求社員報告有完全社費者有一次徵收者亦有按期續繳僅繳數角者亦有定額數元者關於是項社員雖已明文規定然謂為社員捐款亦無不可惟各處辦法紛歧為社員者均為友社致力功因居地不同職員根慕論有

第三战区伤兵之友社福州支社关于奉总社代电调查各分社征求社员收取社费情形希查照详报的快邮代电(1940 年 7 月 8 日)　G133-003-0025

第三戰區傷兵之友社福州支社快郵代電

字第　號

事由

第2頁共　頁

若槩不均之[illegible]爲此通電調查各支社分社征求社[illegible]每人爲數若干一次繳足或俟期續付過去[illegible]若干人已收社費若干均請分別查復以便通盤斟酌情形於條文內增列社員一項及指定用途俾趨劃一而免紛歧除分電外相應電達飭希查照詳細見復並轉飭所屬各分社一併查報仍由貴社彙轉至深切盼等因奉此除通飭並分電外相應電達查照希將貴社徵求社員有無收取社費情形

第三战区伤兵之友社福州支社关于奉令调查各分社征求社员收取社费情形希查照详报的快邮代电

（1940年7月8日）　G133-003-0025

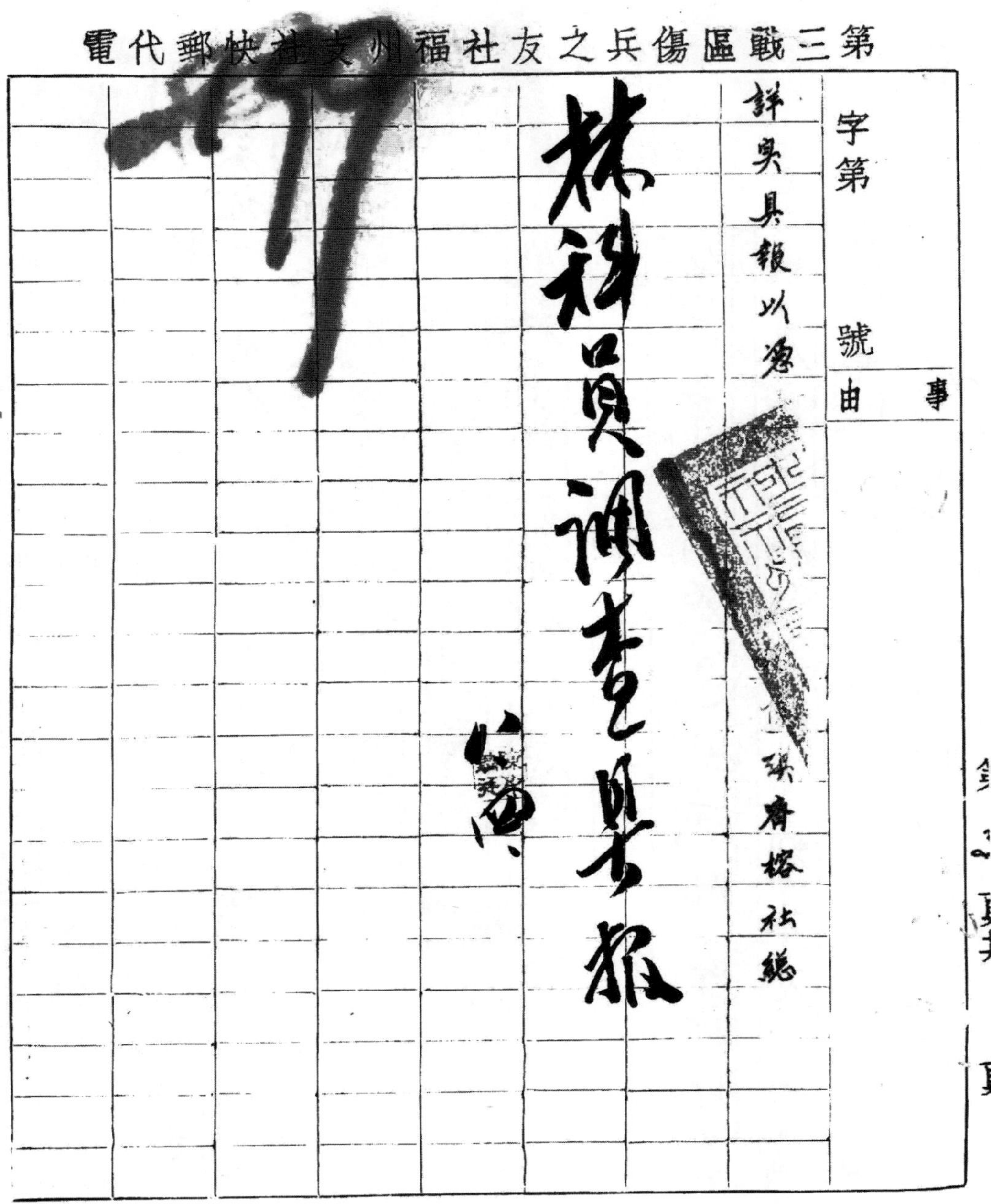
第三战區傷兵之友社福州支社快郵代電

第三战区伤兵之友社福州支社关于奉令调查各分社征来社员收取社费情形希查照详报的快邮代电

（1940 年 7 月 8 日） G133-003-0025

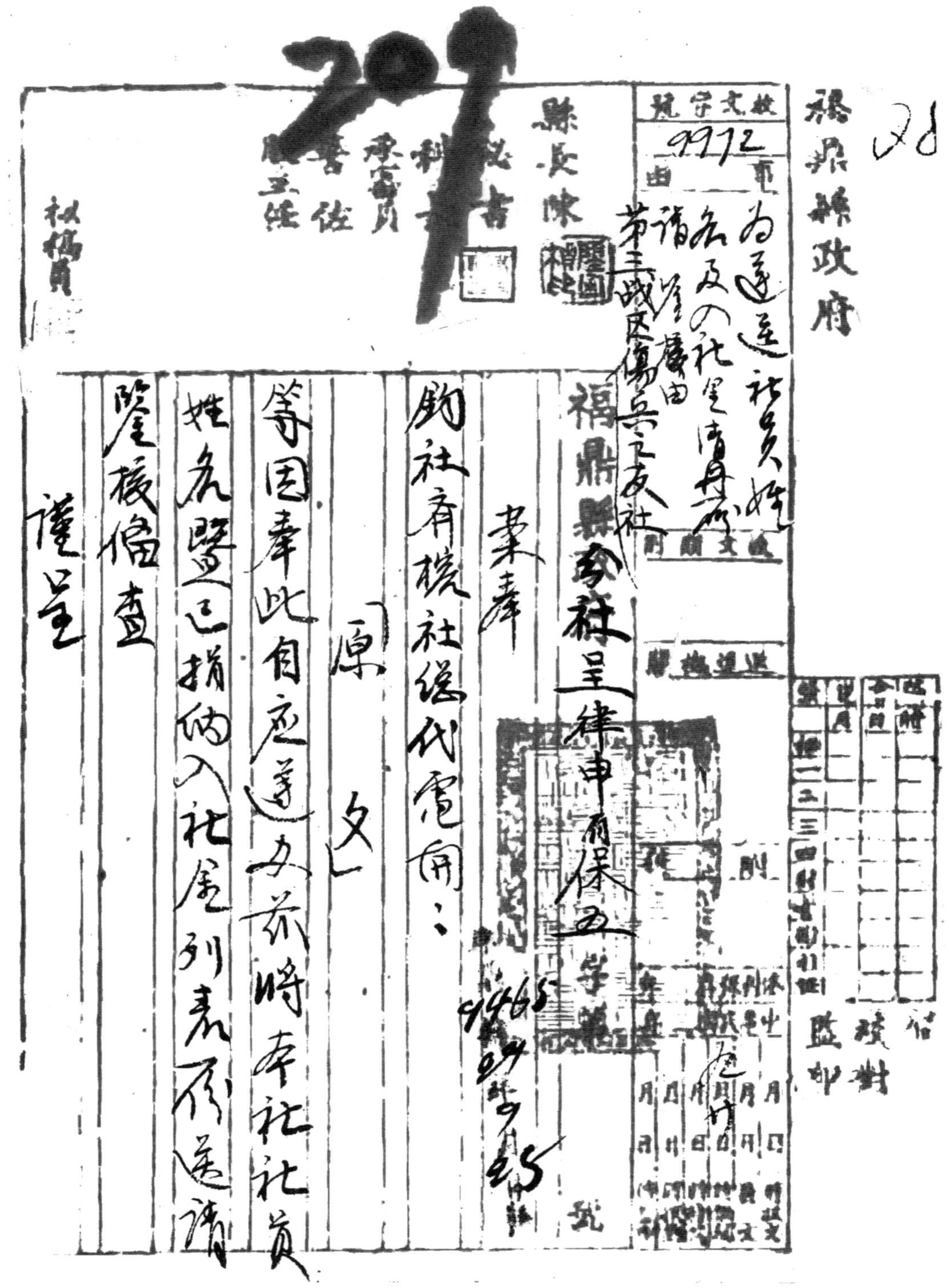
福鼎县政府

收文 字第9972号

事由：为遵送社员姓名及入社金清册请鉴核由

第三战区伤兵之友社

福鼎县分社呈 律申府保五字第 号

案奉

钧社有核社总代电开：

原文

等因奉此自应遵办兹将本社社员姓名暨已捐纳入社金列表备文送请

鉴核备查

谨呈

第三战区伤兵之友社福州支社福鼎分社关于遵送福鼎分社社员姓名及入社金清册的呈文

(1940年9月25日)a面 G133-003-0025

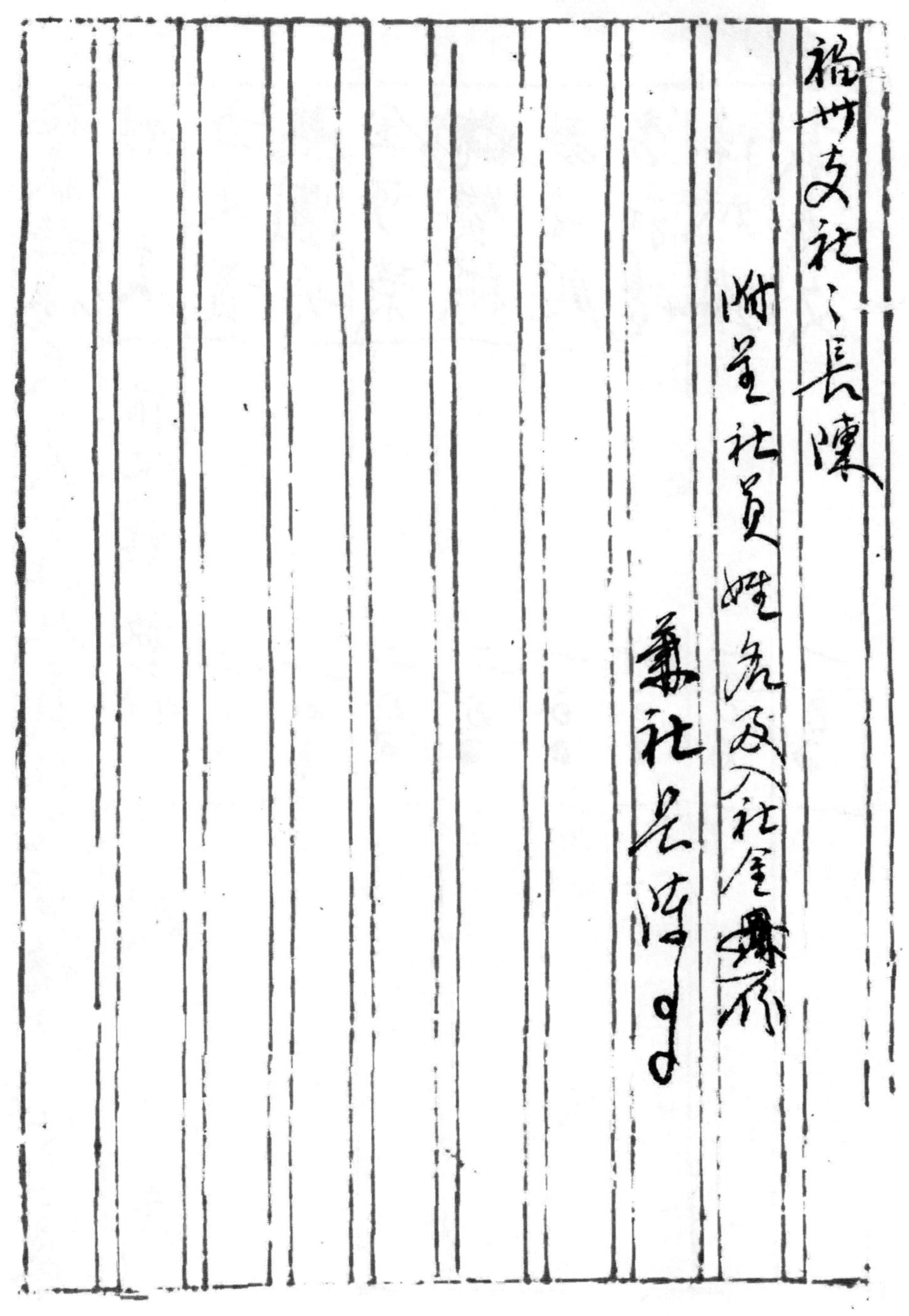
福州支社社長陳
附呈社员姓名及入社金册祈
兼社長陳○

第三战区伤兵之友社福州支社福鼎分社关于遵送福鼎分社社员姓名及入社金清册的呈文
(1940 年 9 月 25 日)b 面　G133-003-0025

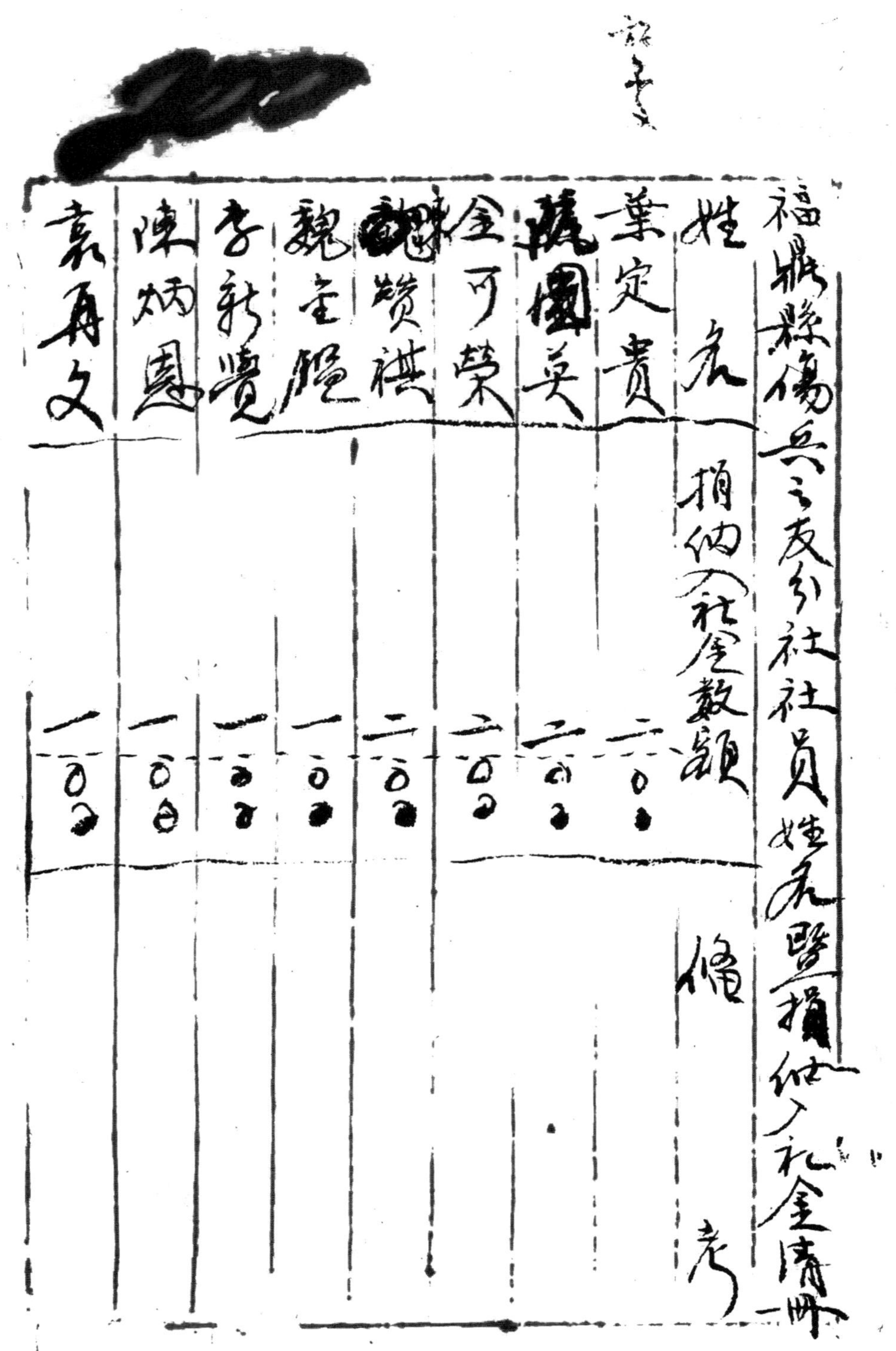

福鼎縣傷兵之友分社社員姓名暨捐納入社金清冊

姓名	捐納入社金數額	備考
葉定貴	二〇〇	
蔡國英	二〇〇	
金可榮	二〇〇	
謝贊祺	二〇〇	
魏奎鵬	一〇〇	
李新瓊	一〇〇	
陳炳園	一〇〇	
袁再文	一〇〇	

附件:第三战区伤兵之友社福州支社福鼎分社社员姓名及捐纳入社金清册

(1940年9月25日)a面　G133-003-0025

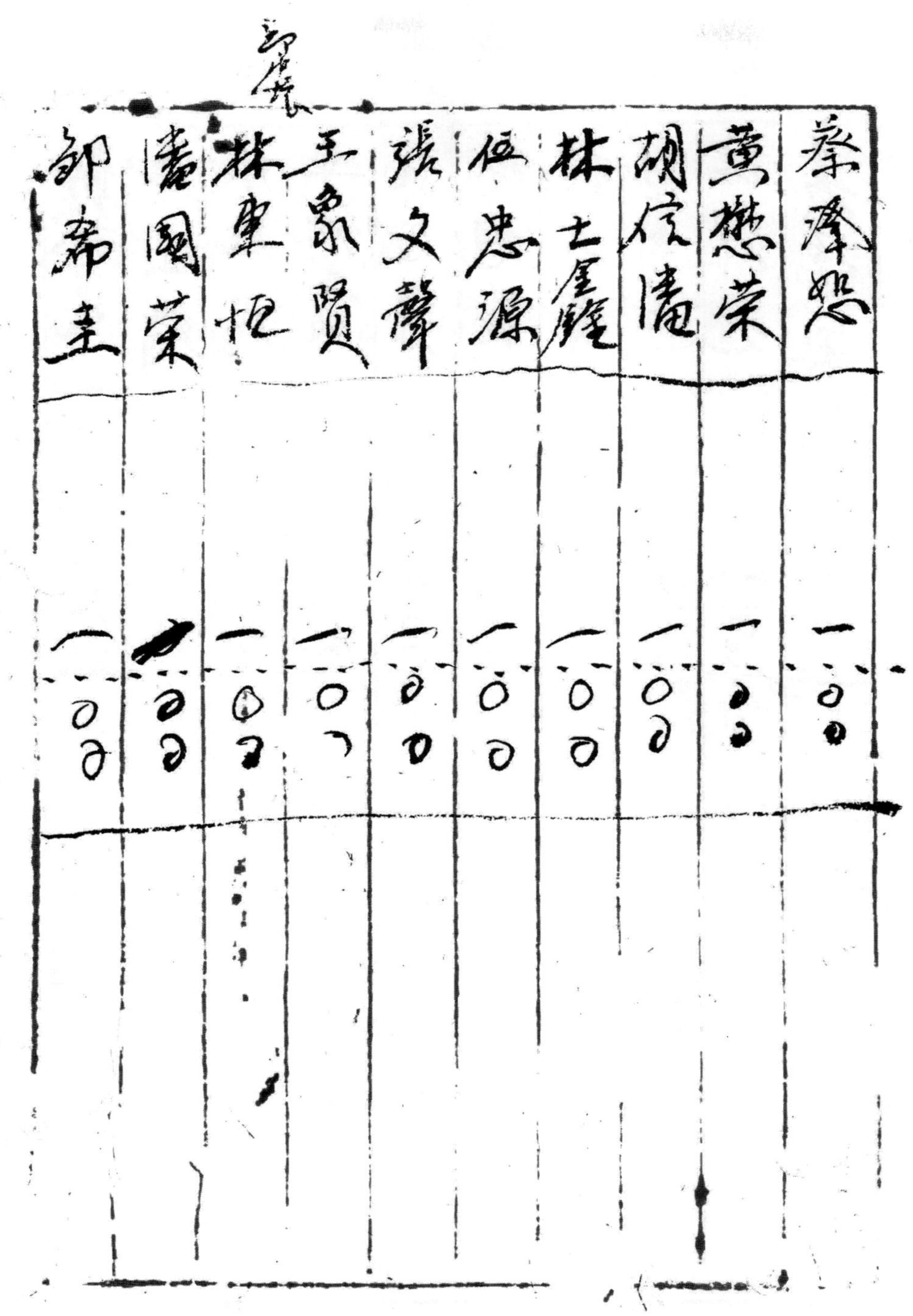

附件：第三战区伤兵之友社福州支社福鼎分社社员姓名及捐纳入社金清册

(1940年9月25日)b面　G133-003-0025

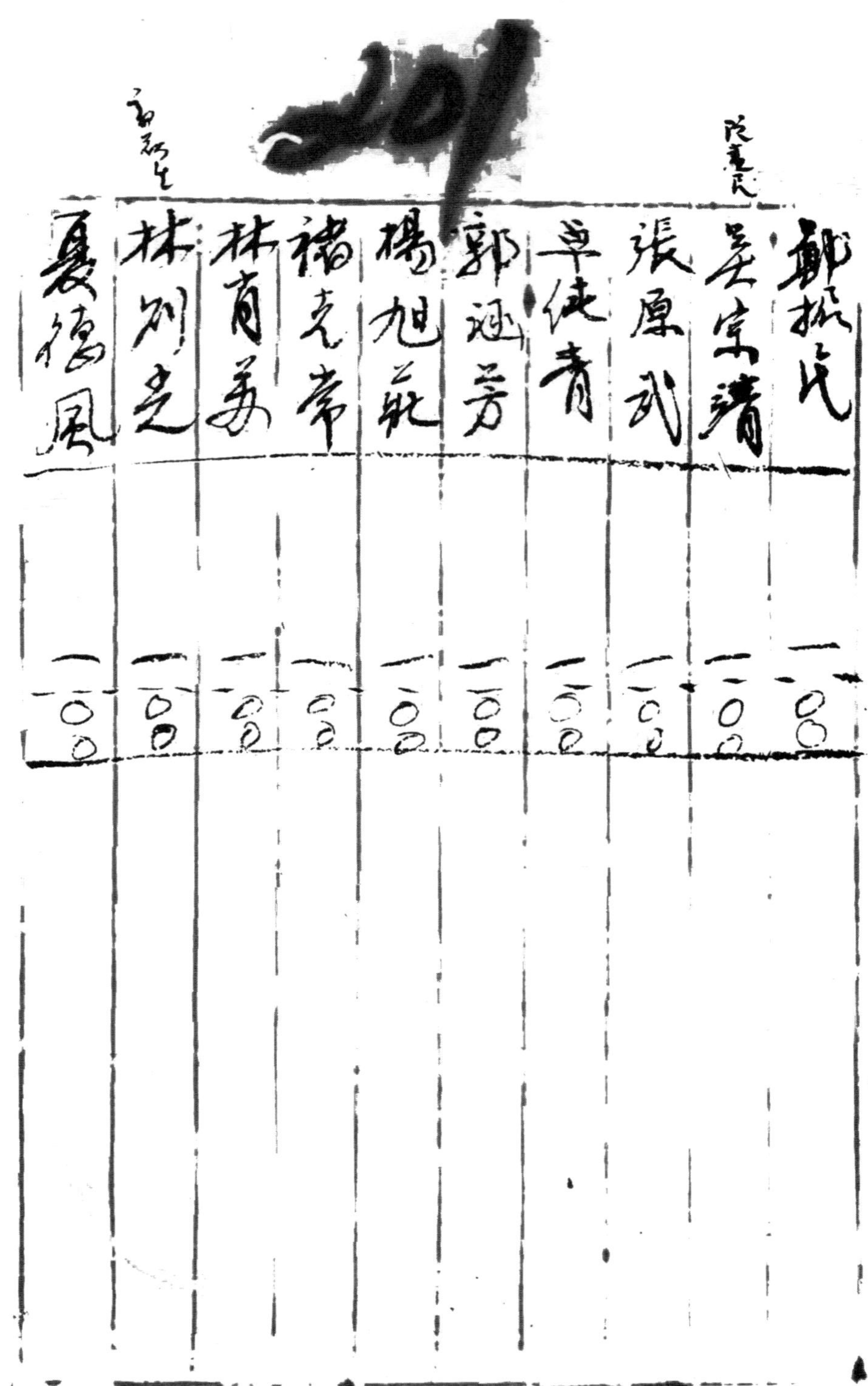

姓名	金额
鄭振民	一〇〇
吳宗靖	一〇〇
張厚武	一〇〇
卓仲青	一〇〇
郭廷芳	一〇〇
楊旭乾	一〇〇
褚堯常	一〇〇
林育英	一〇〇
林炯之	一〇〇
聶德風	一〇〇

附件：第三战区伤兵之友社福州支社福鼎分社社员姓名及捐纳入社金清册

（1940年9月25日）a面　G133-003-0025

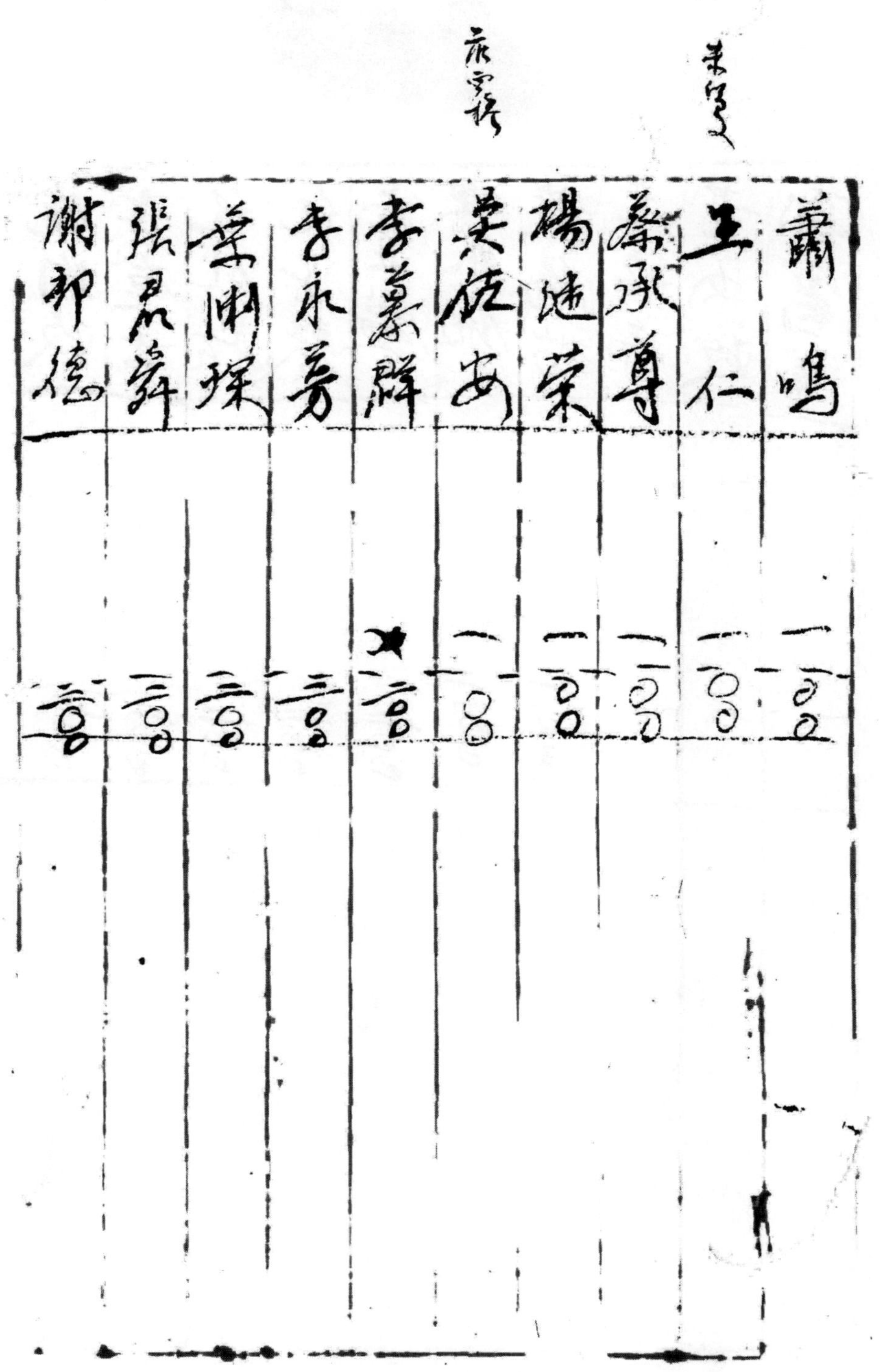

蕭鳴
王仁
蔡承尊
楊德榮
吳佐安
李慕群
李永芳
葉琳琛
張君舜
謝郁德

附件：第三战区伤兵之友社福州支社福鼎分社社员姓名及捐纳入社金清册

（1940年9月25日）b面　G133-003-0025

附件：第三战区伤兵之友社福州支社福鼎分社社员姓名及捐纳入社金清册

（1940年9月25日）a面　G133-003-0025

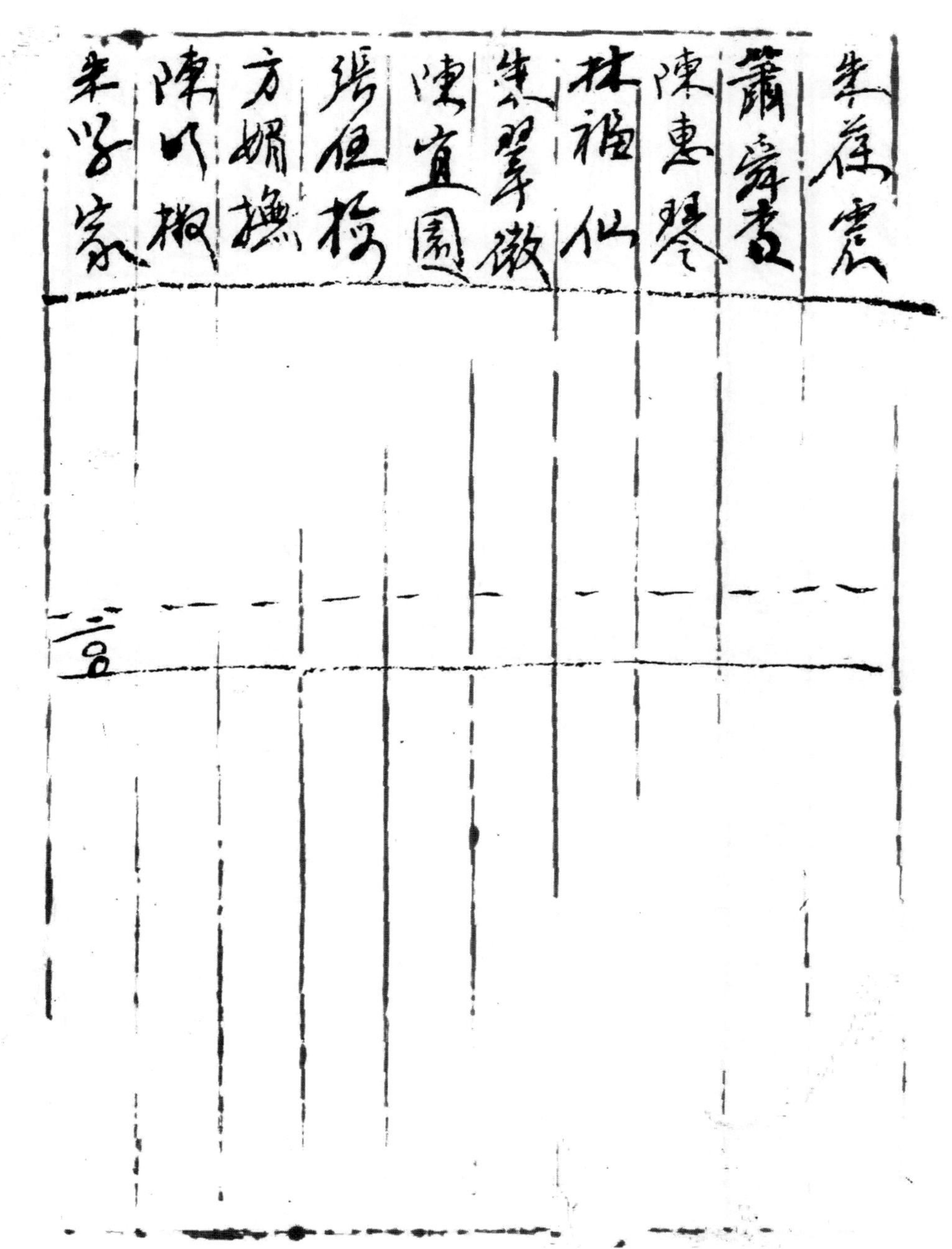

附件:第三战区伤兵之友社福州支社福鼎分社社员姓名及捐纳入社金清册
(1940年9月25日)b面　G133-003-0025

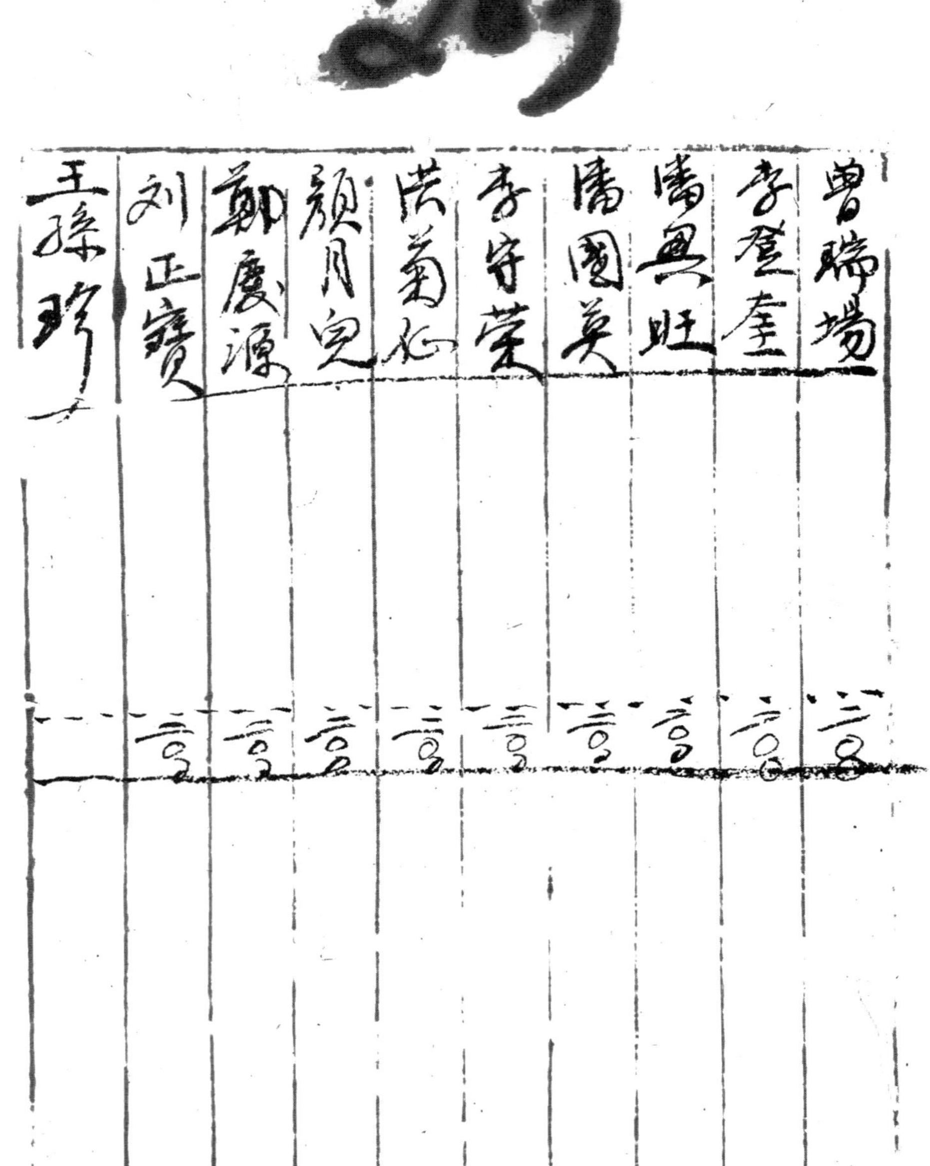

曾瑞瑒
李登奎
潘奥旺
潘国英
李守荣
吴菊心
颜月兜
郑庆源
刘正宝
王孙玲

附件：第三战区伤兵之友社福州支社福鼎分社社员姓名及捐纳入社金清册（1940年9月25日）a面 G133-003-0025

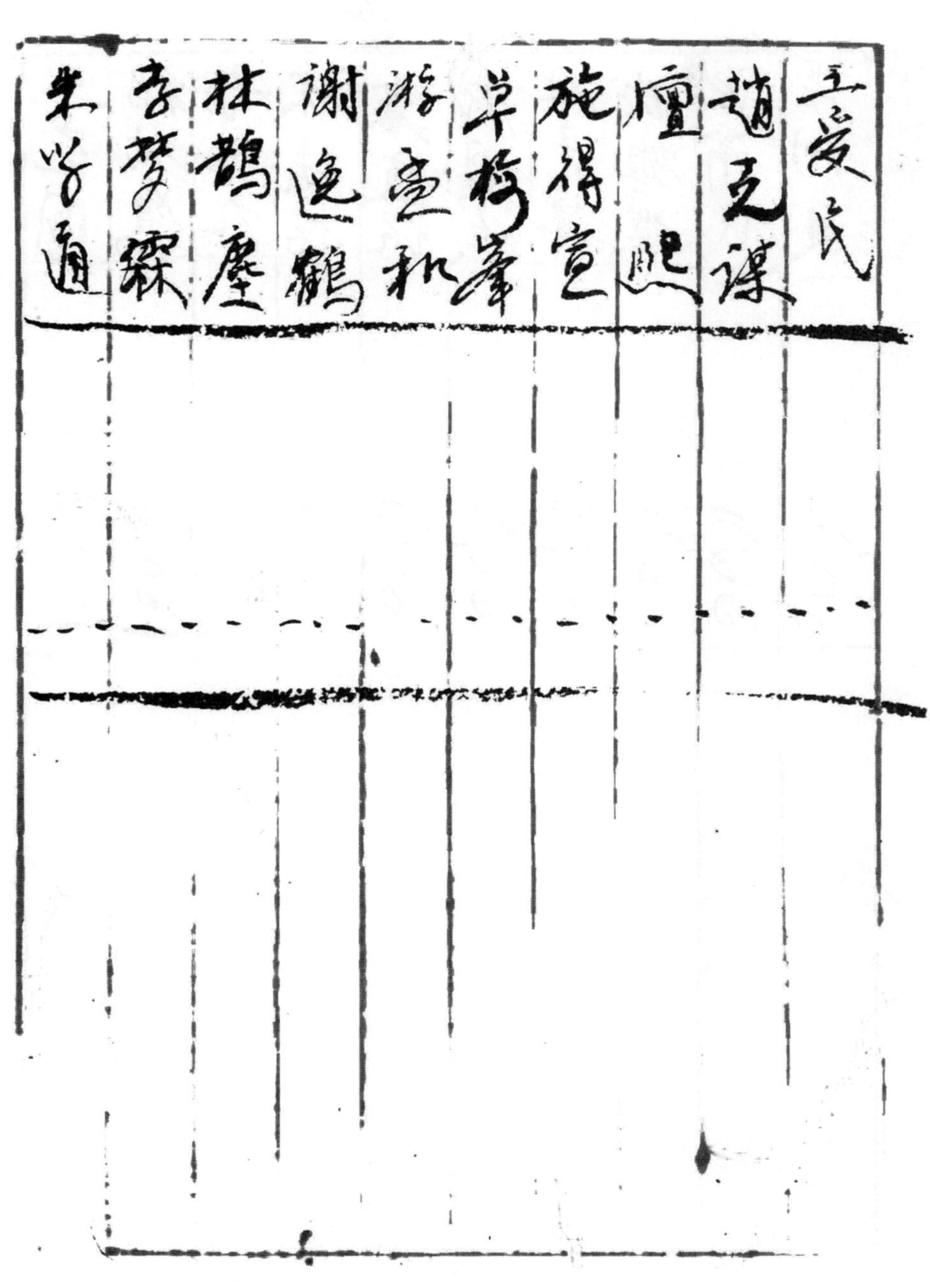

王安民
趙元謀
檀熙
施得宣
卓梅峰
游壽秋
謝逸鶴
林鵲塵
李夢霖
朱學通

附件：第三战区伤兵之友社福州支社福鼎分社社员姓名及捐纳入社金清册
（1940年9月25日）b面　G133-003-0025

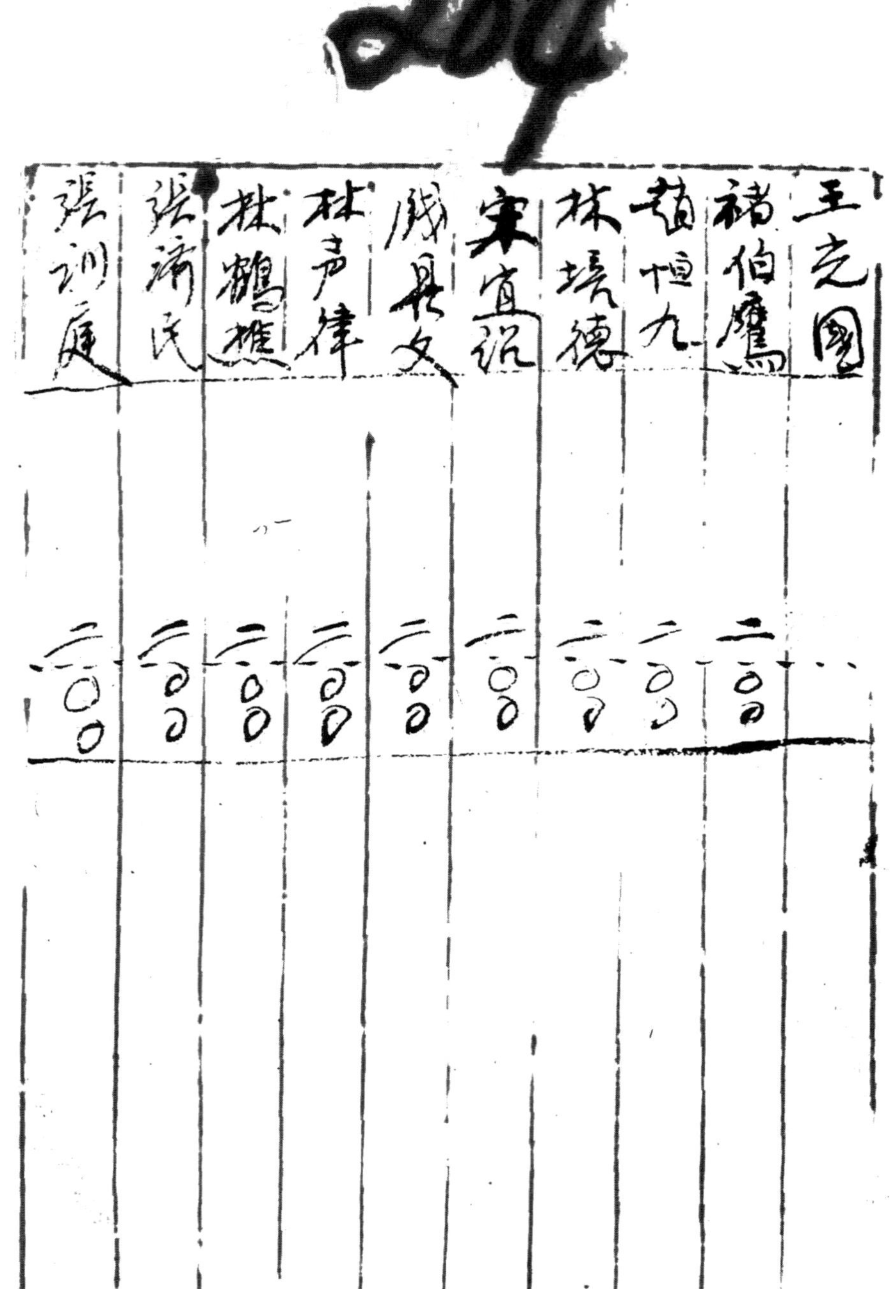
204

姓名	金额
王之图	二〇〇
褚伯鹰	二〇〇
赵恒九	二〇〇
林[illegible]德	二〇〇
宋宜讯	二〇〇
戚长文	二〇〇
林声律	二〇〇
林鹤樵	二〇〇
张济民	二〇〇
张训庭	二〇〇

附件：第三战区伤兵之友社福州支社福鼎分社社员姓名及捐纳入社金清册
（1940年9月25日）a面　G133-003-0025

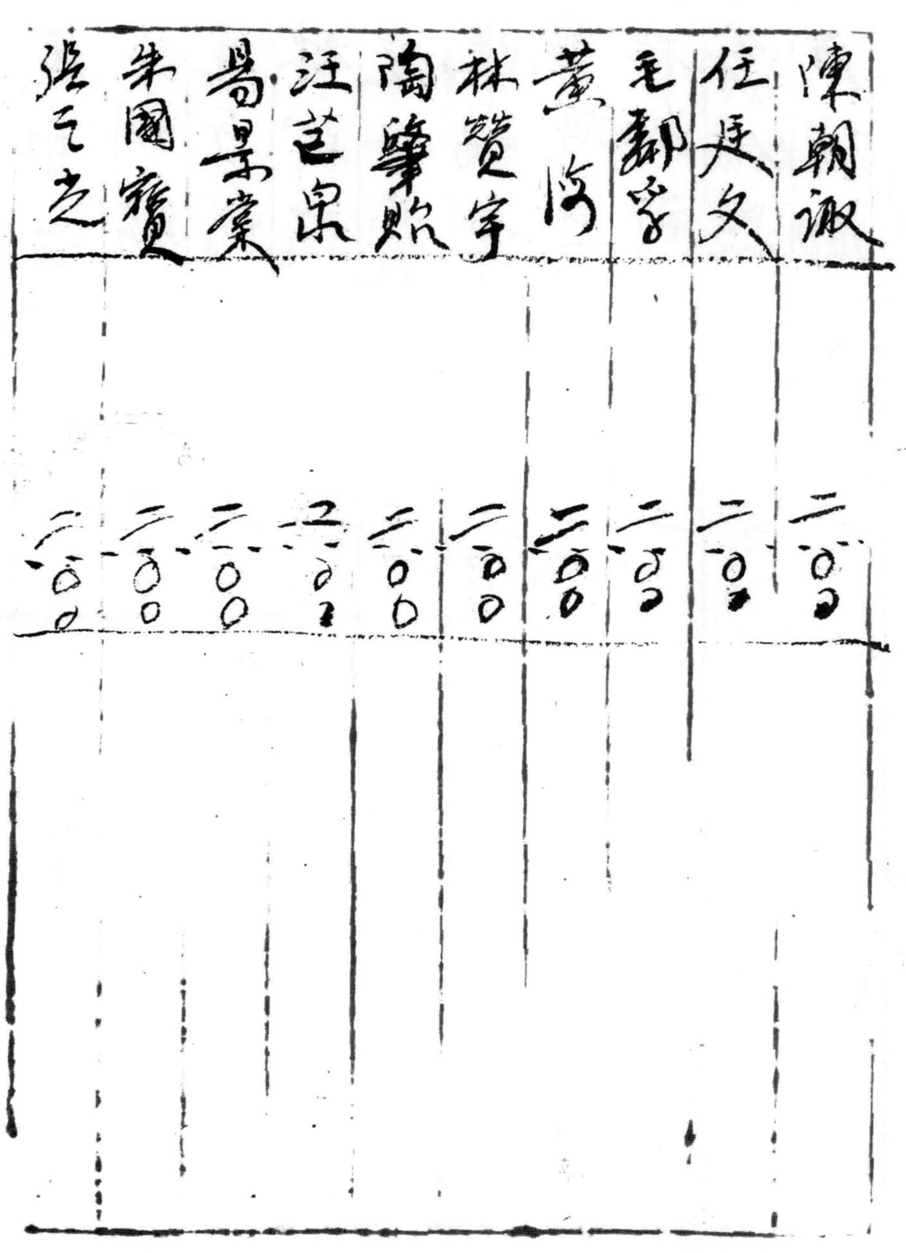

姓名	入社金
陳朝澂	二〇〇
任廷文	二〇〇
毛鄭寧	二〇〇
黃海	二〇〇
林贊宇	二〇〇
陶肇熙	二〇〇
汪芝泉	二〇〇
葛景棠	二〇〇
朱國寶	二〇〇
張元之	二〇〇

附件：第三战区伤兵之友社福州支社福鼎分社社员姓名及捐纳入社金清册

（1940 年 9 月 25 日）b 面　G133-003-0025

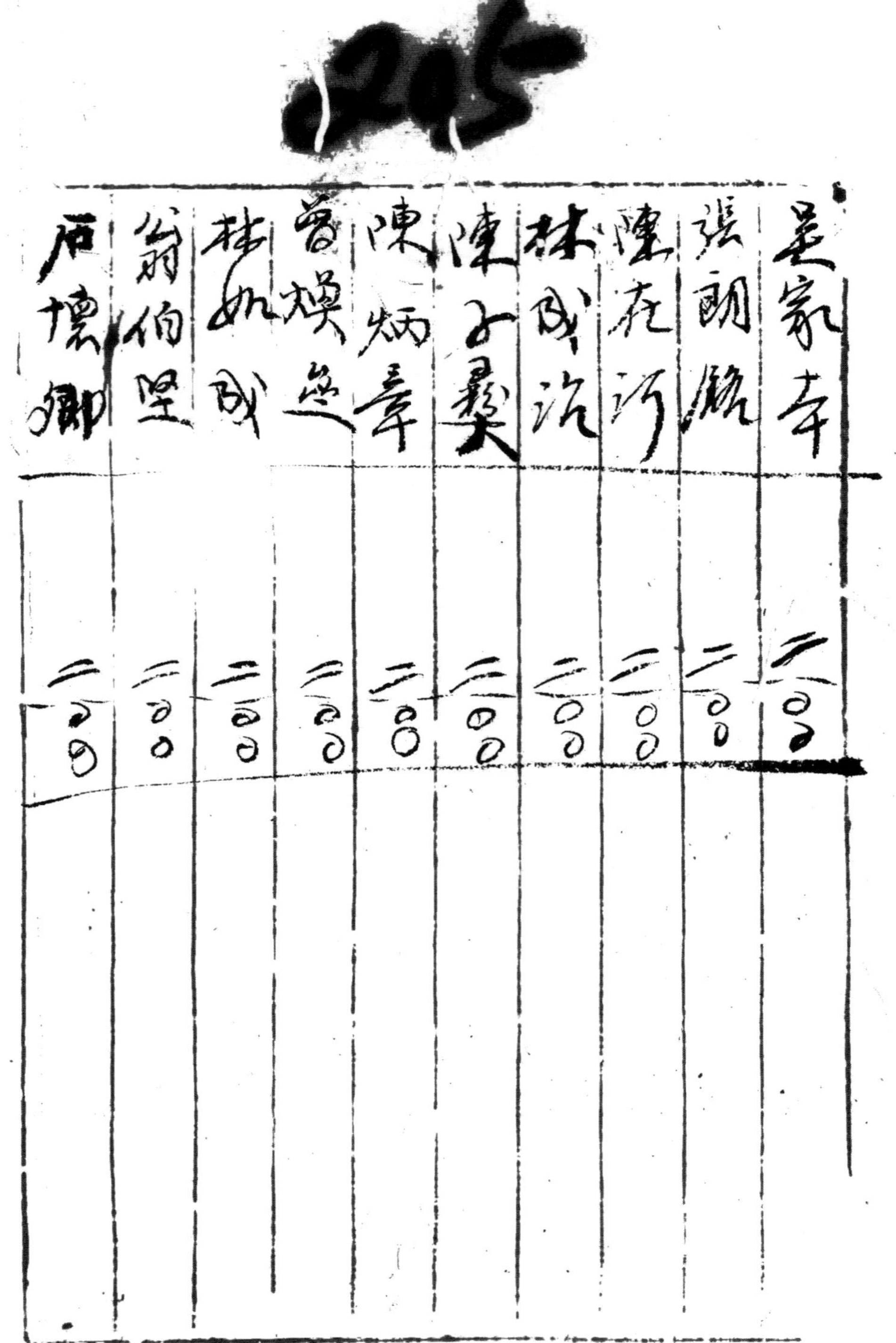

姓名	金额
吴家春	二〇〇
張朝熊	二〇〇
陳在河	二〇〇
林成流	二〇〇
陳子燊	二〇〇
陳炳章	二〇〇
曾焕然	二〇〇
林奶成	二〇〇
翁伯望	二〇〇
石懷卿	二〇〇

附件：第三战区伤兵之友社福州支社福鼎分社社员姓名及捐纳入社金清册

(1940年9月25日)a面　G133-003-0025

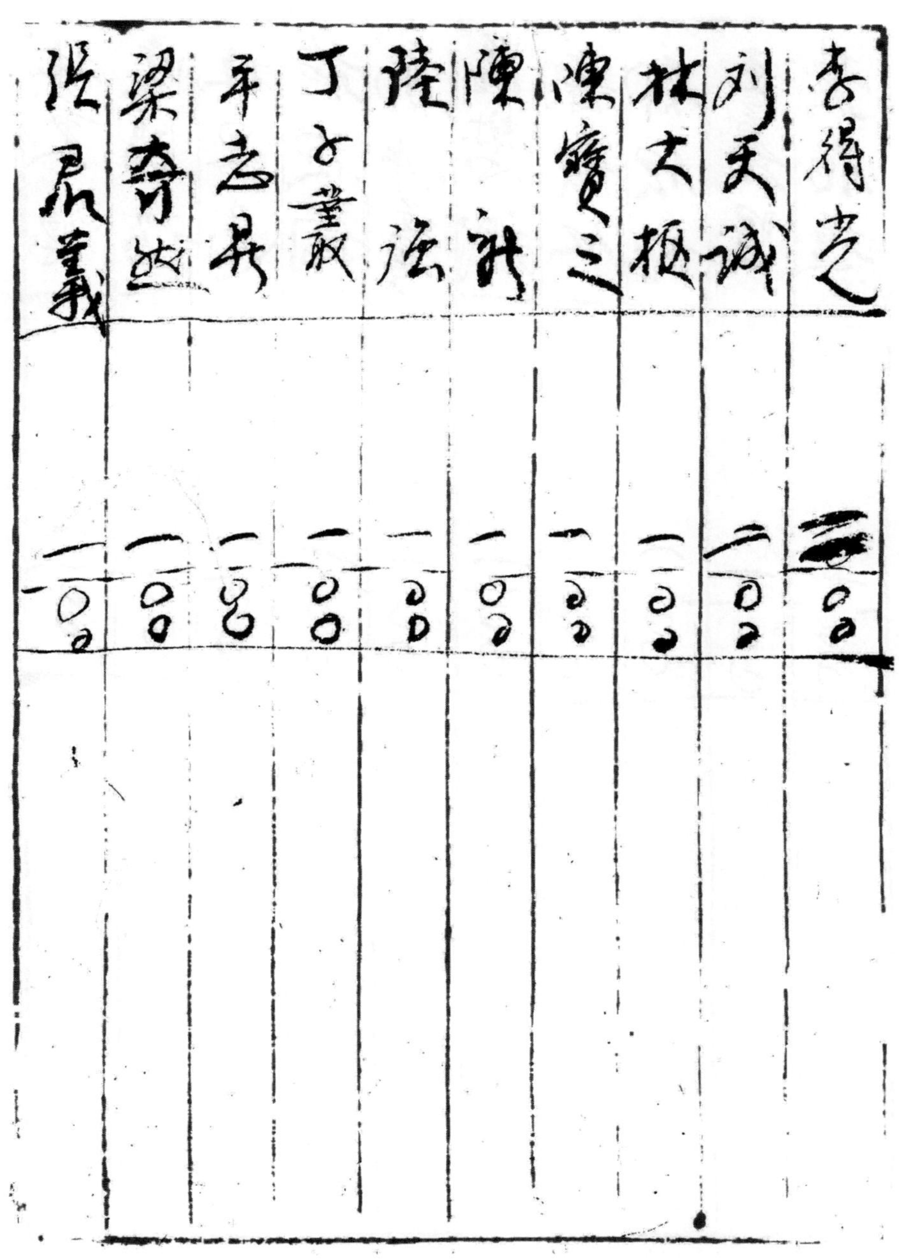

第三战区伤兵之友社福州支社福鼎分社社员姓名及捐纳入社金清册
(1940 年 9 月 25 日)b 面　G133-003-0025

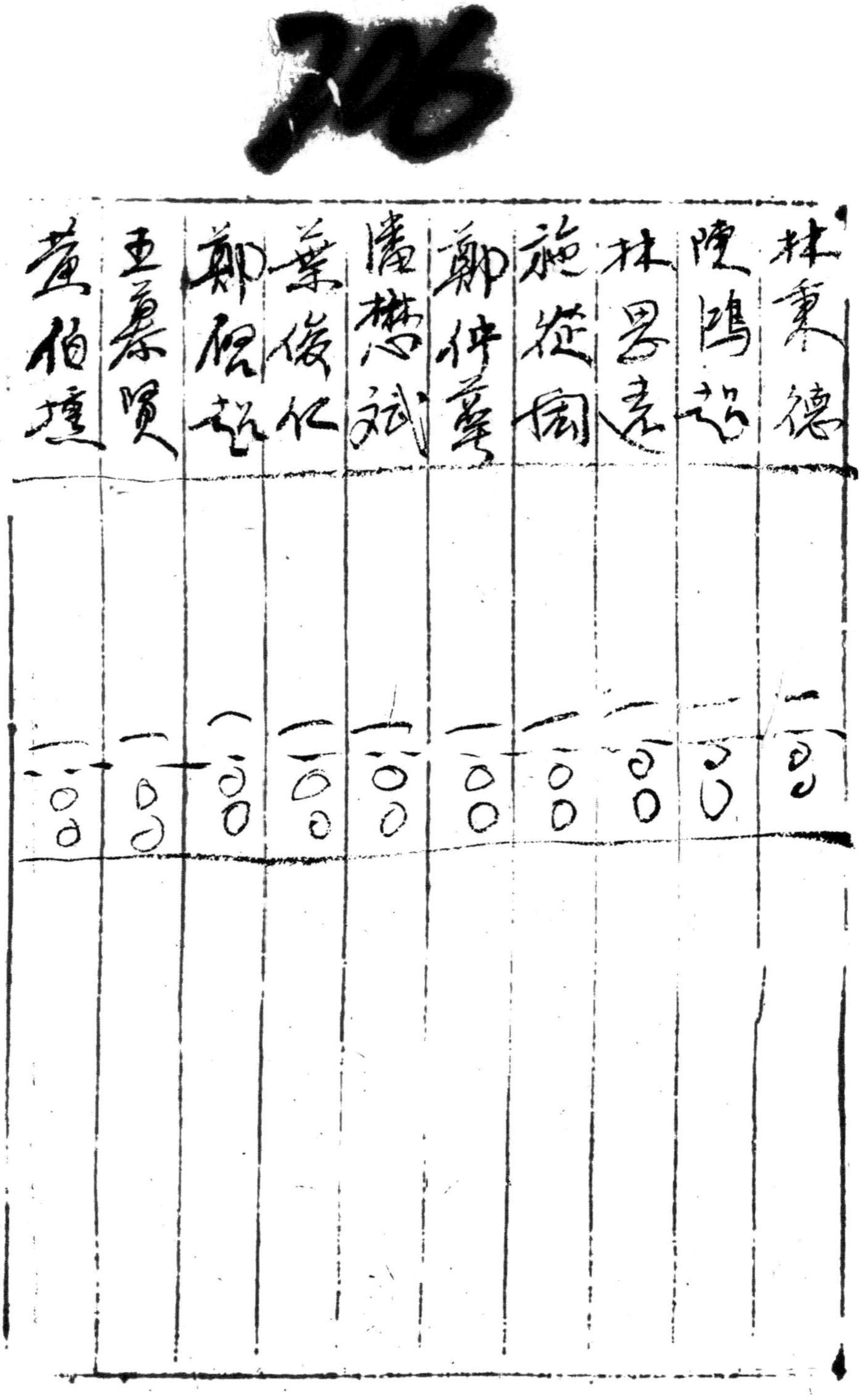

林秉德	陈鸿韶	林思彦	施从周	郑仲华	卢懋斌	叶俊仁	郑居韶	王慕贤	黄伯坚
一百	一〇〇	一〇〇	一〇〇	一〇〇	一〇〇	一〇〇	一〇〇	一〇〇	一〇〇

附件：第三战区伤兵之友社福州支社福鼎分社社员姓名及捐纳入社金清册

(1940 年 9 月 25 日)a 面　G133-003-0025

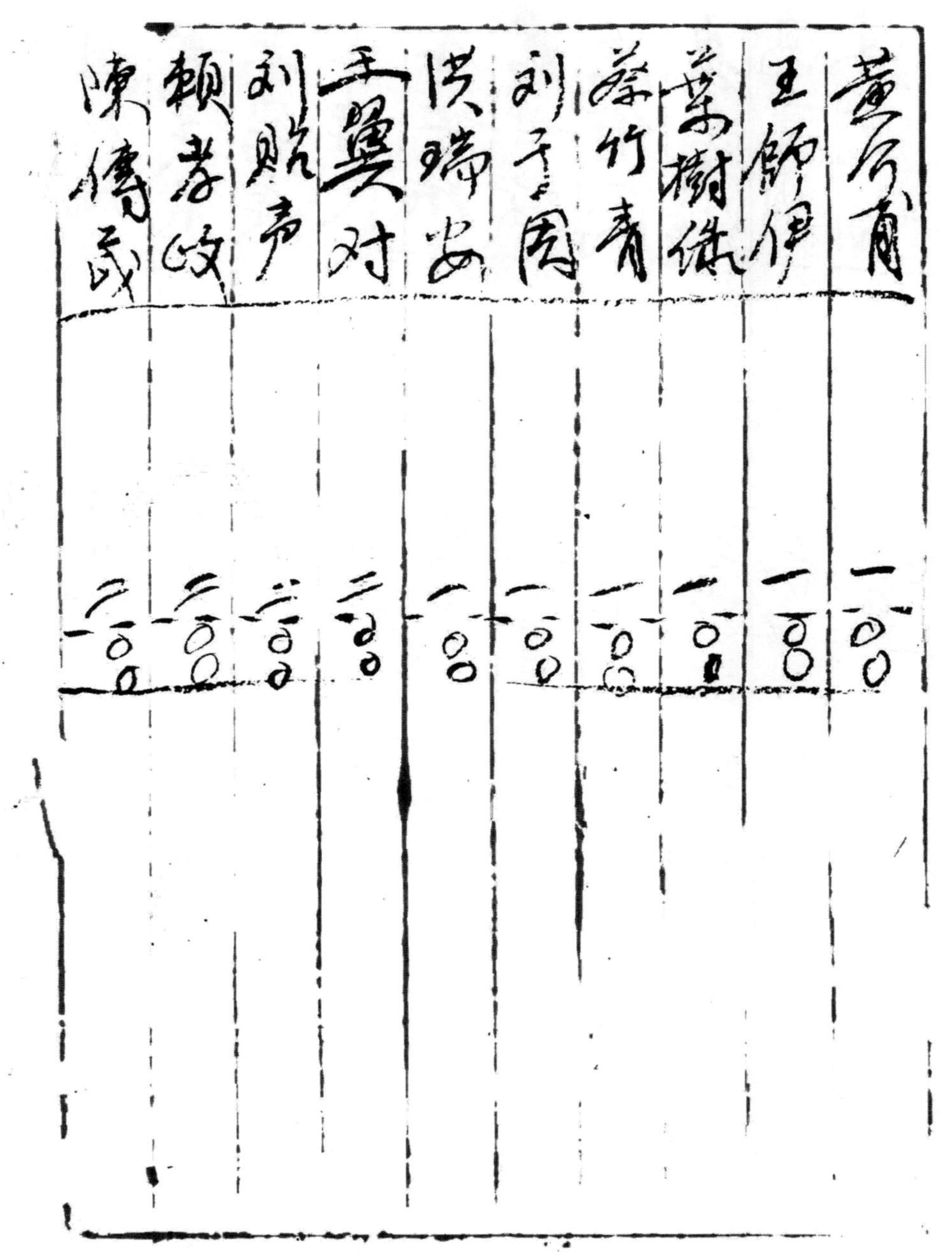

姓名	金额
黄石甫	一〇〇
王師伊	一〇〇
葉樹儀	一〇〇
蔡竹青	一〇〇
刘子周	一〇〇
洪瑞安	一〇〇
王翼对	二〇〇
刘贻声	二〇〇
頼孝收	二〇〇
陳傳武	二〇〇

附件：第三战区伤兵之友社福州支社福鼎分社社员姓名及捐纳入社金清册

(1940年9月25日)b面　G133-003-0025

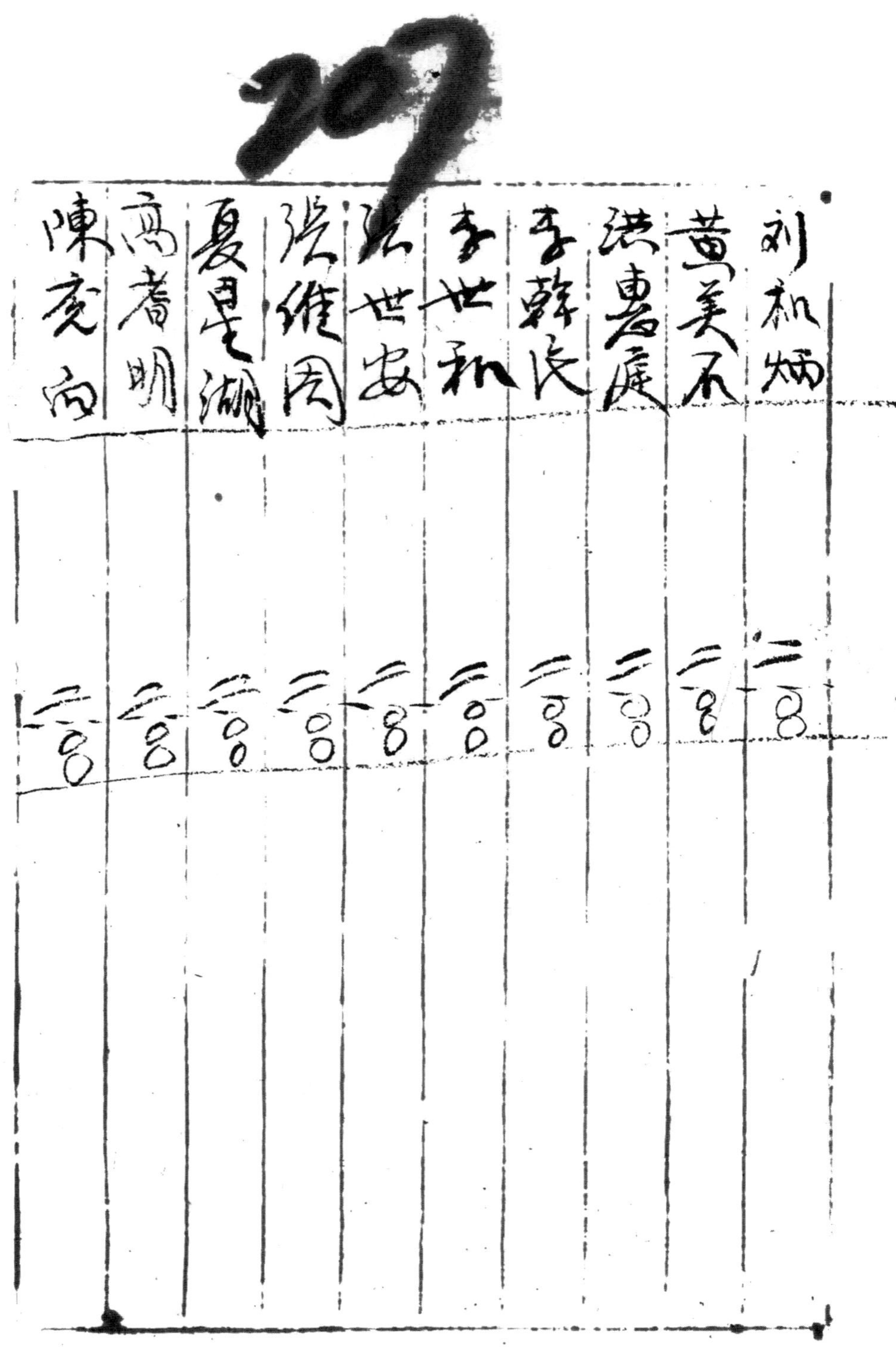

附件:第三战区伤兵之友社福州支社福鼎分社社员姓名及捐纳入社金清册

(1940 年 9 月 25 日)a 面　G133-003-0025

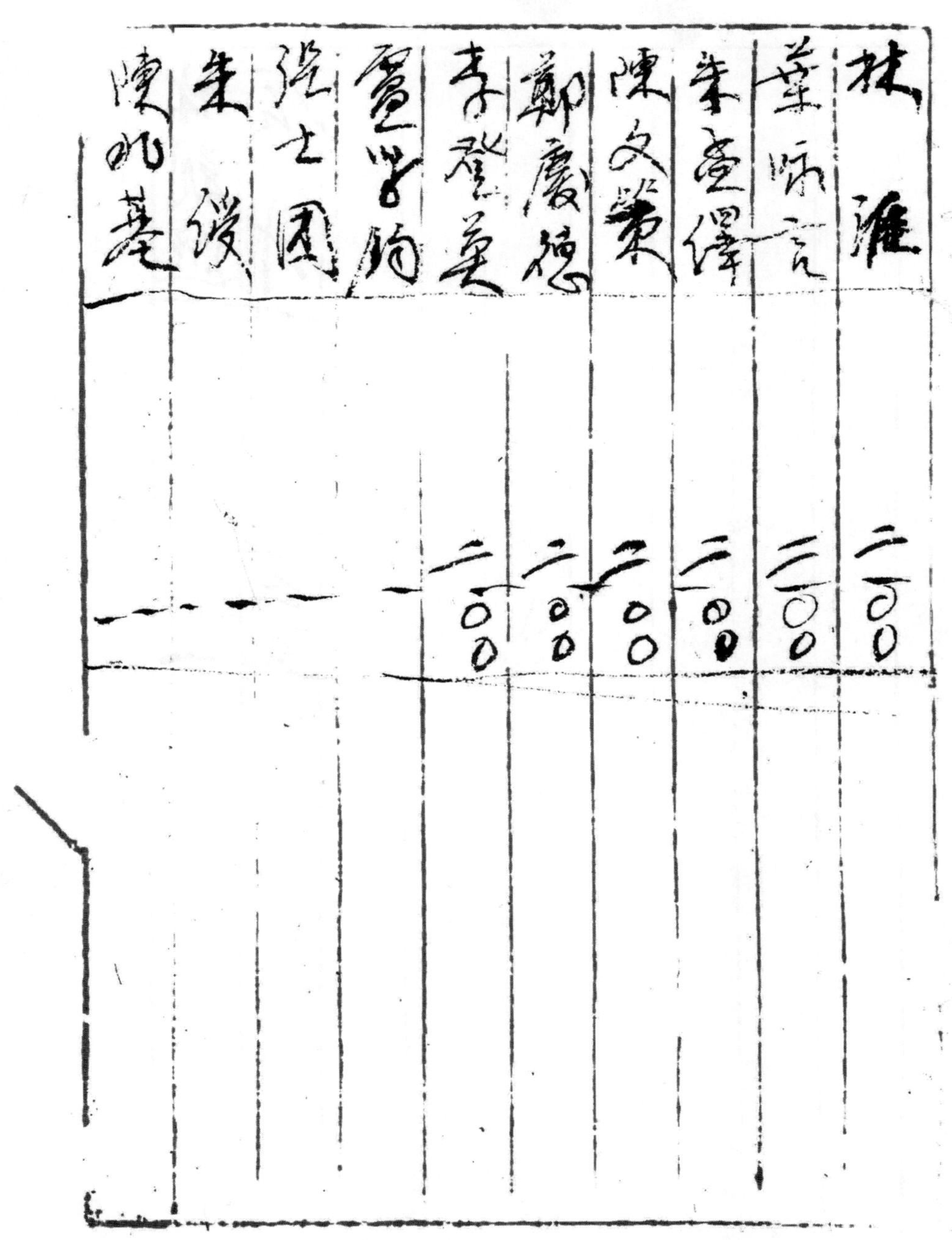

附件：第三战区伤兵之友社福州支社福鼎分社社员姓名及捐纳入社金清册
（1940年9月25日）b面　G133-003-0025

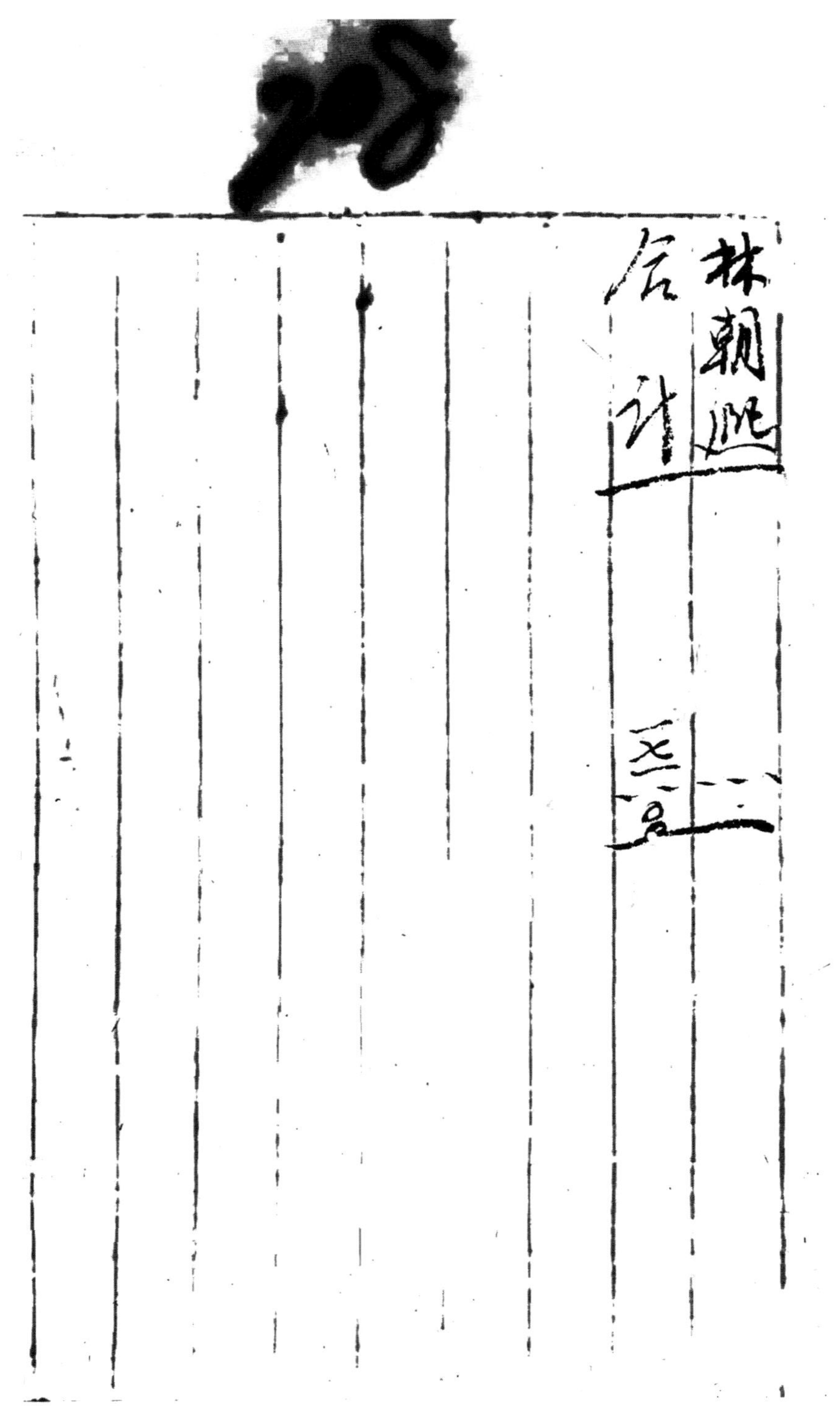

附件:第三战区伤兵之友社福州支社福鼎分社社员姓名及捐纳入社金清册
(1940年9月25日) G133-003-0025

第三战区伤兵之友社福鼎分社社务

(一)第三战区伤兵之友社福州支社福鼎分社人员查报

第三战区伤兵之友社福州支社关于奉转总社制定人员查报表式限一星期内填报两份送社勿延的代电

(1940 年 5 月 11 日)a 面　G133-003-0024

中華民國二十九年五月　日

填表須知

一、支社分社均適用本表

二、每社單獨查填請勿數社併入

三、服務欄填社長副社長社務委員等銜務任職年月期兩欄係指支社服務而言

四、首次調查填報後嗣後若聘人員或報告人員辭職或離職時應將各員列表隨文附寄以便註册（錄附分列）

五、填送轉支社每次一份分社應同樣填兩份由支社抽存一份備查

第三战区伤兵之友社福州支社关于奉转总社制定人员查报表式限一星期内填报两份送社勿延的代电

（1940年5月11日）b面　G133-003-0024

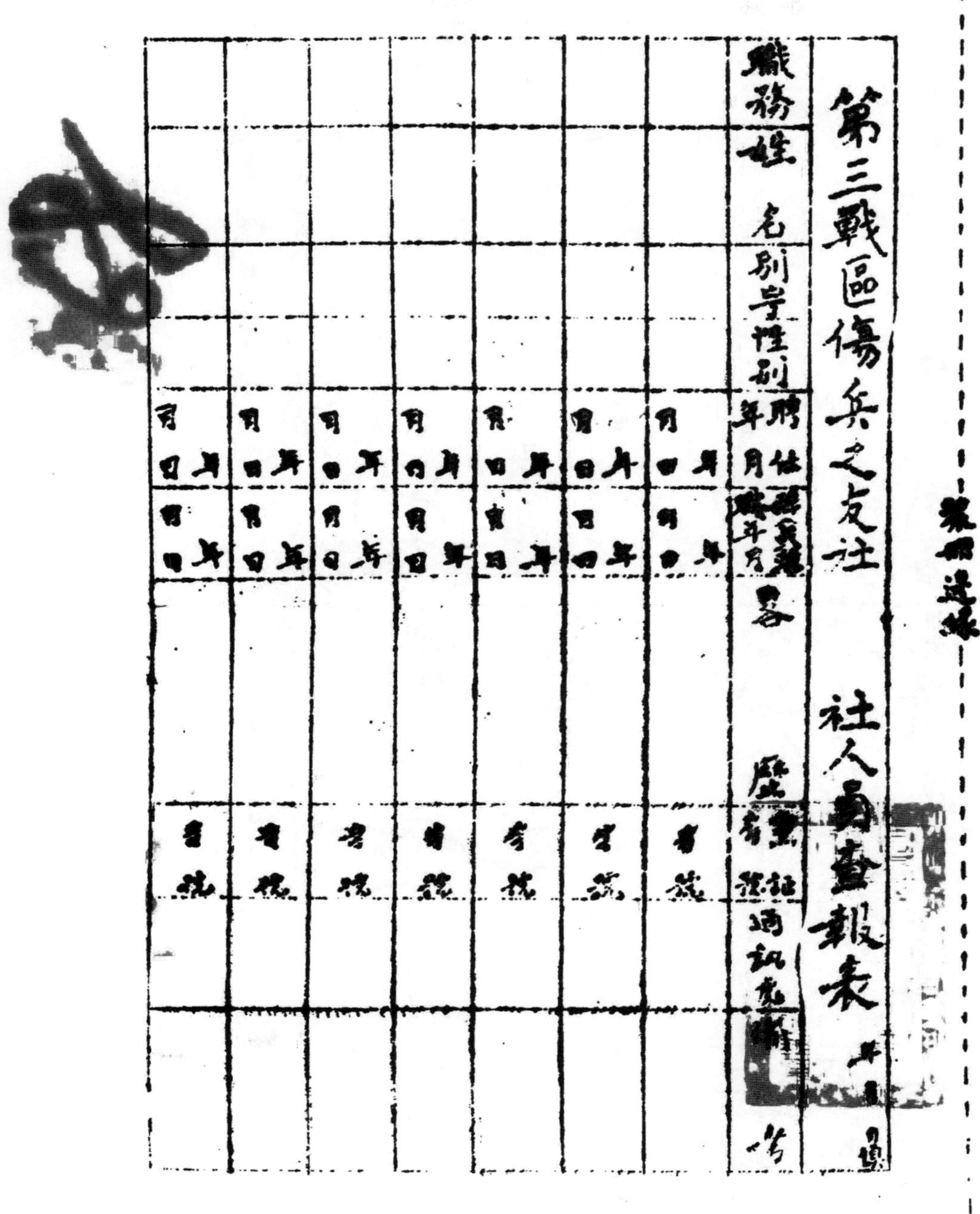

第三戰區傷兵之友社　　　社人員查報表　年　月　日填

職務	姓名	別字	性別	聘任年月	辭職年月	籍貫	履歷	通訊處	備考
				年 月 日	年 月 日			省 縣	
				年 月 日	年 月 日			省 縣	
				年 月 日	年 月 日			省 縣	
				年 月 日	年 月 日			省 縣	
				年 月 日	年 月 日			省 縣	
				年 月 日	年 月 日			省 縣	
				年 月 日	年 月 日			省 縣	

附件:第三战区伤兵之友社支/分社人员查报表式(　年　月　日填)

(1940 年 5 月 11 日)　G133-003-0024

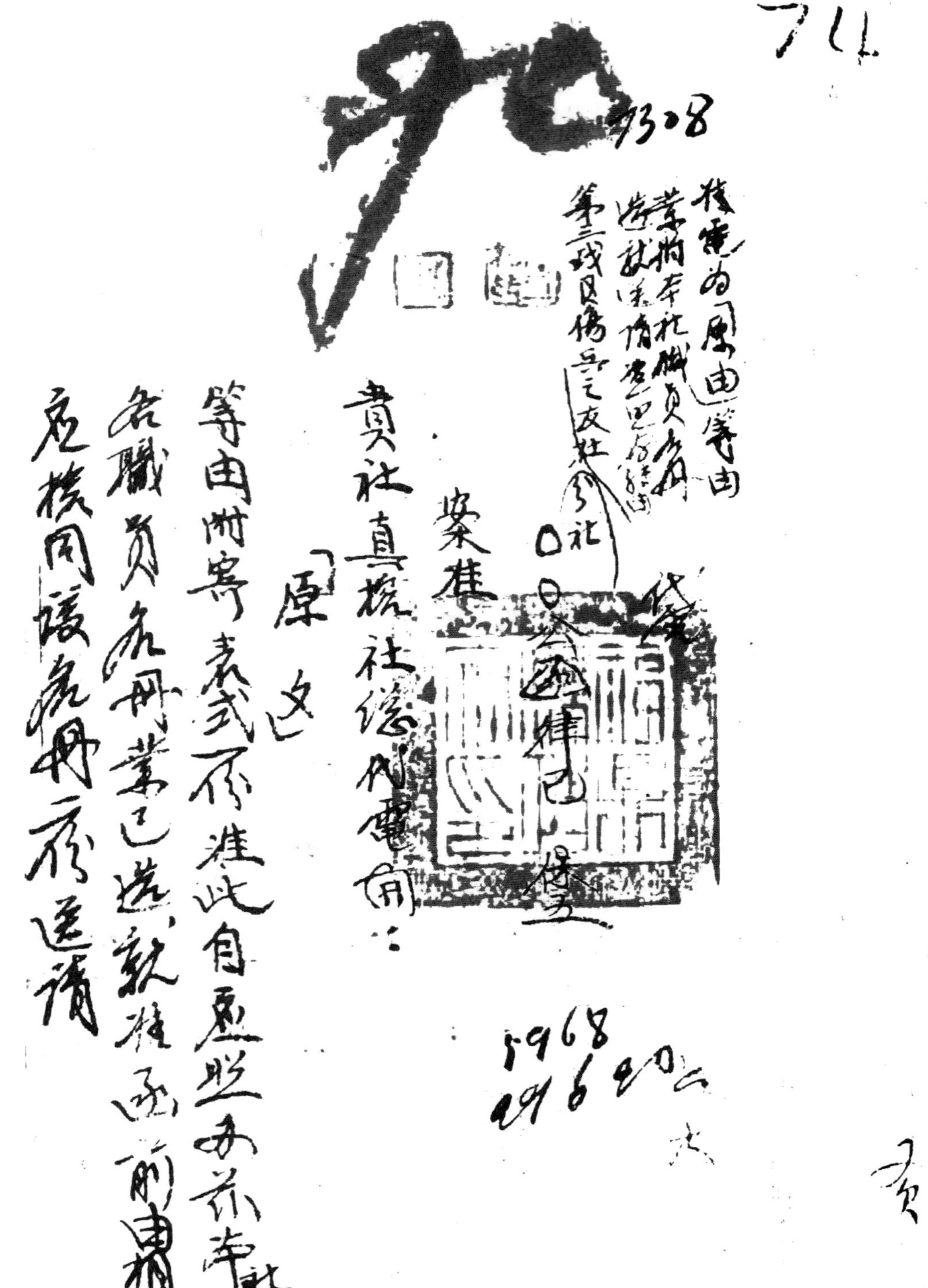

第三战区伤兵之友社福州支社福鼎分社关于业将本社职员名册造就送请查照存转的代电

(1940 年 6 月)a 面　G133-003-0024

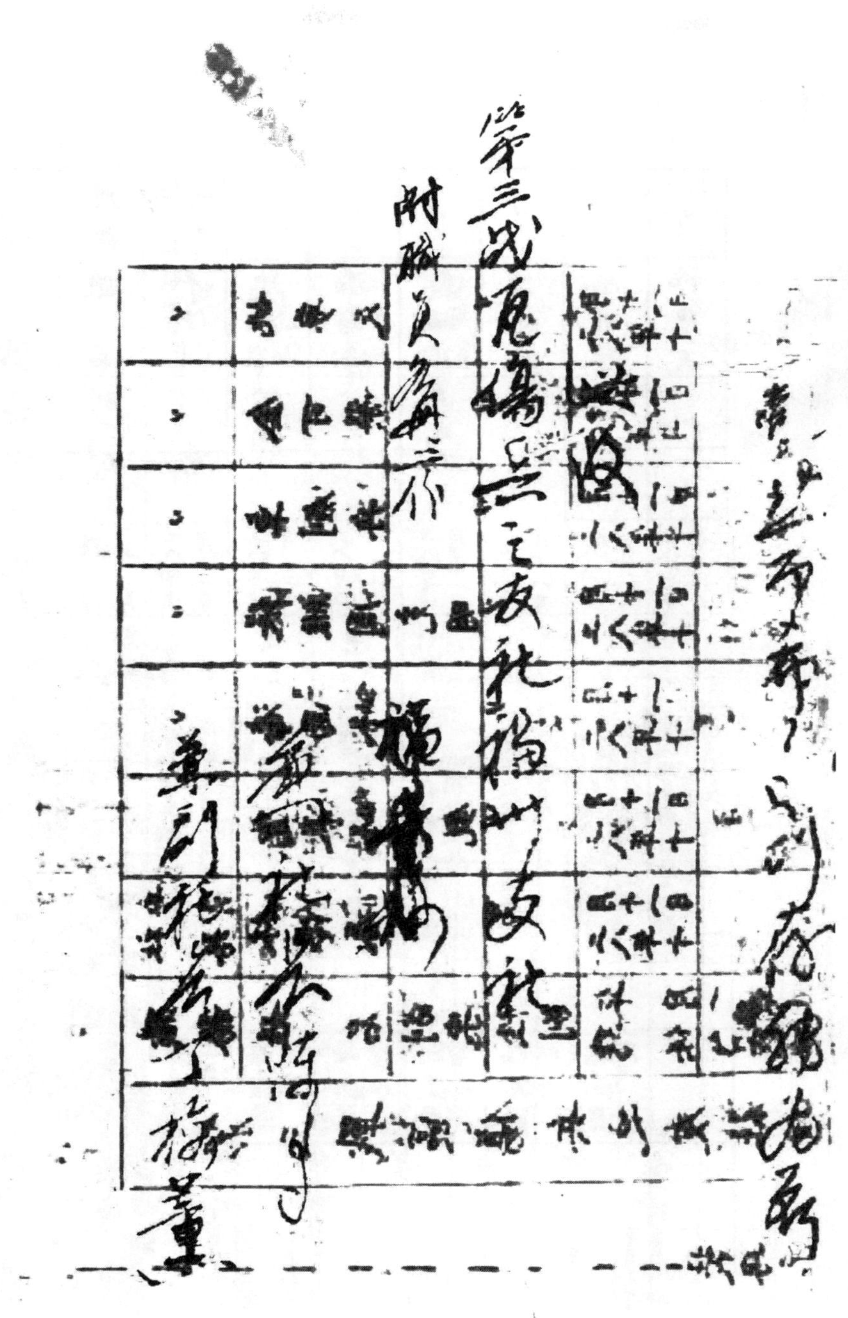

第三战区伤兵之友社福州支社福鼎分社关于业将本社职员名册造就送请查照存转的代电
(1940 年 6 月)b 面　G133-003-0024

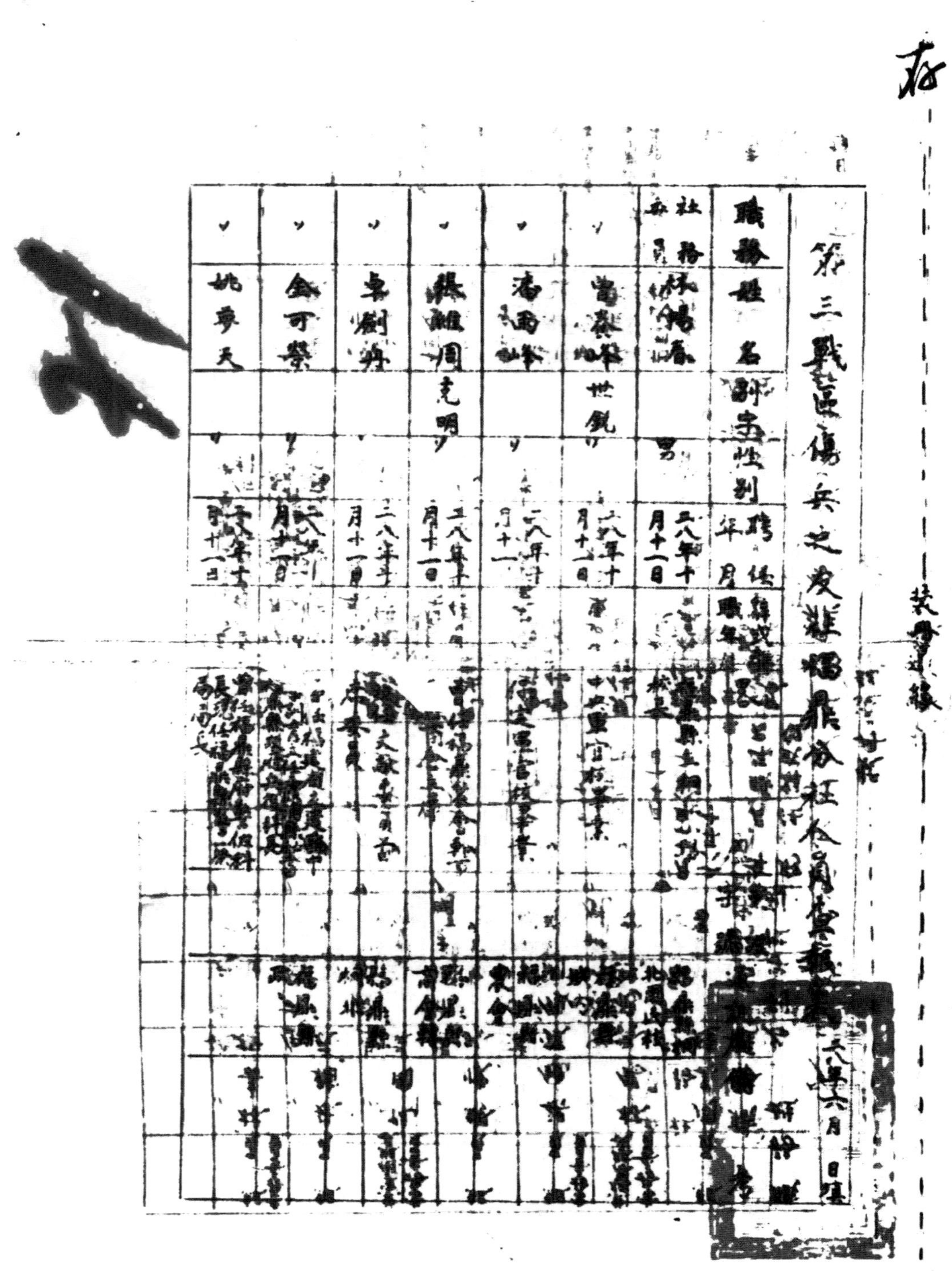

第三戰區傷兵之友社福州支社福鼎分社人員查報表

職務	姓名	別字	性別	聘任年月
社務委員	林錫[illegible]		男	二八年十月十一日
〃	曾[illegible]峰	世銳	〃	二八年十月十一日
〃	潘雨峰		〃	二八年十月十一日
〃	孫維周	克明	〃	二八年十月十一日
〃	卓劍舟		〃	二八年十月十一日
〃	金可榮		〃	二八年十月十一日
〃	姚夢天		〃	二八年十月十一日

二十九年六月　日填

附件:第三战区伤兵之友社福州支社福鼎分社人员查报表(二十九年六月填)

(1940 年 6 月)　G133-003-0024

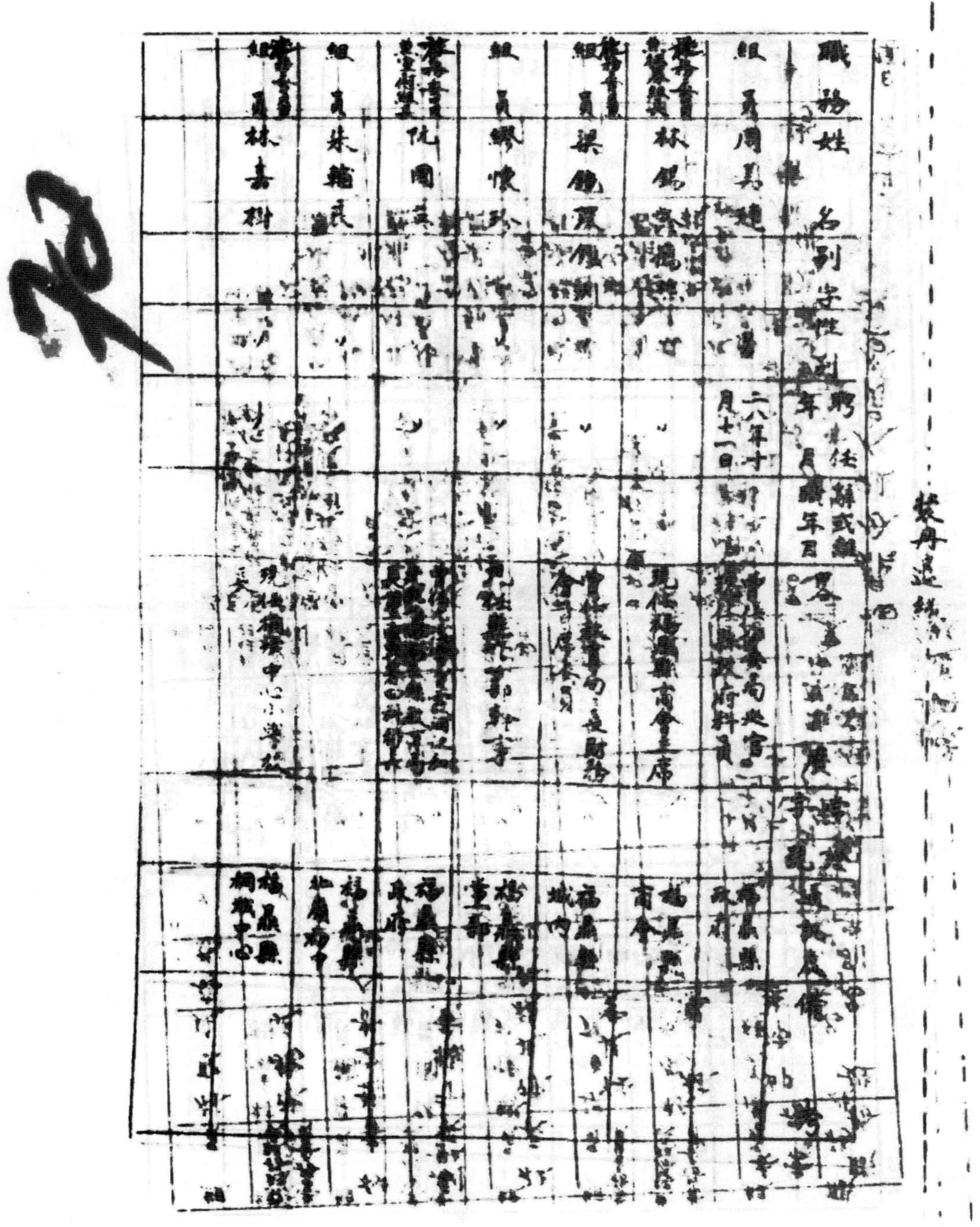

職務	姓名	別字	性別	年齡	到任或離職年月	略歷	通訊處
組員	周昌建	[illegible]	[illegible]	[illegible]	二六年十月十一日	曾任[illegible]局[illegible]官、[illegible]縣政府科員	福鼎縣政府
常務委員兼[illegible]	林錫[illegible]	[illegible]	[illegible]	[illegible]	[illegible]	現任福鼎縣商會主席	福鼎縣商會
組員	梁鏡[illegible]	[illegible]	[illegible]	[illegible]	[illegible]	曾任[illegible]會[illegible]	福鼎城內
組員	鄭懷[illegible]	[illegible]	[illegible]	[illegible]	[illegible]	現任縣黨部幹事	福鼎縣黨部
常務委員兼[illegible]	阮國[illegible]	[illegible]	[illegible]	[illegible]	[illegible]	[illegible]	福鼎縣政府
組員	朱鏞[illegible]	[illegible]	[illegible]	[illegible]	[illegible]	[illegible]	福鼎縣北門[illegible]
常務委員 組員	林嘉樹	[illegible]	[illegible]	[illegible]	[illegible]	現任桐城中心小學校[illegible]	福鼎縣桐城中心[illegible]

附件：第三战区伤兵之友社福州支社福鼎分社人员查报表（二十九年六月填）

（1940 年 6 月） G133-003-0024

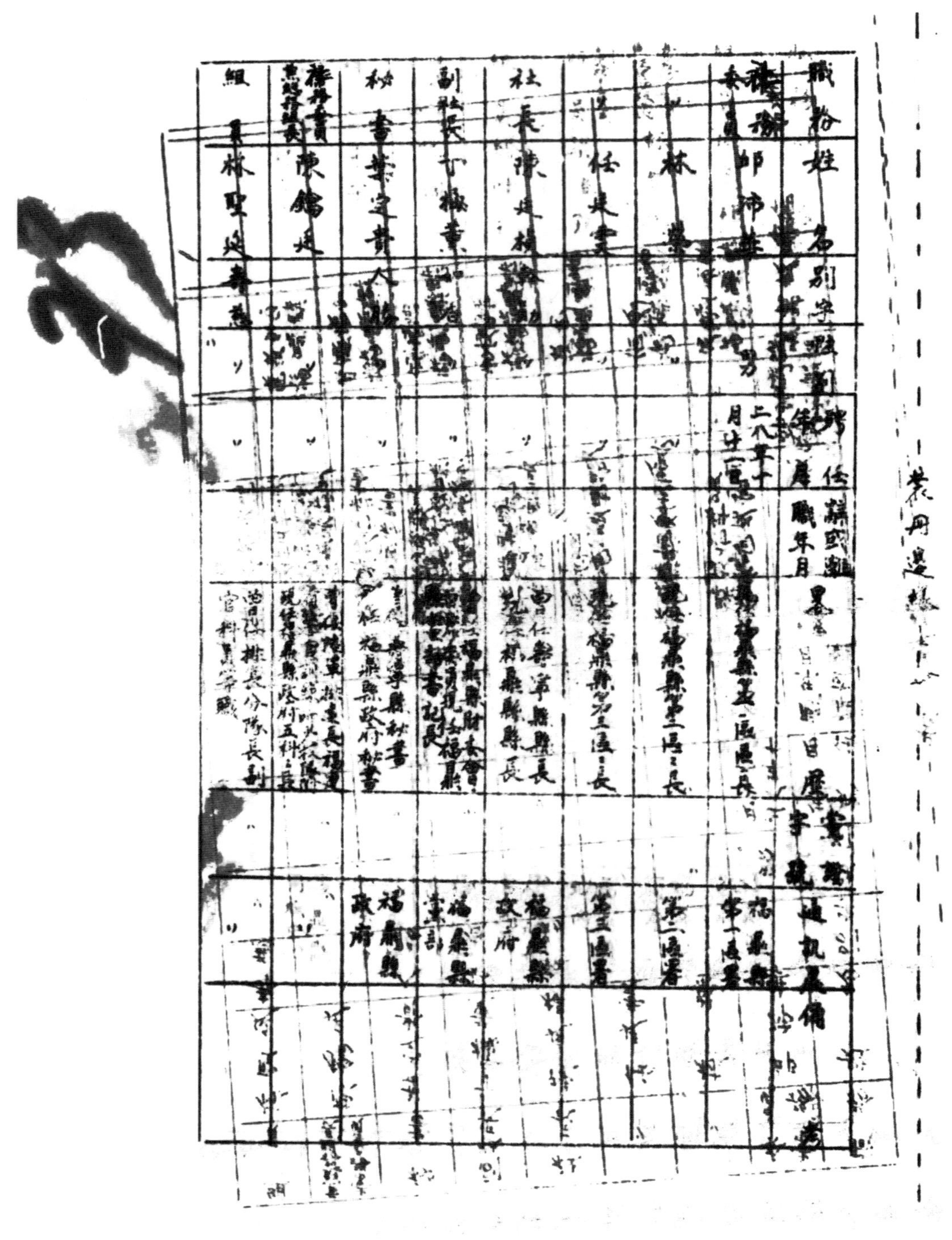

附件：第三战区伤兵之友社福州支社福鼎分社人员查报表(二十九年六月填)

(1940年6月)　G133-003-0024

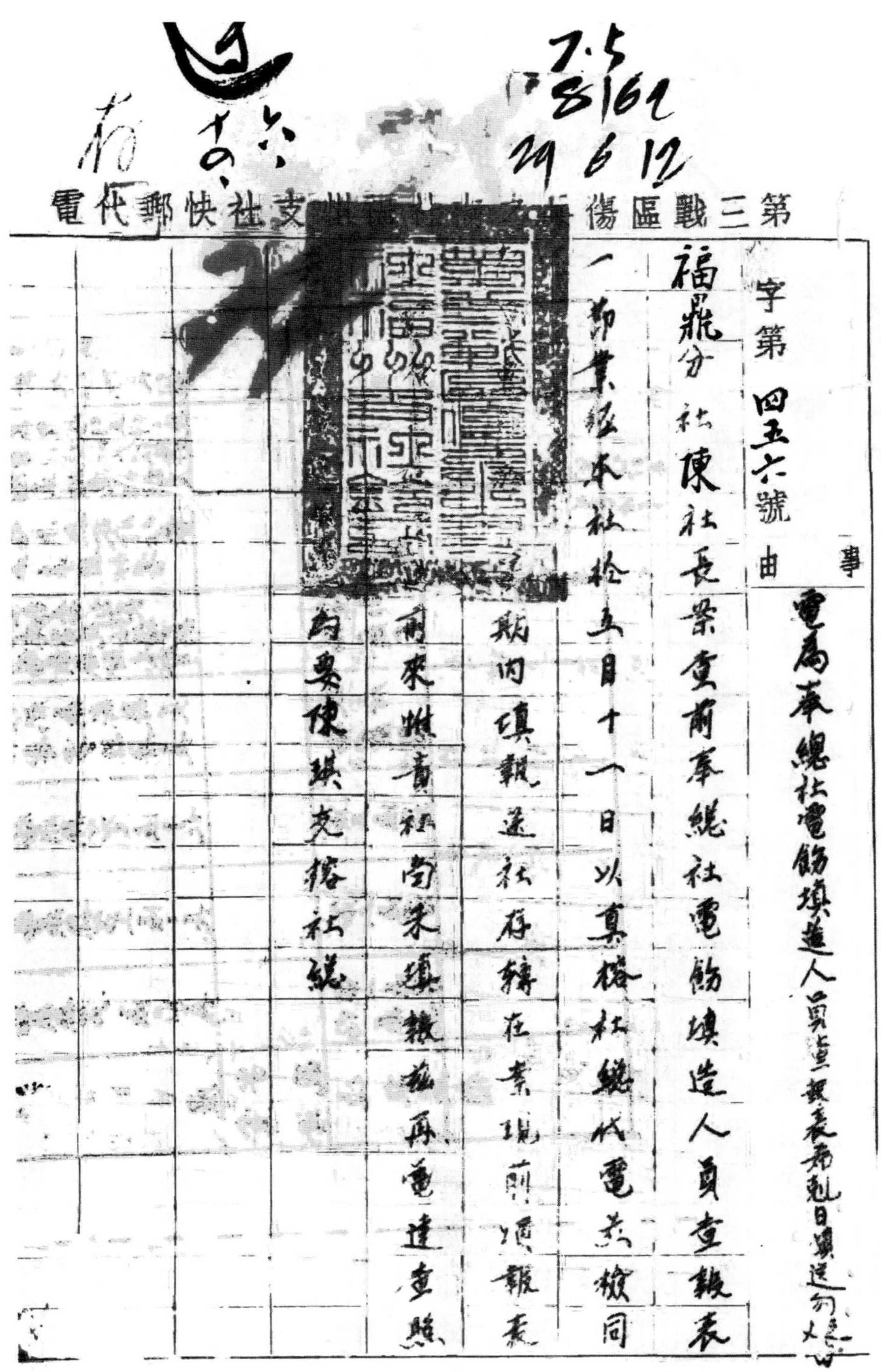

第三戰區傷兵之友社福州支社快郵代電

字第四五六號

事由：電爲奉總社電飭填造人員查報表希尅日填送勿延由

福鼎分社陳社長鑒：查前奉總社電飭填造人員查報表一節，業經本社於五月十一日以真榕社總代電檢同[illegible]期內填報送社存轉在案。現前項報表前來，惟貴社尚未填報，茲再電達查照，爲要。陳琪克榕社總

第三战区伤兵之友社福州支社关于总社电饬填造人员查报表克日填送勿延的快邮代电

（1940 年 6 月 4 日） G133-003-0024

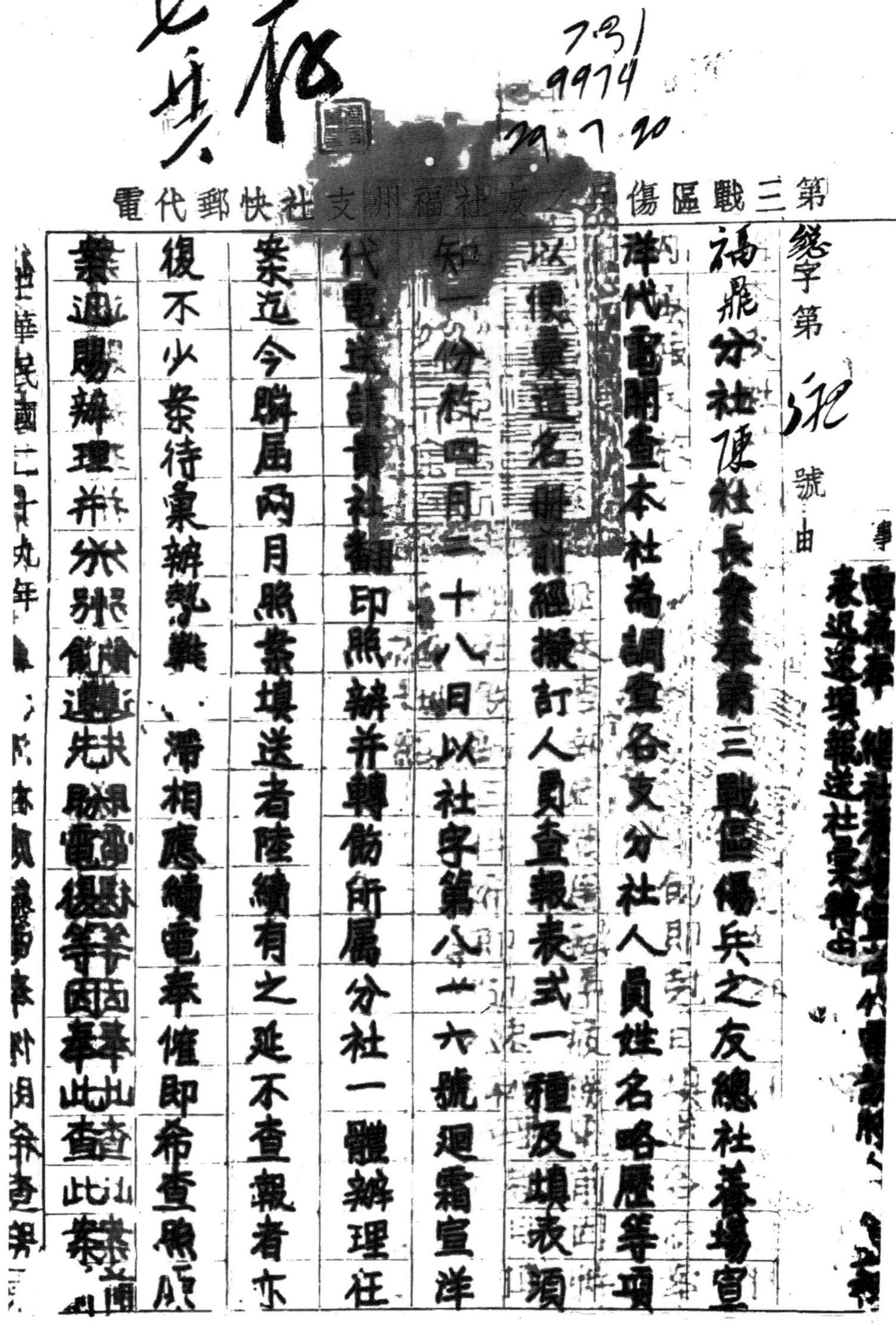

第三戰區傷兵之友社福州支社快郵代電

總字第 [illegible] 號

事由：電奉總社[illegible]表迅速填報送社彙轉由

福鼎分社陳社長鈞鑒：案奉第三戰區傷兵之友總社養場宣洋代電開：查本社為調查各支分社人員姓名略歷等項，以便彙造名冊，前經擬訂人員查報表式一種及填表須知一份，於四月二十八日以社字第八〇六號迴霜宣洋代電送請貴社翻印照辦，并轉飭所屬分社一體辦理在案。迄今聯屬兩月，照案填送者陸續有之，延不查報者亦復不少，殊待彙辦，勢難[illegible]滯，相應續電奉催，即希查照[illegible]業迅賜辦理，并分別飭遵，先[illegible]等因。奉此，查[illegible]

中華民國二十九年[illegible]

第三战区伤兵之友社福州支社关于奉总社电饬将人员查报表迅速报送汇转的快邮代电

（1940年7月9日） G133-003-0024

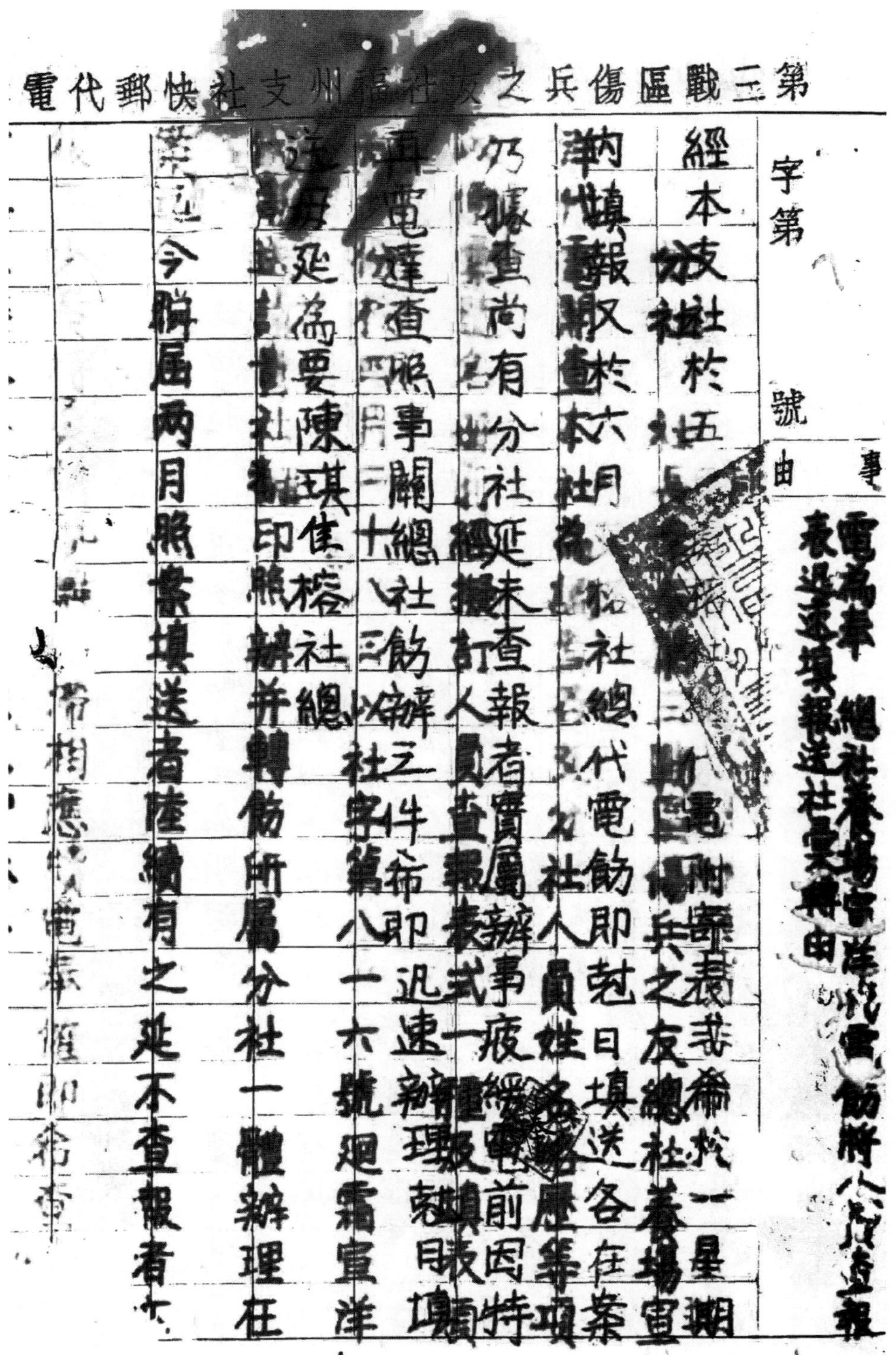

第三戰區傷兵之友社福州支社快郵代電

字第　　號

事由：電爲奉總社養場字代電飭將人員查報表迅速填報送社彙轉由

第三战区伤兵之友社福州支社关于奉总社电饬将人员查报表迅速报送汇转的快邮代电

（1940 年 7 月 9 日）　G133-003-0024

(二)第三战区伤兵之友社福鼎分社人事与组织联络规程

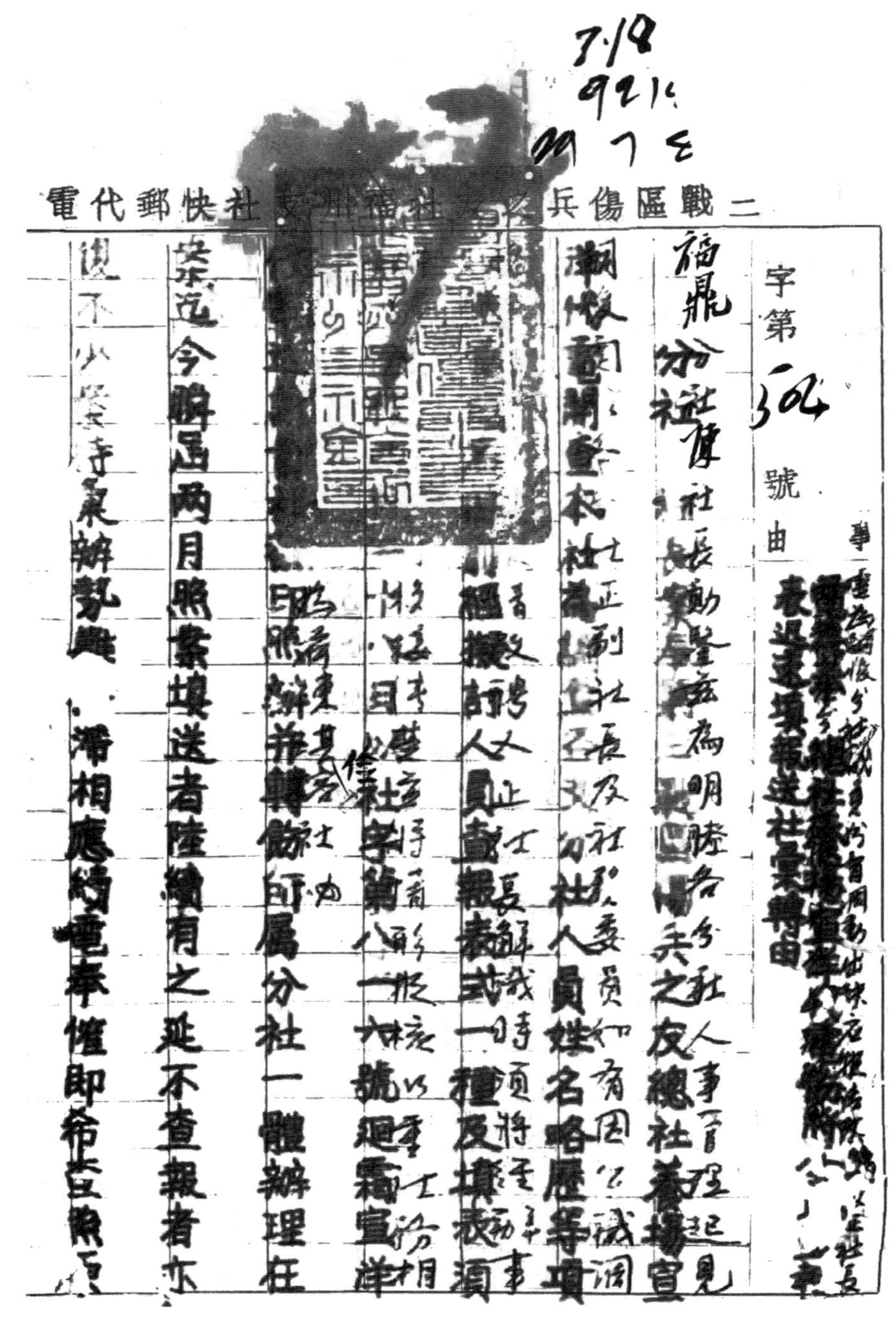
三戰區傷兵之友社福州支社快郵代電

字第　號

事由

第三战区伤兵之友社福州支社关于嗣后分社职员如有出缺应提请改聘,如正副社长解职时应分别移接报核的快邮代电(1940 年 6 月 28 日)　G133-003-0024

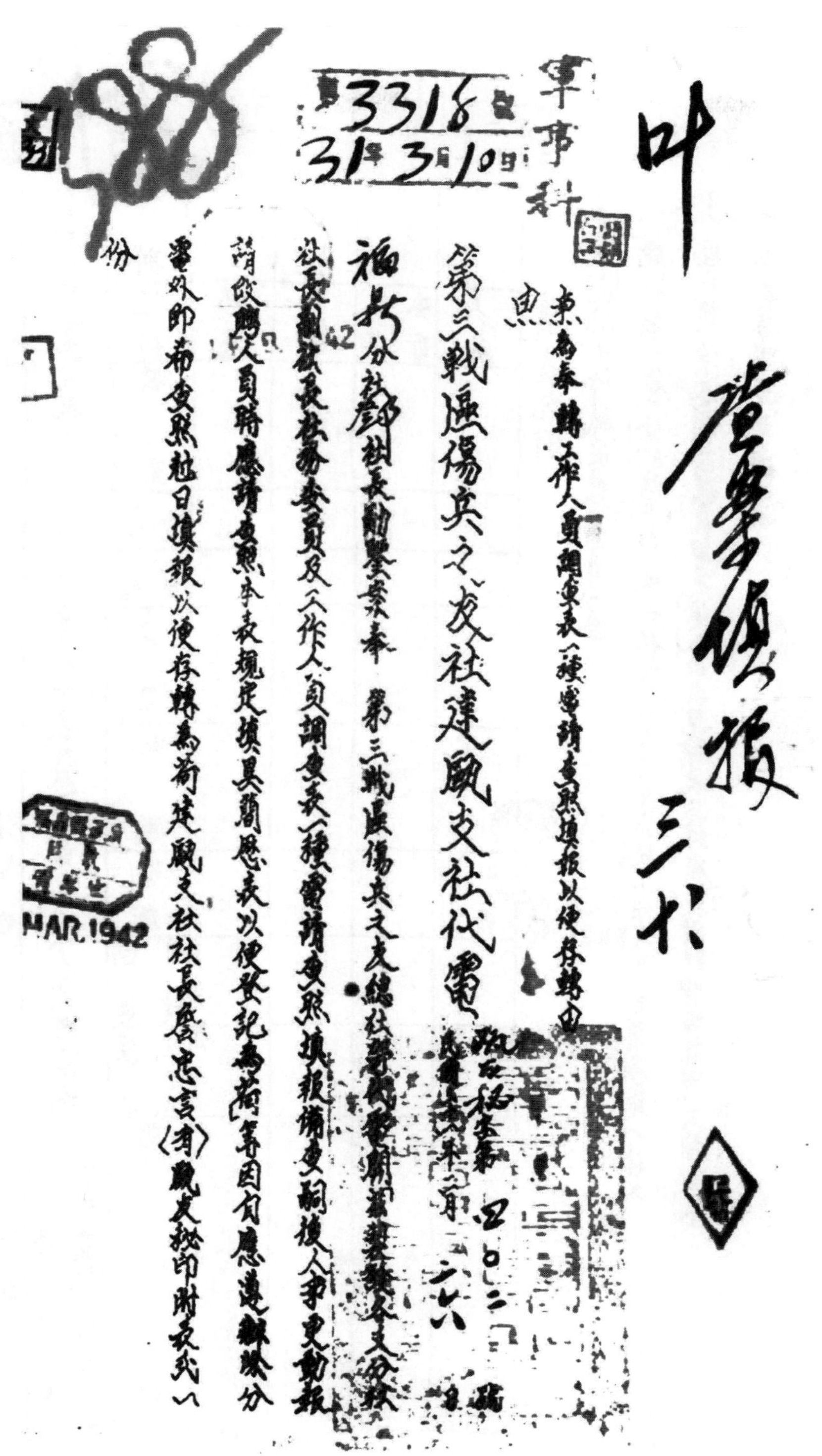
軍事科
3318 收
31年3月10日
叶
登報填報 三廾
東為奉轉工作人員調查表一種電請查照填報以便存轉由
第三戰區傷兵之友社建甌支社代電
福鼎分社鄭社長勳鑒案奉 第三戰區傷兵之友總社……
社長副社長社務委員及工作人員調查表一種電請查照填報備查嗣後人事更動报
請改聘人員時應請查照本表規定填具簡歷表以便登記為荷等因自應遵辦除分
電外即希查照尅日填報以便存轉為荷建甌支社社長裴忠言(丑)甌支秘印附表式一
MAR.1942

第三战区伤兵之友社建瓯支社关于奉转工作人员调查表请查照填报的代电
(1942 年 2 月 26 日)a 面　G133-003-0027

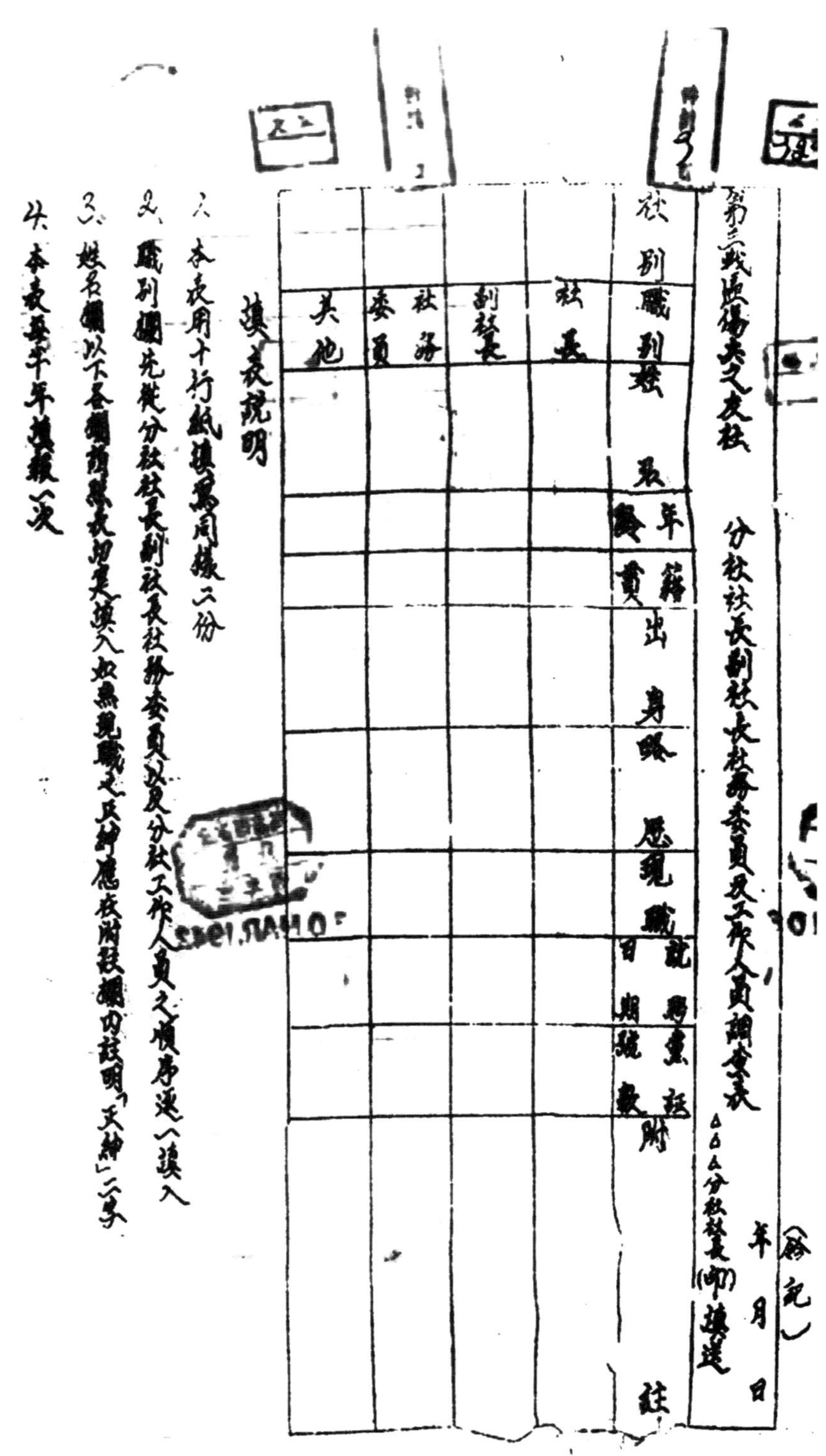
第三戰區傷兵之友社　　分社社長副社長社務委員及工作人員調查表

社別職別	姓名	年齡	籍貫	出身	略歷	現職	就職日期	附註
社長								
副社長								
社務委員								
其他								

△△△分社社長（印）填送
年　月　日
（簽記）

填表說明
1、本表用十行紙填寫同樣二份
2、職別欄先從分社社長副社長社務委員以及分社工作人員之順序逐一填入
3、姓名欄以下各欄酌照式樣詳實填入如無現職之兵伸應在附註欄內註明「兵伸」二字
4、本表每半年填報一次

第三战区伤兵之友社××分社社长、副社长、社务委员及工作人员调查表
（1942年2月26日）b面　G133-003-0027

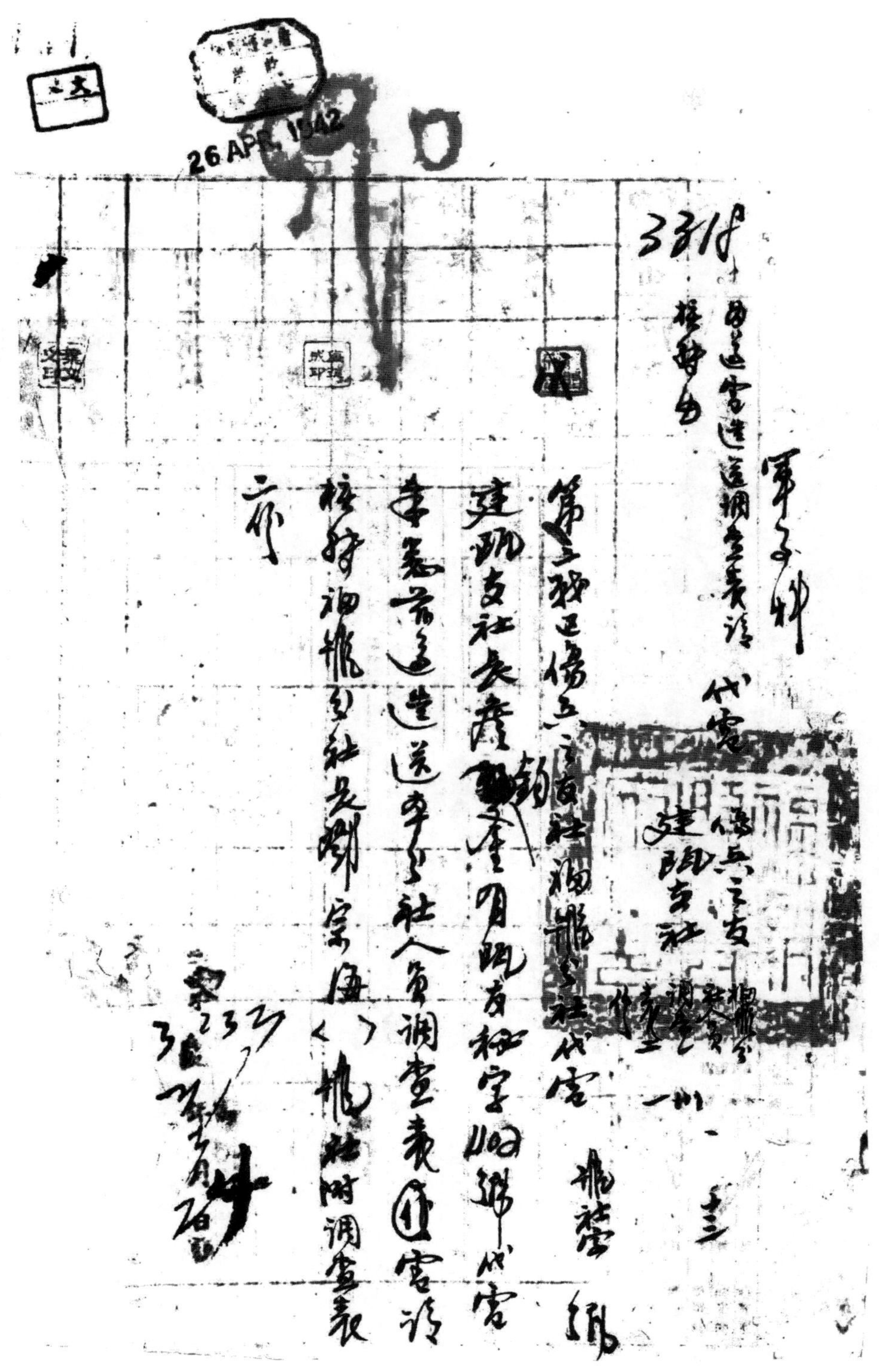

第三战区伤兵之友社建瓯支社福鼎分社关于遵电造送福鼎分社人员调查表的代电

（1942 年 3 月 24 日） G133-003-0027

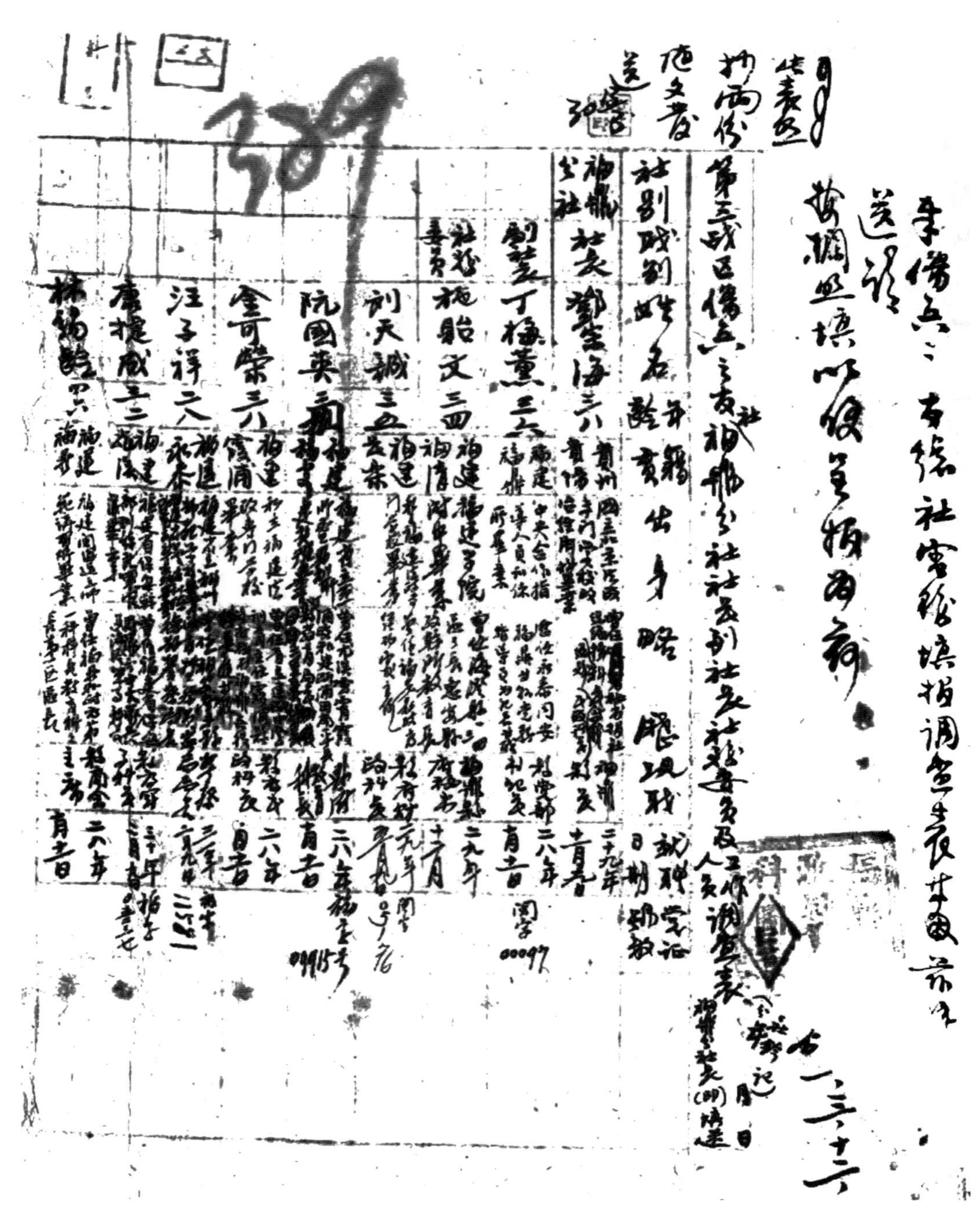

附件：第三战区伤兵之友社福鼎分社社长、副社长、社务委员及工作人员调查表

（1942 年 3 月 24 日）a 面　G133-003-0027

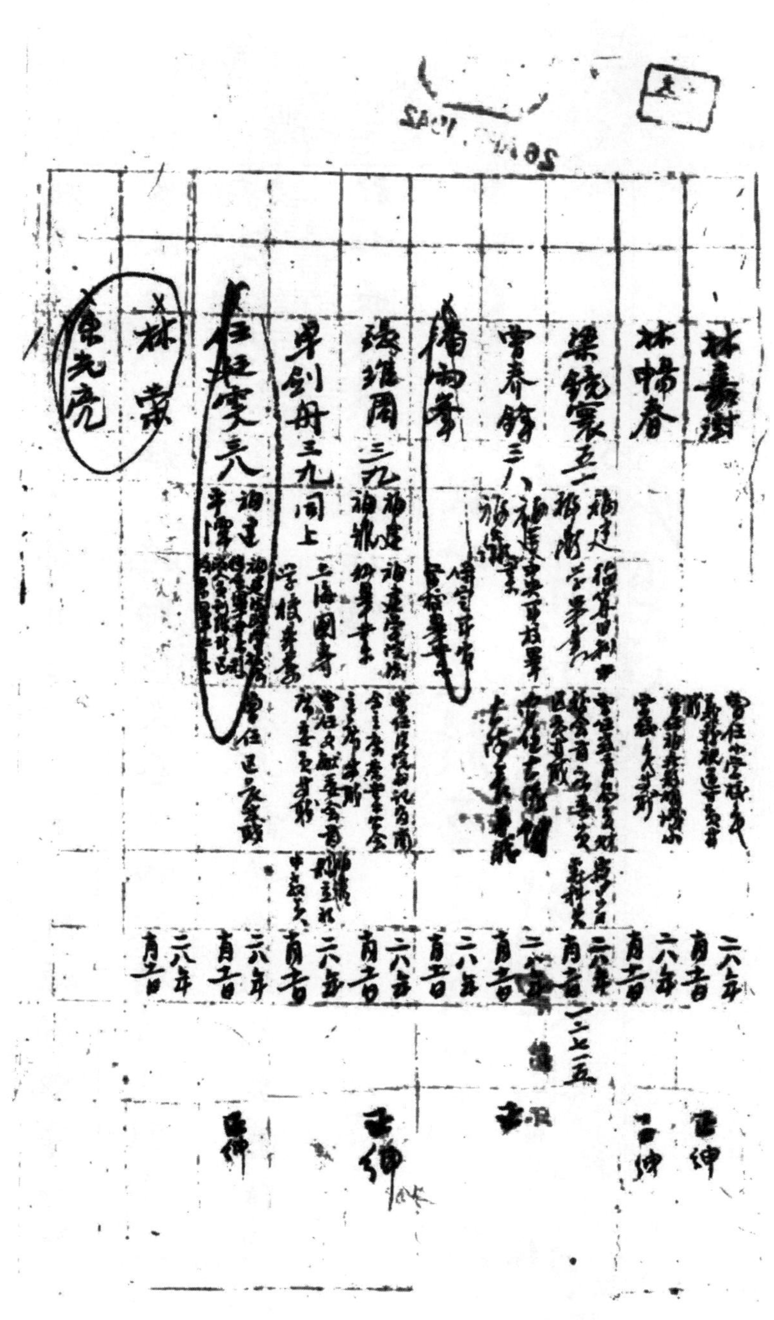

附件：第三战区伤兵之友社福鼎分社社长、副社长、社务委员及工作人员调查表
(1942年3月24日)b面　G133-003-0027

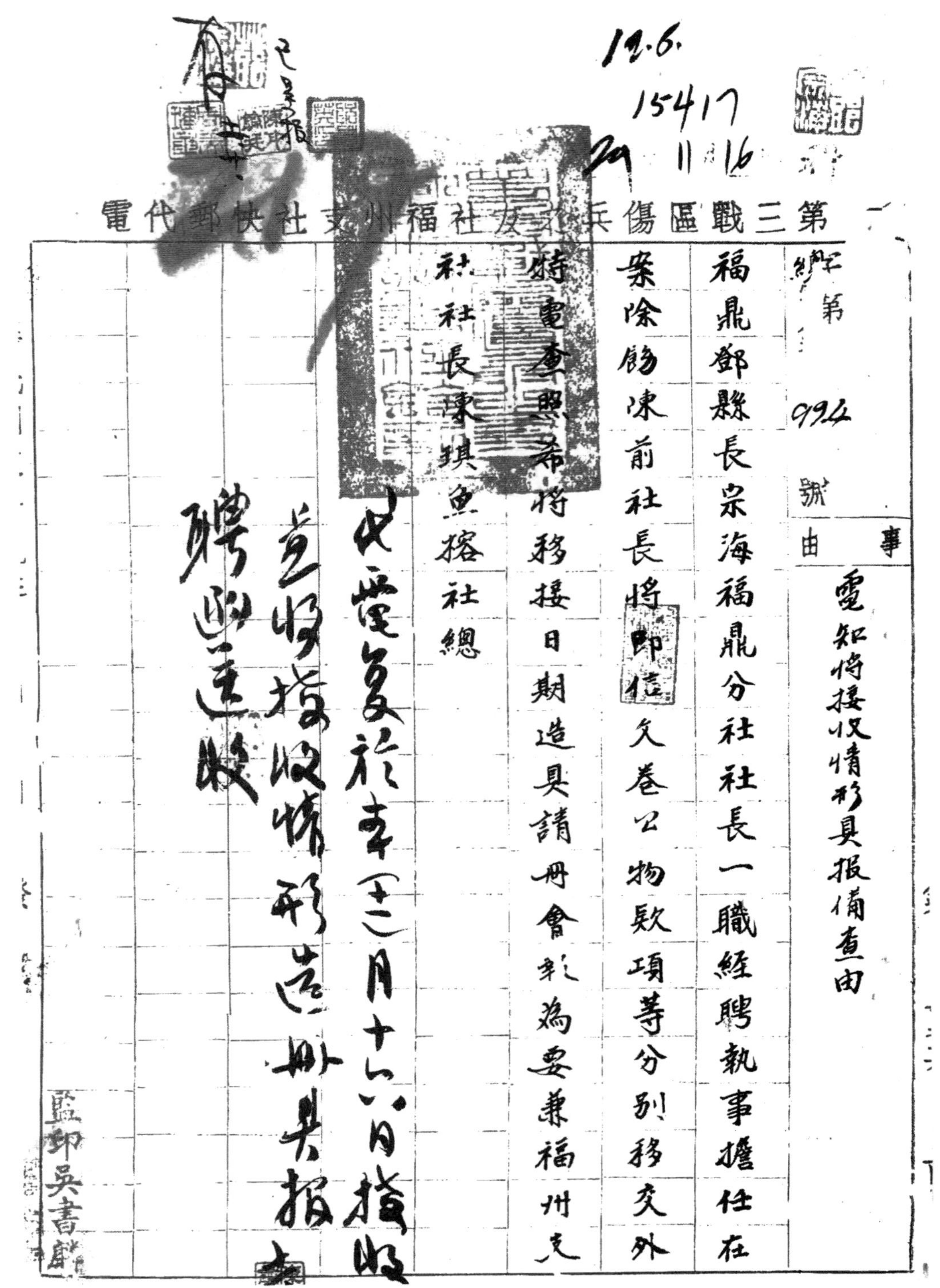

第三戰區傷兵之友社福州支社快郵代電

字第994號

事由：電知將接收情形具報備查由

福鼎鄧縣長宗海：福鼎分社社長一職經聘執事擔任在案，除飭陳前社長將即從文卷公物款項等分別移交外，特電查照，希將移接日期造具清冊會報為要。兼福州支社社長陳祺魚搭社總

此電復於本（十二）月十六日接收，並將接收情形造冊具報，聘函送收。

監印　吳書麟

第三战区伤兵之友社福州支社关于福鼎分社速将新旧社长接收情形具报备查的快邮代电

（1940年11月6日）　G133-003-0025

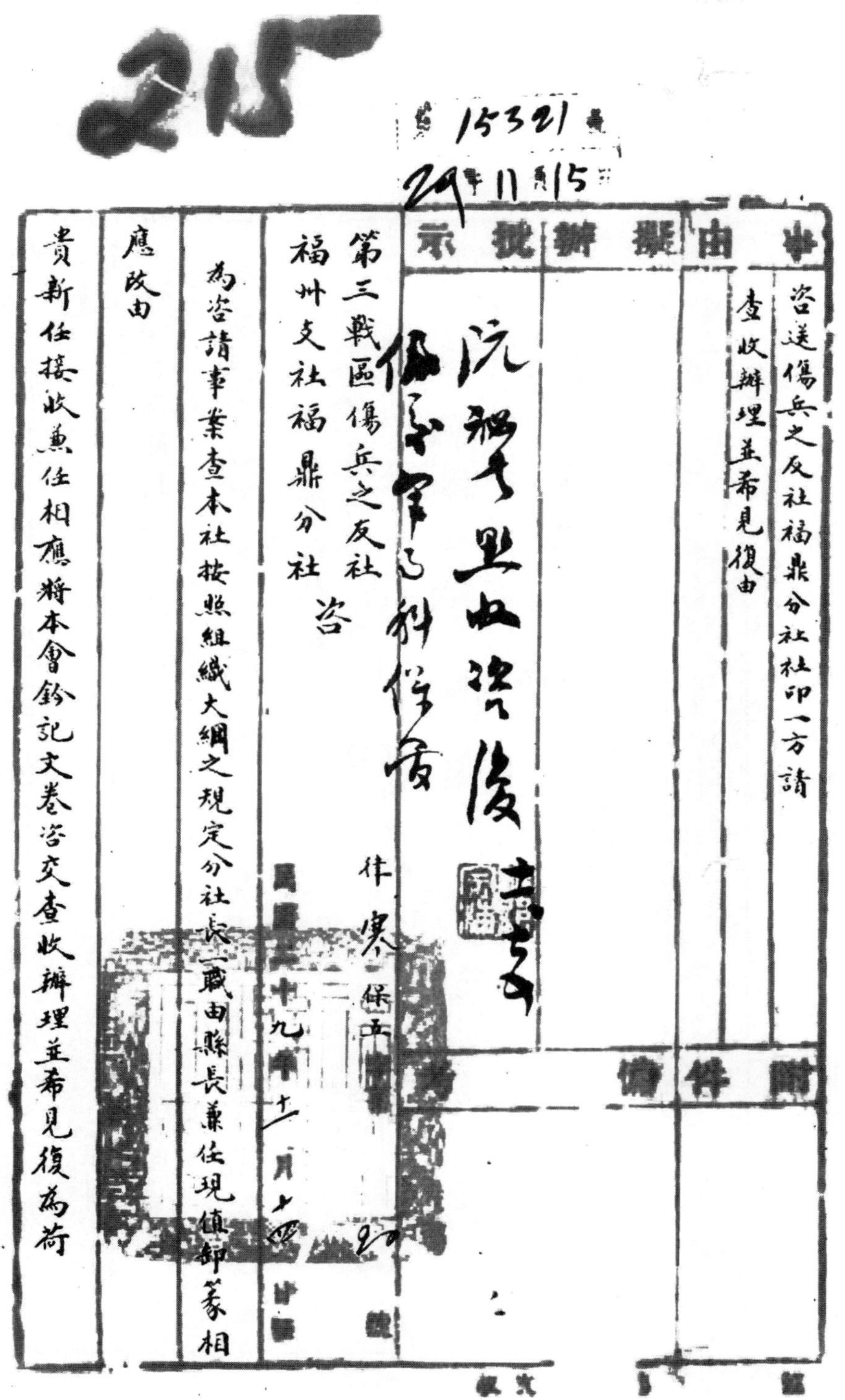

事由：咨送伤兵之友社福鼎分社社印一方请查收办理并希见复由

拟办：

批示：

第三战区伤兵之友社福州支社福鼎分社　咨

为咨请事案查本社按照组织大纲之规定分社长一职由县长兼任现值卸篆相应改由贵新任接收兼任相应将本会钤记文卷咨交查收办理并希见复为荷

中华民国二十九年十一月十四日

第三战区伤兵之友社福州支社福鼎分社关于卸任社长陈廷桢移交福鼎分社钤记文卷的咨函

(1940 年 11 月 14 日)a 面　G133-003-0025

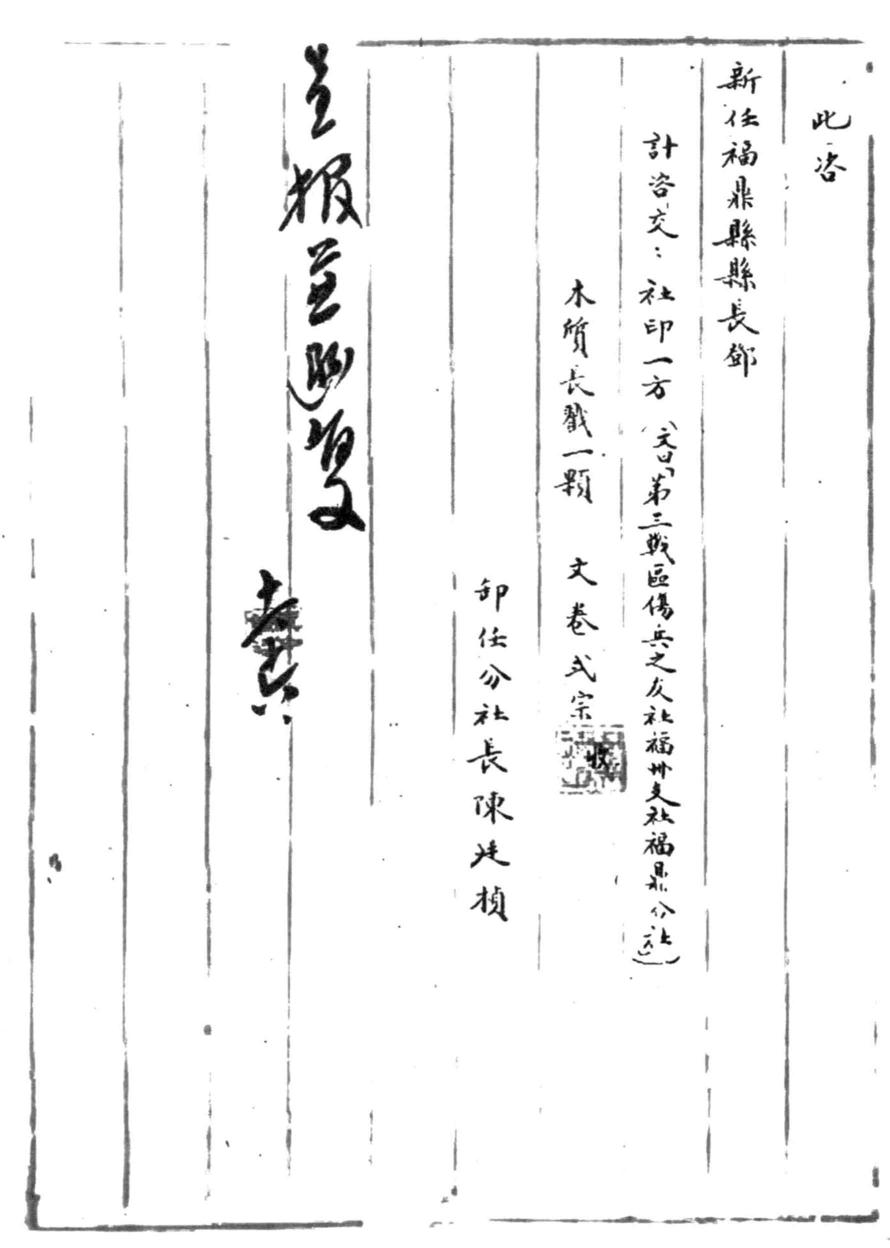
此咨
新任福鼎縣縣長鄧
計咨交：社印一方（文曰「第三戰區傷兵之友社福州支社福鼎分社」）
木質長戳一顆　文卷弍宗
卸任分社長陳廷楨

第三战区伤兵之友社福州支社福鼎分社关于卸任社长陈廷桢移交福鼎分社钤记文卷的咨函
（1940年11月14日）b面　G133-003-0025

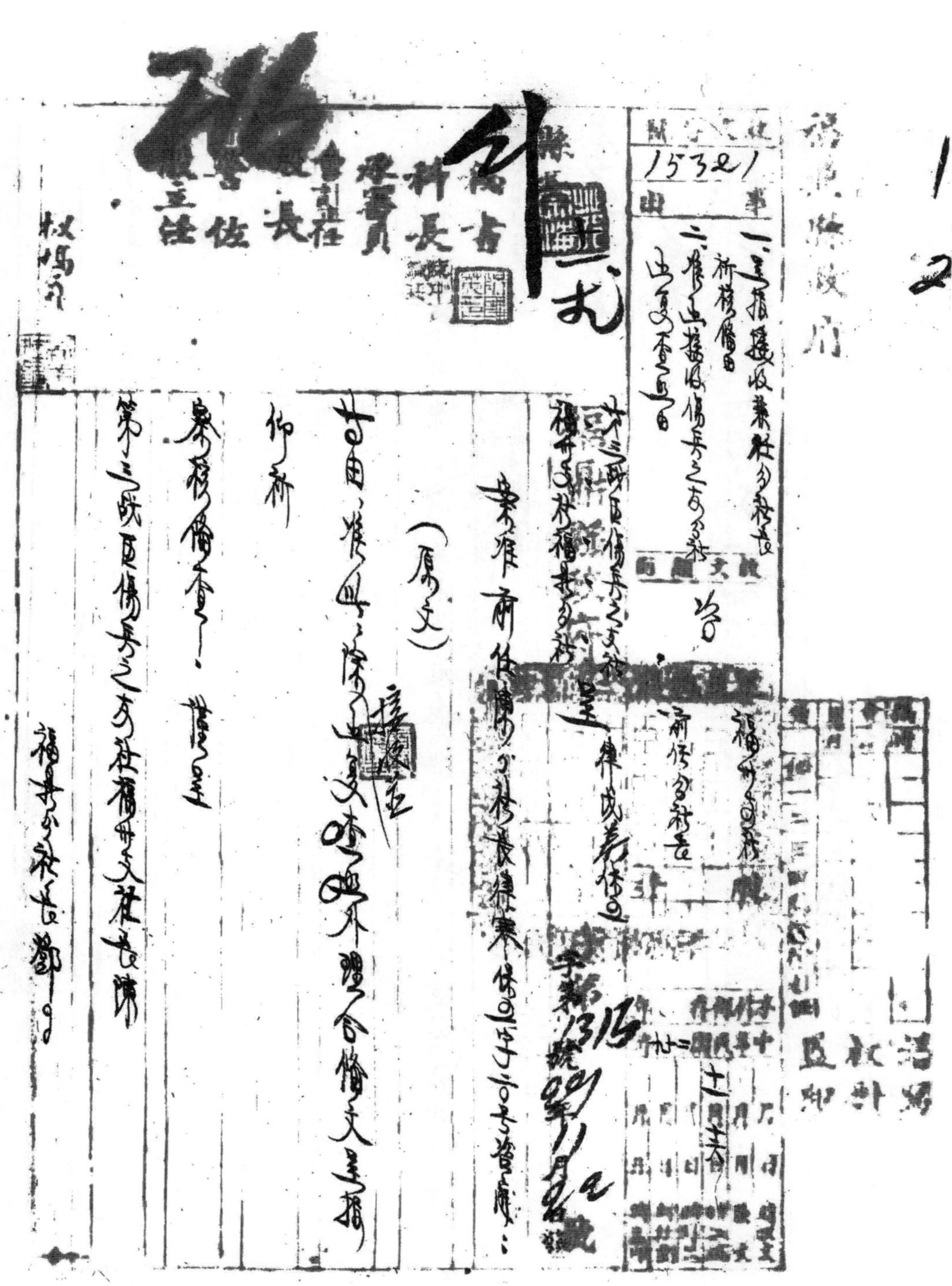

福鼎县政府关于接收卸任社长移交钤记文卷并兼任福鼎分社社长的呈文

(1940 年 11 月 22 日)a 面　G133-003-0025

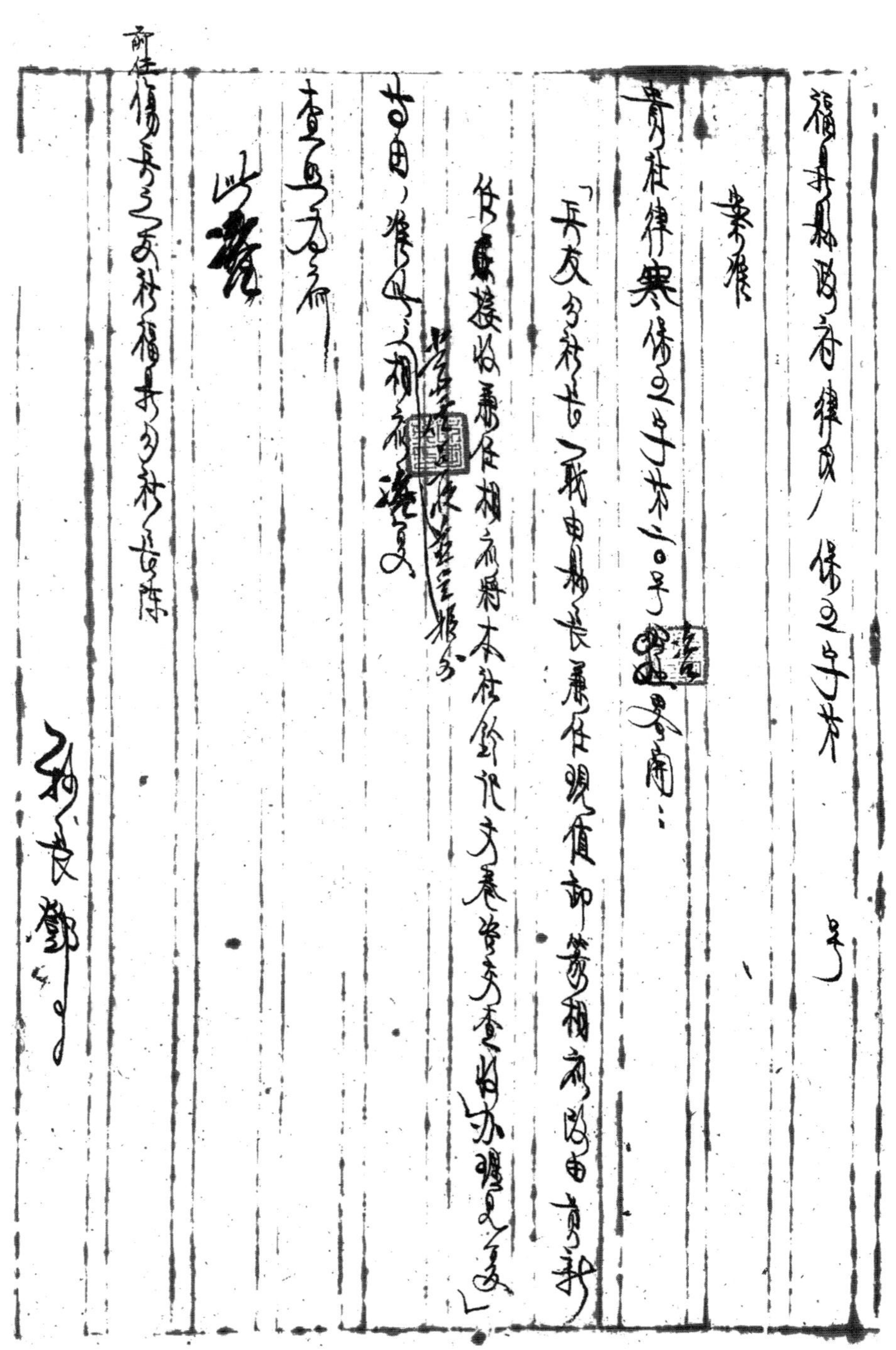

福鼎县政府律戌优字第　号

案准

贵社律寒优字第二〇号咨开：

「兵友分社社长一职由县长兼任现值卸篆相应咨请贵新任县长接收兼任相应将本社钤记文卷咨交查收办理见复」

等由，准此，相应咨复

查照为荷

此咨

前任优待兵友分社福鼎分社社长陈

县长　郑

福鼎县政府关于接收卸任社长移交钤记文卷并点收的咨复

(1940年11月22日)b面　G133-003-0025

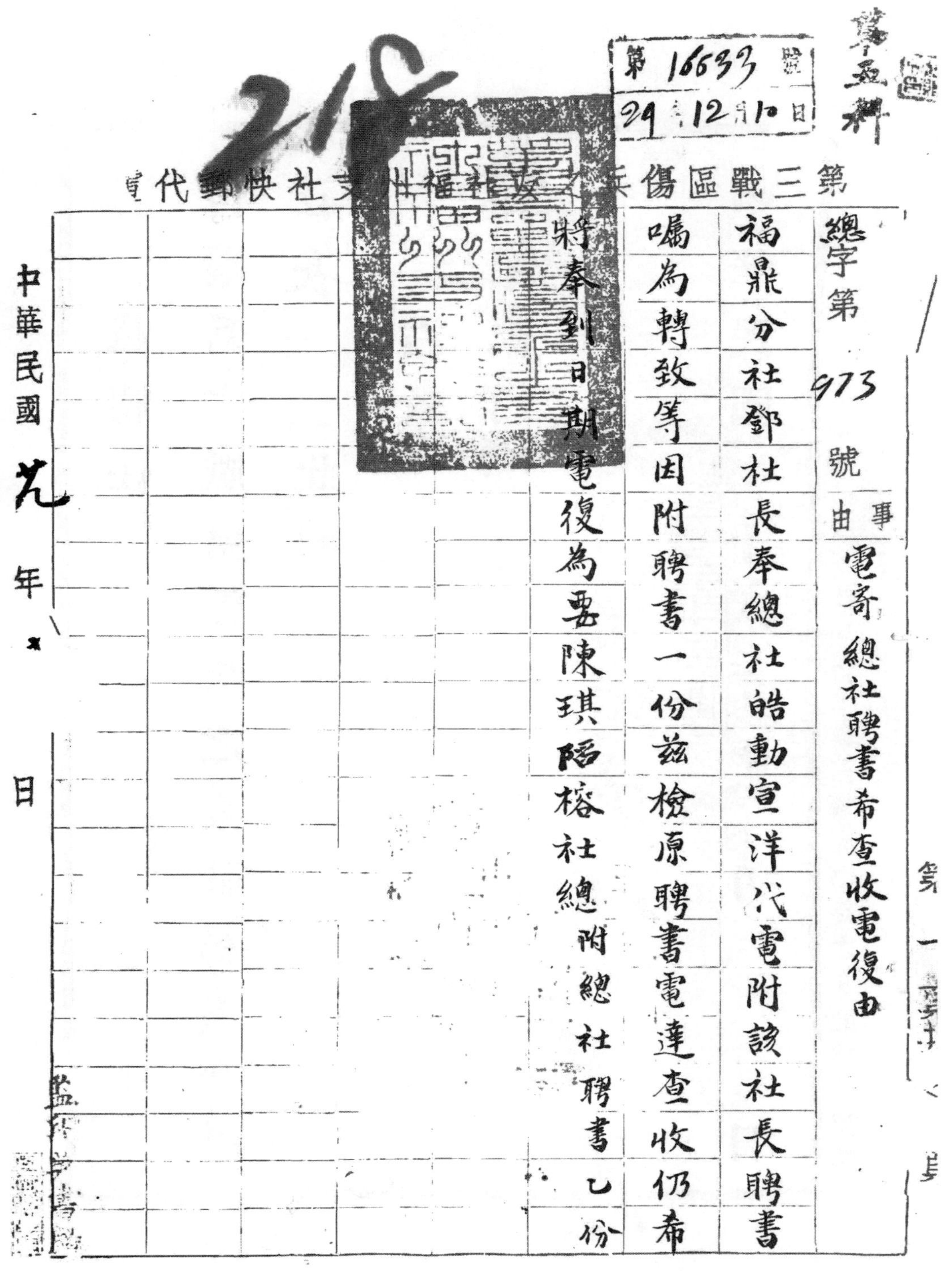
第三戰區傷兵之友社福州支社快郵代電

總字第973號

事由：電寄總社聘書希查收電復由

福鼎分社鄧杜長奉總社皓動宣洋代電附該社長聘書囑為轉致等因附聘書一份茲檢原聘書電達查收仍希將奉到日期電復為要陳琪陷榕社總附總社聘書乙份

中華民國廿九年 月 日

第16633號 29年12月10日

第三战区伤兵之友社福州支社关于转寄总社(邓宗海)聘书的快邮代电

(1940年11月30日) G133-003-0025

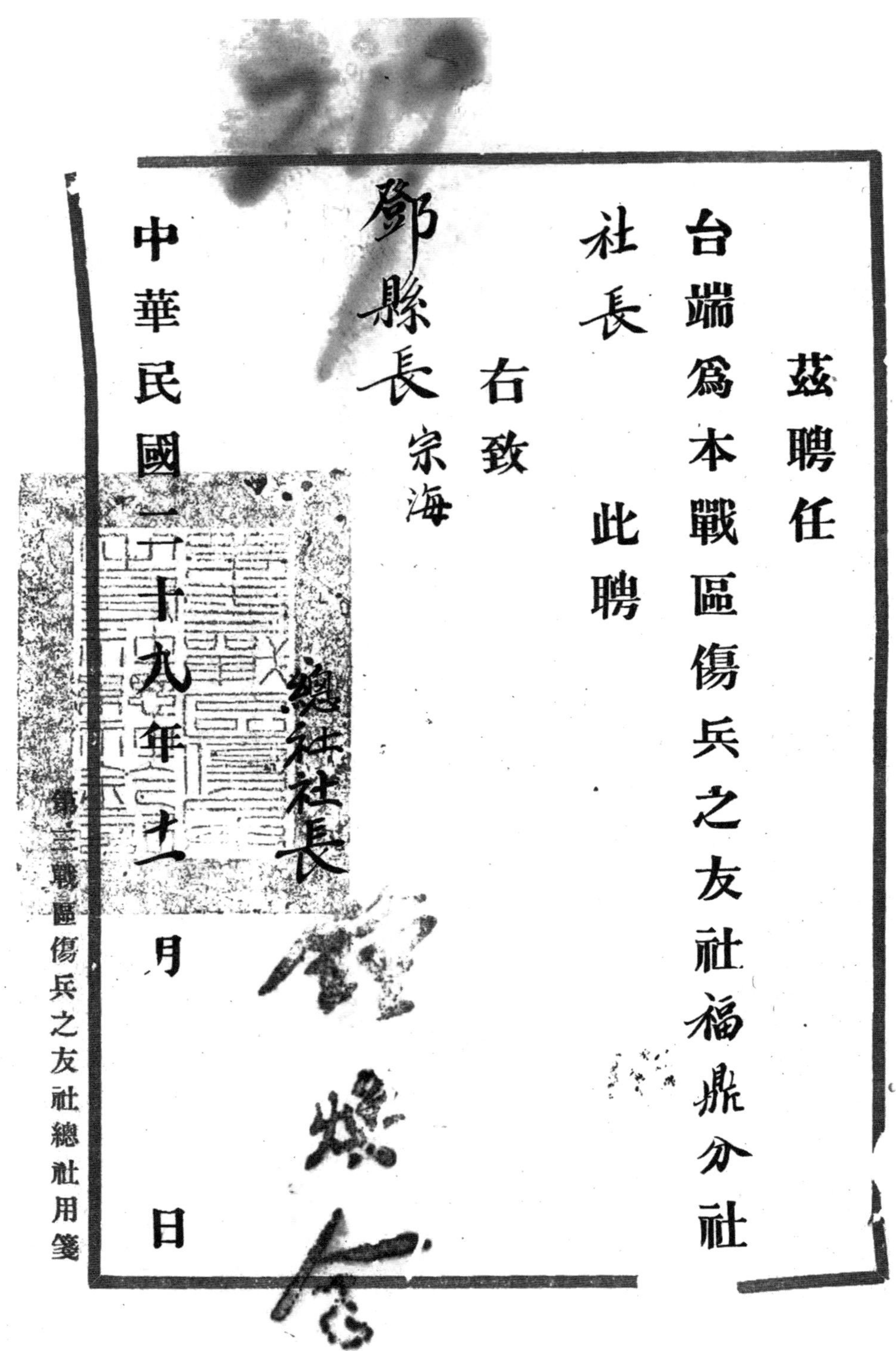
兹聘任
台端爲本戰區傷兵之友社福鼎分社
社長 此聘
右致
鄧縣長宗海
總社社長
中華民國二十九年十一月 日
第三戰區傷兵之友社總社用箋

第三战区伤兵之友社福州支社福鼎分社社长邓宗海聘书

（1940 年 11 月） G133-003-0025

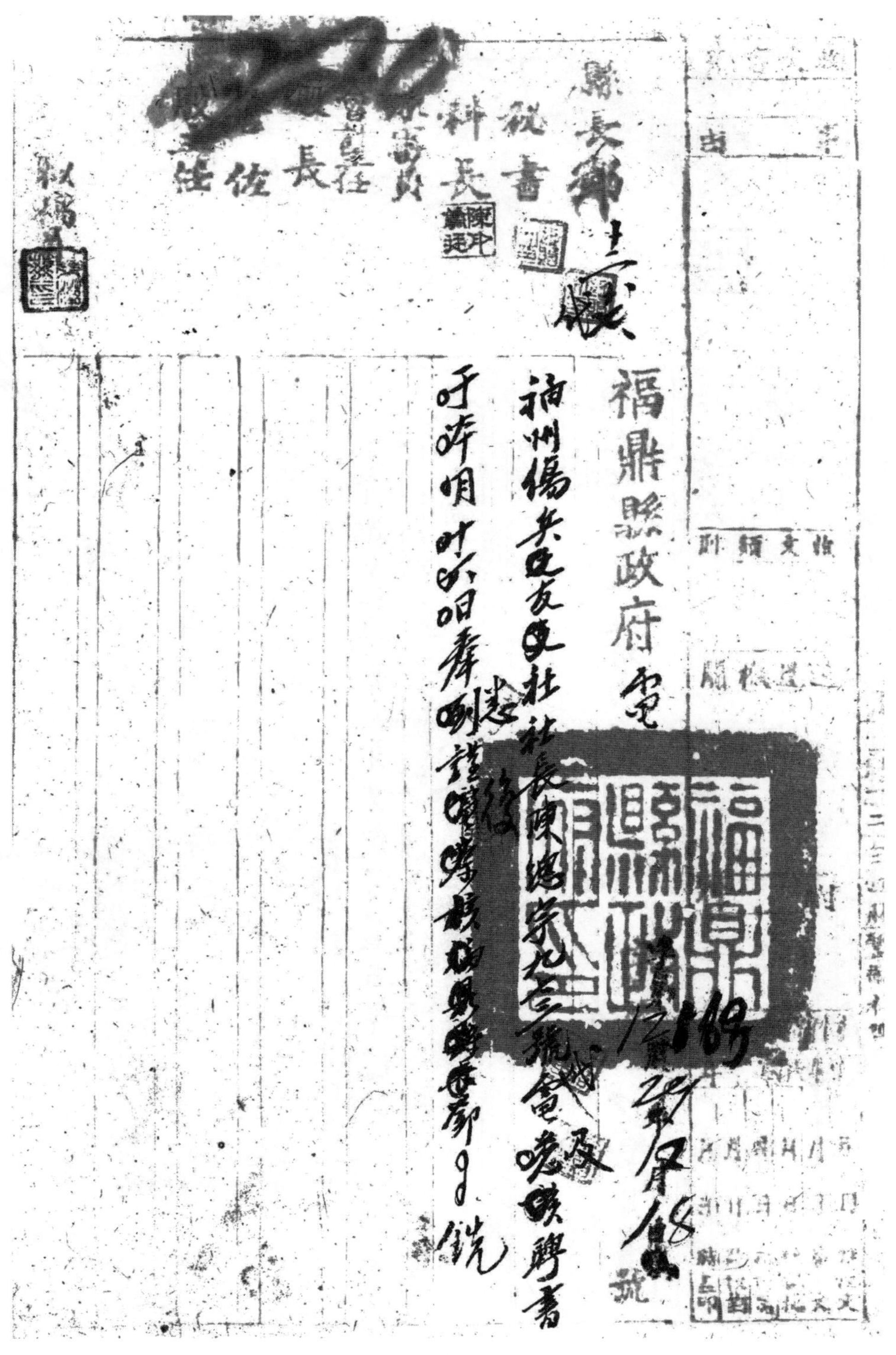

福鼎县政府关于(邓宗海)聘书收悉的复电(1940 年 12 月 16 日)　G133-003-0026

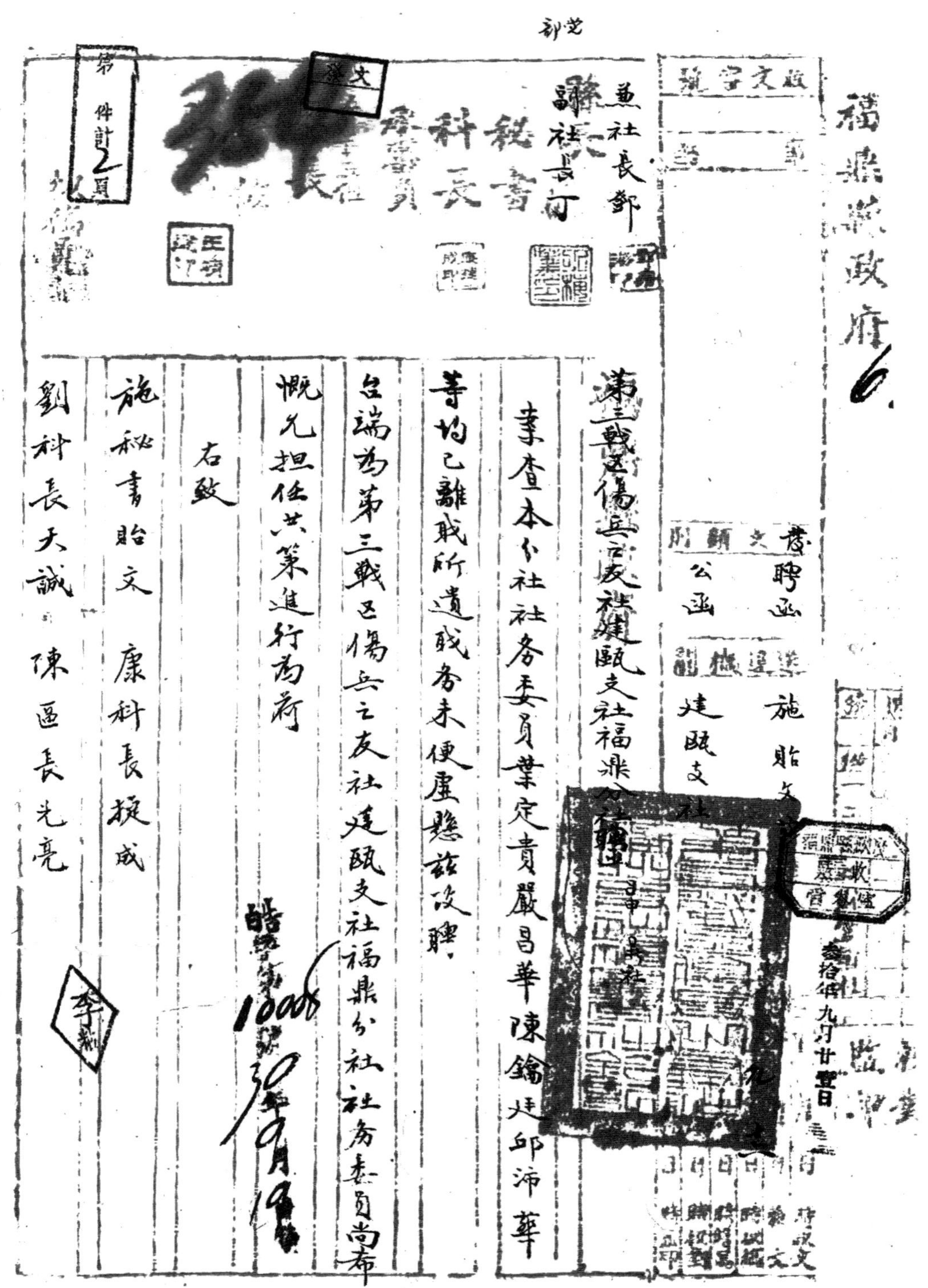

福鼎縣政府

聘函

案查本分社社務委員葉定貴、嚴昌華、陳鑰廷、邱沛華等均已離職，所遺職務未便虛懸，茲改聘台端為第三戰區傷兵之友社建甌支社福鼎分社社務委員，尚希慨允担任，共策進行為荷。

右致

施秘書貽文 康科長捷成

劉科長天誠 陳區長光亮

第三戰區傷兵之友社建甌支社福鼎分社

第三战区伤兵之友社建瓯支社福鼎分社关于补聘施贻文、康捷成、刘天诚、陈光亮为福鼎分社社务委员的聘函(1941 年 9 月 19 日)a 面　G133-003-0026

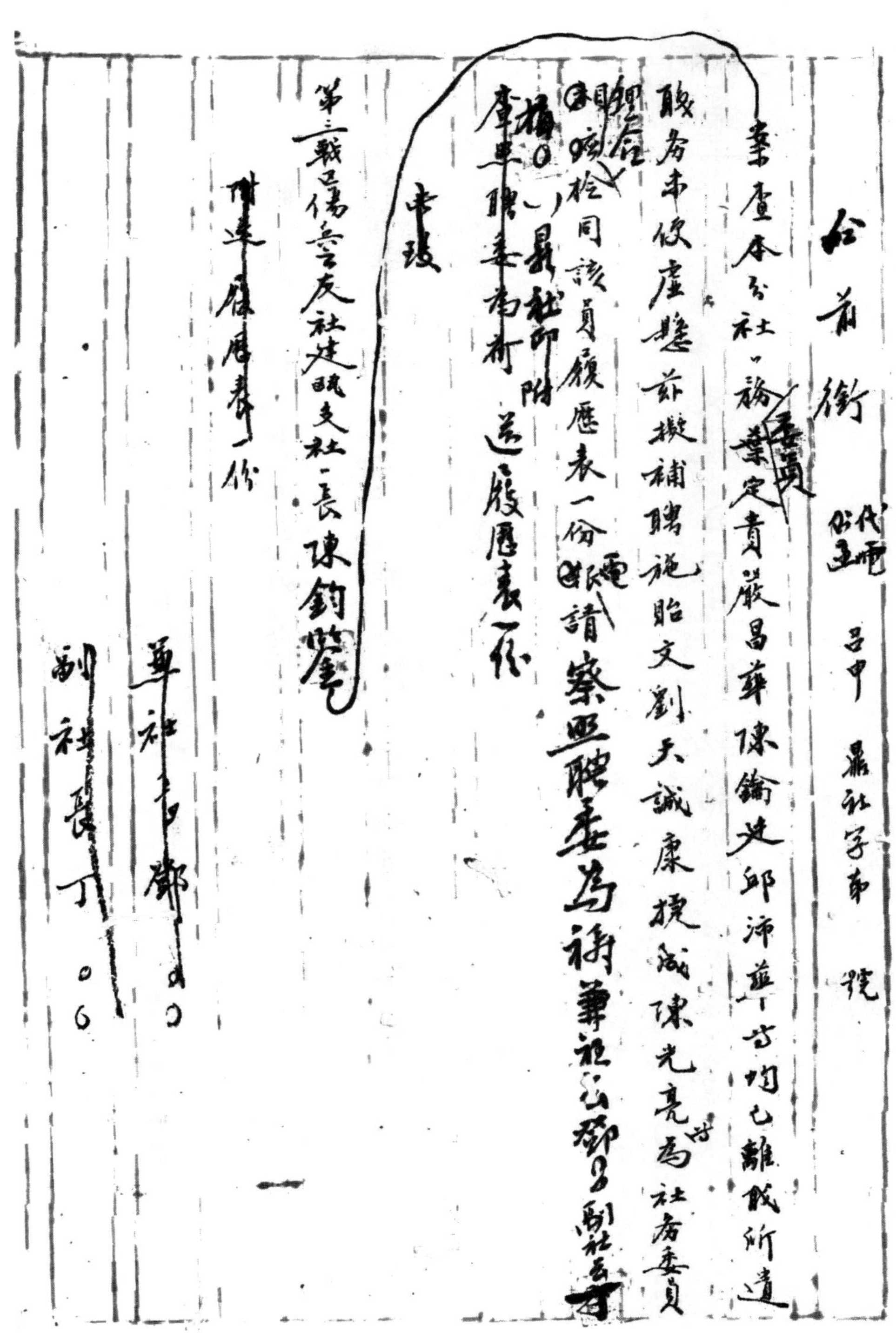

公前銜

代電 吕中 鼎社字第 號

案查本分社社務委員葉定貴、嚴昌華、陳鑰先、邱沛蓝等均已離職，所遺

職務未便虚懸，茲擬補聘施貽文、劉天誠、康捷成、陳光亮為社務委員

理合檢同該員履歷表一份，電請 察照聘委為禱。華社鄧、副社長丁

相應函達 查照聘委為荷

此致

第三戰區傷兵之友社建甌支社社長陳鈞鑒

附送履歷表一份

社長鄧○○

副社長丁○○

第三战区伤兵之友社建瓯支社福鼎分社关于补聘施贻文、康捷成、刘天诚、陈光亮为福鼎分社社务委员的公函(1941 年 9 月 19 日)b 面 G133-003-0026

第三战区伤兵之友社建瓯支社福鼎分社社务委员履历表

三十年九月　日

职别	姓名	年龄	籍贯	住址	备考
社务委员	施贻文	三三	福清	福鼎县政府	现任福鼎县政府秘书
仝右	刘天铖	三四	长乐	仝	现任福鼎县政府财政科长
仝右	康捷成	三四	龙溪	仝	现任福鼎县政府军事科长
仝右	陈光亮	三五	闽清	第三区署	现任福鼎县政府第三区署区长

啟

附件：第三战区伤兵之友社建瓯支社福鼎分社社务委员履历表

（1941 年 9 月）　G133-003-0027

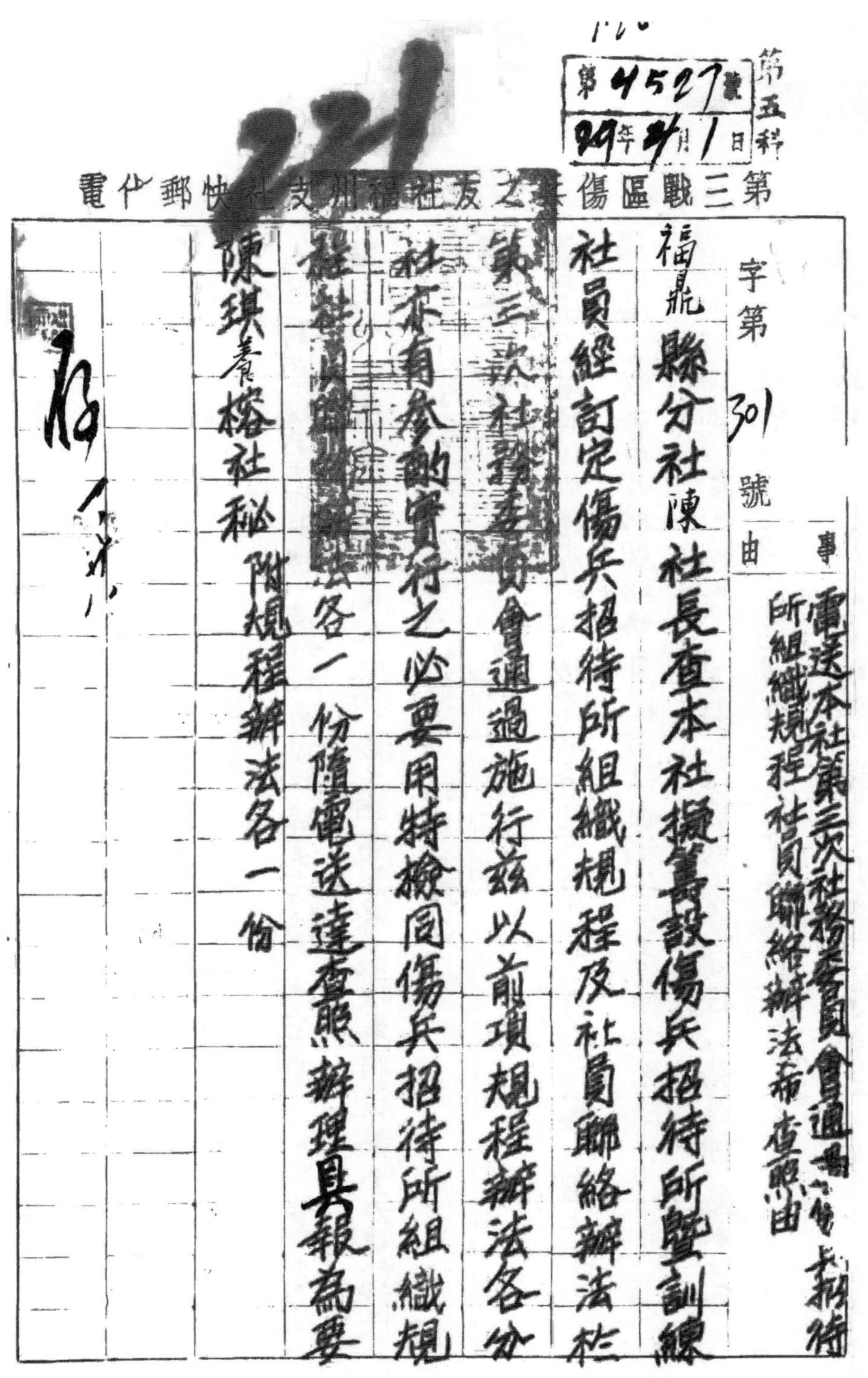

第三战区伤兵之友社福州支社快邮代电

第4527号 29年3月1日 第五科

字第301号

事由：电送本社第三次社务委员会通过伤兵招待所组织规程、社员联络办法希查照由

福鼎县分社陈社长：查本社拟筹设伤兵招待所暨训练社员，经订定伤兵招待所组织规程及社员联络办法，于第三次社务委员会通过施行。兹以前项规程办法各分社亦有参酌实行之必要，用特检同伤兵招待所组织规程、社员联络办法各一份随电送达，查照办理具报为要。

陈琪、黄(?)榕社秘 附规程办法各一份

存

第三战区伤兵之友社福州支社关于报送本社第三次社务委员会议通过伤兵招待所组织规程、社员联络办法的快邮代电(1940年2月22日) G133-003-0026

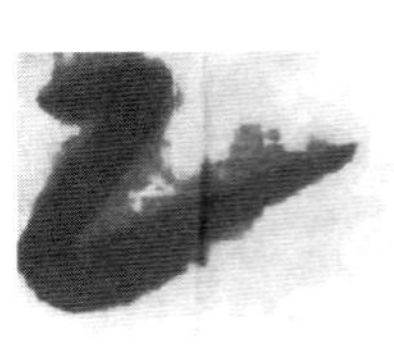
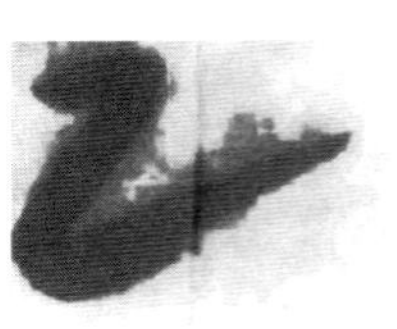

第三戰區傷兵之友社福州支社社員聯絡辦法（二十九年二月三日第三次社務委員會會議修正通過）

第一條：本社為謀社員團結聯絡，並施相當訓練，以便戰時發動全力，救護招待傷兵，擔任宣傳慰勞，特定本辦法。

第二條：本社依社員職業住址編成若干組。

第三條：每組設聯絡員一人，助理聯絡員一人至三人，負責聯絡所屬社員。

第四條：聯絡員及助理聯絡員，均由社長於社員中指派充任。

第五條：聯絡員對所屬社員，應保持密切聯繫，發揮服務精神，遇本社有徵召或指定辦理事項，應於限定時間內，達到任務。

第六條：聯絡員有訓練所屬社員之責，其訓練方法另定之。

附件：第三战区伤兵之友社福州支社社员联络办法（二十九年二月三日第三次社务委员会会议修正通过）（1940年2月3日）a面　G133-003-0026

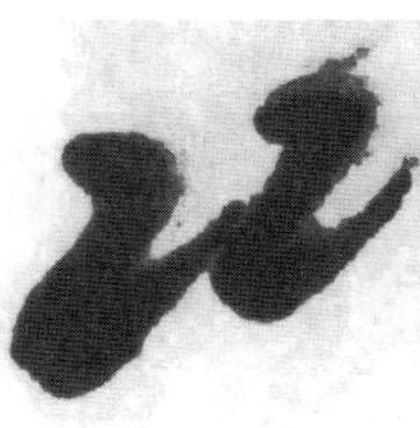

第七條：助理聯絡員襄助聯絡員，處理組務，聯絡員告假時，助理聯絡員，
即代行其職務。

第八條：社員對本社如有意見貢獻，由聯絡員轉陳，俾供採納。

第九條：聯絡員及助理聯絡員，均為義務職。

第十條：本辦法如有未盡事宜，得隨時呈請修正之。

第十一條：本辦法經社務委員會議決施行，並呈報
總社備案。

附件：第三战区伤兵之友社福州支社社员联络办法（二十九年二月三日第三次社务委员会会议修正通过）（1940年2月3日）b面　G133-003-0026

第三戰區傷兵之友社福州支社傷兵招待所組織規程（二十九年二月三日第三次社務委員會會議通過）

第一條：本規程依據修正本社辦事通則第四條丙項之規定，訂定之。

第二條：本社各傷兵招待所（以下簡稱各所）擇交通衝要地點設立，每所設主任一人，服務員若干人，均由社長於社員中遴派充任。

第三條：各所主任承正副社長之命，受秘書暨本所組長之指導，管理招待傷兵事項。

第四條：各所服務員承所主任之命，辦理所內一切事項。

第五條：鄉村招待所，在設立地四周十五里以内各社員，均歸調動指揮，市區各招待所調動指揮之社員，另由社長指定之。

附件：第三战区伤兵之友社福州支社伤兵招待所组织规程（二十九年二月三日第三次社务委员会会议通过）（1940年2月3日）a面　G133-003-0026

第六條：各所主任及服務員，均無給職，但籌備開辦費，經社長核准後，可酌予核給。

第七條：戰時各所招待傷兵應需費用，由社長就慰勞費項下撥給之。

第八條：本規程如有未盡事宜，得隨時呈請修正之。

第九條：本規程經社務委員會通過施行，並呈報總社備案。

附件：第三战区伤兵之友社福州支社伤兵招待所组织规程（二十九年二月三日第三次社务委员会会议通过）（1940 年 2 月 3 日）b 面　G133-003-0026

(三)第三战区伤兵之友社福鼎分社改隶

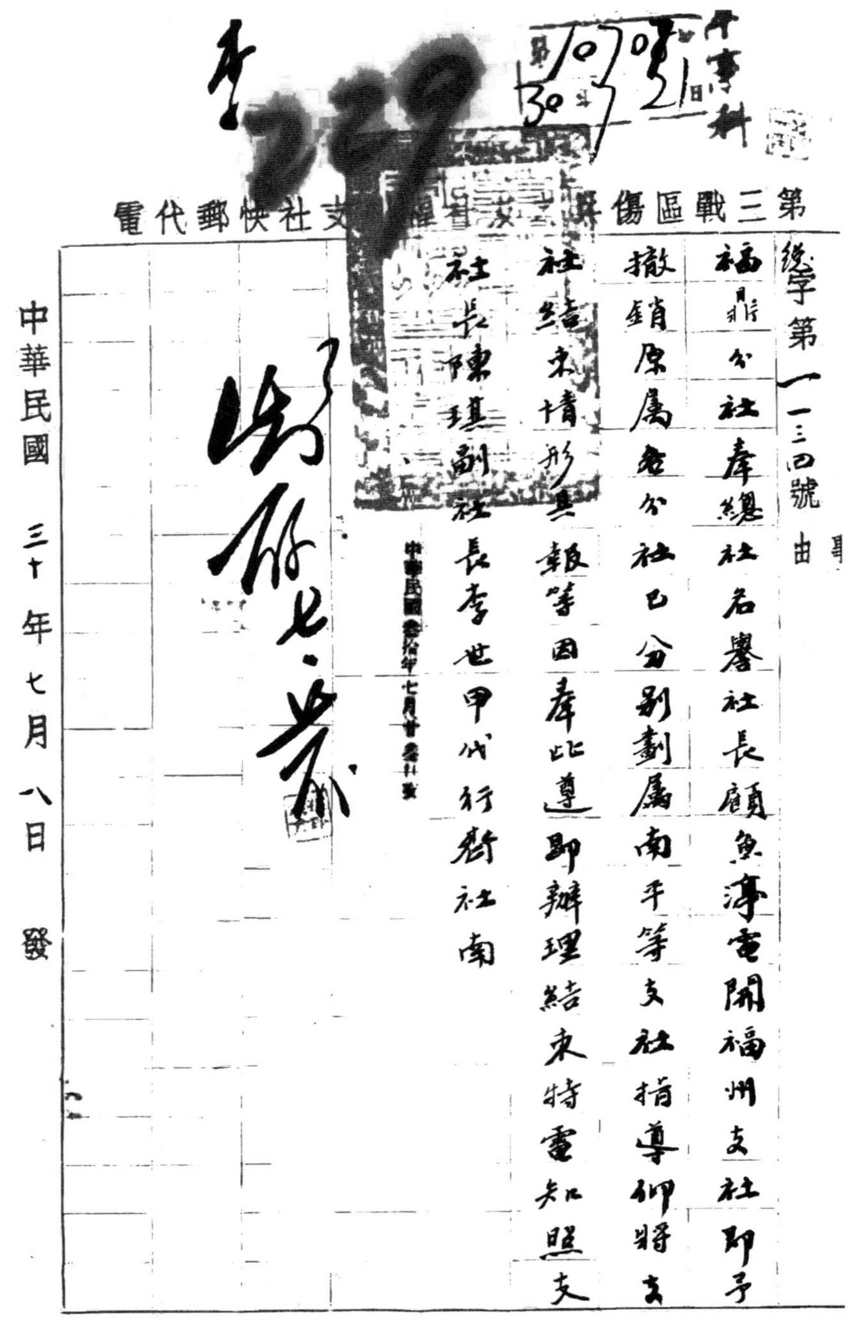

第三戰區傷兵之友社福州支社快郵代電

總字第一一三四號

福鼎分社鑒：總社名譽社長顧魚淳電開福州支社即予撤銷原屬各分社已分別劃屬南平等支社指導仰將支社結束情形具報等因奉此遵即辦理結束特電知照。支社社長陳琪副社長李世甲代行齊社南

中華民國三十年七月八日發

中華民國叁拾年七月廿叁日收

第三战区伤兵之友社福州支社关于福州支社撤销原属各分社分别划属南平等支社的快邮代电

(1941年7月8日) G133-003-0026

第三戰區傷兵之友社
福州支社
廿八年九月至卅年七月收支清冊

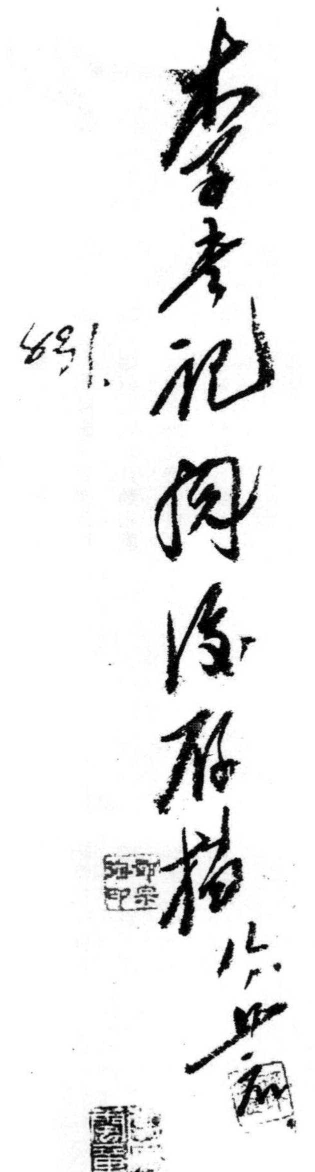

第三战区伤兵之友社福州支社二十八年九月至三十年七月收支清册
（1941 年 7 月 31 日） G133-003-0026

第三戰區傷兵之友社福州支社收支清册

民國二十八年九月份起至民國三十年七月份止

收入之部

徵募項下

一、福州義賣委員會撥捐	國幣七千元正
一、福州警察局倉霞州分局義勇警察自動義賣捐獻	國幣七百三十七元五角正
一、福州閩侯國慶二十八週年紀念籌備委員會撥來	國幣二千五百一十一元九角三分正
一、福州閩侯國慶二十八週年紀念籌備委員會撥來	救國公債二十五元正
一、冬令徵募遊藝會及義賣字畫收入	國幣三千一百一十四元七角一分正
一、團體社員閩侯縣商會自動捐獻	國幣四千元正
一、團體社員閩侯平徵茶業同業公會聯合自動捐獻	國幣五萬零七百二十三元九角六分正
一、社員入社金共收	國幣四千八百六十七元九角正
一、社員蔡松齡自動捐獻	國幣五百元正
一、團體社員閩侯平徵茶業同業公會自動認捐經常費	國幣二百元正
一、社員鄭德枂自動捐獻	國幣五十元正
一、社員陳幾士自動捐獻	國幣三十元正
一、聯運管理處自動捐獻	國幣四百元正
一、福州警察局稽查員自動捐獻拒賄	國幣二十元正
一、中崎合作社自動捐獻	國幣一十五元正

第三战区伤兵之友社福州支社二十八年九月至三十年七月收支清册

（1941年7月31日）　G133-003-0026

一、米業聯合運銷處自動捐獻獎金 國幣一百六十四元四角正
一、一碗菜運動推行委員會撥來 國幣八千一百五十七元九角三分正
一、閩侯醫師公會自動捐獻 國幣八十九元四角一分正
一、水陸聯運管理處福州辦事處自動捐獻獎金 國幣九十四元一角三分正
一、福州扶輪社自動捐獻 國幣三百元正
一、萬國聯青社福州分社自動捐獻 國幣七百五十三元正
一、中國茶葉公司福建辦事處認捐宣慰工作團開辦費 國幣一千元正
一、永泰分社報解 國幣五百元正
一、長樂分社報解 國幣二百五十四元六角八分正
一、連江分社報解 國幣一百元正
一、寧德分社報解 國幣九十七元五角正
一、福清分社報解 國幣一百三十八元六角三分正
一、福鼎分社報解 國幣三十八元正
一、霞浦分社報解入社金 國幣三百三十七元六角正
一、福清分社報解入社金 國幣一百二十元正
一、福清分社報解夏令徵募 國幣三千元正
一、長樂分社報解夏令徵募 國幣一千元正
一、永泰分社報解夏令徵募 國幣三百元正
一、羅源分社報解夏令徵募 國幣一百八十元正

二

第三战区伤兵之友社福州支社二十八年九月至三十年七月收支清册

(1941年7月31日)a面　G133-003-0026

253

一、霞浦分社報解夏令徵募	國幣二百零一元七角正
一、社員林瑞仙自動捐獻	國幣一十元正
一、天安堂自動捐獻	國幣一十元正
一、閩侯縣抗敵後援會撥來義賣餘款	國幣九十二元五角一分正
一、福州警察局捐獻寒衣代價	國幣一百一十一元正
一、運輸公司飛鸞站職員洪光捐獻獎金	國幣四角九分正
一、夏令徵募收入	國幣三千二百一十四元五角九分正
一、馬江要港區抗敵後援會劇團送來夏令演劇徵募	國幣二千一百六十九元零四分正
一、閩侯縣抗敵後援會送來夏令徵募捐款	國幣三百四十一元五角七分正
一、社員吳可珍自動捐獻	國幣五百元正
一、社員田子珍自動捐獻	國幣五百元正
一、社員王渭英自動捐獻	國幣三百元正
一、社員林耀章自動捐獻	國幣二百元正
一、社員蔡友蘭自動捐獻	國幣五百元正
一、社員張盈科自動捐獻	國幣三百元正
一、社員楊孫贊自動捐獻	國幣三百元正
一、社員方代椿自動捐獻	國幣三百元正
一、社員林彌鉅自動捐獻	國幣五百元正
一、團體社員閩江輪船公司自動捐獻	國幣五百元正

三

第三战区伤兵之友社福州支社二十八年九月至三十年七月收支清册

(1941 年 7 月 31 日)b 面　G133-003-0026

一、台江查验所罚金项下捐献　国币三十二元三角二分正
一、杨人惠父丧节费捐献　国币三百元正
一、美国纽约华侨包鸿赓汇献　国币三百六十二元八角四分正
一、闽海关秘书蔡学博母丧节献　国币五百四十五元正
一、海军马江司令部变卖没收柴酒捐献　国币六十六元正
一、宣慰工作团事业准备金结余拨充战地工作队费用　国币四千一百零九元三角六分正
一、兵友半週刊缴来剩余经费　国币二十四元正
一、利息收入　国币三千九百五十五元九角五分正

以上共收国币一十一万二百六十七元六角五分正

四

第三战区伤兵之友社福州支社二十八年九月至三十年七月收支清册
(1941年7月31日)a面　G133-003-0026

254

支出之部

甲、事業費

報解項下

（一）總社

一、二十八年國慶獻金解	國幣二千五百一十一元九角三分正
一、二十八年冬令徵募解	國幣一千四百八十八元零七分正
一、二十九年「七七」慰勞金解	國幣五百元正
一、一碗菜運動解	國幣五千零九十八元七角正
一、本社結束餘存基金解	國幣三萬三千零一十七元零一分正

（二）其他

一、救國公債票解繳國庫	國幣二十五元正

以上共解國幣四萬二千六百四十元零七角一分正

慰勞費項下

一、慰勞克復平潭東山將士支慰勞金	國幣二千元正
一、派員前往慰勞克復平潭將士旅費	國幣二百四十五元正
一、二十九年元旦往八十師病院慰問費用	國幣二十二元正
一、歡送傷兵李金標重上前綫費用	國幣二十八元正
一、歡送南鄉社員自動入伍在社野餐費用	國幣六十五元正

五

第三战区伤兵之友社福州支社二十八年九月至三十年七月收支清册

(1941年7月31日)b面　G133-003-0026

一、慰勞海軍馬江醫院傷病官兵支　國幣五十元正
一、春禮勞軍費用　國幣三十五元正
一、秋節勞軍豬肉一千斤　國幣一千七百二十元正
一、國慶勞軍支　國幣二百元正
一、贈一百軍野戰醫院被單一百床代價（該院經領自製）國幣一千元正
一、贈海軍馬江醫院被單一百床　國幣六百元正
一、贈福建榮譽軍人管理處蚊帳一千五百床　國幣六千元正
一、七十五師克復平潭贈慰勞金　國幣二千元正
一、贈五一傷病兵收容所二一衛生船舶處棉背心被單支國幣九百六十元正
一、發給七七兵站醫院傷兵勞慰金　國幣一百九十元零四角正
一、宣慰團第一二組出發前綫工作沿途食宿及購置等費國幣六百八十四元二角九分正
一、購慰勞品萬金油八卦丹　國幣一百元零零二角六分正
一、發官王蔭槐特別醫藥費　國幣二十元正
一、戰地設立各榮譽軍人招待所經費　國幣三百七十元正
一、戰地搶救榮譽軍人伕費及各榮譽軍人招待所茶水費國幣二百九十三元正
一、戰地各院站所發給傷病官兵慰勞金　國幣二千六百八十六元正
一、戰地工作隊員工二十三人四五六七月份伙食費　國幣一千三百四十四元正
一、戰地工作隊四五六七月份辦公費　國幣四百八十二元四角七分正
一、戰地工作隊四五六七月份工作旅費　國幣一千九百零七元四角正

六

第三战区伤兵之友社福州支社二十八年九月至三十年七月收支清册
(1941年7月31日)a面　G133-003-0026

一、戰地工作隊四五六七月份隨軍移轉伙費　國幣二百九十四元正

一、發給戰地工作隊員工零用費　國幣三百二十元正

一、發給戰地工作隊員工醫藥費　國幣八十元正

一、戰地工作隊特別購置費　國幣一百七十四元八角三分正

一、戰地工作隊特別出力人員獎勵金　國幣三百元正

以上共支慰勞費國幣二萬四千一百七十一元八角九分正

附注：戰地工作隊員工四五六七等月伙食費條內食米大部由一分軍軍部撥給不敷時就地自購補充菜柴鹽均自給。

宣傳費項下

一、兵友半週刊二十八年十一十二兩月份經費　國幣四百四十元正

一、兵友半週刊十二月起至三十年四月止計十七個月每月三百五十元　國幣五千九百五十元正

一、宣慰工作團七八兩月份籌備費　國幣二百元正

一、宣慰工作團開辦購置費　國幣一千元正

一、宣慰工作團經常費預備金　國幣四千元正

一、宣慰工作團巡迴工作購置費　國幣一千元正

一、購自動收音機一架　國幣一千零五十元正

以上共支宣傳費國幣一萬三千六百四十元正

社會事業補助費項下

七

第三战区伤兵之友社福州支社二十八年九月至三十年七月收支清册

(1941年7月31日)b面　G133-003-0026

一、撥付三民主義青年團閩侯分團　國幣六千五百元正
一、撥付福州警備區民衆政訓委員會　國幣九百元正
一、津貼福州警備司令部動員民衆幹部訓練班同學通訊處六七月份經費　國幣四百元正

以上共支社會事業補助費國幣七千八百元正

以上四項合支事業費國幣八萬八千二百五十二元三角六分正

乙、經常費

經常費項下

一、二十八年九月份經常費用　國幣二百六十七元一角四分正
一、二十八年十月份經常費用　國幣四百一十八元六角正
一、二十八年十一月份經常費用　國幣三百六十八元二角八分正
一、二十八年十二月份經常費用　國幣四百零四元五角九分正
一、二十九年一月份經常費用　國幣四百三十七元零七分正
一、二十九年二月份經常費用　國幣四百零八元零三分正
一、二十九年三月份經常費用　國幣四百一十七元六角六分正
一、二十九年四月份經常費用　國幣四百四十一元三角六分正
一、二十九年五月份經常費用　國幣四百六十七元五角正
一、二十九年六月份經常費用　國幣四百三十三元五角三分正
一、二十九年七月份經常費用　國幣四百三十八元一角七分正

八

第三战区伤兵之友社福州支社二十八年九月至三十年七月收支清册
(1941年7月31日)a面　G133-003-0026

256

一、二十九年八月份經常費用　國幣四百三十元零五角五分正

一、二十九年九月份經常費用　國幣四百一十二元八角六分正

一、二十九年十月份經常費用　國幣四百零八元九角三分正

一、二十九年十一月份經常費用　國幣四百九十二元六角九分正

一、二十九年十二月份經常費用　國幣四百四十八元九角四分正

一、三十年一月份經常費用　國幣四百五十元零七角五分正

一、三十年二月份經常費用　國幣四百三十二元四角正

一、三十年三月份經常費用　國幣四百一十八元七角一分正

一、三十年四月份經常費用　國幣四百七十二元二角正

一、三十年五月份經常費用　國幣九百二十八元七角二分正

一、三十年六月份經常費用　國幣八百三十九元八角八分正

一、三十年七月份經常費用　國幣一千一百四十八元四角八分正

一、霞浦分社領開辦經費　國幣二十五元正

以上共支經常費國幣一萬一千三百七十二元零四分正

以上一項共支經常費國幣一萬一千三百七十二元零四分正

丙、特別費

購置費項下

一、開辦費　國幣一百七十七元零八分正

九

第三战区伤兵之友社福州支社二十八年九月至三十年七月收支清册

(1941年7月31日)b面　G133-003-0026

一、遷移社址裝修費　國幣七百三十二元八角正

一、遷移新社址購置費　國幣六百一十一元三角二分正

一、印刷徵求社員表冊及社徽工料　國幣五百五十五元二角七分正

以上共支購置費國幣二千零七十六元四角七分正

津貼費項下

一、員工米洋自二十九年三月計至三十年四月　國幣一千一百七十二元正

一、員工年關特别津貼費　國幣二百二十八元正

一、四月份津貼員工購米伙食等費　國幣二百五十八元九角正

以上共支津貼費國幣一千六百五十四元九角正

疏散費項下

一、福州淪陷員工三十五人退南平沿途旅費　國幣七百七十元正

一、福州淪陷員工三十五人退南平沿途膳宿費　國幣八百零六元七角八分正

一、沿途運工燭光等雜費　國幣一百三十六元四角三分正

以上共支國幣一千七百一十三元二角一分正

遣散費項下

一、發給本支社職員兵友半週刊社職員宣慰工作團團員戰地工作隊隊員工友等計四十七人共支　國幣三千九百三十元正

以上共支遣散費國幣三千九百三十元正

一〇

第三战区伤兵之友社福州支社二十八年九月至三十年七月收支清册
(1941年7月31日)a面　G133-003-0026

結束費項下

一、辦理結束郵電伙食旅社紙張等費共支　國幣三百五十七元二角四分正

一、財務徵信錄印刷及廣告等費　國幣一百八十元正

以上共支結束費國幣五百三十七元二角四分正

其他項下

一、元旦聚餐及贈聯青社扶輪社銀盾等費　國幣一百六十七元七角正

一、存保管委員王梅惠餘尾　國幣一十九元三角三分正

一、福州郵局信箱押金　國幣五元正

一、發給疏散在延員工醫藥費　國幣四百六十九元四角正

一、戰地工作隊借檢收理費　國幣七十元正

以上共支其他費用國幣七百三十一元四角三分正

附注：保管委員王梅惠係閩侯縣商會主席因案羈獄餘款未能繳社

以上六項共支特別費國幣一萬零六百四十三元二角五分正

以上收支兩抵

附本社宣慰工作團收支清册

收入之部

一、總務組撥來開辦費　國幣一千元正

二

第三战区伤兵之友社福州支社二十八年九月至三十年七月收支清册

（1941年7月31日）b面　G133-003-0026

一、總務組撥來經常費籌備金　國幣二百元正

一、總務組撥來經常費預備金　國幣四千元正

一、總務組撥來巡迴工作購置費　國幣一千元正

一、閩江輪船公司樂捐二十九年九月份至三十年三月份本團經常費　國幣三百五十元正

一、本團籌募基金公演淨得券資　國幣三千八百九十元正

一、本團存款利息　國幣一十九元三角六分正

以上共收國幣一萬零四百五十九元三角六分正

支出之部

一、開辦購置費　國幣一千元正

一、演出費　國幣二百六十元正

一、巡迴工作購置費　國幣一千三百四十二元零三分正

一、團員疏散津貼費　國幣二百六十元正

一、團員食米特別津貼費　國幣二百三十七元九角七分正

一、廿九年七八九十月份經常費　國幣四百五十元正

一、十一月份經常費　國幣四百三十元零五角六分正

一、十二月份經常費　國幣四百五十六元八角九分正

一、三十年一月份經常費　國幣四百五十九元正

一、二月份經常費　國幣三百三十三元三角五分正

一、三月份經常費　國幣五百七十元零二角正

第三战区伤兵之友社福州支社二十八年九月至三十年七月收支清册

(1941年7月31日)a面　G133-003-0026

258

一、四月份經常費　國幣五百五十元正

一、餘款繳總務組　國幣四千一百零九元三角六分正

以上共支國幣一萬零四百五十元三角六分正

以上收支兩抵

附記：

（一）本支社所有特別徵募，均係奉　令或社會委員會通過。

（二）團體社員個人社員自動捐獻，均經隨時逐條登報公佈。

（三）本支社所有收入均由徵募組送交基金保管委員會保管，存放銀行。總務組如有動支，須經社長及基金保管委員會主任委員會同簽蓋提款。

（四）本支社所有經常特別支出，按月均編造支出計算書連同單據，送財務稽核委員會審核提社務委員會通過核銷。

一三

第三战区伤兵之友社福州支社二十八年九月至三十年七月收支清册

（1941年7月31日）b面　G133-003-0026

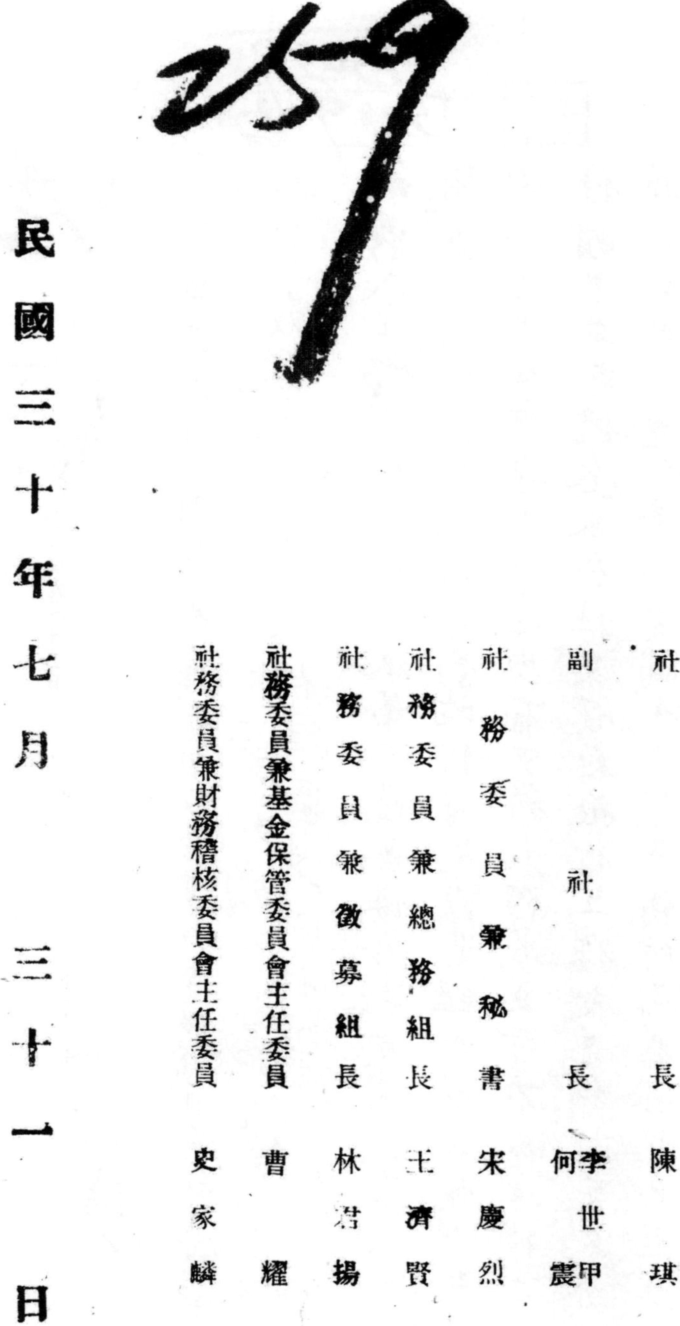

社長 陳琪

副社長 李世甲 何震

社務委員兼秘書 宋慶烈

社務委員兼總務組長 王濟賢

社務委員兼徵募組長 林君揚

社務委員兼基金保管委員會主任委員 曹耀

社務委員兼財務稽核委員會主任委員 史家麟

民國三十年七月三十一日

第三战区伤兵之友社福州支社二十八年九月至三十年七月收支清册

（1941年7月31日） G133-003-0026

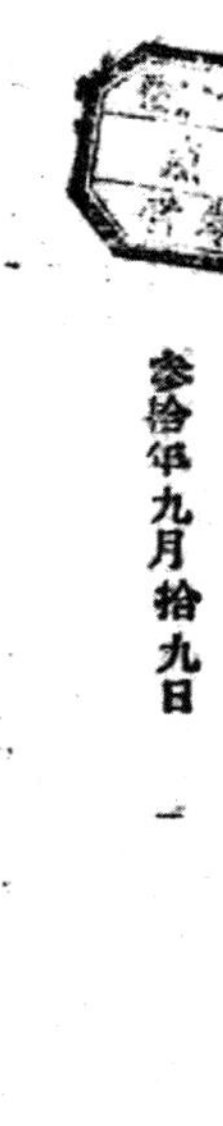
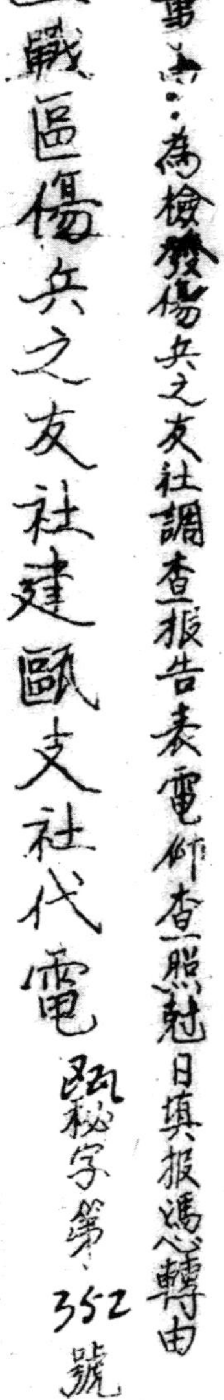

事由：为检发伤兵之友社调查报告表电仰查照尅日填报凭以转由

第三战区伤兵之友社建瓯支社代电　瓯秘字第352号

福鼎分社郑社长勋鉴：案奉第三战区伤兵之友总社真代电略开「查各支分社迭因战事影响稍有变动，业经予以重加调整」电知照在案。惟查各分社尚有少数未经成立，亦有成立后工作停顿者，兹为健全各分社及便利推行工作起见，特订定各分社调查表式一种，电请切实调查具报，并将所属各分社已成立者力求健全，未成立者迅予成立，以利工作。除分电外，特此电达，即希办理见复为荷等因，附调查表式一份。奉此，自应遵办。除分电外

第三战区伤兵之友社建瓯支社关于检发伤兵之友社调查报告表克日填报凭转的代电

（1941年8月31日）a面　G133-003-0026

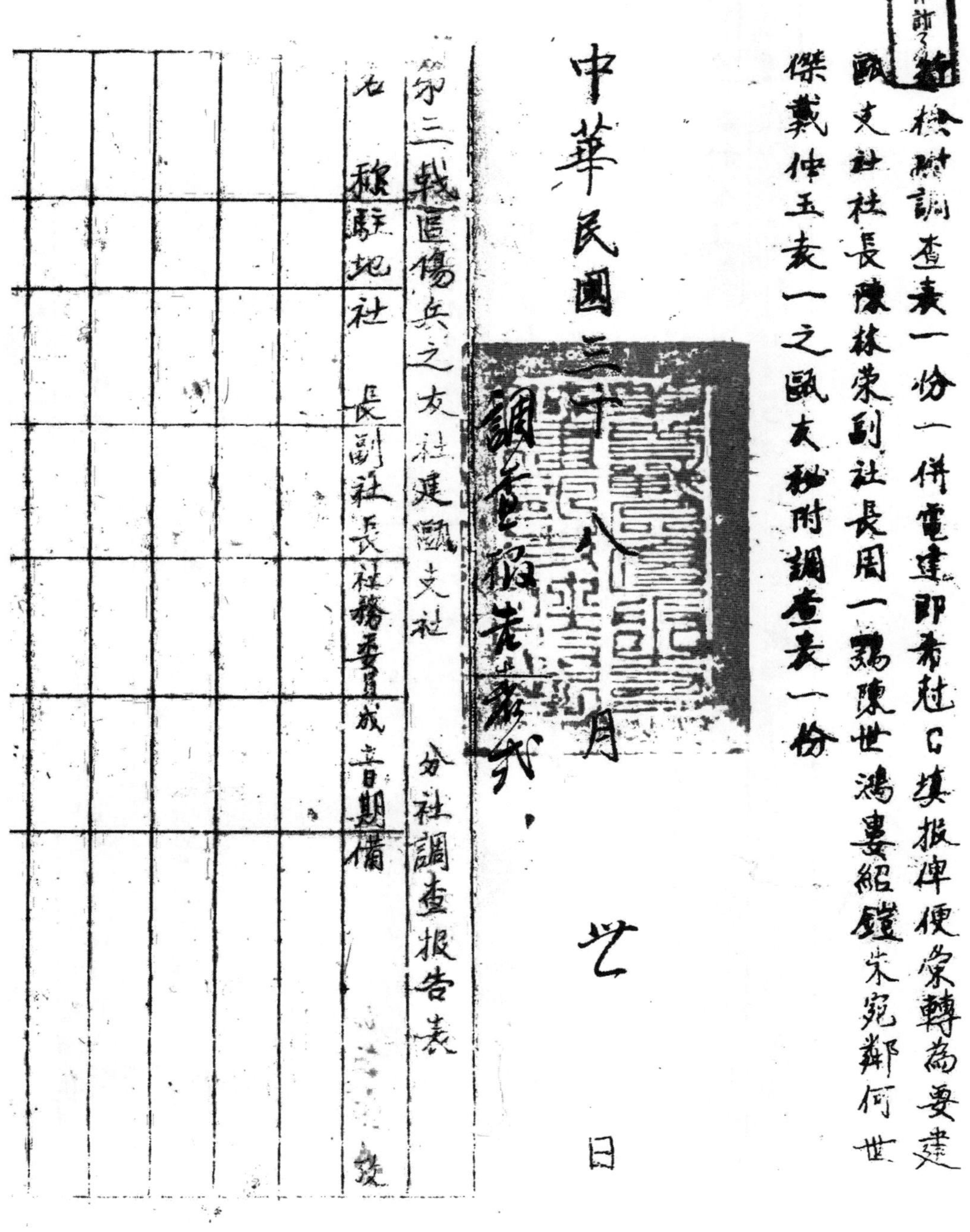
檢附調查表一份一併電達即希剋日填報俾便彙轉為要建

甌支社社長陳林棠副社長周一鶚陳世鴻婁紹鐘宋宛鄭何世

傑戴仲玉表一之甌支秘附調查表一份

中華民國三十　八月　卅　日

第三戰區傷兵之友社建甌支社　分社調查報告表

名稱	縣地址	社長	副社長	社務委員	成立日期	備考

第三战区伤兵之友社建瓯支社关于检发伤兵之友社调查报告表克日填报凭转的代电

(1941年8月31日)b面　G133-003-0026

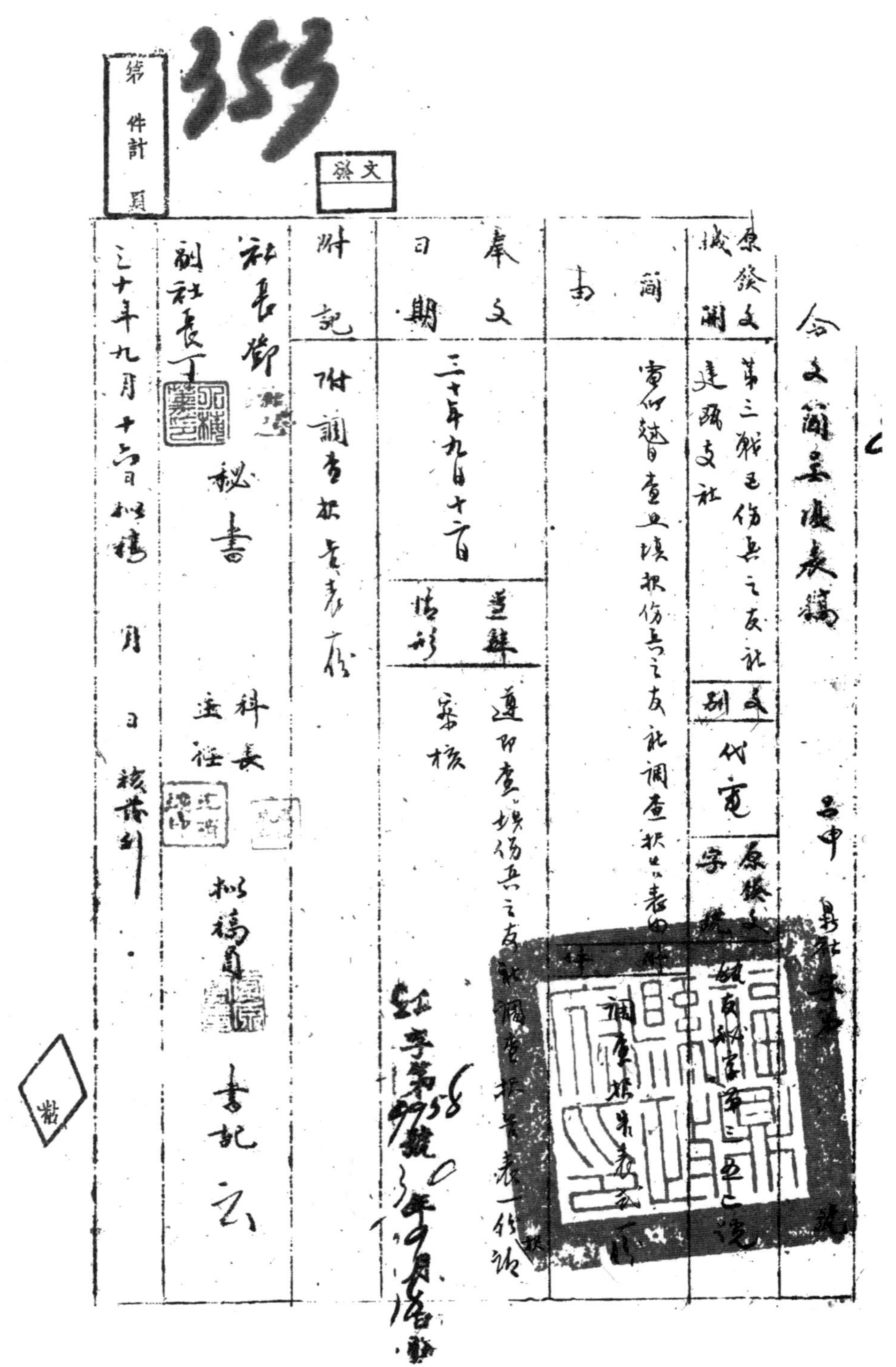

令文简呈复表稿

原发文机关	第三战区伤兵之友社建瓯支社
文别	代电
事由	电仰遵照查填伤兵之友社调查报告表由
奉文日期	三十年九月十六日
遵办情形	遵即查填伤兵之友社调查报告表一份
附记	附调查报告表一份

社长 邓　副社长 丁　秘书　科长　拟稿员　书记

三十年九月十六日拟稿　月　日核发

令文简便呈复表：第三战区伤兵之友社建瓯支社福鼎分社查填伤兵之友社调查报告表

（1941 年 9 月 16 日）　G133-003-0026

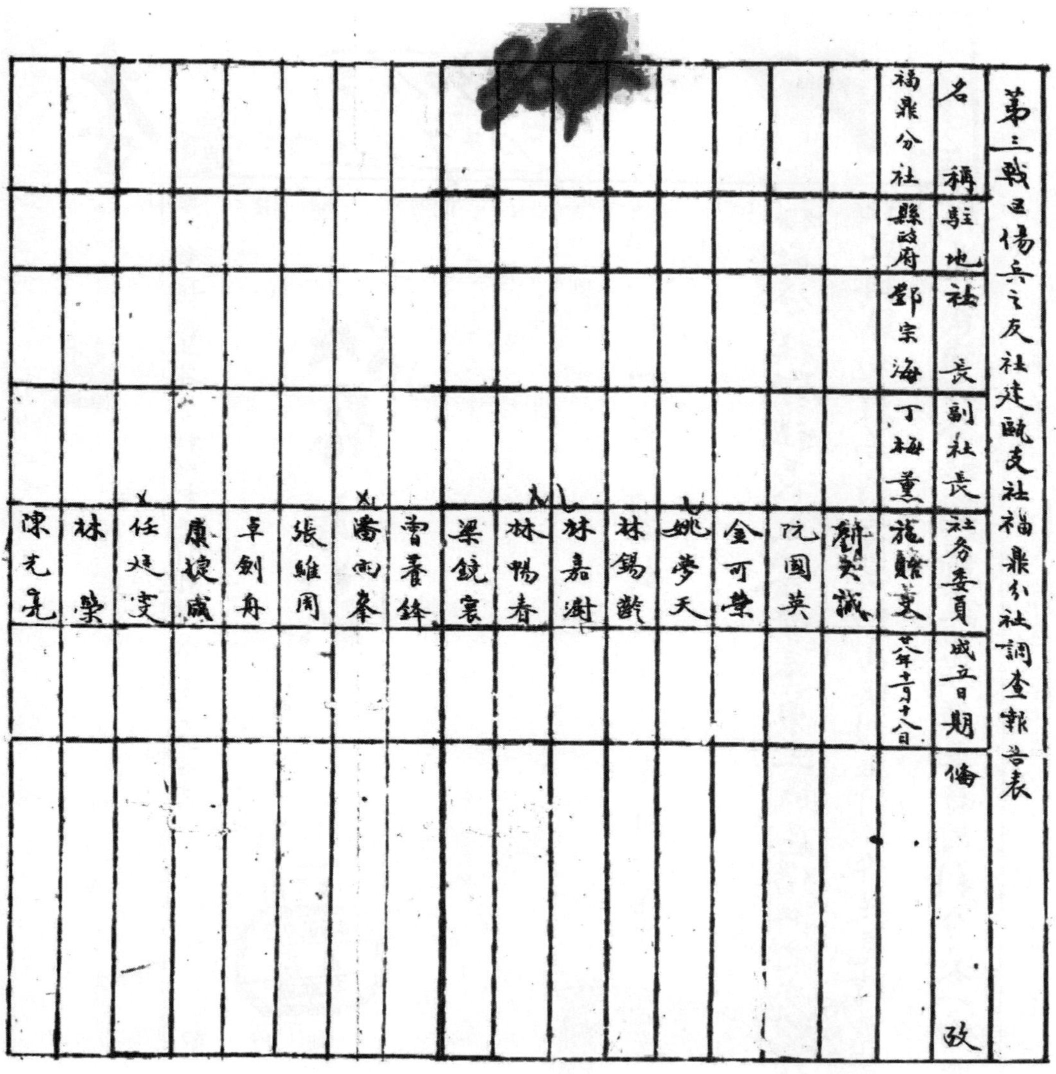

第三戰區傷兵之友社建甌支社福鼎分社調查報告表

名稱	駐地	社長	副社長	社務委員	成立日期	備攷
福鼎分社	縣政府	鄧宗海	丁梅薰	施贍支、劉英誠、阮國英、金可榮、姚夢天、林錫齡、林嘉澍、林暢春、梁銳宸、曾養鋒、潘雨峯、張維周、卓劍舟、康懷誠、任廷燮、林榮、陳先亮	廿八年十二月十八日	

附件：第三战区伤兵之友社建瓯支社福鼎分社调查报告表

（1941年9月18日） G133-003-0026

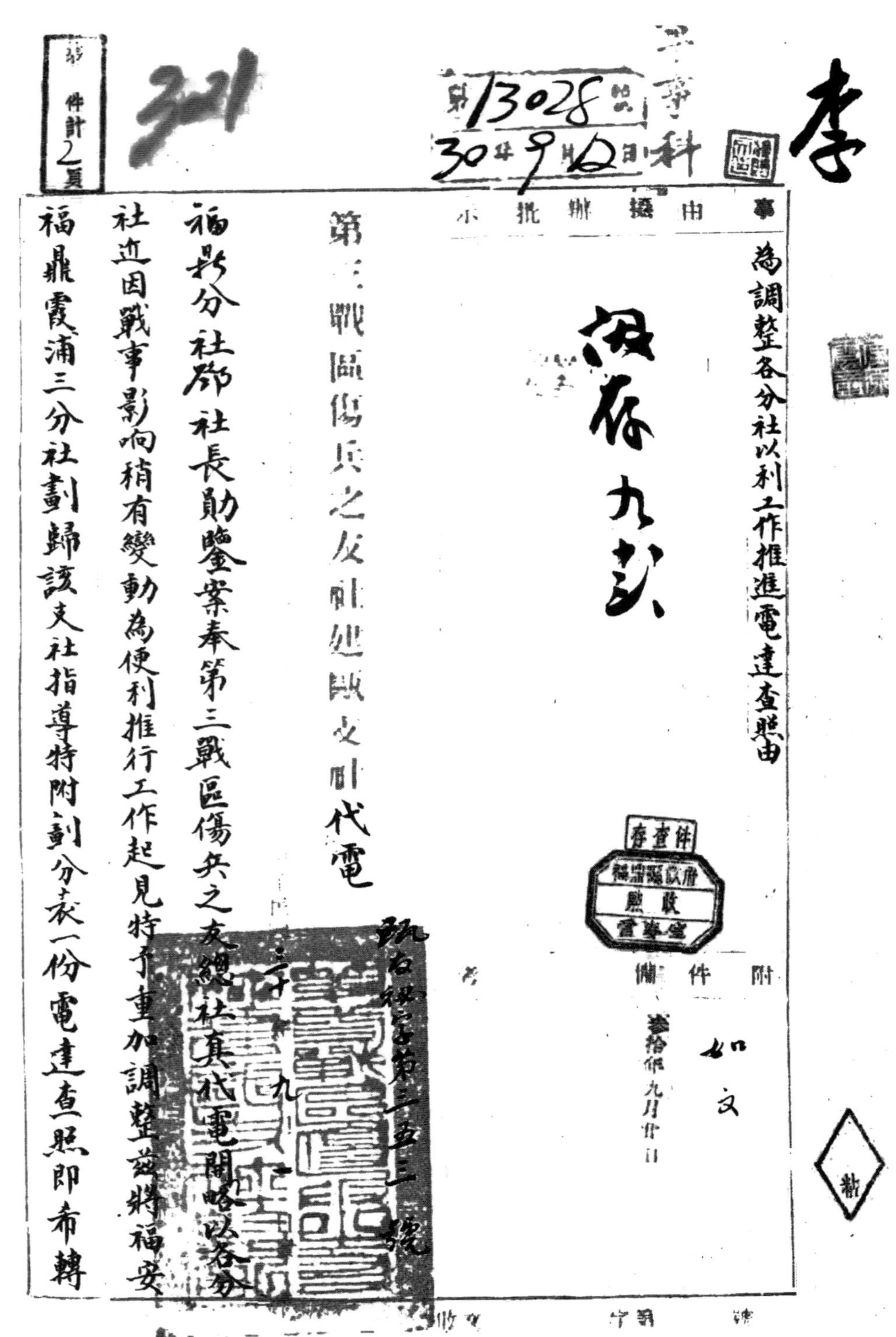

為調整各分社以利工作推進電達查照由

閱存

第三戰區傷兵之友社建甌支社代電

甌台秘字第一五三號

福安分社鄧社長勛鑒案奉第三戰區傷兵之友總社真代電開略以各分社近因戰事影响稍有變動為便利推行工作起見特予重加調整茲將福安福鼎霞浦三分社劃歸該支社指導特附劃分表一份電達查照即希轉

附件　如文

第三战区伤兵之友社建瓯支社关于调整福安、福鼎、霞浦三分社划归建瓯支社指导以利工作推进的代电(1941 年 9 月 1 日)a 面　G133-003-0026

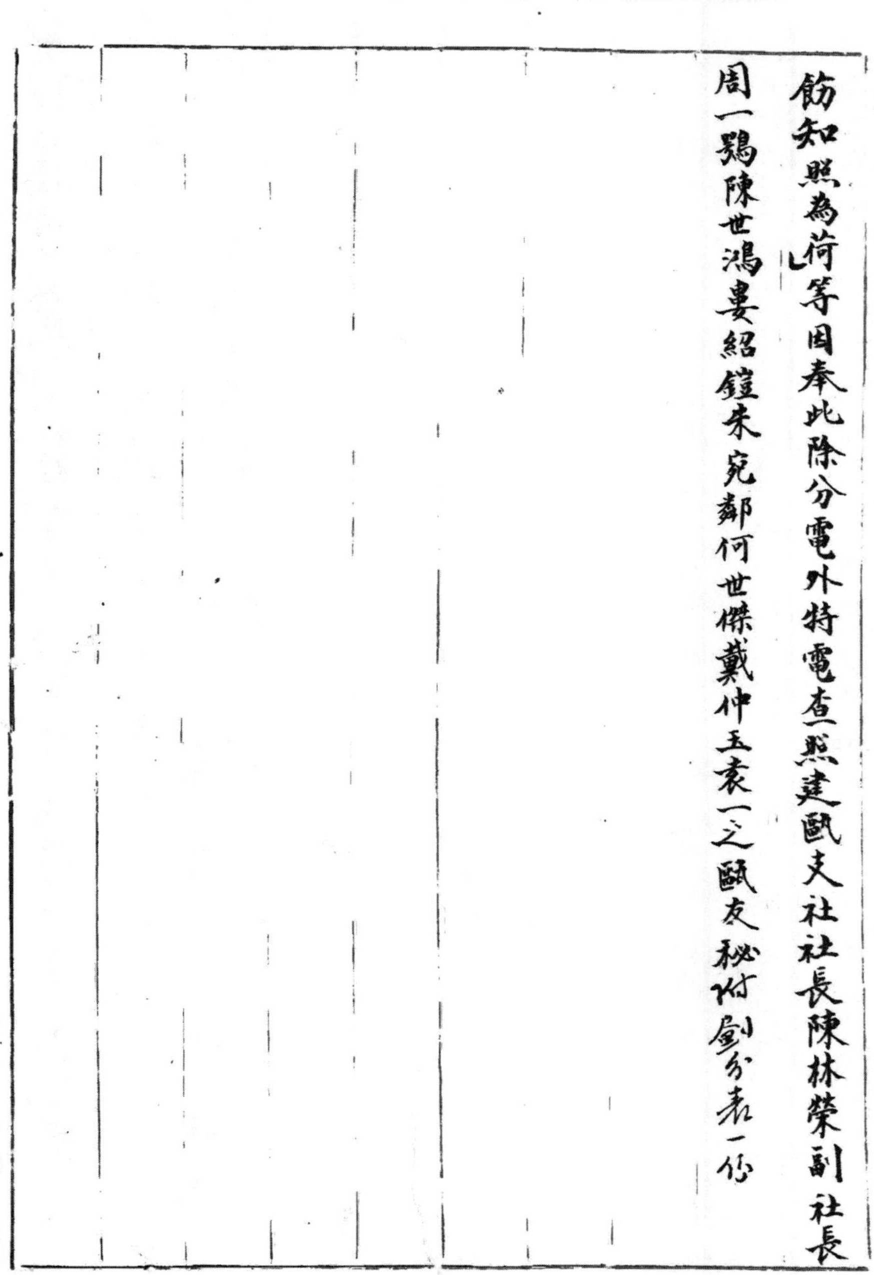

飭知照為荷等因奉此除分電外特電查照建甌支社社長陳林榮副社長
周一鶚陳世鴻婁紹鏜朱宛鄭何世傑戴仲玉表一之甌友秘附劃分表一份

第三战区伤兵之友社建瓯支社关于调整福安、福鼎、霞浦三分社划归建瓯支社指导以利工作推进的代电(1941 年 9 月 1 日)b 面　G133-003-0026

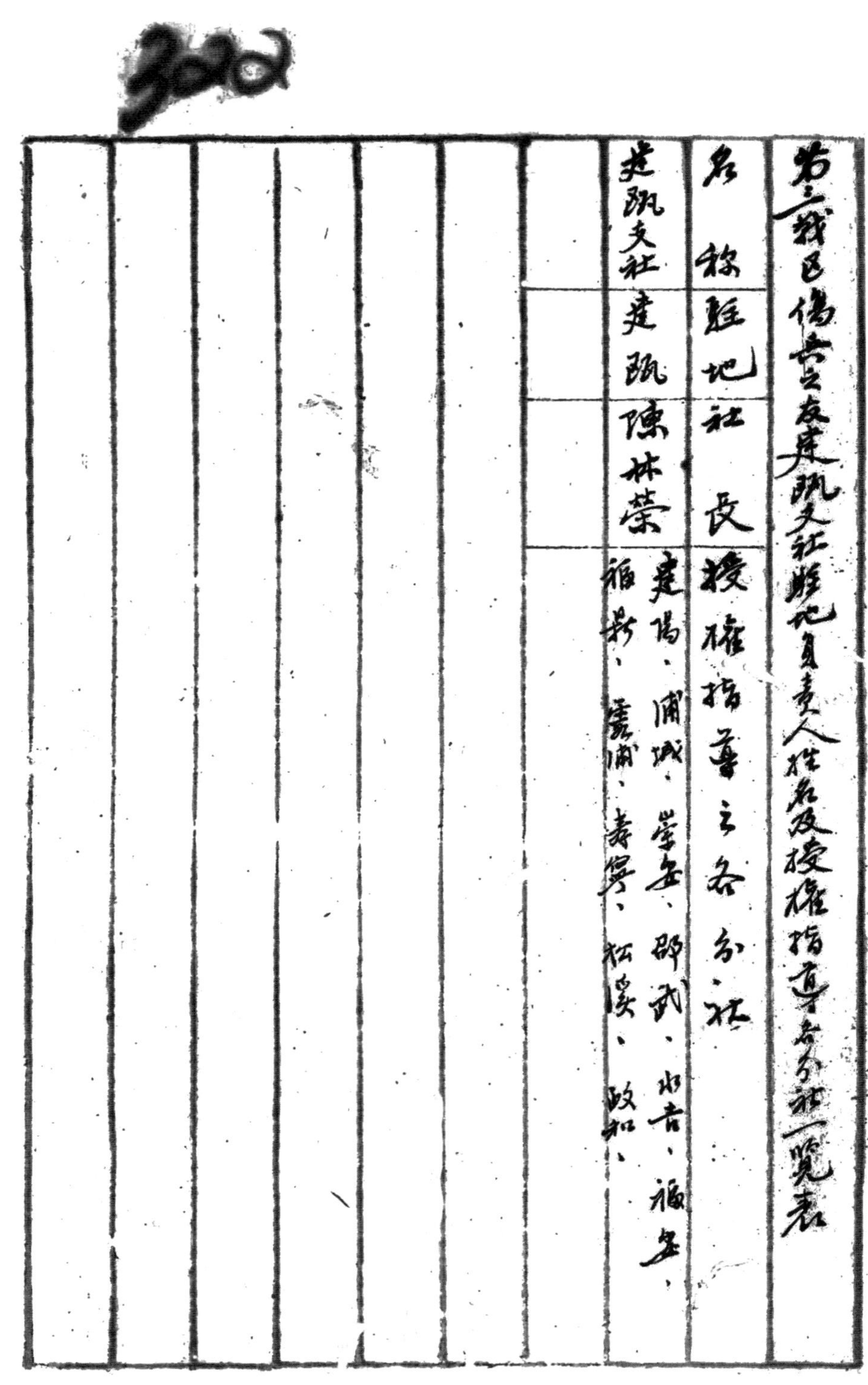

第三戰區傷兵之友建甌支社駐地負責人姓名及授權指導各分社一覽表

名稱	駐地	社長	授權指導之各分社
建甌支社	建甌	陳林榮	建陽、浦城、崇安、邵武、水吉、福安、福鼎、霞浦、壽寧、松溪、政和、

附件：第三战区伤兵之友社建瓯支社驻地负责人姓名及授权指导各分社一览表

（1941 年 9 月 1 日）　G133-003-0026

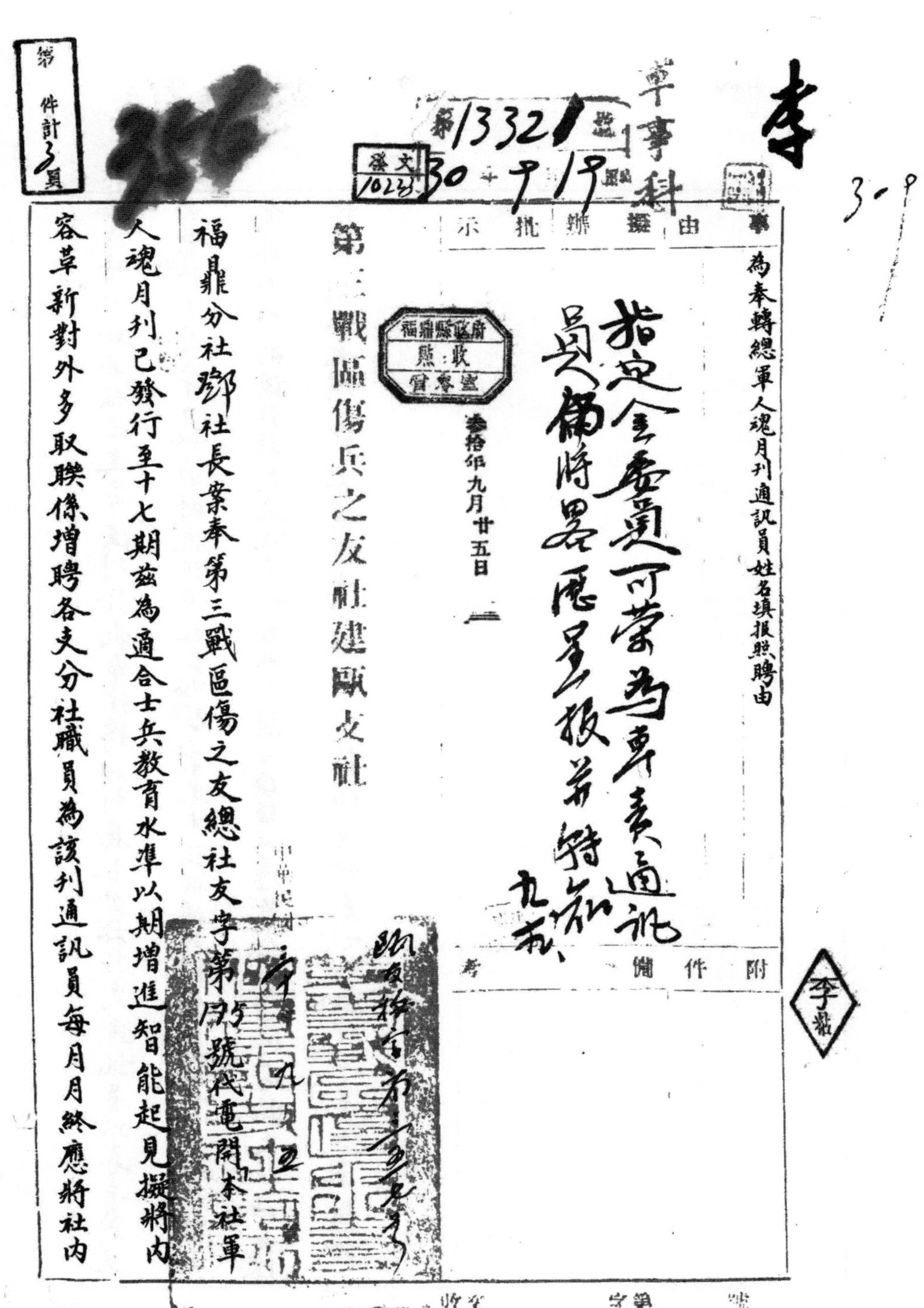

第三战区伤兵之友社建瓯支社关于各分社指定《军人魂》月刊通讯员姓名略历克日填报的代电
(1941年9月1日)a面　G133-003-0027

工作情形編具報告逕寄該刊發表希即轉知所屬各分社指定通訊員以專責成並由貴社於本月二十日以前將通訊員姓名略歷彙送本社俾便照聘為荷等因奉此除分電外希即將該社指定通訊員姓名略歷尅日填報以憑彙轉為荷建甌支社社長陳林榮副社長周一鶚婁紹鎧陳世鴻朱宛鄰何世傑袁一之戴仲玉（東）甌友秘印

第三战区伤兵之友社建瓯支社关于各分社指定《军人魂》月刊通讯员姓名略历克日填报的代电

（1941年9月1日）b面　G133-003-0027

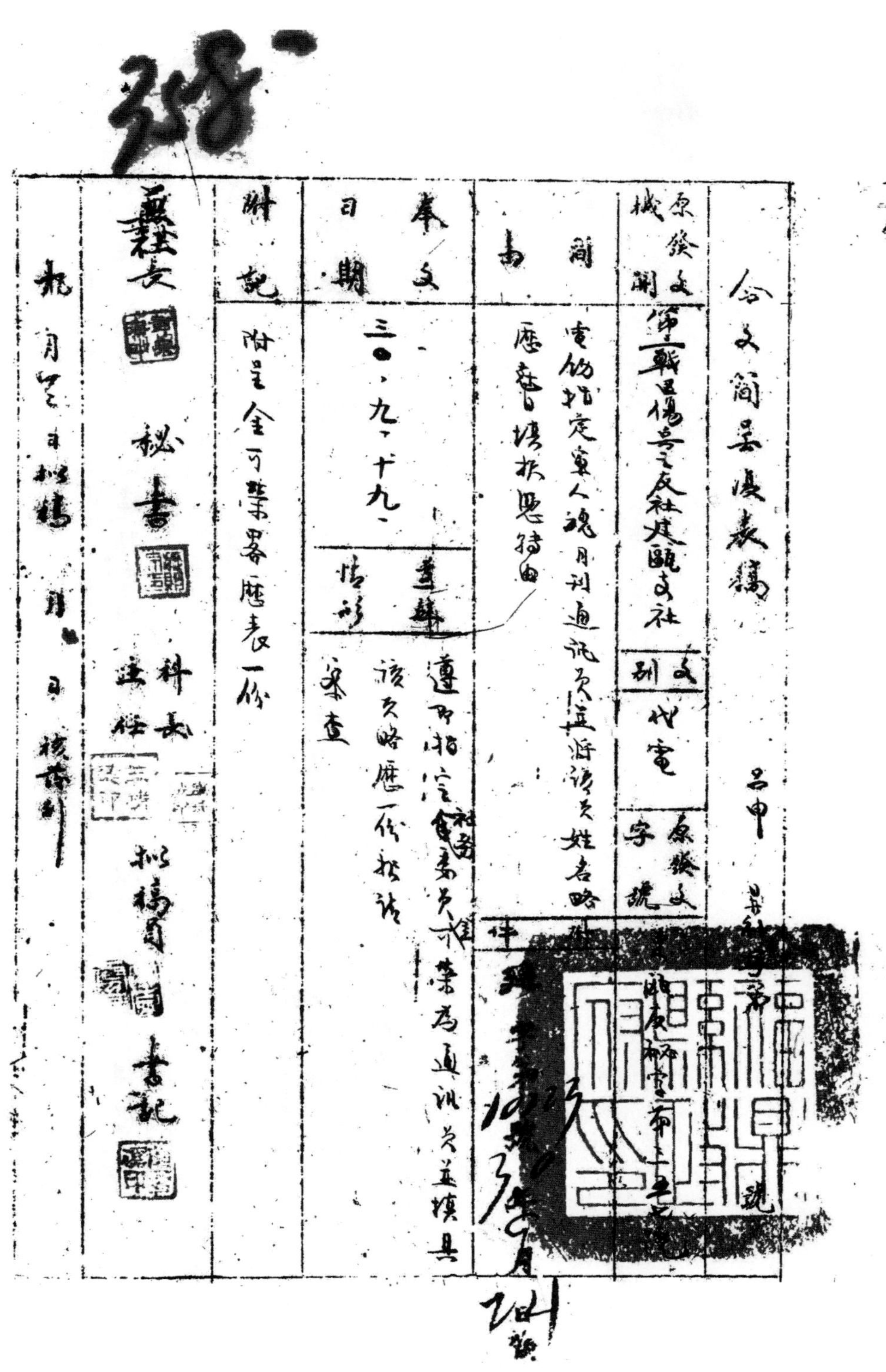
令文簡呈復表稿

呈申 第 號

原發文機關	第三戰區傷兵之友社建甌支社
文別	代電
原發文字號	
簡由	電飭指定軍人魂月刊通訊員並將該員姓名略歷查填報由
奉文日期	三〇、九、十九
辦理情形	遵即指定社務委員金可榮為通訊員並填具該員略歷一份報請鑒查
附記	附呈金可榮略歷表一份

社長 秘書 科長 主任 擬稿員 書記

令文简便呈复表：第三战区伤兵之友社建瓯支社福鼎分社关于指定社务委员金可荣为《军人魂》月刊通讯员并填报履历表（1941年9月24日） G133-003-0027

第三战区伤兵之友社建瓯支社福鼎分社军人魂月通讯员履历表

职别	姓名	年龄	籍贯	住址	略历	备考
社务委员	金可荣	三七	霞浦	现住福鼎县政府	曾任福建省立建瓯中学训育主任霞浦县政府秘书福鼎县政府兵役股主任	

附件：第三战区伤兵之友社建瓯支社福鼎分社《军人魂》通讯员履历表

（1941 年 9 月） G133-003-0027

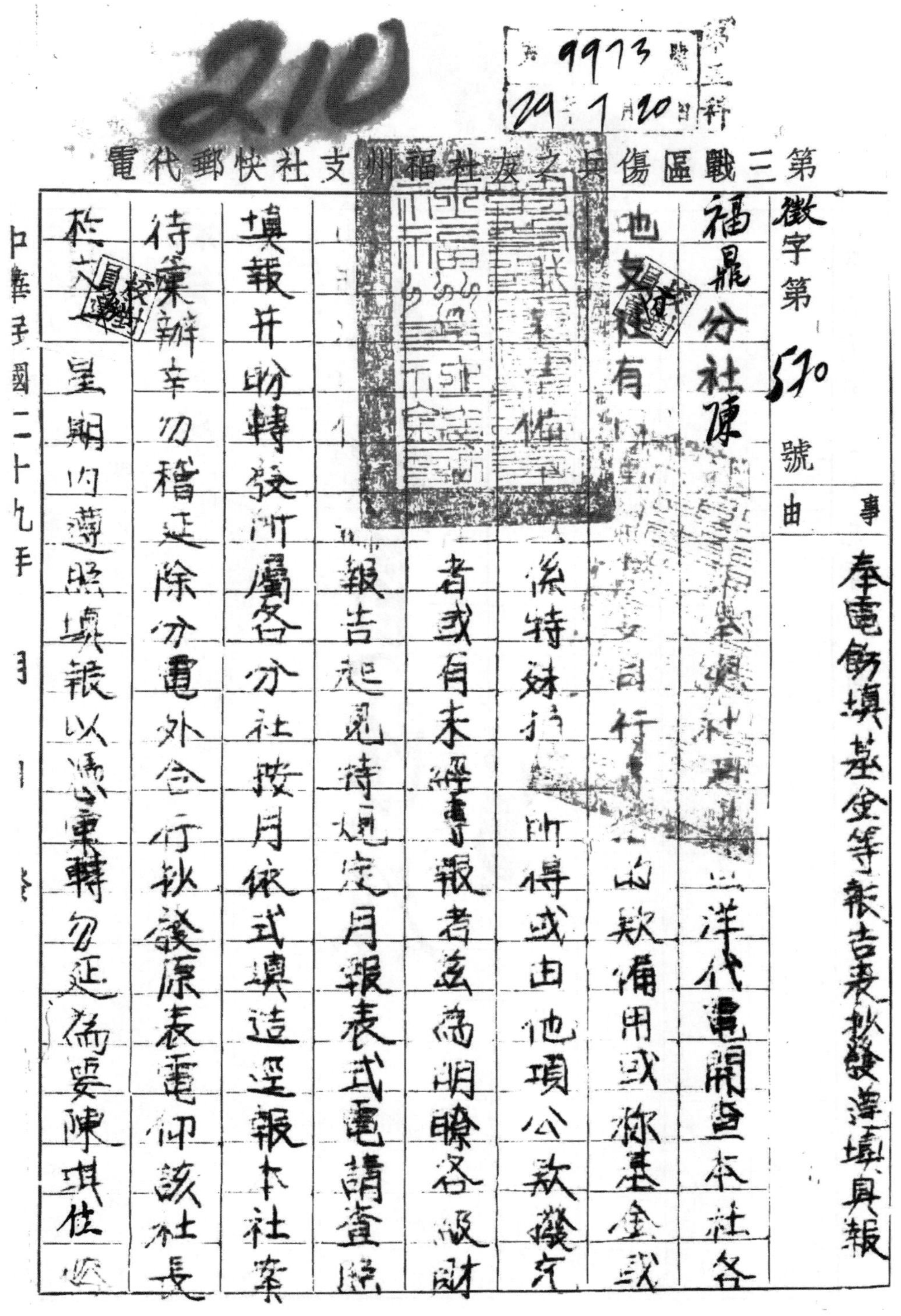

第三戰區傷兵之友社福州支社快郵代電

徵字第570號

事由：奉電飭填基金等報告表抄發準填具報

福鼎分社陳[illegible]：[illegible]洋代電開：查本社各也支社有[illegible]收入款備用或亦基金或係特殊捐[illegible]所得或由他項公款撥充者，或有未經專報者，兹為明瞭各級財[illegible]報告起見，特規定月報表式電請查照填報，并盼轉發所屬各分社按月依式填造逕報本社，案待彙辦，幸勿稽延。除分電外，合行抄發原表，電仰該社長於文到[illegible]星期內遵照填報，以憑彙轉，勿延為要。陳琪佐[illegible]

中華民國二十九年　月　日

第三战区伤兵之友社福州支社关于奉令限期填报基金等报告表的快邮代电

（1940年7月9日）　G133-003-0025

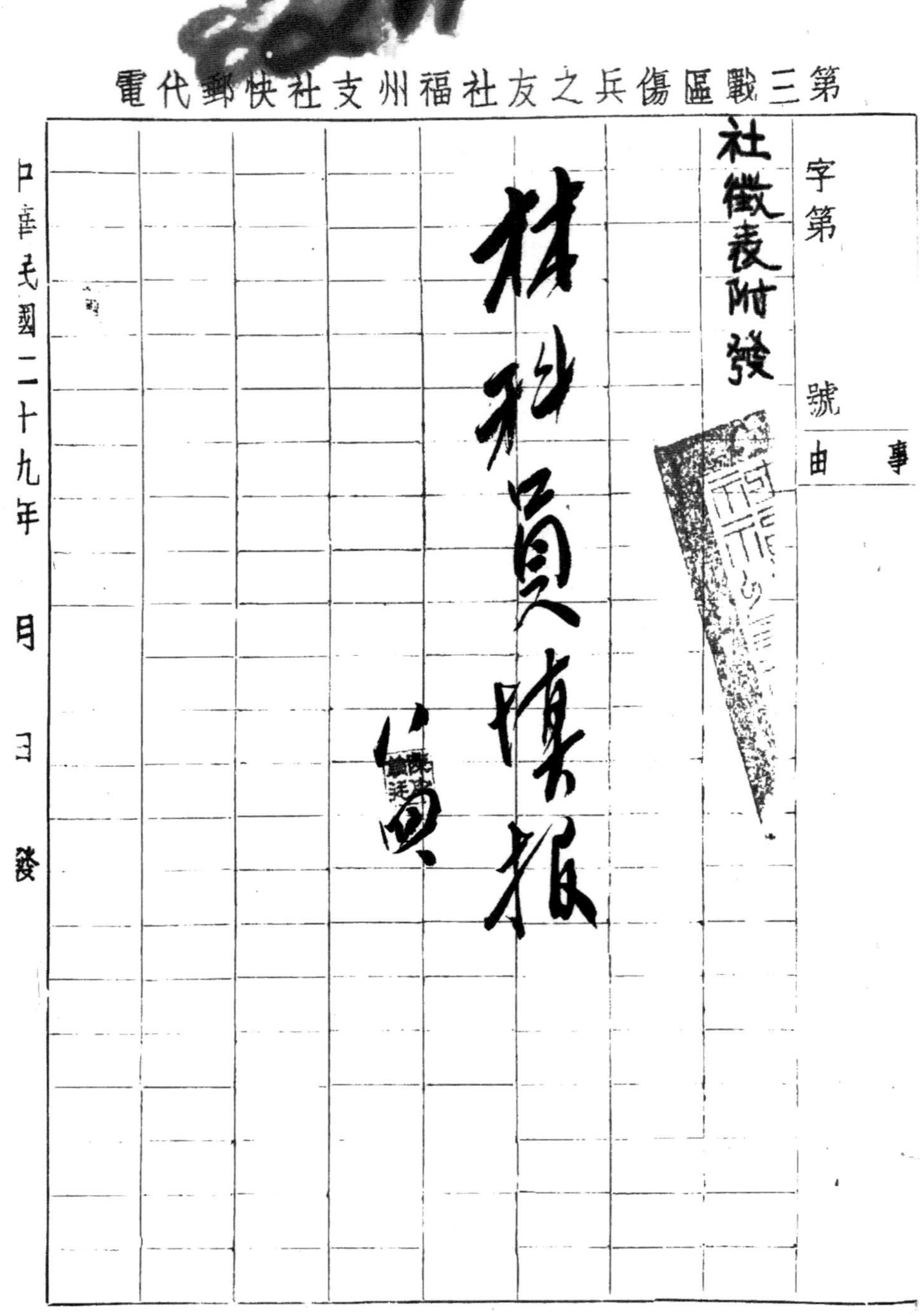
第三戰區傷兵之友社福州支社快郵代電

字第　號

事由

社徵表附發

林社員填报

黄

中華民國二十九年　月　日發

第三战区伤兵之友社福州支社关于奉令限期填报基金等报告表的快邮代电

（1940 年 7 月 9 日） G133-003-0025

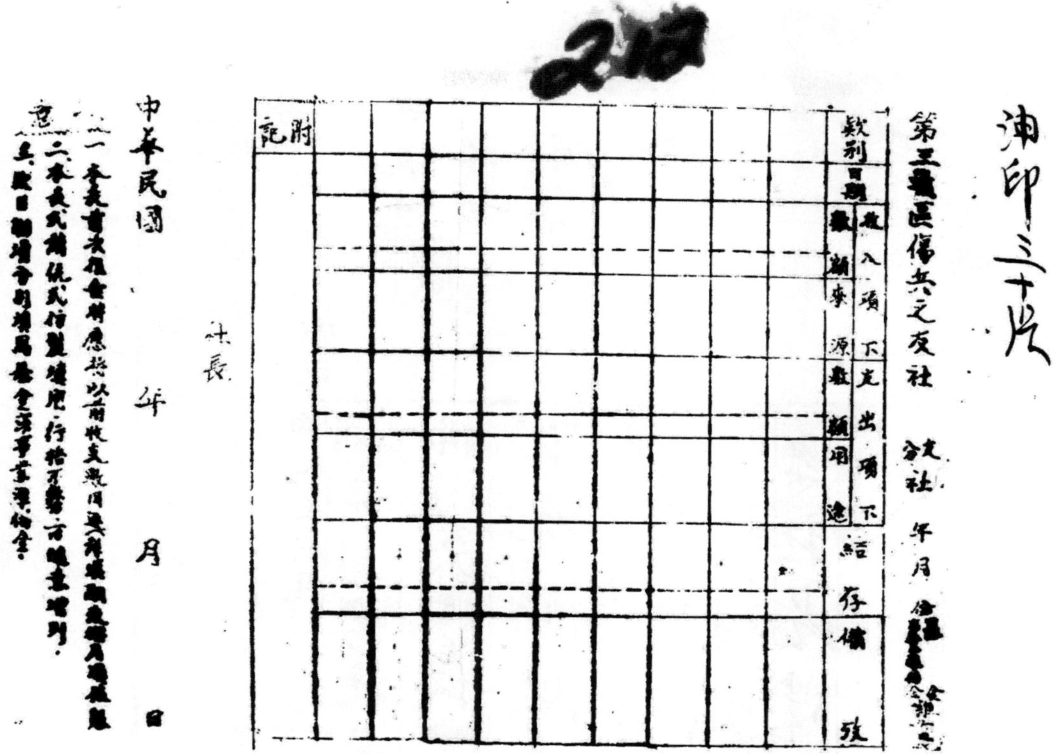

油印三十份

第三战区伤兵之友社　支/分社　年月份基金/事业准备金报告表

款别日期	收入项下 款数	收入项下 来源	支出项下 数额	支出项下 用途	结存	备考

附记

社长

中华民国　年　月　日

注意：一、本表首次报告时应将以前收支数目[illegible]

二、本表式[illegible]

附件：第三战区伤兵之友社××分/支社××年××月份基金/事业准备金报告表(式样)

(1940 年 7 月 9 日)　G133-003-0025

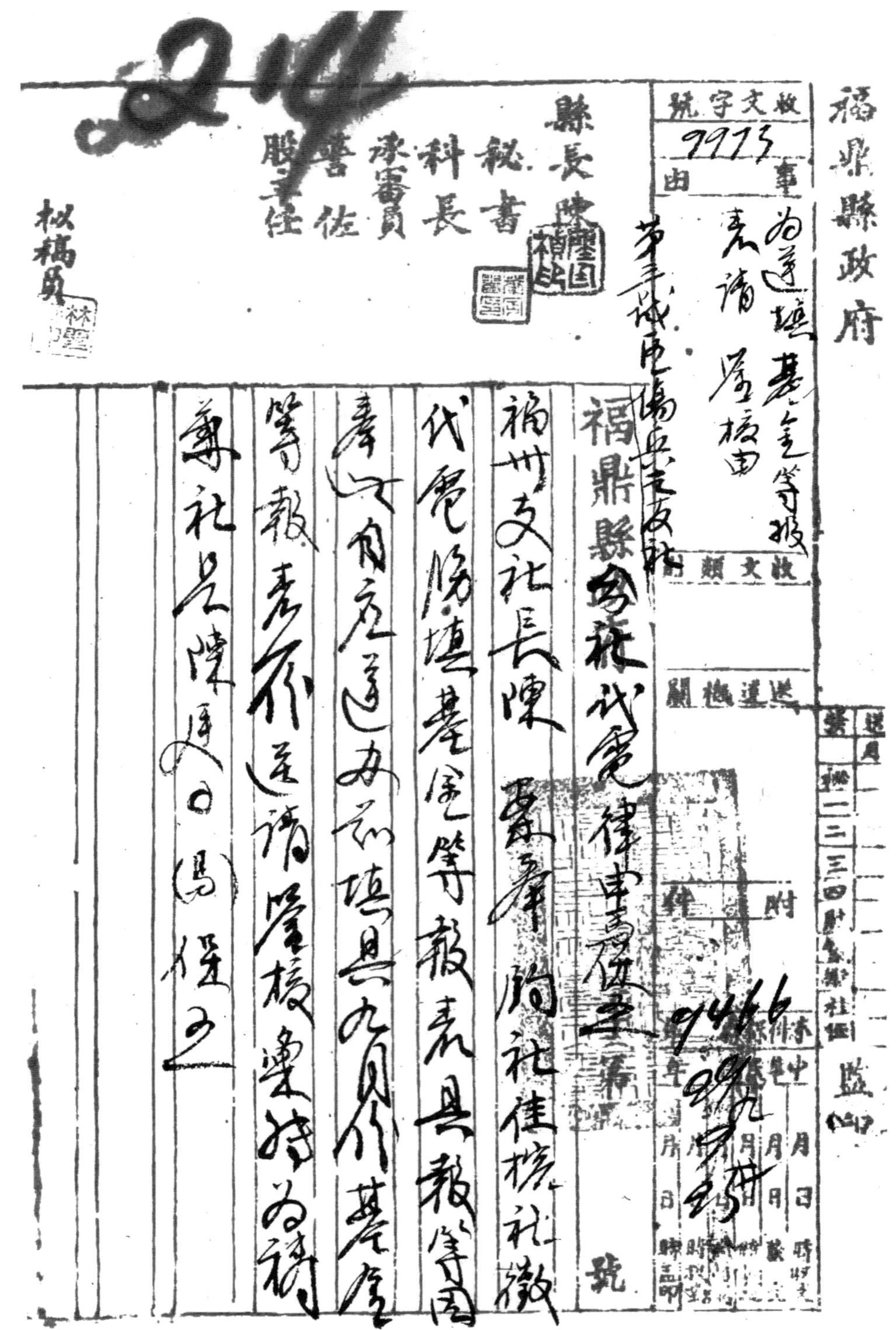
福鼎縣政府

收文字號 9973

事由 為送填基金等報表請鑒核由

第三戰區傷兵之友社

縣長陳

秘書

科長

審核員

承審員

科員

股主任

擬稿員

福鼎縣分社代電 律中字第 號

福州支社長陳鈞鑒：奉鈞社佳核社徵代電飭填基金等報表具報等因，奉此，自應遵如所填具九月份基金等報表備送，請鑒核彙轉為禱。

福鼎分社長陳□叩（馬）。

收文類別

送達機關

附件

監印

第三战区伤兵之友社福州支社福鼎分社关于填送基金等报表的代电

（1940 年 9 月 21 日） G133-003-0025

第三戰區傷兵之友社福鼎縣分社二十九年九月份基金/事業準備金報告表

款別	日期	收入項下數額	來源	支出項下數額	用途	結存	備攷
事業準備金	九月三日	三八〇〇	演劇費用餘款	三八〇〇	慰勞費		
入社金	九月二日	一七二〇〇	普通社員及團体社員捐納	一兩四〇〇	備辦公事	五八〇〇	寄存社福州支社傷兵之友社金
附記							

中華民國二十九年九月十九日

社長陳庭

附件:第三战区伤兵之友社福州支社福鼎分社二十九年九月份基金/事业准备金报告表

(1940年9月19日) G133-003-0025

(四)杂项

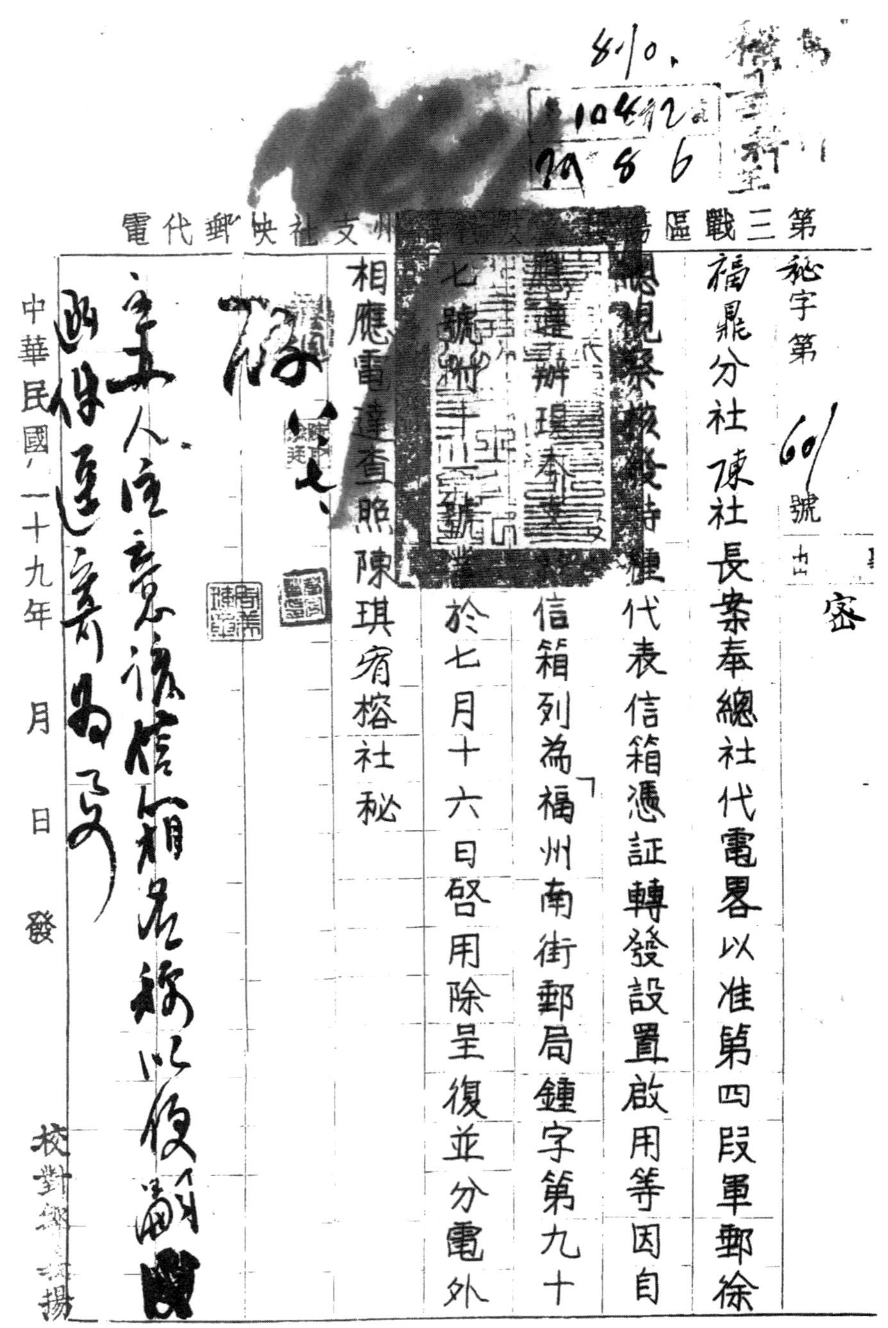
第三戰區傷兵之友社福州支社快郵代電

秘字第601號

福鼎分社陳社長案奉總社代電畧以准第四段軍郵徐
總視察啟發特種代表信箱憑証轉發設置啟用等因自
應遵辦現本支社特種代表信箱列為福州南街郵局鍾字第九十
七號附十一號於七月十六日啓用除呈復並分電外
相應電達查照陳琪宥榕社秘

中華民國二十九年 月 日發

第三战区伤兵之友社福州支社关于本支社特种代表信箱"福州南街邮局钟字第九十七号附十一号"已启用的快邮代电(1940年7月26日) G133-003-0025

第三戰區傷兵之友社福州支社快郵代電

總字第一一二四號

事由：電知鍾總社長辭職經准遺缺經聘馮社長劍飛接充由

福鼎分社張社長奉總社世崖友洋代電略以總社鍾社長煥全經准辭職遺缺奉司令長官兼名譽社長顧改聘馮劍飛接充於五月十八日到社視事相應電達查照等因奉此除分電外特電知照支社社長陳琪副社長李世甲代行魚控總

中華民國叁拾年七月廿三日

中華民國三十年七月六日發

第三战区伤兵之友社福州支社关于钟焕全总社长辞职遗缺经聘冯剑飞接任并于五月十八日到社视事的代电(1941年7月6日) G133-003-0026

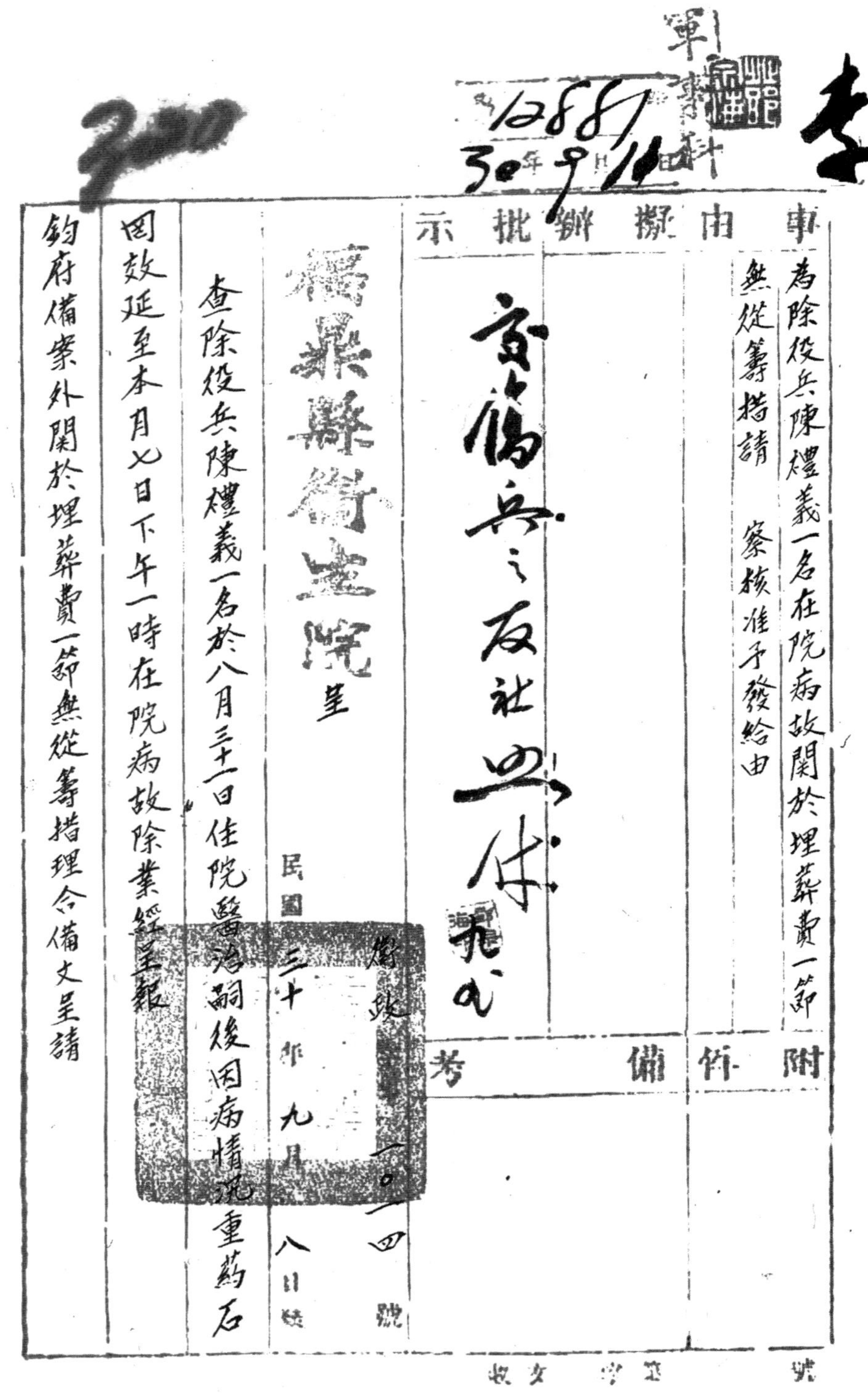

軍事科
12881
30年9月11日

事由：為除役兵陳禮義一名在院病故關於埋葬費一節無從籌措請 察核准予發給由

擬辦

批示：交衛兵之友社照辦

附件

備考

福鼎縣衛生院 呈

民國三十年九月八日 衛政一〇四號

查除役兵陳禮義一名於八月三十一日住院醫治嗣後因病情沉重藥石罔效延至本月七日下午一時在院病故除業經呈報鈞府備案外關於埋葬費一節無從籌措理合備文呈請

福鼎县卫生院关于除役兵陈礼义在院病故请准予发给埋葬费的呈文

(1941 年 9 月 8 日)a 面　G133-003-0026

察核准予發給實爲公便

謹呈

縣長鄭

福鼎縣衛生院院長黄錫楷

黄錫楷印

福鼎县卫生院关于除役兵陈礼义在院病故请准予发给埋葬费的呈文

(1941年9月8日)b面　G133-003-0026

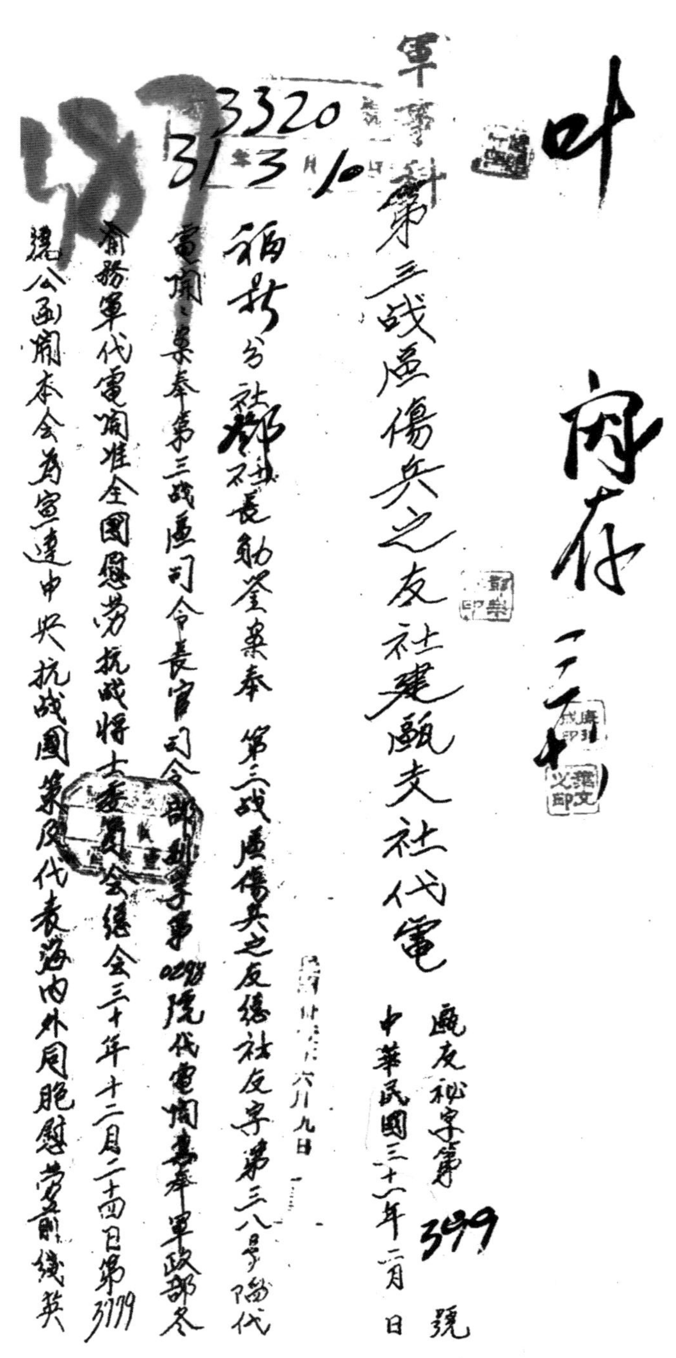
叶
府存
二十一
軍事科
第三戰區傷兵之友社建甌支社代電
甌友秘字第399號
中華民國三十一年二月　日
福新分社鄭社長勛鑒案奉　第三戰區傷兵之友總社友字第三八号冬代
電開案奉第三戰區司令長官司令部政字第0498號代電開案奉軍政部冬
有務軍代電開准全國慰勞抗戰將士委員會總會三十年十二月二十四日第3199
號公函開本會為宣達中央抗戰國策及代表海內外同胞慰勞前線英

第三战区伤兵之友社建瓯支社关于前线将士慰劳团到达当地工作时尽量惠予协助及便利的代电

(1942年2月20日)a面　G133-003-0027

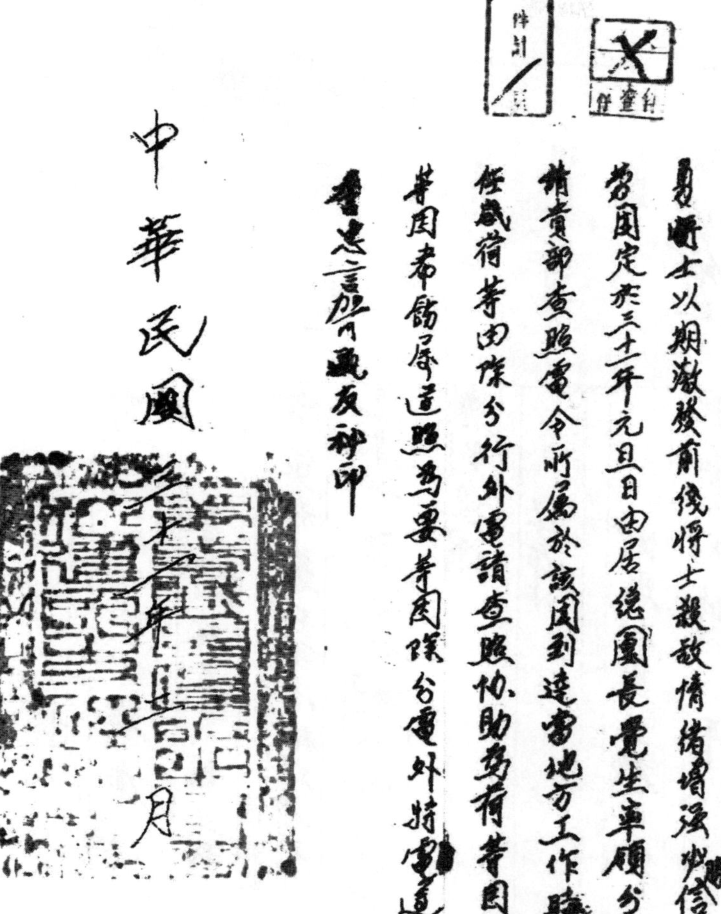

勇將士以期激發前綫將士殺敵情緒增强必勝信念特組織前綫將士慰
勞團定於三十一年元旦日由居總團長覺生率領分五路出發前方慰勞利
請貴部查照電令所屬於該團到達當地方工作時儘量惠予協助及便利並
任感荷等由准分行外電請查照協助為荷等因特電希飭屬遵照為要
等因希飭屬遵照為要等因准分電外特電遵照為要建甌友社之覆
奉忠言加[illegible]甌友社印

中華民國三十一年二月　日

第三战区伤兵之友社建瓯支社关于前线将士慰劳团到达当地工作时尽量惠予协助及便利的代电

(1942年2月20日)b面　G133-003-0027

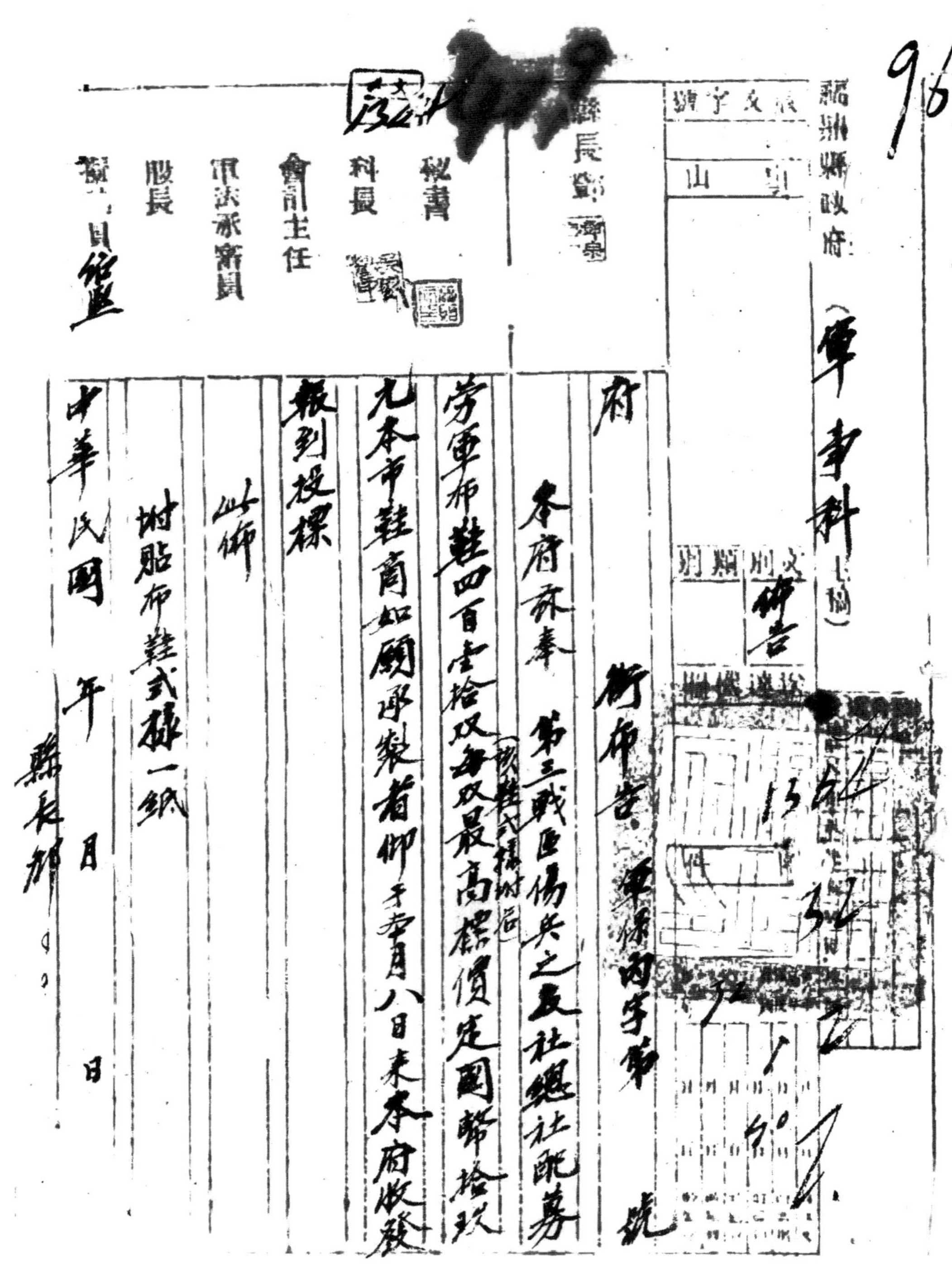
福鼎县政府布告
（军事科）
本府承奉第三战区伤兵之友社总社配募劳军布鞋四百壹拾双（每双最高标价定国币拾玖元）（该鞋式样附后）凡本市鞋商如愿承制者仰于本月八日来本府收发报到投标
此布
附贴布鞋式样一纸
中华民国 年 月 日
县长 胡

福鼎县政府关于劳军布鞋投标的布告(1943 年 2 月 2 日) G133-003-0027

0312
33 1 10

事由：准函抄送傷兵之友社財產保管辦法並希知照

福建省政府訓令 陽亥巧府秘法永三八九四二號

民國卅二年十二月 日

令福鼎縣政府

准

行政院秘書處三十二年十一月十八日仁貳字第二五三八九號函開：

「新生活運動促進總會傷兵之友社總社函送國內外各地傷兵之友社財產保管辦法到院，除分函外，相應檢同原件函達查照」

等由；附件准此。除分行外，合行抄發原辦法一份，令仰知照！

此令。

計抄發國內外各地傷兵之友社財產保管辦法一份。

主席 劉建緒

福建省政府关于抄送国内外伤兵之友社财产保管办法并知照的训令

（1943 年 12 月 18 日） G133-003-0027

国内外各地伤兵之友社财产保管办法

一、兹为慎重国内外各地伤兵之友社（以下简称各地伤友社）财产保管起见，特订定本办法

二、凡国内各地伤友社发动劝捐征集所得之财产均适用本办法之规定

三、财产范围包括下列各项：

(1)建筑—办公房屋礼堂剧场俱乐部工厂艺场……等类

(2)产业—房屋田地森林矿产工厂机器……等类

(3)什物—傢具器皿技艺工具电器材料箱柜衣物……等类

(4)书画—古今名人书画法帖藏书古玩中外美术绘制品……等类

(5)现金—中外币钞金银珠宝首饰……等类

四、上列第三条所列财产各地伤友社应造具详细清册并

附件：国内外伤兵之友社财产保管办法（1943 年 11 月 18 日）a 面　G133-003-0027

載明其来源數量價值由該地傷友社理事會推舉殷實
泳妥寬人員負責保管並隨時查看

八、各地傷友社財產使用以下列各項為原則：

(1) 办理傷胞特别营養、滅虱沐浴、洗衣縫補、補助衛生用品四項中心工作

(2) 協助傷兵之友服務隊舉办四項中心工作或補助各種营養物品

(3) 舉办傷胞補習班、識字班、歌詠班、座談會、書寫家信、舉行月會、軍民聯欢會、讀書會、運動會、郊遊會、旅行會……等工作

(4) 舉行季節慰勞——捐募或購備鞋袜、衣服、蚊烟、蚊帳及適時用物与各種食品

(5) 欢迎前線归来入院傷胞、欢送归隊編隊榮譽將士

附件：国内外伤兵之友社财产保管办法(1943年11月18日)b面　G133-003-0027

(3)推行有關傷胞福利工作如技能訓練購買物品精神慰藉……等

(4)協助榮軍生產事業如榮軍合作社貸款等

六、各地傷友社如當地未駐傷兵医院應將所得募集款項繳交傷友（總）社或當地傷友社或自行組織慰劳隊前赴傷兵医院慰劳

七、各地傷友社本身辦公費用及員工薪給以調用各机關人員義務參加為原則必要時以不超出全部經常收入百分之十至二十為限

八、各地傷友社財產之变動或租借須經理事會全体之决議認可其所得款項用途限於上述第五條內規定各項之範圍其他任何机關團体不得分潤或擅自佔據与借用

九、各地傷友社之負責人接交時應將全部財產造具四柱

附件：国内外伤兵之友社财产保管办法（1943年11月18日）a面　G133-003-0027

清册列入移交

十、各地傷友社之不動產不得變賣抵押或轉贈其他機關團体

十一、各地傷友社如募集款項建築房屋或購置產業應先將詳細計劃用途暨價值數額式樣併寄交傷友社理事會經認可後始得執行如為捐來之房屋亦應將數量價值函告傷友總社備查

十二、傷友總社對於各地傷友社財產得派遣視察員或委託專人查核

十三、本辦法經傷友總社理事長核准暨董事會備案後公佈施行並函請中央黨部行政院通令國內外各地黨政機關知照

十四、本辦法如有未盡事宜得由傷友總社理事會修正公佈之

附件:国内外伤兵之友社财产保管办法(1943 年 11 月 18 日)b 面 G133-003-0027

第三战区伤兵之友社福鼎分社业务工作

(一)征集慰问信

第三战区伤兵之友社福州支社关于发起征集慰劳前线将士负伤将士十万封信附办法的公函

(1939年12月)a面　G133-003-0023

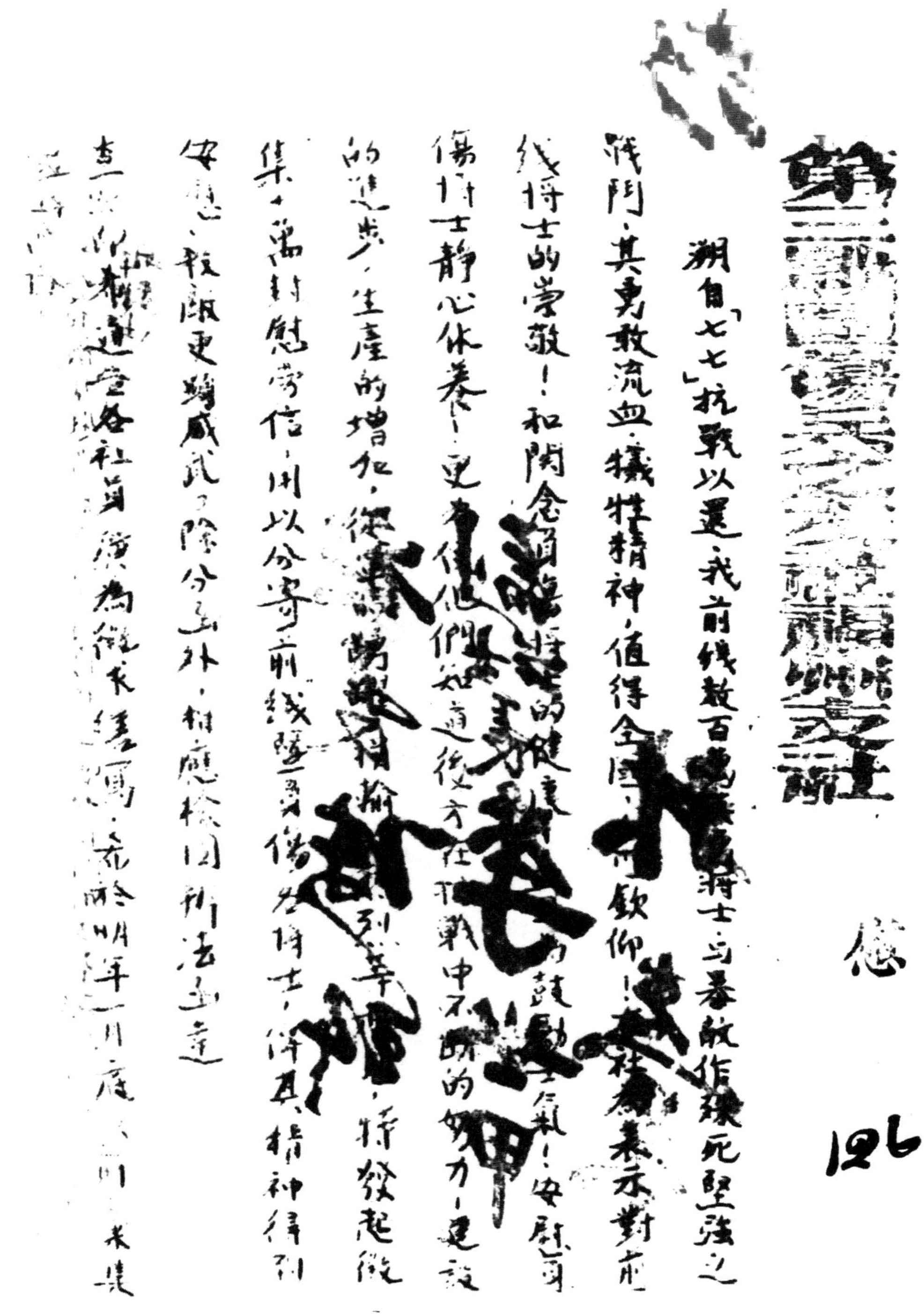
第三戰區傷兵之友社福州支社

慰

126

溯自「七七」抗戰以還，我前線數百萬將士与暴敵作殊死堅強之戰鬥，其勇敢流血、犧牲精神，值得全國一致欽仰！本社爲表示對前線將士的崇敬！和關念負傷將士的健康，鼓勵士氣！安慰負傷將士靜心休養！更要使他們知道後方在抗戰中不斷的努力，建設的進步，生產的增加，從而激勵精神，將發起徵集十萬封慰勞信，用以分寄前線負傷各將士，俾其精神得到安慰，殺敵更增威風。除分函外，相應檢同辦法函達查照，希轉知各社員廣爲徵求……

第三战区伤兵之友社福州支社关于发起征集慰劳前线将士负伤将士十万封信附办法的公函

（1939 年 12 月）b 面　G133-003-0023

送社為荷。

此致

福鼎分社

社長 陳鐵
副社長 李世甲

第三战区伤兵之友社福州支社关于发起征集慰劳前线将士负伤将士十万封信附办法的公函

（1939 年 12 月） G133-003-0023

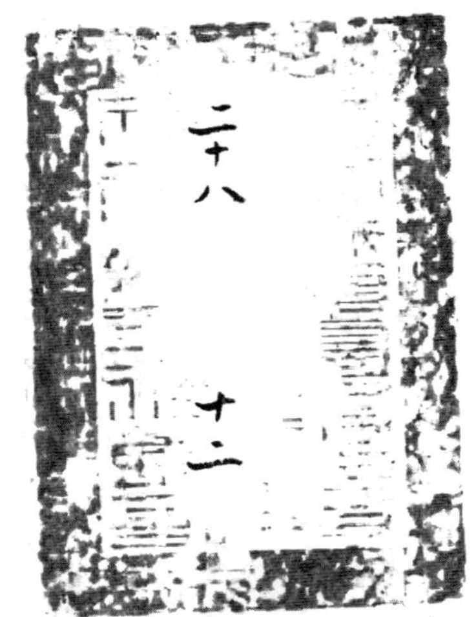

第三战区伤兵之友社福州支社关于发起征集慰劳前线将士负伤将士十万封信附办法的公函

（1939 年 12 月）　G133-003-0023

36

福州傷兵之友支社發起徵集慰勞負傷前线将士十萬封信辦法

(一)慰劳前线将士:

甲、慰劳信内容:

一、向抗敵将士致敬。

二、用後方事實鼓勵前线殺敵情緒。

三、加強抗戰必勝建國必成信念。

四、述説敵人經济崩潰政府治出軌,社會騷動情形。

五、各地精神總動員及舉行國民月會的熱烈情形。

六、鼓勵抗戰熱情之漫畫及美術畫。

七、男女照片。(背面題字或詩歌)

附件:第三战区伤兵之友社福州支社发起征集慰劳前线将士负伤将士十万封信办法
(1939年12月)a面　G133-003-0023

(二)慰劳受傷将士：

乙、慰劳信内容：

一、向勇傷将士致敬。

二、述説民衆物質援助勇傷将士的熱烈。

三、傳達人民殷殷関念勇傷将士的心意。

四、报告前綫勝利戰訊。

五、劝慰安心休養，家屬已由政府優待。

六、鼓勵恢復健康後再上戰場。

七、抗戰熱情的漫畫及美術畫或男女照片（背面題字或詩歌）

丙、以上兩慰劳信詞句：

附件：第三战区伤兵之友社福州支社发起征集慰劳前线将士负伤将士十万封信办法（1939年12月）b面　G133-003-0023

37

一、通俗句解。

二、筆調輕鬆。

三、温情親熱。

四、語句懇切。

丁、信封信紙，有色國紙，愈美愈佳。

戊、信封面請寫明：

一、福州傷兵之友支社轉前線將士。

二、福州傷兵之友支社轉各後方或戰區醫院。

（以上或指定收信人亦可）

附件：第三战区伤兵之友社福州支社发起征集慰劳前线将士负伤将士十万封信办法

（1939年12月）　G133-003-0023

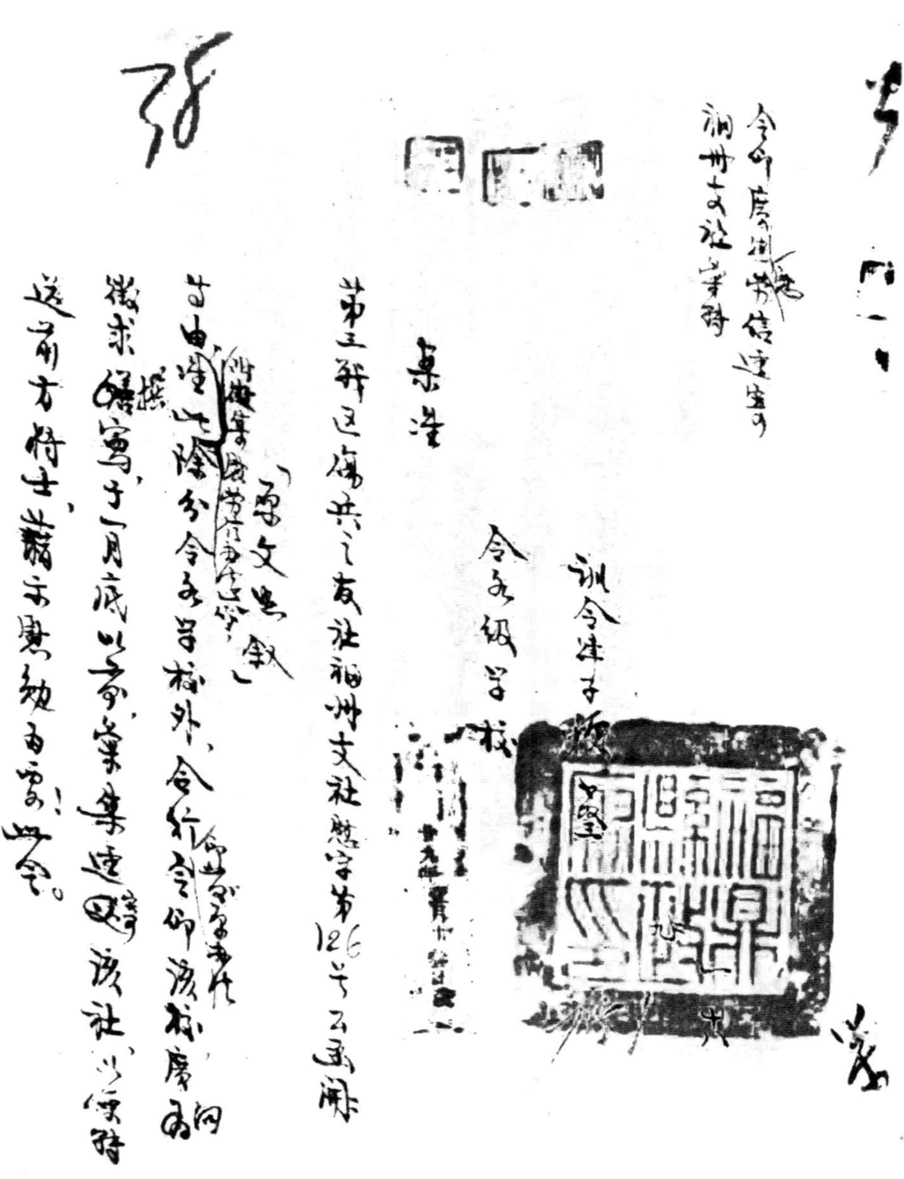

训令

令各级学校

案准

第三战区伤兵之友社福州支社慰字第126号函开：

「原文照叙」

等由，准此，除分令外，合行令仰该校广为征求，缮写于一月底以前汇集径寄该社，以便转送前方将士，藉示慰劳为要！此令。

附寄征集慰劳前方将士十万封信办法

福鼎县政府关于各级学校广征慰劳信径寄福州支社的训令

（1940年1月23日） G133-003-0023

(二)一碗菜运动

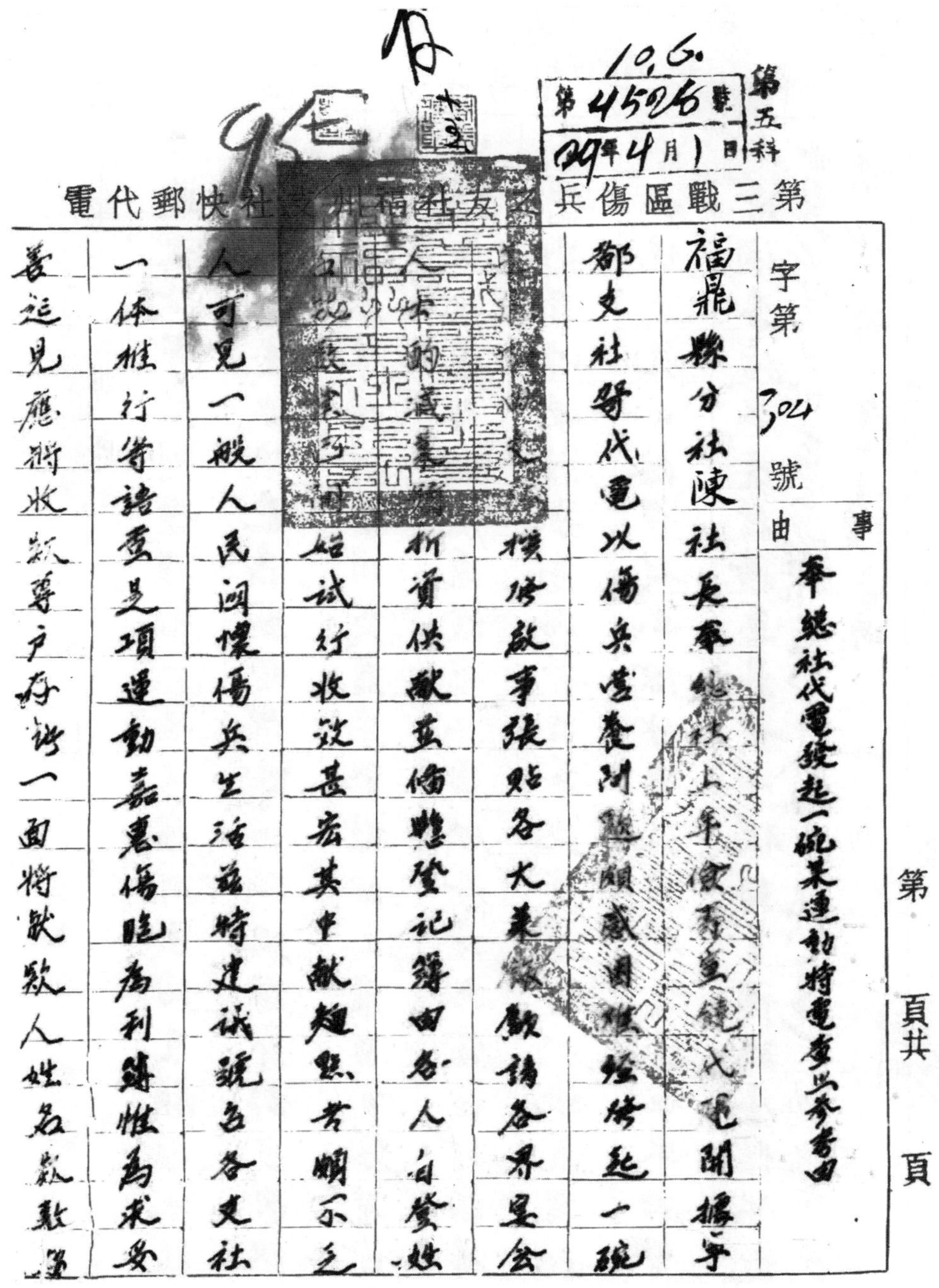

第五科

第4526號

29年4月1日

第三戰區傷兵之友社福州支社快郵代電

字第704號

事由：奉總社代電發起一碗菜運動特電希照參考由

福鼎縣分社陳社長[illegible]

鄉支社寄代電以傷兵[illegible]發起一碗

橫條啟事張貼各大菜館敬請各界[illegible]

所資供獻並備簿登記籌由各人自[illegible]

始試行收效甚宏其中獻[illegible]者頗不乏

[illegible]

人可見一般人民關懷傷兵生活茲特建議各支社

一体推行等語查是項運動嘉惠傷胞為利[illegible]為求妥

善起見應將收款[illegible]一面將獻款人姓名款數[illegible]

第　頁共　頁

第三战区伤兵之友社福州支社关于奉总社电发起一碗菜运动先由榕社试办的快邮代电

（1940年3月22日）　G133-003-0024

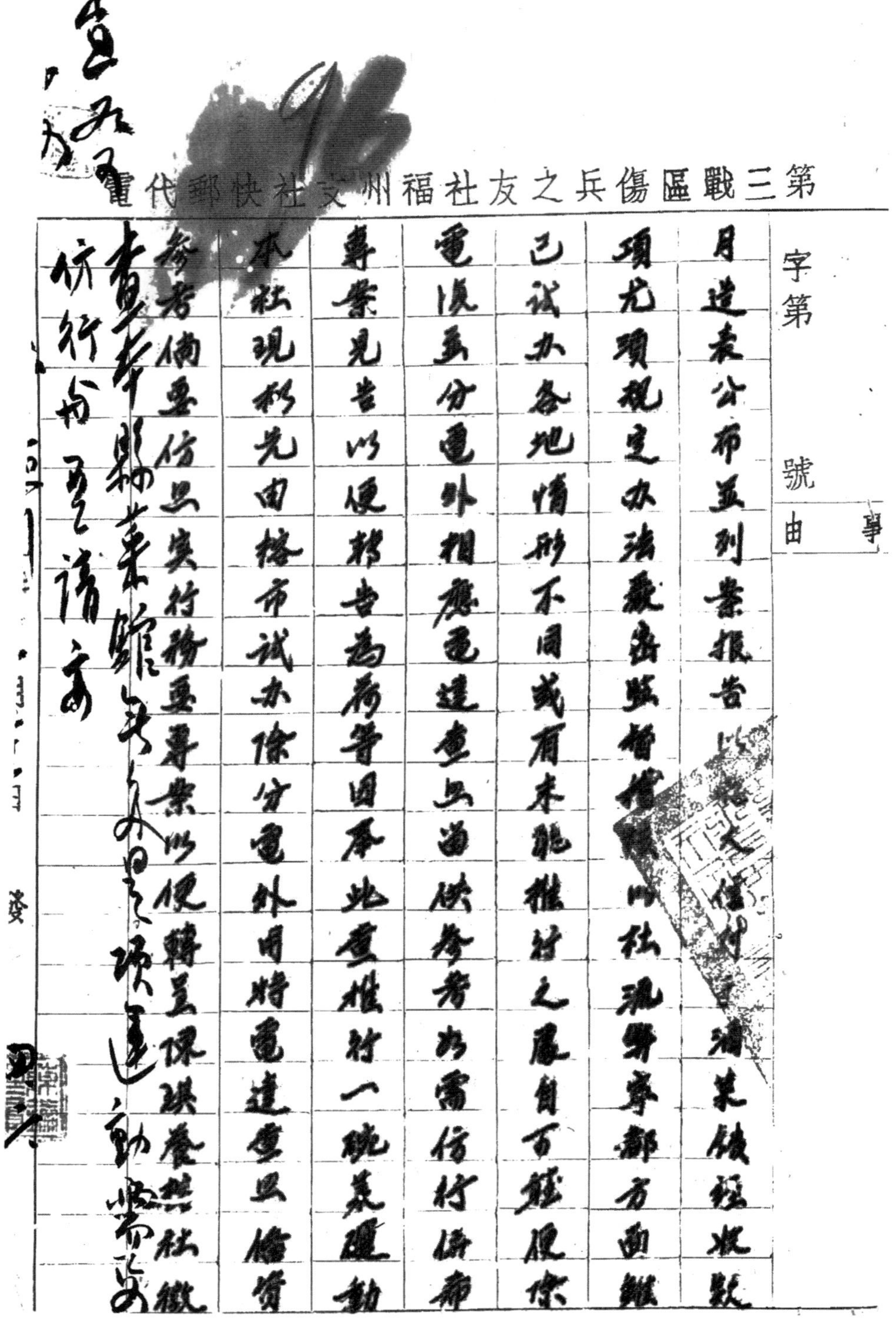

第三戰區傷兵之友社福州支社快郵代電

字第 號

事由

月進表公布並列案報告[illegible]捐菜錢收款項尤須規定辦法嚴密監督[illegible]以杜混淆舞弊方面鑑已試辦各地情形不同或有未能推行之處自可斟酌便宜電復並分電外相應電達查照備核參考如需仿行俾尊崇見告以便轉告為荷等因奉此查推行一碗菜運動本社現擬先由榕市試辦除分電外用特電達查照備資參考倘要仿照實行務要尊崇以便轉呈[illegible]社徵

第三战区伤兵之友社福州支社关于奉总社电发起一碗菜运动先由榕社试办的快邮代电

（1940年3月22日） G133-003-0024

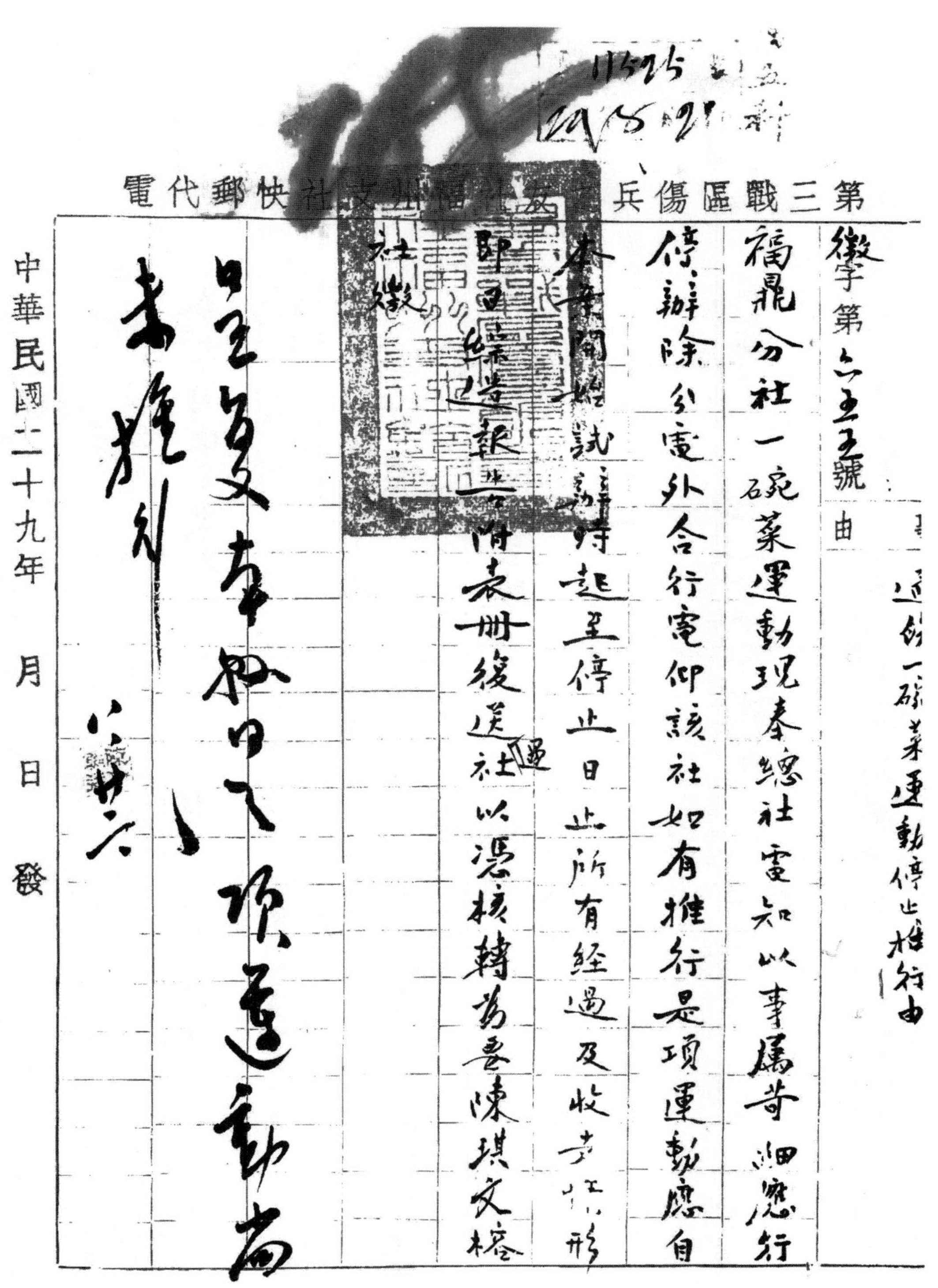

第三戰區傷兵之友社福州支社快郵代電

事由：通飭一碗菜運動停止推行由

徵字第六五五號

福鼎分社：一碗菜運動現奉總社電知以事屬苛細應行停辦，除分電外，合行電仰該社，如有推行是項運動，應自本電到達之日起至停止日止所有經過及收支情形，即日編造報告附表册，後送社以憑核轉為要。陳琪文。社徵

中華民國二十九年 月 日發

呈復本社因日人項運動尚未推行

第三战区伤兵之友社福州支社关于通饬一碗菜运动停止推行的快邮代电

（1940 年 8 月 12 日） G133-003-0025

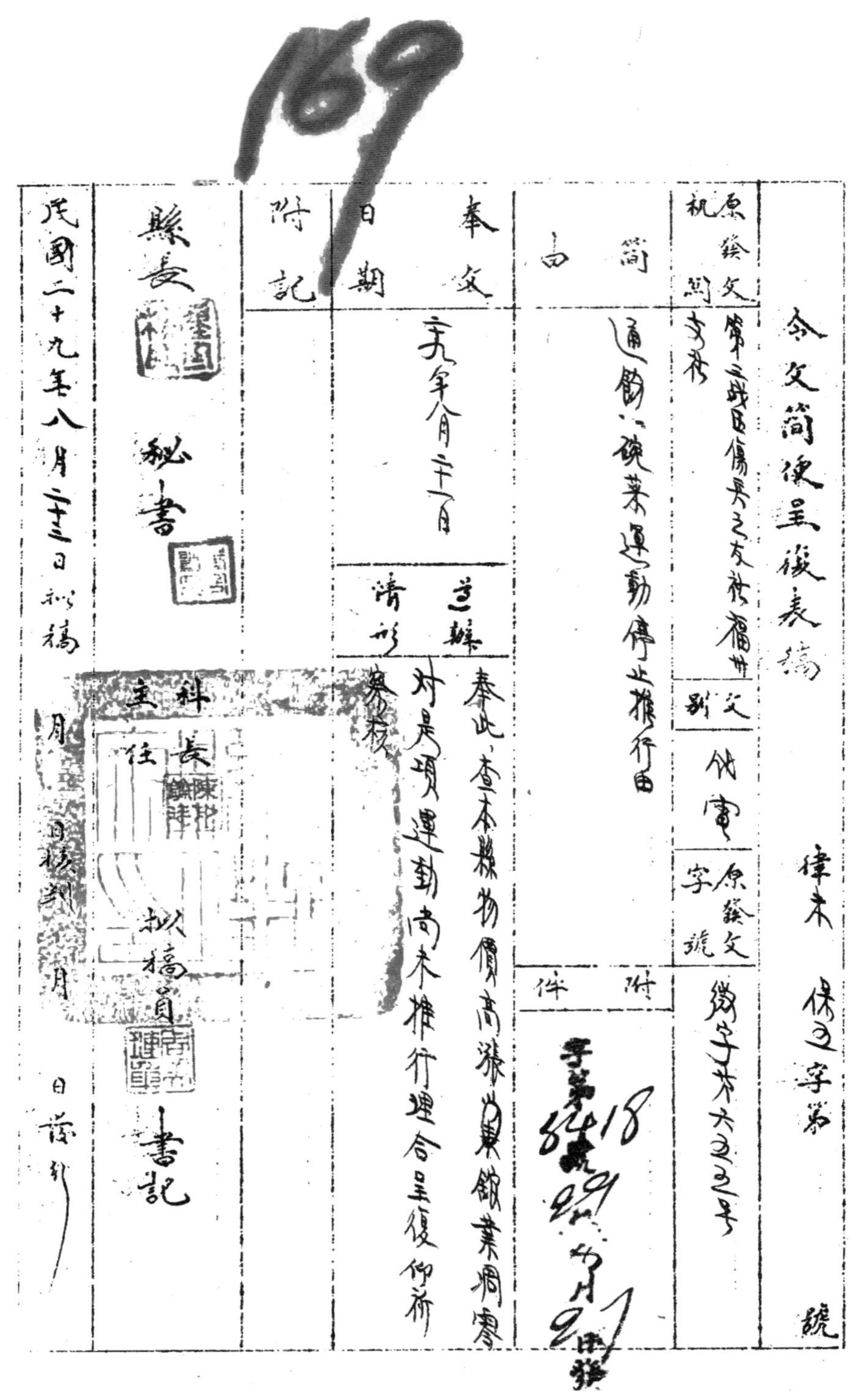

令文简便呈复表稿

律未　保五字第　號

原发文机关	第三战区伤兵之友社福州
文别	代电
原发文字号	微字第六五五号
附件	
简由	通饬一碗菜运动停止推行由
奉文日期	二九年八月二十一日
呈复情形	奉此，查本县物价高涨，馆业凋零，对是项运动尚未推行，理合呈复，仰祈察核
附记	

县长　秘书

主任　科长　拟稿员　书记

民国二十九年八月二十三日拟稿　月　日核判　月　日缮

福鼎县政府令文简便呈复表：本县物价高涨馆业凋零是项运动尚未推行的呈复

（1940年8月27日）　G133-003-0025

(三)向社员征募慰问款物

第4529號 29年4月1日 五科

第三戰區傷兵之友社福州支社快郵代電

字第303號

事由：電分社向社員徵募慰勞品慰問金匯送本社轉繳總社支配由

福鼎分社陳社長查貴社成立已久關於徵募工作自應積極進行現在先就社員方面舉行徵募不拘物品金錢[illegible]者均可適用所期集腋成裘普沾實惠[illegible]助兑符兵友之旨惟所徵募之慰勞品[illegible]則列冊彙送本支社轉繳總社支配分發各州方傷兵一面公布徵信除分電外用特電達查照希切[illegible]理具報為要陳琪養椿社徵

令社務員向各社員徵募並

第三战区伤兵之友社福州支社关于分社向社员征募慰劳品慰问金汇送本社转解总社支配的快邮代电

(1940年3月22日) G133-003-0024

第三戰區傷兵之友社福州支社快郵代電

事由：電為奉 總社代電飭分社迅將徵募所得分別列報等因特達查照希迅速辦理尅日報解由

字第三三四號

福鼎分社陳社長勛鑒案奉 總社代電略以徵募運動前經限期報解現各支分社能儘先解繳者固多而遷延[illegible]部份者亦屬不少事關綢繆傷胞福利[illegible]再電達查照希飭各分社知照迅將徵[illegible]解繳等因奉此查此案前經支社電知分社先就社員方面舉行徵募不拘物品金錢概須彙送[illegible]在案奉電前因相應電達查照即希迅速辦理尅日報解為荷陳琪東榕社徵

第三战区伤兵之友社福州支社关于奉总社代电饬分社迅将征募所得分别列报克日报解的快邮代电

（1940 年 4 月 1 日） G133-003-0023

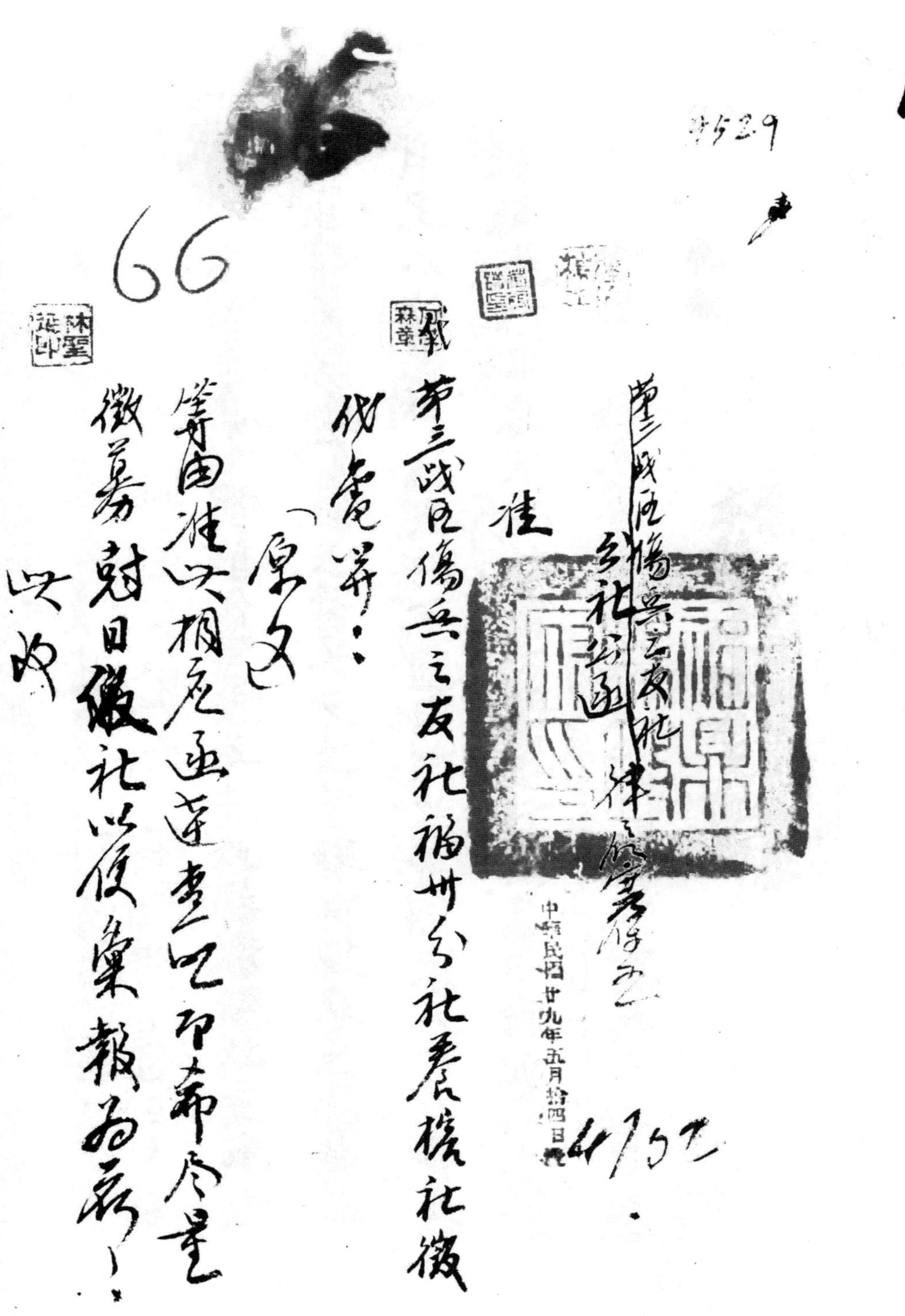

佳

第三战区伤兵之友社福州分社

代电并：

〔原文已〕

等由准此相应函达查照即希尽量

徵募克日缴社以便汇集报为荷！

此致

中华民国廿九年五月拾四日

第三战区伤兵之友社福州支社福鼎分社关于各社务委员尽量征募克日报社的代电

(1940 年 5 月 14 日)a 面　G133-003-0024

丁委员梅董 叶委员定贵 阮委员国英
王委员可荣 姚委员梦天 林委员锡龄
林委员嘉树 林委员鹤春 梁委员腾霄
曾委员君辉 潘委员雨峰 张委员维周
卓委员剑舟 李委员应椿 任委员廷燮
林委员荣 邱委员沛霖

募社长陈

第三战区伤兵之友社福州支社福鼎分社关于各社务委员尽量征募克日报社的代电

（1940年5月14日）b面 G133-003-0024

第三戰區傷兵之友社福州支社快郵代電

字第491號

事由：電為前飭徵募慰勞金轉解總社一節希於六月底以前募集解繳由

福鼎分社陳社長勛鑒：業查本支社前於三月養榕社徵暨四月江榕社徵兩代電請先就社員方面徵募慰勞金[illegible]社[illegible]勞戰區各戰場榮譽軍人一部要數[illegible]者因多而未發動徵募者亦有現七七[illegible]務望於六月底以前迅即開展徵募運動籌集的款徵交本支社彙解為荷。陳琪巷榕社徵

中華民國廿九年六月廿二日發

第三战区伤兵之友社福州支社关于前饬慰劳金转解总社一节希于六月底以前募集解缴的快邮代电

（1940年6月22日） G133-003-0024

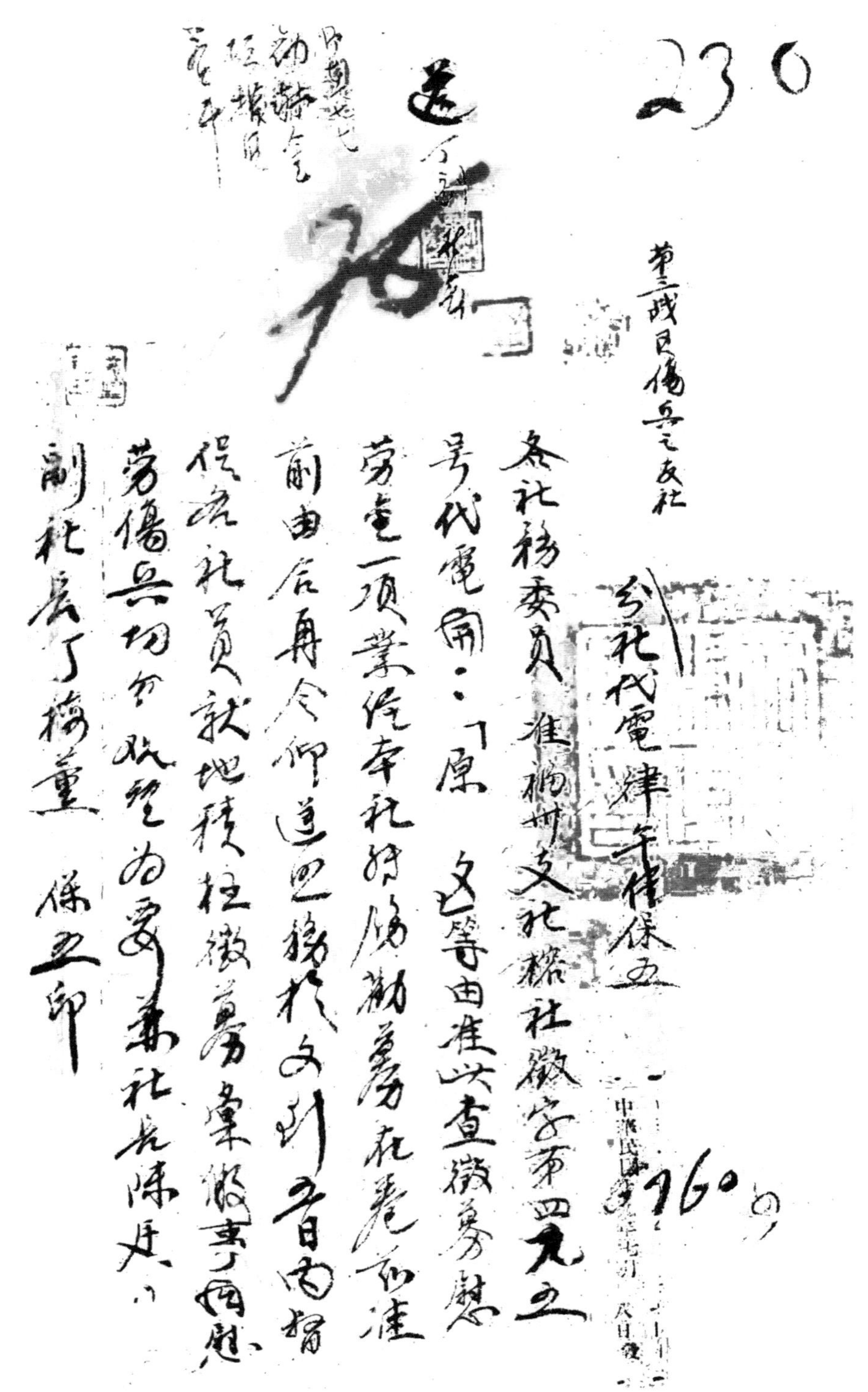

第三战区伤兵之友社

分社代电律午佳保五

各社務委員：准福州支社榕社徵字第四九五号代電開：「原　文略」等由，准此，查徵募慰勞金一項業經本社轉飭勸募在卷。茲准前由，合再令仰遵照，務於文到五日內督促該社員就地積極徵募彙繳，事關慰勞傷兵，切勿觀望為要。兼社長陳廷

副社長丁梅董　保五印

中華民國二十九年七月九日發

第三战区伤兵之友社福州支社福鼎分社关于文到五日内督促各社员就地积极征募汇缴切勿观望的代电(1940 年 7 月 9 日)a 面　G133-003-0024

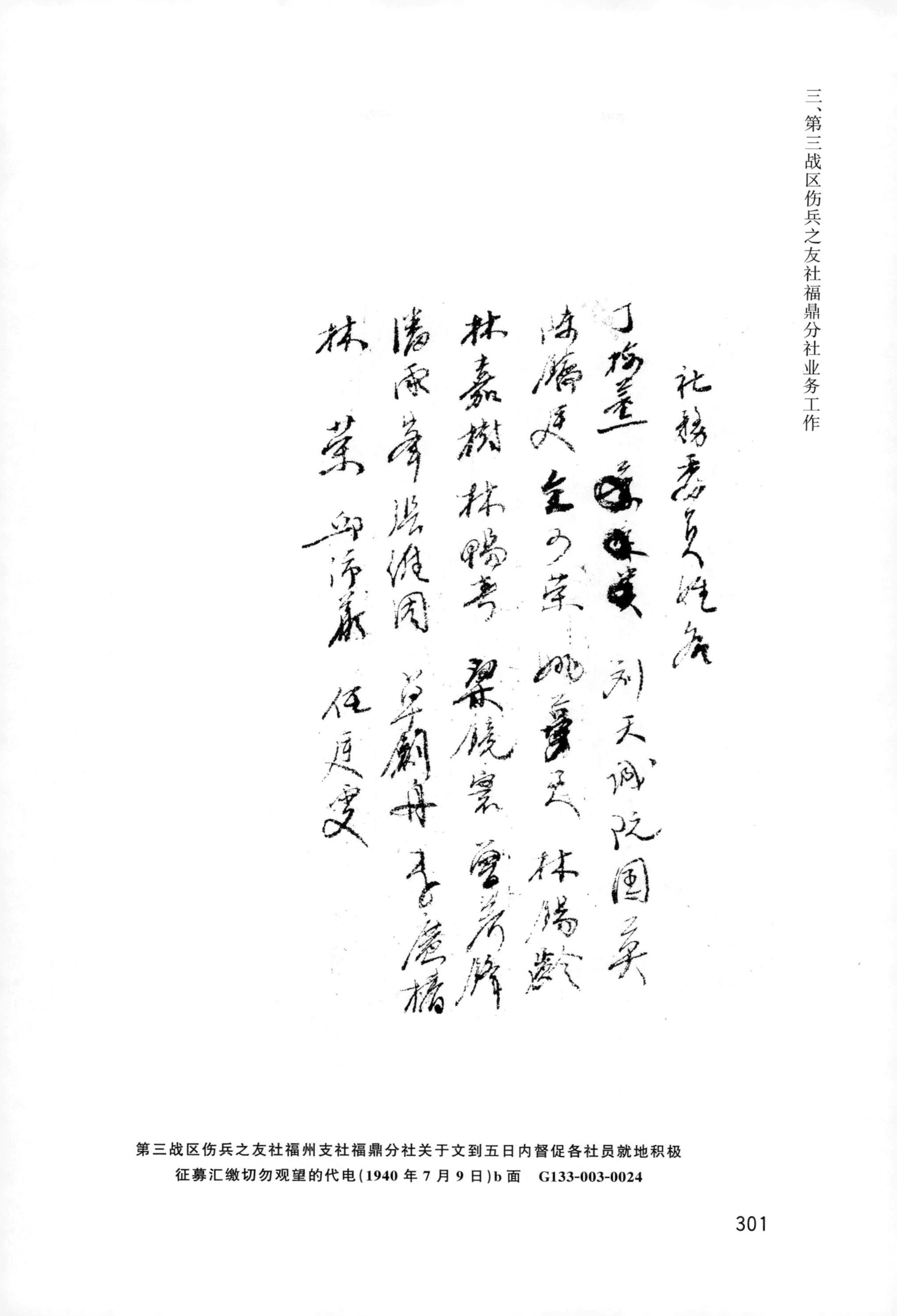

第三战区伤兵之友社福州支社福鼎分社关于文到五日内督促各社员就地积极征募汇缴切勿观望的代电(1940年7月9日)b面　G133-003-0024

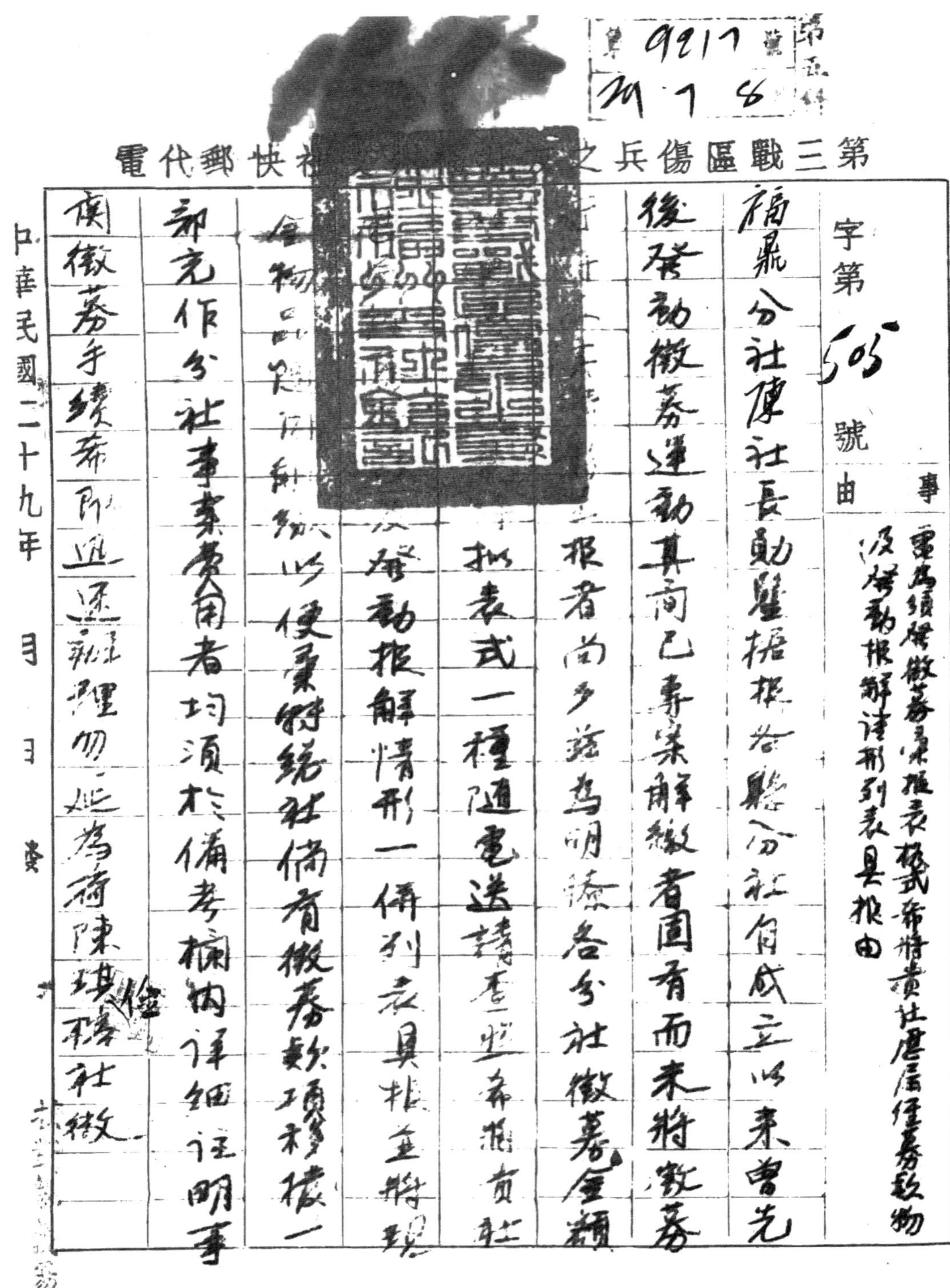

第三戰區傷兵之[illegible]社快郵代電

字第 505 號

事由：電為頒發徵募彙報表格式希將貴社歷屆徵募款物及發動報解情形列表具報由

福鼎分社陳社長勛鑒據報本縣分社自成立以來曾先後發動徵募運動其間已募集解繳者固有而未將徵募[illegible]報者尚多茲為明瞭各分社徵募金額[illegible]擬表式一種隨電送請查照希將貴社[illegible]發動報解情形一併列表具報並將現金物品限期解繳以便彙轉總社備有徵募款項移後一部充作分社事業費用者均須於備考欄內詳細註明事關徵募手續希即迅速辦理勿延為荷 陳璞鑄社徵

中華民國二十九年　月　日　發

第三战区伤兵之友社福州支社关于颁发征募汇报表格式希将贵社历届征募款物及发动报解情形列表具报的快邮代电（1940 年 6 月 28 日）　G133-003-0025

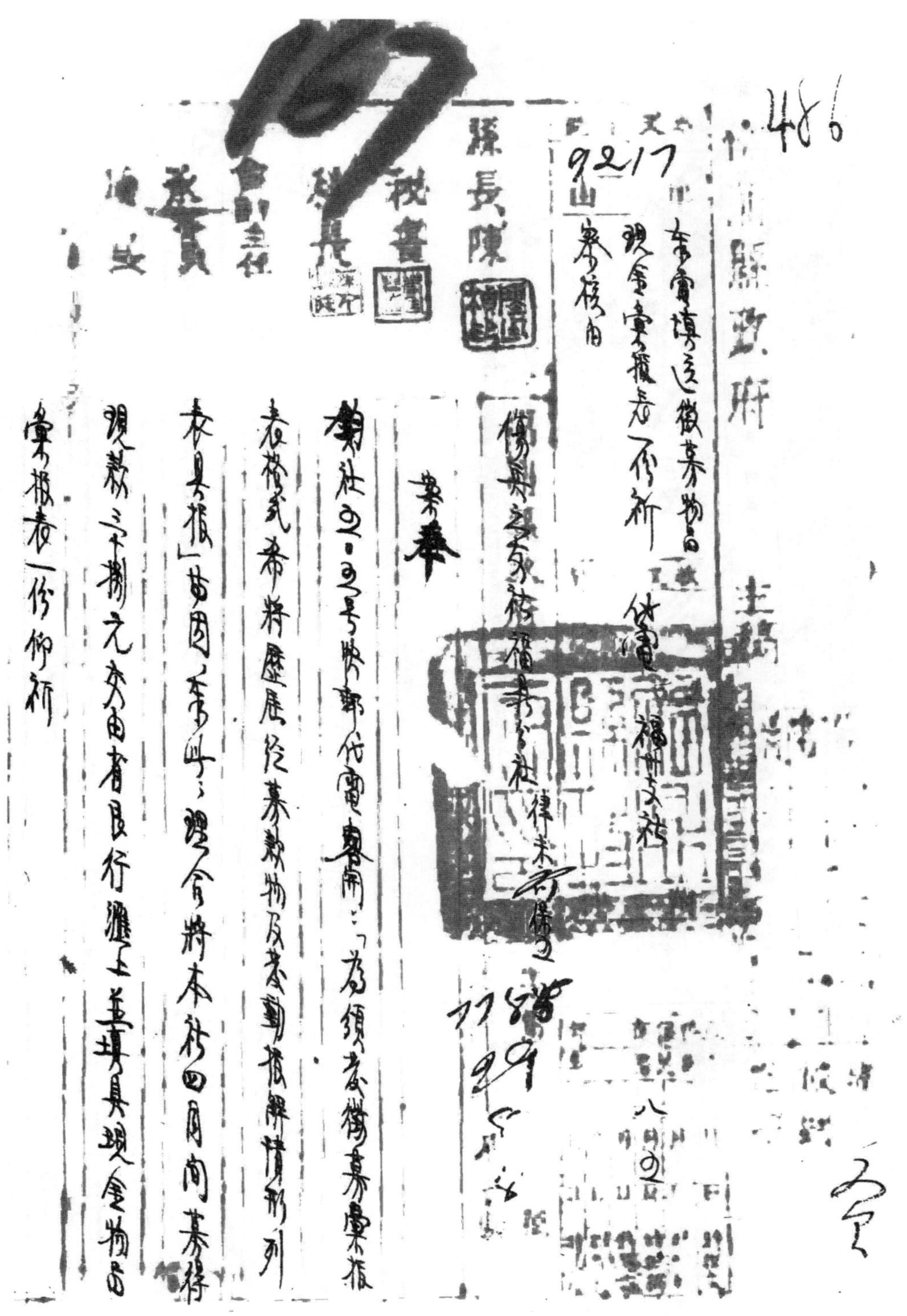

第三战区伤兵之友社福州支社福鼎分社关于奉电填送征募物品现金汇报表的代电
(附福建省银行福鼎分理处汇款便条)(1940 年 8 月 8 日)a 面　G133-003-0025

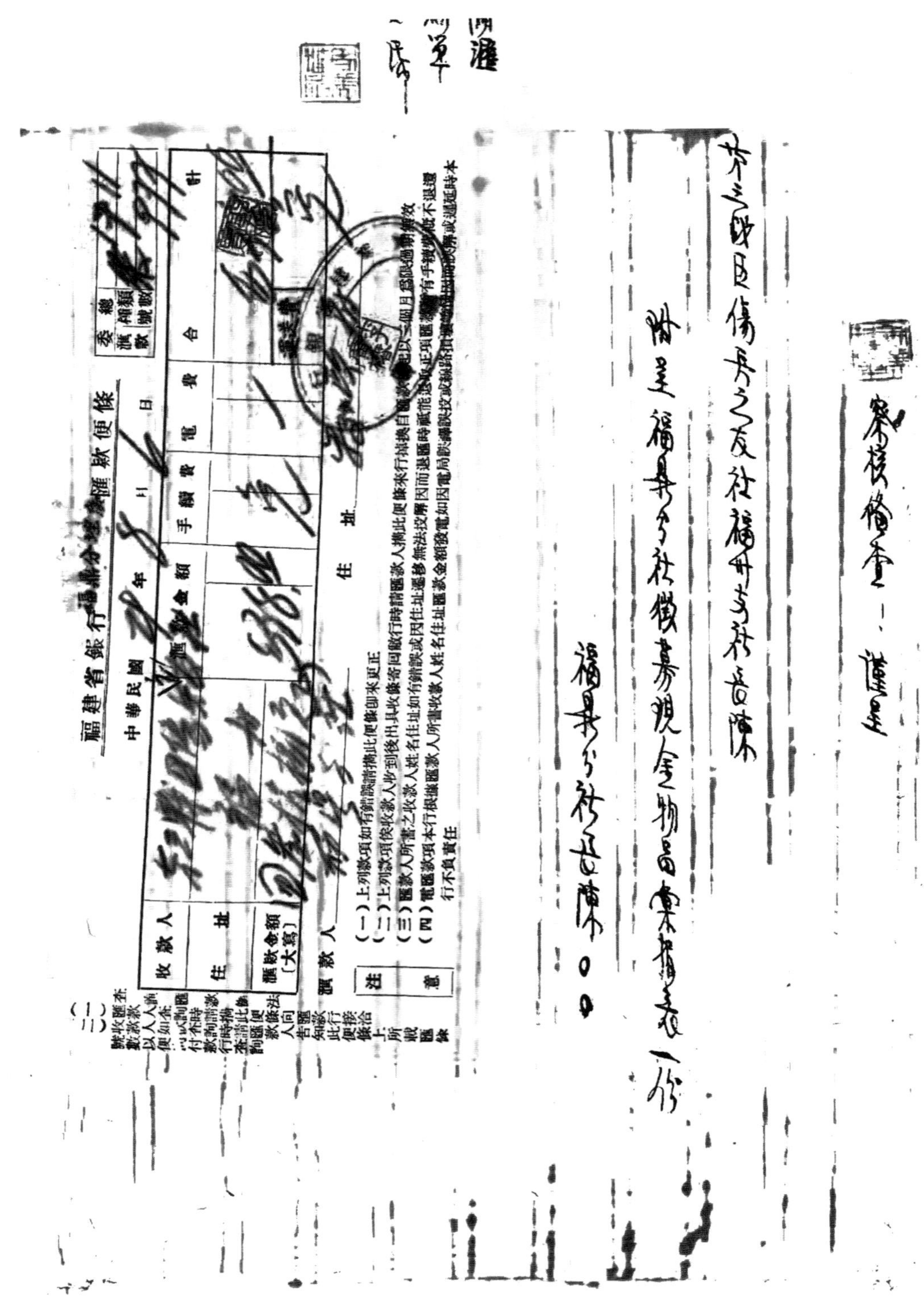

第三战区伤兵之友社福州支社福鼎分社关于奉电填送征募物品现金汇报表的代电

(附福建省银行福鼎分理处汇款便条)(1940 年 8 月 8 日)b 面 G133-003-0025

附件：第三战区伤兵之友社福州支社福鼎分社征募现金物品汇报表

（1940年8月5日） G133-003-0025

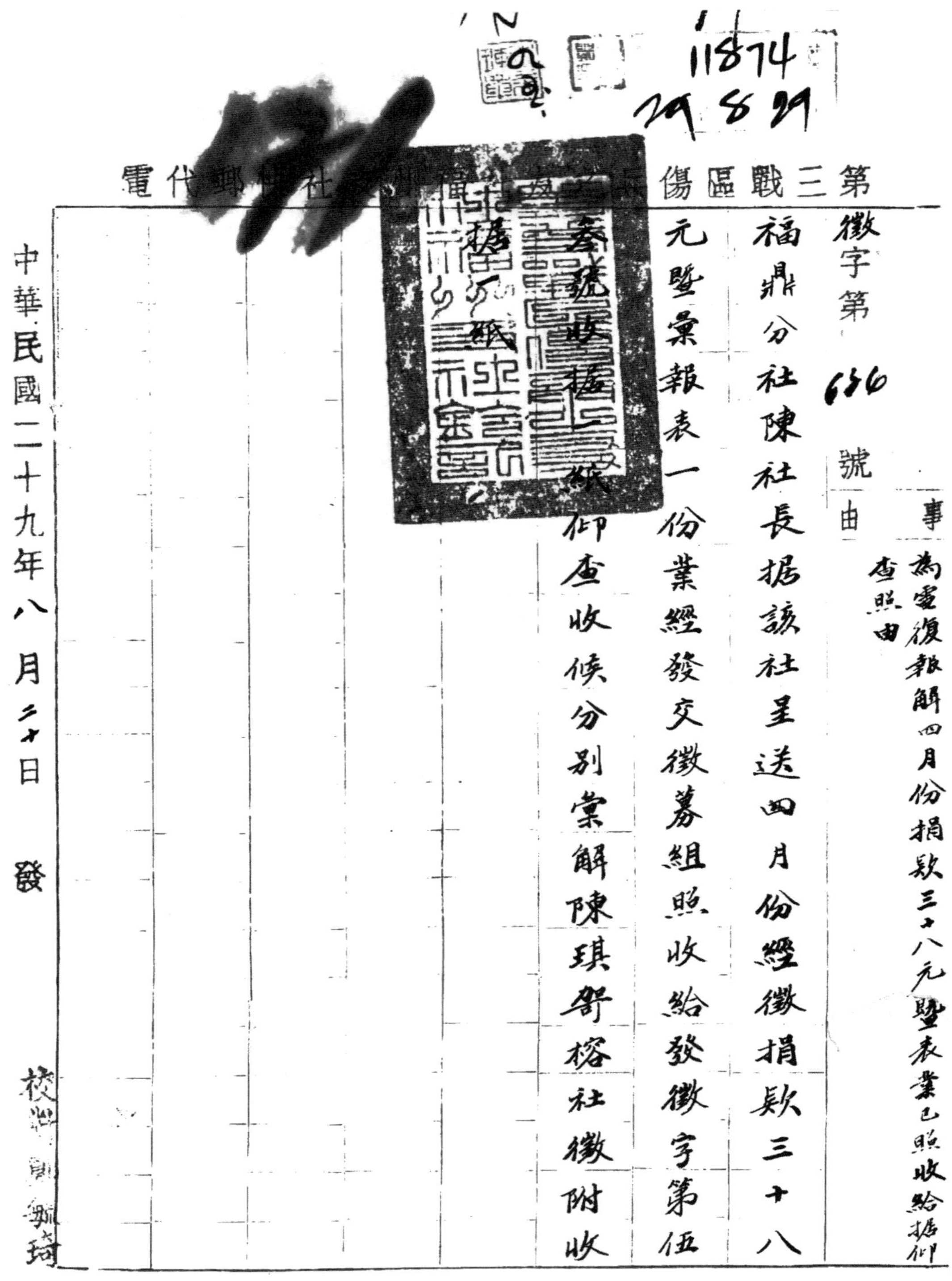

11874
29 8 29

第三戰區傷兵之友社福州支社快郵代電

徵字第 656 號

事由 為電復報解四月份捐款三十八元暨表業已照收給据仰查照由

福鼎分社陳社長据該社呈送四月份經徵捐款三十八元暨業報表一份業經發交徵募組照收給發徵字第伍叁號收据一紙仰查收俟分別彙解陳琪哥榕社徵附收据一紙

中華民國二十九年八月二十日發

校對 繕寫

第三战区伤兵之友社福州支社关于报解四月份捐款及表业已照收给据的快邮代电(附收据)

(1940年8月20日) G133-003-0025

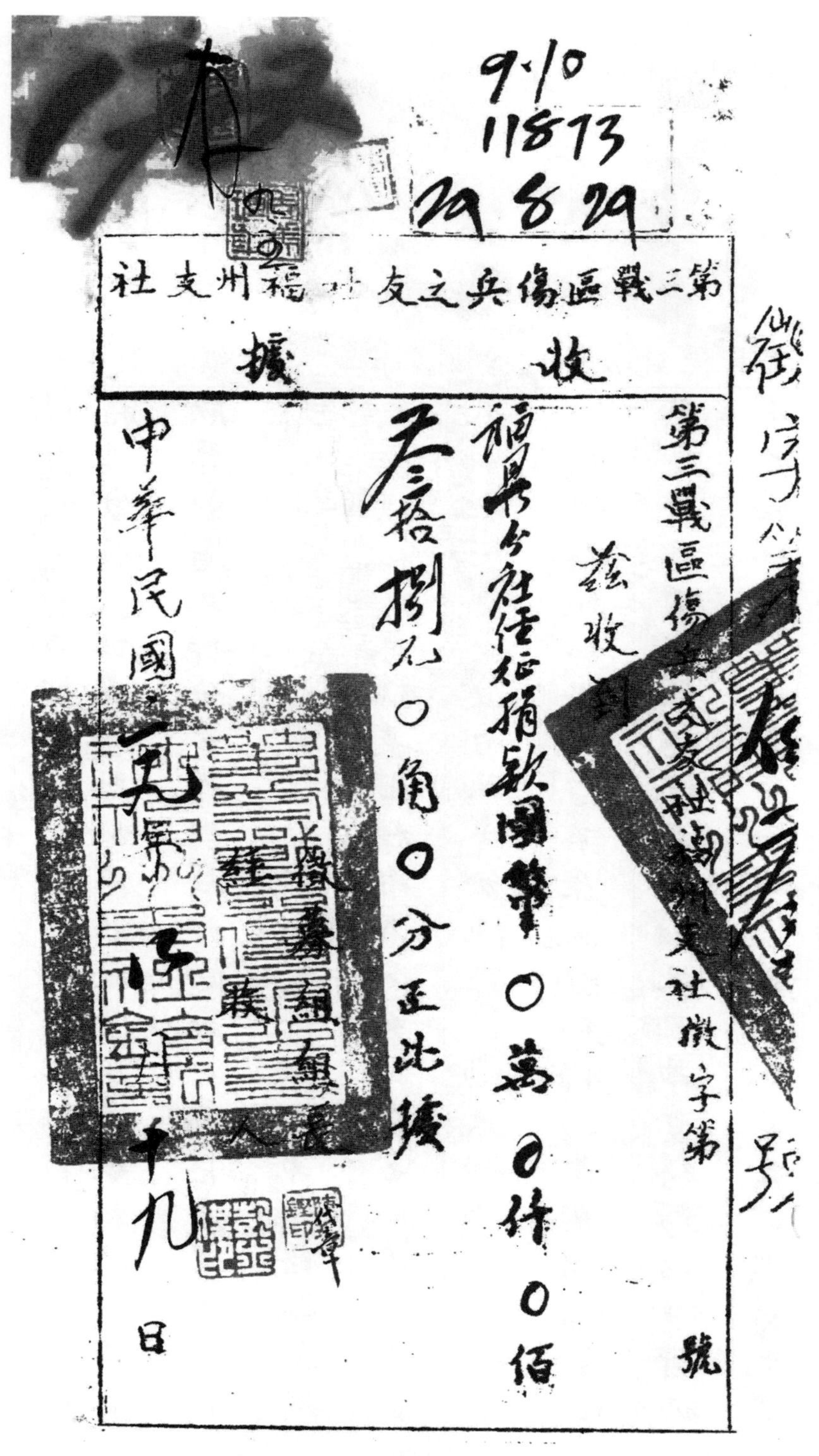
第三戰區傷兵之友社福州支社

收據

第三戰區傷兵之友社福州支社 字第 號

茲收到

福鼎分社經征處捐款國幣〇萬〇仟〇佰叁拾捌元〇角〇分正此據

經收人

中華民國二十九年八月十九日

附件：第三战区伤兵之友社福州支社收到福鼎县经征处捐款国币三十八元整开具的收据

（1940 年 8 月 19 日） G133-003-0025

(四)查禁物品慰劳伤兵

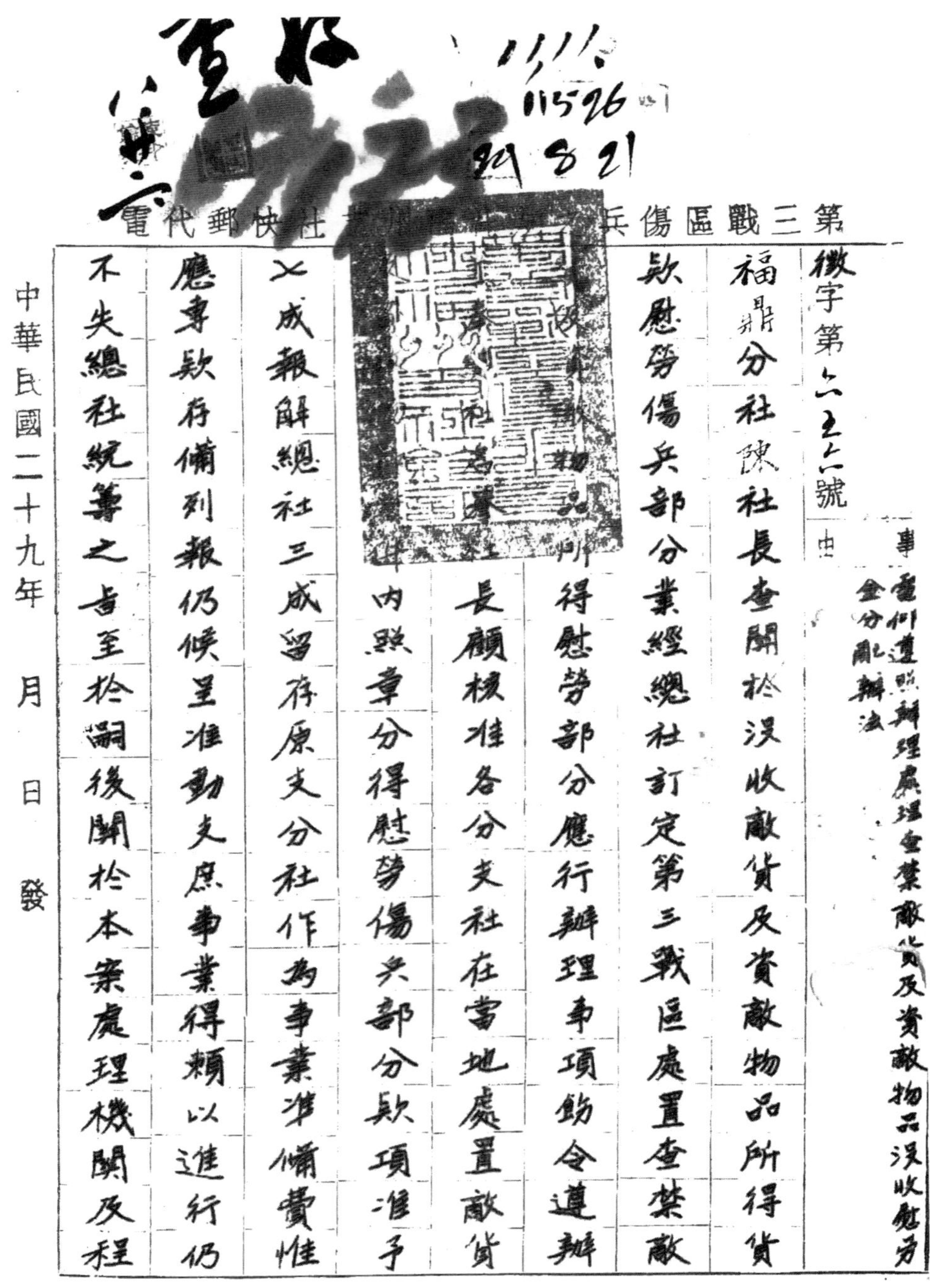

第三戰區傷兵之友社福州支社快郵代電

徵字第六三六號

事由：電何遵照辦理處理查禁敵貨及資敵物品沒收慰勞金分配辦法

福鼎分社陳社長查關於沒收敵貨及資敵物品所得貨

款慰勞傷兵部分業經總社訂定第三戰區處置查禁敵

物品所得慰勞部分應行辦理事項飭令遵辦

長顧核准各分支社在當地處置敵貨

內照章分得慰勞傷兵部分款項准予

之成報解總社三成留存原支分社作為事業準備費惟

應專款存備列報仍候呈准動支原事業得賴以進行仍

不失總社統籌之旨至於嗣後關於本案處理機關及程

中華民國二十九年 月 日發

第三战区伤兵之友社福州支社关于遵照第三战区处置查禁敌货及资敌物品所得慰劳伤兵部分应行办理事项办理的快邮代电(1940年8月13日) G133-003-0025

第三戰區傷兵之友社福州支社快郵代電

字第　　號　由

序應遵查禁敵貨[illegible]禁運資敵物品條例及有關法令辦理各等因奉此除分電外合行抄發查禁敵貨條件禁運資敵物品條例應行辦理事項獎懲辦法各一份電仰遵照辦理為要陳琪元榕社徵

中華民國二十九年　月　日發

第三战区伤兵之友社福州支社关于遵照第三战区处置查禁敌货及资敌物品所得慰劳伤兵部分应行办理事项办理的快邮代电(1940 年 8 月 13 日)　G133-003-0025

此條係查禁敵貨第十六條

第三戰區處置查禁敵貨及資敵物品所得慰勞傷兵部份應行辦理事項。

一、下開各項均係依據國民政府二十七年十月二十七日頒佈之查禁敵貨條例(以下簡稱查禁條例)第十六條禁運資敵物品條例(以下簡稱禁運條例)第九條及軍事委員會辦四渝字第六六九四號代電頒發之戰地查獲敵貨處置及獎懲辦法(以下簡稱處置辦法)第四第五第十等條之規定為原則凡本戰區轄境各省縣市之主辦機關均應遵照辦理。

二、凡被沒收之貨款及罰金應由政府分配充作慰勞傷兵或前線將士或救濟難民之用。

(第三戰區處置敵貨查禁敵貨及資敵物品所得慰勞傷兵部份應行辦理事項第二項)

附件:第三战区处置查禁敌货及资敌物品所得慰劳伤兵部分应行办理事项

(1940 年 8 月 13 日)a 面　G133-003-0025

三、凡依處置辦法第五條規定拍賣之敵貨日用品，主辦机關應於拍賣前通地或附近之分社備價定購以供義賣或慰勞之用。

四、凡依處置辦法第十條規定拍賣所得之款主辦机關於每案辦理終結時除獎金外應撥充當地民衆抗衛團体經費及慰勞傷兵或救濟難民之原則分配以三分之一作為慰勞傷兵用前項慰勞傷兵部依上開第二項辦理。

五、凡依上開第二項第四項規定傷兵應得部份在當地或附近無支分社之組織者如係物品應通知總社派員領取如係現款應逕匯社接收總社於收到是項貨款後按期彙集公佈乙次。

六、凡依處置辦法第四條規定組織之委員會主辦机關應將支分社列為出席團体單位通知派員參加如認為必要時得通知總社派員參加。

附件：第三战区处置查禁敌货及资敌物品所得慰劳伤兵部分应行办理事项

（1940年8月13日）b面　G133-003-0025

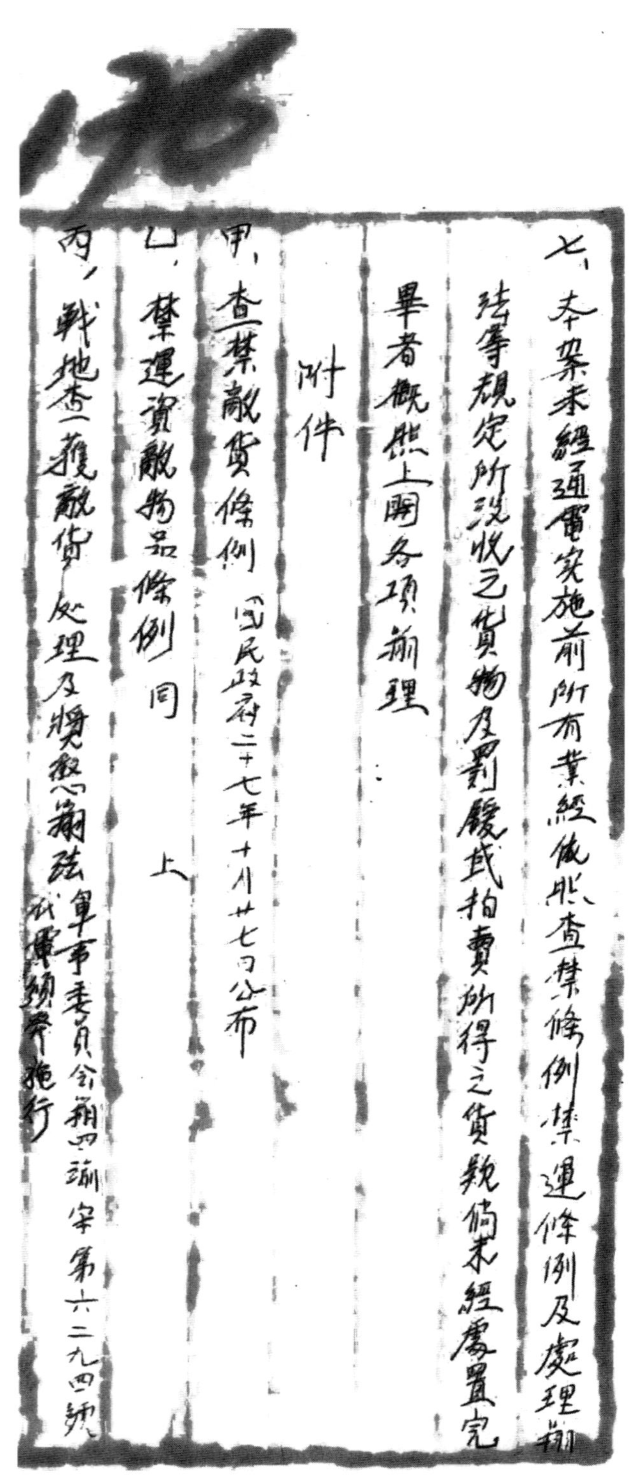
七、本案未經通電實施前所有業經依照查禁條例禁運條例及處理辦法等規定所沒收之貨物及罰鍰或拍賣所得之貨款倘未經處置完畢者概照上開各項辦理

附件

甲、查禁敵貨條例（國民政府二十七年十月廿七日公布）

乙、禁運資敵物品條例　同上

丙、戰地查獲敵貨處理及奬敘辦法（軍事委員會辦四渝字第六二九四號代電頒布施行）

附件：第三战区处置查禁敌货及资敌物品所得慰劳伤兵部分应行办理事项

（1940年8月13日）a面　G133-003-0025

查禁敵貨條例 國民政府廿七年十月廿七日公布施行

第一條 敵貨之查禁及處理依本條例之規定

第二條 本條例所稱敵貨指左列各種貨物

一、敵國及其殖民地或委任統治之貨物

二、前款區域外之工廠商號由敵人投資經營者之貨物

三、第一款區域外工廠商號為敵人攫奪統治或利用者之貨物

前項第一款、第二款敵貨之物品名稱及其廠商名稱由經濟部隨時公告

第三款敵貨之物品名稱產地商標及其廠商名稱由經濟部隨時指定之

第三條 敵貨一律禁止進口及運銷國內其查驗登記及處分事宜由地方主管官署會同關卡嚴密執行查禁

前項地方主管官署在直隸於行政院之市為社會局在縣為縣政府在市為市政府

第四條 經濟部依第二條第一項第三款所指定之敵貨主管官署應於七到二日內公告並通知當地商會及同業公會轉知工廠商號不得購買地

附件:查禁敌货条例(国民政府二十七年十月二十七日公布)

(1938年10月27日)b面　G133-003-0025

方主管官署为前项公告后，应即规定期限办理敌货登记，准许登记之敌货以地方主管官署公告之日以前购存者为限

前项登记期限自公告之日起不得逾二十日

第五条 第二条第一项第一款或第二款之敌货不得登记

第七条 地方主管官署对于登记案有疑义时得检查其进货纳税等有关之簿据

第六条 工厂商号声请登记敌货应报明物品名称数量价值购入日期并附具永不购买敌货之切结

第八条 登记之敌货由地方主管官署发给登记准单并按件附以显明之标识

第九条 第二条第二项第三款之敌货在地方主管官署公告之日以前业经定

附件：查禁敌货条例（国民政府二十七年十月二十七日公布）
（1938 年 10 月 27 日）a 面 G133-003-0025

購辦有價款尚未到到達者應於登記期限內取具商会或同業公会
或同業二家以上之証明書將物品名稱數量價格出售者姓名定購
日期運輸途徑預計到達日期詳細開列連同証件及永不購買之切結
呈請地方主管官署查核後通知關卡准予放行並由地方主管官署呈報
上級官署備案

第十條 前條敵貨到達時原報工廠商號應呈請地方主管官署即日派員查驗
補發登記准單及標識該敵貨查驗前不得拆折包裝

第十一條 經登記發給准單及標識之敵貨得在當地銷售並應由該工廠
商將銷售數量每月列表呈報地方主管官署備查至售完時將登記准單繳銷

第十二條 敵貨除在民國廿七年八月十三日以前定購曾經登記或依本條例登記給有准單及標

附件:查禁敌货条例(国民政府二十七年十月二十七日公布)
(1938年10月27日)b面　G133-003-0025

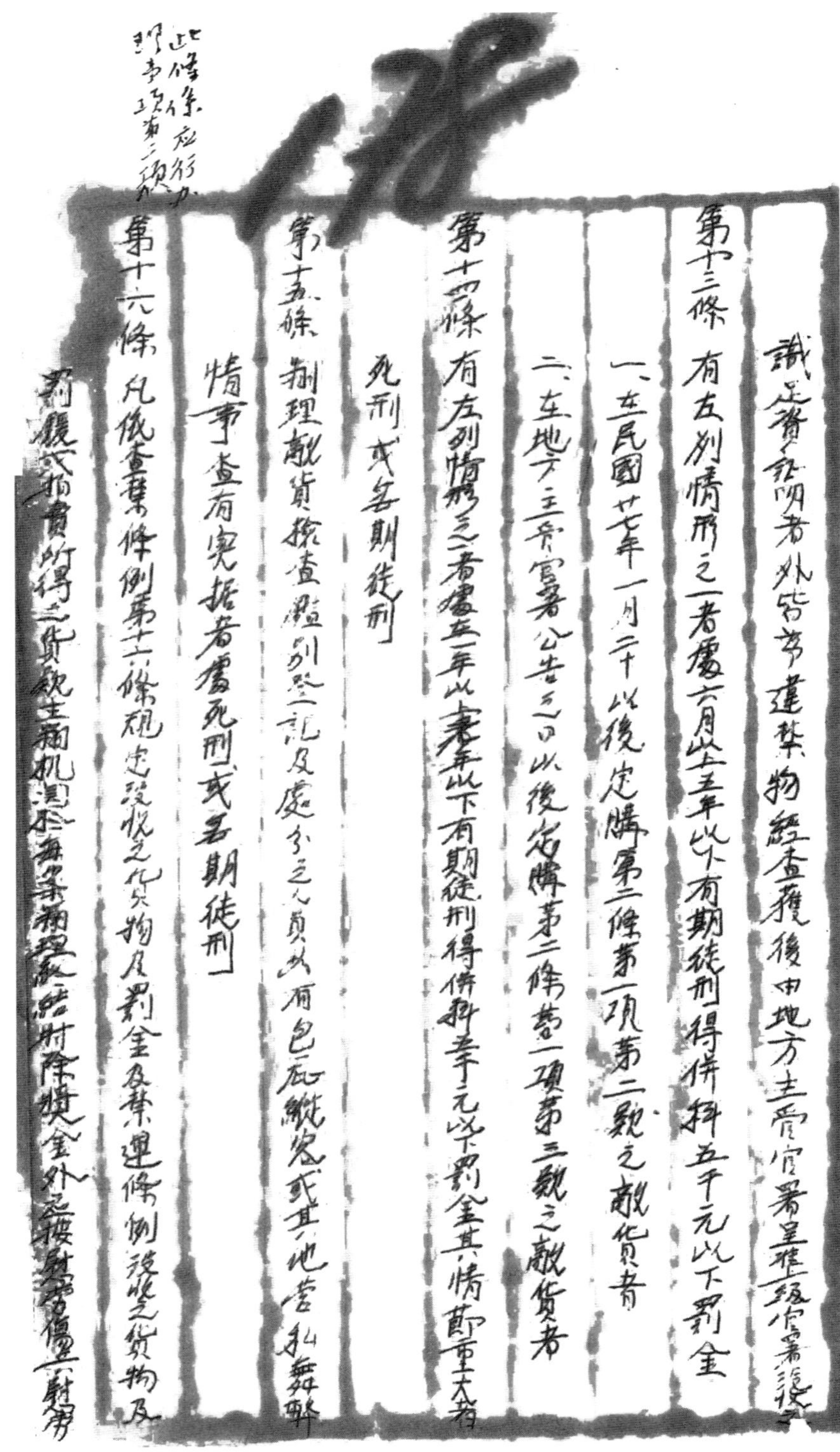

識足資證明者外皆爲違禁物經查獲後由地方主管官署呈准上級官署沒收之

第十三條　有左列情形之一者處六月以上五年以下有期徒刑得併科五千元以下罰金

一、在民國廿七年一月二十日以後定購第二條第一項第二款之敵貨者

二、在地方主管官署公告之日以後定購第二條第一項第三款之敵貨者

第十四條　有左列情形之一者處五年以上十年以下有期徒刑得併科一萬元以下罰金其情節重大者

死刑或無期徒刑

第十五條　辦理敵貨檢查[illegible]記及處分之人員如有包庇縱容或其他營私舞弊

情事查有實據者處死刑或無期徒刑

第十六條　凡依查禁條例第十六條規定沒收之貨物及罰金及禁運條例沒收之貨物及

罰鍰以指貴所得之貨款主辦機關於每案辦理終結時除將罰金外之按照價值一律解

附件：查禁敌货条例（国民政府二十七年十月二十七日公布）

（1938 年 10 月 27 日）a 面　G133-003-0025

前方將士及救濟難民之原則配以全數二分之一劃歸傷兵充回當地或附近第三戰區傷兵之友社支社分社（以下簡稱支分社）轉繳傷兵之友社總社（以下簡稱總社）統籌辦理

前項沒收之貨物如屬醫藥用品或醫療器械應如數撥充治療傷兵之用

第十七條　地方主管官署辦理敵貨登記事宜按貨價千分之五征收登記費為辦理檢查鑑別及登記一切開支之用

第十八條　敵貨之檢查鑑別登記及處分由省政府或直隸於行政院之市政府訂定規程報請經濟部備案

第十九條　地方主管官署每月將敵貨查禁處理情形呈報上級官署核轉經濟部備案

第廿條　本條例自公布日施行

（第十四條）

二、輸入運輸或銷售未經登記或已經登記而改用標識之敵貨者

一、以敵貨改裝冒充他國貨物者

附件：查禁敌货条例（国民政府二十七年十月二十七日公布）

（1938 年 10 月 27 日）b 面　G133-003-0025

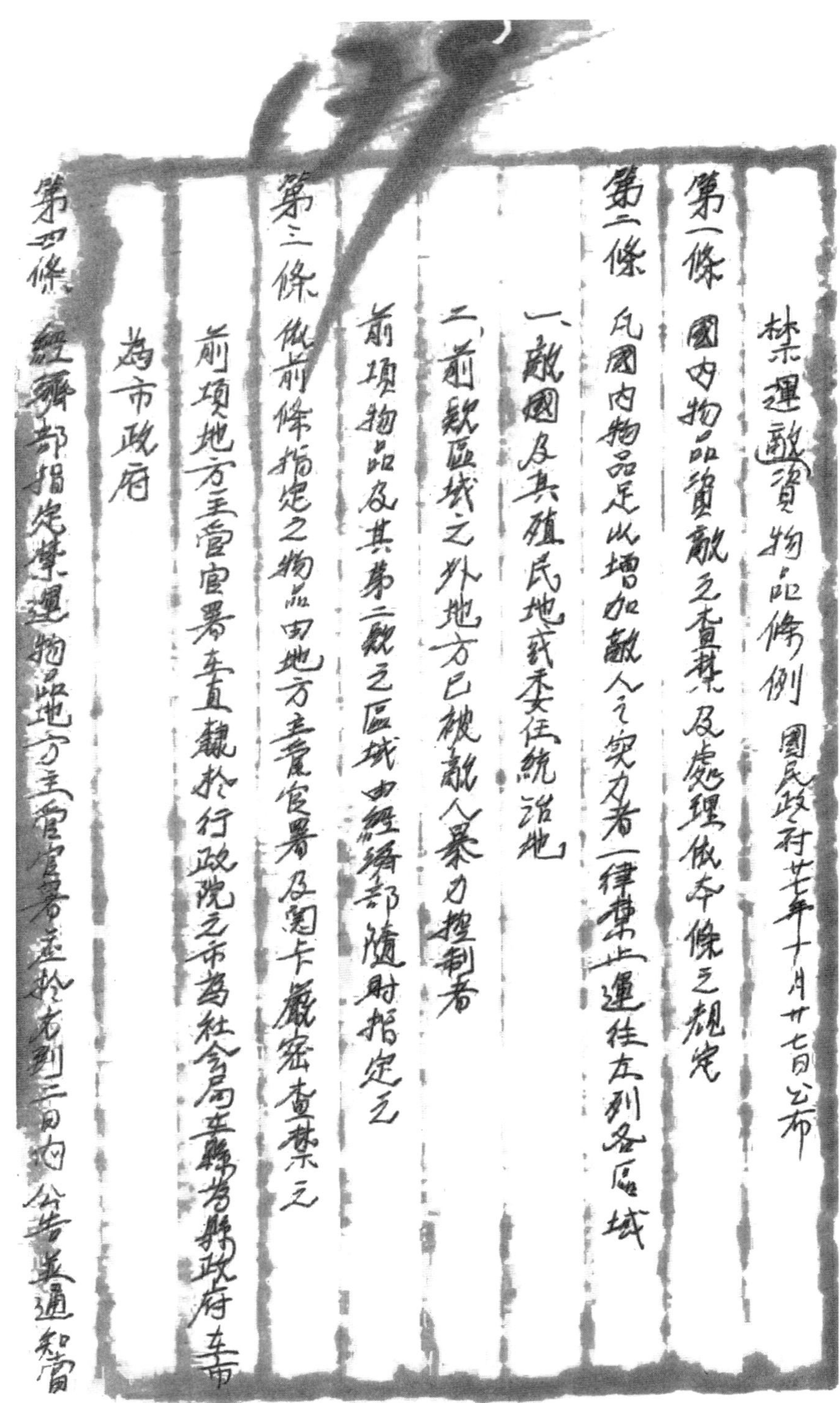
禁運資敵物品條例 國民政府廿七年十月廿七日公布
第一條 國內物品資敵之查禁及處理依本條之規定
第二條 凡國內物品足以增加敵人之實力者一律禁止運往左列各區域
一、敵國及其殖民地或委任統治地
二、前款區域之外地方已被敵人暴力控制者
前項物品及其第二款之區域由經濟部隨時指定之
第三條 依前條指定之物品由地方主管官署及關卡嚴密查禁之
前項地方主管官署在直隸於行政院之市為社會局在縣為縣政府在市
為市政府
第四條 經濟部指定禁運物品地方主管官署應於接到三日內公告並通知當

附件：禁运资敌物品条例（国民政府二十七年十月二十七日公布）

（1938年10月27日）a面 G133-003-0025

地商会及同業公会轉知當地工廠商號不得運往禁運區域

第五條 工廠商號偷運禁運物品經地方主管官署或關卡發覺截獲查明確運往禁運區域者應先予扣留並由地方主管官署分別左列之處分

第六條 一、在地方主管官署公告之日前起運者責令原貨主將貨物領回並繳具不再偷運之切結

二、在公告之日後起運者除沒收其貨物品並得處一千元以下罰鍰

第六條 前條偷運之物品如有直接售賣於敵人查有實據者處死刑或無期徒刑

第七條 執行查禁之人員如有包庇縱容或其他營私舞弊情事查有實據者處死刑或無期徒刑

第八條 依本條例規定之沒收或罰鍰處分由地方主管官署呈經上級官署核准執行之

第九條 凡被沒收之貨物及罰鍰應作慰勞傷兵或前線將士或救濟難民

附件:禁运资敌物品条例(国民政府二十七年十月二十七日公布)

(1938 年 10 月 27 日)b 面 G133-003-0025

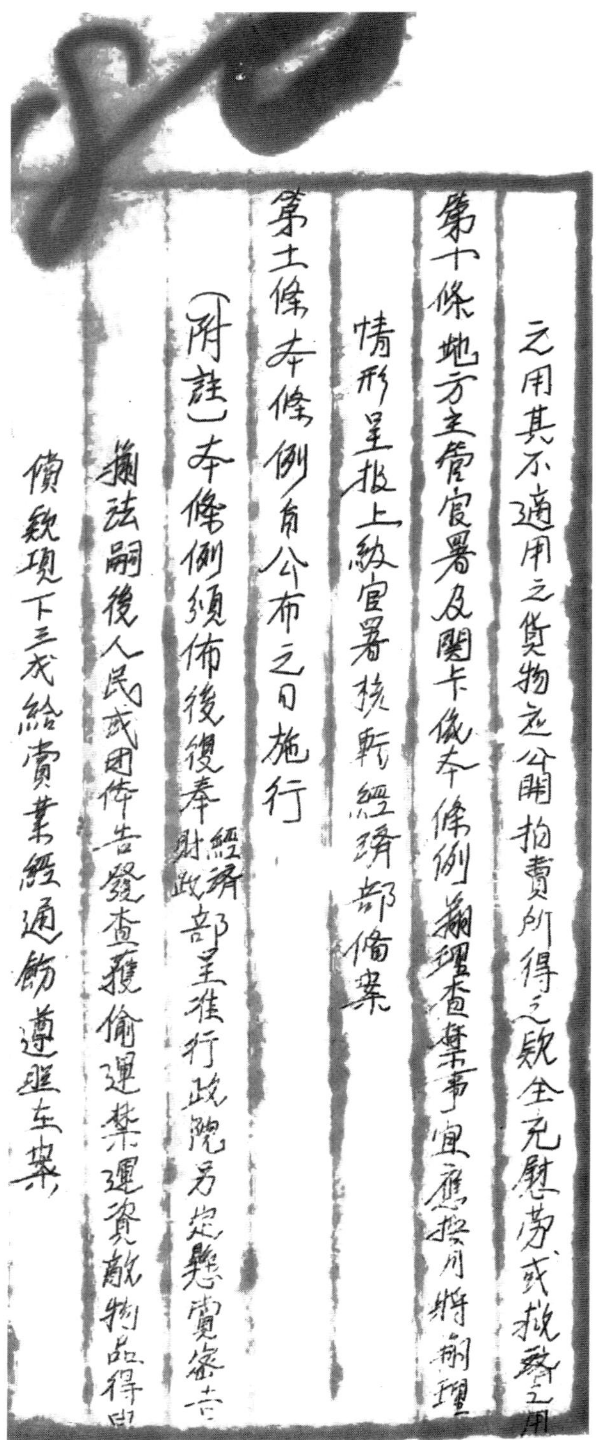
之用其不適用之貨物應公開拍賣所得之欵全充慰勞或救濟之用
第十條地方主管官署及關卡依本條例辦理查禁事宜應按月將辦理情形呈報上級官署核轉經濟部備案
第十一條本條例自公布之日施行
（附註）本條例須佈後復奉經濟財政部呈准行政院另定懸賞察查辦法嗣後人民或团体告發查獲偷運禁運資敵物品得照價欵項下三成給賞業經通飭遵照在案

附件：禁运资敌物品条例（国民政府二十七年十月二十七日公布）
（1938年10月27日）a面　G133-003-0025

戰地查獲敵貨處置及獎懲辦法草案（軍委会辦四渝字第六二九四號代電頒發施行）

第一條 為適應戰地情形特訂定本辦法

第二條 凡在戰地查獲之敵貨除依照「查禁敵貨條例」處理外均依本辦法處理之

第三條 本辦法所稱之敵貨悉依「查禁敵貨條例」第二條之規定

第四條 查獲之敵貨由各該地党政軍各机関及民众团体組織委員会共同處理之

第五條 如所獲敵貨為人民日用品即按照原價及當地時值酌定價格加蓋戳記公開變賣與當地軍民但購者不得轉賣（如當地傷兵難民之需要机関有優先躉賣權利）「按本條躉賣二字當係躉買之誤」

第六條 如所獲敵貨為軍用品即呈繳各該戰區司令長官公署處理之

第七條 所獲敵貨為毒品即呈請各該區行政督察專員公署依法焚燬之

第八條 凡因通風報信因而查獲敵貨者獎售貨所得價值百分之十其直接查獲敵貨有関人員統獎售貨所得價值百分之四十其分配方法由敵貨處理机関酌量劳績定之

附件：战地查获敌货处置及奖惩办法草案（军事委员会军委会办四渝字第 6294 号代电颁发施行）

（1939 年 7 月）b 面　G133-003-0025

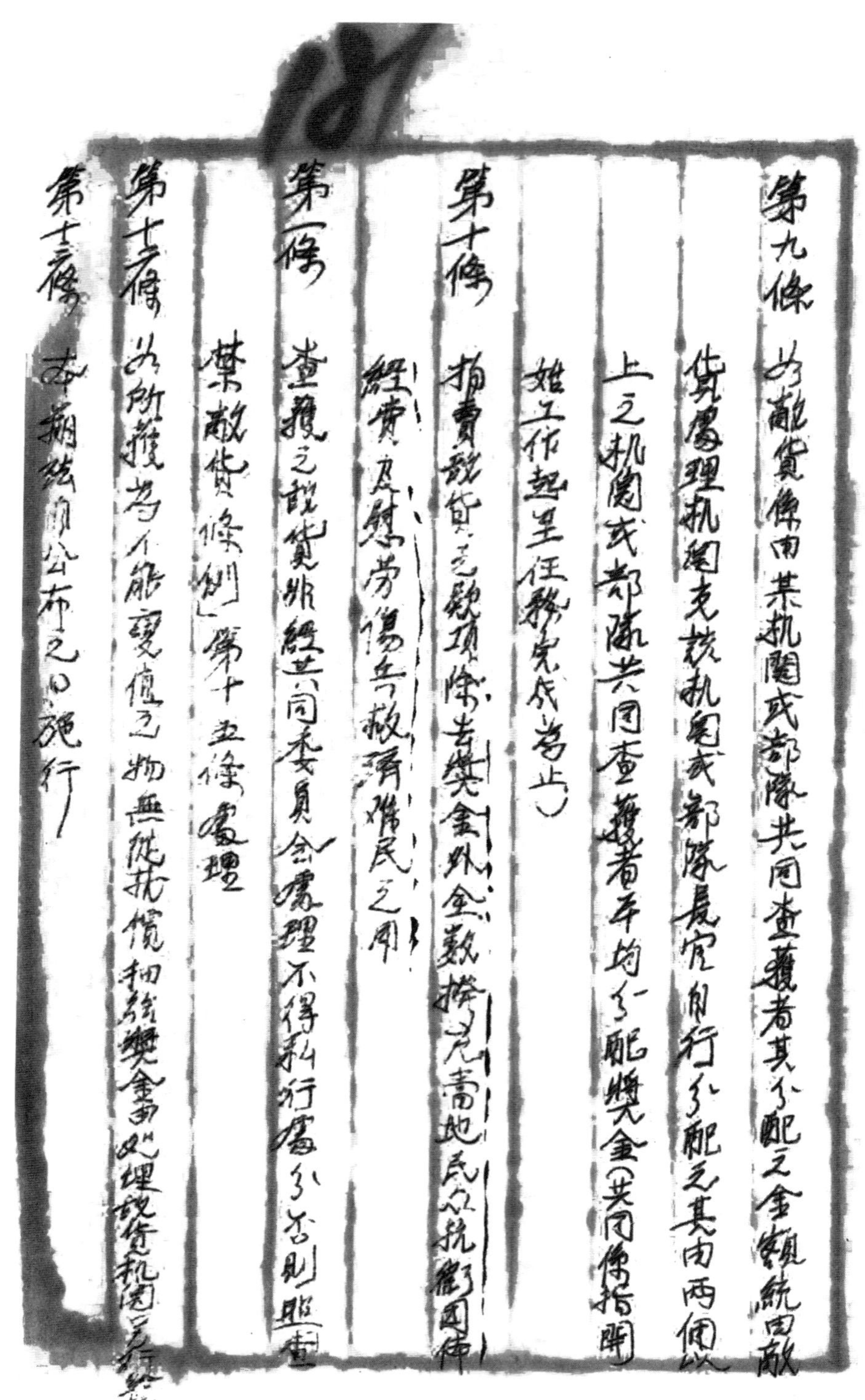

第九條　以敵貨係由某機關或部隊共同查獲者其分配之金額統由敵貨處理機關充核機關或部隊長官自行分配之其中兩個以上之機關或部隊共同查獲者平均分配獎金（共同係指開始工作起至任務完成為止）

第十條　折賣敵貨之款項除去獎金外全數撥充當地民眾抗戰團体經費及慰勞傷兵与救濟難民之用

第十一條　查獲之敵貨非經共同委員会處理不得私行處分否則照查禁敵貨條例第十五條處理

第十二條　以所獲為不能變價之物無從折價抽給獎金者由處理敵貨機關另行獎勵

第十三條　本辦法自公布之日施行

附件：战地查获敌货处置及奖惩办法草案（军事委员会军委会办四渝字第 6294 号代电颁发施行）

（1939 年 7 月）　G133-003-0025

(五)出钱劳军竞赛运动

1111
11875
29.8.29

存

事由：為規定傷友社徵慰辦法轉飭遵辦由

第三戰區傷兵之友社福州支社代電　　徵字第689號

福鼎分社業奉總社名譽社長顧廻須寅代電開查關於本戰區傷兵之友社徵募慰勞費業經總社會同各有關機關討論厘訂詳細辦法以期妥善在案茲將決定辦法列下(一)前飭支社試辦一碗菜運動事業曾經通飭一律停辦(二)支分社應募之款計分二種一為用於當地慰勞傷兵之款一為奉令募解總社之款應由各該社長在當地出為入原則下依總社原定工作大綱第四條規定之方式(即樂捐游藝義賣三種)及徵求社員辦法經社務會議決定後分別籌募如有必須採用其他方式時須呈由總社簽准名譽社長行之(三)關於動用捐款辦法除籌解總社者外應由社長提經社務會議決定按季分配但須於季終(即一、四、七、十

第三战区伤兵之友社福州支社关于转发总社规定伤兵之友社征募慰劳办法并饬遵办的代电

(1940 年 8 月 20 日)a 面　G133-003-0025

籌月底）將收支狀況呈報總社備查同時公佈地方週知（四）總社每年舉行總慰勞一次或二次其所需之款由總社擬具用途及徵募办法簽請名譽社長核定後無論用若何方式徵募以撙節不為浪費動用捐款時亦須簽請名譽社長行之（五）總社令支分社攤籌款項每年至多一次由總社將地方財力擬具數額簽請名譽社長核定後分令各支社一次募解不得零星一舉以致滋煩擾（六）各支分社有成績卓著使當地或全戰區傷兵多獲福利而所募之款又分派於苛擾者經查明後得由總社呈請名譽社長傳令嘉獎或給與獎狀以昭激勵除分電外即希查照办理並轉飭各支分社照為要等因奉此除分電外合行電仰該分社遵办為要陳琪加何梅社俊

中華民國二十九年八月二十日

林□□兼琦

第三战区伤兵之友社福州支社关于转发总社规定伤兵之友社征募慰劳办法并饬遵办的代电

(1940 年 8 月 20 日)b 面　G133-003-0025

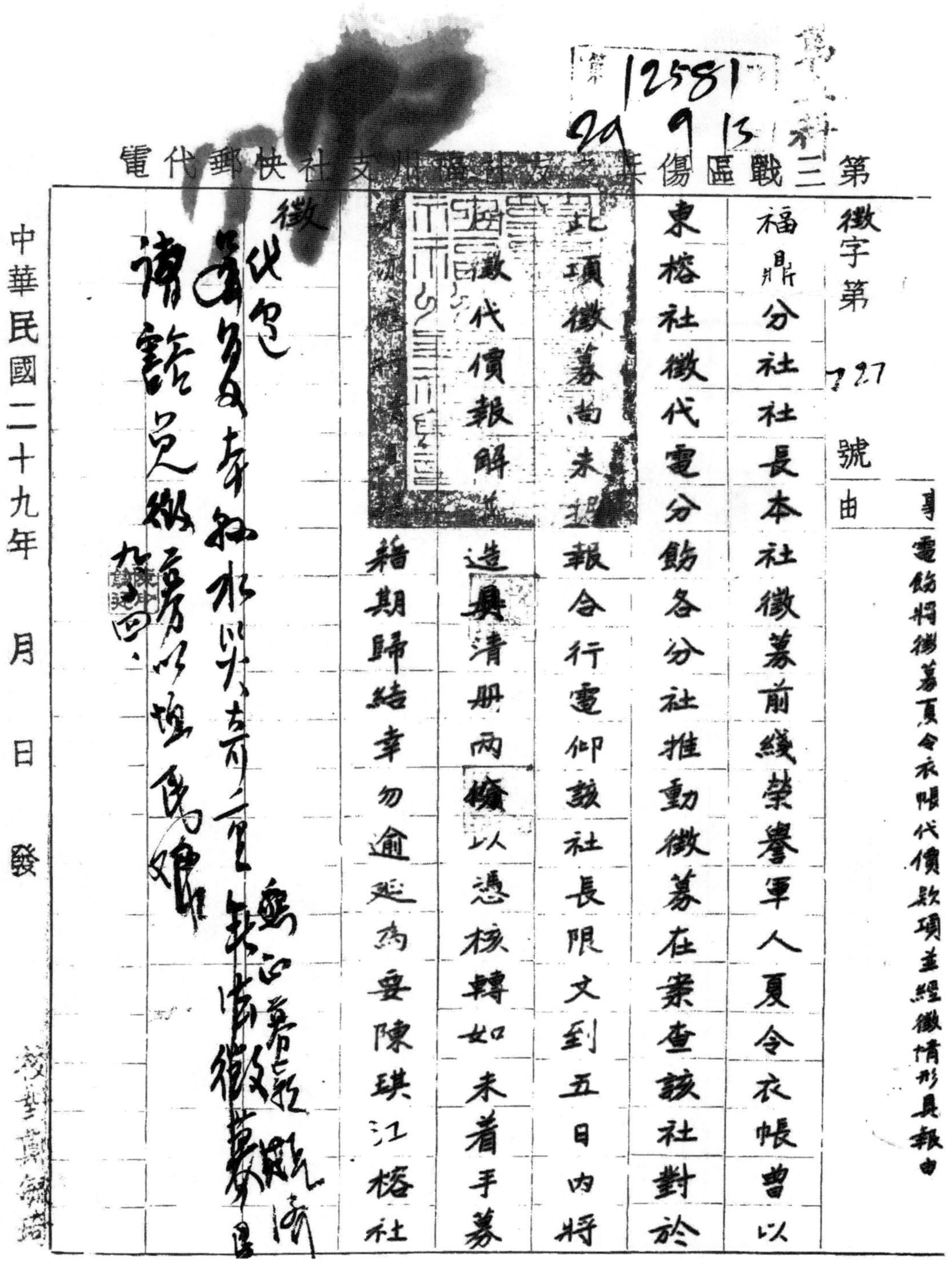

第三战區傷兵之友社福州支社快郵代電

事由：電飭將徵募夏令衣帳代價款項並經徵情形具報由

徵字第727號

福鼎分社社長：本社徵募前綫榮譽軍人夏令衣帳，曾以東榕社徵代電分飭各分社推動徵募在案。查該社對於此項徵募尚未據報，合行電仰該社長限文到五日内將徵代價報解，並造具清冊兩份，以憑核轉。如未着手募籌，期歸結，幸勿逾延為要。陳琪江榕社徵

中華民國二十九年　月　日發

第三战区伤兵之友社福州支社关于将征募夏令衣帐代价款项并经征情形具报的快邮代电

（1940年9月3日）　G133-003-0025

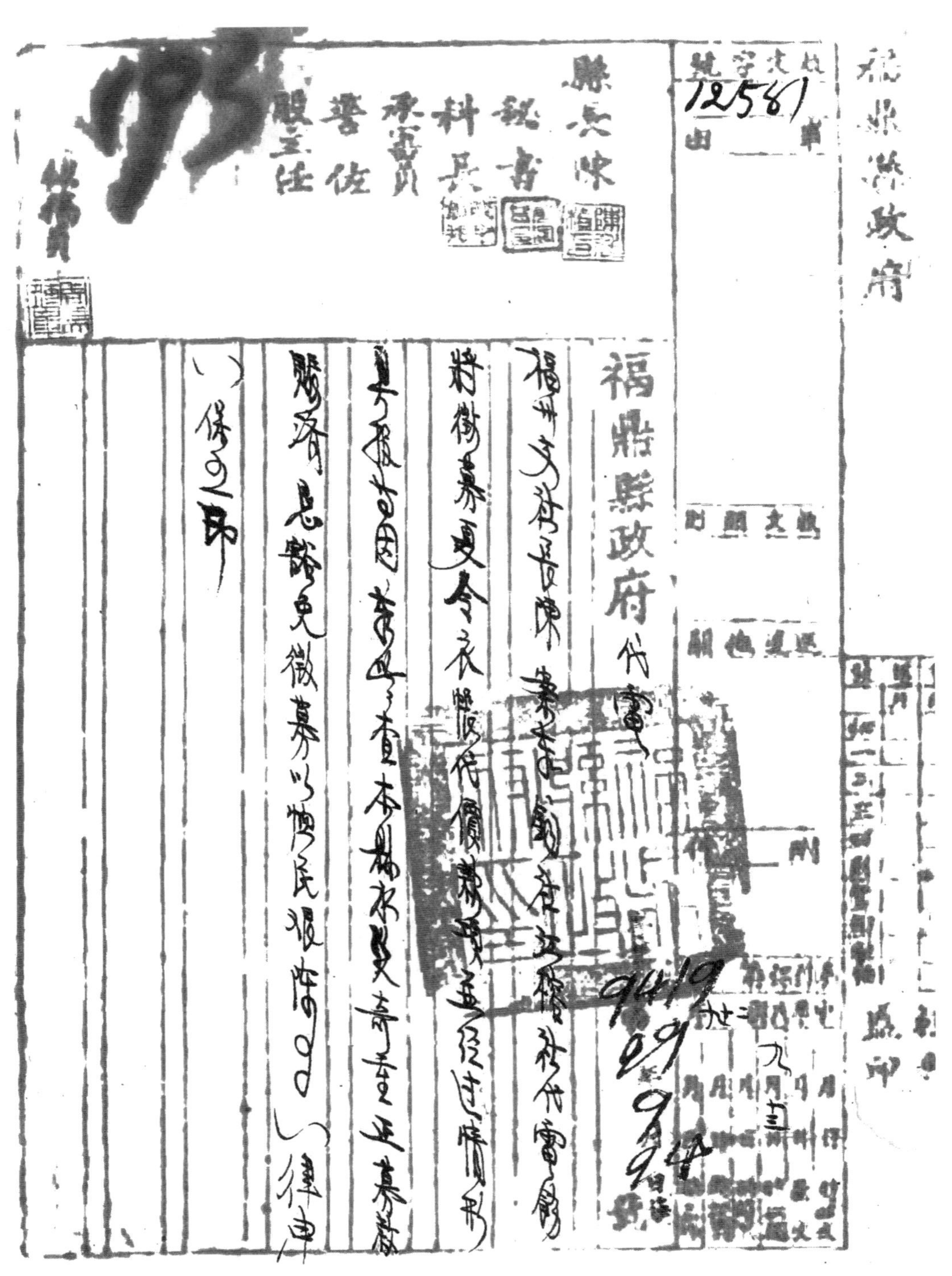
福鼎县政府 代电

福建省政府主席陈 [illegible]钧鉴：奉钧府[illegible]代电饬将征募夏令衣服代价款项并经过情形具报等因，奉此，查本县本年水灾奇重，正募款赈济，恳豁免征募，以恤民艰，[illegible]

[illegible]

县长陈 秘书 科长 承办员 誊佐 股主任

福鼎县政府关于本县水灾奇重恳豁免征募以恤民艰的代电

（1940 年 9 月 24 日） G133-003-0025

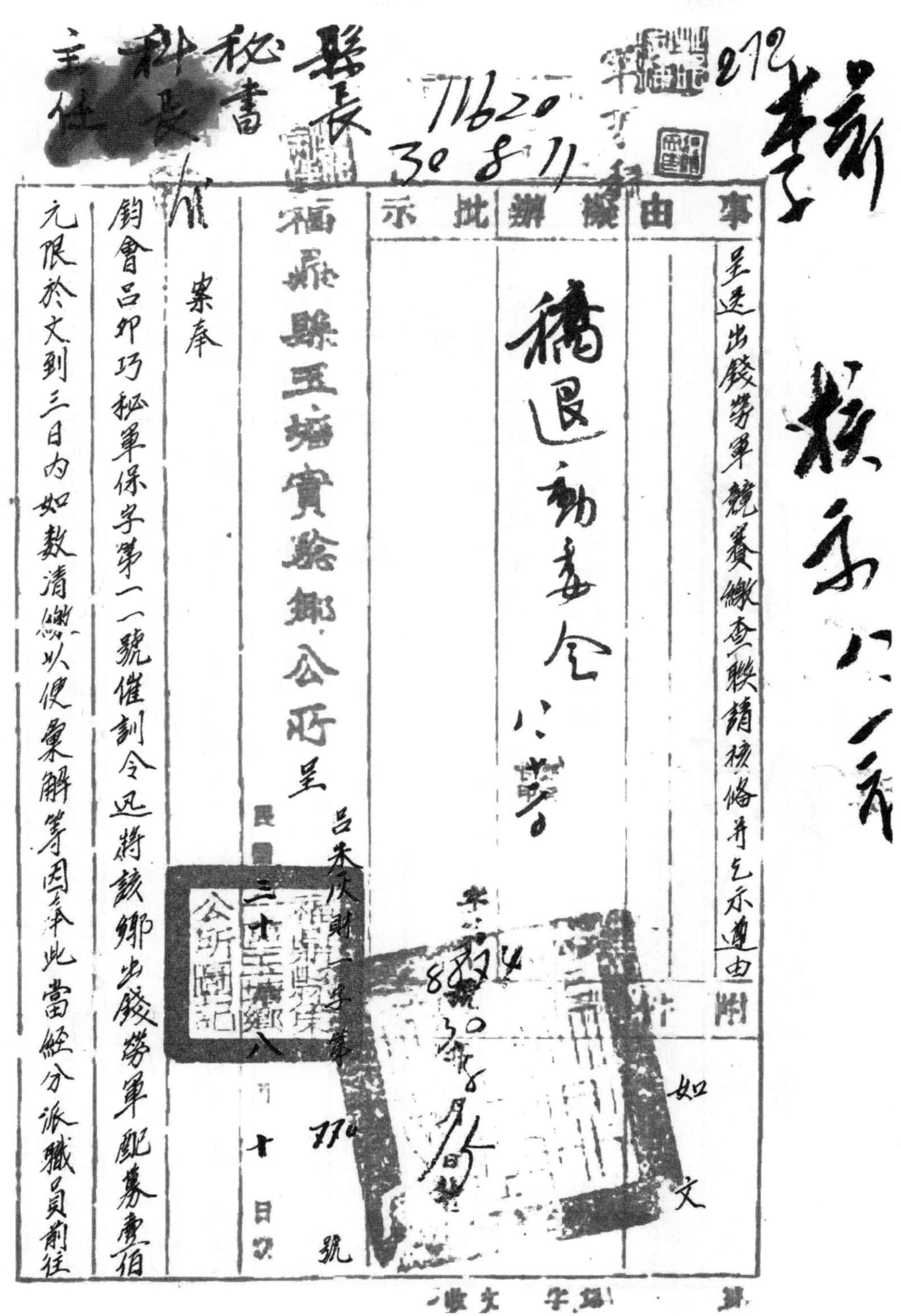

福鼎县政府第一区玉塘实验乡公所关于呈送劝募出钱劳军竞赛运动缴查联(存根)五十七张的呈文

(1941年8月10日)a面　G133-003-0026

各保會同各保長向各殷户勸募完竣業已由本所於本年二月廿三日
送繳鈞府鄭科員衍楳收五十元七月廿五日送繳李書記原雲收
五十元均給收據存查奉令前因理合將勸募出錢勞軍競賽運
動繳查聯五十七張具文復請
察核備查并乞示遵
謹呈
福鼎縣動員委員會兼主任委員鄭
計呈送存根五十七張
玉塘實驗鄉鄉長林鶴慶

呈悉。准存。此令
卅年[illegible]月十二日　擬

福鼎县政府第一区玉塘实验乡公所关于呈送劝募出钱劳军竞赛运动缴查联(存根)五十七张的呈文
(1941年8月10日)b面　G133-003-0026

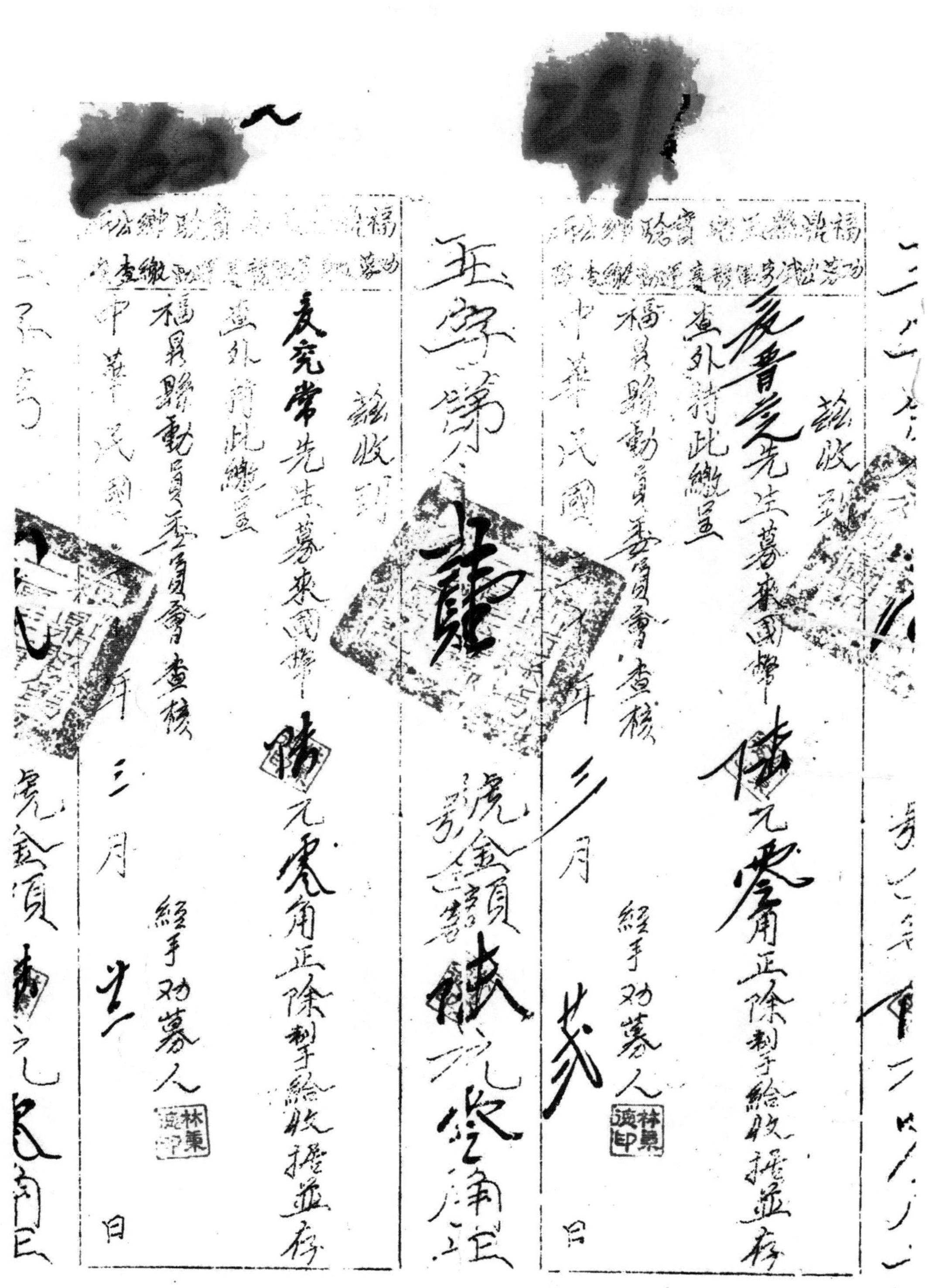

附件：福鼎县政府第一区玉塘实验乡公所劝募出钱劳军竞赛运动缴查联（存根）

（1941 年 3 月）　G133-003-0026

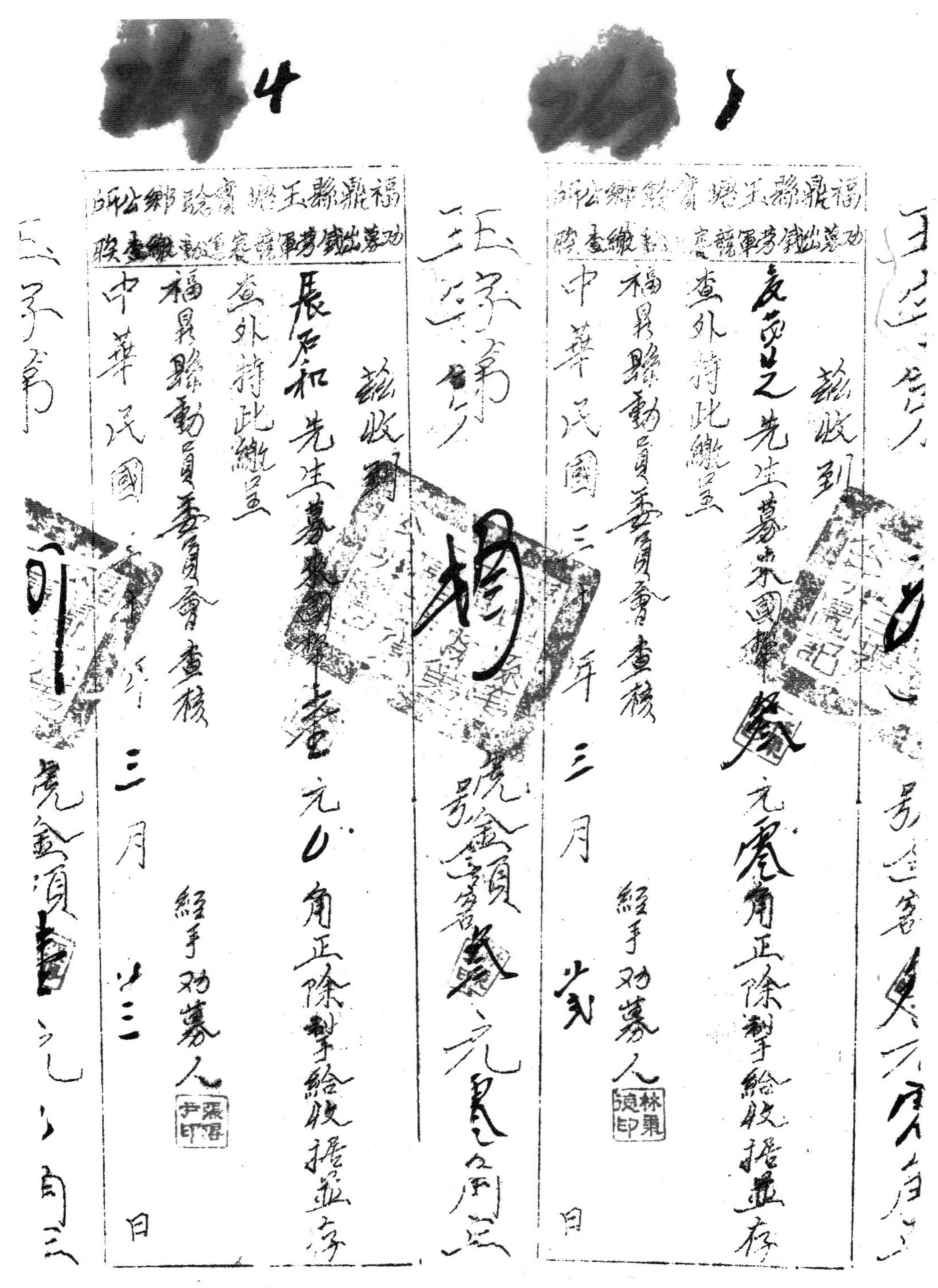

福鼎縣玉塘實驗鄉公所
劝募出錢勞軍競賽運動繳查聯

茲收到張石和先生募集國幣　元　角正除掣給收據並存查外特此繳呈
福鼎縣動員委員會查核
中華民國三十年三月　日
經手劝募人

福鼎縣玉塘實驗鄉公所
劝募出錢勞軍競賽運動繳查聯

茲收到　先生募集國幣　元零角正除掣給收據並存查外特此繳呈
福鼎縣動員委員會查核
中華民國三十年三月　日
經手劝募人

附件：福鼎县政府第一区玉塘实验乡公所劝募出钱劳军竞赛运动缴查联(存根)

(1941年3月)　G133-003-0026

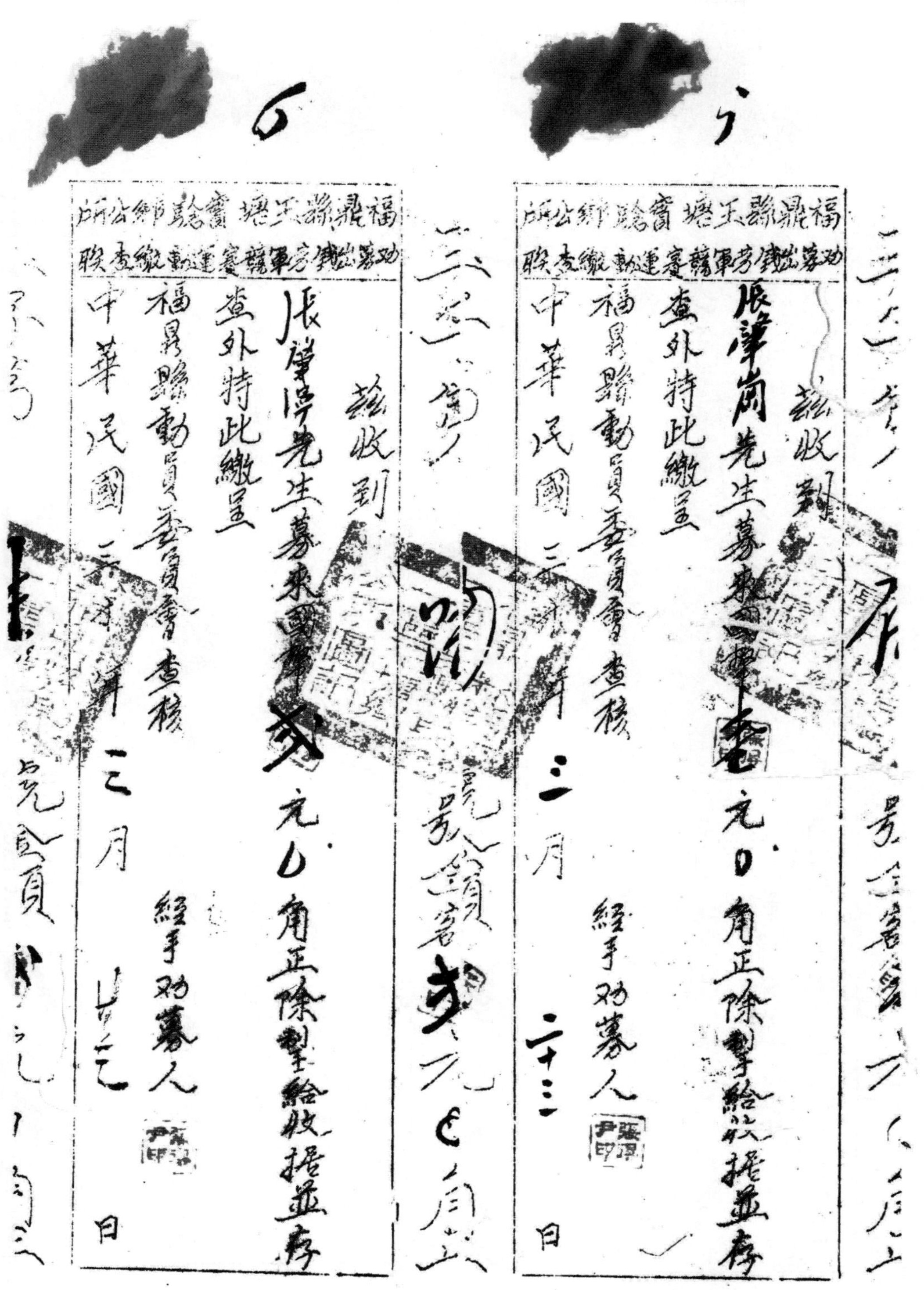

福鼎縣玉塘實驗鄉公所
勸募出錢勞軍競賽運動繳查聯

茲收到
張肇崗先生募來國幣 元 角正除掣給收据並存
查外特此繳呈
福鼎縣動員委員會 查核
中華民國 三十年 三 月 二十三 日
經手勸募人

福鼎縣玉塘實驗鄉公所
勸募出錢勞軍競賽運動繳查聯

茲收到
張肇崗先生募來國幣 元 角正除掣給收据並存
查外特此繳呈
福鼎縣動員委員會 查核
中華民國 三十年 三 月 廿三 日
經手勸募人

附件：福鼎县政府第一区玉塘实验乡公所劝募出钱劳军竞赛运动缴查联（存根）

（1941 年 3 月） G133-003-0026

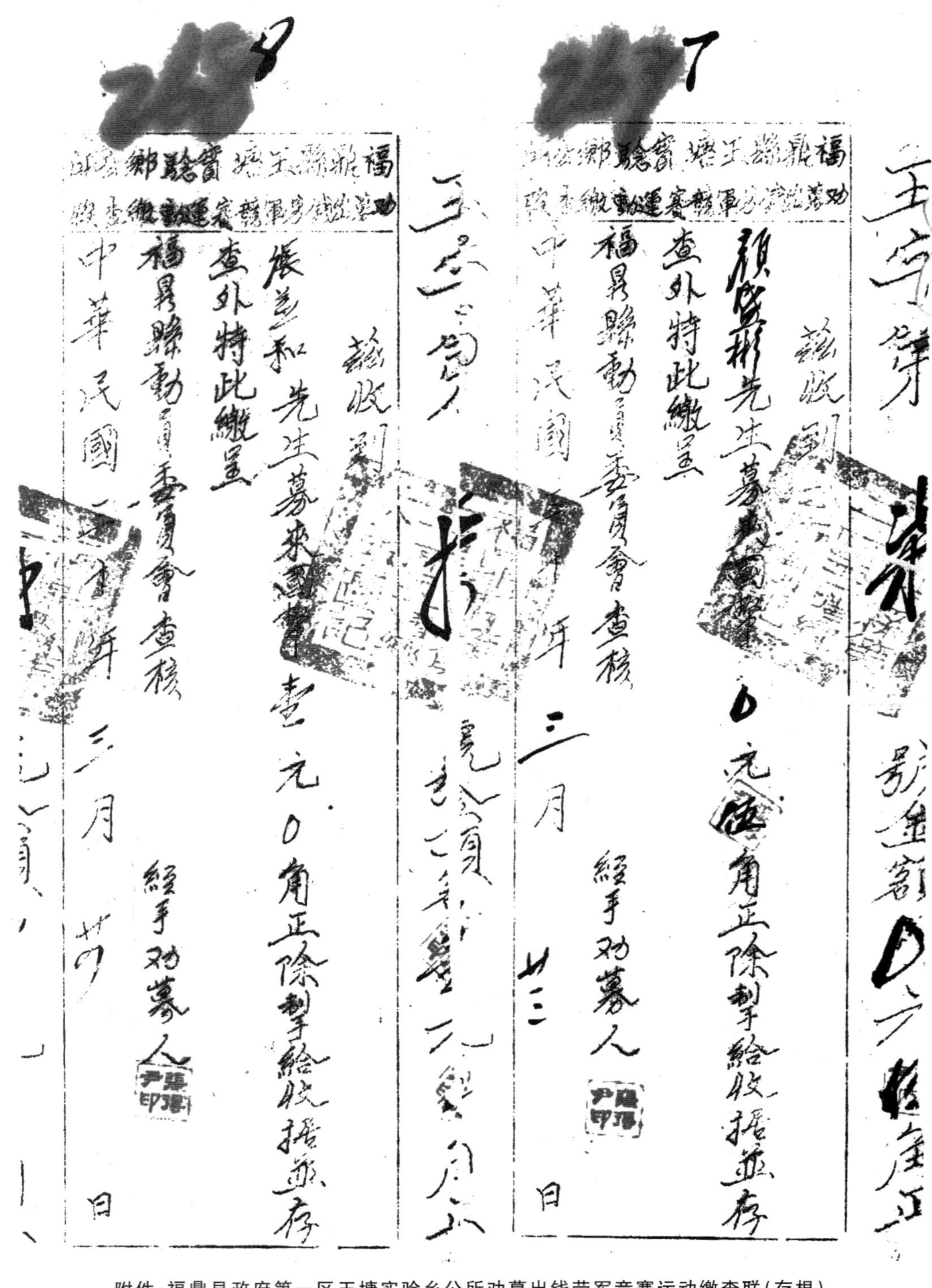
福鼎縣玉塘實驗鄉公所勸募出錢勞軍競賽運動繳查聯

茲收到張益和先生募來國幣壹元〇角正除掣給收據並存查外特此繳呈福鼎縣動員委員會查核

中華民國三十年三月廿四日

經手勸募人 尹藻印

福鼎縣玉塘實驗鄉公所勸募出錢勞軍競賽運動繳查聯

茲收到[illegible]先生募來國幣〇元伍角正除掣給收據並存查外特此繳呈福鼎縣動員委員會查核

中華民國三十年三月廿三日

經手勸募人 尹藻印

附件：福鼎县政府第一区玉塘实验乡公所劝募出钱劳军竞赛运动缴查联（存根）

（1941 年 3 月） G133-003-0026

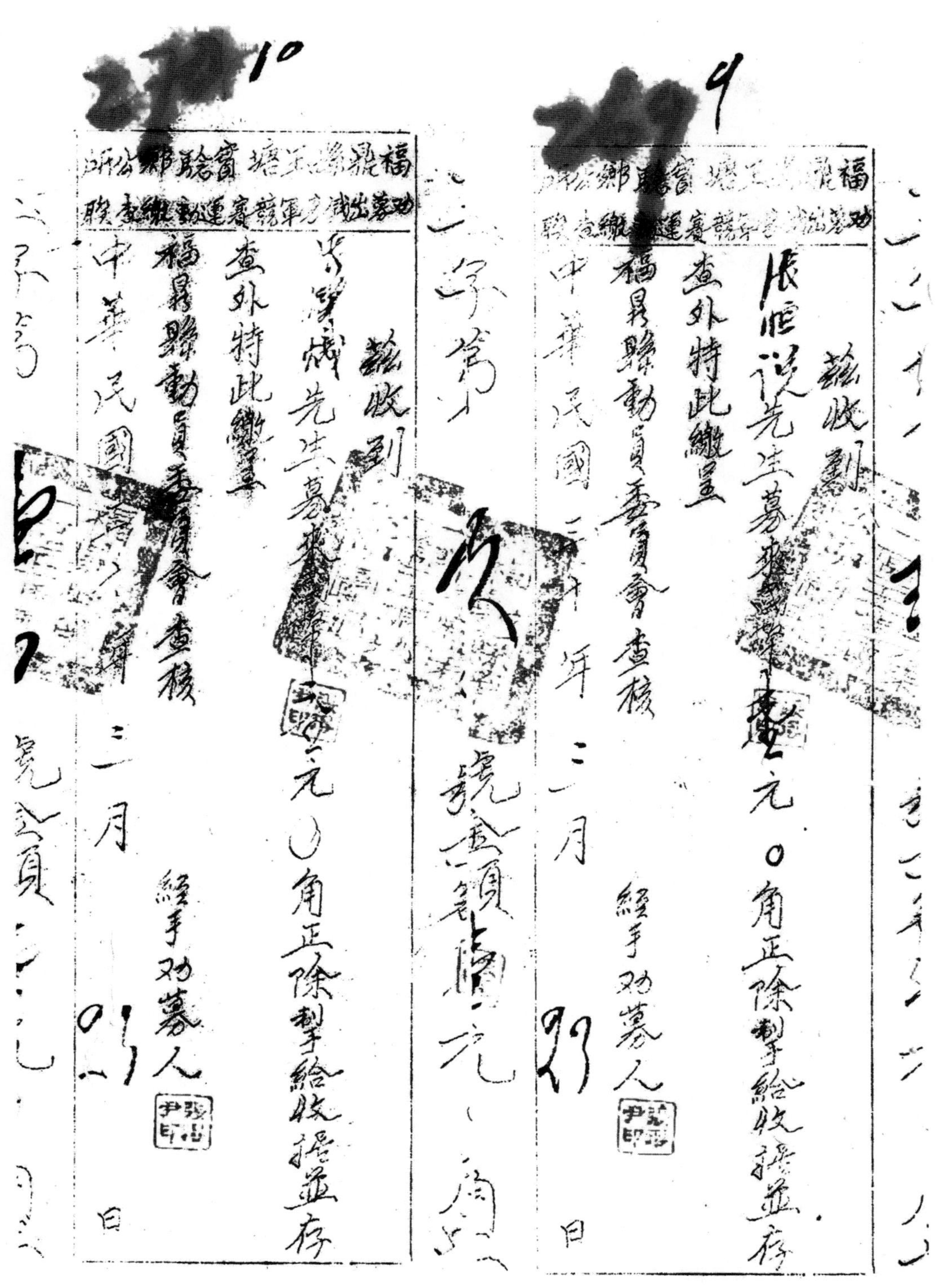

福鼎县第一区玉塘实验乡公所
劝募出钱劳军竞赛运动缴查联

兹收到[illegible]先生募[illegible]元〇角正除掣给收据并存查外特此缴呈
福鼎县动员委员会查核
中华民国[illegible]年三月　日
经手劝募人

福鼎县第一区玉塘实验乡公所
劝募出钱劳军竞赛运动缴查联

兹收到张[illegible]先生募[illegible]元〇角正除掣给收据并存查外特此缴呈
福鼎县动员委员会查核
中华民国三十年三月　日
经手劝募人

附件：福鼎县政府第一区玉塘实验乡公所劝募出钱劳军竞赛运动缴查联（存根）

（1941年3月）　G133-003-0026

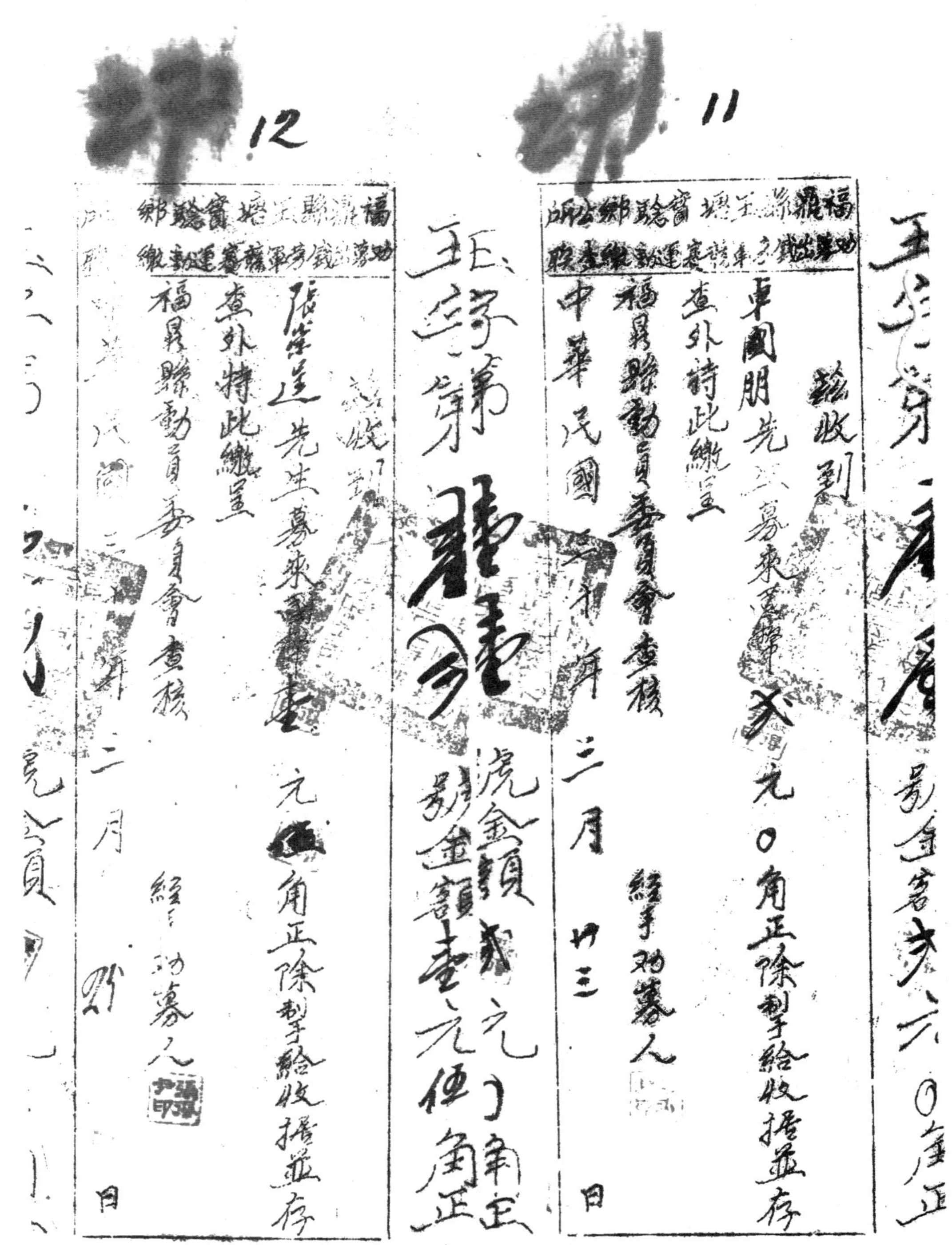

附件：福鼎县政府第一区玉塘实验乡公所劝募出钱劳军竞赛运动缴查联(存根)

(1941年3月)　G133-003-0026

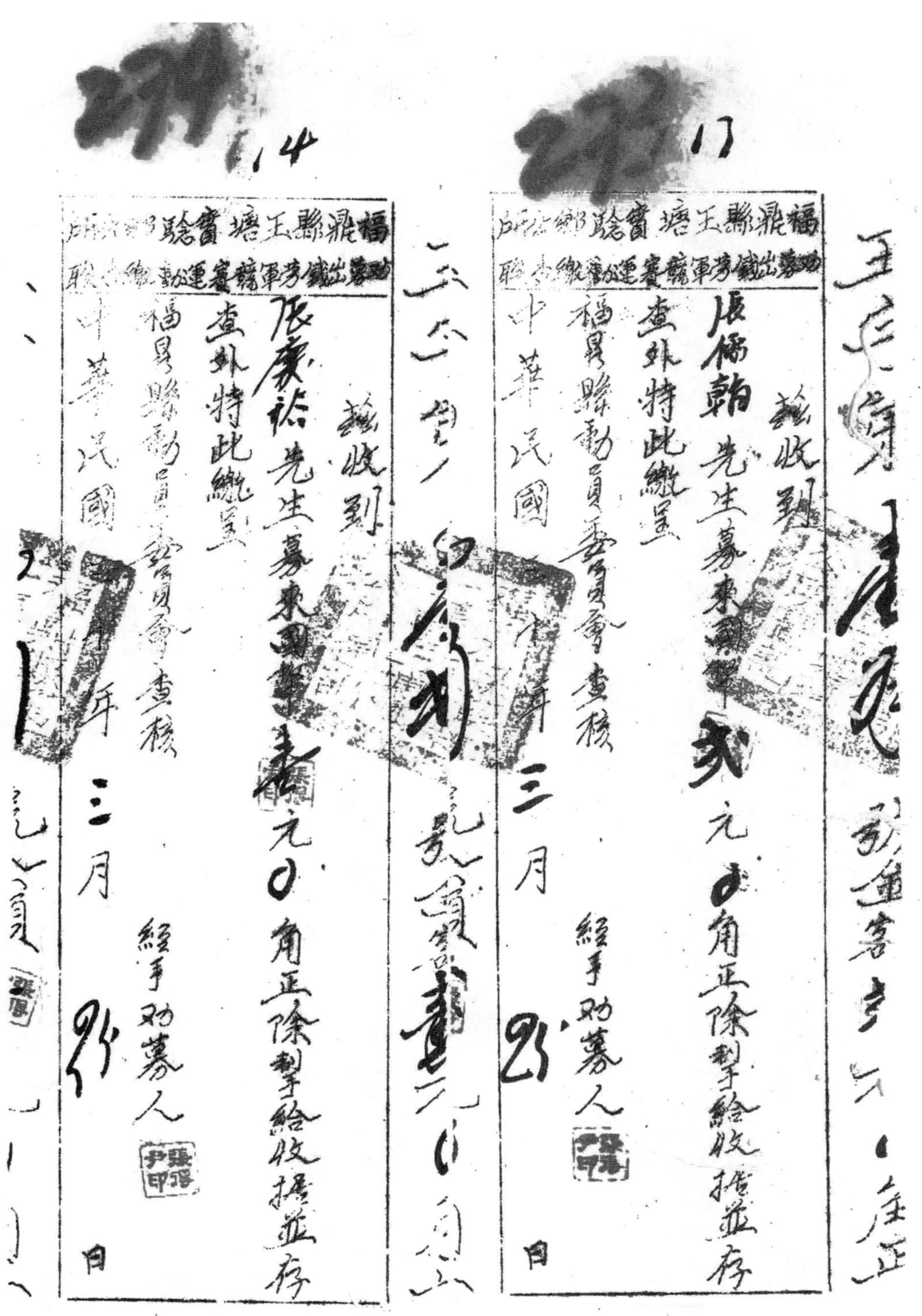

福鼎縣玉塘實騐鄉公所
勸募出錢勞軍競賽運動繳查聯

茲收到
張康裕先生募來國幣　元　角正除製給收據並存
查外特此繳呈
福鼎縣動員委員會　查核
中華民國　年　三月　日
經手勸募人

福鼎縣玉塘實騐鄉公所
勸募出錢勞軍競賽運動繳查聯

茲收到
張儒翰先生募來國幣　元　角正除製給收據並存
查外特此繳呈
福鼎縣動員委員會　查核
中華民國　年　三月　日
經手勸募人

附件:福鼎县政府第一区玉塘实验乡公所劝募出钱劳军竞赛运动缴查联(存根)

(1941 年 3 月)　G133-003-0026

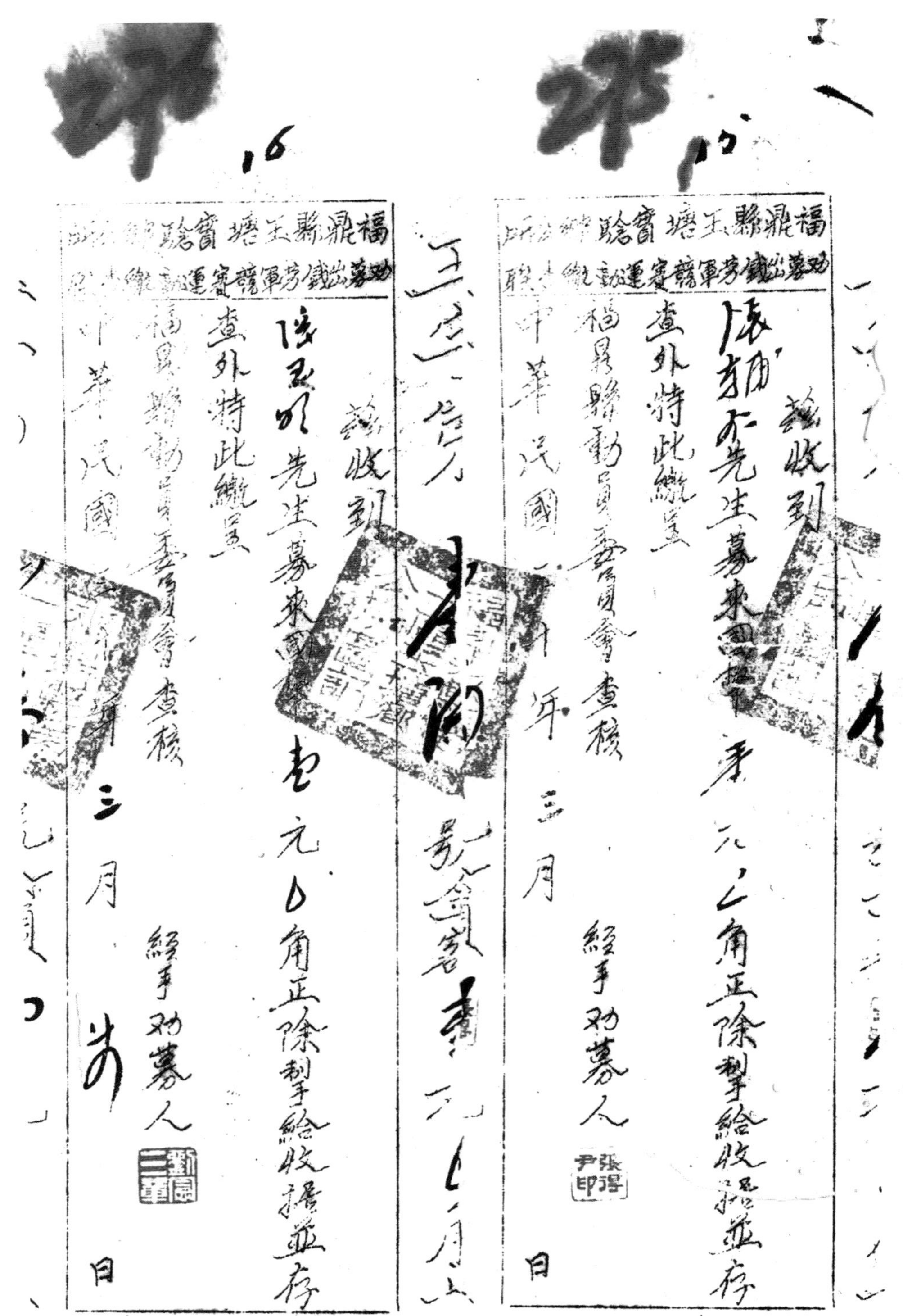

福鼎縣玉塘實驗鄉公所
劝募出錢勞軍競賽運動繳查聯
茲收到
先生募來國幣　元　角正除製手給收據並存
查外特此繳呈
福鼎縣動員委員會查核
中華民國　年　三月　日
經手劝募人

附件:福鼎县政府第一区玉塘实验乡公所劝募出钱劳军竞赛运动缴查联(存根)

(1941 年 3 月)　G133-003-0026

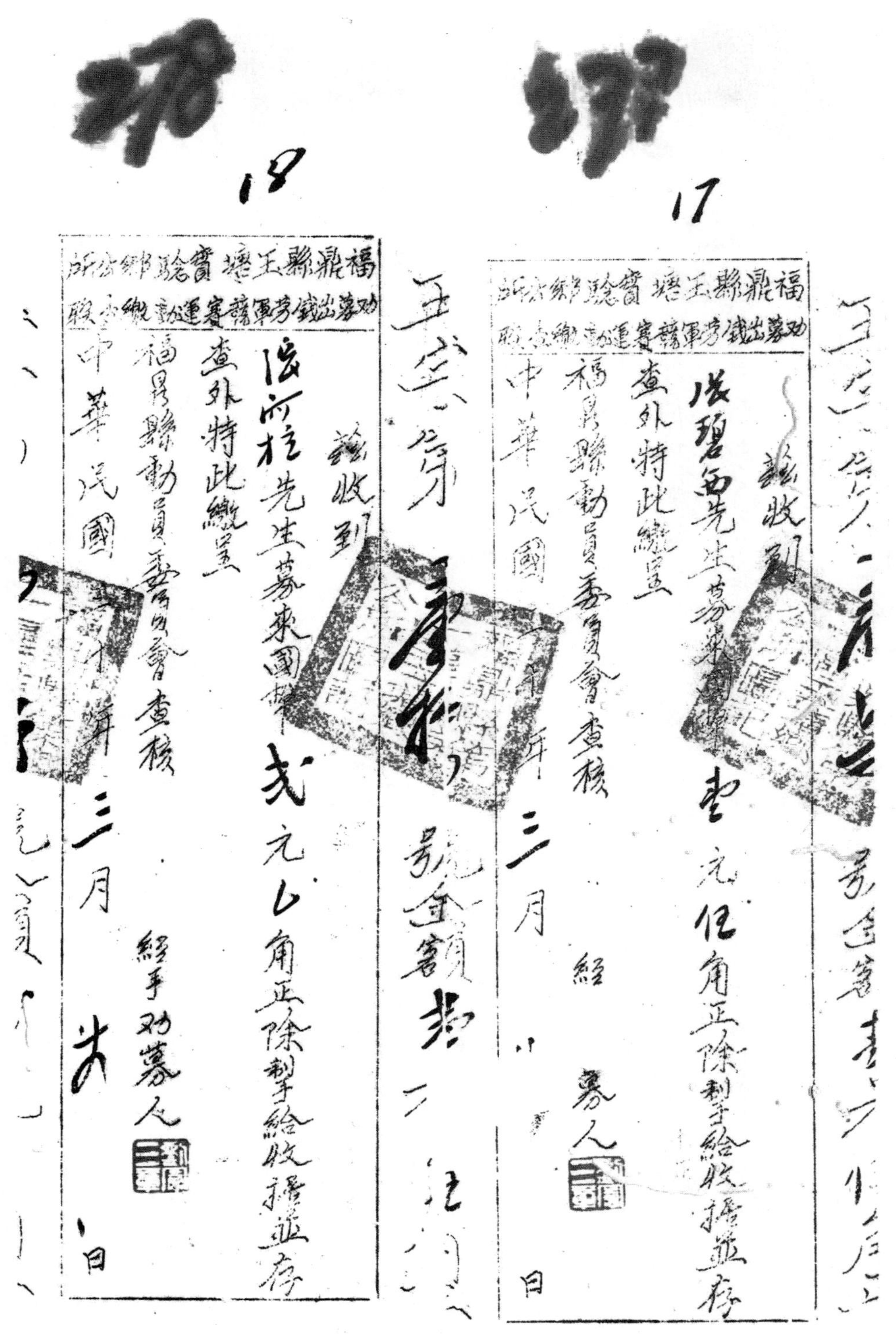

附件:福鼎县政府第一区玉塘实验乡公所劝募出钱劳军竞赛运动缴查联(存根)

(1941 年 3 月) G133-003-0026

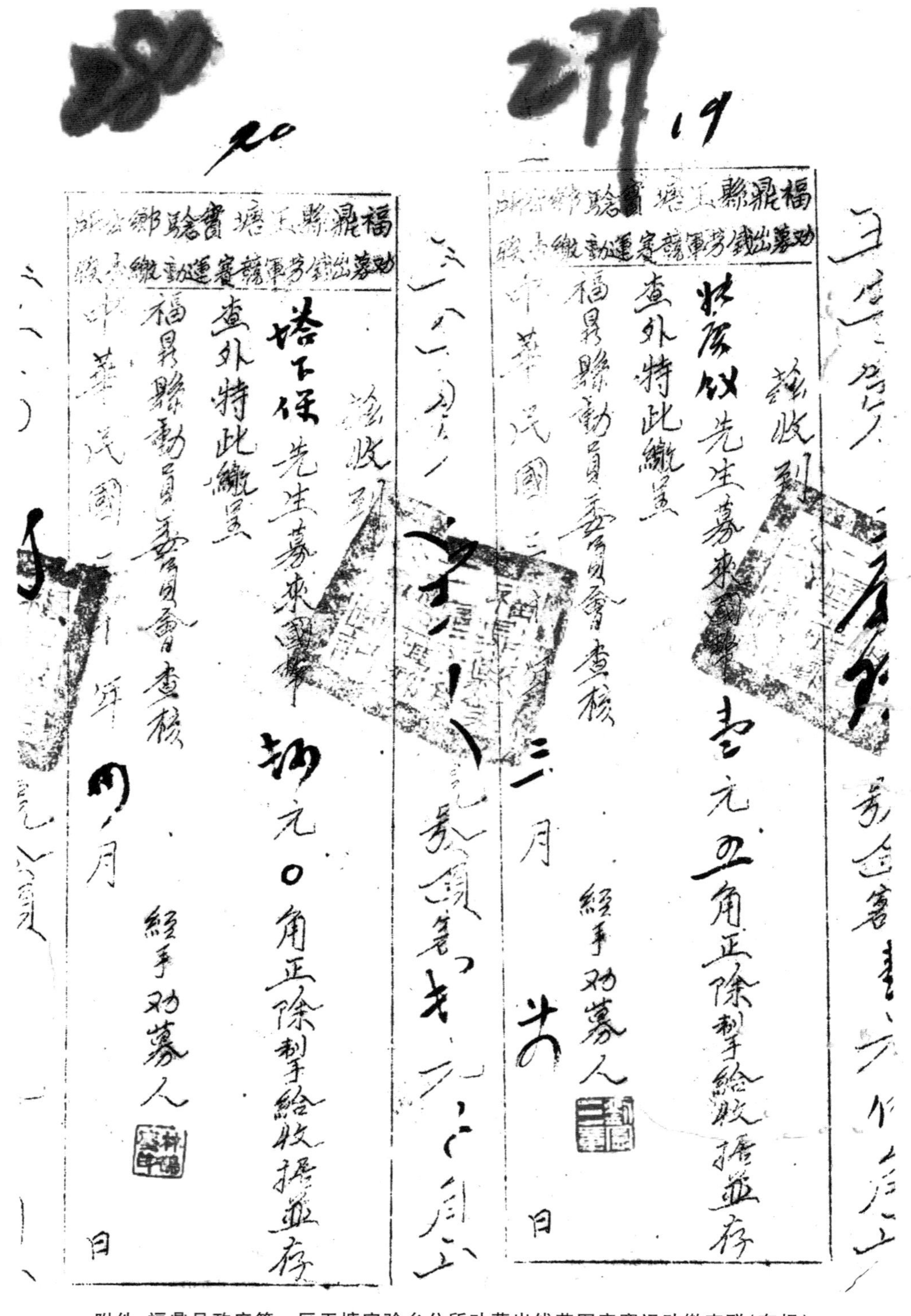

福鼎縣第一區玉塘實驗鄉公所
勸募出錢勞軍競賽運動繳查聯

茲收到林宏仪先生募來國幣壹元五角正除製手給收據並存查外特此繳呈福鼎縣動員委員會查核

中華民國三十年三月廿 日

經手勸募人

福鼎縣第一區玉塘實驗鄉公所
勸募出錢勞軍競賽運動繳查聯

茲收到塔下保先生募來國幣捌元〇角正除製手給收據並存查外特此繳呈福鼎縣動員委員會查核

中華民國三十年四月 日

經手勸募人

附件:福鼎县政府第一区玉塘实验乡公所劝募出钱劳军竞赛运动缴查联(存根)

(1941 年 3 月) G133-003-0026

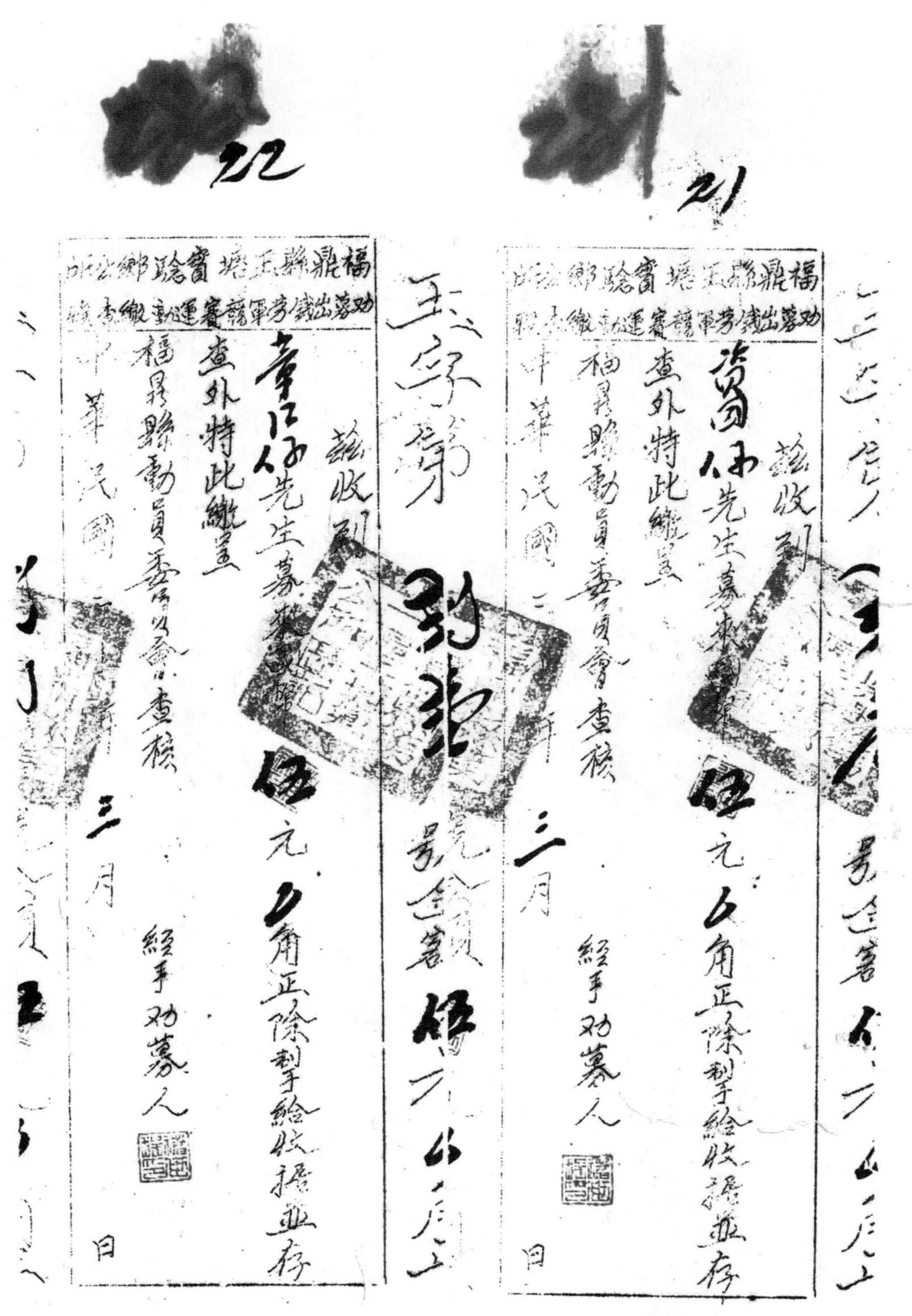

福鼎縣玉塘實驗鄉公所

劝募出錢勞軍競賽運動繳查聯

茲收到　　先生募　　元　　角正除掣給收據並存查外特此繳呈

福鼎縣動員委員會查核

中華民國　　年　　月　　日

經手劝募人

福鼎縣玉塘實驗鄉公所

劝募出錢勞軍競賽運動繳查聯

茲收到　　先生募　　元　　角正除掣給收據並存查外特此繳呈

福鼎縣動員委員會查核

中華民國　　年　　月　　日

經手劝募人

附件：福鼎县政府第一区玉塘实验乡公所劝募出钱劳军竞赛运动缴查联（存根）

（1941 年 3 月）　G133-003-0026

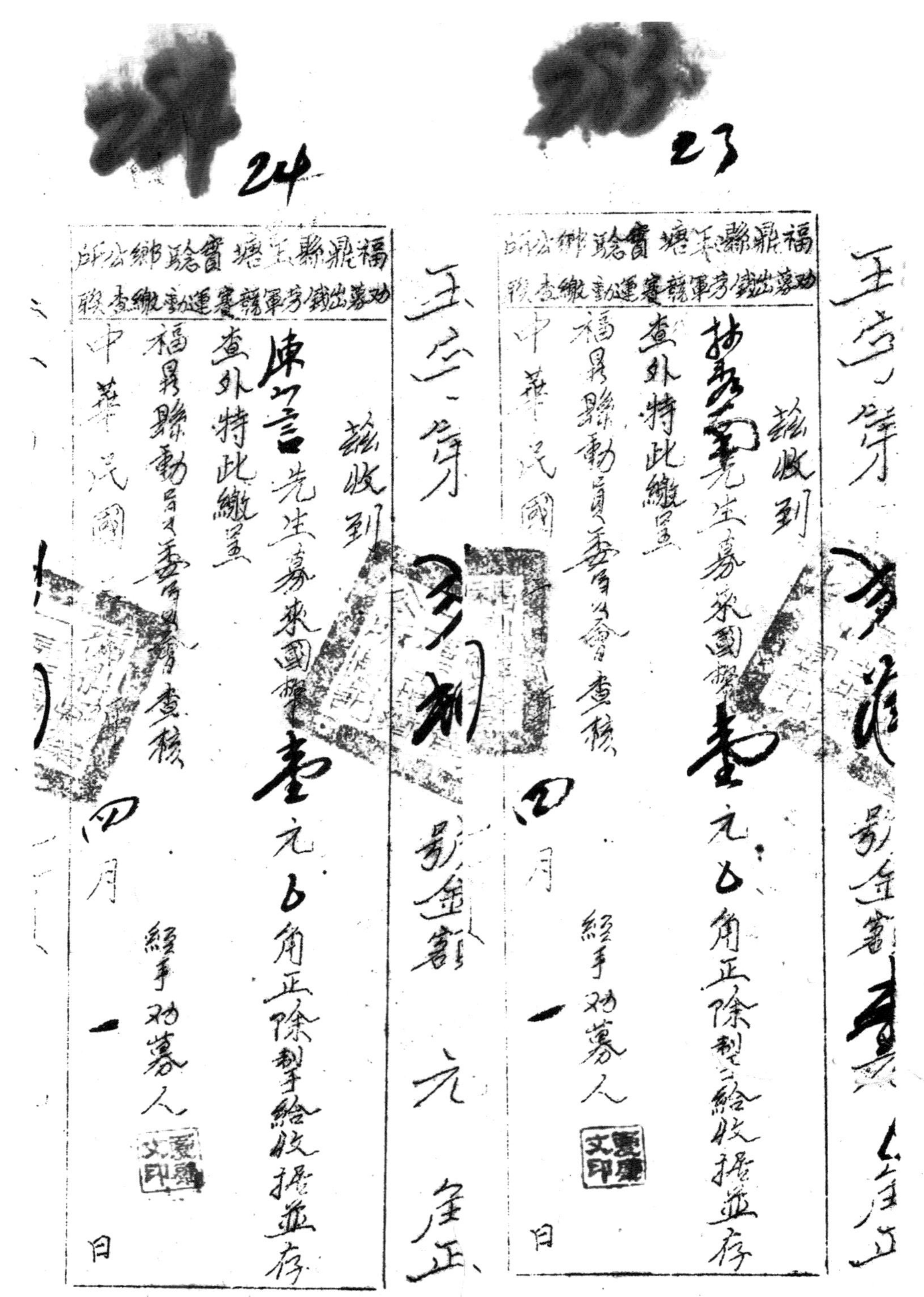

附件：福鼎县政府第一区玉塘实验乡公所劝募出钱劳军竞赛运动缴查联（存根）

（1941 年 3 月）　G133-003-0026

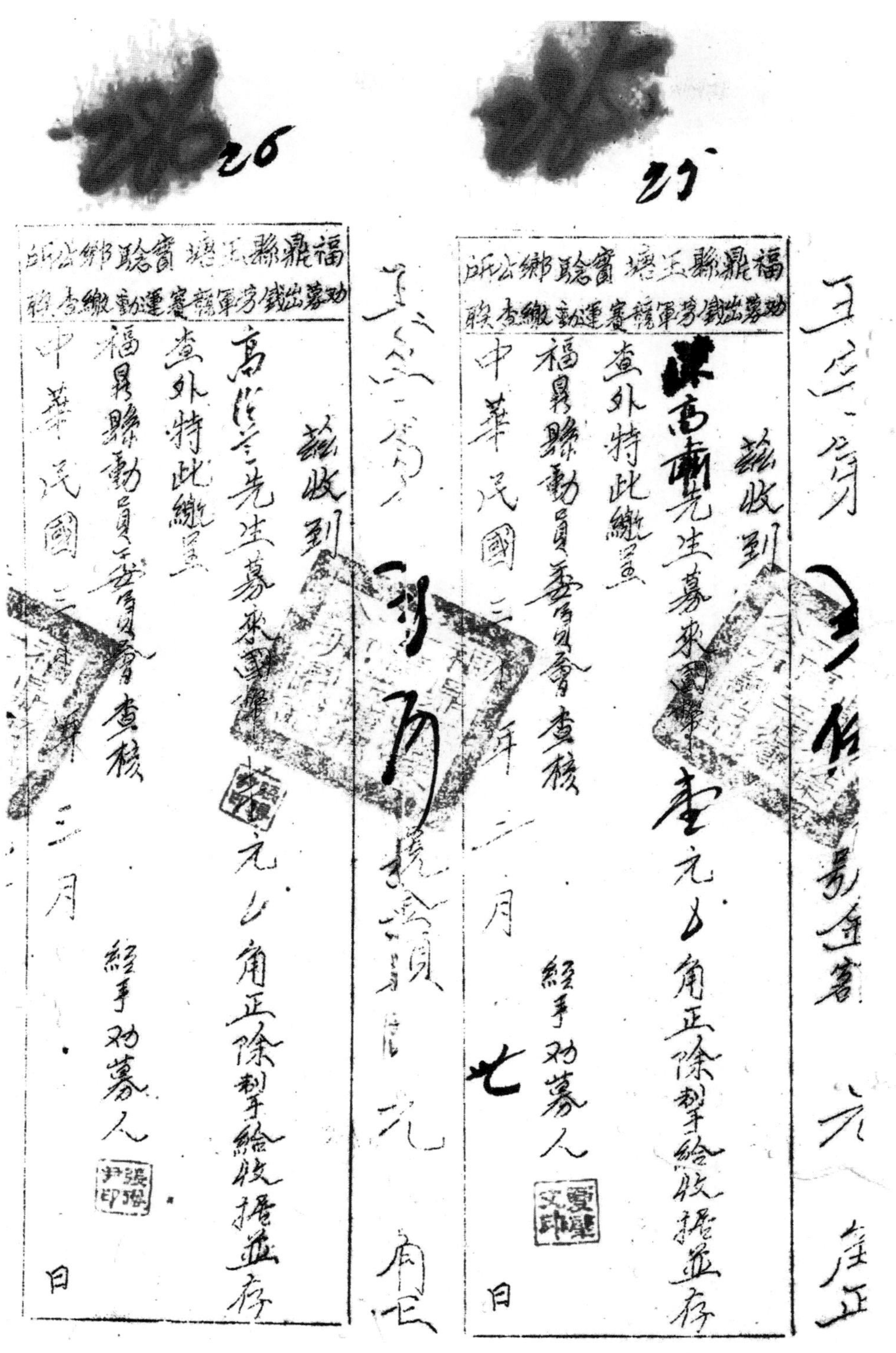

福鼎縣玉塘實驗鄉公所
劝募出錢勞軍競賽運動繳查聯

兹收到
先生募來國幣　元　角正除製手給收據並存查外特此繳呈
福鼎縣動員委員會查核
經手劝募人
中華民國三十年三月　日

福鼎縣玉塘實驗鄉公所
劝募出錢勞軍競賽運動繳查聯

兹收到
先生募來國幣　元　角正除製手給收據並存查外特此繳呈
福鼎縣動員委員會查核
經手劝募人
中華民國三十年三月　日

附件：福鼎县政府第一区玉塘实验乡公所劝募出钱劳军竞赛运动缴查联（存根）

（1941 年 3 月）　G133-003-0026

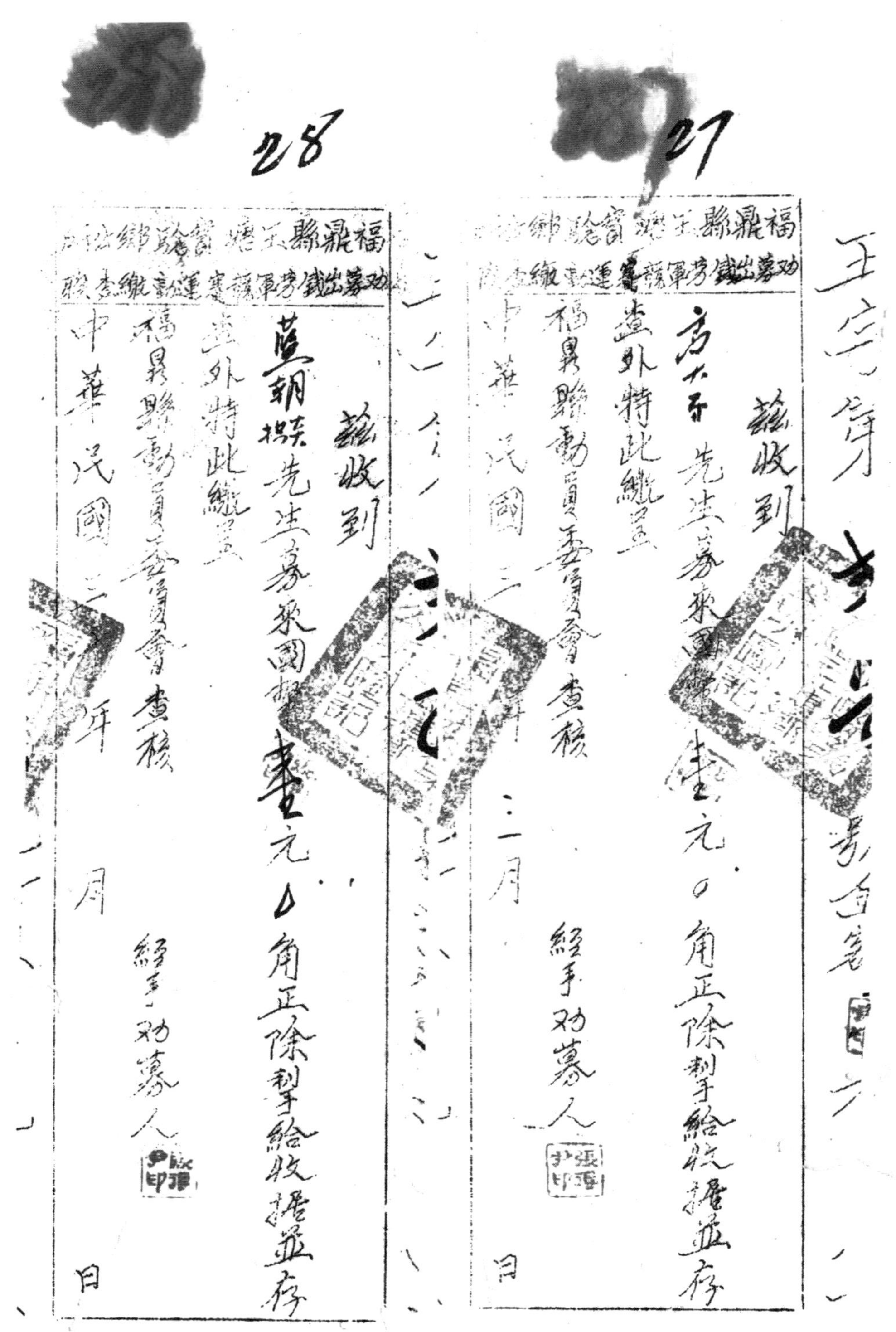

27

福鼎县玉塘实验乡公所劝募出钱劳军竞赛运动缴查联

兹收到 方大平 先生募款国币 壹元〇角正除制手给收据并存查外特此缴呈

福鼎县动员委员会查核

经手劝募人

中华民国三十年三月　日

28

福鼎县玉塘实验乡公所劝募出钱劳军竞赛运动缴查联

兹收到 [illegible] 先生募款国币 壹元〇角正除制手给收据并存查外特此缴呈

福鼎县动员委员会查核

经手劝募人

中华民国三十年三月　日

附件：福鼎县政府第一区玉塘实验乡公所劝募出钱劳军竞赛运动缴查联（存根）

（1941 年 3 月）　G133-003-0026

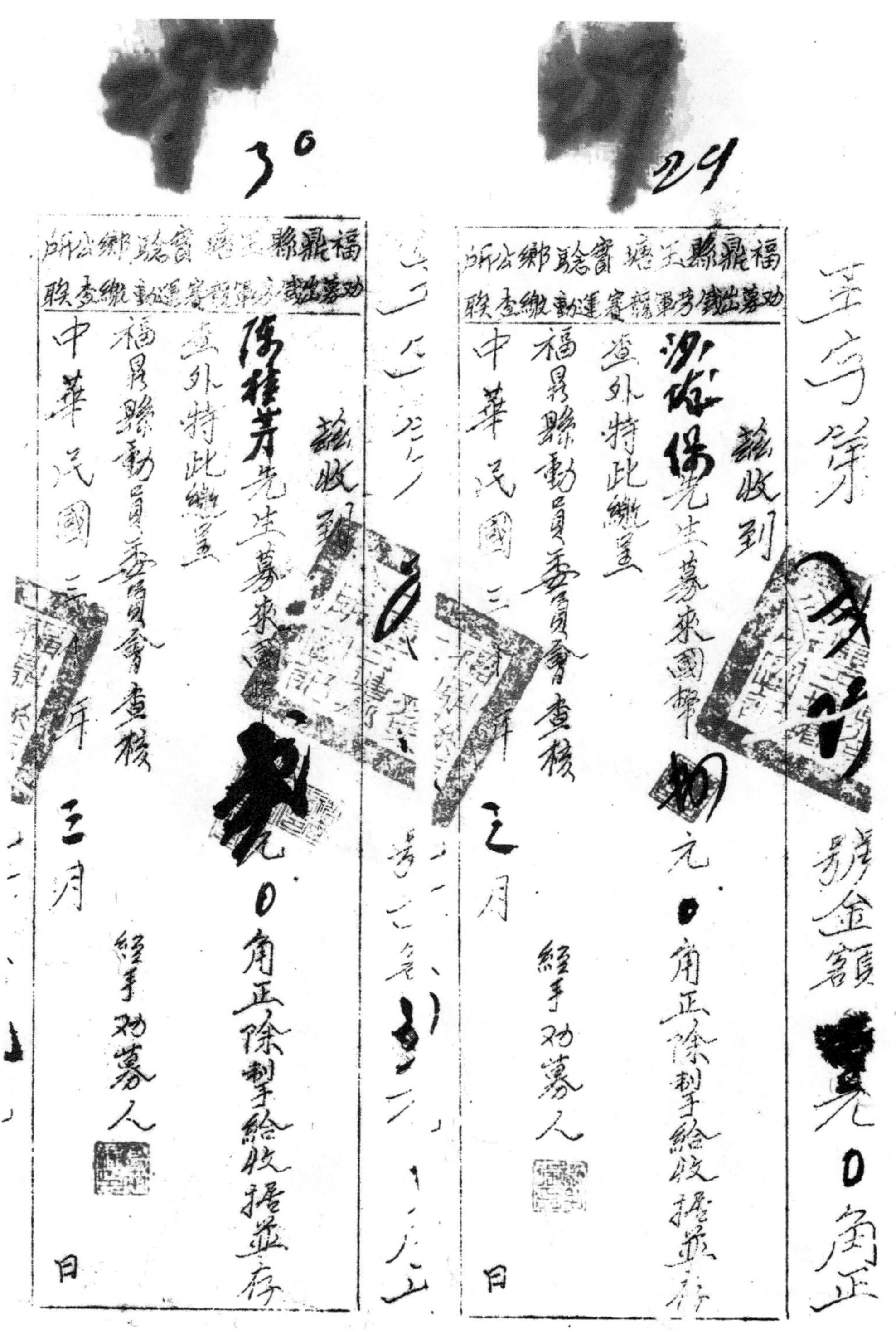

附件：福鼎县政府第一区玉塘实验乡公所劝募出钱劳军竞赛运动缴查联(存根)

(1941 年 3 月)　G133-003-0026

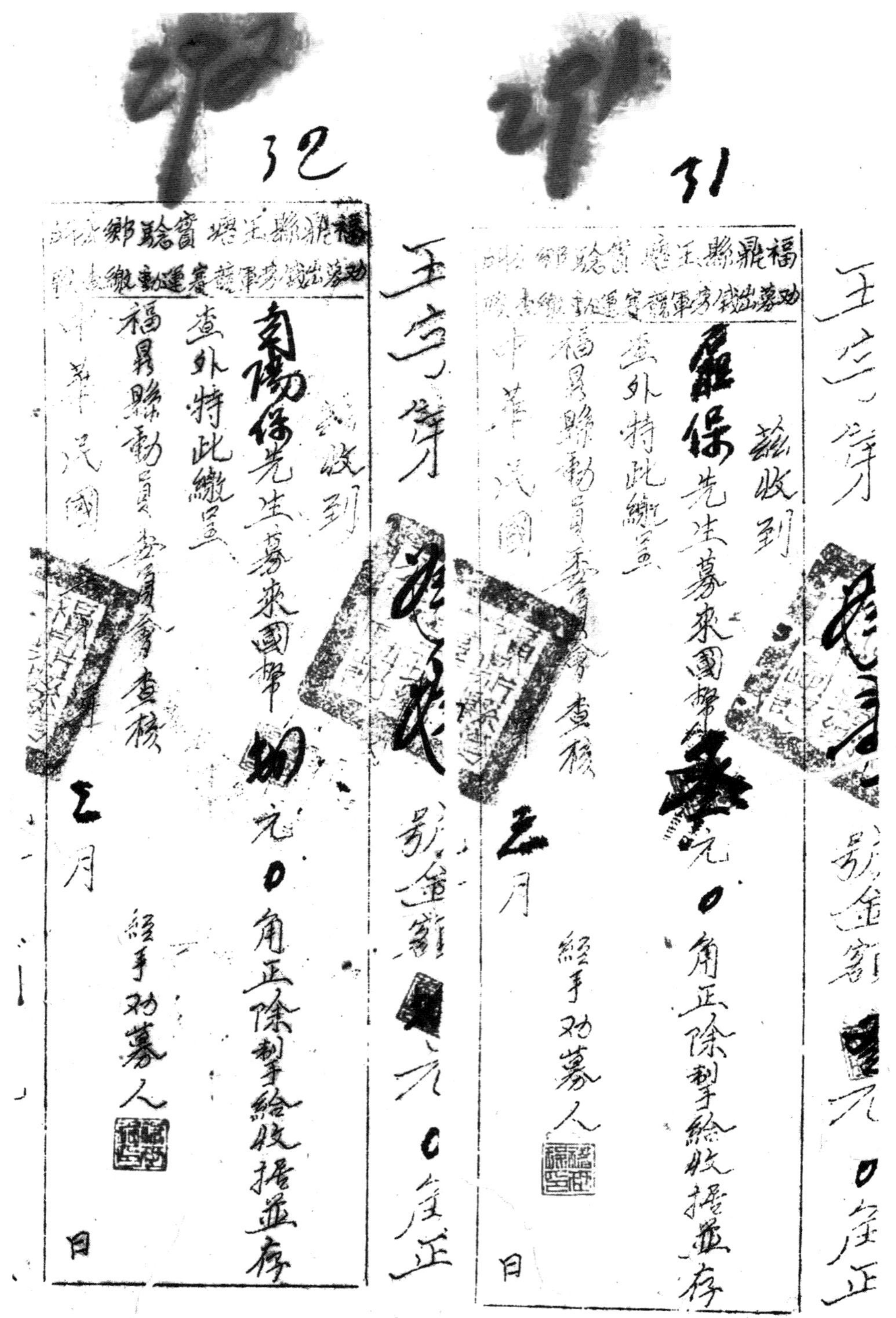
30

福鼎縣玉塘實驗鄉公所
勸募出錢勞軍競賽運動繳查聯

茲收到
南陽保先生募來國幣[illegible]元0角正除制手給收据並存
查外特此繳呈
福鼎縣動員委員會查核
中華民國 年 三 月 日
經手勸募人

31

福鼎縣玉塘實驗鄉公所
勸募出錢勞軍競賽運動繳查聯

茲收到
羅保先生募來國幣[illegible]元0角正除制手給收据並存
查外特此繳呈
福鼎縣動員委員會查核
中華民國 年 三 月 日
經手勸募人

附件:福鼎县政府第一区玉塘实验乡公所劝募出钱劳军竞赛运动缴查联(存根)

(1941 年 3 月) G133-003-0026

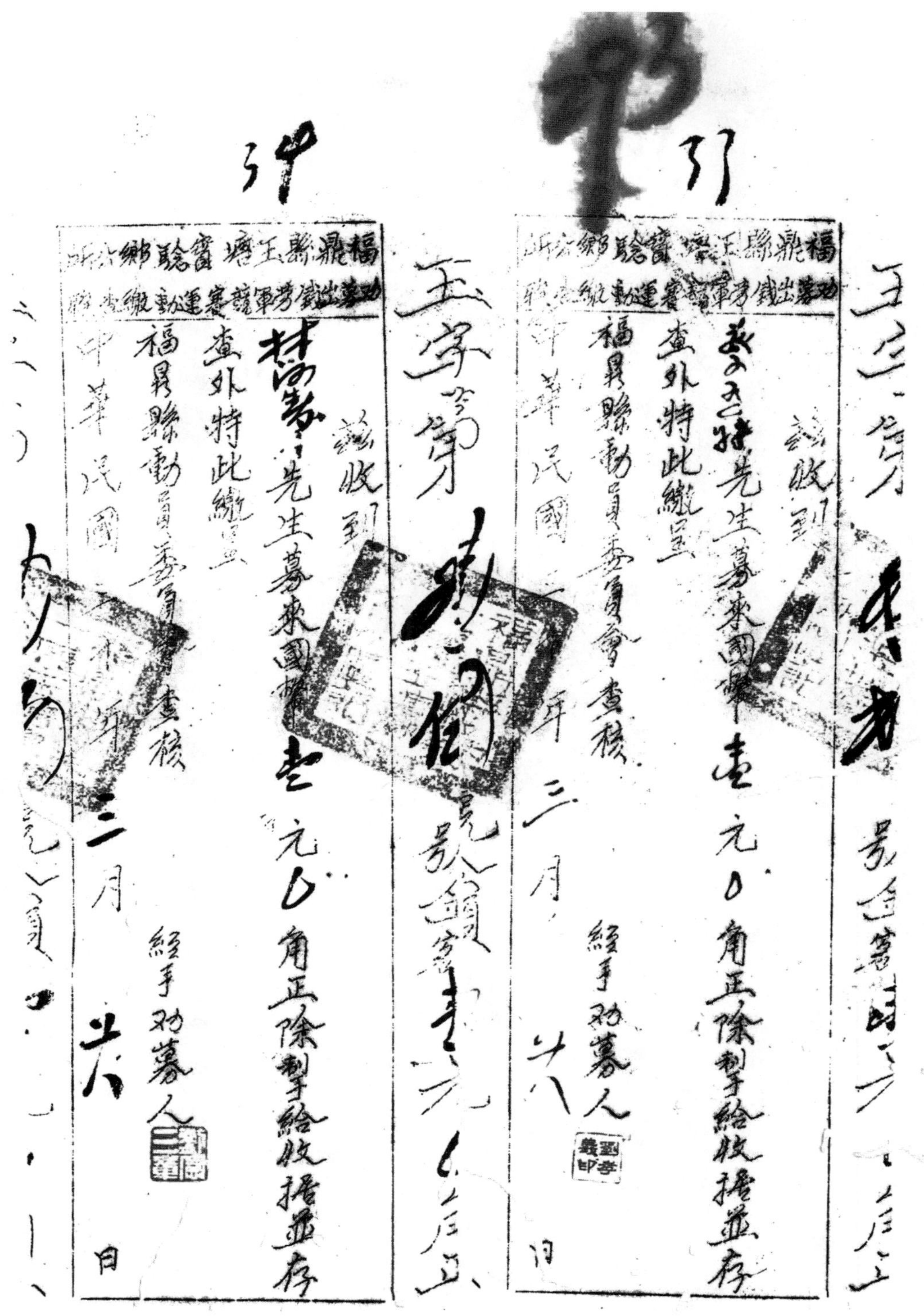

福鼎縣玉塘實驗鄉公所劝募出錢勞軍競賽運動繳查聯

茲收到[illegible]先生募來國幣壹元〇角正除製手給收據並存查外特此繳呈福鼎縣動員委員會查核

中華民國 年 三 月 廿八 日

經手劝募人

福鼎縣玉塘實驗鄉公所劝募出錢勞軍競賽運動繳查聯

茲收到[illegible]先生募來國幣壹元〇角正除製手給收據並存查外特此繳呈福鼎縣動員委員會查核

中華民國 年 三 月 廿八 日

經手劝募人

附件：福鼎县政府第一区玉塘实验乡公所劝募出钱劳军竞赛运动缴查联(存根)

(1941年3月) G133-003-0026

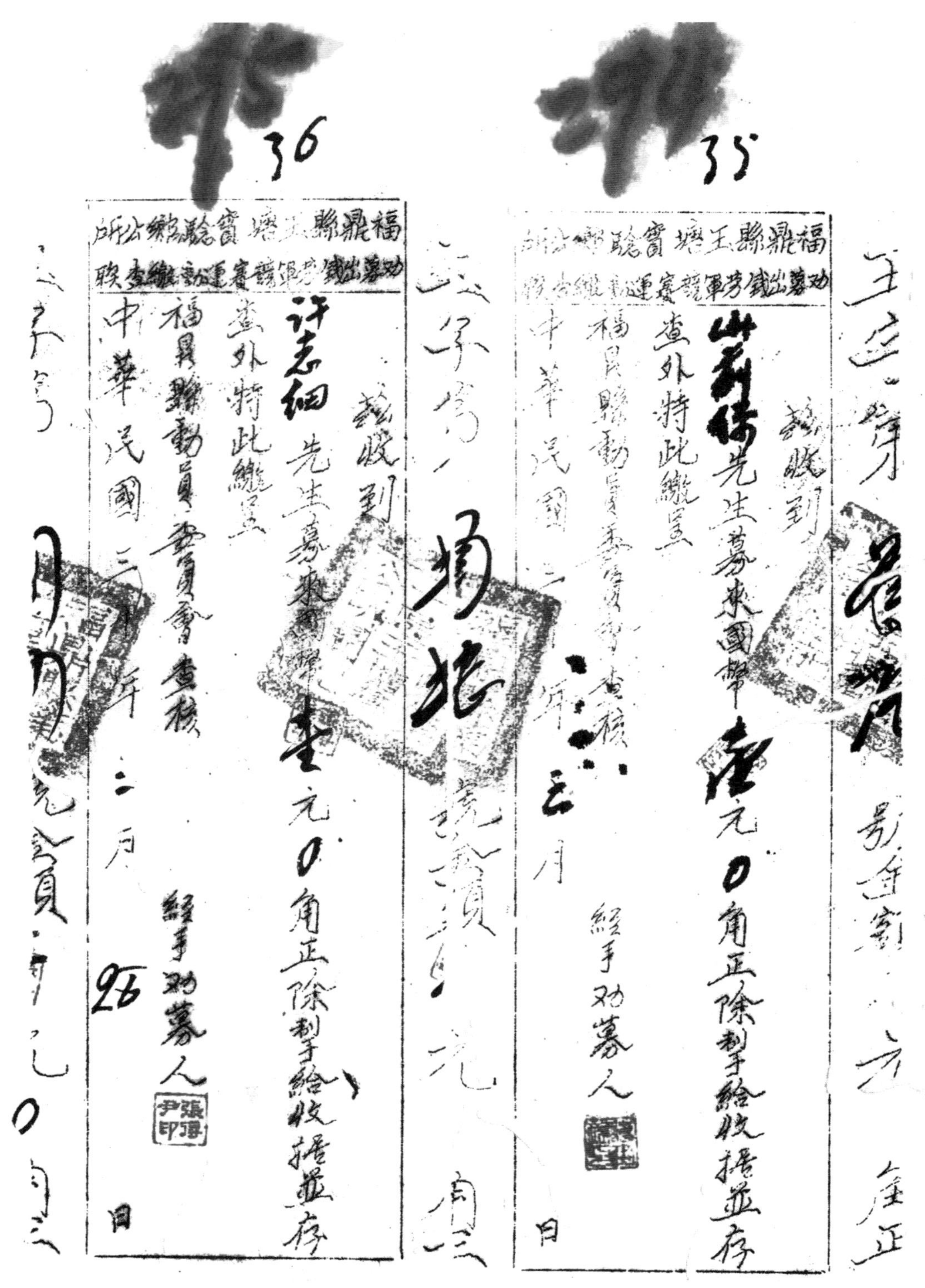

福鼎縣玉塘實驗鄉公所
劝募出錢劳軍競賽運動繳查聯

茲收到許志细先生募來國幣壹元〇角正除制手給收據並存查外特此繳呈
福鼎縣動員委員會查核
中華民國三十年二月26日
經手劝募人

福鼎縣玉塘實驗鄉公所
劝募出錢劳軍競賽運動繳查聯

茲收到先生募來國幣壹元〇角正除制手給收據並存查外特此繳呈
福鼎縣動員委員會查核
中華民國三十年二月日
經手劝募人

附件：福鼎县政府第一区玉塘实验乡公所劝募出钱劳军竞赛运动缴查联（存根）
（1941年3月） G133-003-0026

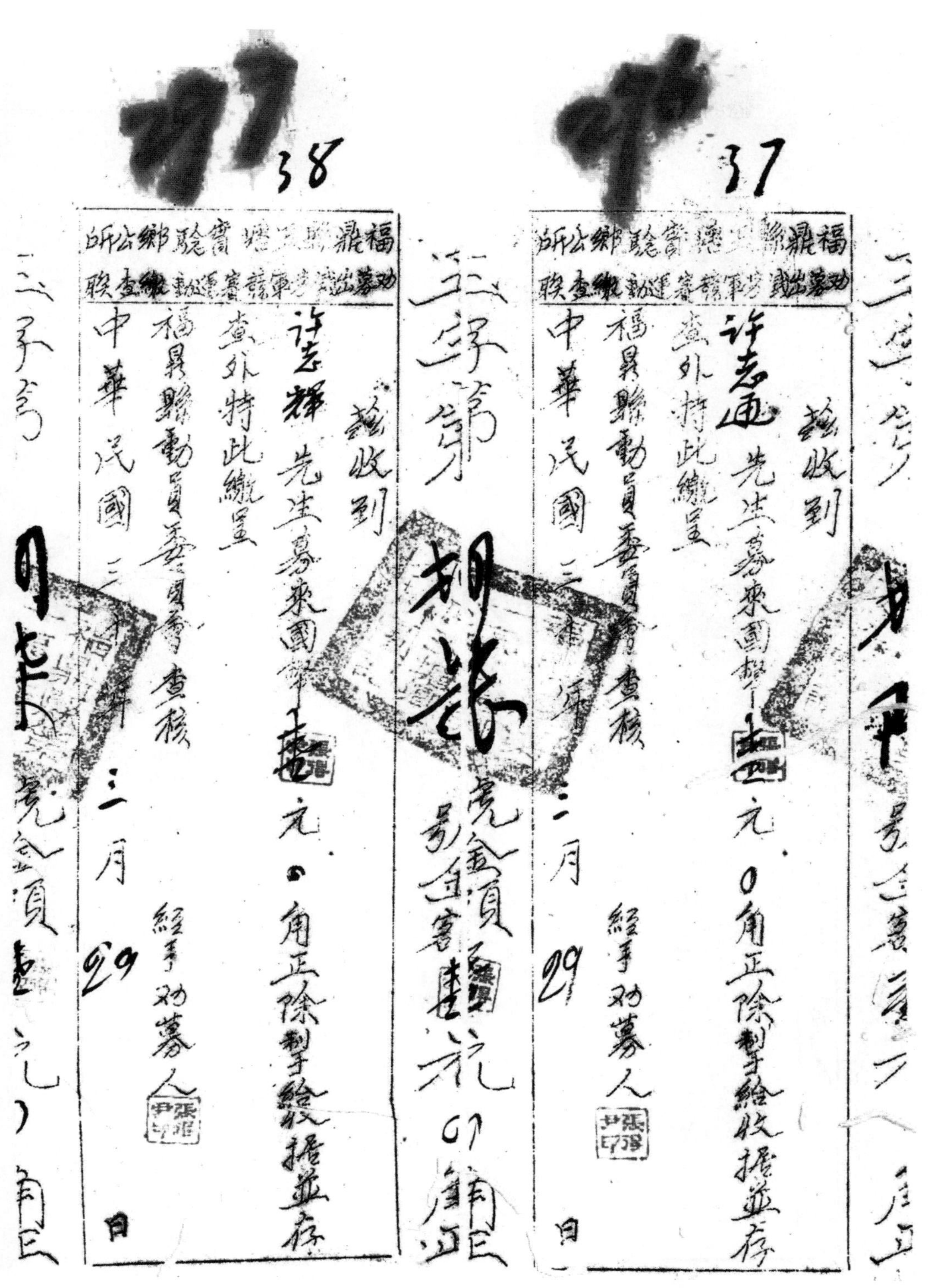

附件：福鼎县政府第一区玉塘实验乡公所劝募出钱劳军竞赛运动缴查联（存根）

（1941 年 3 月） G133-003-0026

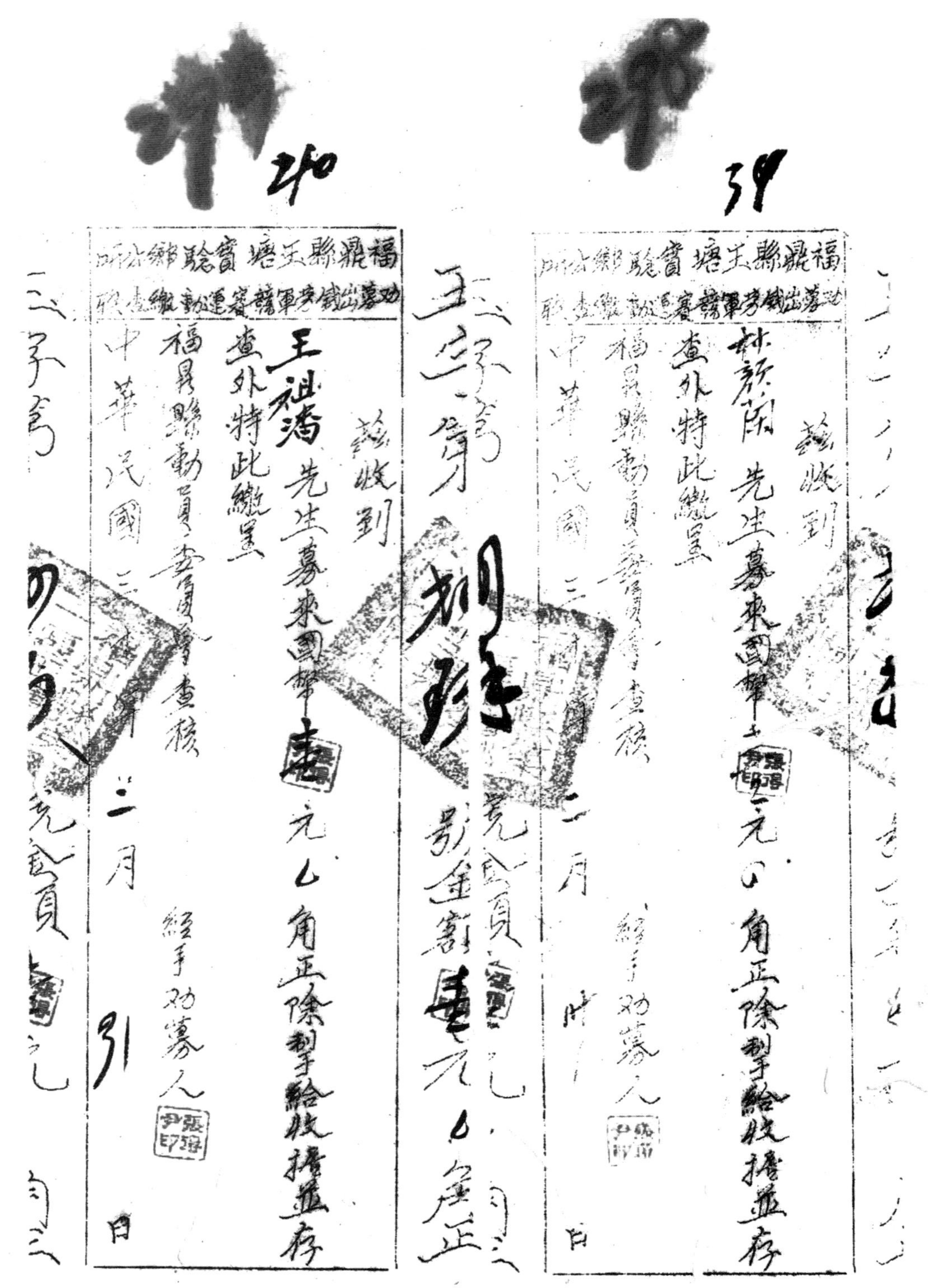

福鼎縣玉塘實驗鄉公所
劝募出錢勞軍競賽運動繳查聯

茲收到
王祖澮先生募來國幣壹元〇角正除制手給收據並存
查外特此繳呈
福鼎縣勸募委員會查核
中華民國三十年三月 日
經手劝募人

福鼎縣玉塘實驗鄉公所
劝募出錢勞軍競賽運動繳查聯

茲收到
林祈閑先生募來國幣壹元〇角正除制手給收據並存
查外特此繳呈
福鼎縣勸募委員會查核
中華民國三十年三月 日
經手劝募人

附件：福鼎县政府第一区玉塘实验乡公所劝募出钱劳军竞赛运动缴查联（存根）

（1941年3月） G133-003-0026

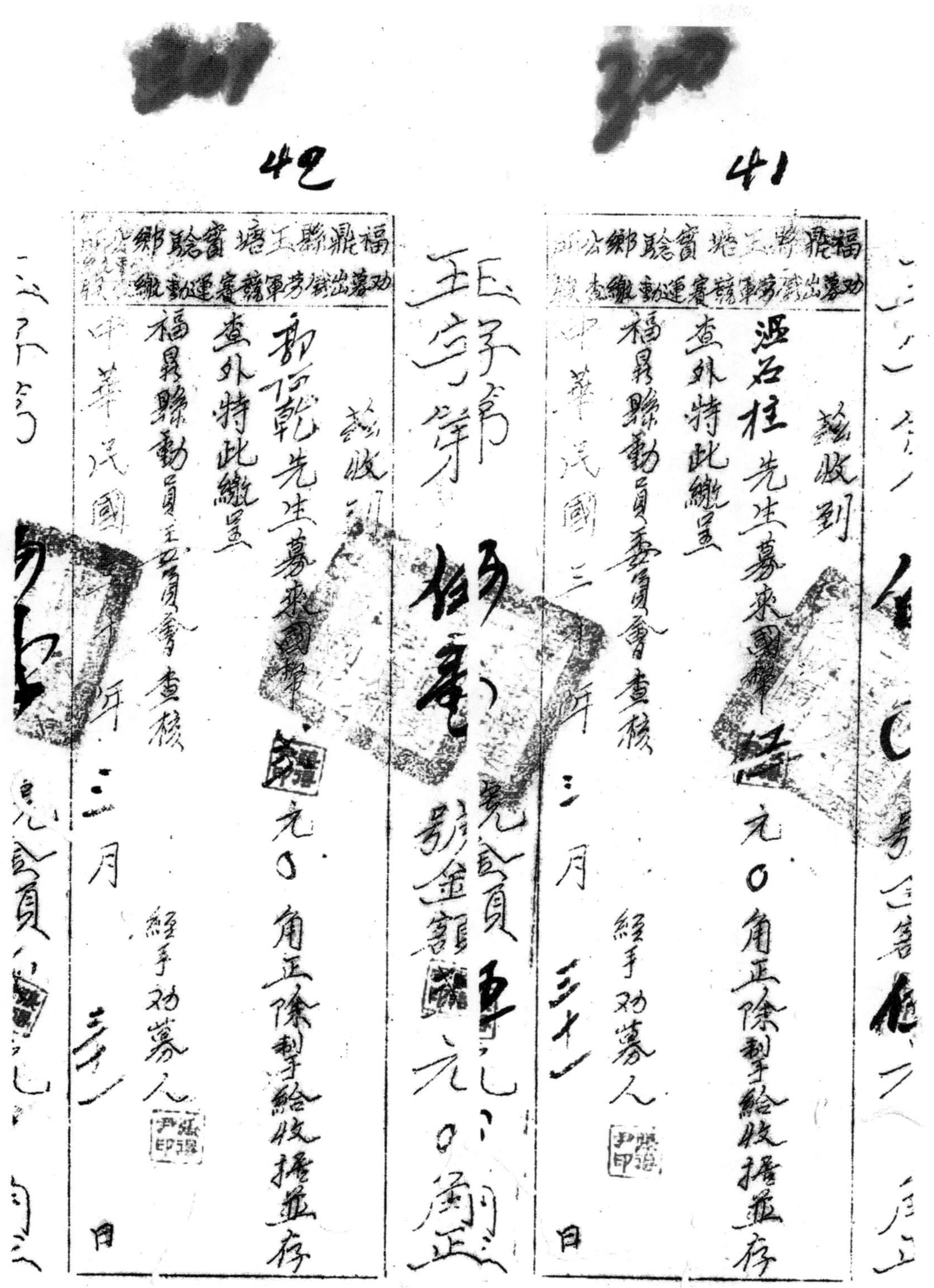

附件：福鼎县政府第一区玉塘实验乡公所劝募出钱劳军竞赛运动缴查联(存根)

(1941年3月) G133-003-0026

43

福鼎縣玉塘實驗鄉公所
劝募出錢勞軍競賽運動繳查聯

兹收到蔡[illegible]先生募來國幣壹元〇角正除掣給收據並存查外特此繳呈
福鼎縣動員委員會查核
中華民國三十年三月三十一日
經手劝募人

44

福鼎縣玉塘實驗鄉公所
劝募出錢勞軍競賽運動繳查聯

兹收到李亜安先生募來國幣壹元〇角正除掣給收據並存查外特此繳呈
福鼎縣動員委員會查核
中華民國三十年三月　日
經手劝募人

附件：福鼎县政府第一区玉塘实验乡公所劝募出钱劳军竞赛运动缴查联（存根）

（1941 年 3 月）　G133-003-0026

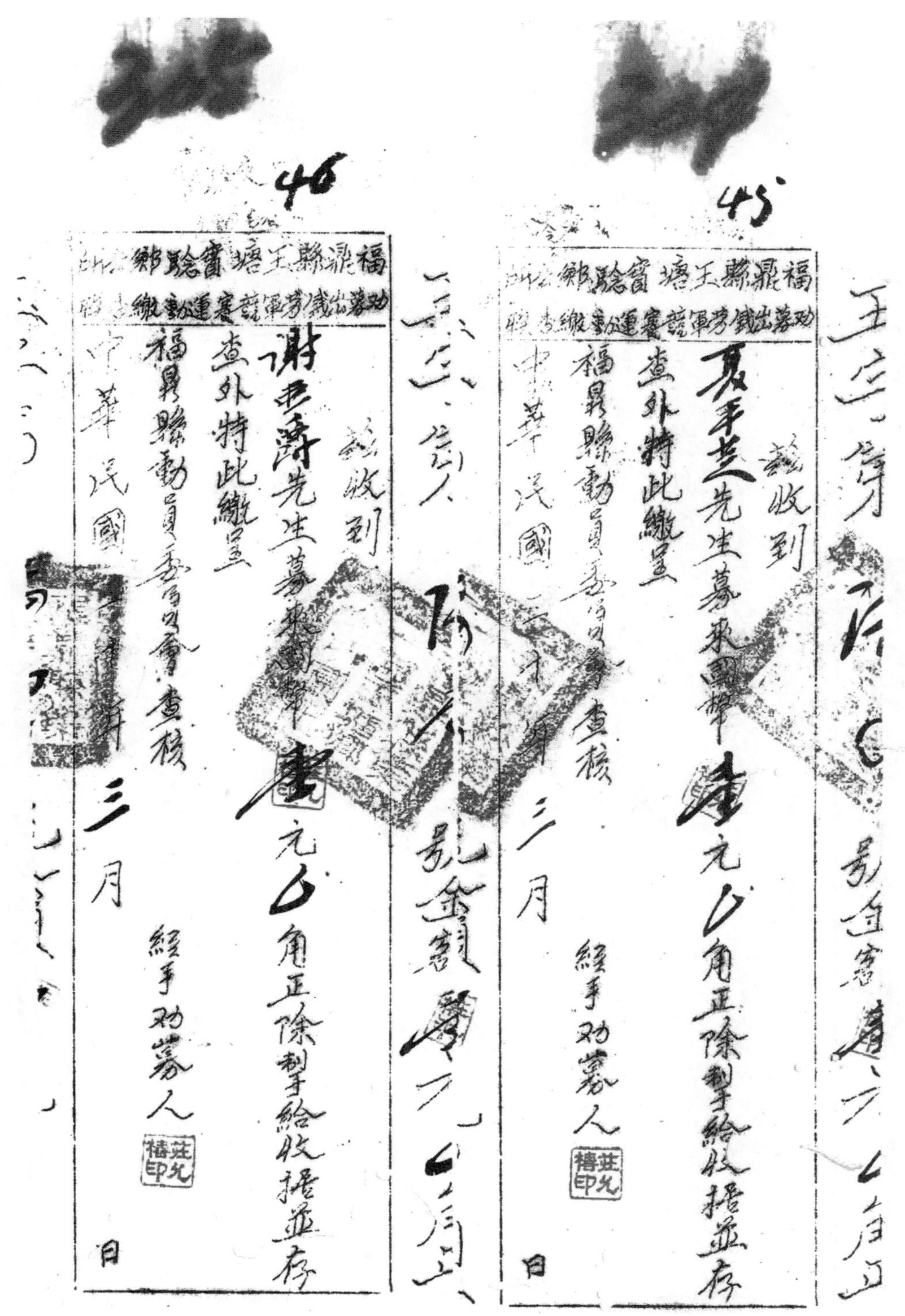

46

福鼎縣玉塘實驗鄉公所
劝募出錢勞軍競賽運動繳查聯

茲收到谢君济先生募來國幣壹元五角正除割手給收据並存查外特此繳呈
福鼎縣動員委員會查核
中華民國三十年三月日
經手劝募人 莊允椿印

45

福鼎縣玉塘實驗鄉公所
劝募出錢勞軍競賽運動繳查聯

茲收到夏手芝先生募來國幣壹元五角正除割手給收据並存查外特此繳呈
福鼎縣動員委員會查核
中華民國三十年三月日
經手劝募人 莊允椿印

附件：福鼎县政府第一区玉塘实验乡公所劝募出钱劳军竞赛运动缴查联（存根）
（1941年3月） G133-003-0026

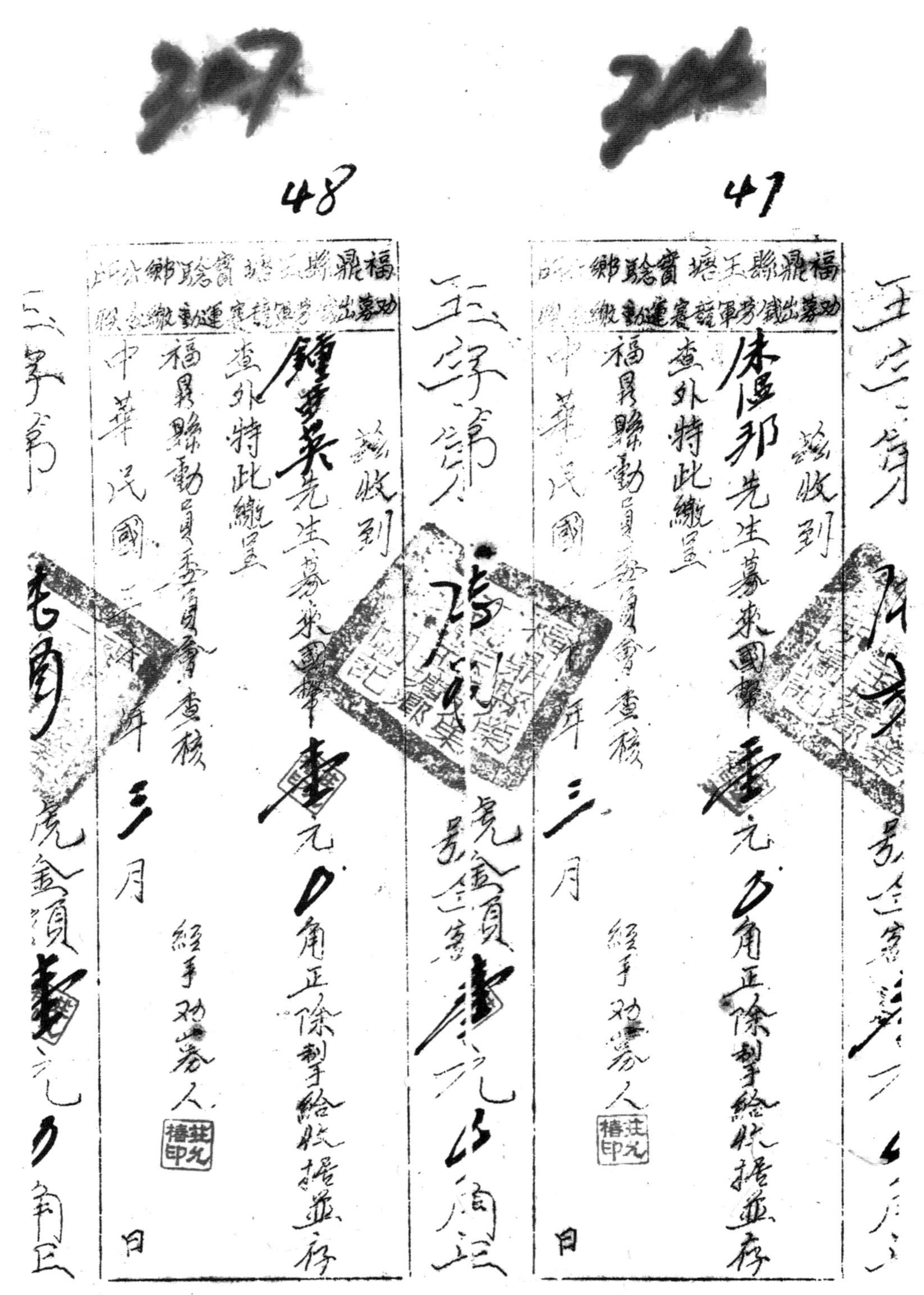

47

福鼎縣玉塘實驗鄉公所
勸募出錢勞軍競賽運動繳查聯

茲收到
[illegible]先生募來國幣壹元[illegible]角正除製手給收據並存查外特此繳呈
福鼎縣勸募委員會查核
中華民國三十年三月　日
經手勸募人

48

福鼎縣玉塘實驗鄉公所
勸募出錢勞軍競賽運動繳查聯

茲收到
鍾[illegible]英先生募來國幣壹元[illegible]角正除製手給收據並存查外特此繳呈
福鼎縣勸募委員會查核
中華民國三十年三月　日
經手勸募人

附件：福鼎县政府第一区玉塘实验乡公所劝募出钱劳军竞赛运动缴查联（存根）
（1941 年 3 月）　G133-003-0026

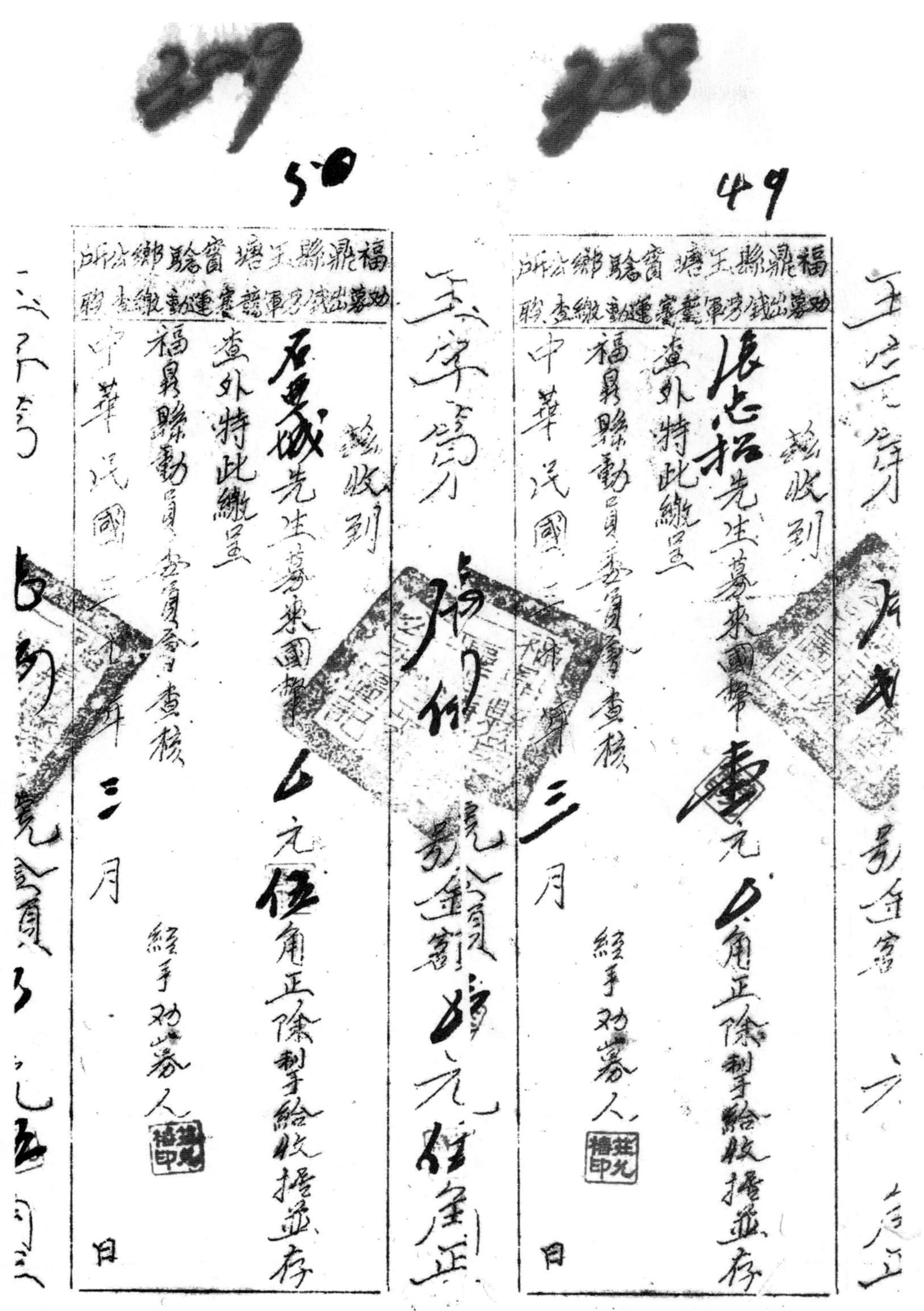

福鼎縣玉塘實驗鄉公所
勸募出錢勞軍競賽運動繳查聯

茲收到
[illegible]先生募來國幣[illegible]元[illegible]角正除剩單給收據並存查外特此繳呈
福鼎縣勸募委員會查核
中華民國三十年三月　日
經手勸募人

福鼎縣玉塘實驗鄉公所
勸募出錢勞軍競賽運動繳查聯

茲收到
張忠招先生募來國幣[illegible]元[illegible]角正除剩單給收據並存查外特此繳呈
福鼎縣勸募委員會查核
中華民國三十年三月　日
經手勸募人

附件：福鼎县政府第一区玉塘实验乡公所劝募出钱劳军竞赛运动缴查联（存根）

（1941 年 3 月）　G133-003-0026

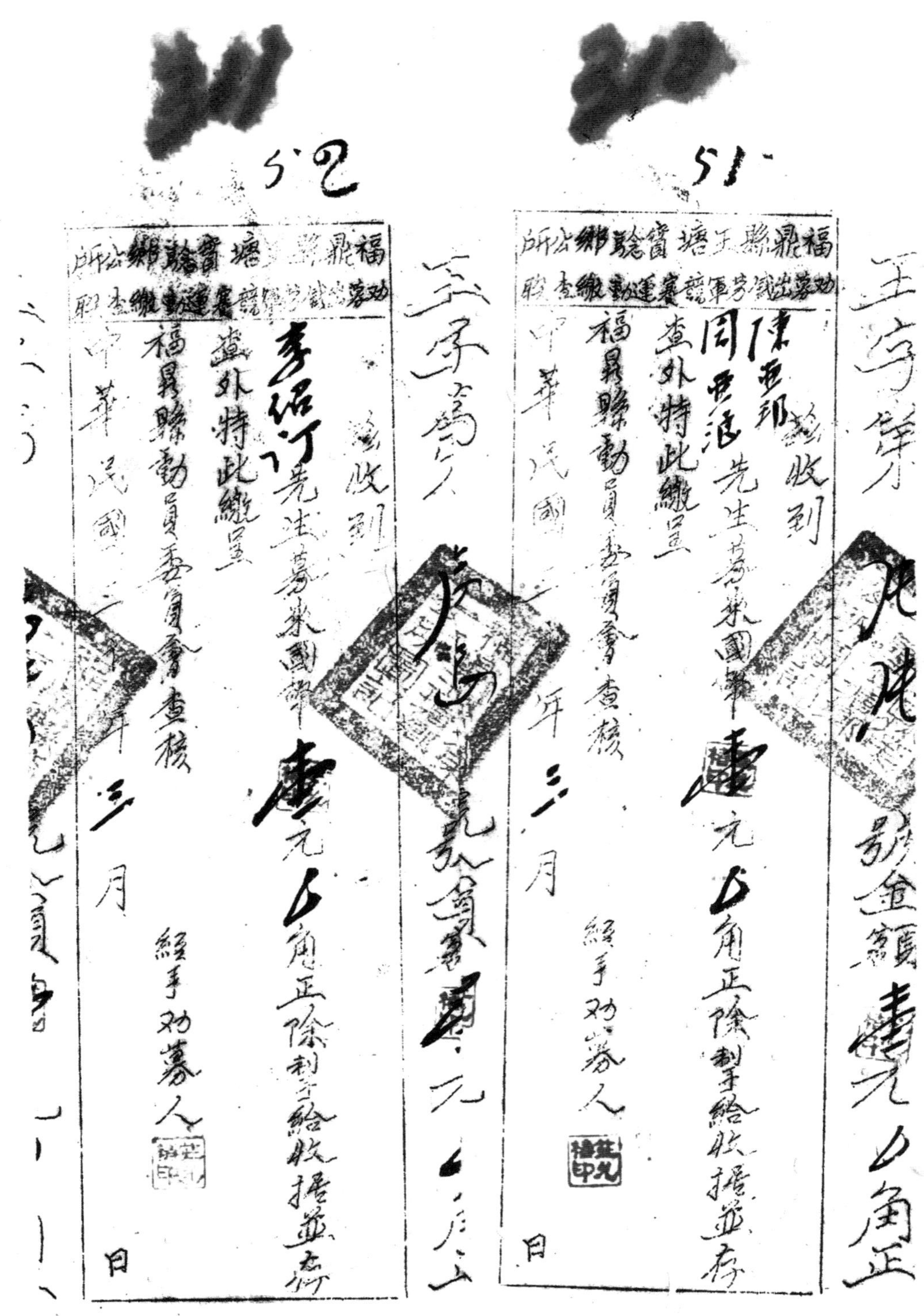

52

福鼎縣玉塘實驗鄉公所
劝募出錢勞軍競賽運動繳查聯

茲收到 李绍丁 先生募集國幣壹元五角正除制予給收據並存查外特此繳呈

福鼎縣動員委員會查核

中華民國三十年三月 日

經手劝募人

51

福鼎縣玉塘實驗鄉公所
劝募出錢勞軍競賽運動繳查聯

茲收到 陳世郎 周世浪 先生募集國幣壹元五角正除制予給收據並存查外特此繳呈

福鼎縣動員委員會查核

中華民國三十年三月 日

經手劝募人

附件：福鼎县政府第一区玉塘实验乡公所劝募出钱劳军竞赛运动缴查联（存根）

（1941 年 3 月） G133-003-0026

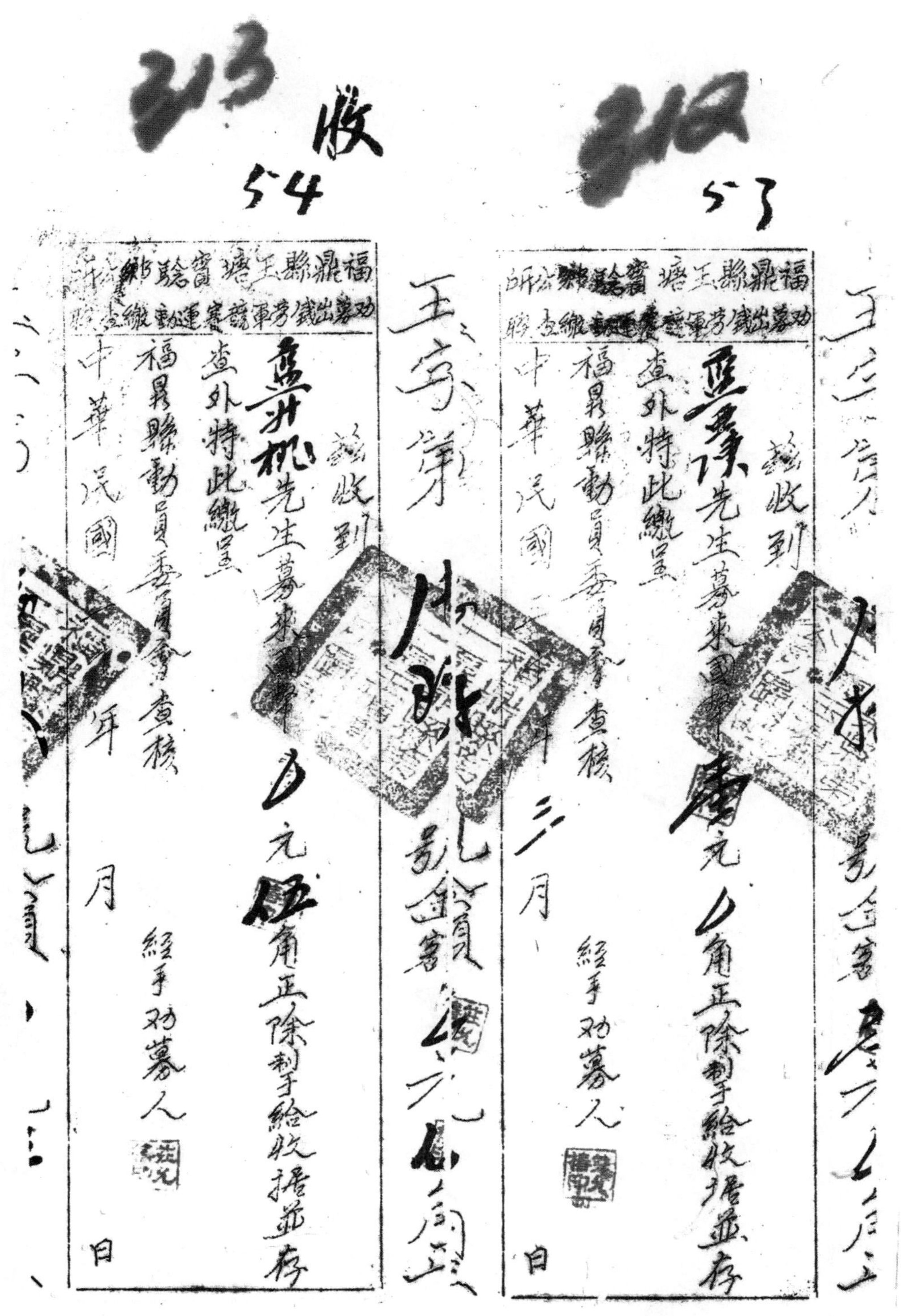

附件：福鼎县政府第一区玉塘实验乡公所劝募出钱劳军竞赛运动缴查联(存根)

(1941 年 3 月)　G133-003-0026

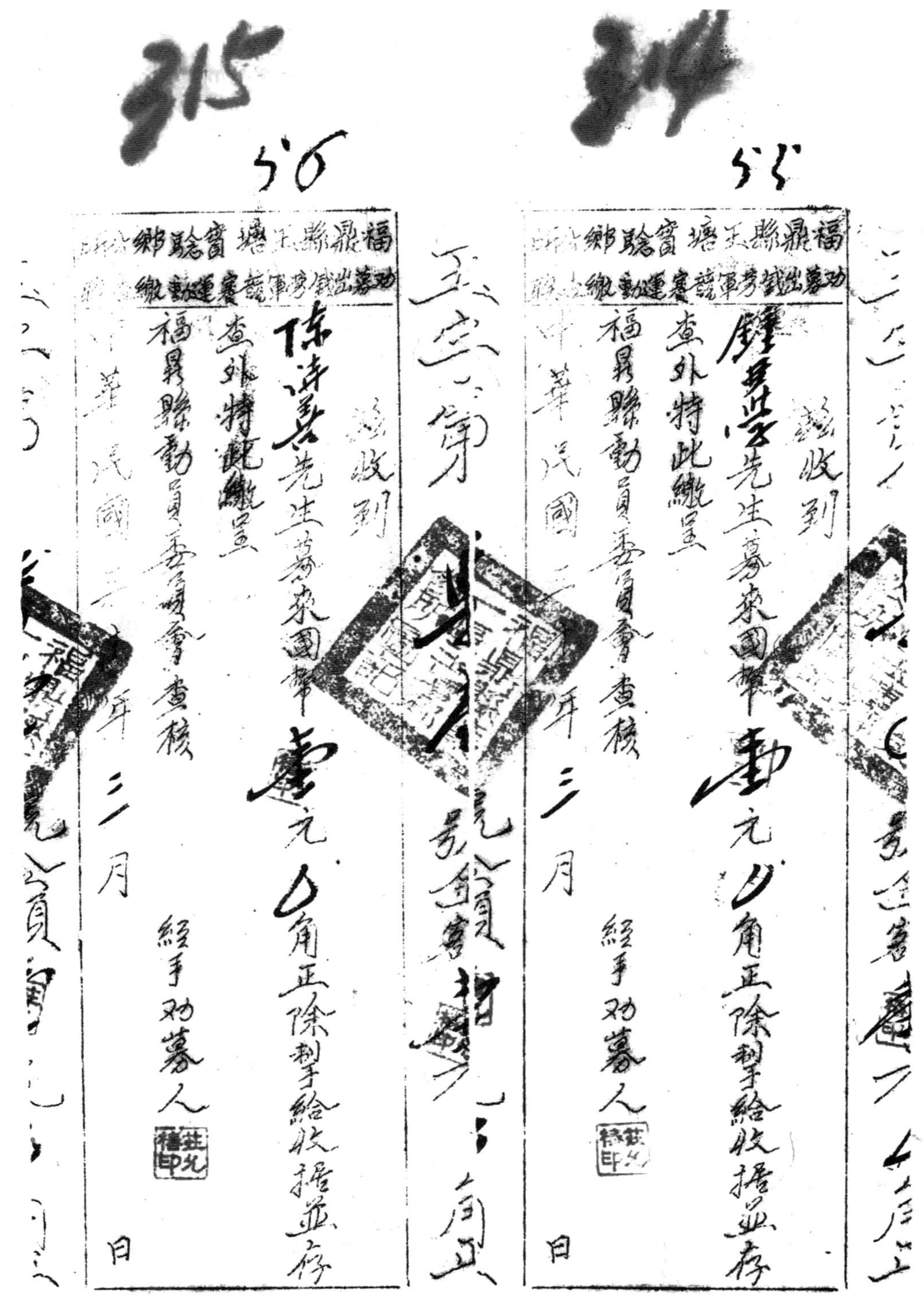

附件:福鼎县政府第一区玉塘实验乡公所劝募出钱劳军竞赛运动缴查联(存根)
(1941 年 3 月) G133-003-0026

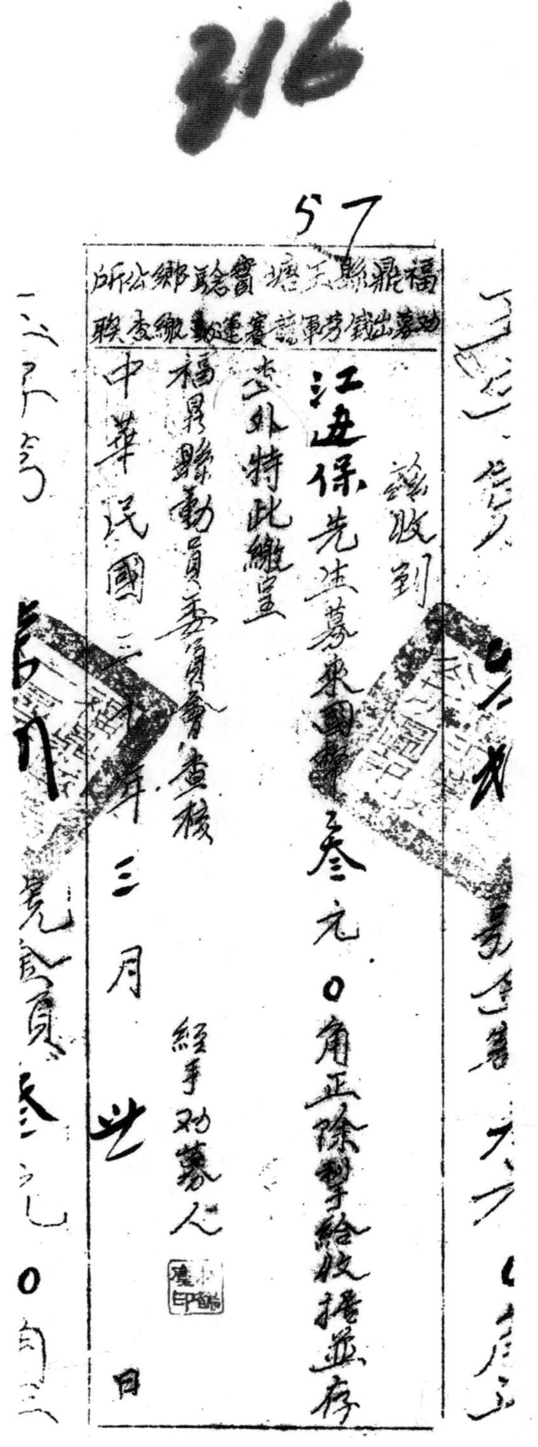

福鼎县玉塘实验乡公所
劝募出钱劳军竞赛运动缴查联

兹收到
江岙保先生募来国币叁元〇角正除掣给收据并存查外特此缴呈
福鼎县动员委员会查核
中华民国三十年三月廿日
经手劝募人

附件:福鼎县政府第一区玉塘实验乡公所劝募出钱劳军竞赛运动缴查联(存根)
(1941 年 3 月) G133-003-0026

（六）筹募伤兵慰劳金

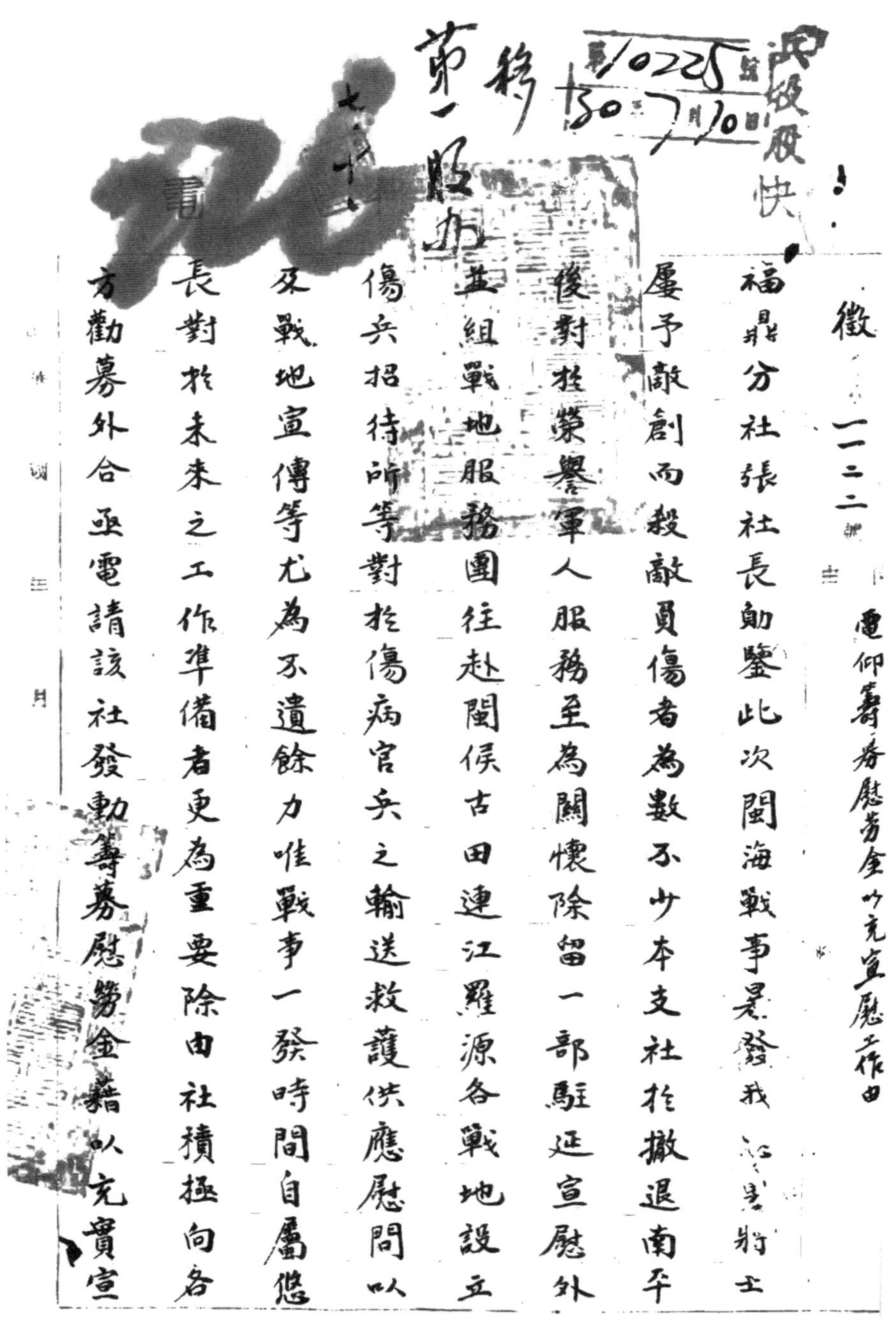
徵　一一二二

電仰籌募慰勞金以充宣慰工作由

福鼎分社張社長勛鑒此次閩海戰事暴發我沿[illegible]將士屢予敵創而殺敵負傷者為數不少本支社於撤退南平後對於榮譽軍人服務至為關懷除留一部駐延宣慰外並組戰地服務團往赴閩侯古田連江羅源各戰地設立傷兵招待所等對於傷病官兵之輸送救護供應慰問以及戰地宣傳等尤為不遺餘力惟戰事一發時間自屬悠長對於未來之工作準備者更為重要除由社積極向各方勸募外合亟電請該社發動籌募慰勞金藉以充實宣

第三战区伤兵之友社福州支社关于筹募慰劳金以充宣慰工作的快邮代电

（1941 年 7 月 9 日）　G133-003-0026

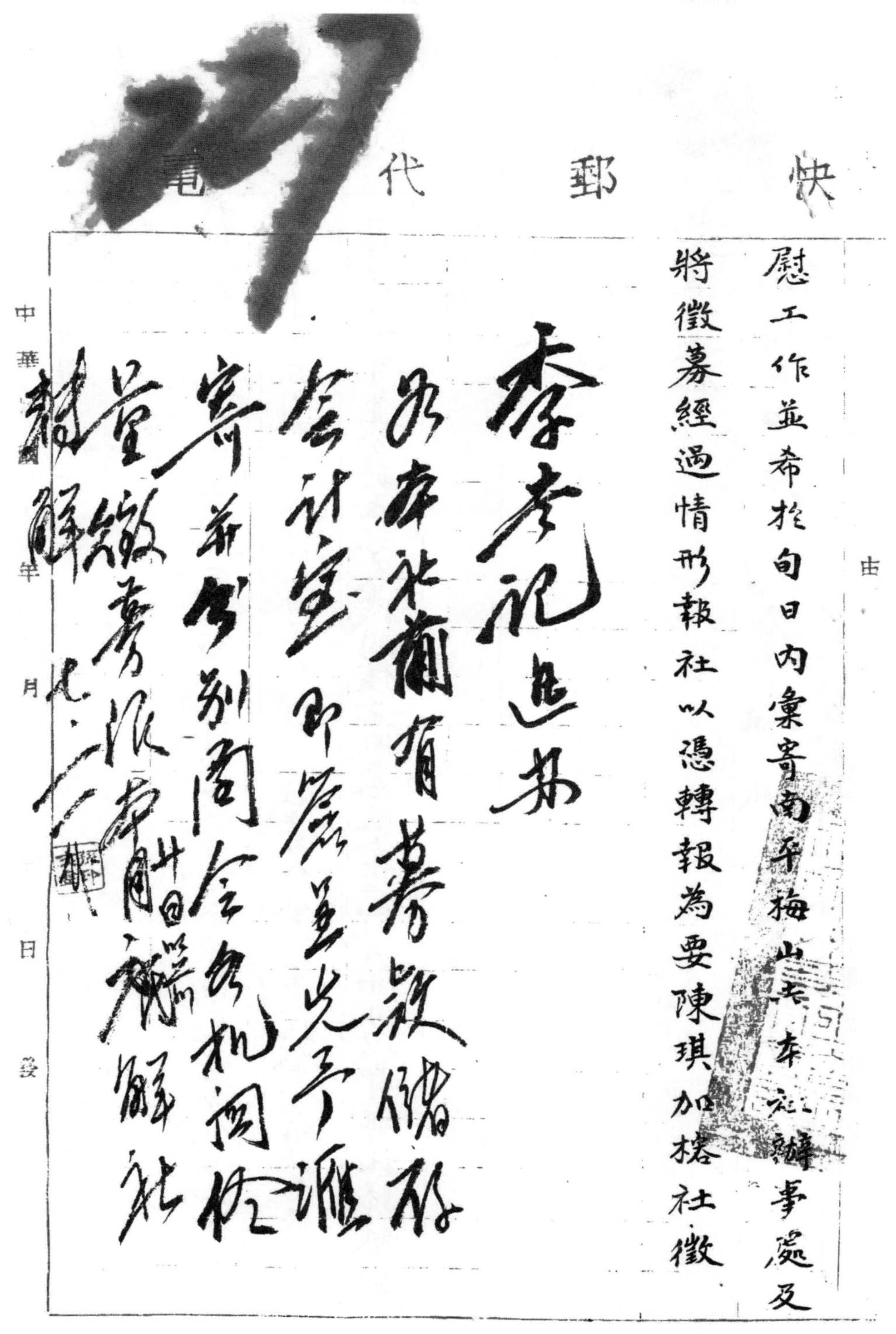

快郵代電

慰工作並希於旬日內彙寄南平梅山本社辦事處及將徵募經過情形報社以憑轉報為要陳琪加捲社徵

中華民國　年　月　日　發

第三战区伤兵之友社福州支社关于筹募慰劳金以充宣慰工作的快邮代电

（1941 年 7 月 9 日）　G133-003-0026

签呈　七月十二日

准

第三战区伤兵之友社福州支社南平办事处电请发动筹募慰劳金希于旬日内汇寄等由，兹因时间迫促，征募不及，拟将本社存会计室入社金壹佰伍拾陆元陆角暂先汇寄，并分别函令各机关尽量征募，限本（七）月廿日以前解社归垫，当否签请

察核示遵。

谨呈

县长兼社长郑

职　李原霖　谨呈

第三战区伤兵之友社福州支社福鼎分社关于拟将本社存会计室入社金暂先汇寄并函令各机关尽量征募的签呈(1941年7月12日)　G133-003-0026

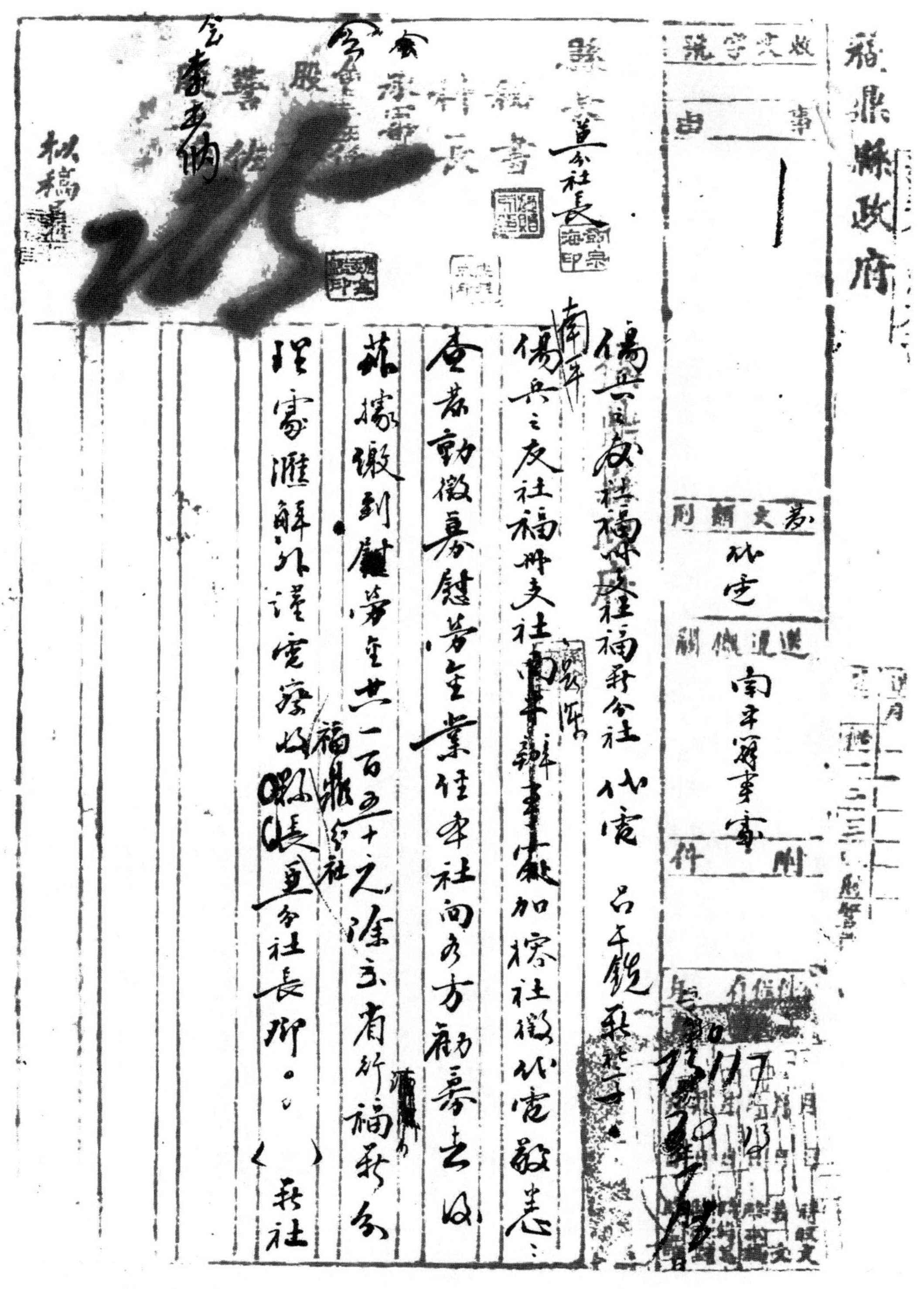

傷兵之友社福鼎分社　代電

第三战区伤兵之友社福州支社福鼎分社关于汇缴慰劳金一百五十元的代电

（1941年7月16日）　G133-003-0026

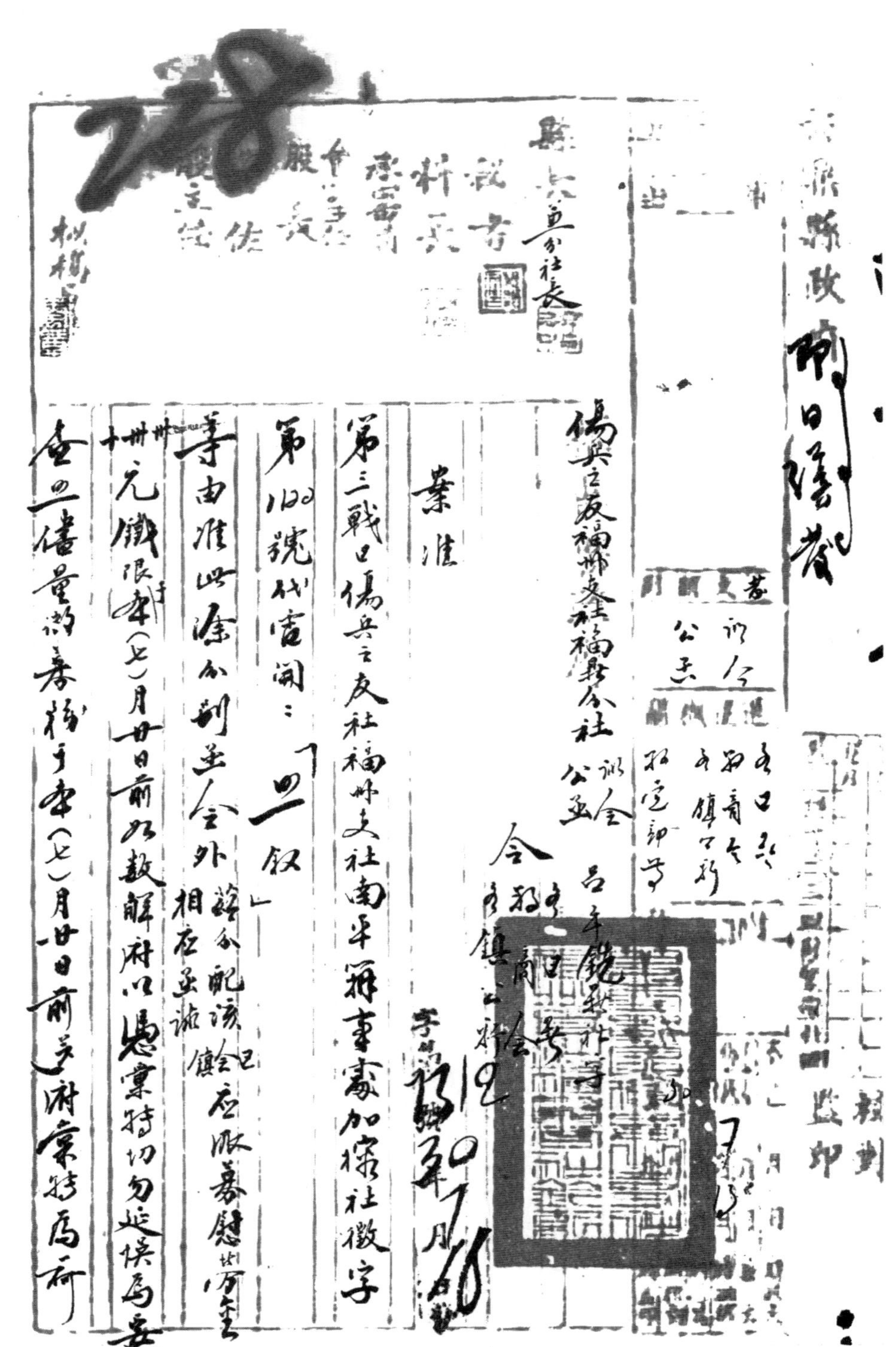

第三战区伤兵之友社福州支社福鼎分社关于各区乡县商会派募慰劳金数目并限期解府汇转的训令，第三战区伤兵之友社福州支社福鼎分社关于尽量征募慰劳金务于七月二十日前送府汇转致县党部、公沽局、盐务局、粮管会等的公函(1941 年 7 月 16 日)a 面 G133-003-0026

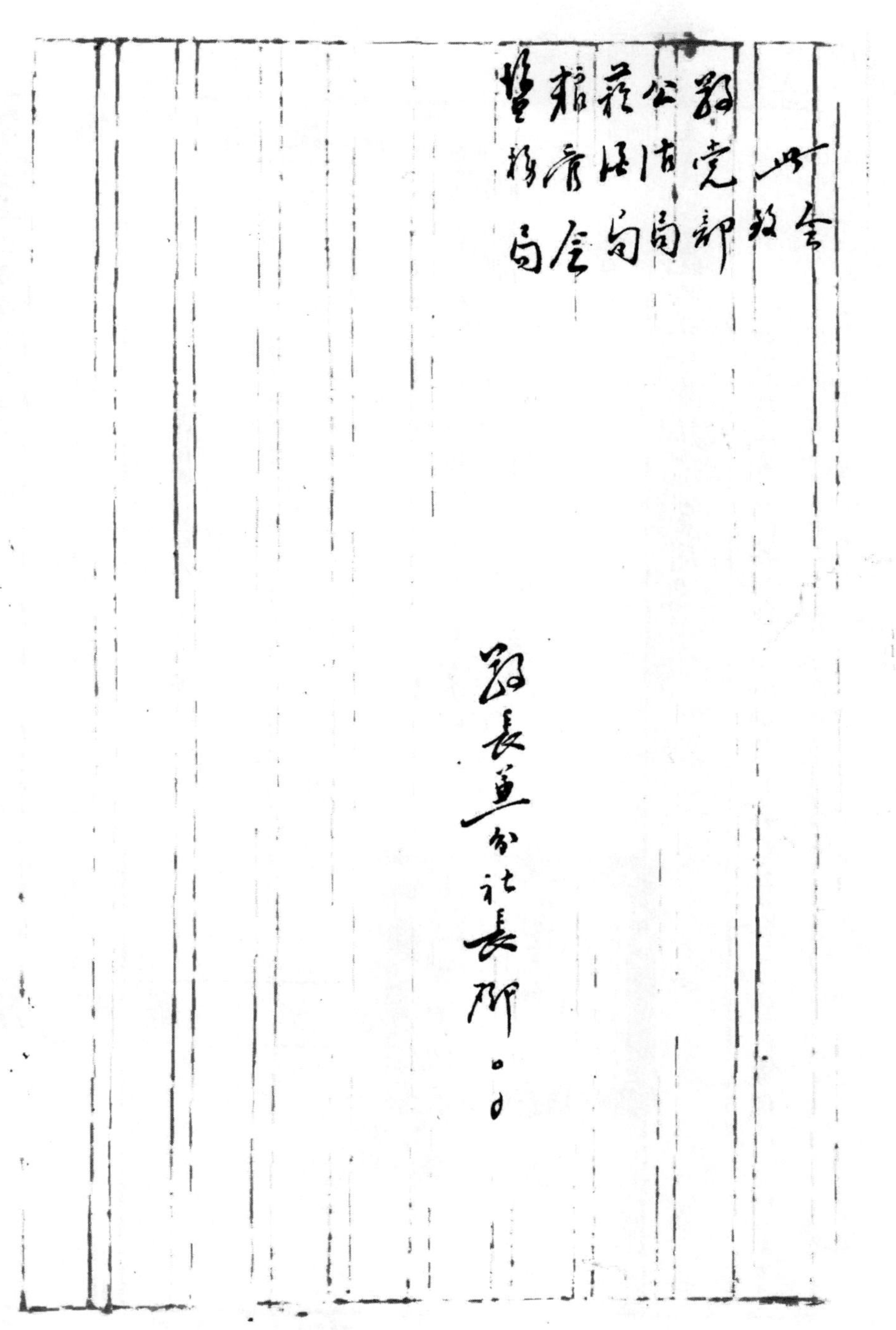

县党部
公沽局
盐务局
粮管会
暨税局
此致

县長兼分社長邵○○

第三战区伤兵之友社福州支社福鼎分社关于各区乡县商会派募慰劳金数目并限期解府汇转的训令，第三战区伤兵之友社福州支社福鼎分社关于尽量征募慰劳金务于七月二十日前送府汇转致县党部、公沽局、盐务局、粮管会等的公函(1941年7月16日)b面　G133-003-0026

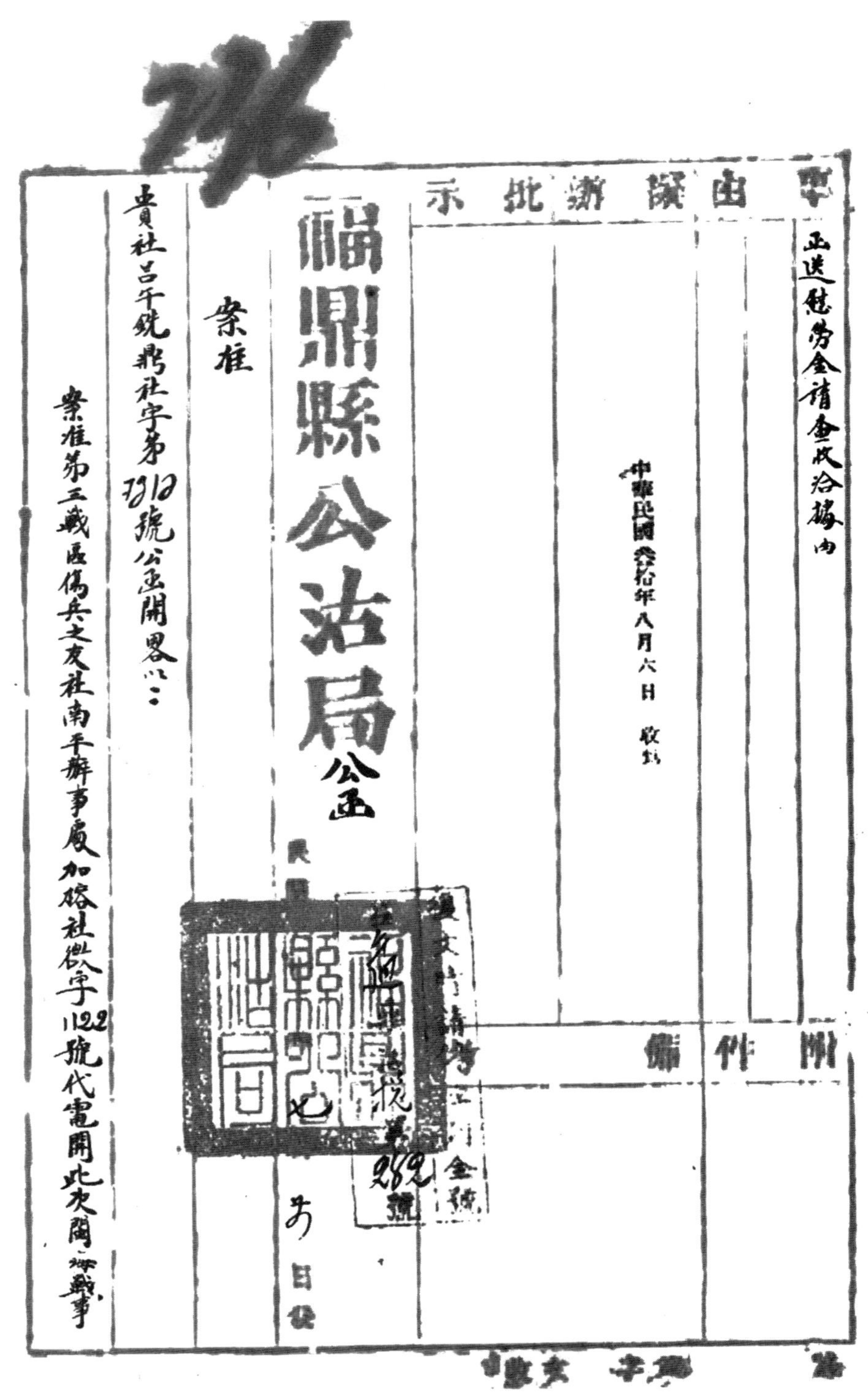

事由 擬辦 批示

函送慰勞金請查收給據由

中華民國卅年八月六日 收到

福鼎縣公沽局公函

案准

貴社呂千號鼎社字第3312號公函開畧以：

案准第三戰區傷兵之友社南平辦事處加撥社徵字1122號代電開此次閩海戰事

附件 備

收文 字第 號

福鼎县公沽局关于缴送慰劳金募款一十一元五角的公函

(1941 年 7 月 24 日)a 面　G133-003-0026

暴使我忠勇將士屢予敵創而殺敵負傷者為數不少查本社於撤退南平後對於榮譽軍人服務至為關懷除由社積極向各方勸募外合亟電請貴社發動籌募慰勞金彙寄本社以憑轉報

等由准此自應照辦相應檢同前項募款壹拾壹元伍角函送請

查收給据為荷

此致

傷兵之友社福州支社福鼎分社

附匯[illegible]拾壹元伍角

福鼎縣公沽局兼經理鄭宗海

副經理 嚴昌華

福鼎县公沽局关于缴送慰劳金募款一十一元五角的公函

(1941年7月24日)(1941年7月16日)b面　G133-003-0026

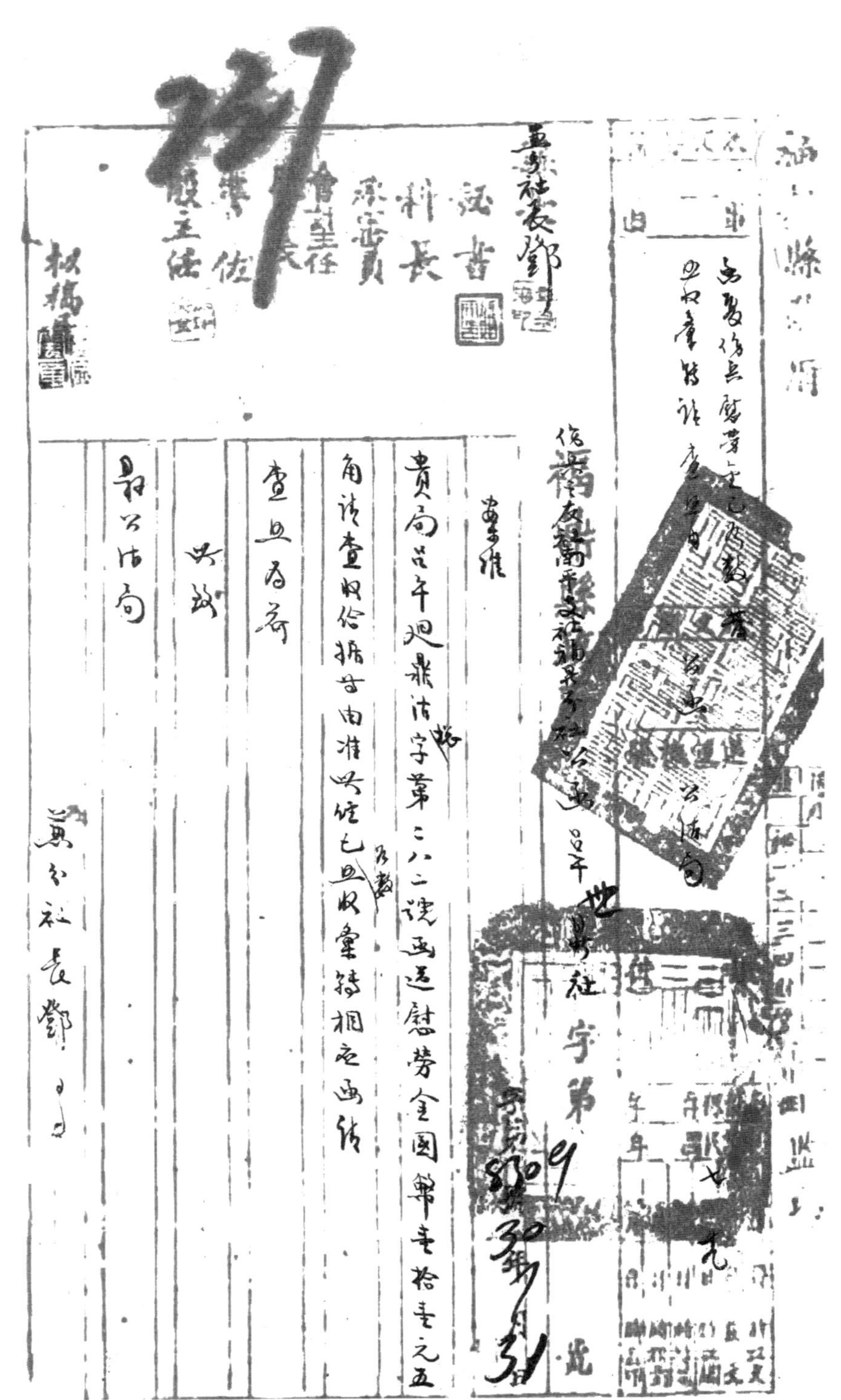

第三战区伤兵之友社南平支社福鼎分社关于公沽局伤兵慰问金已如数照收汇转的复函

（1941 年 7 月 31 日） G133-003-0026

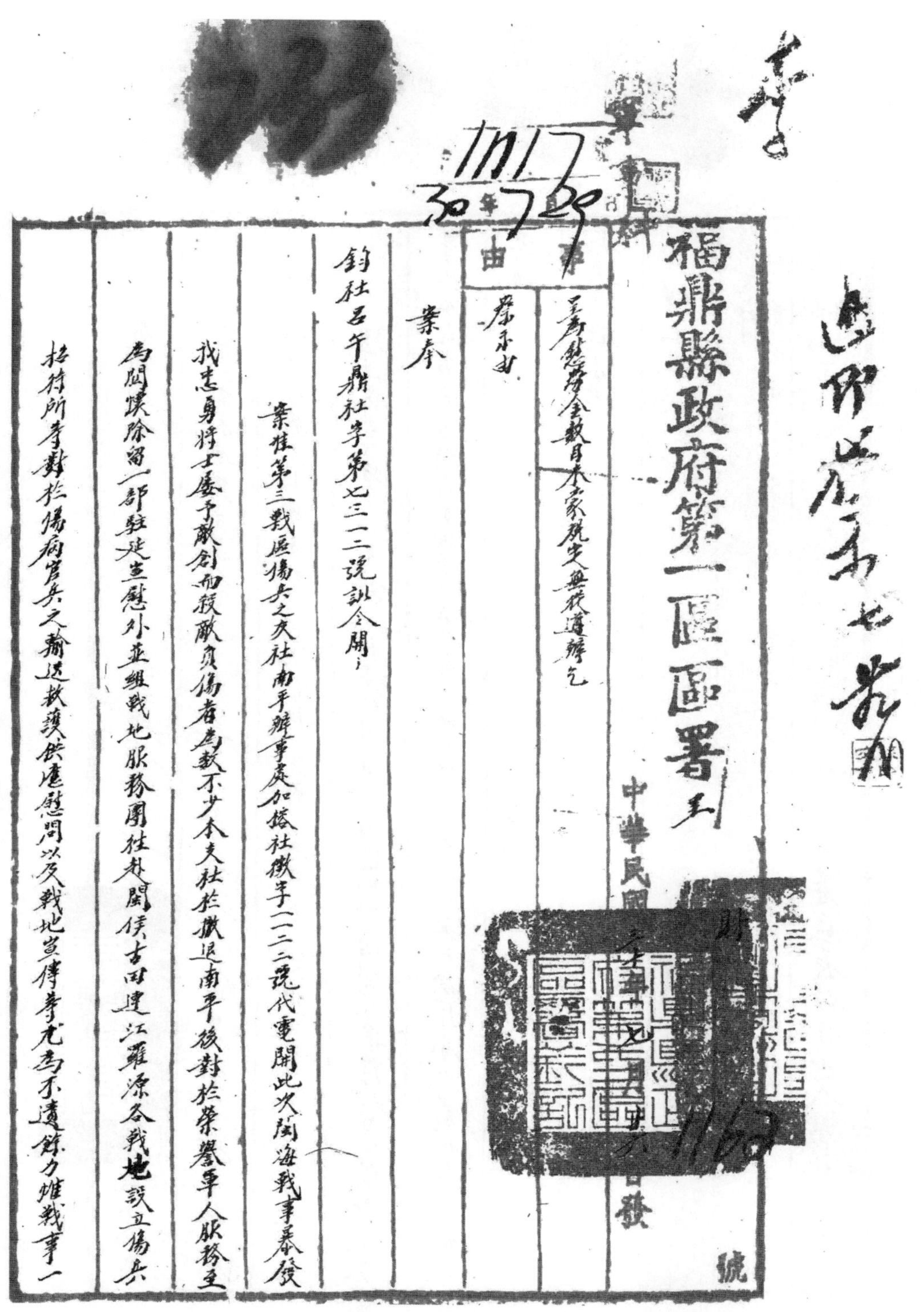

福鼎縣政府第一區區署呈

事由：呈為慰勞金數目未蒙規定無從遵辦乞鑒示由

中華民國三十年七月廿六日發

案奉

鈞社呂午鼎社字第七三一二號訓令開：

案准第三戰區傷兵之友社南平辦事處加搭社徵字一一二二號代電開此次閩海戰事發

我忠勇將士屢予敵創而殺敵負傷者為數不少本支社於撤退南平後對於榮譽軍人服務至

為關懷除留一部駐建甌外並組戰地服務團往赴閩侯古田連江羅源各戰地設立傷兵

招待所等對於傷病官兵之輸送救護供應慰問以及戰地宣傳等尤為不遺餘力惟戰事一

福鼎县政府第一区区署关于慰劳金数目未蒙规定无从遵办的呈文

（1941 年 7 月 26 日） G133-003-0026

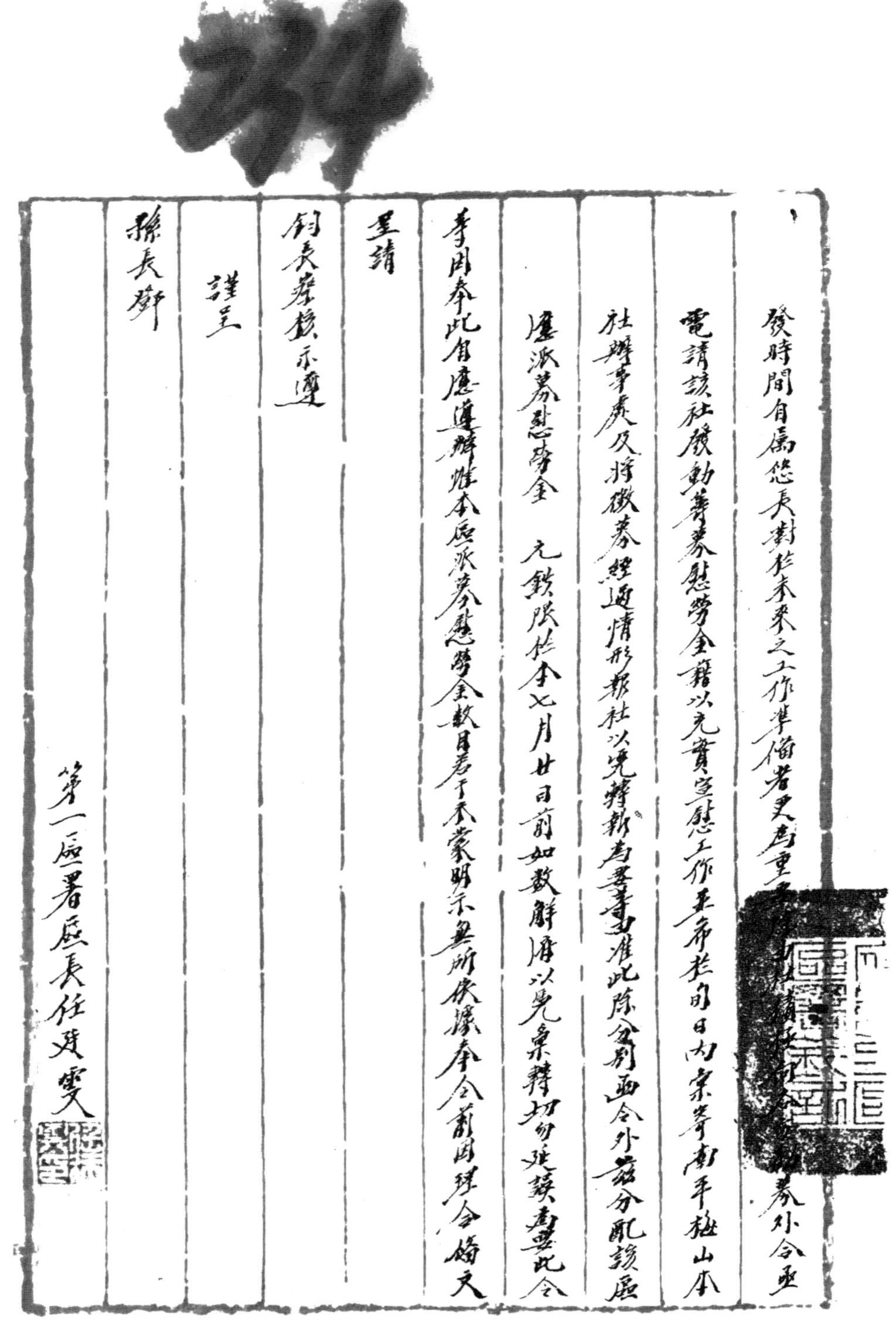

發時間自屬懲長對於本黨之工作準備者更為重要[illegible]募外合亟
電請該社發動籌募慰勞金藉以充實宣慰工作並希於旬日內案等彙手抽山本
社辦事處及將徵募經過情形報社以憑轉鄉為要等由准此除分別函令外茲分配該區
應派募慰勞金　元飭限於本七月廿日前如數解繳以憑彙轉切勿延誤為要此令
等因奉此自應遵辦惟本區派募慰勞金數目若干未蒙明示無所依據奉令前因理合備文
呈請
鈞長鑒核示遵
謹呈
縣長鄭
第一區署區長任廷雯

福鼎县政府第一区区署关于慰劳金数目未蒙规定无从遵办的呈文

（1941 年 7 月 26 日）　G133-003-0026

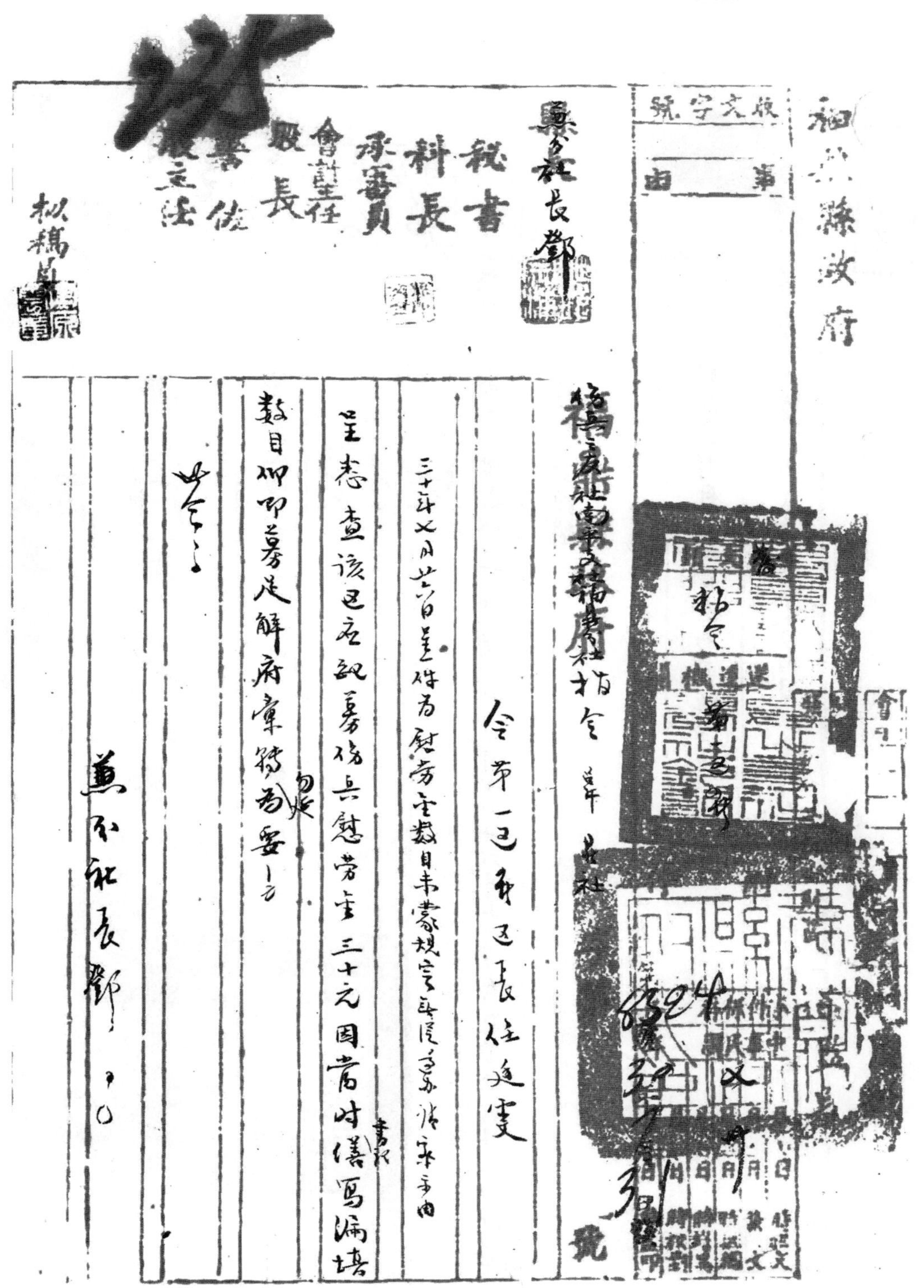

福鼎縣政府

發文字號 第 號

事由

兼分社長 鄭　秘書　科長　承審員　會計主任　股長　警佐　股長

擬稿員

傷兵之友社南平支社福鼎分社指令 年 月 社

令第一區區長任廷叟

三十年七月廿六日呈件為慰勞金數目未蒙規定請示遵由

呈悉。查該區應配募傷兵慰勞金三十元，因當時繕寫漏填數目，仰即募足解府彙轉為要。此令。

兼分社長 鄭

第三战区伤兵之友社南平支社福鼎分社关于第一区应配募伤病慰问金三十元仰即募足解府汇转的指令(1941 年 7 月 31 日)　G133-003-0026

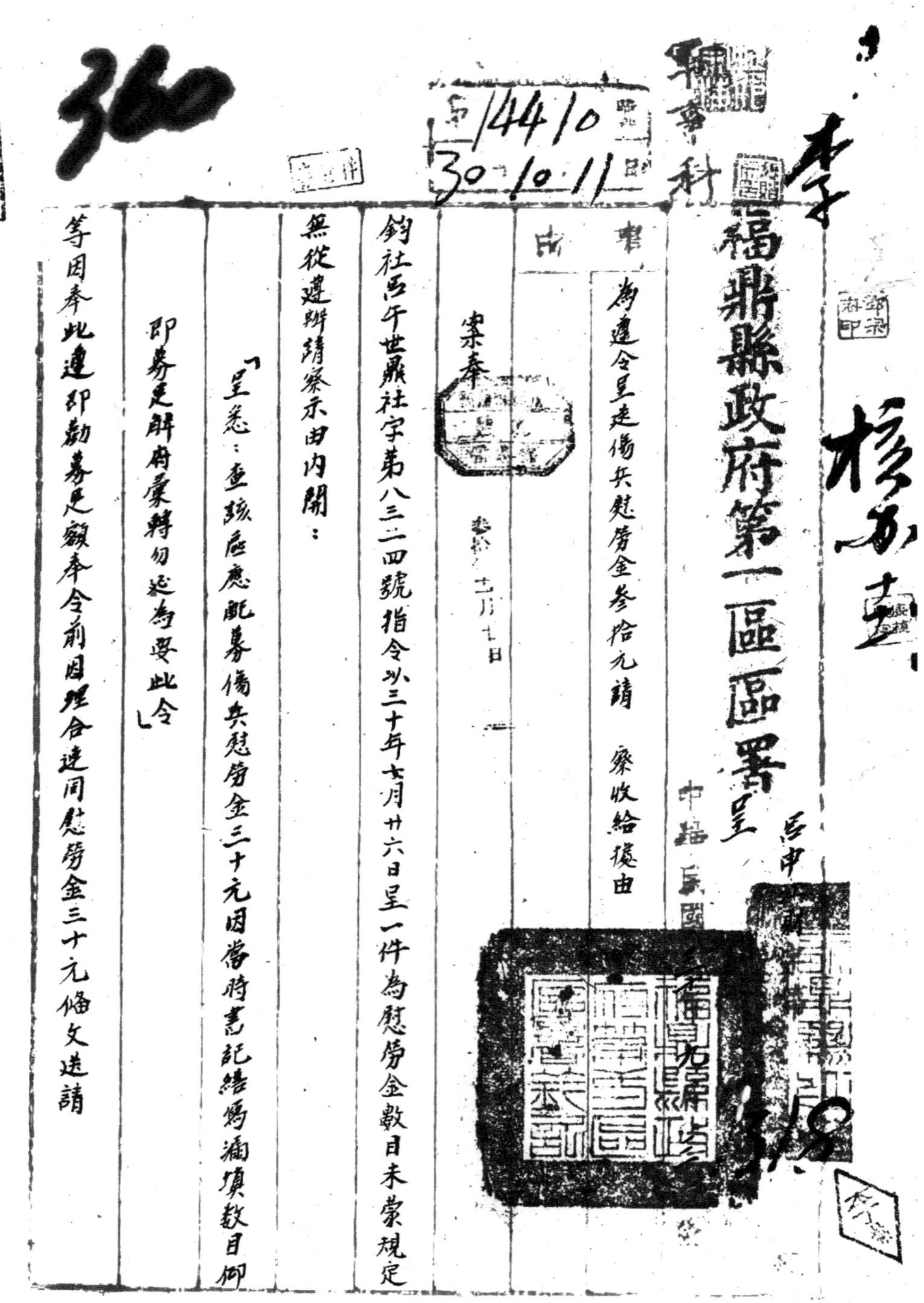

福鼎縣政府第一區區署呈

為遵令呈送傷兵慰勞金叁拾元請 察收給據由

案奉

鈞社民字世鼎社字第八三二四號指令以三十年七月廿六日呈一件為慰勞金數目未蒙規定無從遵辦請察示由內開：「呈悉：查該區應配募傷兵慰勞金三十元因當時書記繕寫漏填數目仰即募足解府彙轉勿延為要此令」等因奉此遵即勸募足額奉令前因理合連同慰勞金三十元備文送請

福鼎县政府第一区区署关于送缴伤兵慰劳金三十元请查收给据的呈文

（1941 年 9 月 3 日） G133-003-0027

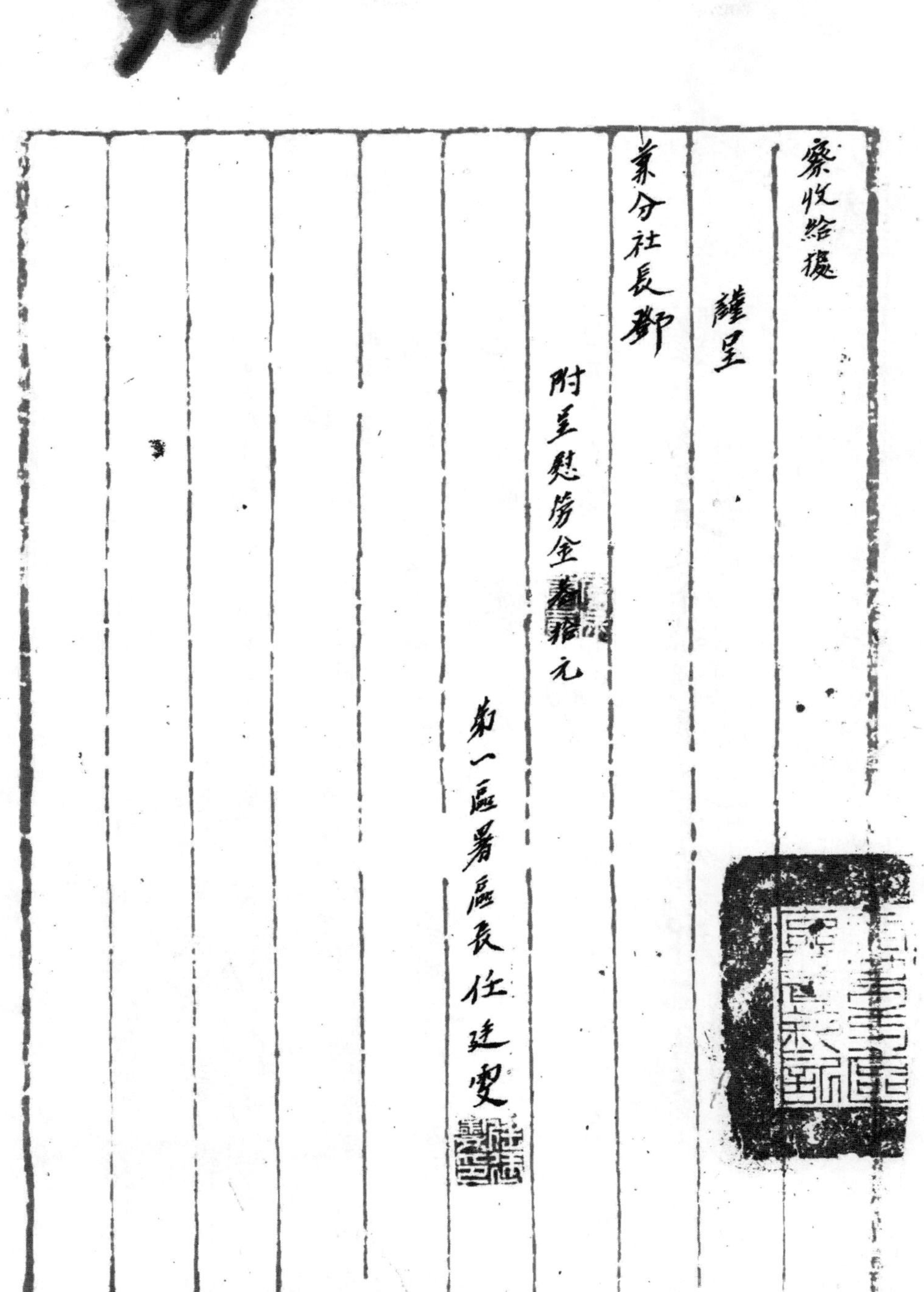
361
察收給據
謹呈
兼分社長鄧
附呈慰勞金叁拾元
第一區署區長任建雯

福鼎县政府第一区区署关于送缴伤兵慰劳金三十元请查收给据的呈文
（1941年9月3日） G133-003-0027

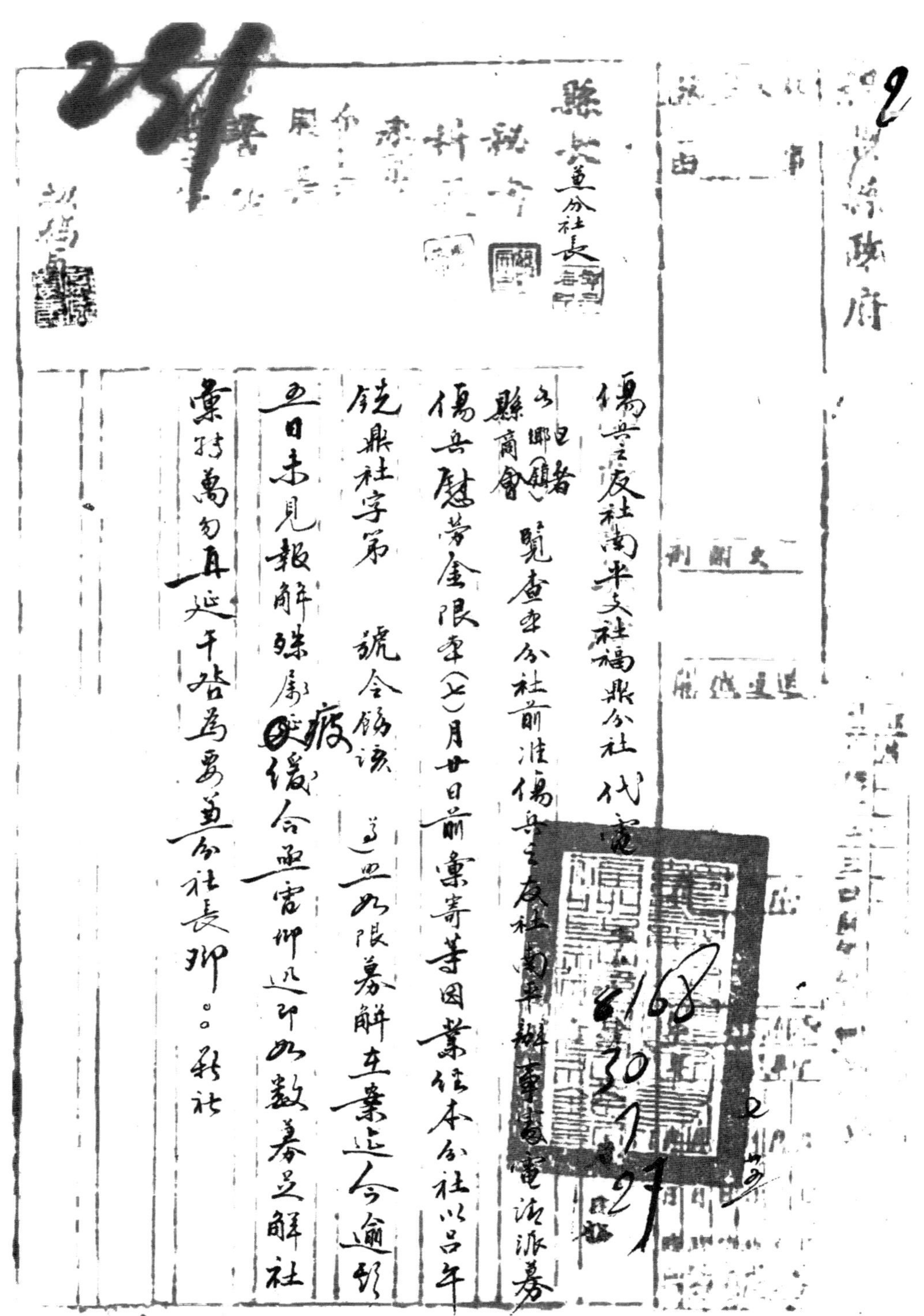

傷兵之友社南平支社福鼎分社 代電

各區署 鄉(鎮) 縣商會 覽：查本分社前准傷兵之友社南平辦事處電請派募傷兵慰勞金限本(七)月廿日前彙寄等因，業經本分社以呂午銑鼎社字第 號令飭該 如限募解在案。迄今逾期五日，未見報解，殊屬疲緩，合亟電仰迅即如數募足解社彙轉，萬勿再延干咎為要。 分社長 卯。。印社

第三战区伤兵之友社南平支社福鼎分社关于各区署乡镇县商会迅即如数募足派款解社万勿再延干咎的代电(1941年7月27日)a面　G133-003-0026

公前衔代电

县党部、公沽局、盐务局、粮管会览：查本分社前准伤兵之友社南平办事处电派募伤兵慰劳金限本（七）月廿日前汇寄等因，业经本分社以巳年铣鼎社字第　号函请查照尽量征募在案，兹奉电催，相应电请务予遄速募送过社汇转，幸勿再延为荷。福鼎分社巳卯。

第三战区伤兵之友社南平支社福鼎分社关于速募慰劳金送社勿再延致县党部、公沽局、盐务局、粮管会的代电(1941 年 7 月 27 日)　G133-003-0026b 面　G133-003-0026

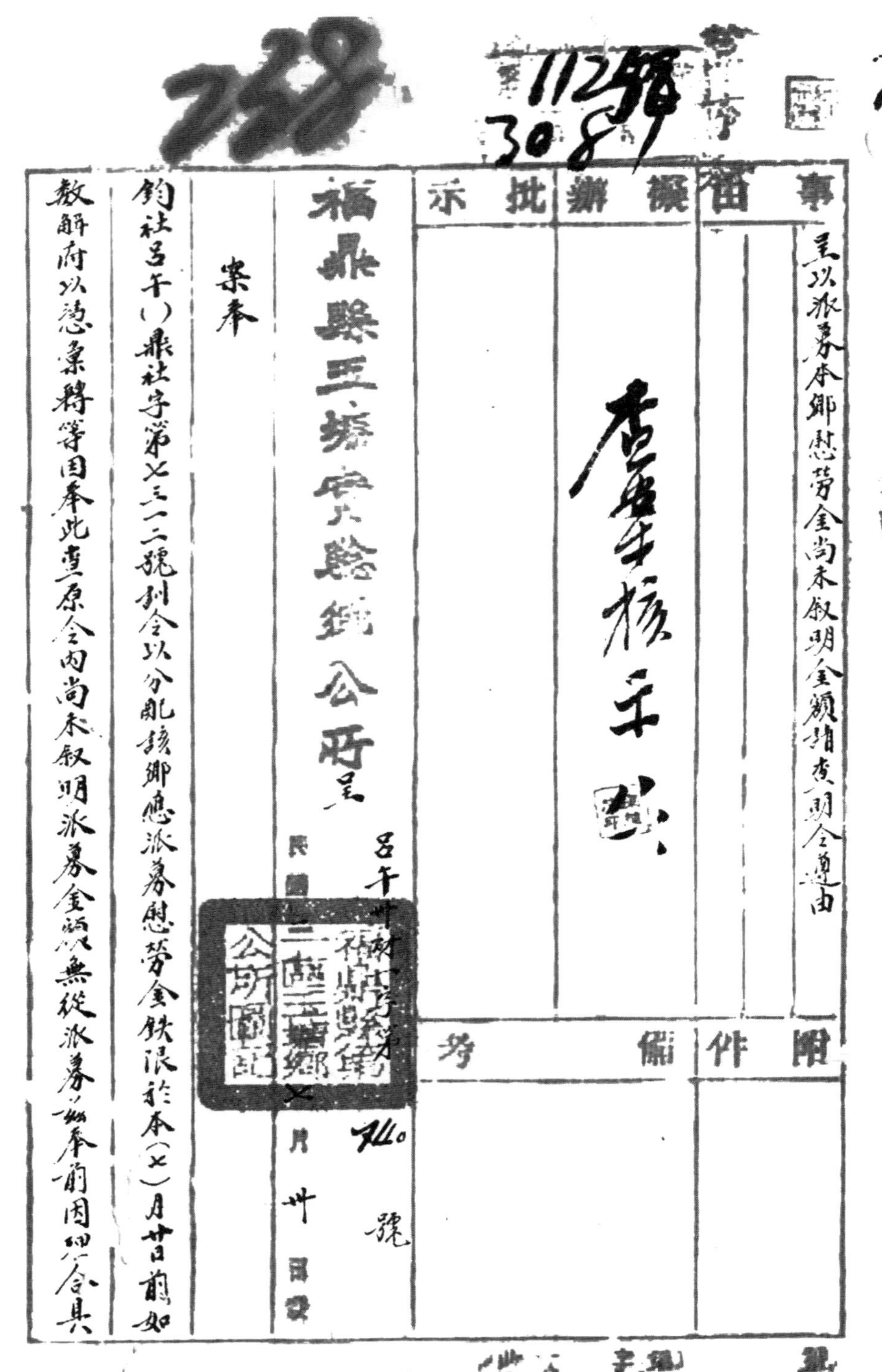

事由：呈以派募本鄉慰劳金尚未叙明金額請查明令遵由

福鼎縣玉塘實驗鄉公所呈

呂午卅財字第　號

民國三十年七月卅日發

案奉

鈞社呂午（　）鼎社字第七三一二號訓令以分配該鄉應派募慰劳金鉄限於本（七）月廿前如數解府以憑彙轉等因奉此查原令内尚未叙明派募金額以無從派募以奉前因理合具

福鼎县第二区玉塘实验乡公所关于派募本乡慰劳金尚未叙明金额请查明令遵的呈文

（1941 年 7 月 30 日）a 面　G133-003-0026

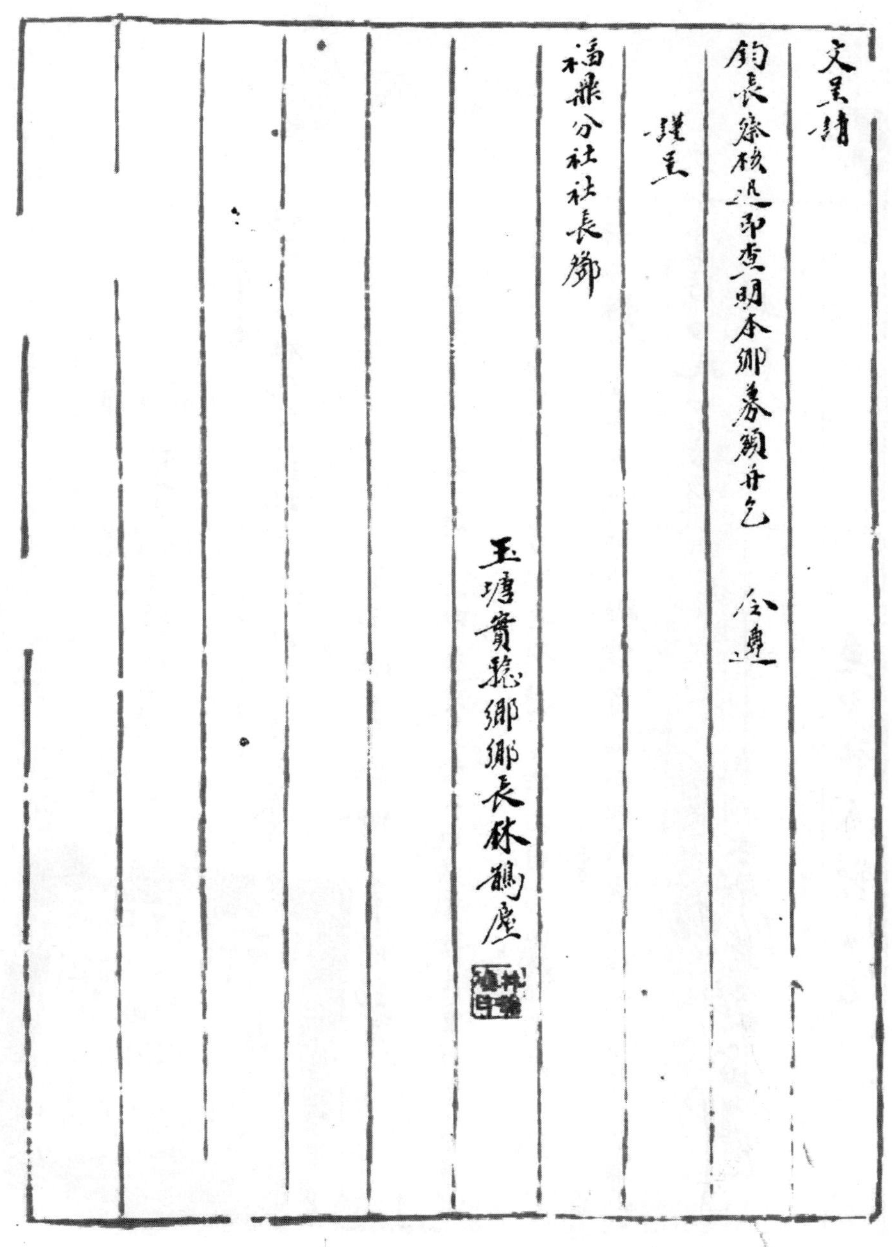
文呈請
鈞長察核迅即查明本鄉募額并乞
令遵
謹呈
福鼎分社社長鄭
玉塘實驗鄉鄉長林鵬虞

福鼎县第二区玉塘实验乡公所关于派募本乡慰劳金尚未叙明金额请查明令遵的呈文
(1941 年 7 月 30 日)b 面　G133-003-0026

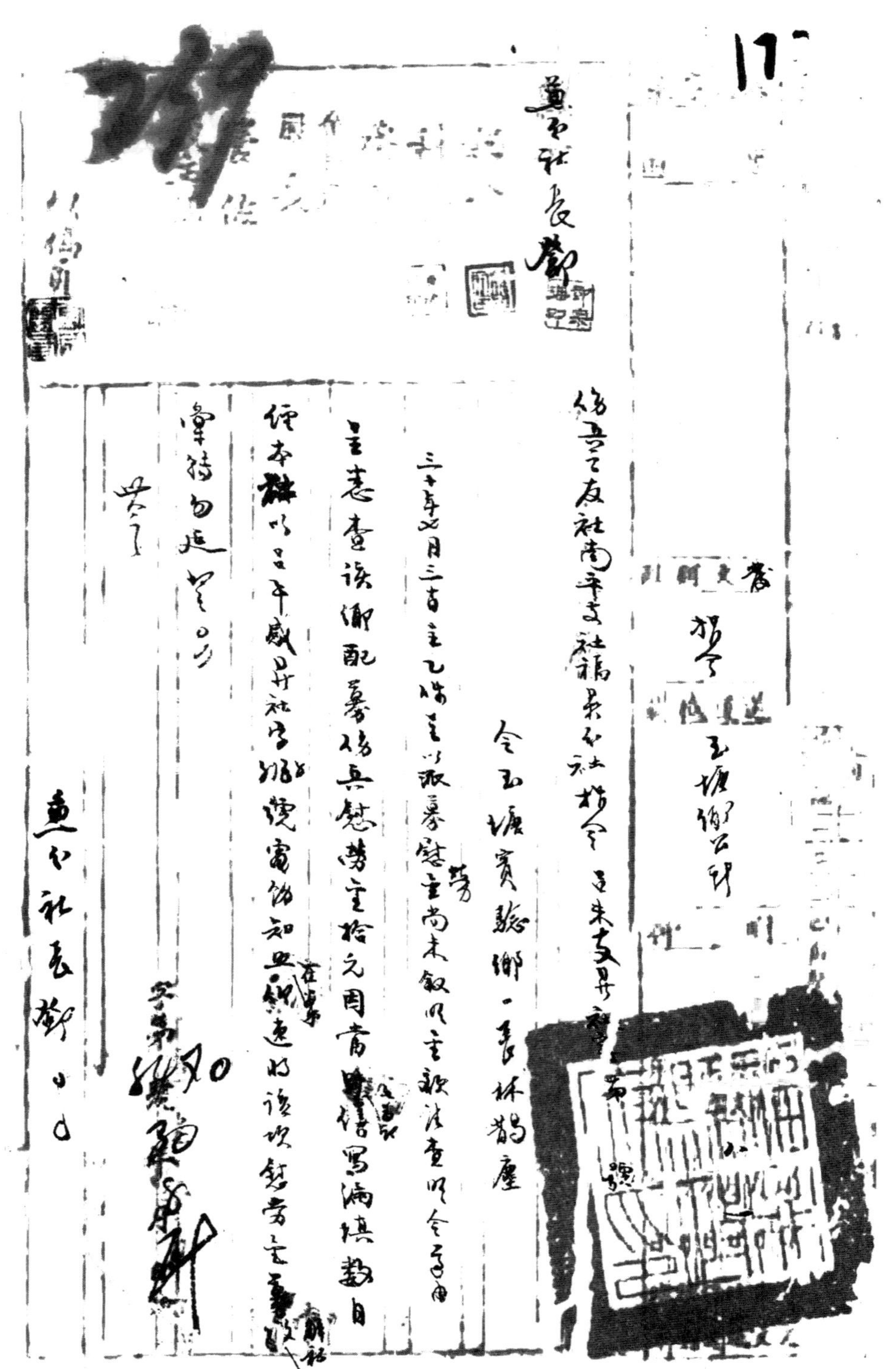

伤兵之友社南平支社福鼎分社指令

令玉塘實驗鄉鄉長林鹤慶

呈悉查该鄉配募伤兵慰劳金拾元

第三战区伤兵之友社南平支社福鼎分社关于玉塘实验乡配募伤兵慰劳金一十元速解社汇转的指令

（1941 年 8 月 4 日） G133-003-0026

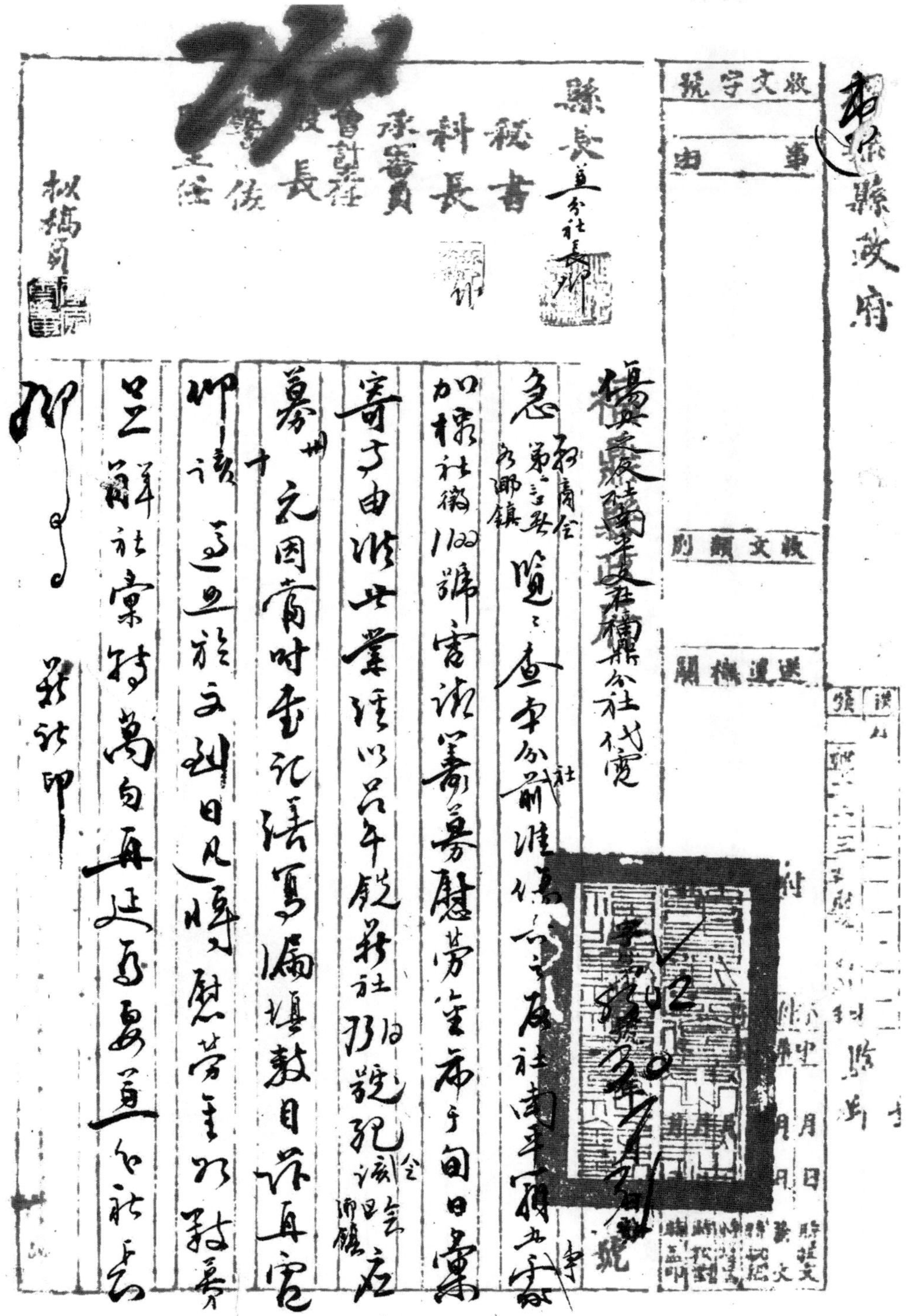

南平縣政府

收文字號

事由

收文類別

送達機關

縣長 秘書 科長 承審員 會計主任

傷兵之友社南平支社福鼎分社代電

急 縣商會 第一二三區署 各鄉鎮 覽：

第三战区伤兵之友社南平支社福鼎分社关于县商会、第一二三区区署、各乡镇应募数目并于文到日迅将慰劳金如数解社汇转的代电（1941 年 7 月 31 日） G133-003-0026

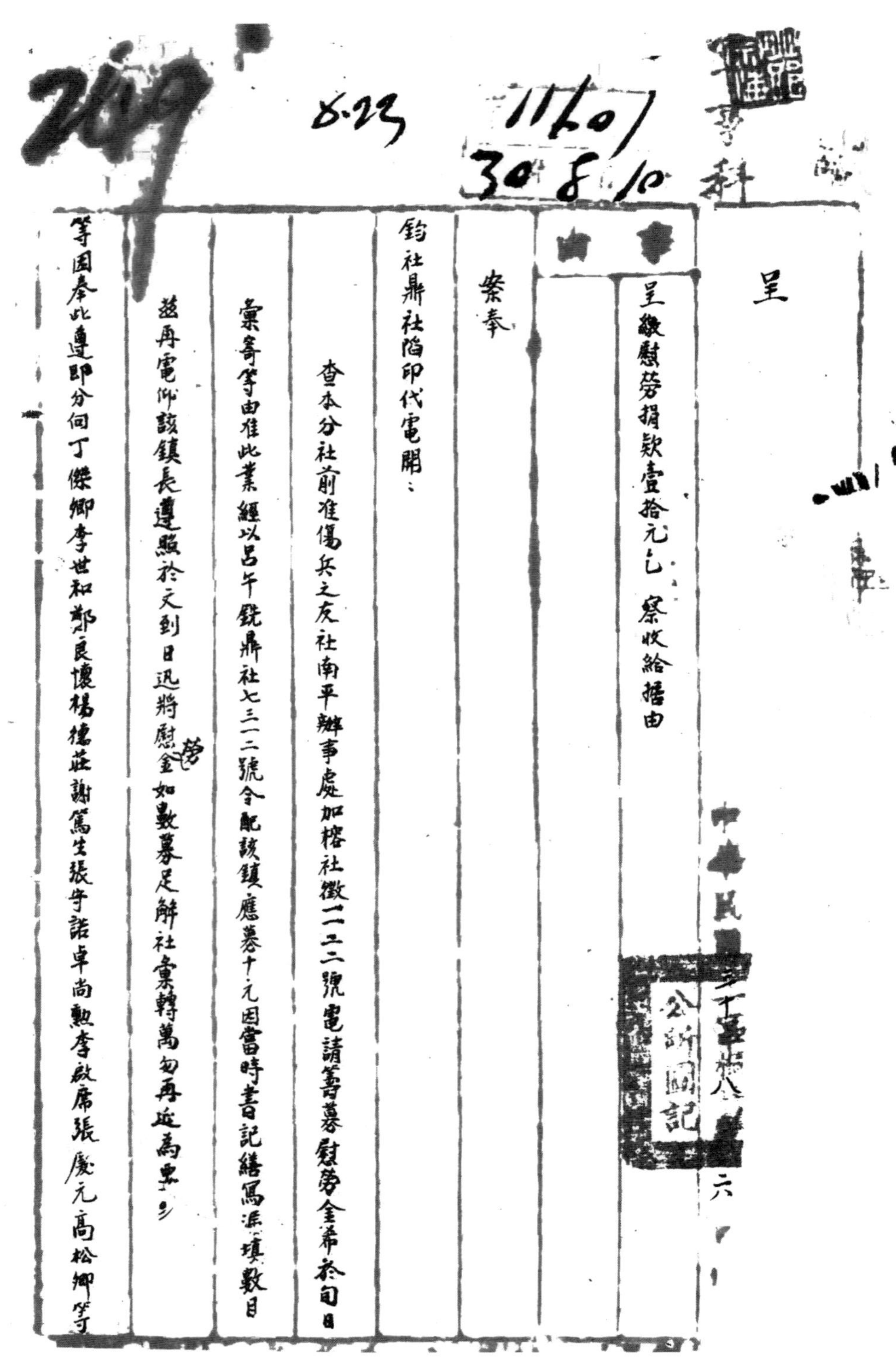

呈

事由：呈缴慰劳捐款壹拾元乞 察收給据由

案奉

鈞社鼎社陷印代電開：

查本分社前准傷兵之友社南平辦事處加榕社徵一一二二號電請籌募慰勞金希於旬日彙寄等由准此業經以吕午銑鼎社七三一二號令飭該鎮應募十元因當時書記繕寫漏填數目茲再電仰該鎮長遵照於文到日迅將慰勞金如數募足解社彙轉萬勿再延爲要。

等因奉此遵即分向丁傑卿李世和鄭良懷楊德莊謝篤生張宇諾卓尚勲李啟席張慶元高松卿等

中華民國三十年八月六日

福鼎县政府第一区桐山镇公所关于送缴慰劳捐款一十元乞查收给据的呈文

（1941 年 8 月 6 日） G133-003-0026

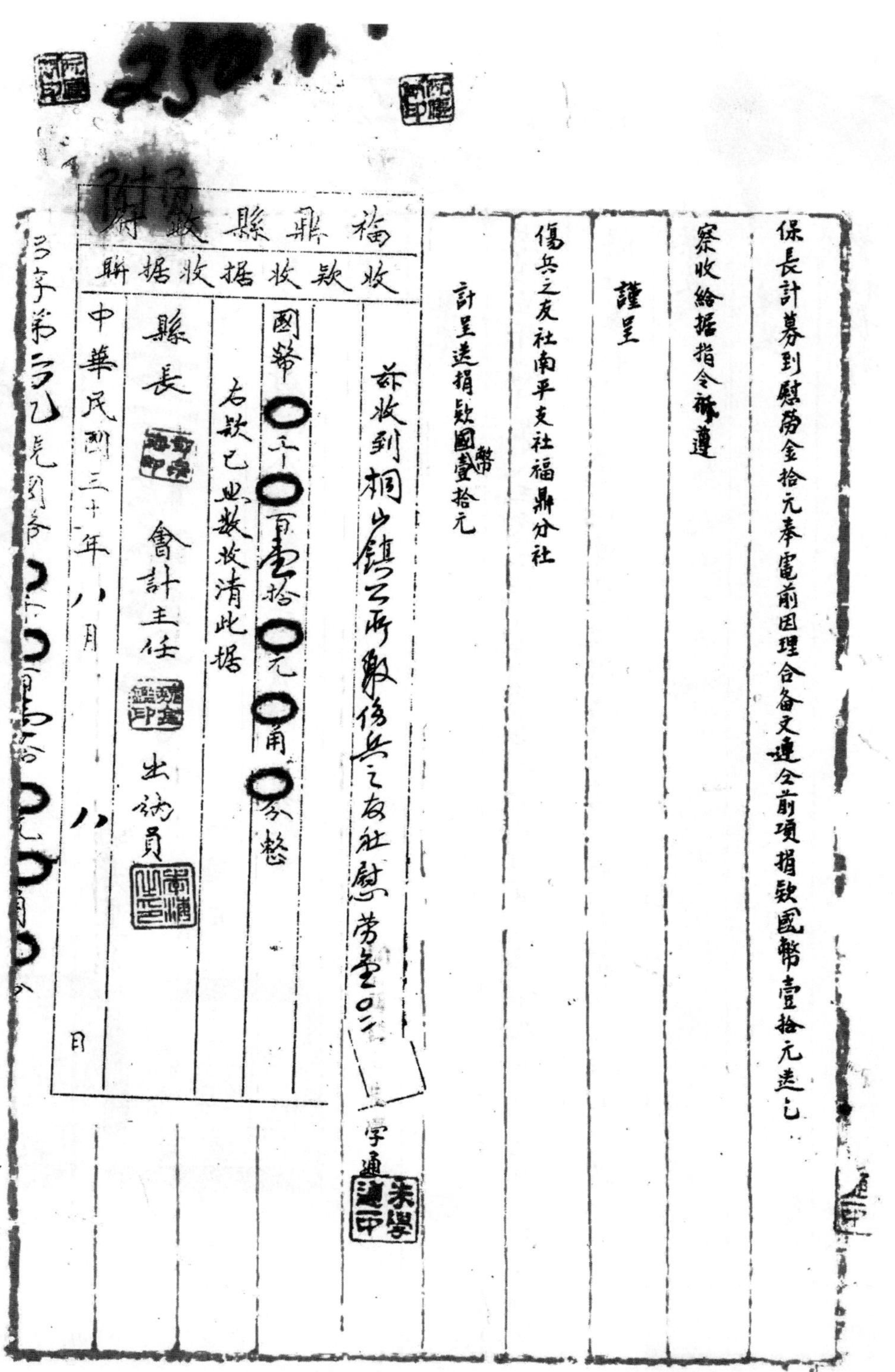

保長計募到慰勞金拾元奉電前因理合备文連仝前項捐款國幣壹拾元送乞

察收給据指令祗遵

謹呈

傷兵之友社南平支社福鼎分社

計呈送捐款國幣壹拾元

福鼎縣政府

收款收据 收据聯

茲收到桐山鎮公所繳傷兵之友社慰勞金〇〇

國幣〇千〇百壹拾〇元〇角〇分整

右款已照數收清此据

縣長　會計主任　出納員

中華民國三十年八月八日

福鼎县政府第一区桐山镇公所关于送缴慰劳捐款一十元乞查收给据的呈文附福鼎县政府给桐山镇开具的(一十元)收款收据(1941 年 8 月 8 日)　G133-003-0026

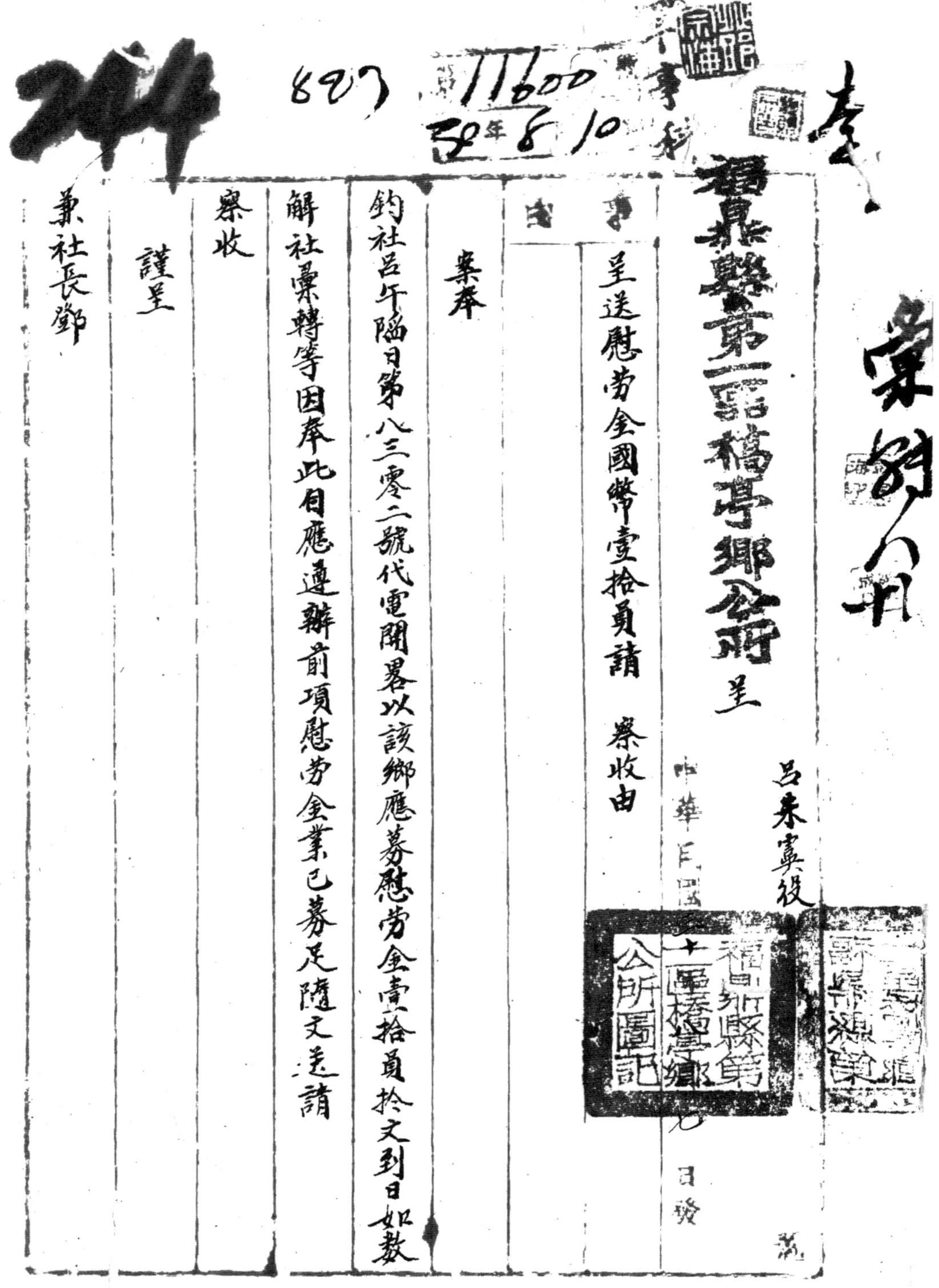
福鼎縣第一區橋亭鄉公所　呈

呈送慰劳金國幣壹拾員請察收由

案奉

鈞社呂午陷日第八三零二號代電開略以該鄉應募慰劳金壹拾員於文到日如數解社彙轉等因奉此自應遵辦前項慰劳金業已募足隨文送請

察收

謹呈

兼社長鄭

福鼎縣第一區橋亭鄉公所圖記

福鼎县政府第一区桥亭乡公所关于送缴慰劳金一十元的呈文

（1941 年 8 月 7 日）　G133-003-0026

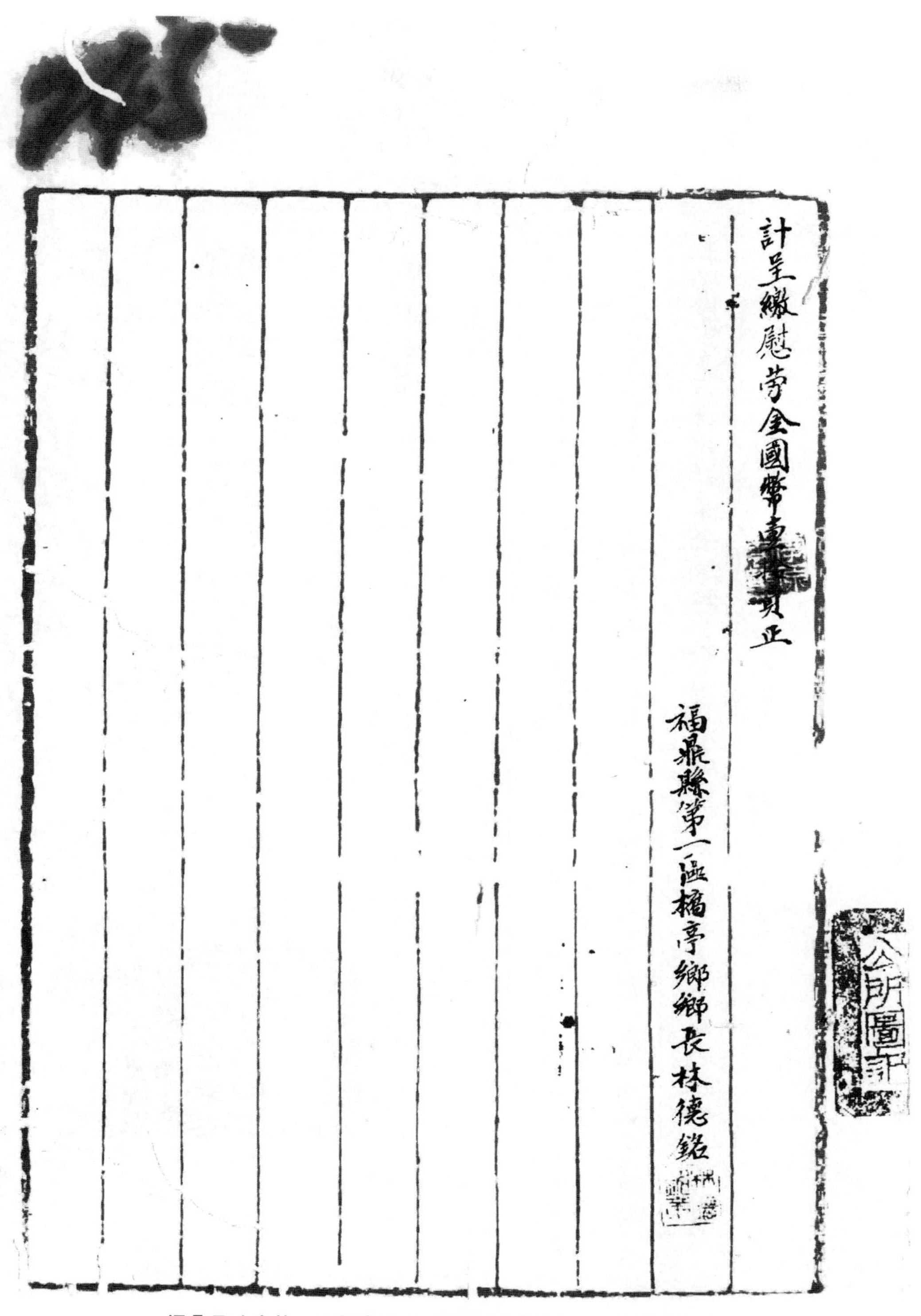

計呈繳慰劳金國幣壹拾元正

福鼎縣第一區橋亭鄉鄉長林德銘

福鼎县政府第一区桥亭乡公所关于送缴慰劳金一十元的呈文
（1941年8月7日） G133-003-0026

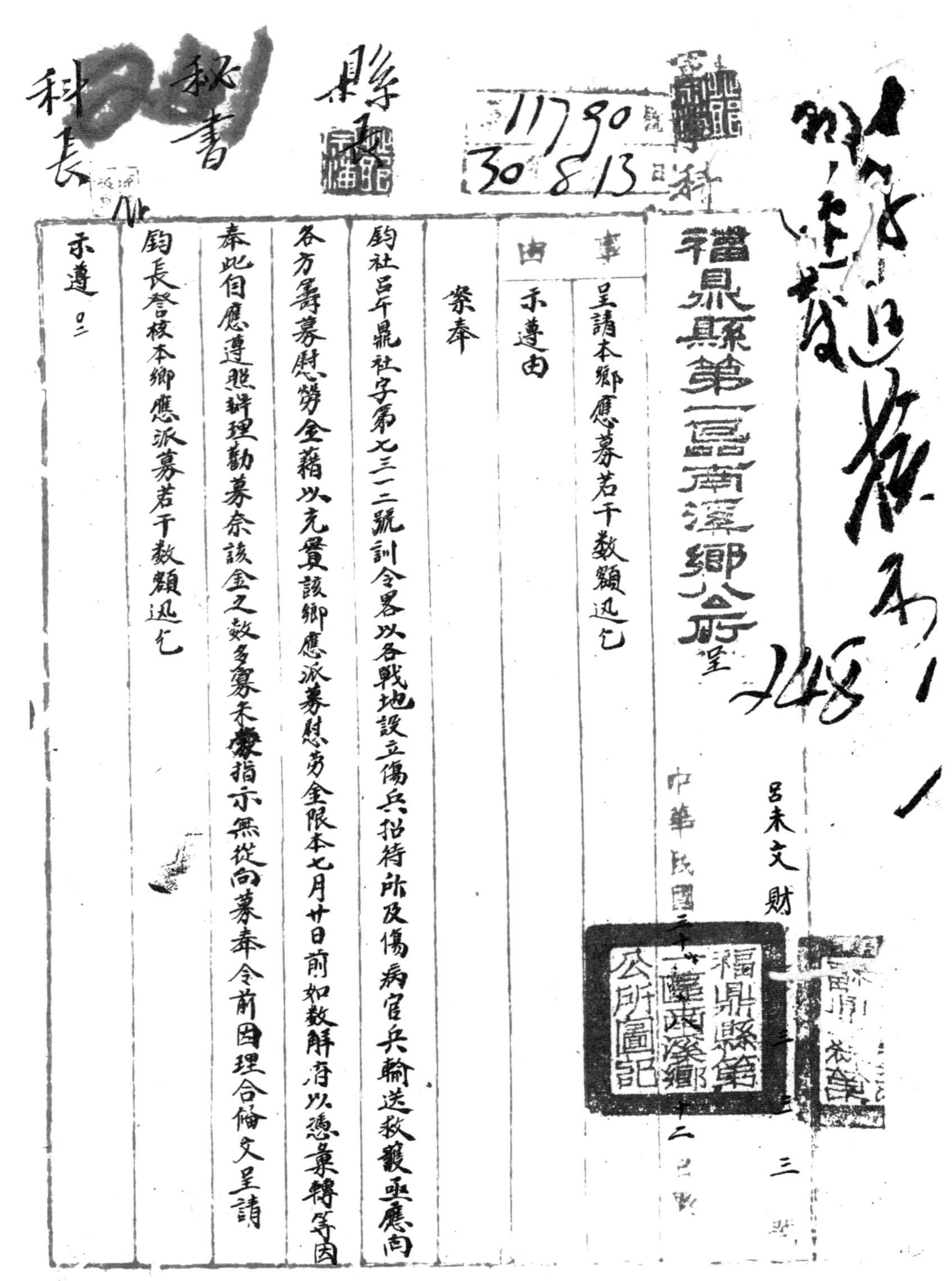

福鼎縣第一區南溪鄉公所呈

事由：呈請本鄉應募若干数額迅乞示遵由

案奉

鈞社呂午鼎社字第七三一二號訓令略以各戰地設立傷兵招待所及傷病官兵輸送救護亟應向各方籌募慰勞金藉以充實該鄉應派募慰劳金限本七月廿日前如数解府以憑彙轉等因奉此自應遵照辦理勸募奈該金之数多寡未蒙指示無從向募奉令前因理合備文呈請

鈞長詧核本鄉應派募若干数額迅乞

示遵　謹呈

中華民國三十年八月十二日

福鼎县政府第一区南溪乡公所关于乞示本乡应募慰劳金数额的呈文

（1941年8月12日）　G133-003-0026

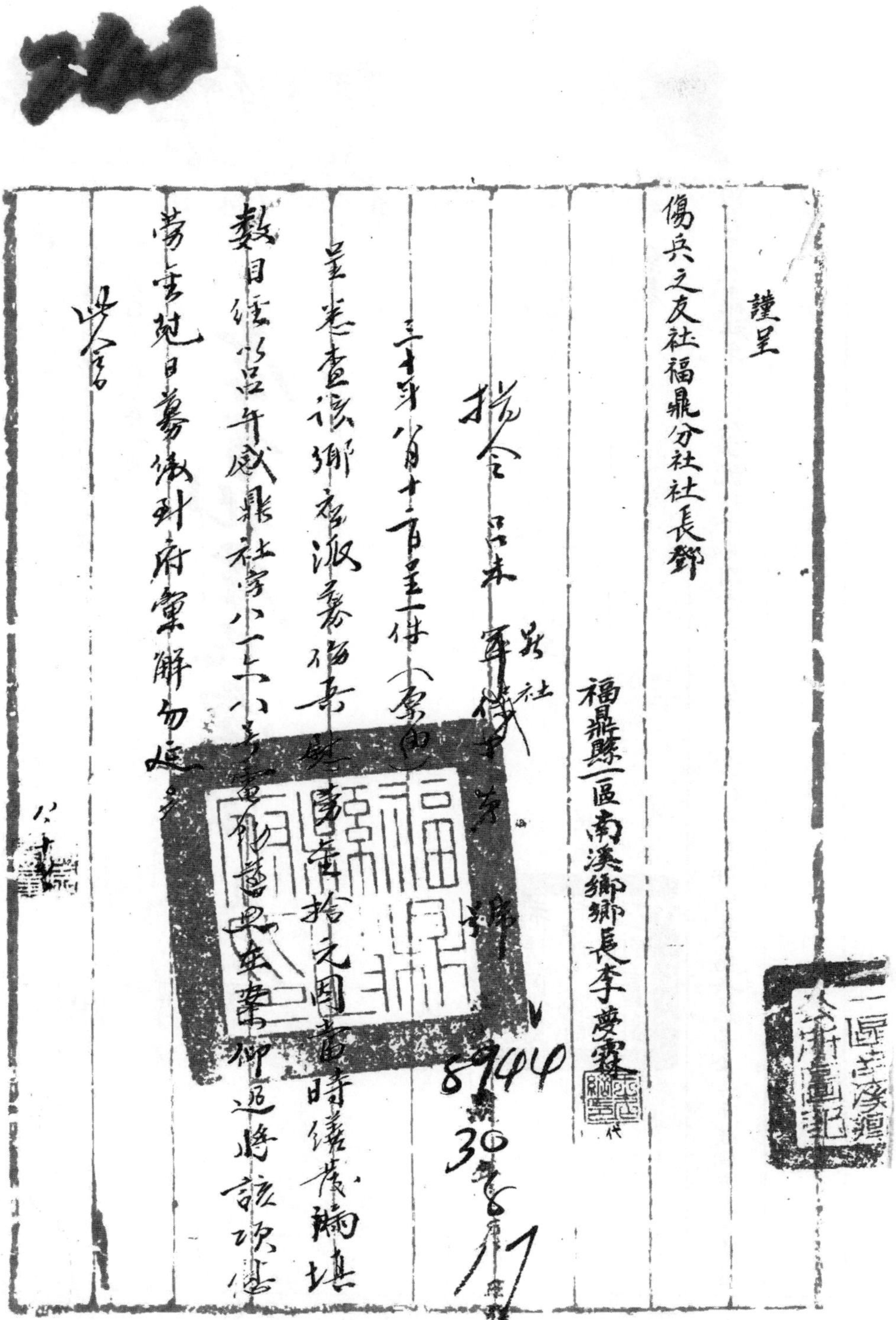

謹呈

傷兵之友社福鼎分社社長鄧

福鼎縣一區南溪鄉鄉長李夢霖（代）

指令　呂未鼎社字第　號

三十年八月十二日呈一件（案由）

呈悉。查該鄉應派募傷兵慰勞金拾元，因當時錯誤摘填數目，經以呂午感鼎社字第一一七號電飭遵照在案，仰速將該項慰勞金剋日募繳到府彙解，勿延為要。

此令

八，十七

第三战区伤兵之友社南平支社福鼎分社关于南溪乡应派募伤兵慰劳金一十元克日募缴到府的指令

（1941 年 8 月 17 日）　G133-003-0026

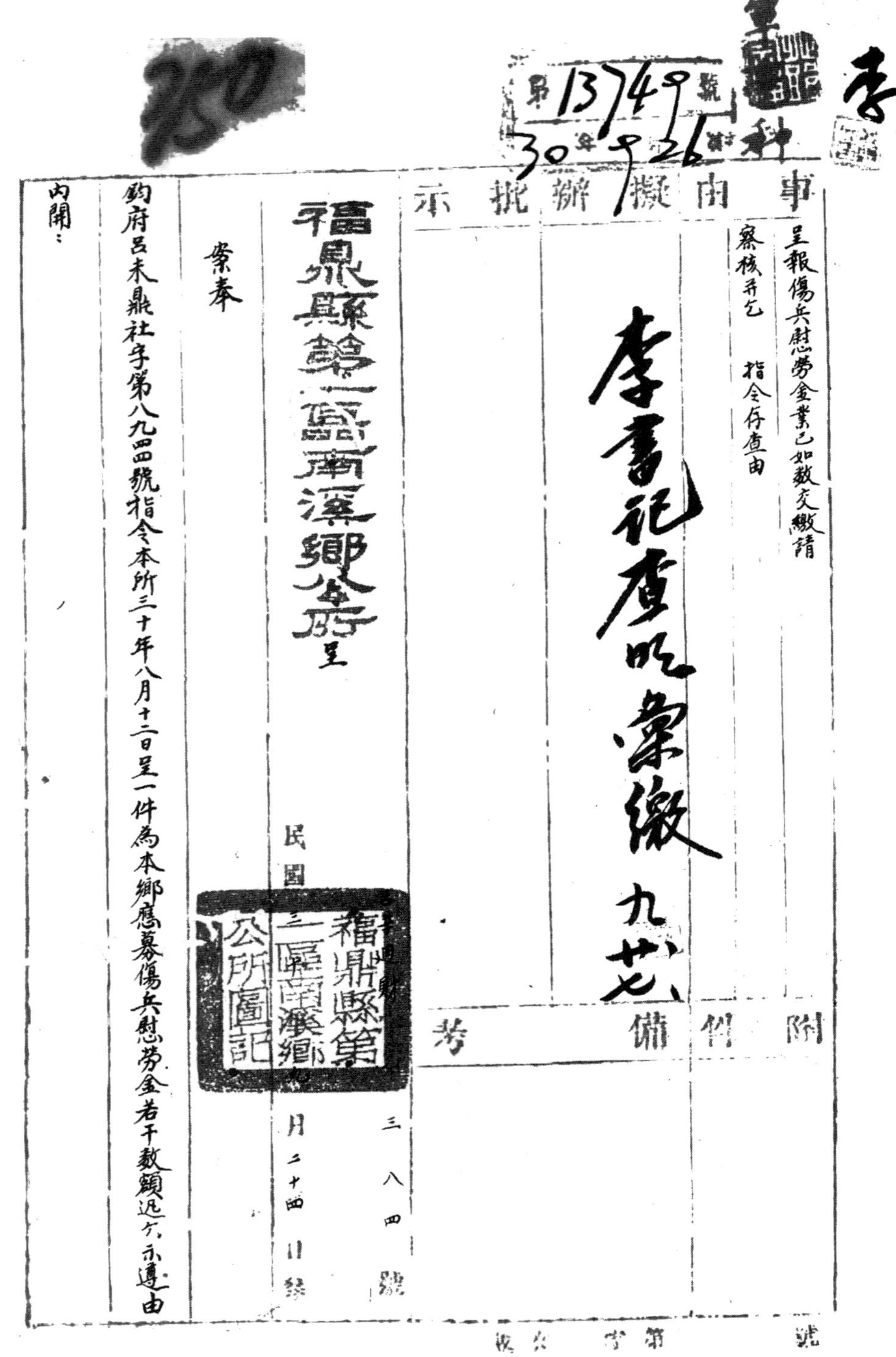

事由：呈報傷兵慰勞金業已如數交繳請察核并乞指令存查由

福鼎縣第一區南溪鄉公所呈

案奉

鈞府呂未鼎社字第八九四號指令本所三十年八月十二日呈一件為本鄉應募傷兵慰勞金若干數額迅于示遵由

內開：

民國三十年九月二十四日發　三八四號

福鼎縣第一區南溪鄉公所圖記

福鼎县第一区南溪乡公所关于伤兵慰劳金已如数交缴乞指令存查的呈文

(1941年9月24日)a面　G133-003-0026

「呈悉。查該鄉應派募傷兵慰勞金拾元，因當時繕發漏填數目，經以呂干感鼎社八一六八號電飭遵照

在案。仰迅將該項慰勞金剋日募繳到府彙解，勿延。此令。」

等因奉此。自應遵募，業于本月二十五日如數交繳

鈞府李收士經收矣。奉令前因，理合備文報請

察核，并乞 指令存查，實為公便。

謹呈

縣長鄭

福鼎縣第一區南溪鄉鄉長李夢霖

福鼎县第一区南溪乡公所关于伤兵慰劳金已如数交缴乞指令存查的呈文

(1941年9月24日)b面 G133-003-0026

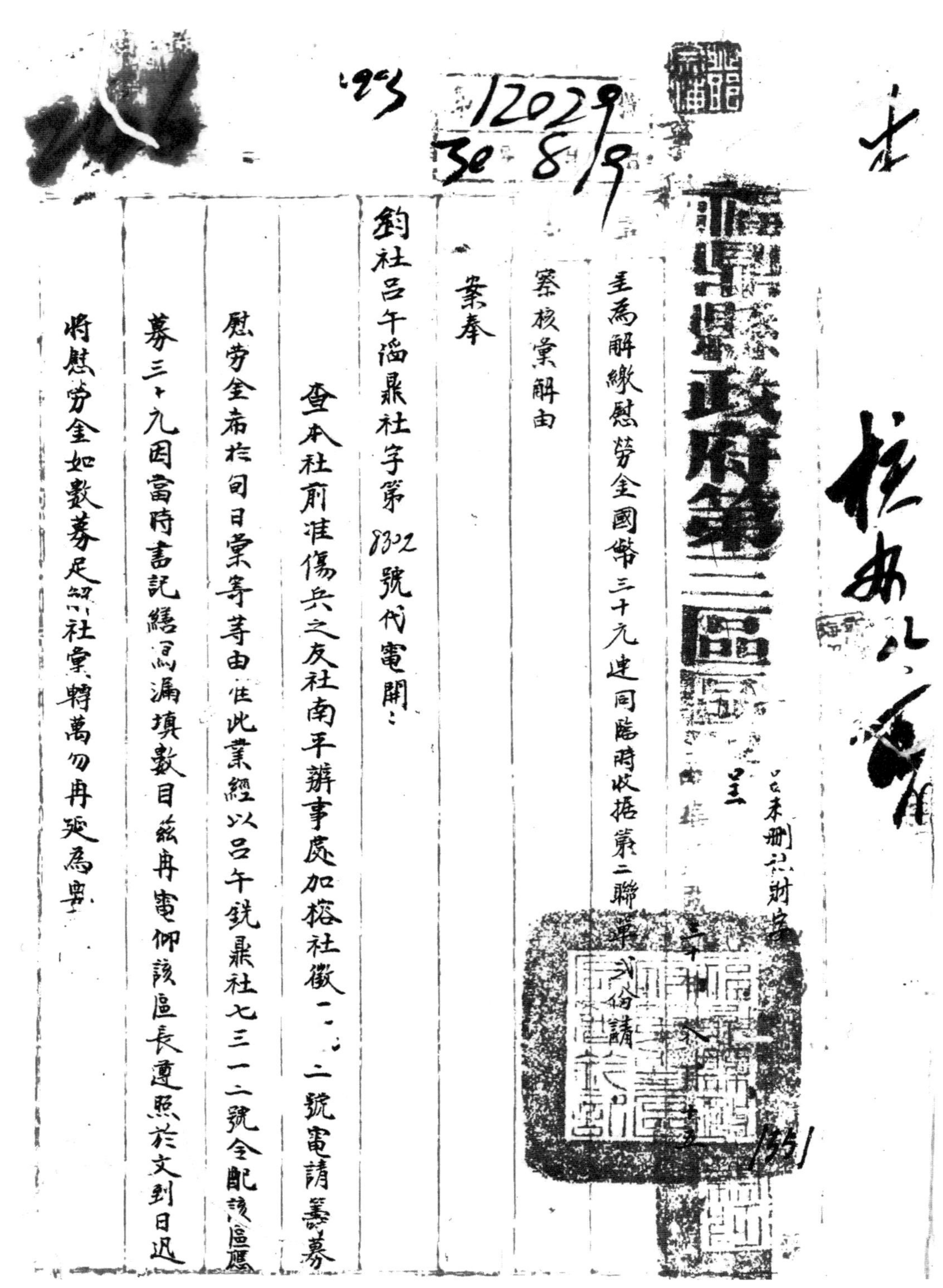

福鼎縣政府第三區區署

呈為解繳慰勞金國幣三十元連同臨時收据第二聯單一份請

察核彙解由

案奉

鈞社呂午緇鼎社字第8302號代電開：

查本社前准傷兵之友社南平辦事處加榕社徵一二二號電請募

慰劳金布於旬日彙寄等由准此業經以呂午銑鼎社七三一二號令飭該區應

募三十元因當時書記繕寫漏填數目茲再電仰該區長遵照於文到日迅

將慰劳金如數募足解社彙轉萬勿再延為要

福鼎县政府第三区区署关于解缴慰劳金三十元连同临时收据联单的呈文

（1941 年 8 月 15 日）　G133-003-0026

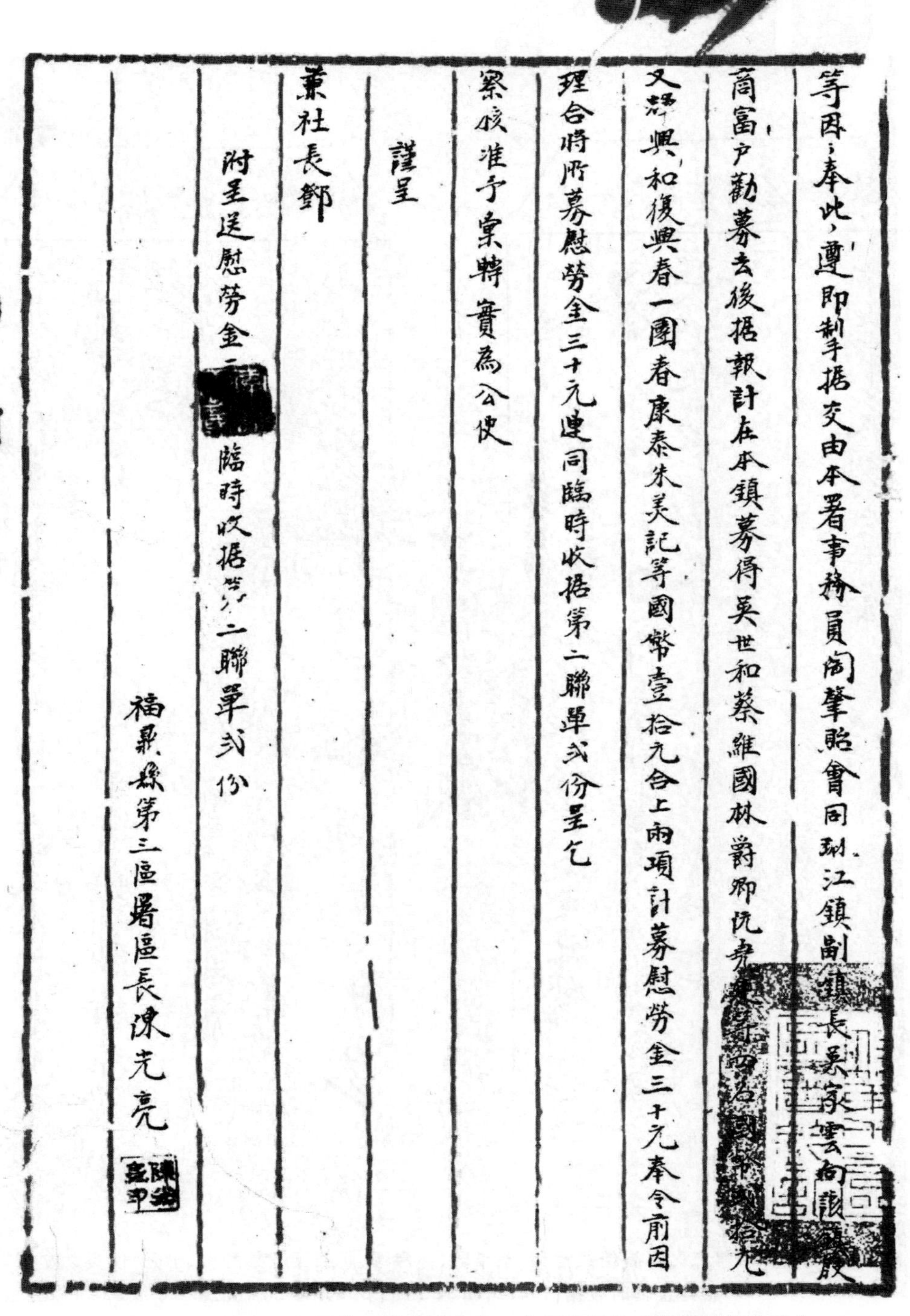

等因，奉此，遵即制手据交由本署事务员陶肇贻会同琳江镇副镇长吴家云向该股商富户劝募去后据报计在本镇募得吴世和蔡维国林爵卿沈尧（？）等四名国币拾元又怡兴和复兴春一园春康泰朱美记等国币壹拾元合上两项计募慰劳金三十元奉令前因理合将所募慰劳金三十元连同临时收据第二联单贰份呈乞

察核准予汇转实为公便

谨呈

兼社长郑

附呈送慰劳金三十元临时收据第二联单贰份

福鼎县第三区署区长陈光亮

第　页

福鼎县政府第三区区署关于缴送慰劳金三十元连同临时收据联单的呈文

（1941 年 8 月 15 日）　G133-003-0026

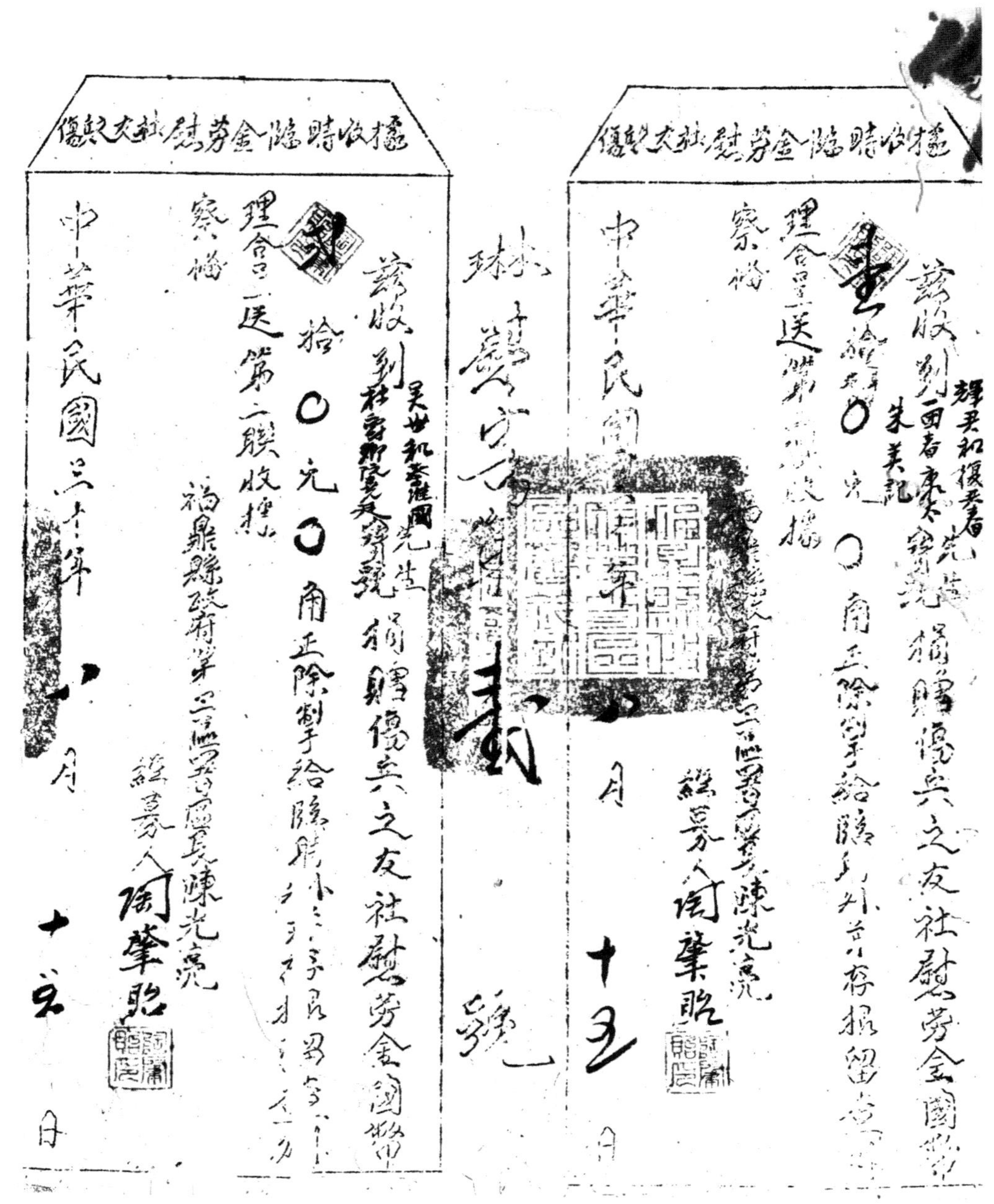

傷兵之友社慰勞金臨時收據

據收到吳世和、蔡維國、林爵卿、阮堯廷先生捐贈傷兵之友社慰勞金國幣貳拾〇元〇角正除制手給臨時收據外……理合呈送第二聯收據察核

福鼎縣政府第三區區長陳光亮

經募人 周肇貽

中華民國三十年八月十五日

傷兵之友社慰勞金臨時收據

據收到輝興和、復興春、一團春、康太、朱美記先生捐贈傷兵之友社慰勞金國幣壹拾〇元〇角正除制手給臨時收據外……理合呈送第二聯收據察核

福鼎縣政府第三區區長陳光亮

經募人 周肇貽

中華民國三十年八月十五日

附件：福鼎县政府第三区区署给吴世和、蔡维国、林爵卿、阮尧廷开具的（二十元）伤兵之友社慰劳金临时收据（1941 年 8 月 15 日） G133-003-0026

附件：福鼎县政府第三区区署给辉兴和复兴春、一团春、康太、朱美记开具的（一十元）伤兵之友社慰劳金临时收据（1941 年 8 月 15 日） G133-003-0026

李 饬存 八/廿

8.23

第12032號
30年8月19日

中國國民黨福建省福鼎縣執行委員會公函

事由（發文者摘錄）：函送慰勞金壹拾元請查收見復由

中華民國三十年八月十五日發

中華民國三十年　月

發文：總字第234號

收文：字第　號

交辦：月　日

校對：朱守真　月　日

蓋印：林開謙　月　日

附件：如文

案准

貴社呂午銑鼎社字第七三一二號公函以准傷兵之友社南平辦事處寅（銑）請發動籌募慰勞金以充實宣慰工作，商盡早之徵募送府，黨轉等由，正擬理間復准呂午字第八二六八號代電同前由，准此，茲經書記長及本會職員捐集國幣壹拾元隨文送請

中国国民党福建省福鼎县执行委员会关于缴送慰劳金一十元查收见复的公函

(1941年8月15日)a面　G133-003-0026

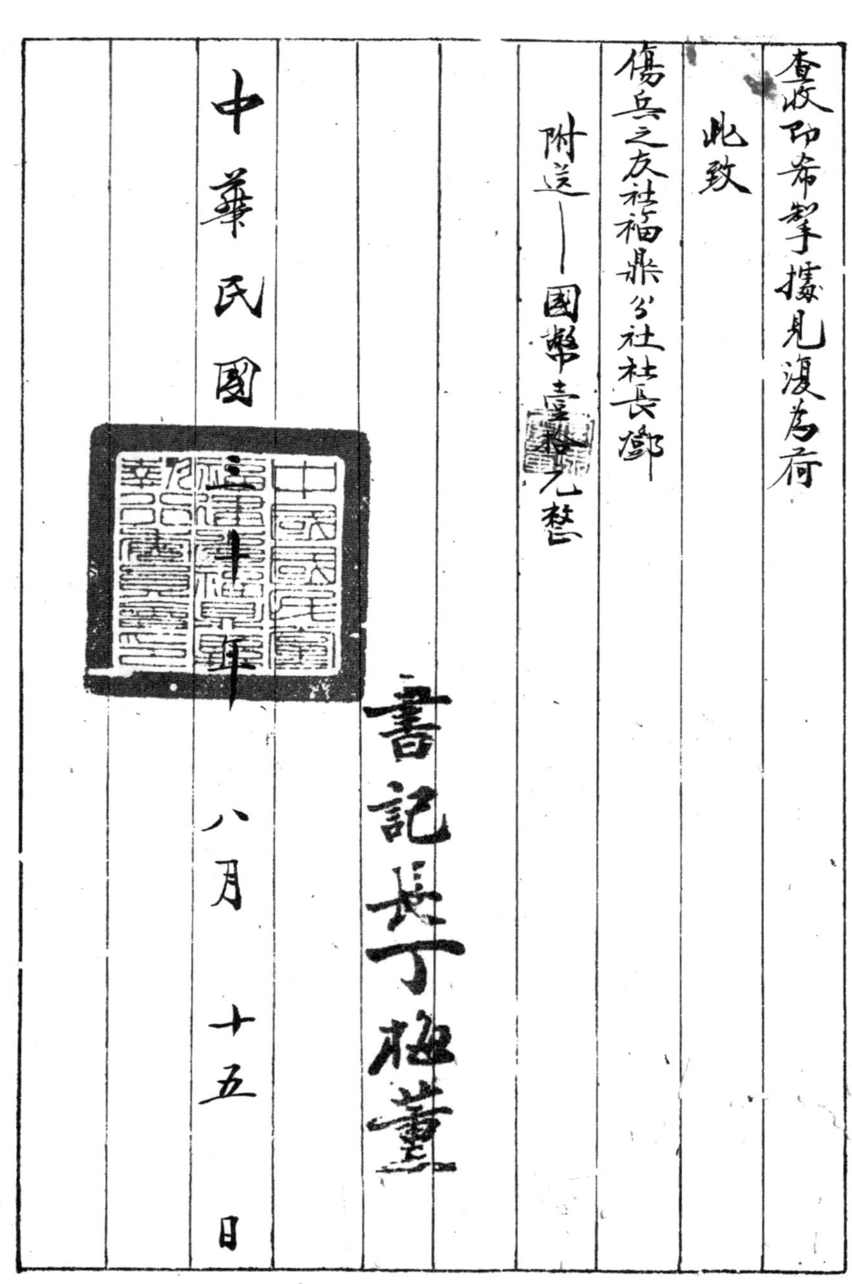

查收印希掣據見復為荷

此致

傷兵之友社福鼎分社社長鄧

附送一國幣壹拾元整

書記長丁極薰

中華民國三十年八月十五日

中国国民党福建省福鼎县执行委员会关于缴送慰劳金一十元查收见复的公函

(1941 年 8 月 15 日)b 面　G133-003-0026

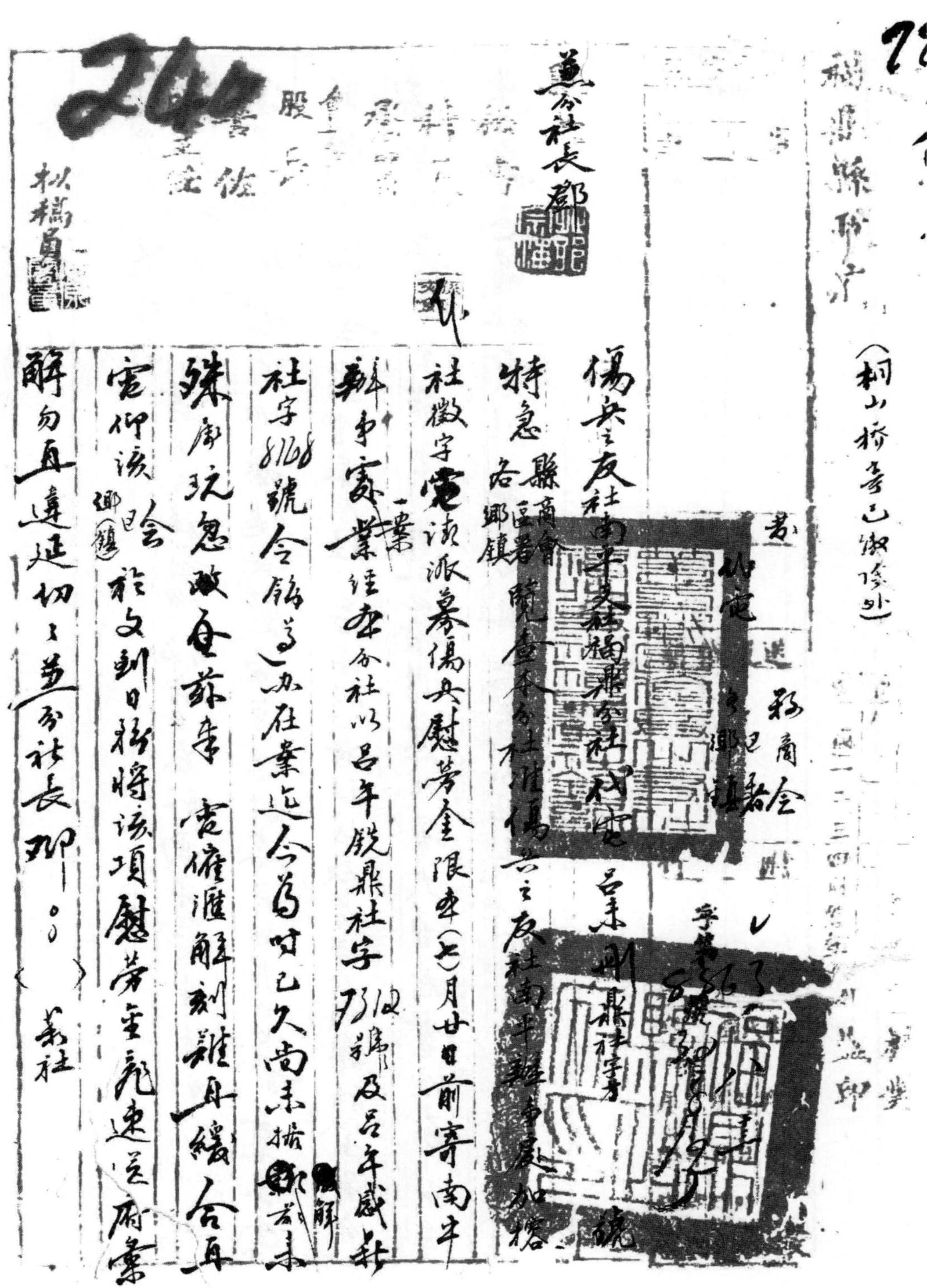

第三战区伤兵之友社南平支社福鼎分社关于电催汇解派募伤兵慰劳金的特急代电

(1941年8月15日)a面　G133-003-0026

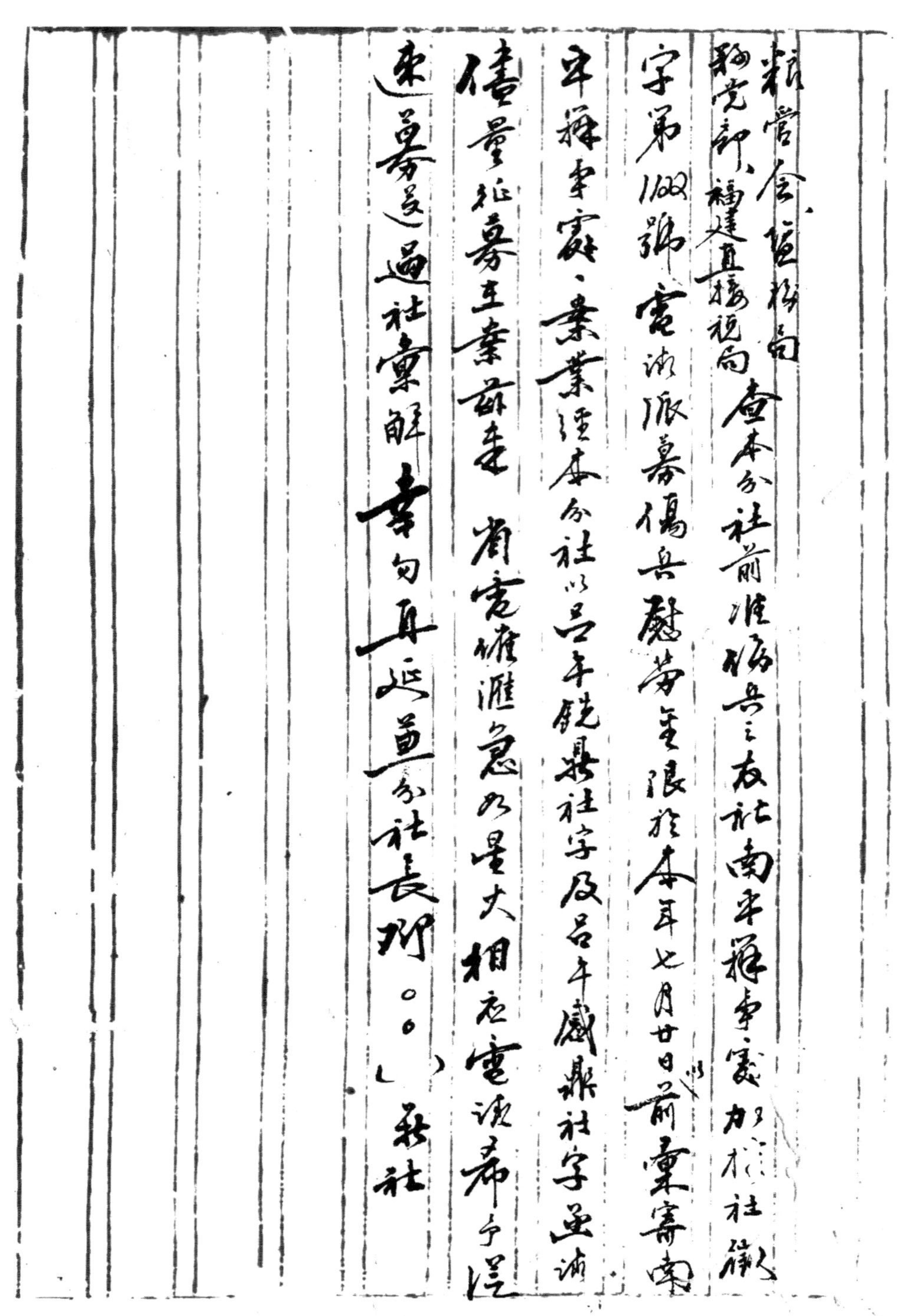

粮管会、粮政局、县党部、福建直接税局：查本分社前准伤兵之友社南平办事处加于社徵字第1002号电请派募伤兵慰劳金，限于本年七月廿日前汇寄南平办事处，业经本分社以吕午铣县社字及吕午感鼎社字函请儘量征募在案。兹奉省电催汇，急如星火，相应电请希予速募足，迳社汇解，幸勿再延。鼎分社长郑〇〇（卯）鼎社

第三战区伤兵之友社南平支社福鼎分社关于电催汇解派募伤兵慰劳金的特急代电

（1941 年 8 月 15 日）b 面　G133-003-0026

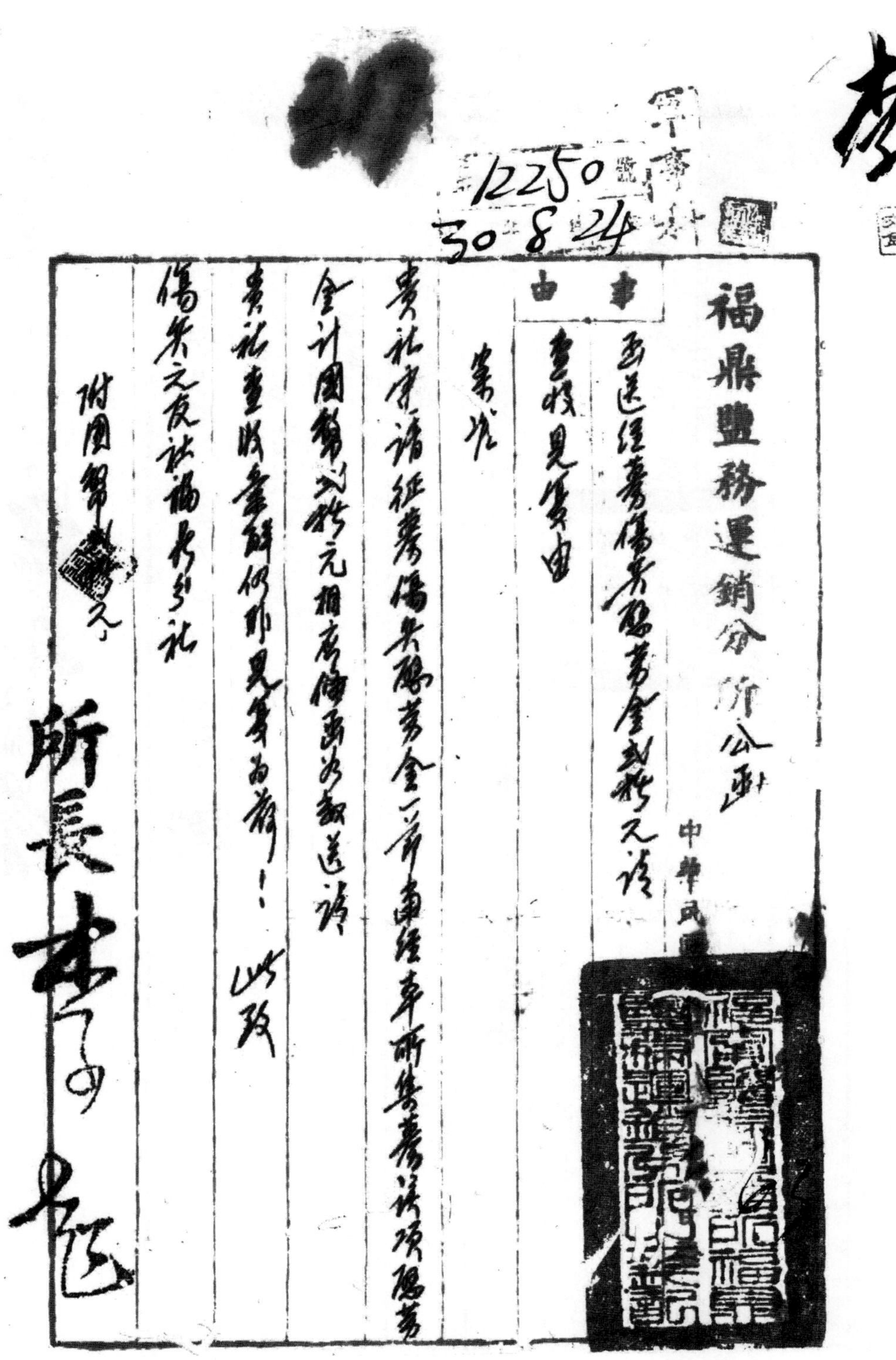

福鼎县盐务运销分所关于送缴经募伤兵慰劳金二十元查收见复的公函

（1941年8月16日） G133-003-0026

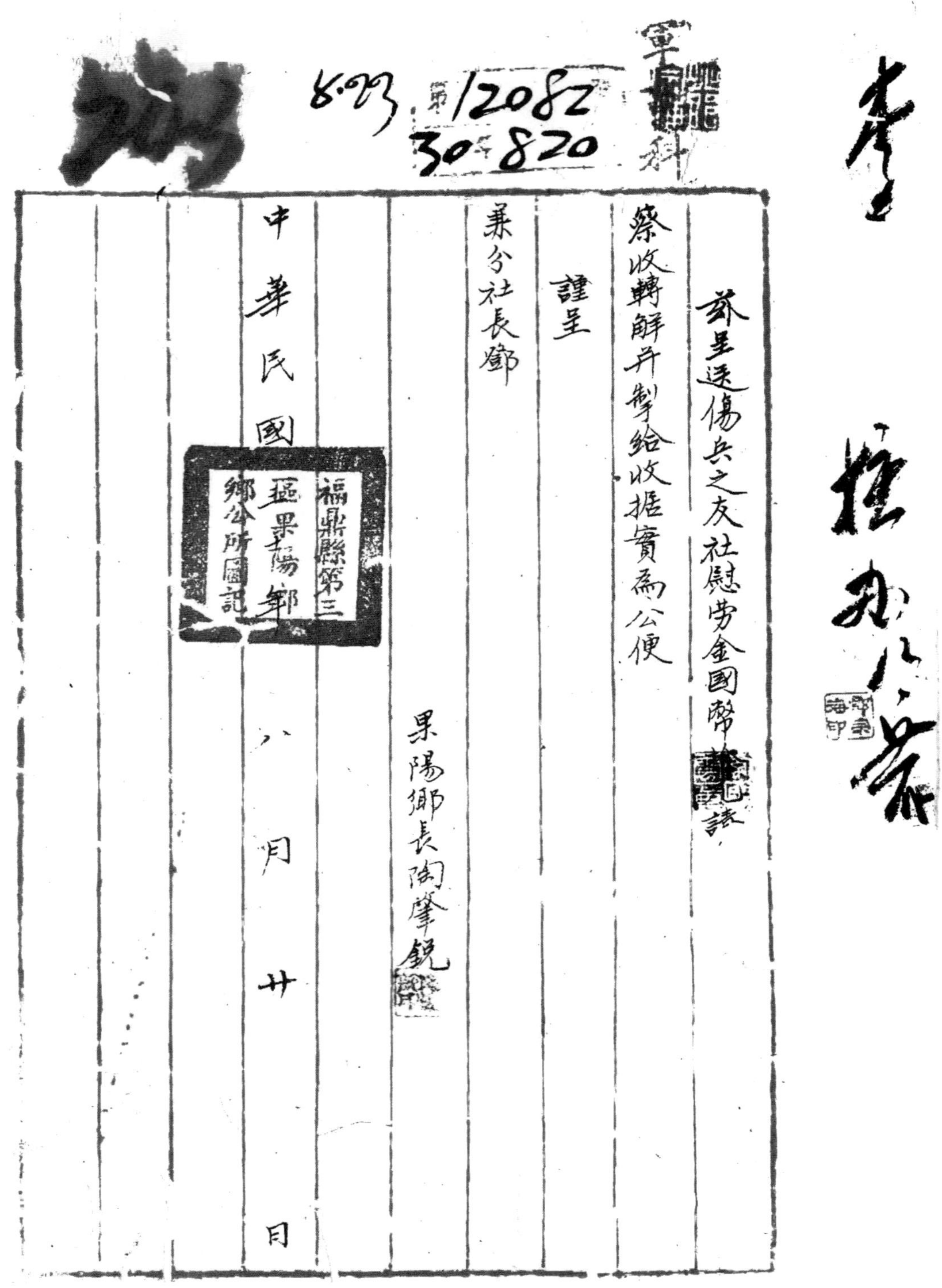

為呈送傷兵之友社慰勞金國幣[illegible]請
察收轉解并製給收据實為公便
謹呈
兼分社長鄧
果陽鄉長陶肇銳
中華民國　八月廿日

福鼎縣第三區果陽鄉鄉公所圖記

福鼎县第三区果阳乡公所关于送解伤兵之友社慰劳金一十元并乞制给收据的呈文

（1941 年 8 月 20 日）　G133-003-0026

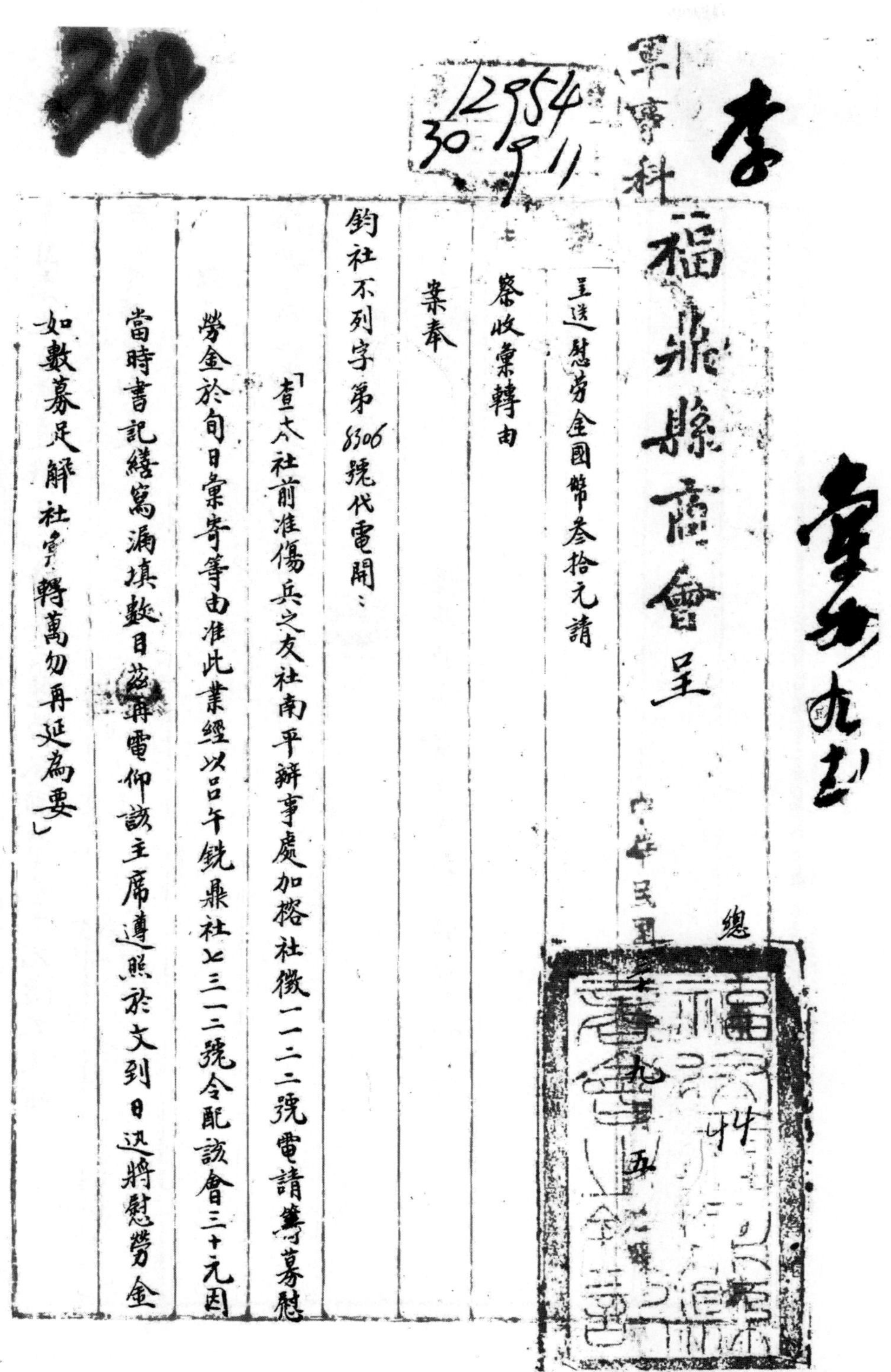

軍事科

福鼎縣商會　呈

呈送慰勞金國幣叁拾元請

察收彙轉由

案奉

鈞社不列字第8306號代電開：

「查本社前准傷兵之友社南平辦事處加榕社徵一一二二號電請籌募慰勞金於旬日彙寄等由准此業經以日午銑鼎社七三一二號令配該會三十元因當時書記繕寫漏填數目茲再電仰該主席遵照於文到日迅將慰勞金如數募足解社彙轉萬勿再延為要」

總

中華民國三十年九月五日

福鼎县商会关于送缴慰劳金三十元的呈文（1941年9月5日）　G133-003-0026

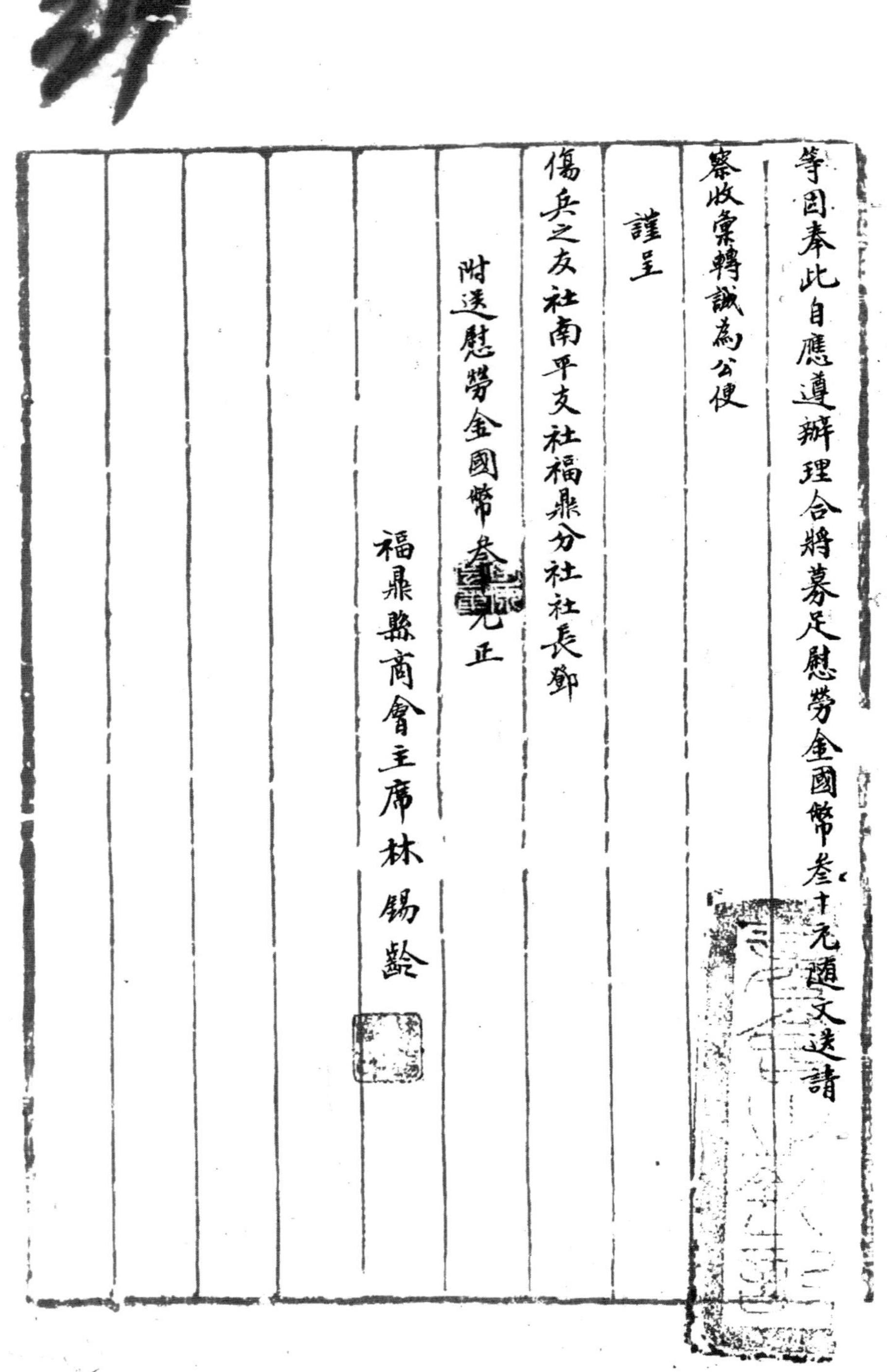
347

等因奉此自應遵辦理合將募足慰勞金國幣叁十元隨文送請

察收彙轉識為公便

謹呈

傷兵之友社南平支社福鼎分社社長鄧

附送慰勞金國幣叁拾元正

福鼎縣商會主席林錫齡

福鼎县商会关于送缴慰劳金三十元的呈文(1941年9月5日)　G133-003-0026

福鼎縣政府第二區區署呈

事由：為呈送勸募傷兵之友社慰勞金繳查請核備由

中華民國三十年九月廿一日

鈞府午陷字第八三〇二號代電飭募傷兵之友社慰勞金三十元仰如數募足解社彙轉等因奉此遵經依令勸募計募國幣三十六元業于八月廿六日繳送鈞府察收發給第二八五號收據在案除收據留署存查外理合將募款繳查二十六張備文報請察核備查謹呈

兼分社長鄭

業查前奉

福鼎縣政府第二區區署關於呈送征募傷兵慰勞金繳查聯(存根)二十六張的呈文

(1941年9月21日)a面　G133-003-0026

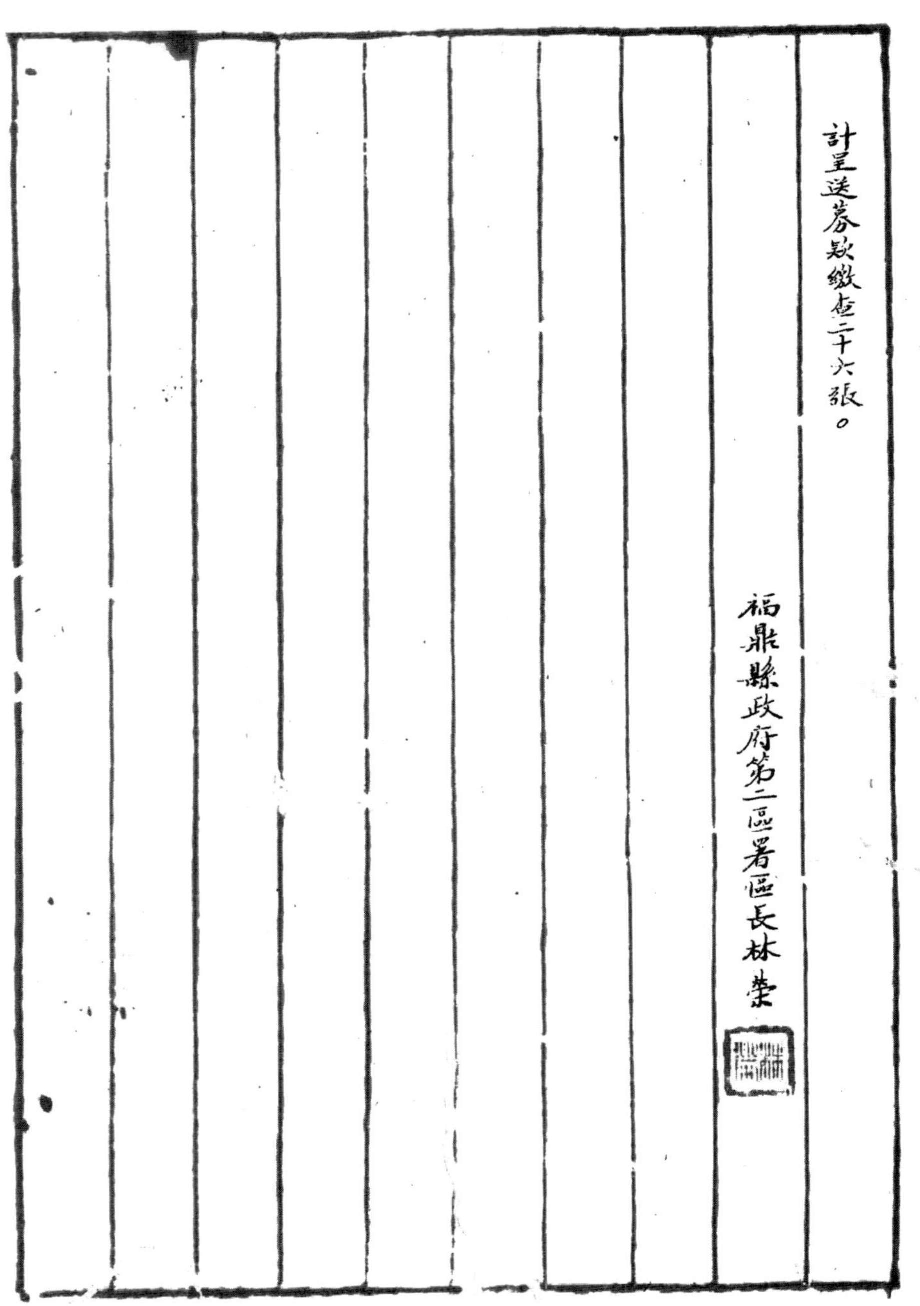

计呈送募款缴查二十六张。

福鼎县政府第二区署区长林棠

福鼎县政府第二区区署关于呈送征募伤兵慰劳金缴查联(存根)二十六张的呈文

(1941年9月21日)b面　G133-003-0026

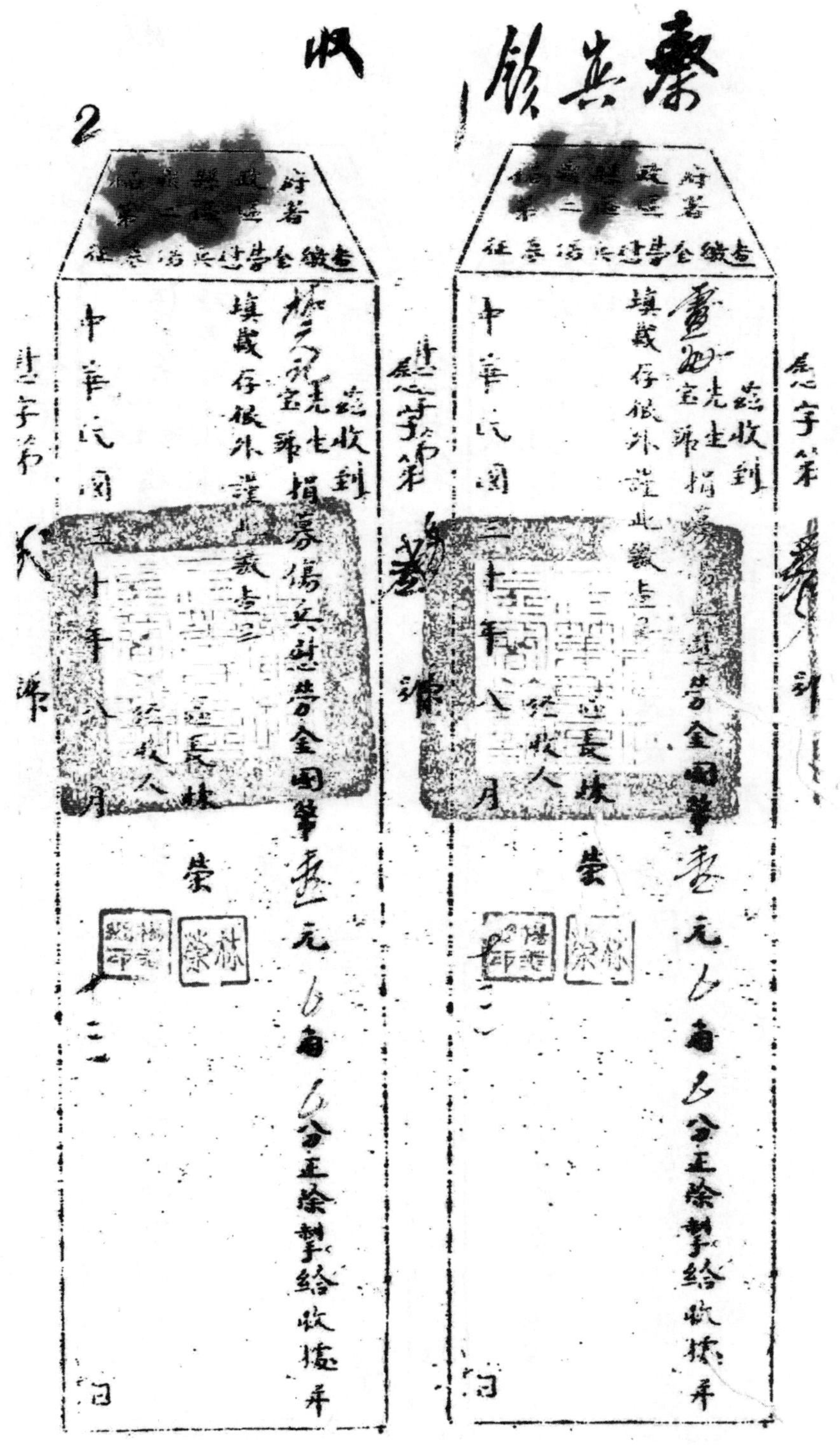
福鼎縣政府第二區署 征募傷兵慰勞金繳查

茲收到 先生捐募傷兵慰勞金國幣 元 角 分正除掣給收據并填截存根外謹此繳查

區長 林崇

經收人

中華民國三十年八月 日

附件：福鼎县政府第二区区署征募伤兵慰劳金缴查联（存根）

（1941 年 8 月） G133-003-0026

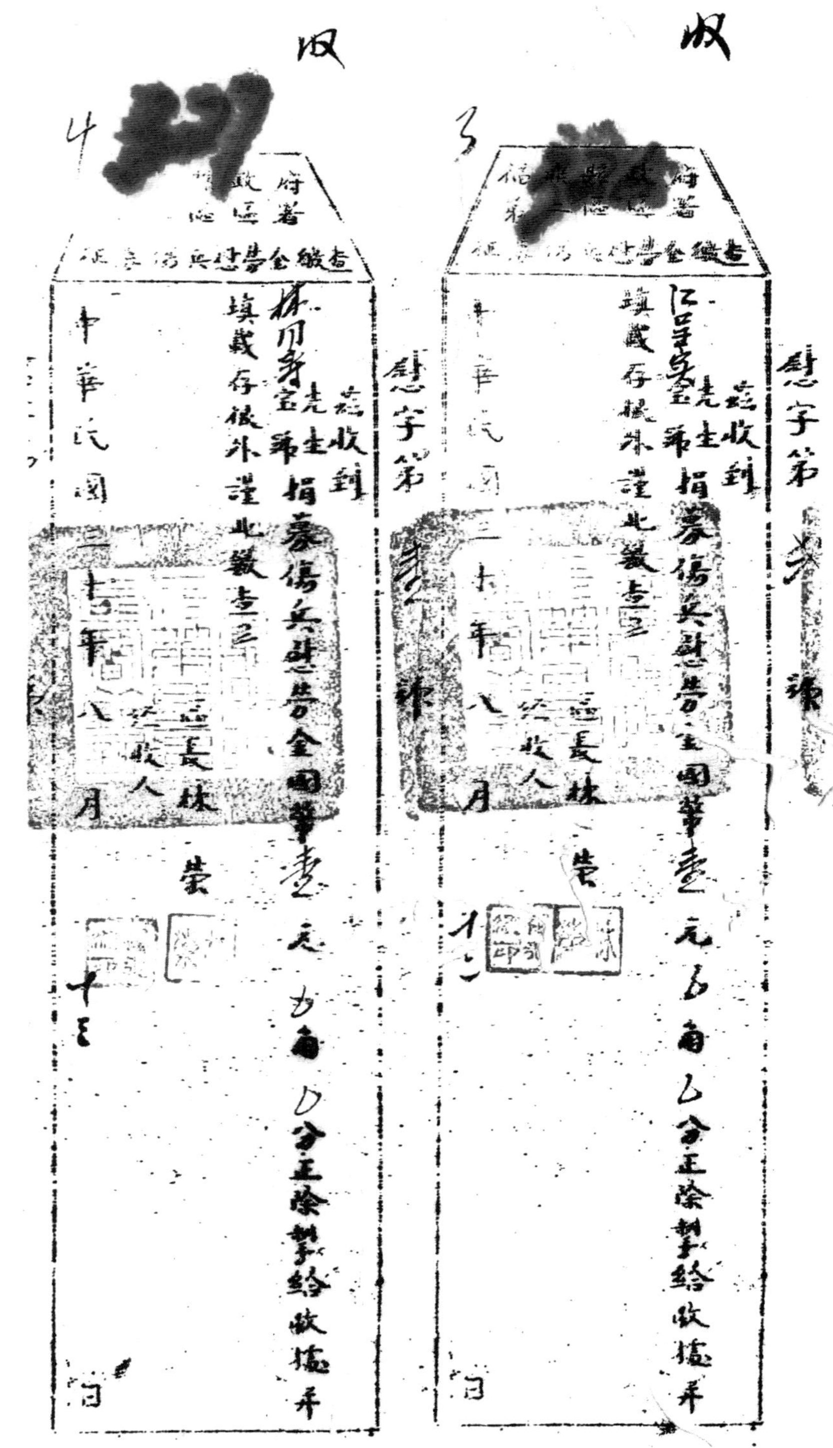

附件:福鼎县政府第二区区署征募伤兵慰劳金缴查联(存根)

(1941 年 8 月) G133-003-0026

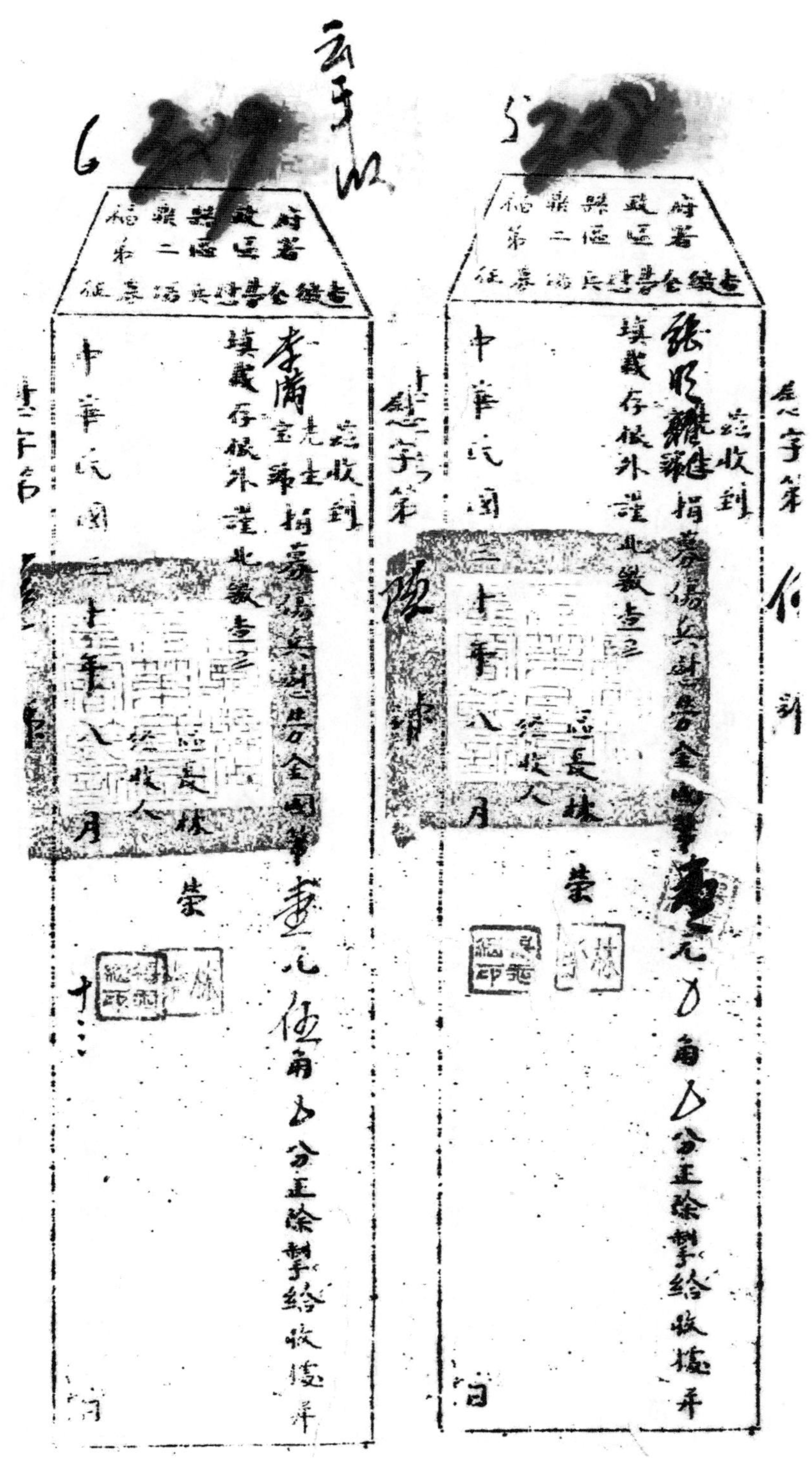

福鼎縣政府第二區區署征募傷兵慰勞金繳查聯

茲收到　　先生捐募傷兵慰勞金國幣　　元　　角　　分正除掣給收據外謹此填載存根

中華民國三十年八月　　日

區長林崇

經收人

附件：福鼎县政府第二区区署征募伤兵慰劳金缴查联（存根）

（1941 年 8 月）　G133-003-0026

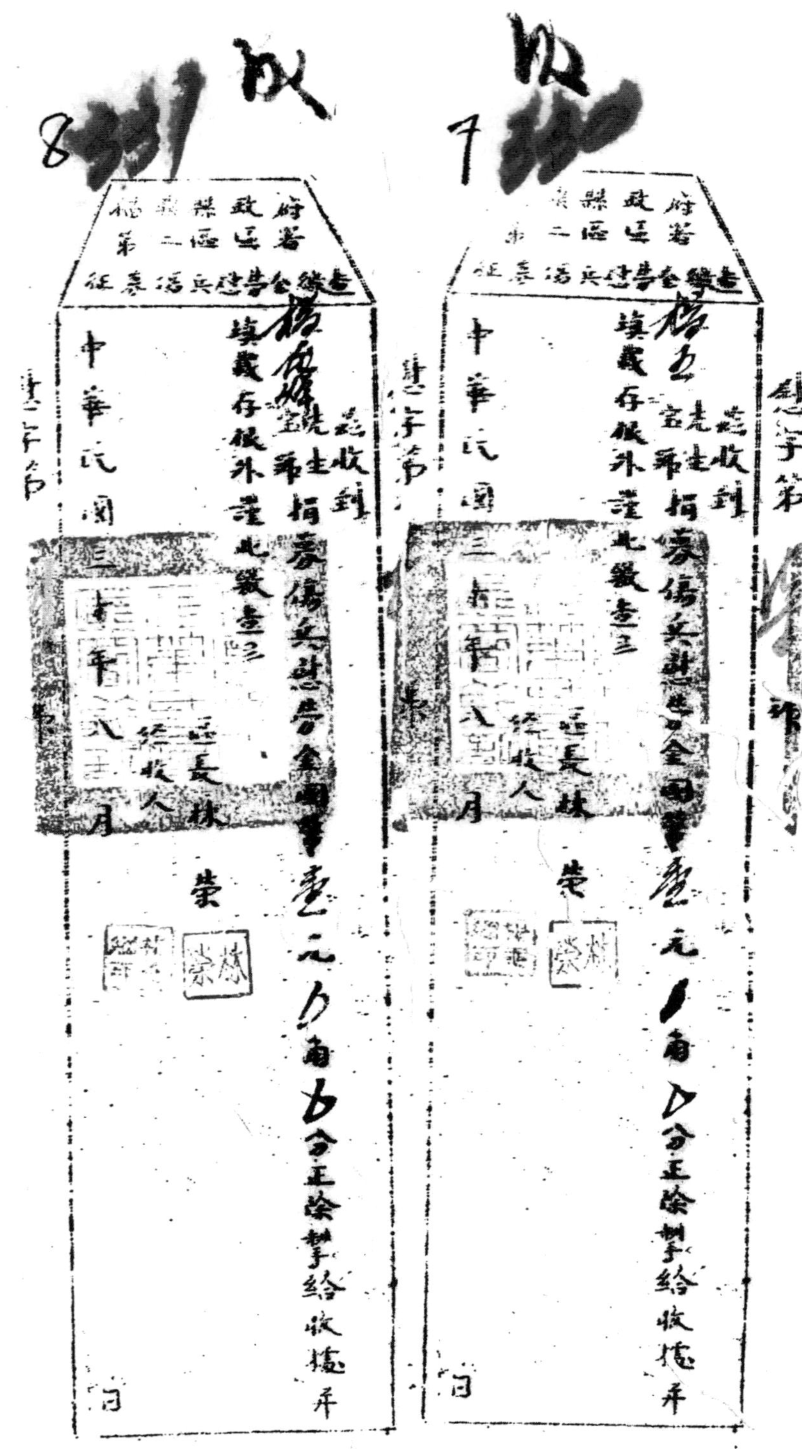

附件：福鼎县政府第二区区署征募伤兵慰劳金缴查联（存根）

（1941年8月）　G133-003-0026

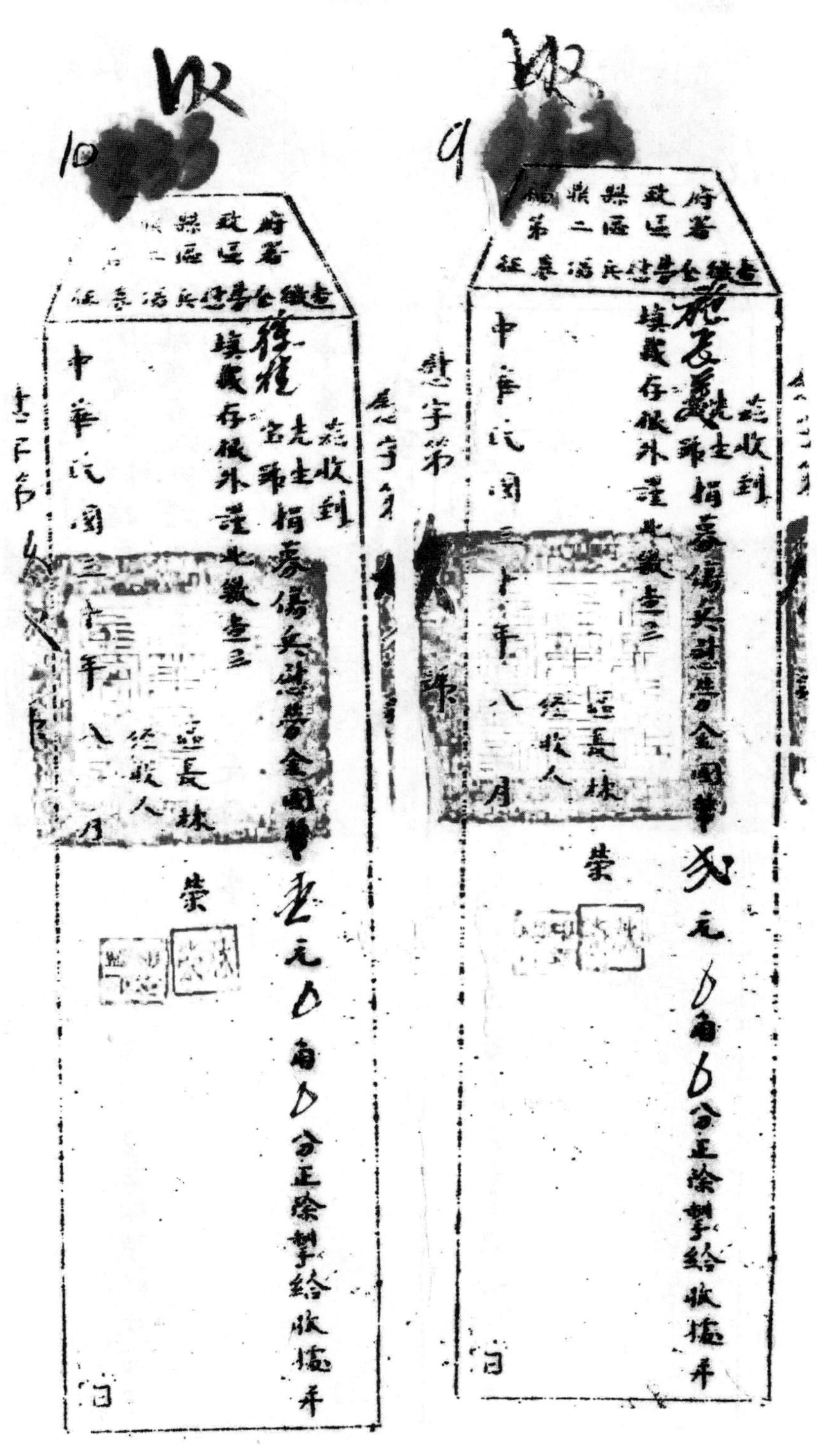

附件：福鼎县政府第二区区署征募伤兵慰劳金缴查联（存根）

（1941 年 8 月） G133-003-0026

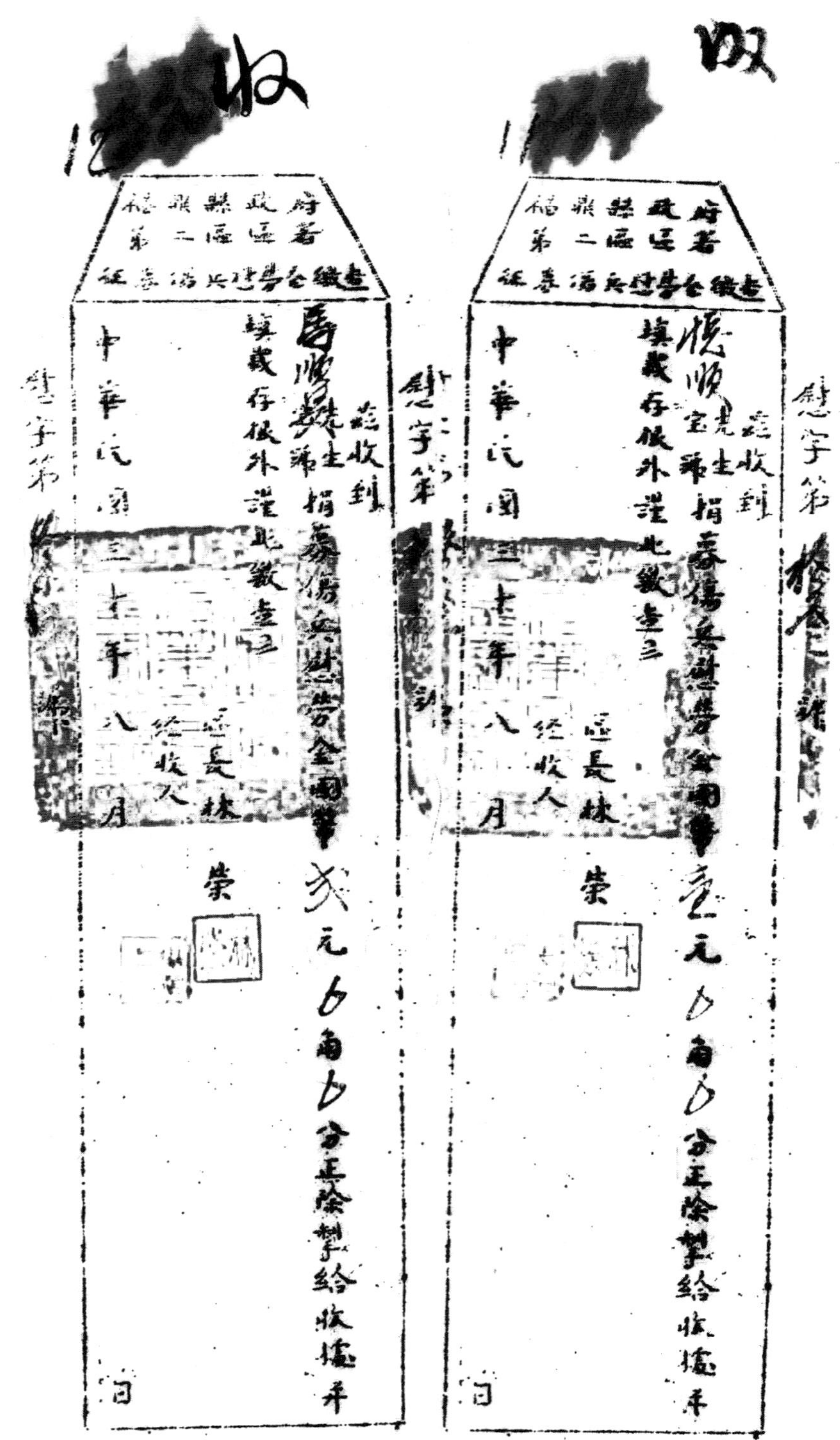

附件：福鼎县政府第二区区署征募伤兵慰劳金缴查联（存根）

（1941 年 8 月）　G133-003-0026

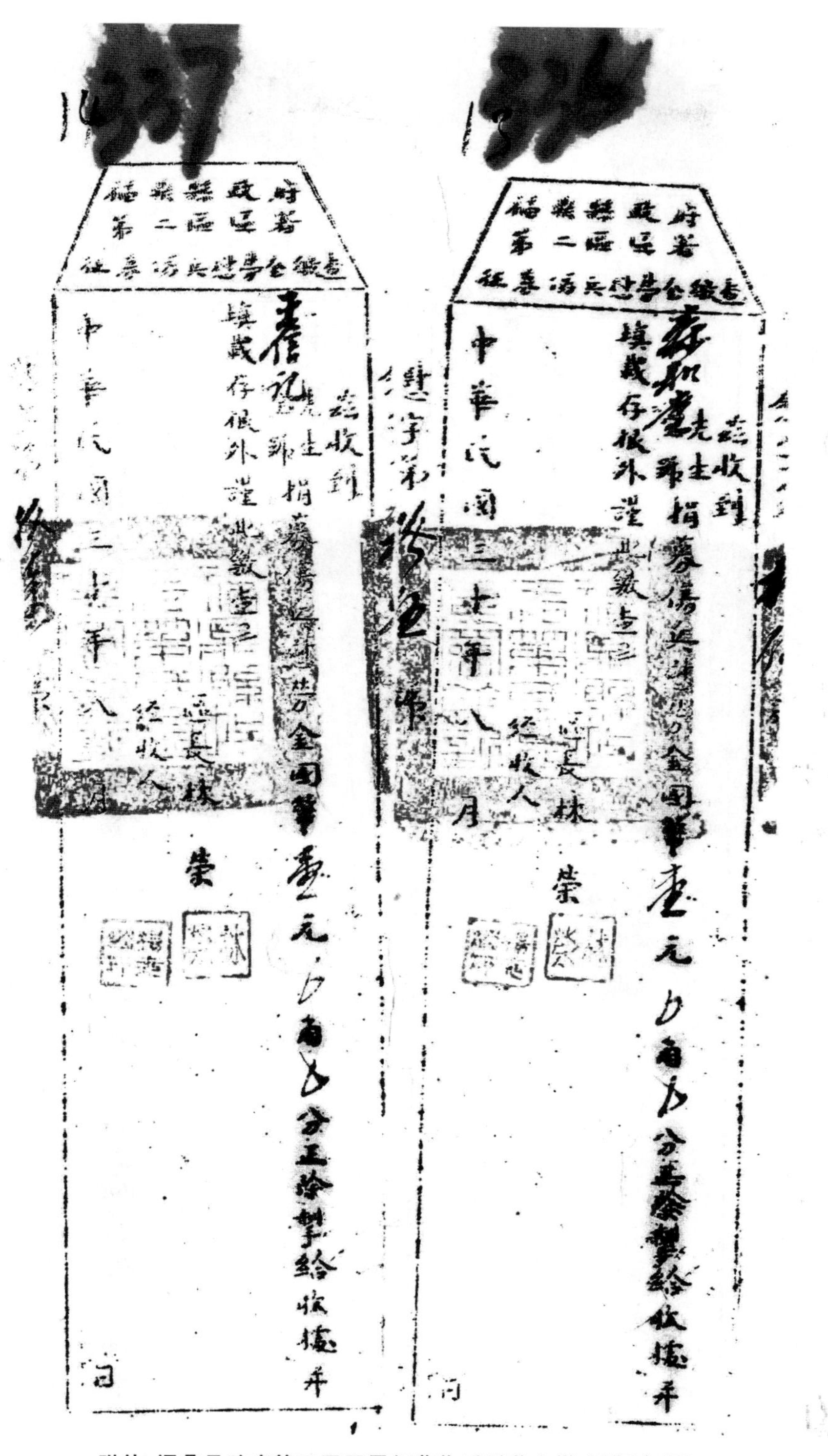

附件：福鼎县政府第二区区署征募伤兵慰劳金缴查联（存根）

（1941 年 8 月）　G133-003-0026

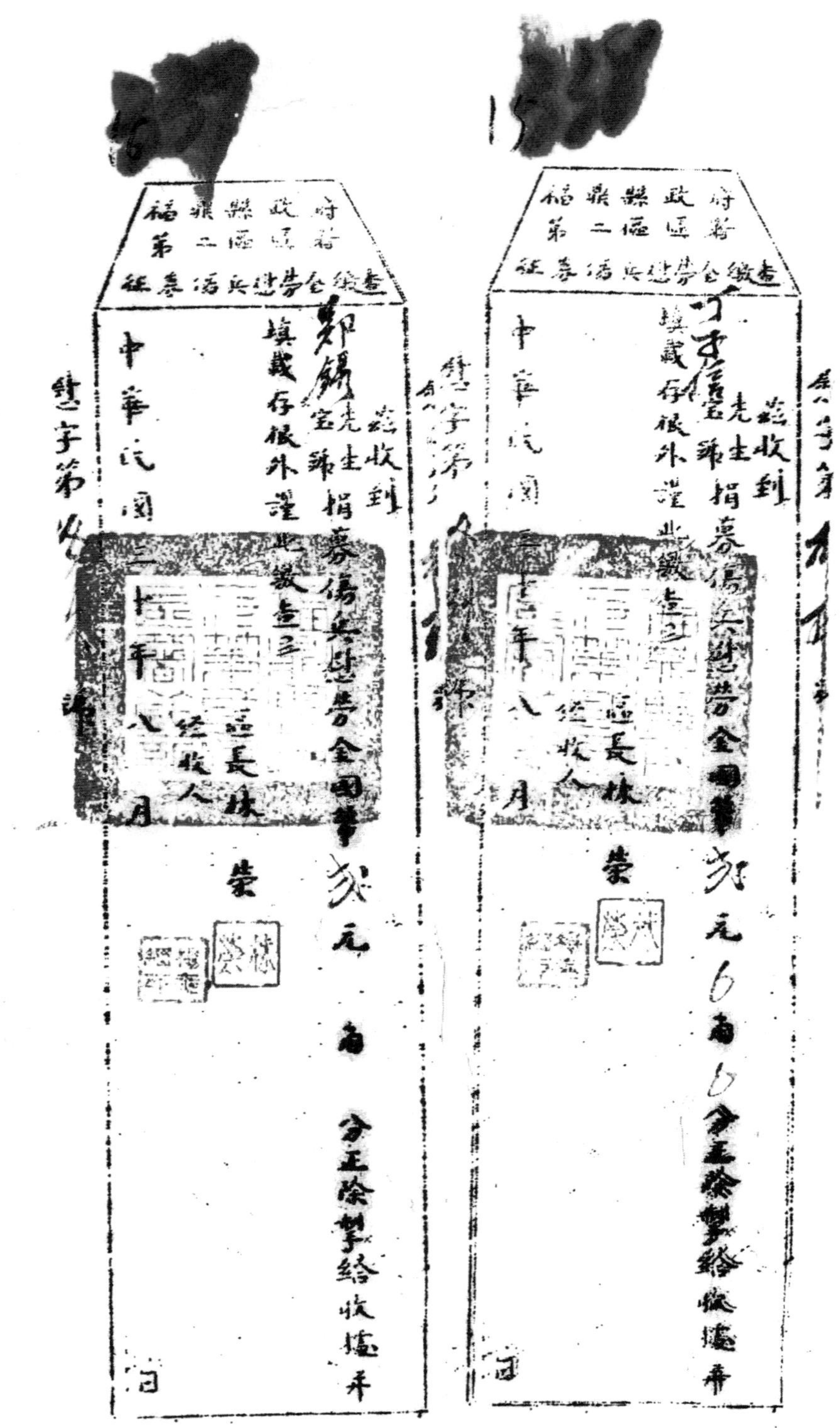

附件:福鼎县政府第二区区署征募伤兵慰劳金缴查联(存根)

(1941 年 8 月) G133-003-0026

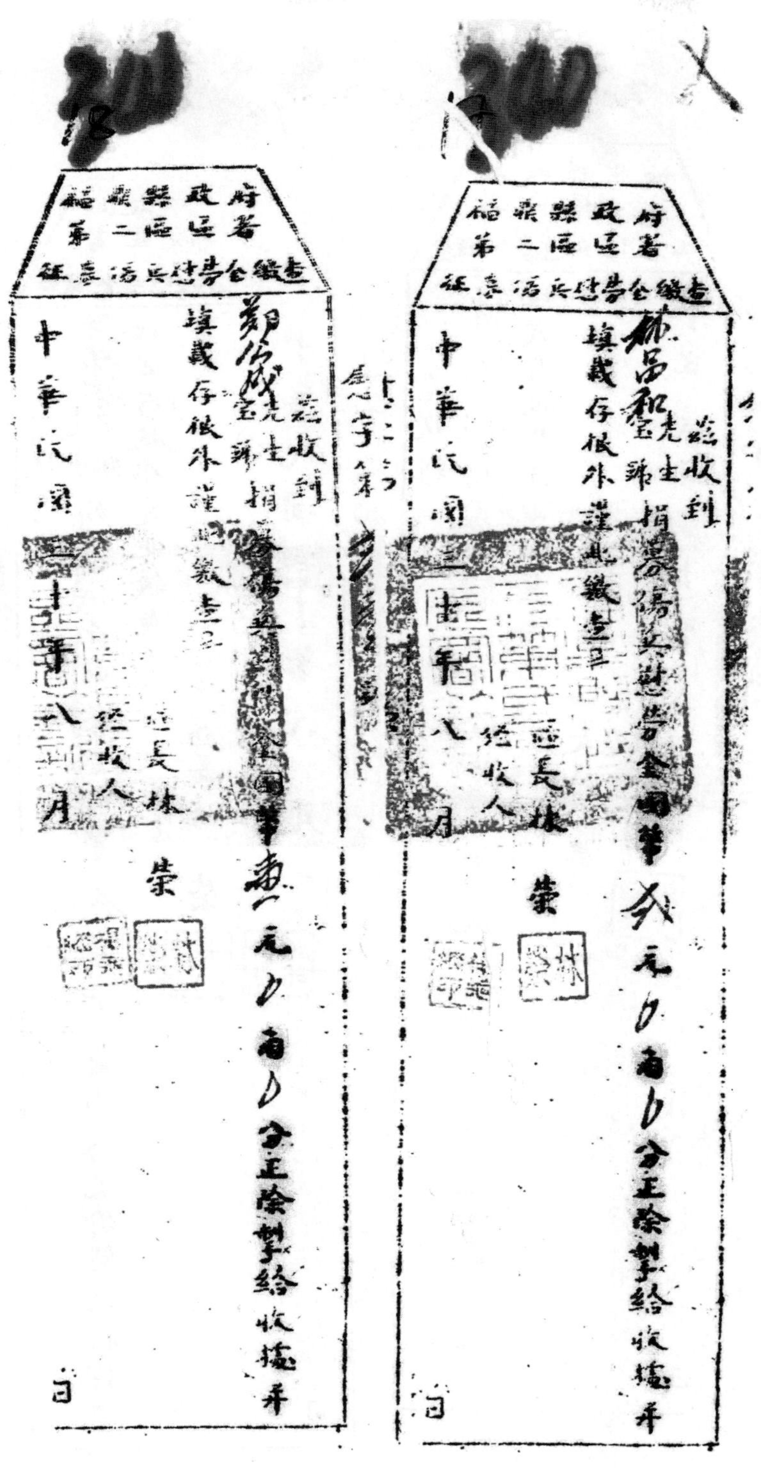

福鼎县政府第二区区署征募伤兵慰劳金缴查联

兹收到 郑[illegible] 先生宝号捐募伤兵慰劳金国币壹元0角0分正除掣给收据并填载存根外谨此缴查

区长 林崇

经收人

中华民国三十年八月 日

福鼎县政府第二区区署征募伤兵慰劳金缴查联

兹收到 [illegible] 先生宝号捐募伤兵慰劳金国币[illegible]元0角0分正除掣给收据并填载存根外谨此缴查

区长 林崇

经收人

中华民国三十年八月 日

附件：福鼎县政府第二区区署征募伤兵慰劳金缴查联（存根）

（1941 年 8 月） G133-003-0026

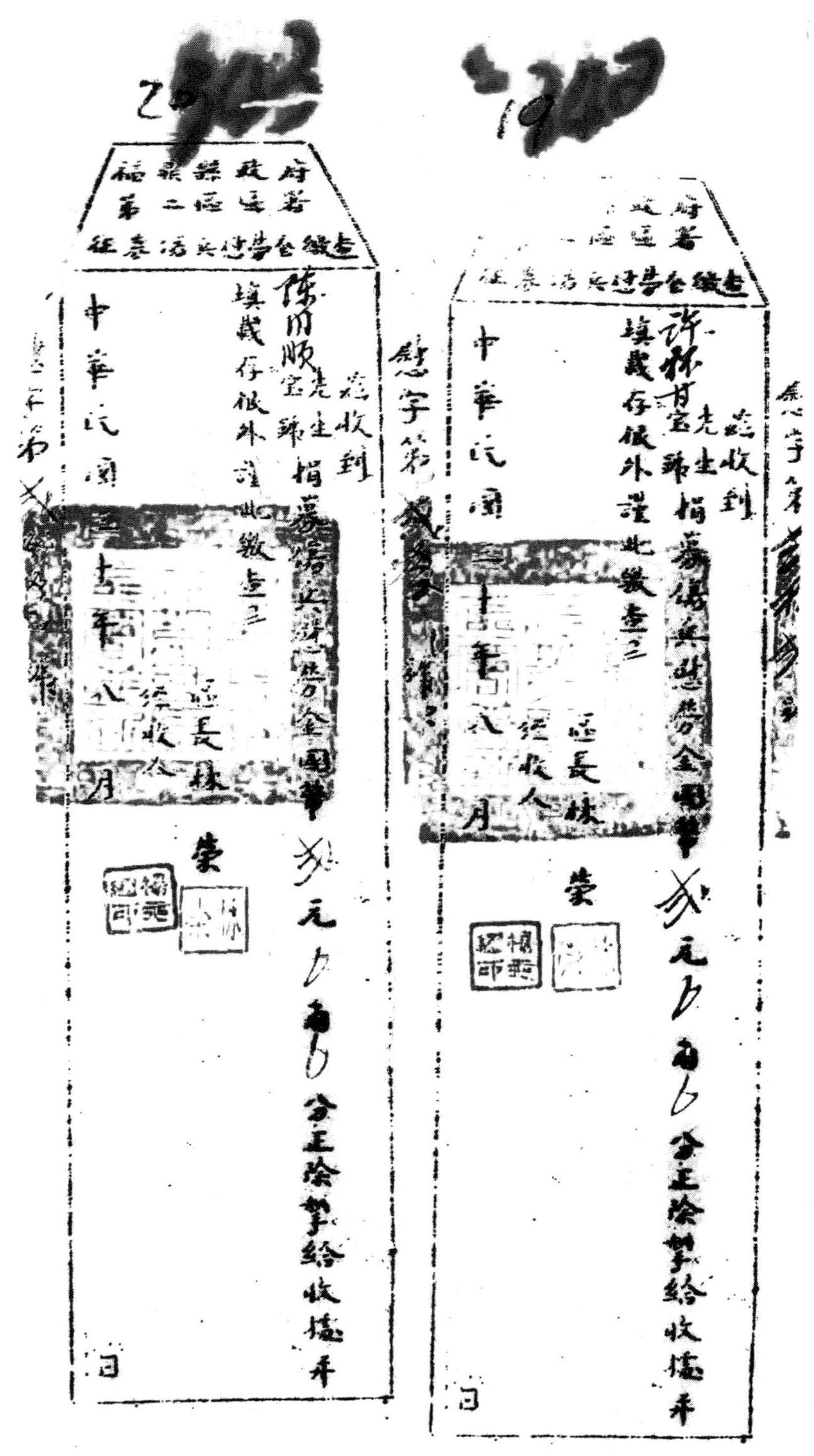

附件:福鼎县政府第二区区署征募伤兵慰劳金缴查联(存根)

(1941 年 8 月) G133-003-0026

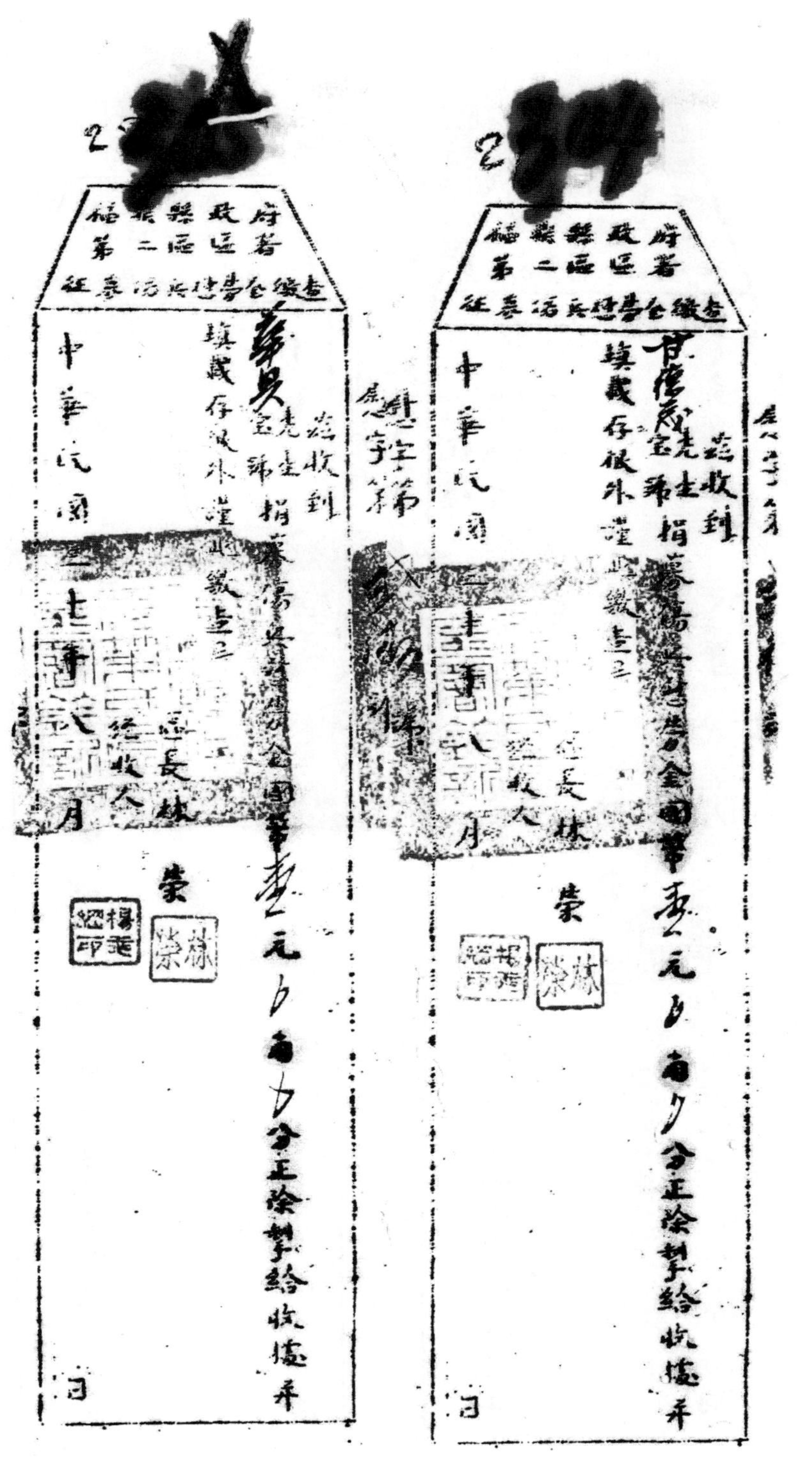

福鼎縣政府第二區區署
征募傷兵慰勞金繳查

茲收到
先生寶號捐募傷兵慰勞金國幣 元 角 分正除掣給收據外謹此繳查存根

區長 林
經收人

中華民國三十年 月 日

福鼎縣政府第二區區署
征募傷兵慰勞金繳查

茲收到
先生寶號捐募傷兵慰勞金國幣 元 角 分正除掣給收據外謹此繳查存根

區長 林
經收人

中華民國三十年 月 日

附件：福鼎县政府第二区区署征募伤兵慰劳金缴查联（存根）

（1941 年 8 月） G133-003-0026

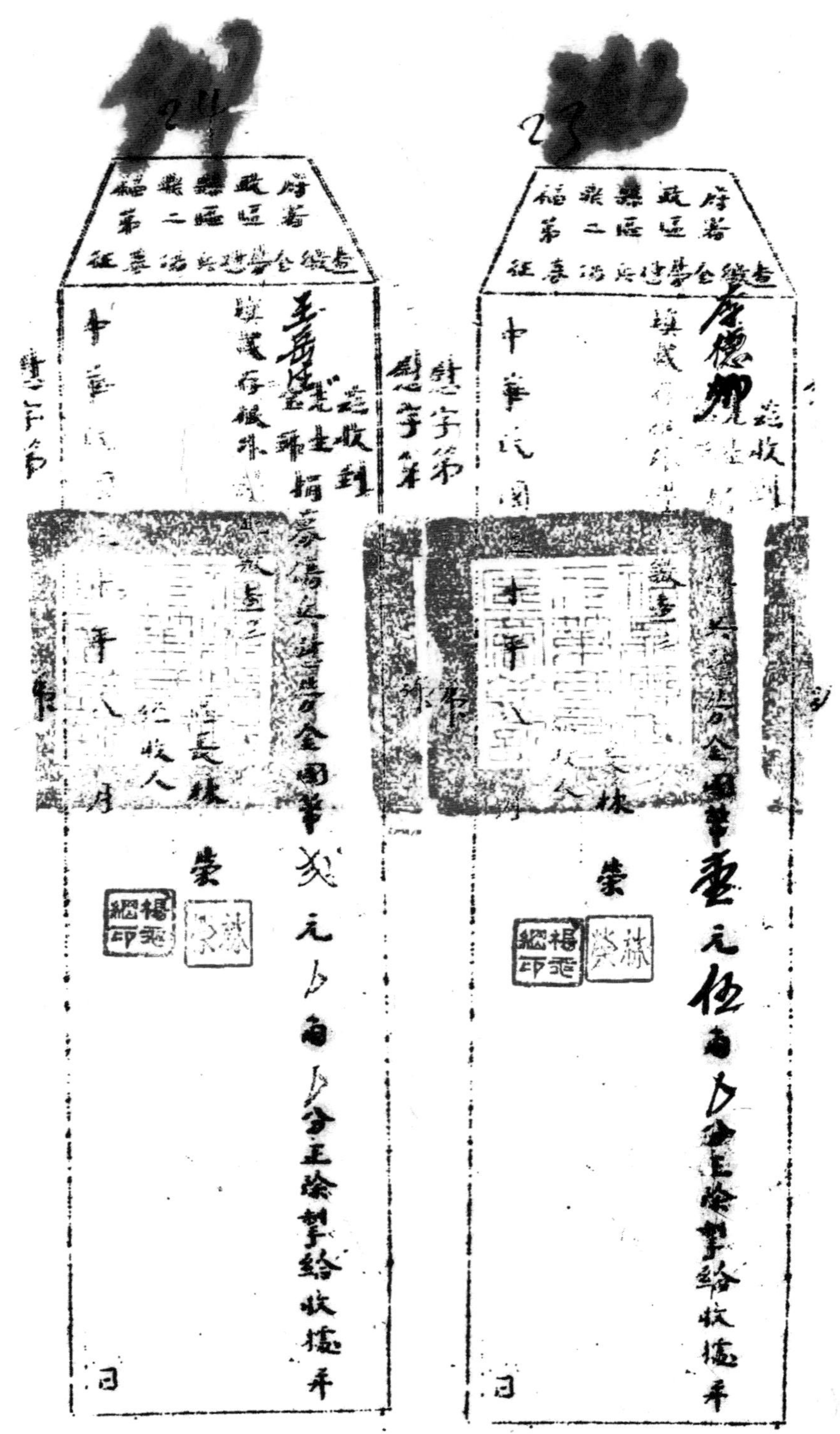

附件：福鼎县政府第二区区署征募伤兵慰劳金缴查联(存根)

(1941 年 8 月) G133-003-0026

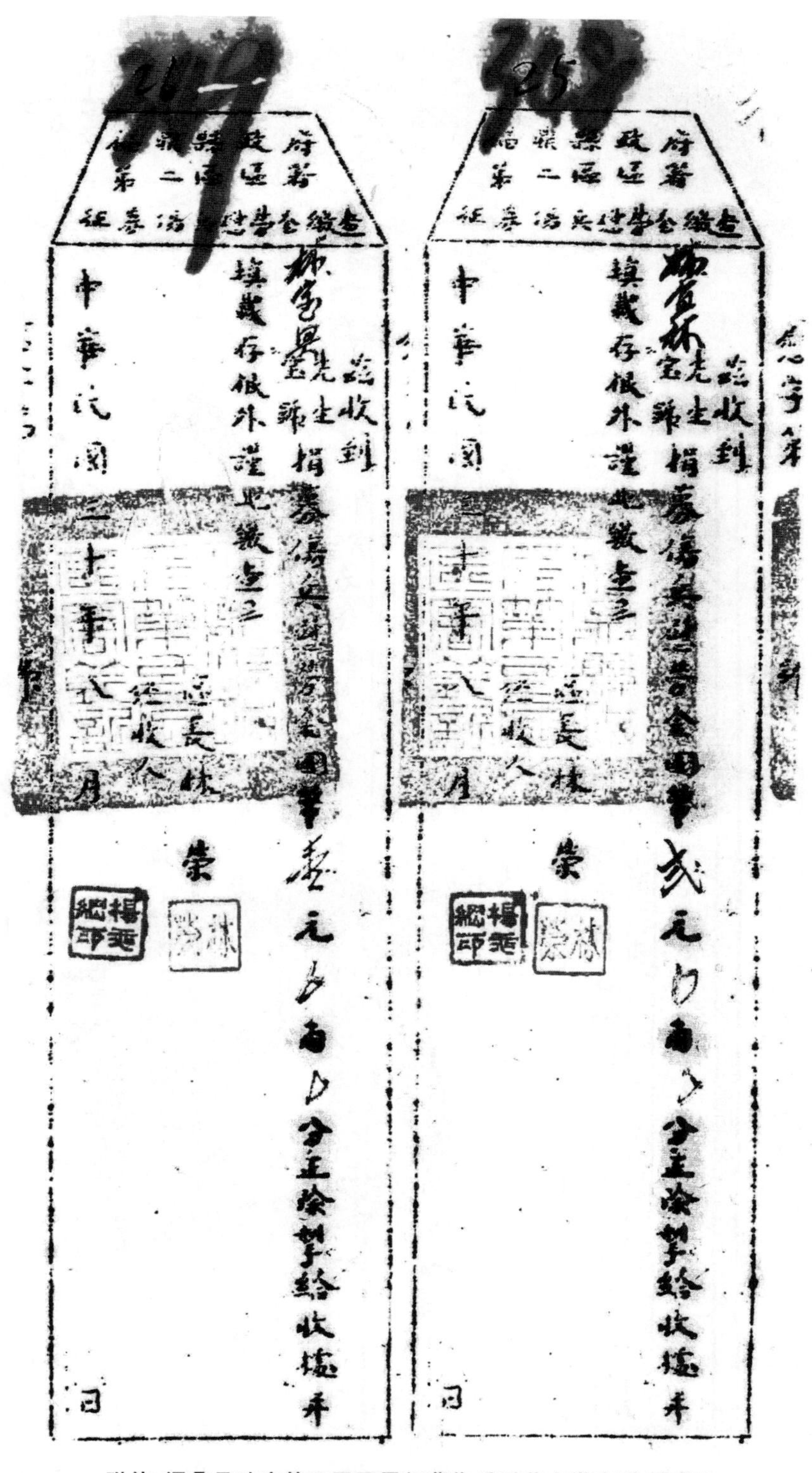

附件：福鼎县政府第二区区署征募伤兵慰劳金缴查联（存根）

（1941 年 8 月） G133-003-0026

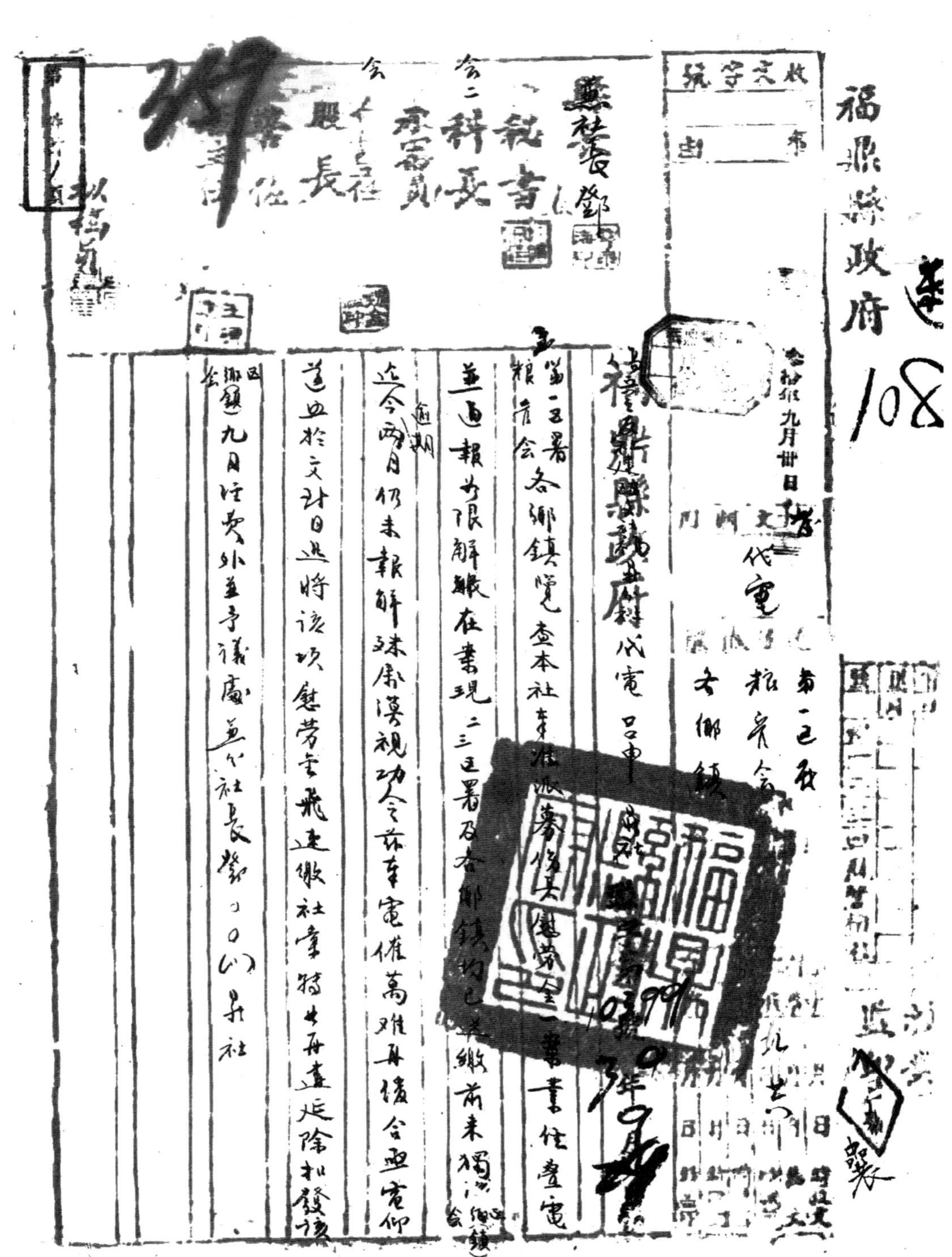

福鼎县政府

代电

第一区署
粮管会
各乡镇

第一区署、各乡镇、粮管会览：查本社奉派募伤兵慰劳金一事，业经迭电并迭报限解缴在案，现二三区署及各乡镇均已如数解缴，前来独你区（乡镇）会逾期迄今两月仍未报解，殊属漠视功令，兹奉电催万难再缓，合亟电仰遵照，于文到日迅将该项慰劳金飞速缴社拿转，如再违延，除扣发该区（乡镇）会九月经费外，并予议处。鼎社社长郑〇〇叩印

第三战区伤兵之友社建瓯支社福鼎分社关于第一区区署、粮管会、各乡镇和直接税局逾期两月仍未报解伤兵慰劳金，如再违延扣发九月经费并予议处的代电(1941 年 9 月 29 日)a 面　G133-003-0027

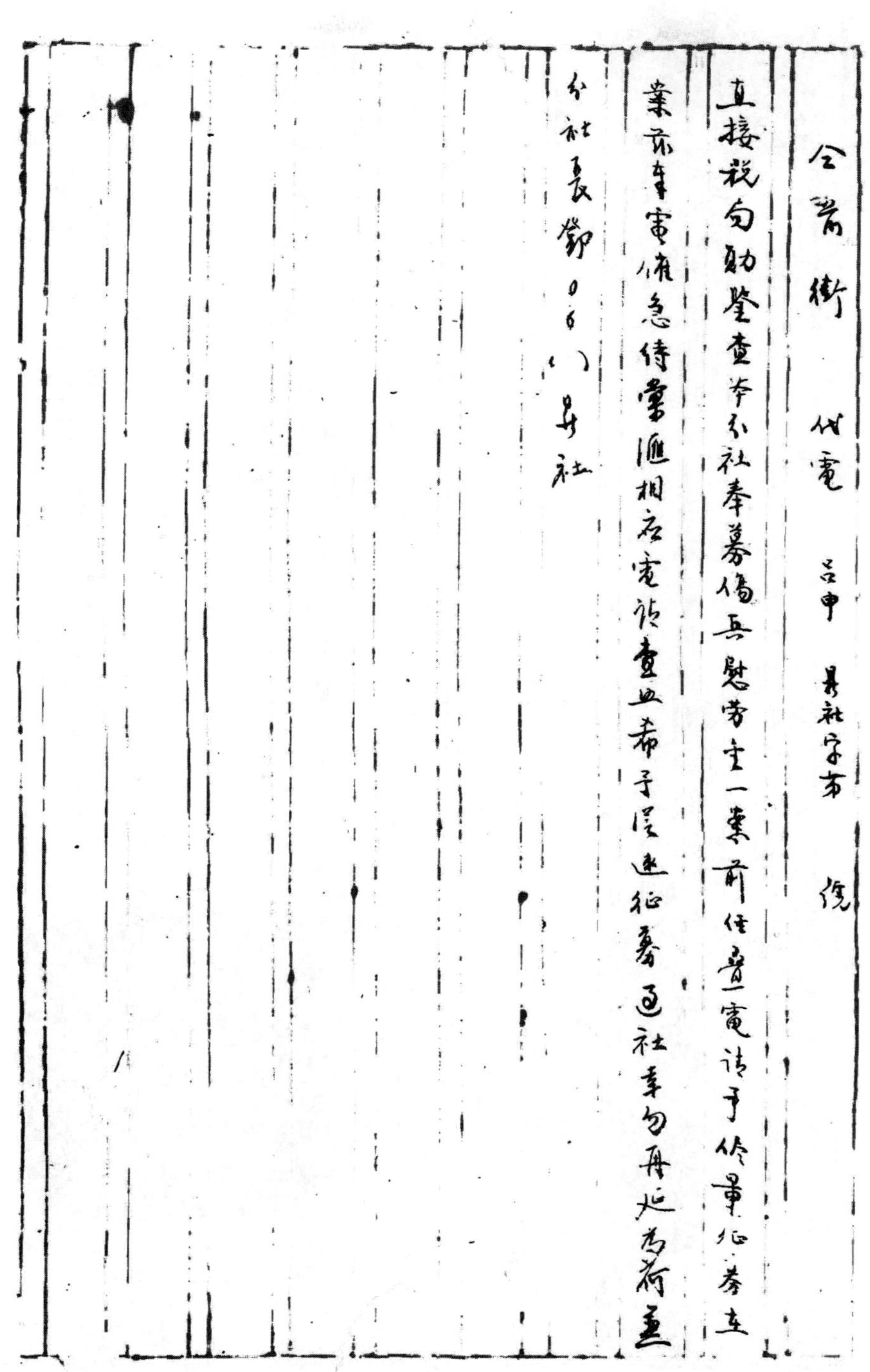

公署銜　代電　呂申　縣社字第　號

直接稅局勳鑒：查本分社奉募傷兵慰勞金一案，前經貴電請予儘量征募在案，亦奉審催急待匯，相應電請查照，希予迅征募送社，幸勿再延為荷。至

分社長鄭〇〇　〇縣社

第三战区伤兵之友社建瓯支社福鼎分社关于第一区区署、粮管会、各乡镇和直接税局逾期两月仍未报解伤兵慰劳金，如再违延扣发九月经费并予议处的代电(1941 年 9 月 29 日)b 面　G133-003-0027

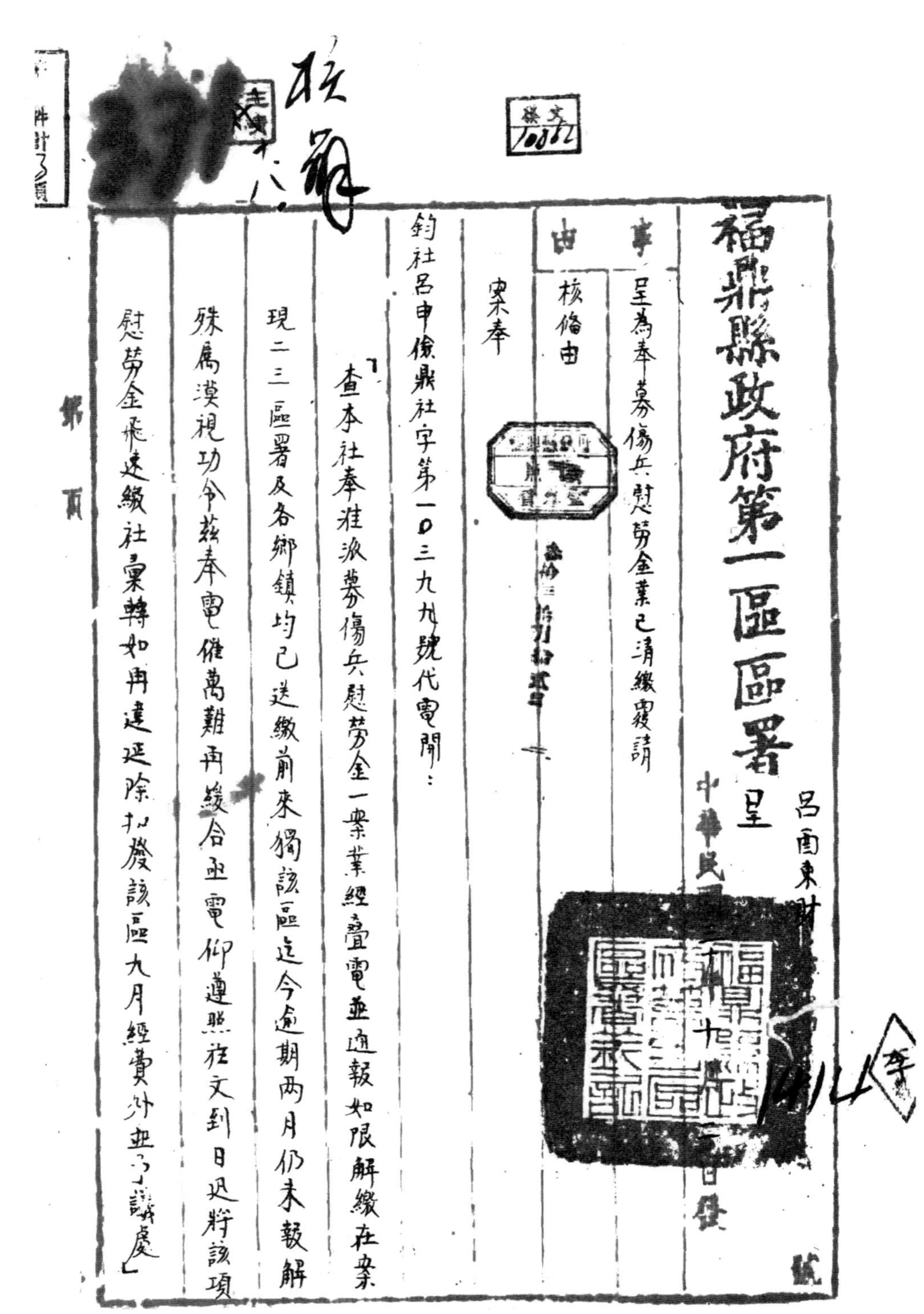

福鼎縣政府第一區區署　呈

事由：呈為奉募傷兵慰勞金業已清繳覆請核備由

案奉

鈞社呂申儉鼎社字第一〇三九九號代電開：

「查本社奉派募傷兵慰勞金一案業經疊電並通報如限解繳在案現二三區署及各鄉鎮均已送繳前來獨該區迄今逾期兩月仍未報解殊屬漠視功令茲奉電催萬難再緩合亟電仰遵照在文到日迅將該項慰勞金飛速繳社彙轉如再違延除扣撥該區九月經費外並予議處」

中華民國三十年十月二日發

福鼎县政府第一区区署关于奉募伤兵慰劳金三十元业已清缴的呈文

（1941年10月2日）　G133-003-0027

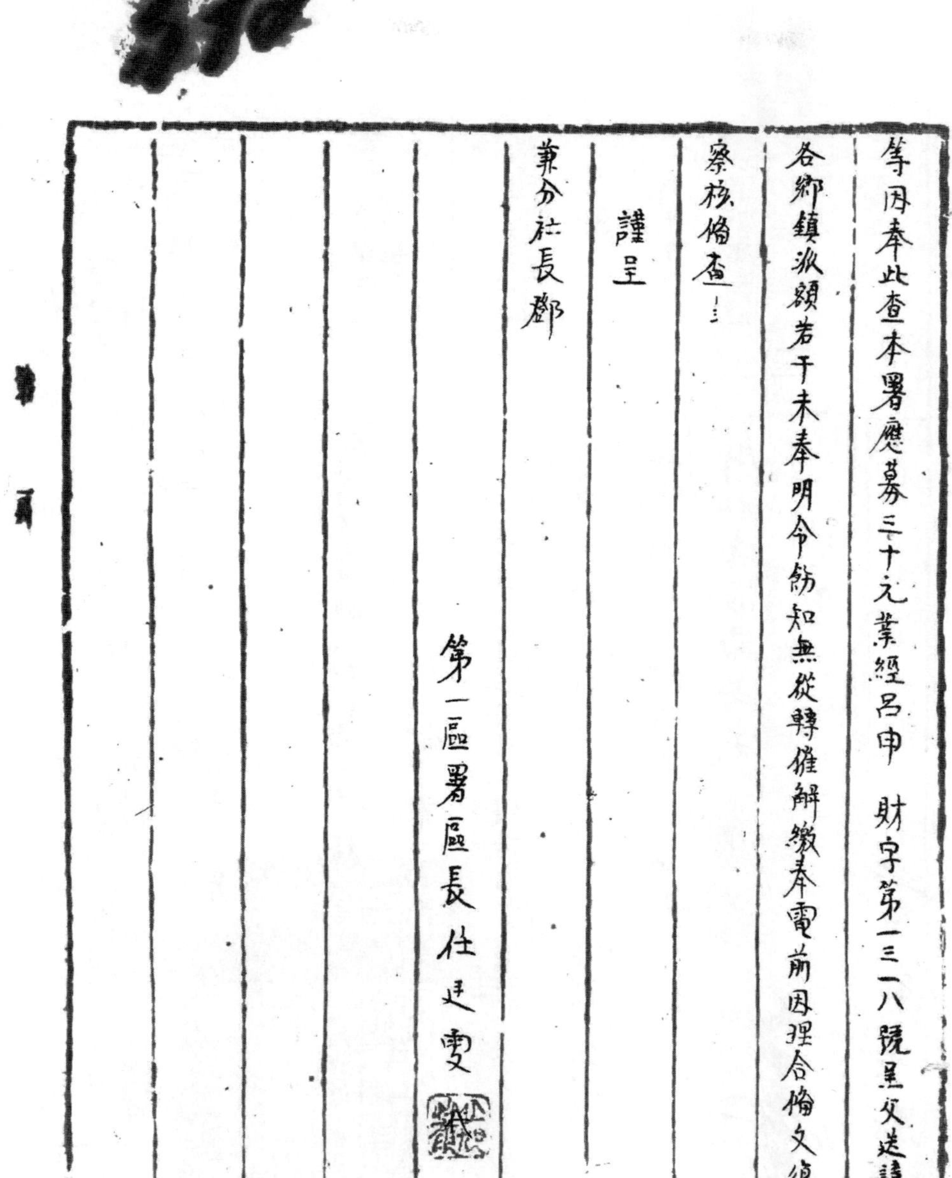

332

等因奉此查本署應募三十元業經呈申　財字第一三一八號呈文送請核收在案惟各鄉鎮派額若干未奉明令飭知無從轉催解繳奉電前因理合備文復請

察核備查

謹呈

兼分社長鄭

第一區署區長任廷雯

第　頁

福鼎县政府第一区区署关于奉募伤兵慰劳金三十元业已清缴的呈文

（1941 年 10 月 2 日）　G133-003-0027

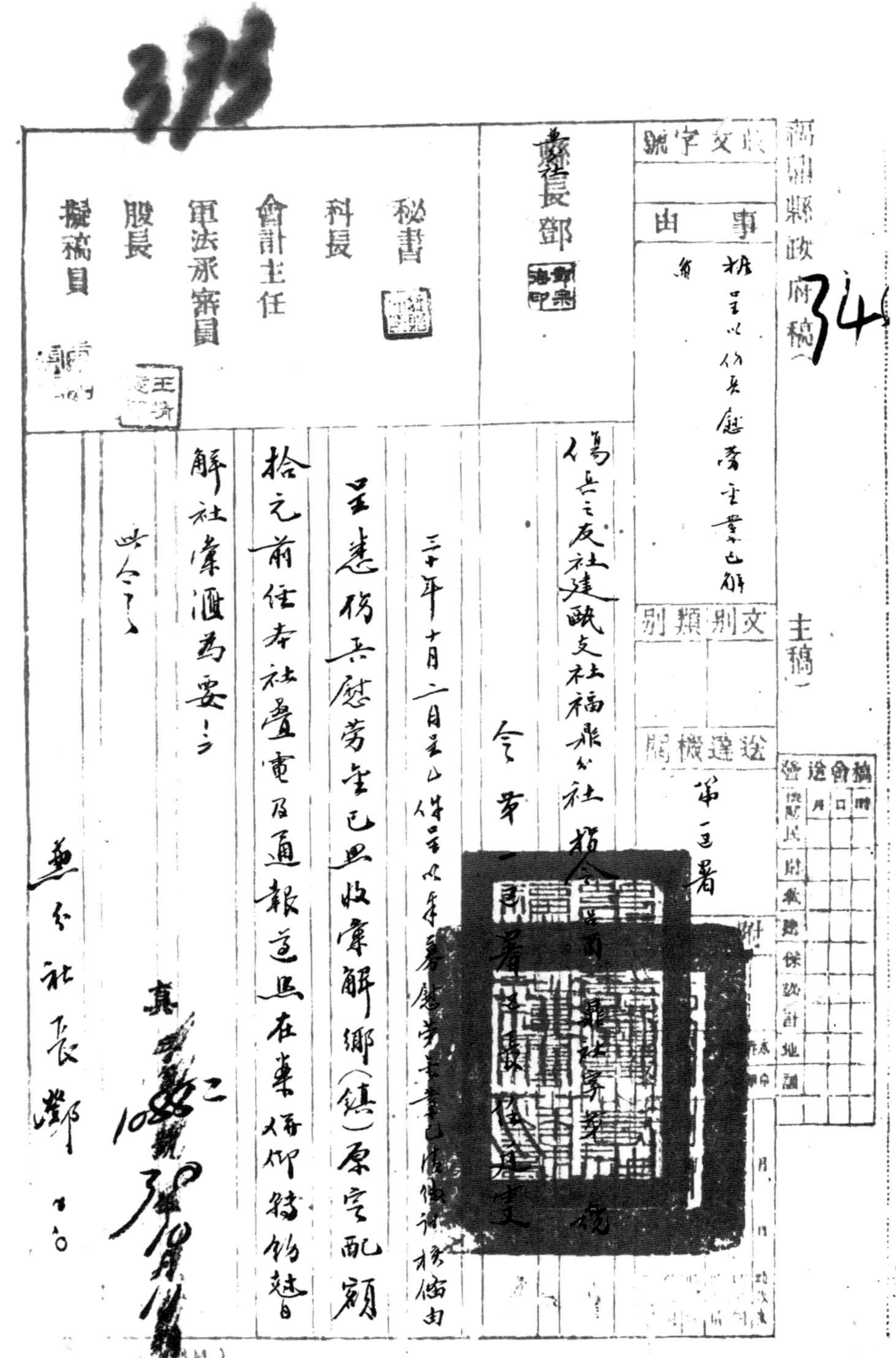

第三战区伤兵之友社建瓯支社福鼎分社关于第一区署伤兵慰劳金业已解缴的指令

（1941 年 10 月 11 日） G133-003-0027

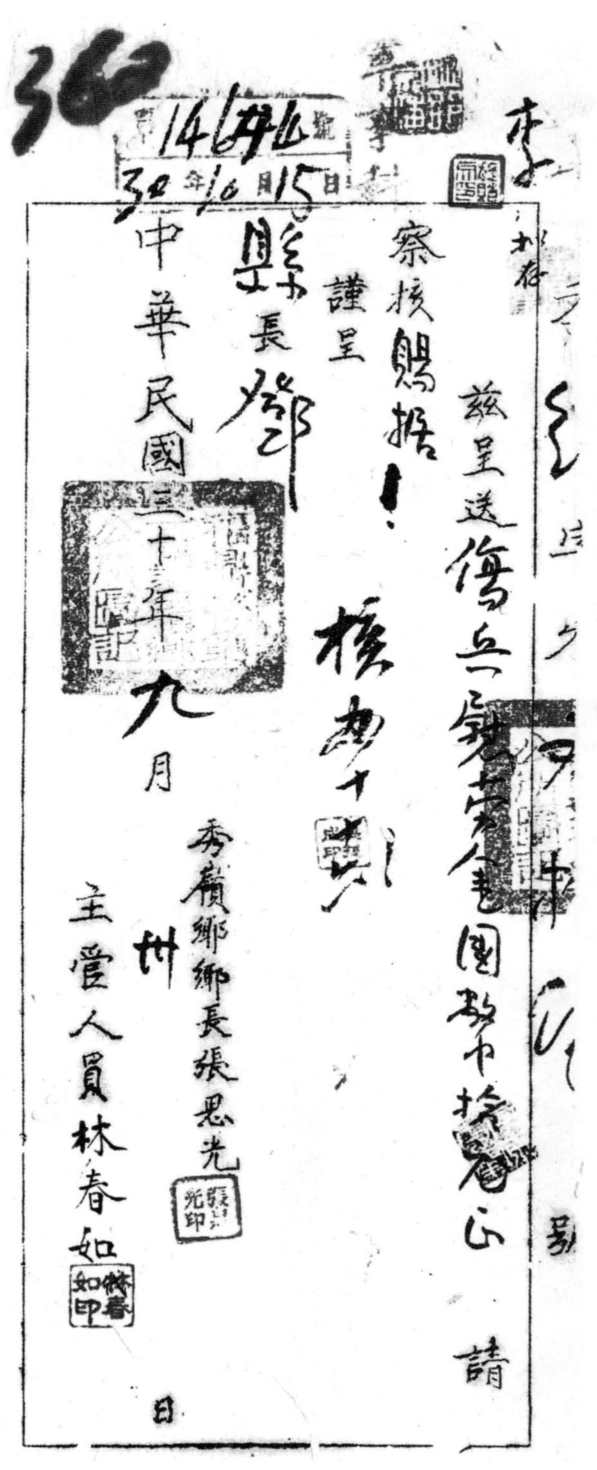

茲呈送傷兵慰勞金國幣拾元正 請

察核賜據！

謹呈

縣長鄭

中華民國三十年九月卅日

秀嶺鄉鄉長張思光

主管人員林春如

福鼎县政府第一区秀岭乡公所关于送缴伤兵慰劳金一十元请察核赐据的呈文

（1941 年 9 月 30 日） G133-003-0027

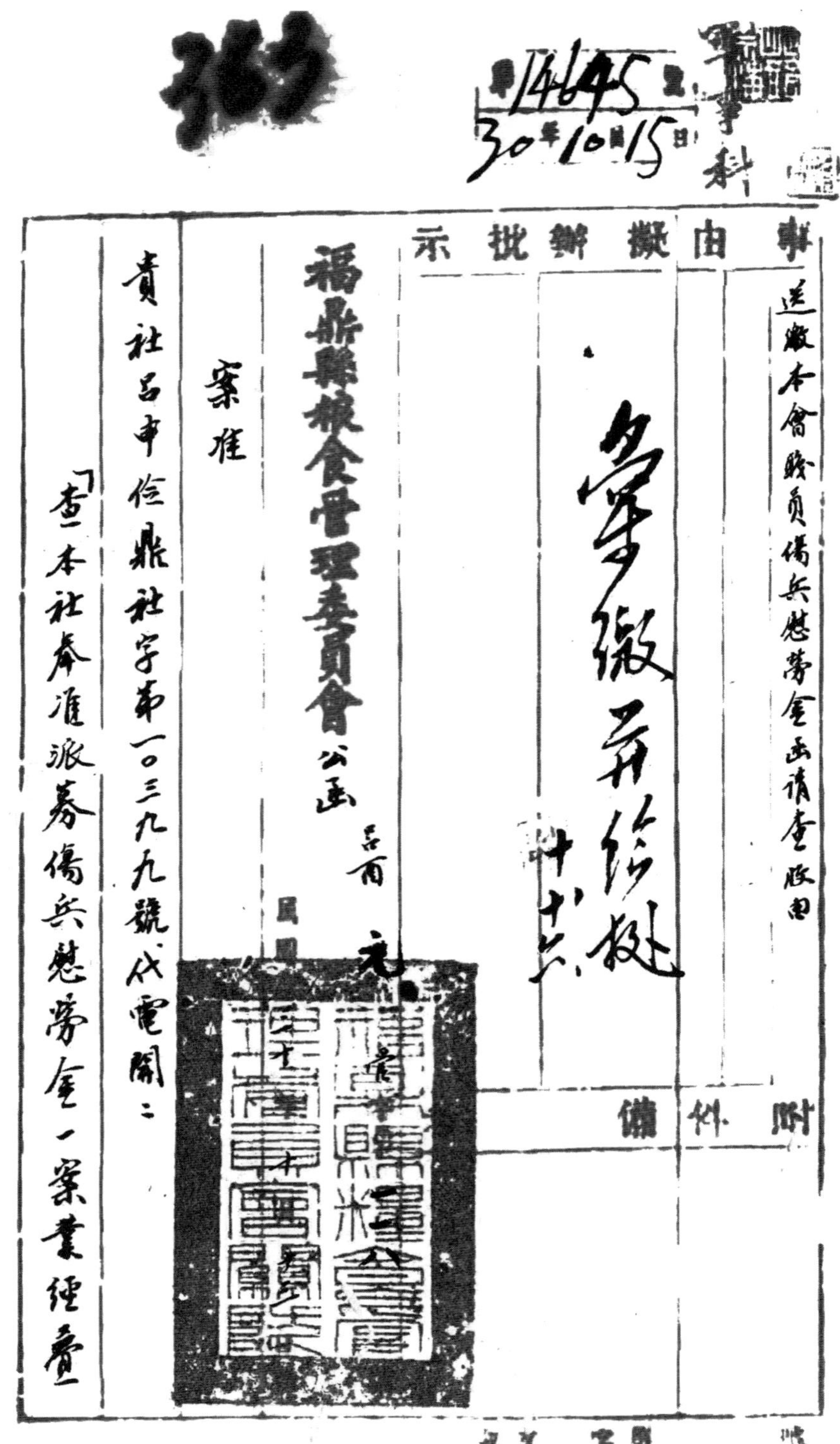

事由：送缴本會職員傷兵慰勞金函請查收由

擬辦：

批示：照繳并給據

附件：

備考：

福鼎縣糧食管理委員會公函

案准

貴社呂中信鼎社字第一〇三九九號代電開：「查本社奉准派募傷兵慰勞金一案業經費

福鼎县粮食管理委员会关于送缴本会职员伤兵慰劳金一十元请察核给据的公函

(1941年10月13日)a面　G133-003-0027

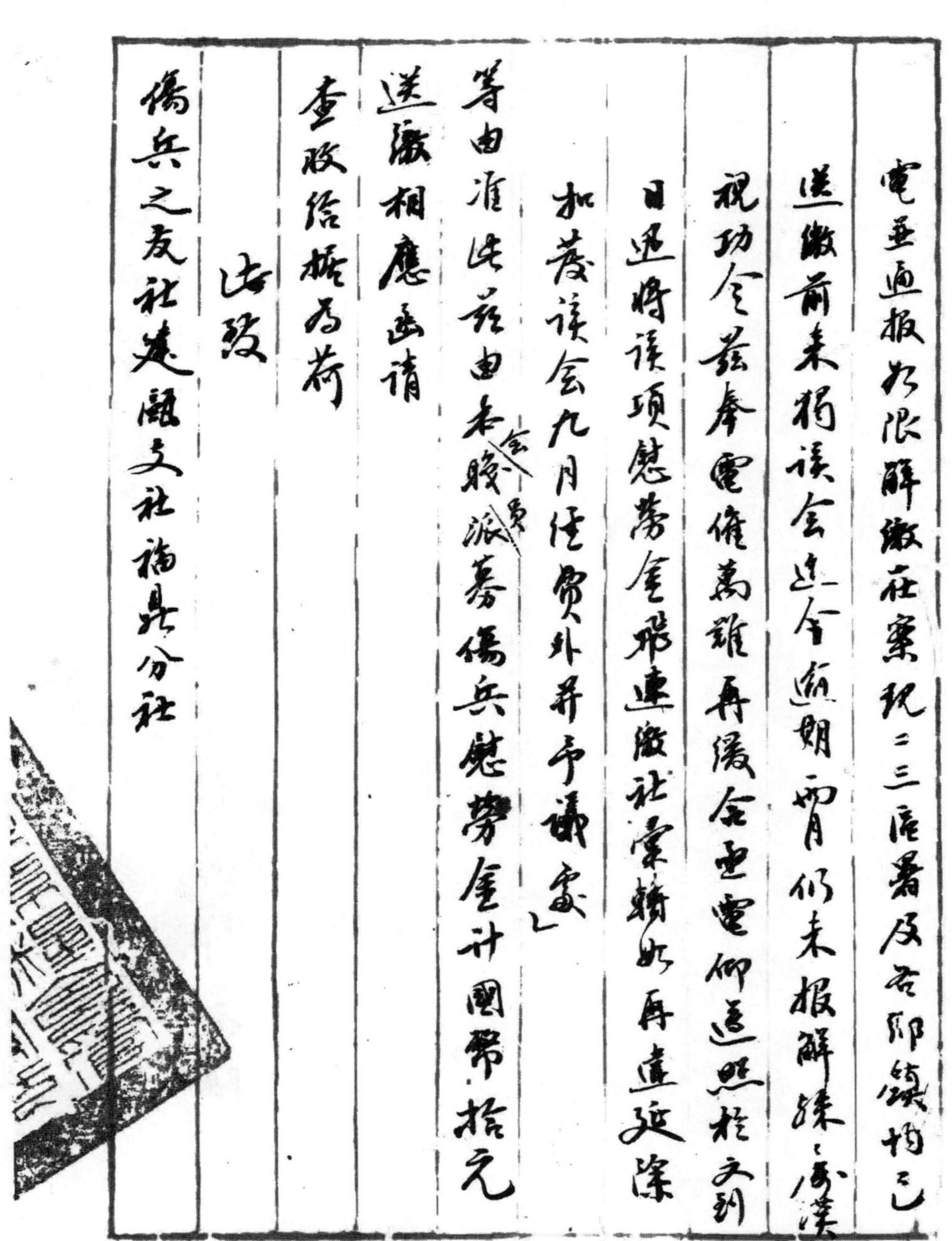

電並通報如限解繳在案現二三區署及各鄉鎮均已
送繳前來將該会迄今逾期两月仍未報解殊屬藐
視功令茲奉電催萬難再緩合亟電仰遵照於文到
日迅將該項慰勞金即速繳社彙轉如再違延除
扣發該会九月份薪外并予議處
等由准此茲由本会職員派募傷兵慰勞金計國幣拾元
送繳相應函請
查收給據為荷
此致
傷兵之友社建甌支社福鼎分社

福鼎县粮食管理委员会关于送缴本会职员伤兵慰劳金一十元请察核给据的公函

(1941年10月13日)b面　G133-003-0027

附图幣 元
某主任委員 宗海

福鼎县粮食管理委员会关于送缴本会职员伤兵慰劳金一十元请察核给据的公函

（1941 年 10 月 13 日） G133-003-0027

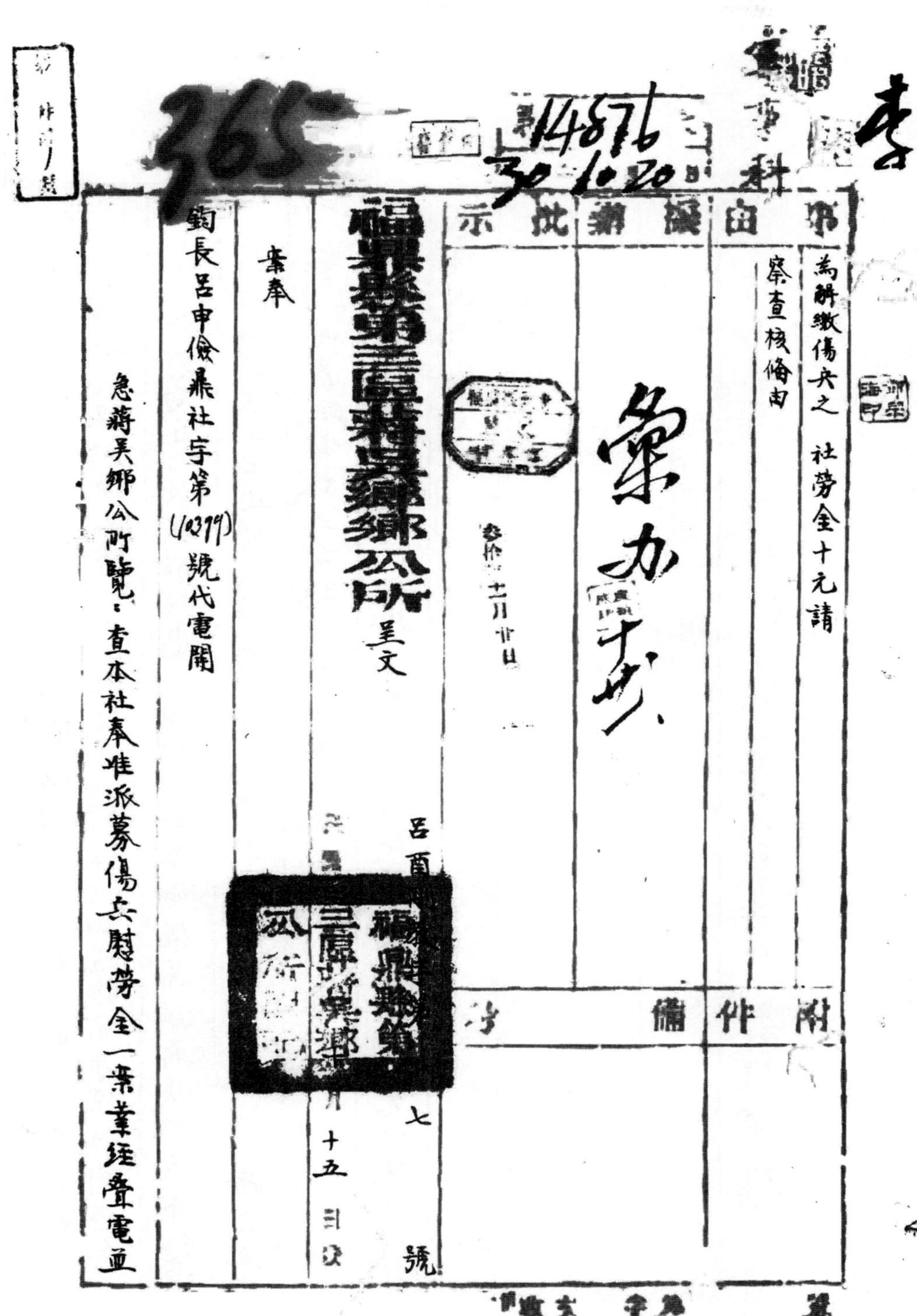

福鼎縣第三區蔣吳鄉公所 呈文

事由：為解繳傷兵之友社勞金十元請察查核備由

批示：照办

鈞長呂申儉鼎社字第(10379)號代電開

案奉

急蔣吳鄉公所覽：查本社奉准派募傷兵慰勞金一案業經發電亟

福鼎縣第三區蔣吳鄉公所

附件

福鼎县第三区蒋吴乡公所关于解缴伤兵慰劳金一十元的呈文

(1941 年 10 月 15 日)a 面　G133-003-0027

逾報如限解缴在案現二三區署及各鄉鎮均已送缴前來獨該鄉迄今逾期兩月仍未報解殊屬漠視功令茲奉電催萬難再緩合亟電仰遵照於文到日迅將該項慰勞金飛速社彙轉如再違延除扣發該鄉九月經費外並予議處熏分社長鄭宗海鼎社等因奉此遵經解缴慰勞金拾元茲奉前電檢將原項勞金十元隨文覆請察核轉缴備查

謹呈

熏社長鄭

附缴慰勞金[illegible]元

福鼎縣第三區蔣吳鄉鄉長林綫章

福鼎县第三区蒋吴乡公所关于解缴伤兵慰劳金一十元的呈文

(1941年10月15日)b面 G133-003-0027

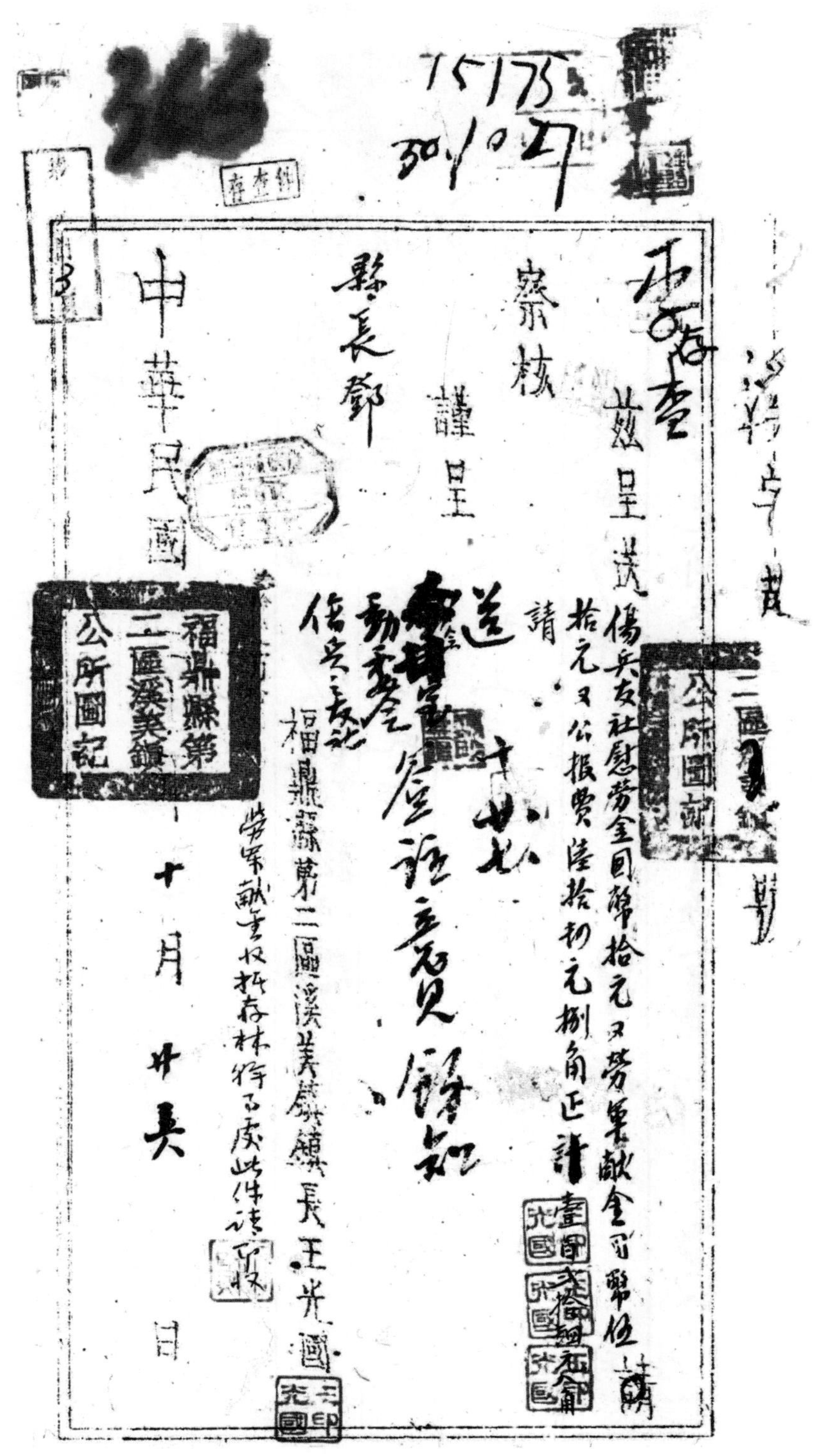

函存查

茲呈送傷兵友社慰勞金国幣拾元又勞軍献金国幣伍拾元又公报费陸拾肆元捌角正 請

察核

謹呈

縣長鄭

福鼎縣第二區溪美鎮鎮長王光國

中華民國 十月廿六日

福鼎县第二区溪美镇公所关于送缴伤兵慰劳金一十元、劳军献金五十元、公报费六十四元八角的呈文

（1941 年 10 月 26 日） G133-003-0027

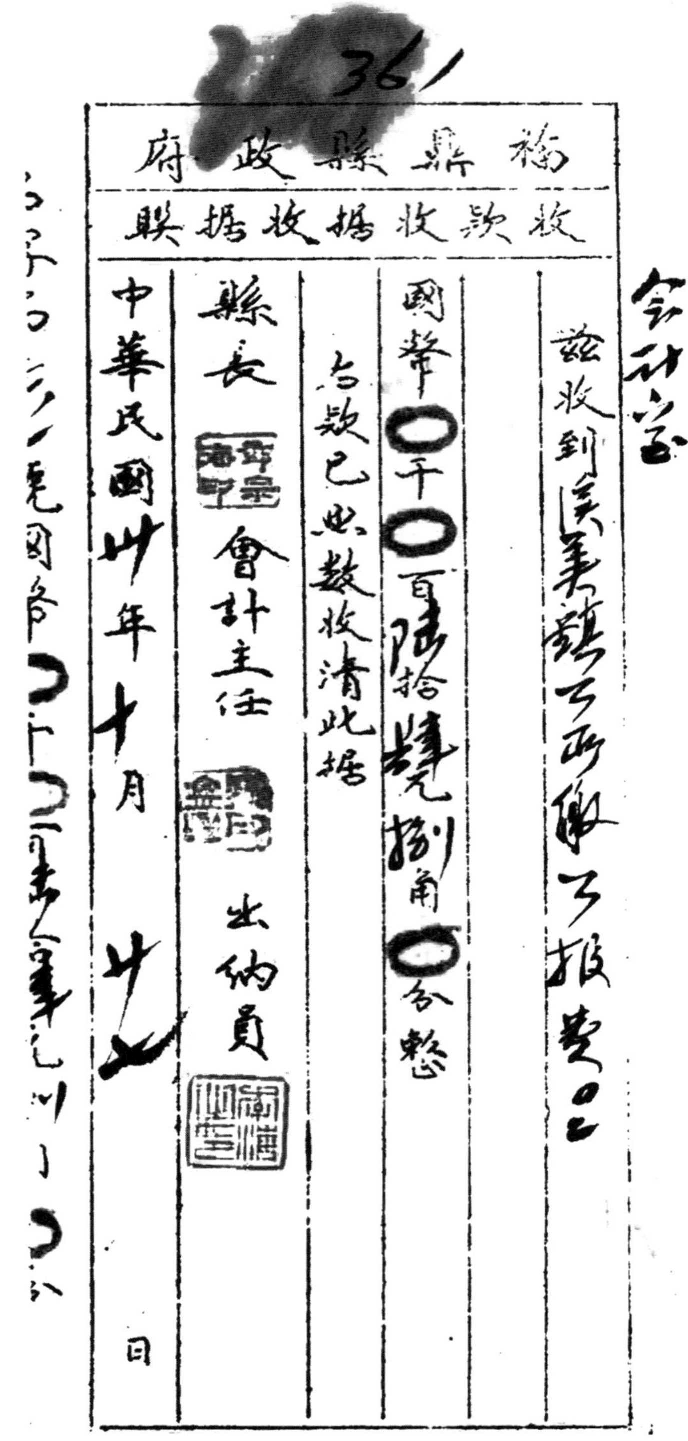
361

福鼎縣政府

收款收据收据联

兹收到溪美镇公所缴伤兵慰劳金

國幣〇千〇百陆拾肆元捌角〇分整

右款已如数收清此据

縣長

會計主任

出納員

中華民國卅年十月廿七日

福鼎县政府收到溪美镇公所缴伤兵慰劳金一十元的收款收据

(1941 年 10 月 27 日)a 面 G133-003-0027

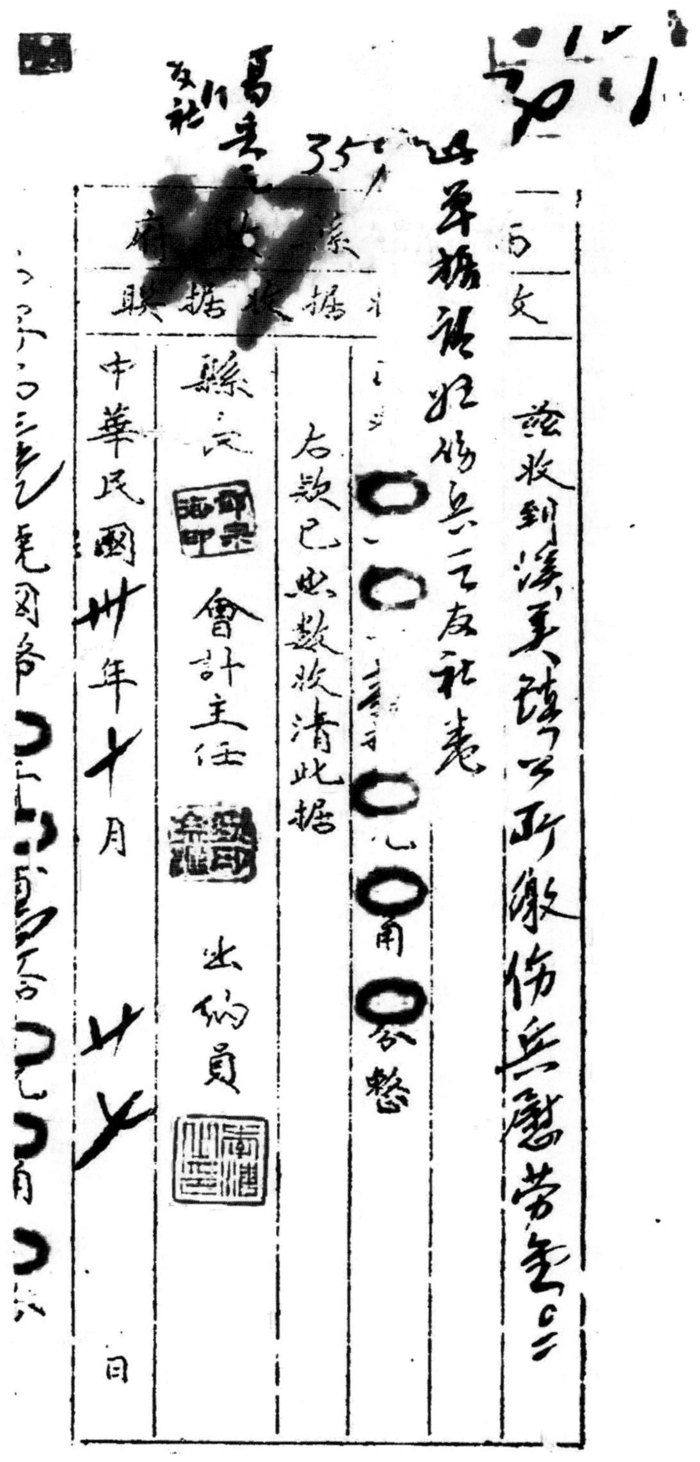

福鼎县政府收到溪美镇公所公报费六十四元八角的收款收据

(1941 年 10 月 27 日)b 面 G133-003-0027

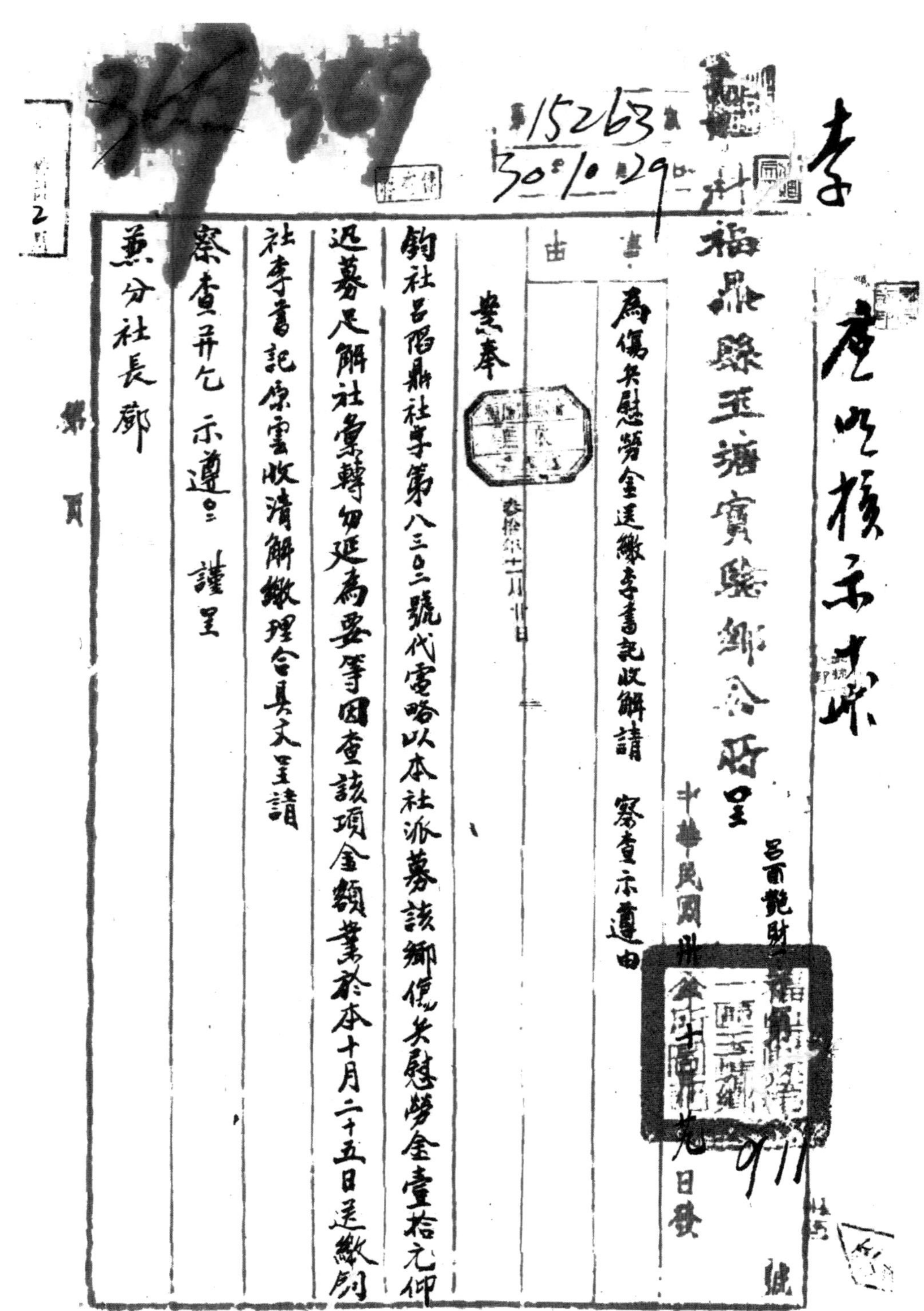
福鼎縣玉塘實驗鄉公所呈
事由：為傷兵慰勞金送繳李書記收解請察查示遵由
案奉
鈞社呂陷鼎社字第八三〇二號代電略以本社派募該鄉傷兵慰勞金壹拾元仰迅募足解社彙轉勿延為要等因查該項金額業於本十月二十五日送繳闕社李書記原雲收清解繳理合具文呈請
察查并乞示遵。謹呈
兼分社長鄭

福鼎县政府第一区玉塘乡公所关于伤兵慰劳金已送缴李书记收解的呈文

（1941 年 10 月 29 日） G133-003-0027

370
第　頁
玉塘實驗鄉鄉長林鵬愿

福鼎县政府第一区玉塘乡公所关于伤兵慰劳金已送缴李书记收解的呈文
（1941 年 10 月 29 日） G133-003-0027

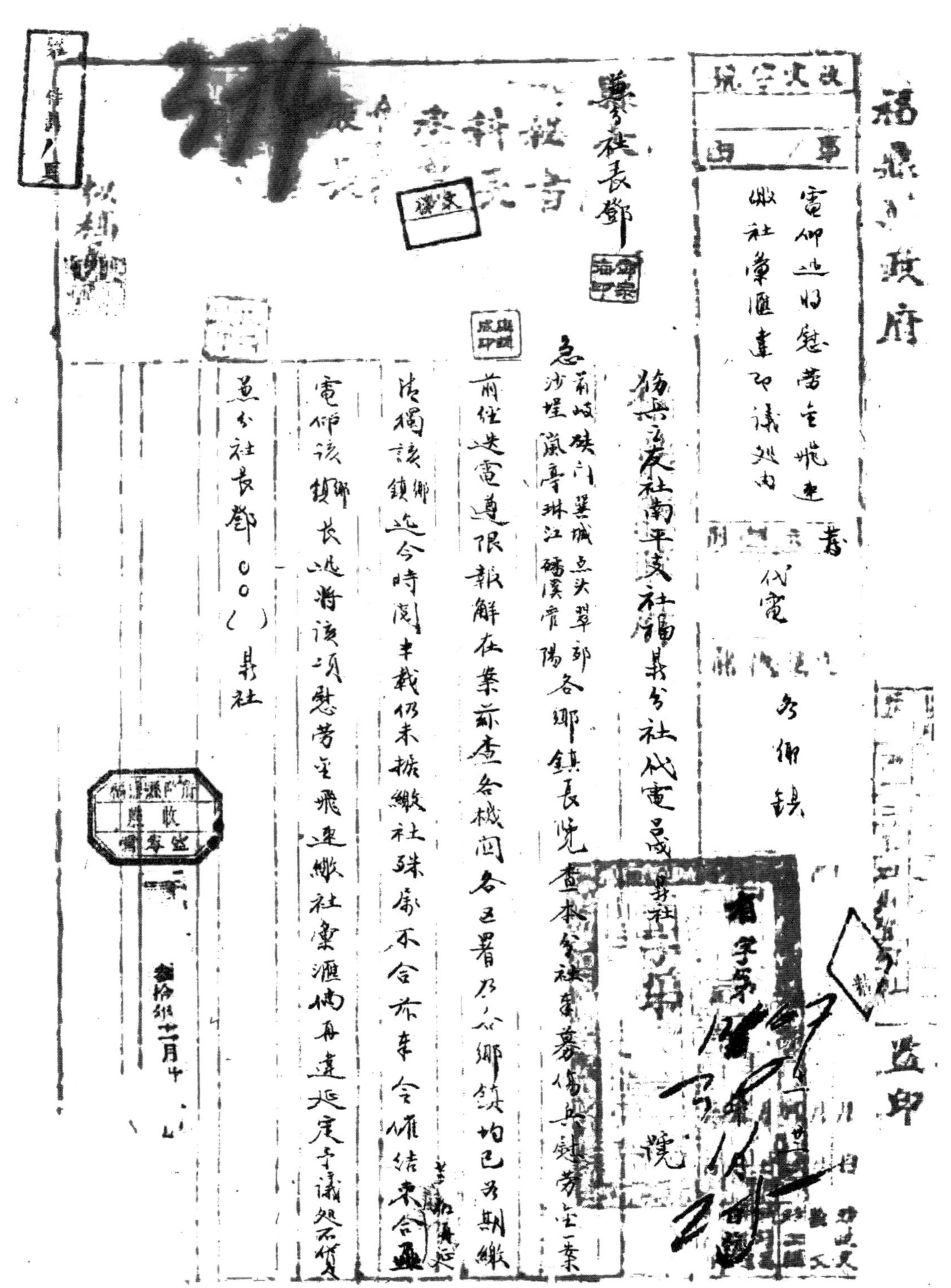
福鼎县政府

事由　电仰迅将慰劳金飞速缴社汇汇违即议处由

代电

伤兵之友社南平支社福鼎分社代电略：

急。前岐、秦屿、门岸、城区、点头、翠郊、沙埕、嵛山、亭琳江、磻溪、贯阳各乡镇长览：查本分社承募伤兵慰劳金一案，前经迭电通限报解在案。兹查各机关各区署及各乡镇均已如期缴（清），独该乡镇迄今时阅半载仍未报缴，殊属不合，亦未合作结束……

电仰该乡镇长迅将该项慰劳金飞速缴社汇汇，倘再违延，定予议处不贷。

县长邓○○（　）县社

第三战区伤兵之友社建瓯支社福鼎分社关于各乡镇迅将伤兵慰劳金飞速缴社违即议处的代电

（1941 年 11 月 25 日）　G133-003-0027

(七)征募寒衣草席劳军

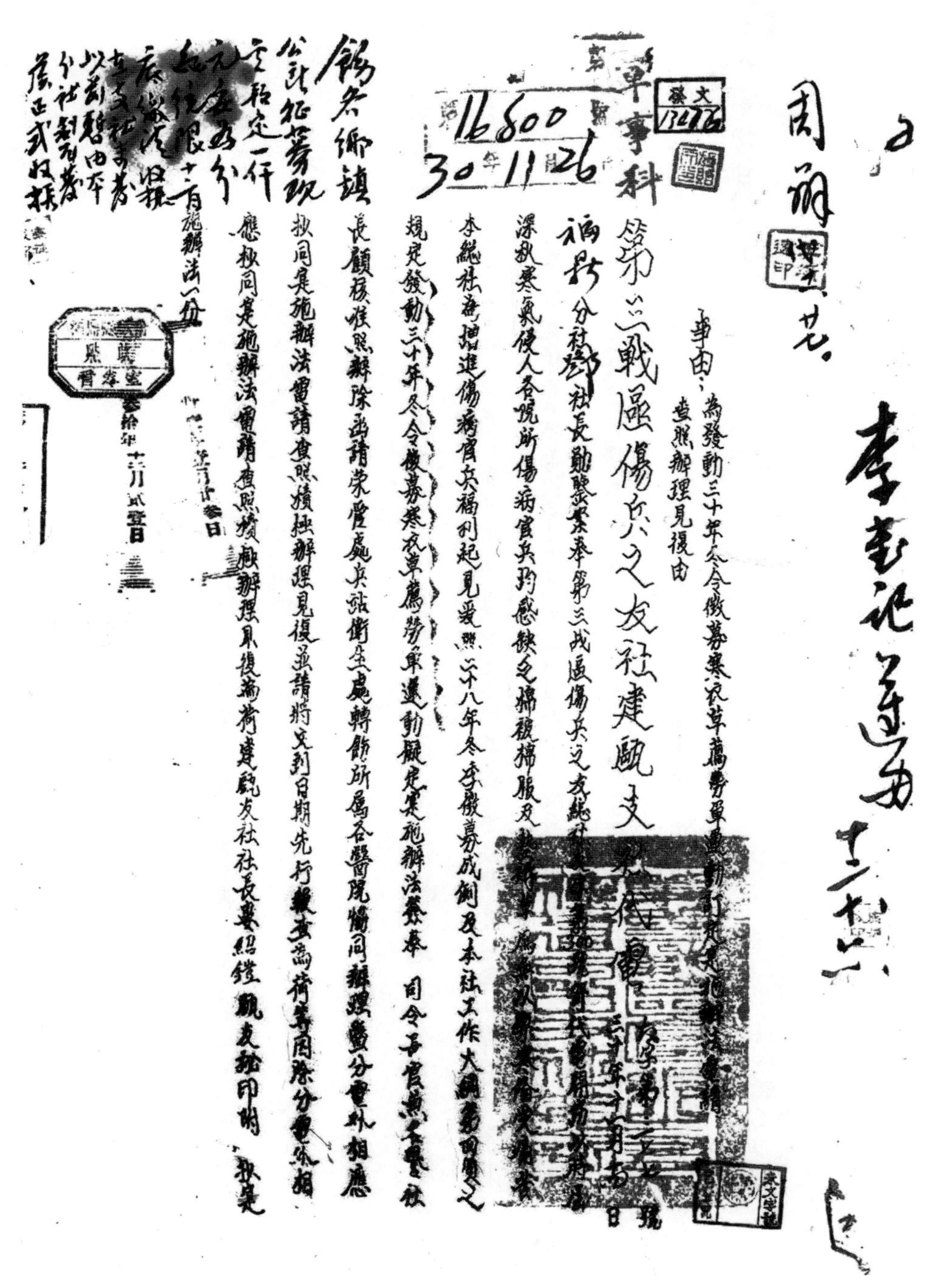

第三战区伤兵之友社建瓯支社关于发动三十年冬令征募寒衣草席劳军运动订定实施办法请查照办理见复的代电(1941 年 11 月 14 日)　G133-003-0027

第三戰區傷兵之友總社發動三十年冬令徵募寒衣草蓆勞軍運動實施辦法

一、本總社以時屆深秋寒氣侵人為增進傷病官兵福利加添禦寒物品以藉慰起見特按照本社工作大綱第四項之規定發動三十年冬令徵募勞軍運動。

二、本期徵募事務由各支社負責並特督促指導所屬各分社辦理並聯絡當地各機關團體協助徵募之

三、徵募以實物為原則各方以代金樂捐或採用義賣游藝方式徵募所得之現金(律在十一月底前彙繳支社趕製棉衣棉被或棉背心查明各院需要數目就近配發慰贈。

四、物品慰贈以各支社慰勞支社境內現有醫院為原則如分社所在地駐有醫院者除現金應行報解支社外其所募得之實物得先送院慰贈但須將實物數量慰贈情形分報總支社備案。

五、徵募實物名稱如左:

1、棉被

2、棉衣

附件:第三战区伤兵之友总社发动三十年冬令征募寒衣草席劳军运动实施办法
(1941 年 10 月 20 日)a 面　G133-003-0027

3、棉背心
4、稻草薦或稻草
前項稻草薦或稻草如境内無医院駐紮之地方得以代金徵募之。
六、徵募數量得由各支社就所轄境内地方經濟情形酌定分擔徵募之。
七、各分社机關團体徵募寒物現金收据均由支社印發備用所需經費得在基金項下動支列報。
八、各支社應聯絡當地机關團体及各報館舉行冬令徵募勞軍運動擴大宣傳俾得深入民間以利推行。
九、各支社收到各方徵募寒物及現金後應出具收據並即統筹配發慰贈境内各医院寒衣編造徵信錄及收支清冊並取具医院收受慰贈寒物數量之證明書呈送本總社備查一面公諸報端以昭大信。
十、前項慰贈手續各支社應會同當地机關團体或各分社代表組織慰勞團前往慰贈並代表本總社兼名譽社長顧　勤致慰問以表隆重
十一、各支社徵募慰贈工作均限於十一月底辦理結束具報。
十二、本辦法經呈奉　司令長官兼名譽社長顧　核准施行
終

附件：第三战区伤兵之友总社发动三十年冬令征募寒衣草席劳军运动实施办法
(1941年10月20日)b面　G133-003-0027

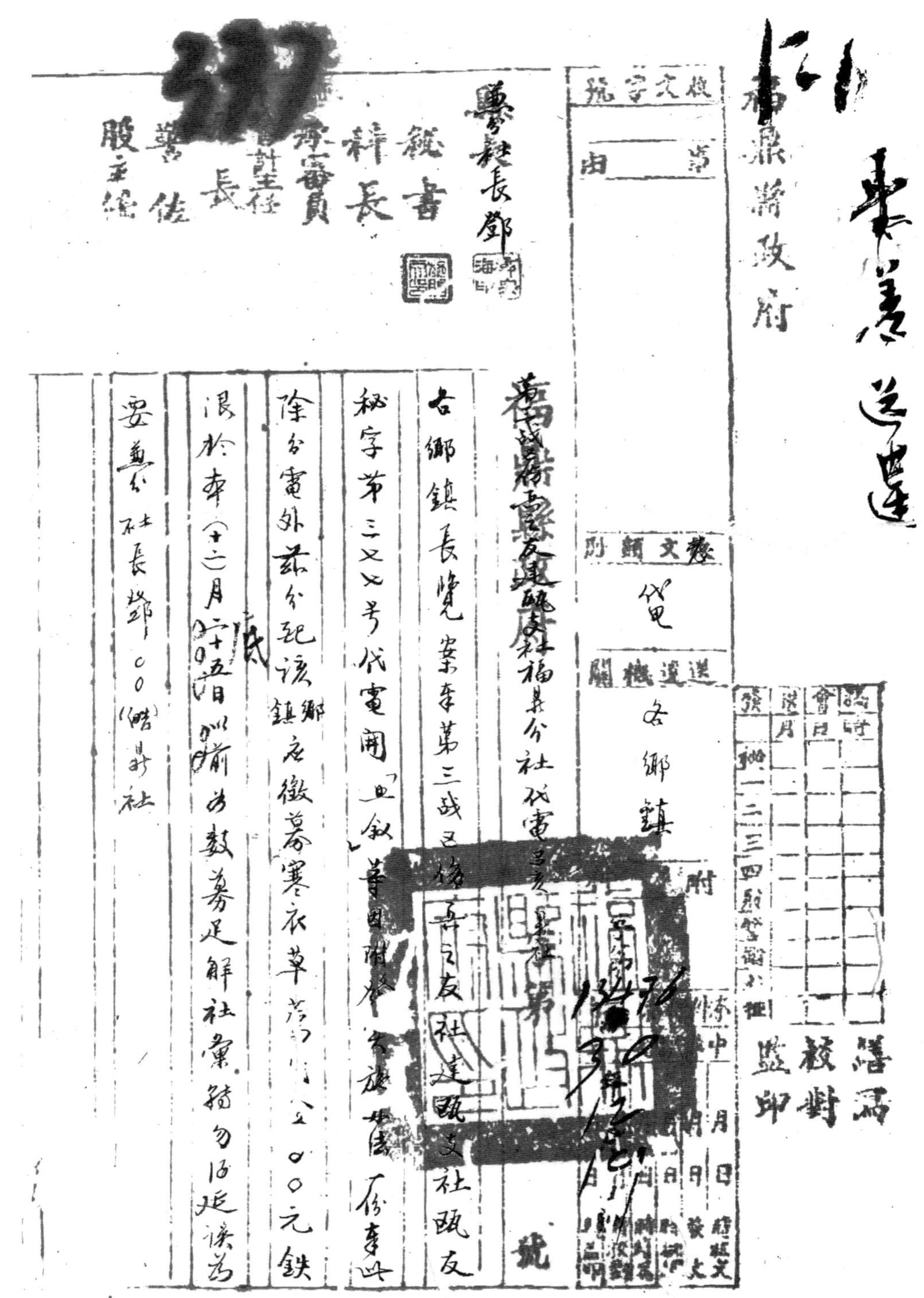
福鼎县政府
第三战区伤兵之友社建瓯支社福鼎分社代电
各乡镇长览 案奉第三战区伤兵之友社建瓯支社瓯友
秘字第三七七号代电开「[illegible]」
除分电外 兹分配该镇应征募寒衣草席[illegible]元铁
限於本（十二）月二十五日以前如数募足解社[illegible]延误为
要 兼分社社长郑○○（皓）鼎社

第三战区伤兵之友社建瓯支社福鼎分社关于分配各乡镇应征募寒衣草席代金铁限于十二月底以前如数募足解社的代电（1941 年 11 月 19 日） G133-003-0027

各鄉鎮應配傷兵寒衣草蓆代金數目表

鄉鎮別	應配募代金數目	備考	鄉鎮別	應配募代金數目	備考
桐山鎮公所	[illegible]元		秦嶼鎮公所	[illegible]元	
玉塘鄉公所	廿元		羅唇鄉公所	卅元	
南溪鄉公所	卅元		硤門鎮公所	廿元	
貫嶺鄉公所	卅元		嵐亭鄉公所	卅元	
橋亭鄉公所	卅元		店下鎮公所	廿元	
佳陽鄉公所	卅元		溪美鎮公所	廿元	
前岐鎮公所	廿元		巽城鎮公所	廿元	
磻溪鄉公所	廿元		琳江鎮公所	廿元	

各乡镇应配伤兵寒衣草席代金数目表（1941 年 11 月 19 日） G133-003-0027

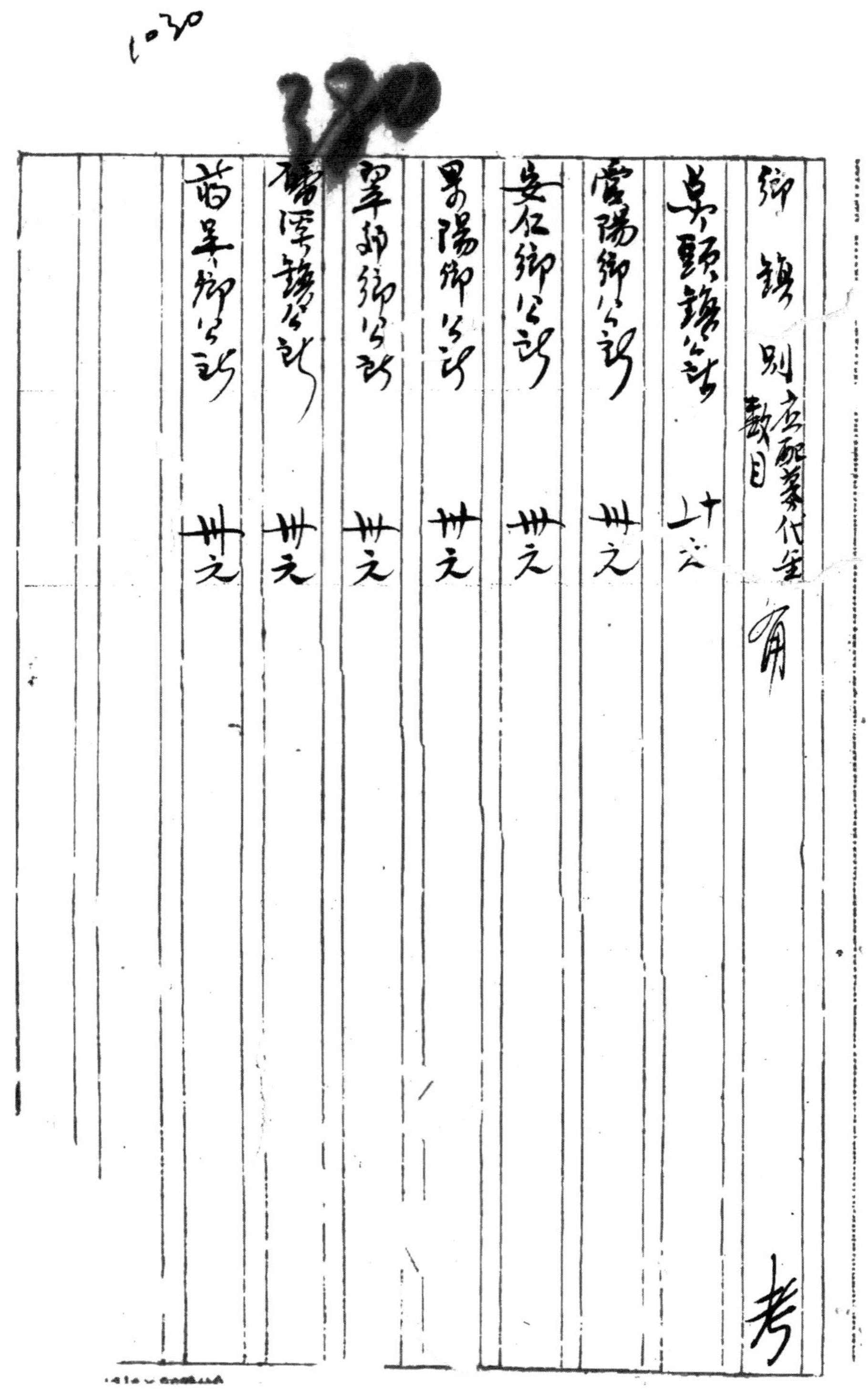

鄉鎮別	應配募代金數目	備考
梟頭鎮公所	七十元	
霞[illegible?]陽鄉公所	卅元	
安仁鄉公所	卅元	
界陽鄉公所	卅元	
罕都鄉公所	卅元	
[illegible]溪鎮公所	卅元	
苗[illegible?]鄉公所	卅元	

各乡镇应配伤兵寒衣草席代金数目表（1941 年 11 月 19 日） G133-003-0027

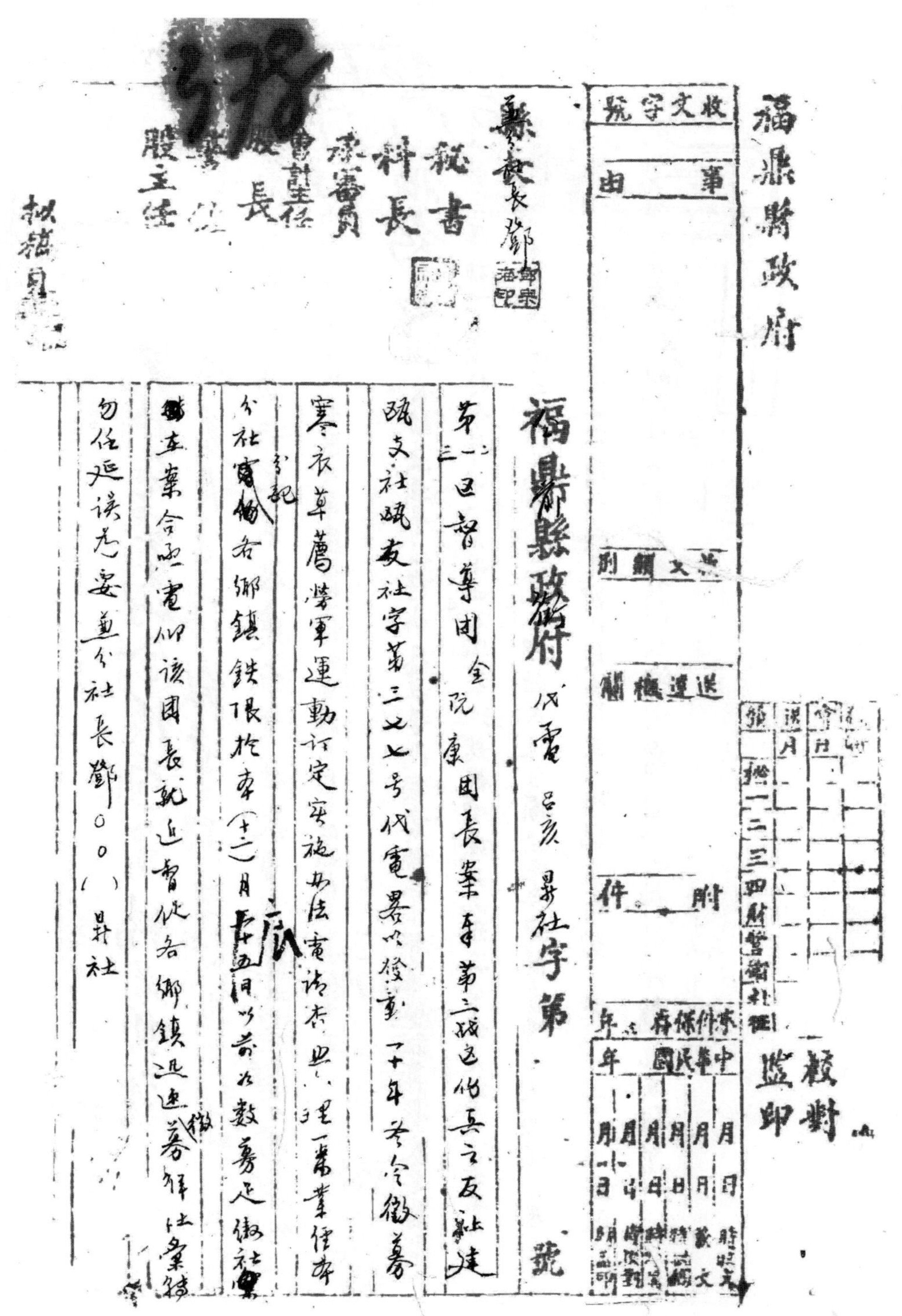

第三战区伤兵之友社建瓯支社福鼎分社关于第一二三区督导团就近督促各乡镇迅速征募寒衣草席铁限于十二月底以前如数募足解社的代电(1941 年 11 月 19 日)　G133-003-0027

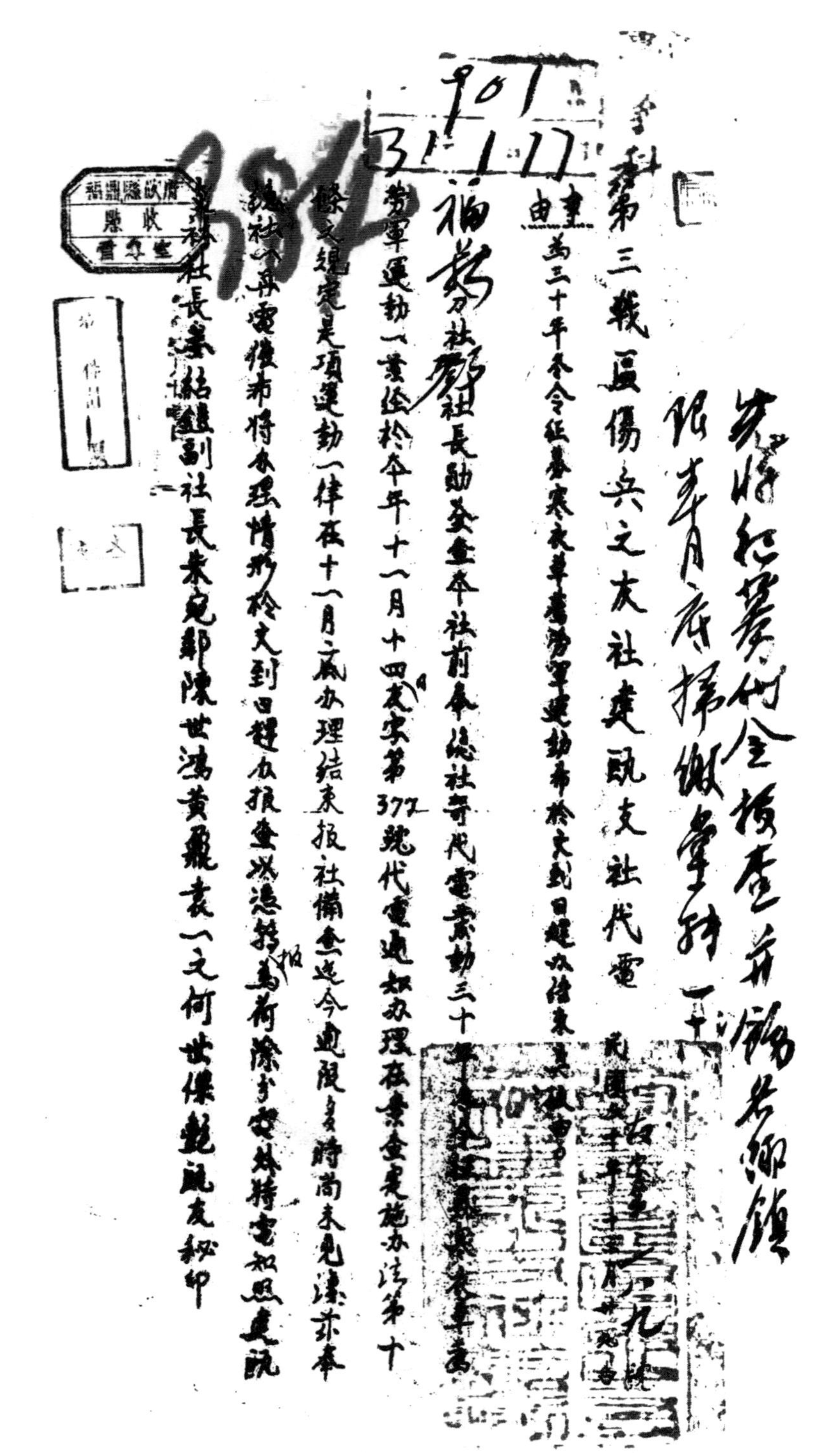

事由 第三戰區傷兵之友社建甌支社代電

為三十年冬令征募寒衣草席勞軍運動希於文到日趕辦結束具報由

福鼎分社鄭社長勛鑒：奉總社哿代電開：查動三十年冬令征募寒衣草席勞軍運動一案，經於本年十一月十四發字第372號代電通知辦理在案，查是項實施辦法第十條之規定，是項運動一律在十一月底辦理結束報社備查，迄今逾限多時，尚未見該社呈報，奉總社寄電催，希將辦理情形於文到日趕辦報查，以憑轉報為荷。除分電外，特電知照。建甌分社社長吳紹毅、副社長朱冠鄭、陳世鴻、黃飛、袁一文、何世保艷甌支秘印

第三战区伤兵之友社建瓯支社关于三十年冬令征募寒衣草席劳军运动希于文到日赶办结束具报的代电(1941 年 12 月 29 日) G133-003-0027

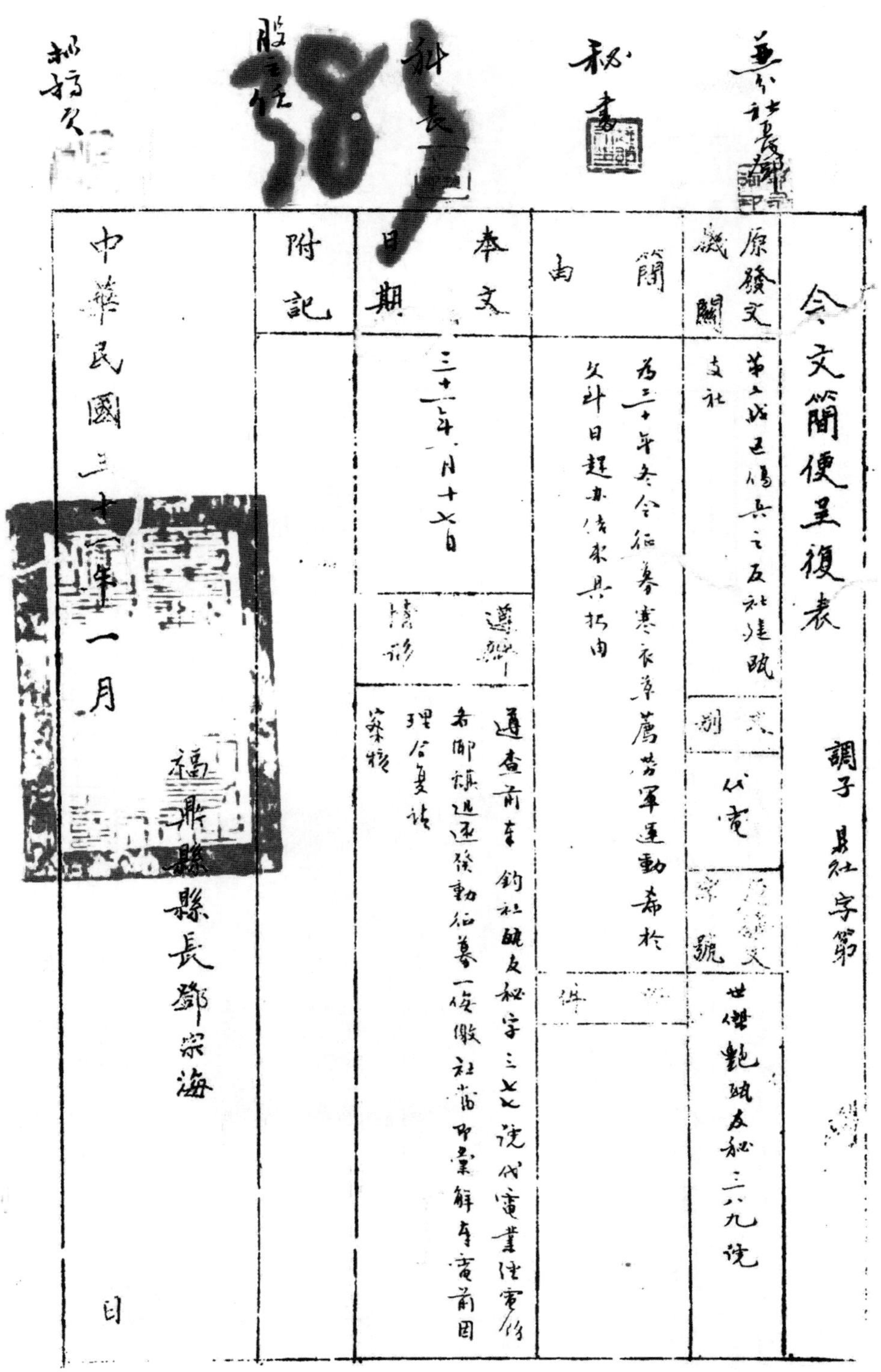

令文简便呈复表：第三战区伤兵之友社建瓯支社福鼎分社关于业经电饬发动征募一俟缴社当即汇解的呈文（1942 年 1 月） G133-003-0027

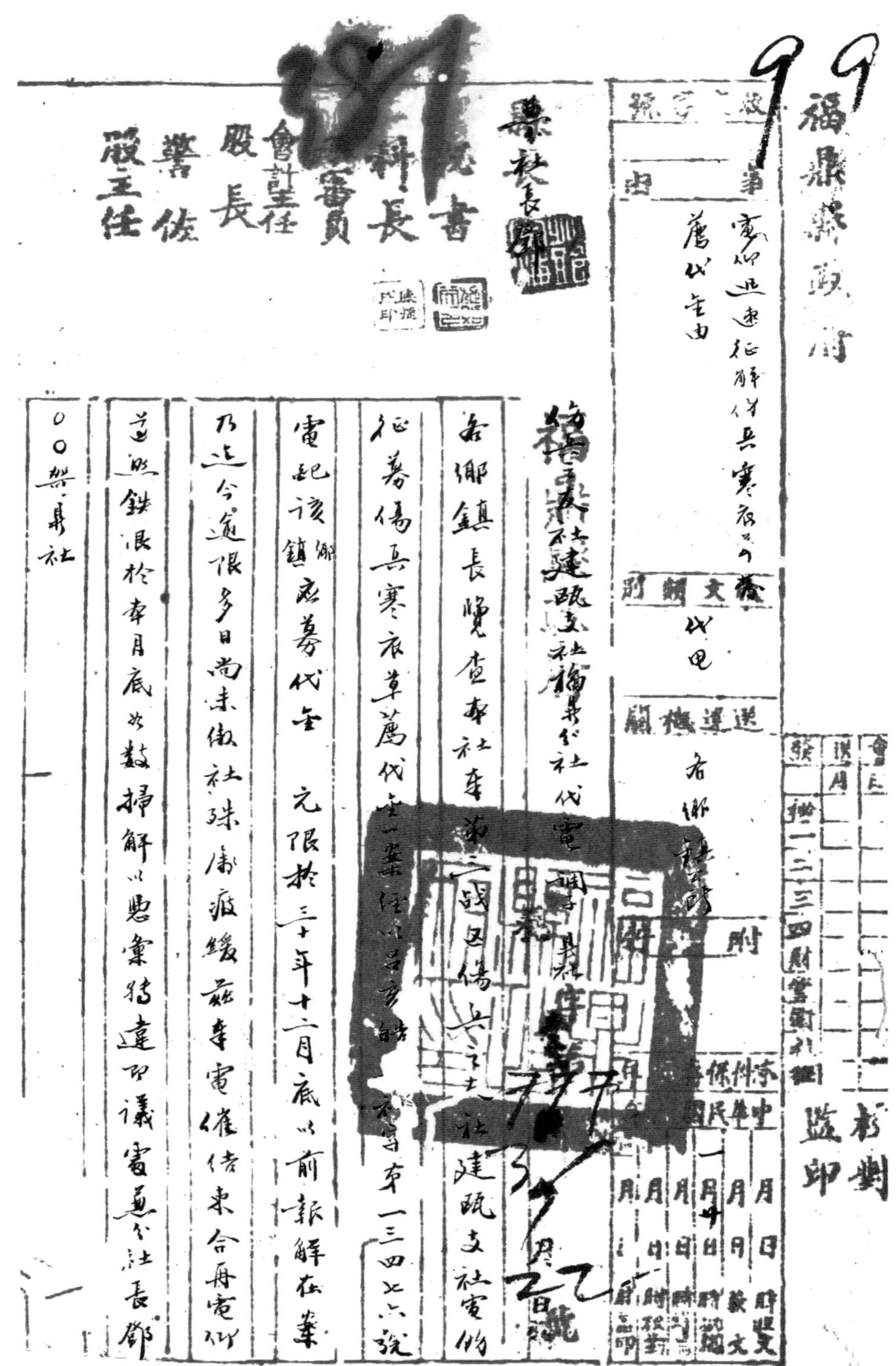

福鼎縣政府

事由：電仰迅速徵解傷兵寒衣草蓆代金由

代電

第三戰區傷兵之友社建甌支社福鼎分社代電

各鄉鎮長覽：查本社奉第三戰區傷兵之友社建甌支社電飭征募傷兵寒衣草蓆代金一案，經以呈字第一三四七六號電飭該鄉鎮應募代金 元，限於三十年十二月底以前報解在案。乃迄今逾限多日，尚未繳社，殊屬疲緩。茲奉電催，合再電仰迅照數限於本月底如數掃解，以憑彙轉，違即議處為要。分社長鄧〇〇印

第三战区伤兵之友社建瓯支社福鼎分社关于各乡镇迅速征解伤兵寒衣草席代金的代电

（1942 年 1 月 22 日） G133-003-0027

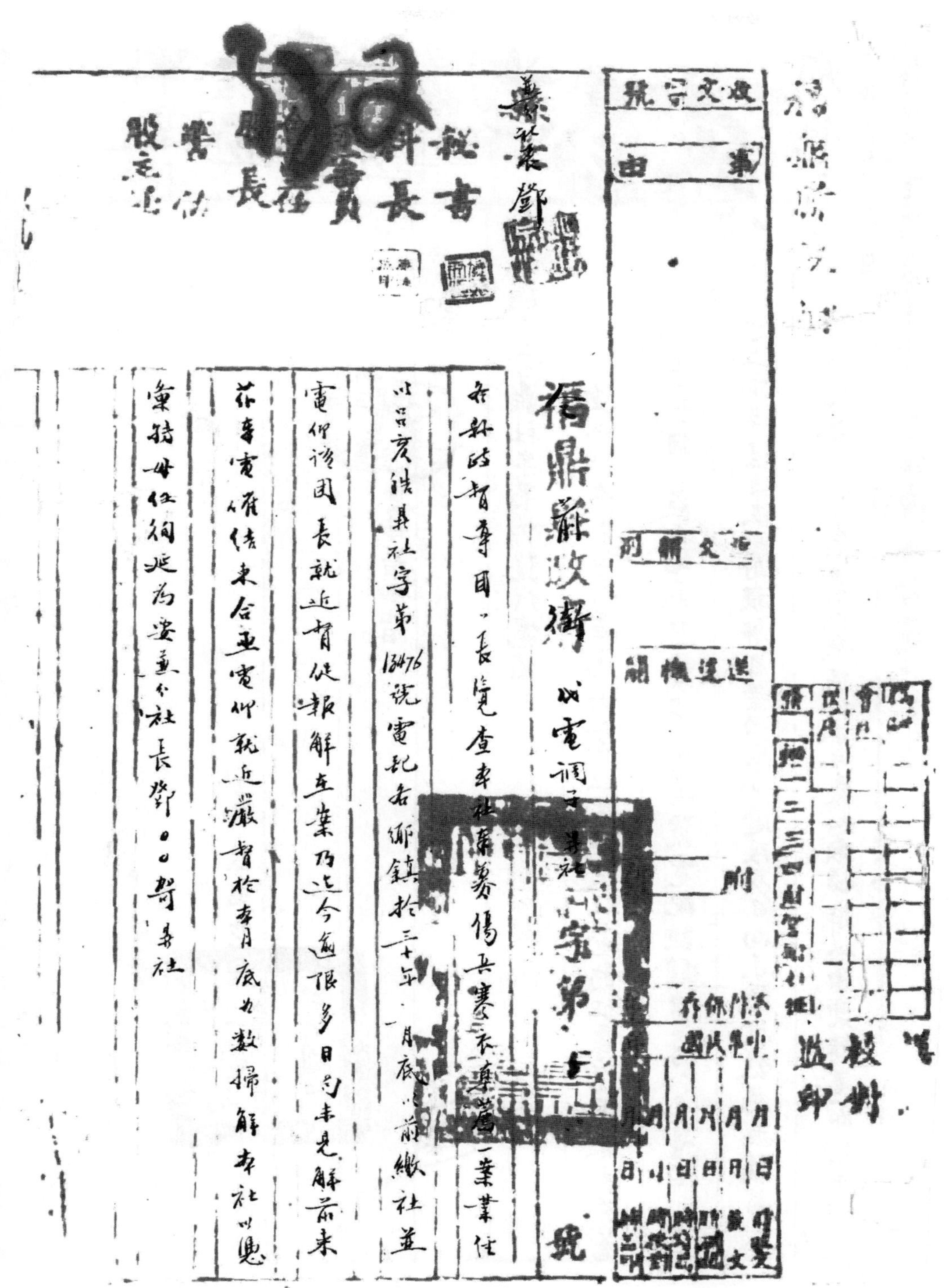

福鼎縣政府 代電 字第 號

各縣政督導團長覽查本社采募傷兵寒衣草蓆一案業經

以吕度德县社字第13476號電飭各鄉鎮於三十年一月底以前繳社並

電仰該團長就近督促報解在案乃迄今逾限多日尚未見解前來

於事實有[illegible]結束合亟電仰就近嚴督於本月底如数掃解本社以憑

彙轉毋任稽延為要查分社長鄧〇〇寄县社

第三战区伤兵之友社建瓯支社福鼎分社关于各县政督导团就近严督各乡镇迅速征解伤兵寒衣草席代金的代电(1942 年 1 月 22 日)　G133-003-0027

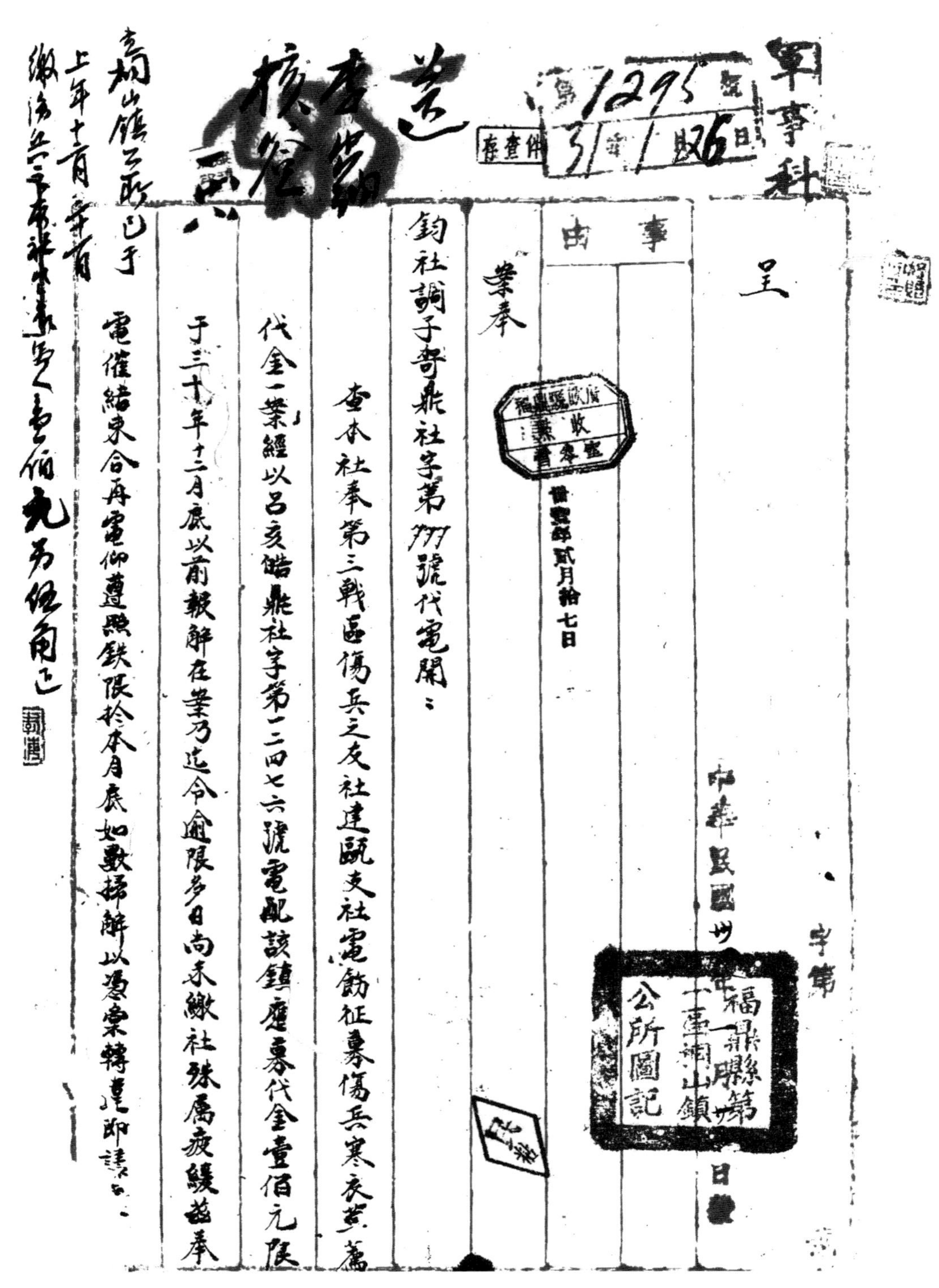

軍事科

呈

事由

案奉

鈞社調子哥鼎社字第777號代電開：

查本社奉第三戰區傷兵之友社建甌支社電飭征募傷兵寒衣草蓆代金一案經以呂亥皓鼎社字第一二四七六號電飭該鎮應募代金壹佰元限于三十年十二月底以前報解在案乃迄今逾限多日尚未繳社殊屬疲緩茲奉電催結束合再電仰遵照鉄限於本月底如數掃解以憑彙轉毋延為要。等因，奉此，遵即

中華民國卅一年 月 日

福鼎縣第一區桐山鎮公所圖記

福鼎縣政府收文

福鼎县第一区桐山镇公所关于本镇伤兵寒衣草席代金已于三十年十二月三十一日汇解并钧府给发 399 号收据一纸存照的呈文(1942 年 1 月 23 日) G133-003-0027

等因奉此查本案前經鈞令飭即募解經職飭向本鎮殷實商户勸募壹佰零伍元業于上年十二月卅一日彙解 鈞府李出納收訖並給發三九九號收据一紙存照茲奉前因理合備文覆請

察核

謹呈

福鼎縣縣長鄧

桐山鎮鎮長卓梅峰（卓梅峰印）

福鼎县第一区桐山镇公所关于本镇伤兵寒衣草席代金已于三十年十二月三十一日汇解并钧府给发399号收据一纸存照的呈文(1942年1月23日)　G133-003-0027

(八)征募伤兵之友社基金

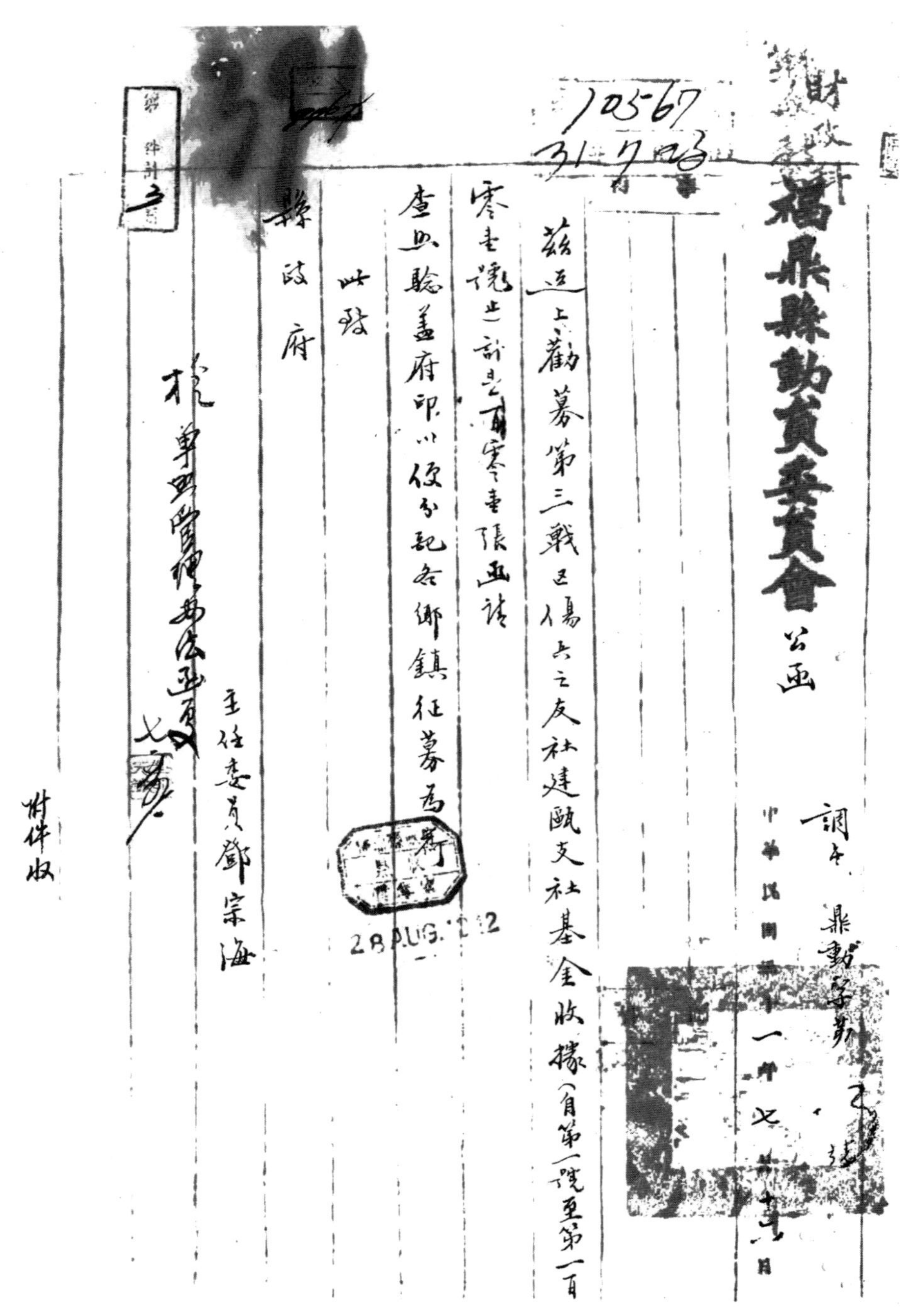

福鼎縣動員委員會公函

鼎動字第　號

茲送上勸募第三戰區傷兵之友社建甌支社基金收據(自第一號至第一百零壹號止)計共壹百零壹張函請

查照驗蓋府印以便分配各鄉鎮征募為荷

此致

縣政府

主任委員鄧宗海

中華民國卅一年七月十六日

附件收

福鼎县动员委员会关于请福鼎县政府验盖基金收据以便分配各乡镇征募的公函

(1942 年 7 月 16 日)　G133-003-0027

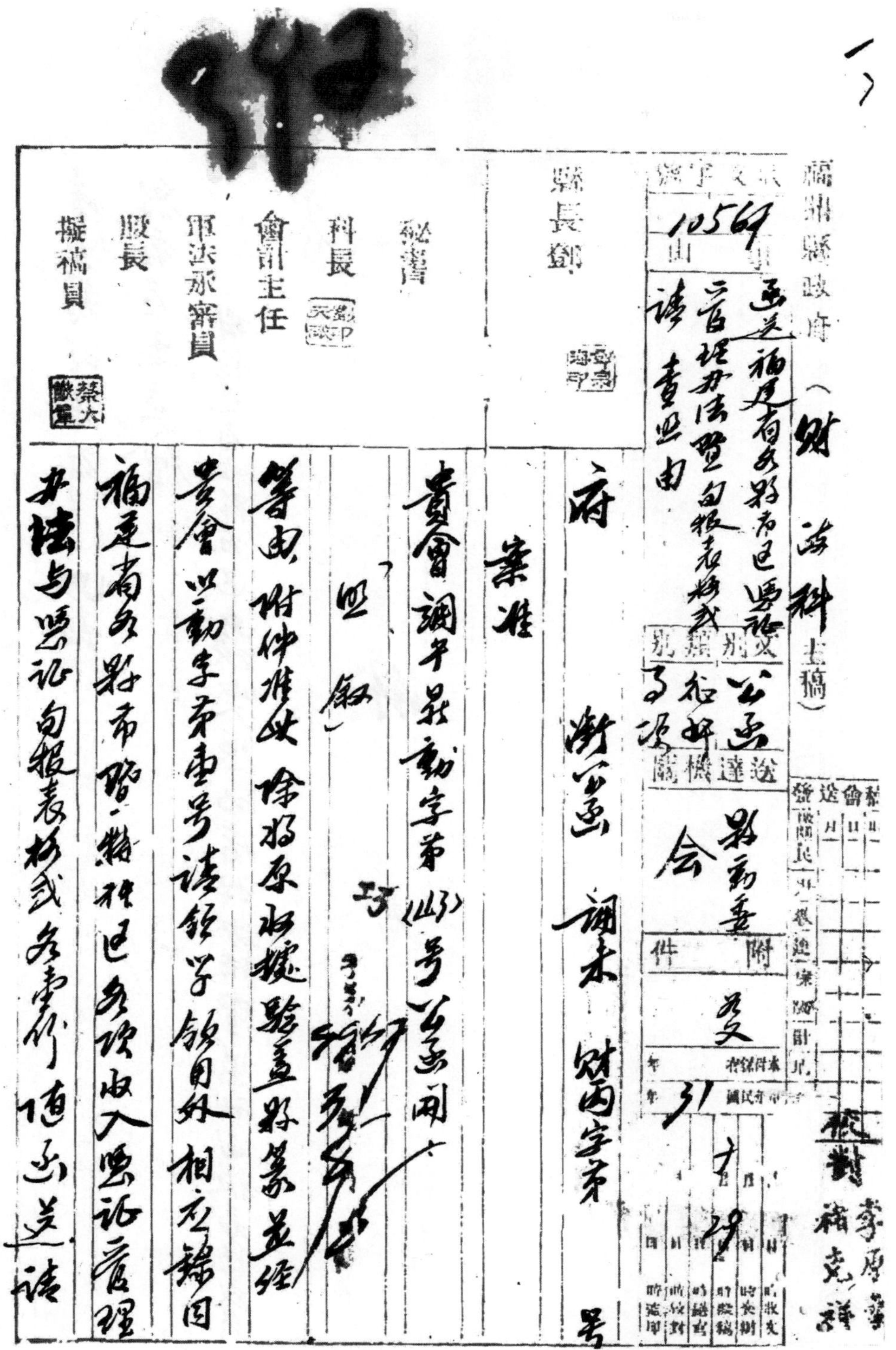

福鼎縣政府（財政科主稿）

縣長 鄧

秘書

科長

會計主任

軍法承審員

股長

擬稿員

事由：函送福建省各縣市區各項收入憑証管理辦法暨憑証旬報表格式請查照由

文別：公函

送達機關：縣動員會

府 財丙字第 號

案准

貴會調字第[illegible]號公函開：[illegible]

等由，附件准此。除將原收據驗蓋縣篆並經貴會以動字第[illegible]號請領[illegible]外，相應錄同福建省各縣市區各項收入憑証管理辦法與憑証旬報表格式各壹份，隨函送請

福鼎县政府关于分送福建省各县市区各项收入凭证管理办法暨凭证旬报表格式的公函

（1942 年 8 月 18 日） G133-003-0027

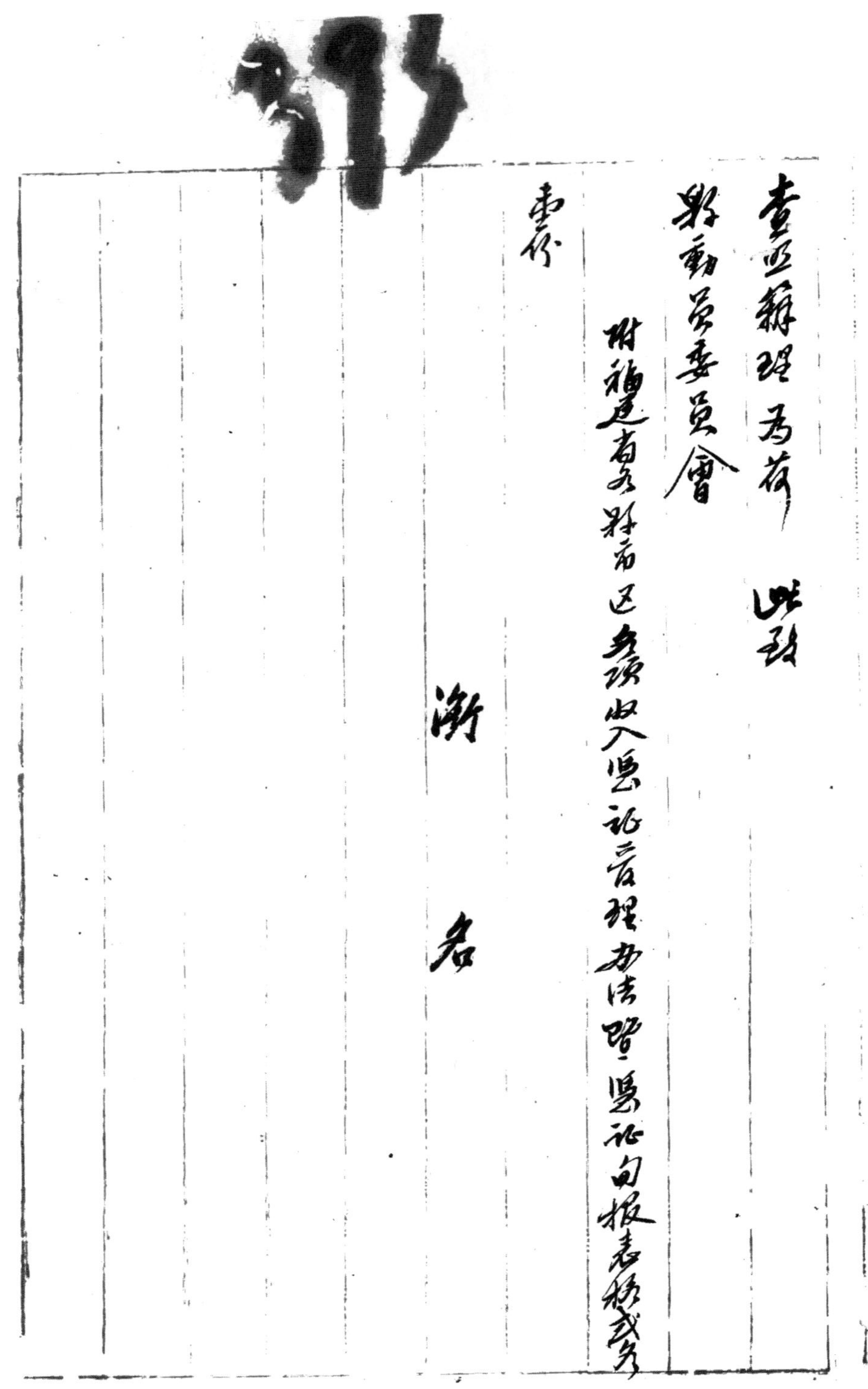

查照辦理為荷 此致

縣動員委員會

附福建省各縣市區各項收入憑証管理辦法暨憑証旬報表格式各

壹份

衔 名

福鼎县政府关于分送福建省各县市区各项收入凭证管理办法暨凭证旬报表格式的公函

（1942 年 8 月 18 日） G133-003-0027

福鼎縣玉塘示範鄉公所 呈

事由：呈送勸募傷兵之友社基金五十元請 察收轉解由

案奉

鈞會調午梗鼎勤字第〈44〉號代電略以該鄉應配募第三戰區傷兵之友社建甌支社基金五十元附發收据五紙仰切實遵辦具報等因附件奉此遵經派員勸募足數奉電前因理合備文連全已募款額五十元并收据存根五紙呈請

鑒核轉解議為公便

謹呈

兼主任委員鄧

附國幣伍拾元收据存根五紙

福鼎县玉塘示范乡公所关于送缴劝募伤兵之友社基金五十元及存根的呈文

（1942 年 11 月 7 日） G133-003-0027

玉塘示範鄉鄉長朱國寶

福鼎县玉塘示范乡公所关于送缴劝募伤兵之友社基金五十元及存根的呈文
（1942 年 11 月 7 日） G133-003-0027

存根

陳欽養先生樂輸國[illegible]元[illegible]留此存查

福鼎縣動員委員會

中華民國卅一年十一月八日

附件：福鼎县玉塘示范乡公所附送福鼎县动员委员会收到陈钦养一十元收款收据

（1942 年 11 月） G133-003-0027

存根

兹收到

夏文实先生乐输国币壹拾元正，此存查

福鼎县动员委员会

中华民国卅一年十一月八日

附件：福鼎县玉塘示范乡公所附送福鼎县动员委员会收到夏文实一十元收款收据

（1942年11月） G133-003-0027

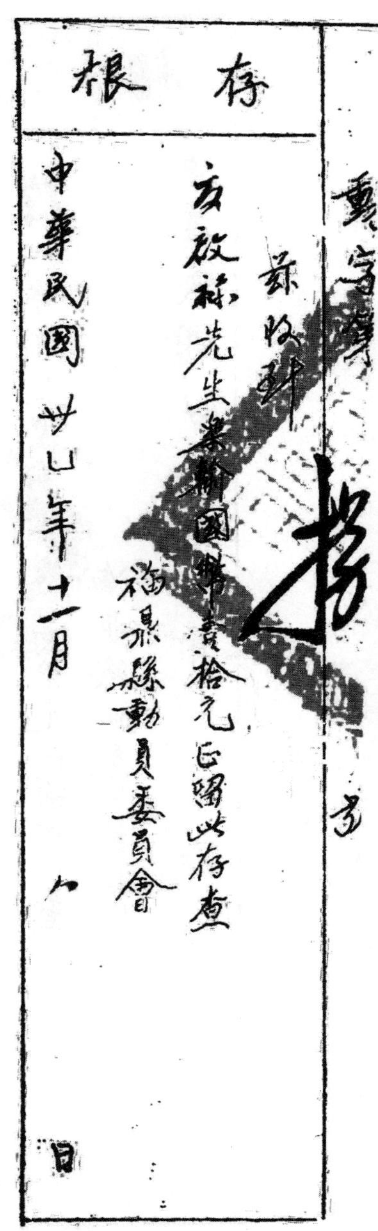
存根

兹收到

夏启禄先生乐输国币壹拾元正留此存查

福鼎县动员委员会

中华民国卅一年十一月　日

附件：福鼎县玉塘示范乡公所附送福鼎县动员委员会收到夏启禄一十元收款收据

（1942年11月）　G133-003-0027

存根

蘇收到

徐巧平先生樂輸國幣壹拾元正留此存查

福鼎縣動員委員會

中華民國卅一年十一月　日

動字第　號

附件:福鼎县玉塘示范乡公所附送福鼎县动员委员会收到徐巧平一十元收款收据

(1942 年 11 月)　G133-003-0027

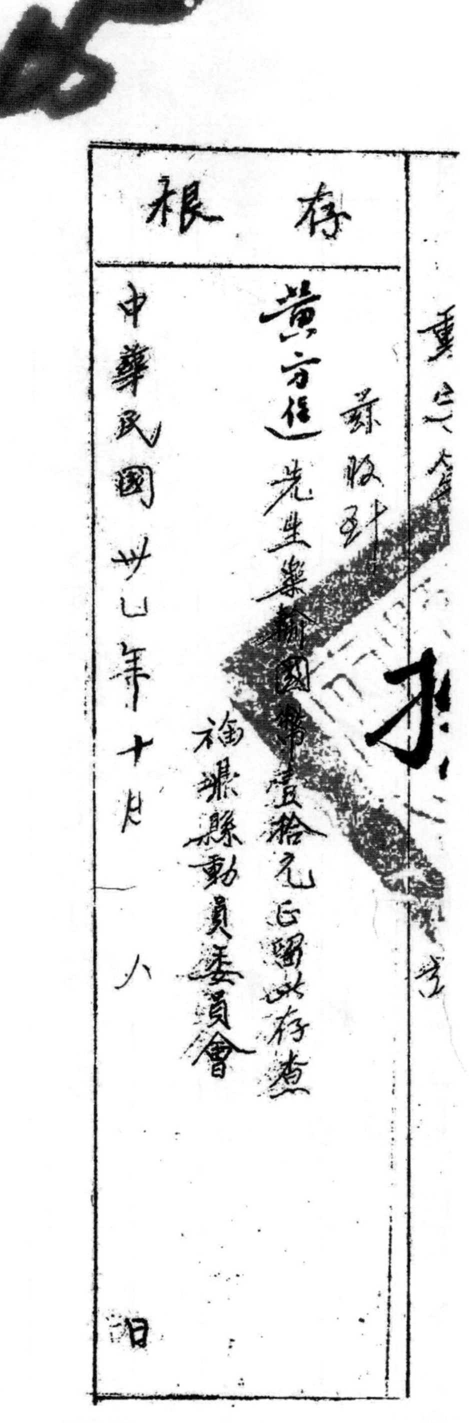

存根

黄方进先生乐输国币壹拾元正留此存查

苏收钭

福鼎县动员委员会

中华民国卅一年十一月 八日

附件：福鼎县玉塘示范乡公所附送福鼎县动员委员会收到黄方进一十元收款收据

（1942 年 11 月） G133-003-0027

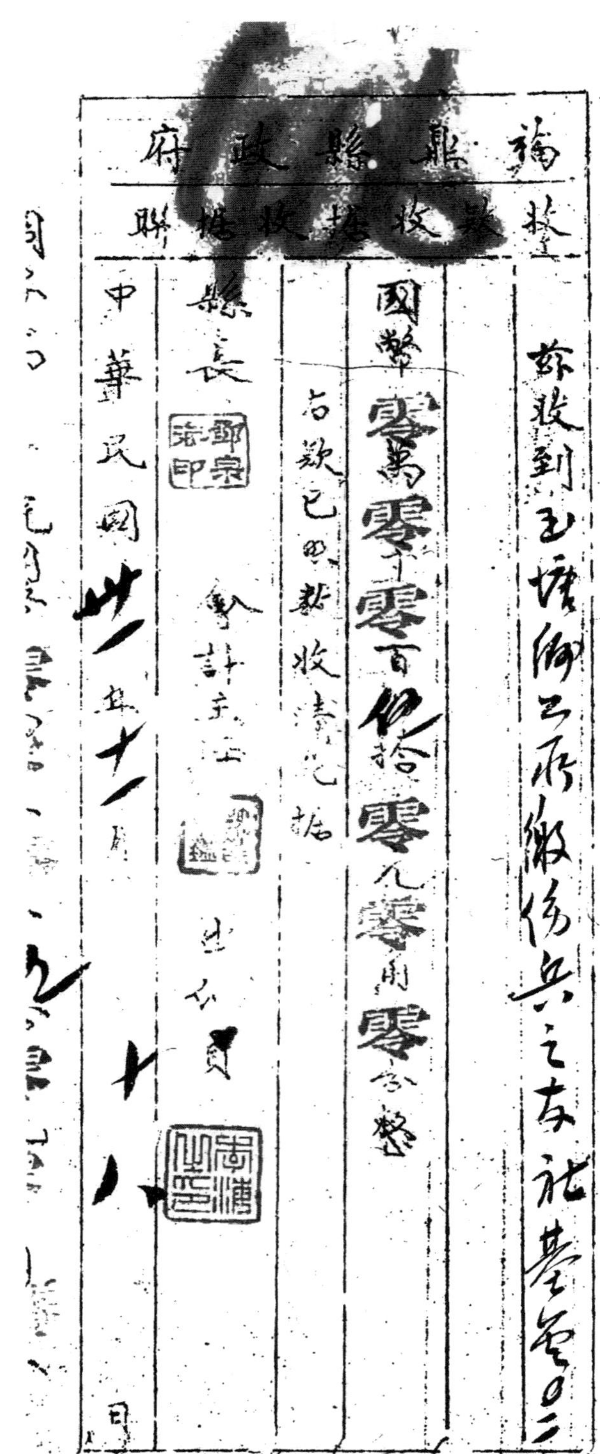

附件:福鼎县政府收到玉塘示范乡公所缴伤兵之友社基金五十元的收款收据

(1942 年 11 月 8 日) G133-003-0027

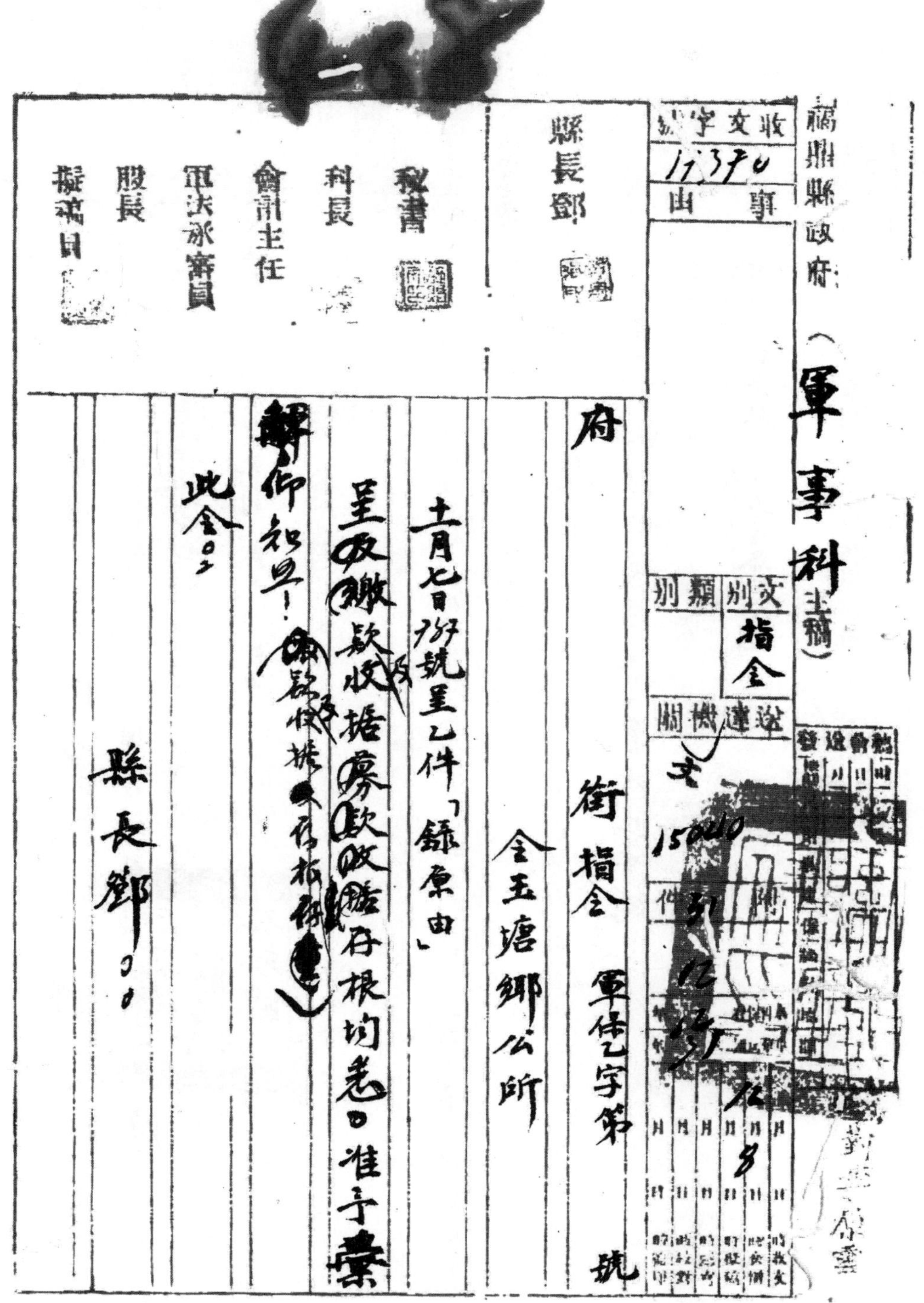

福鼎縣政府（軍事科主稿）

收文字號 17370

事由

文別 指令

類別

送達機關

縣長鄧

秘書

科長

會計主任

軍法承審員

股長

擬稿員

府銜指令 軍伍乙字第 號

令玉塘鄉公所

十月七日787號呈乙件「録原由」

呈及繳款收据存根均悉。准予彙解，仰知照！此令。

縣長鄧○○

福鼎县政府关于玉塘示范乡公所缴伤兵之友社基金及存根均悉准予汇解的指令

（1942 年 12 月 12 日） G133-003-0027

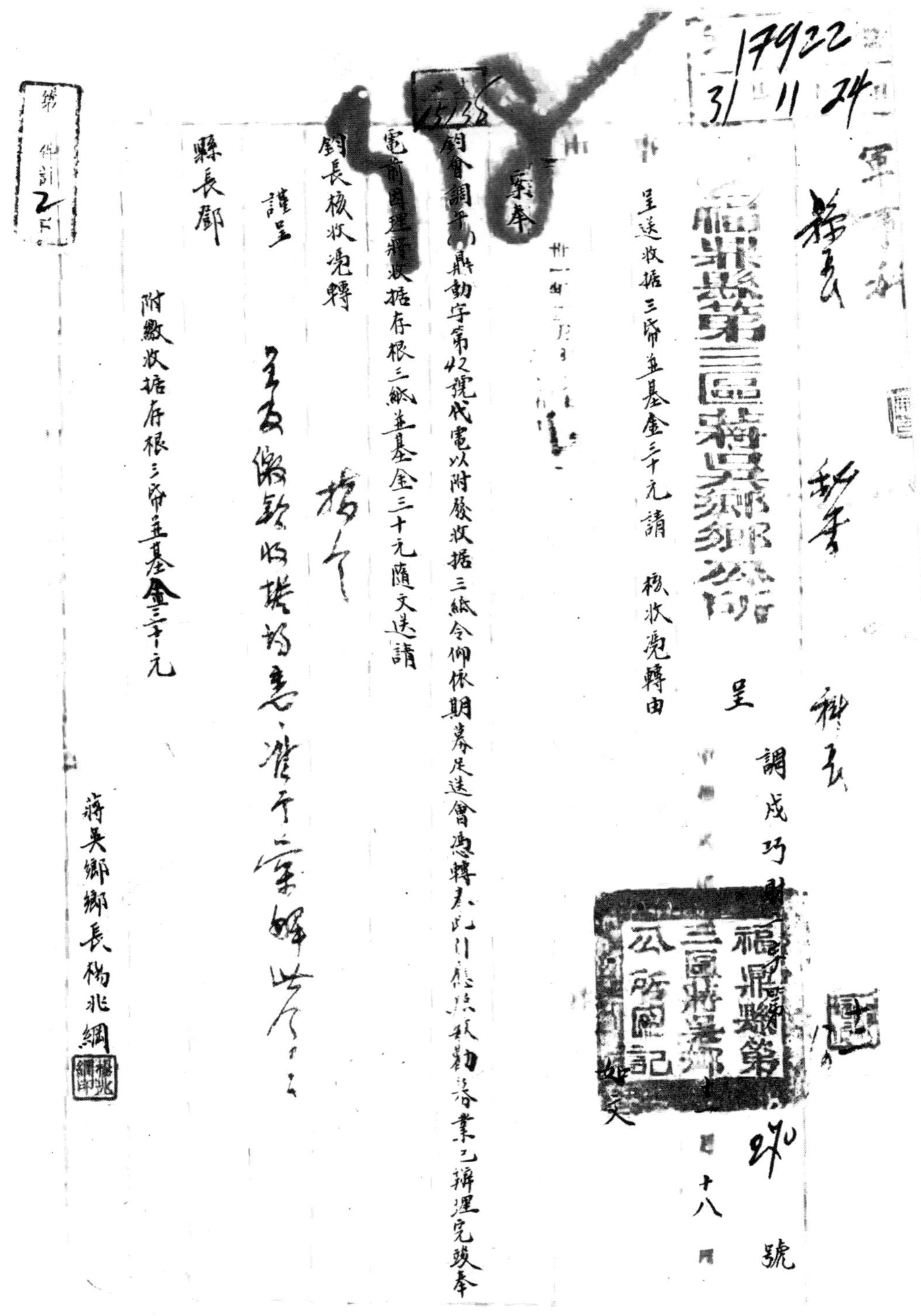

福鼎縣第三區蔣吳鄉鄉公所 呈

呈送收据三帋並基金三十元請 核收彙轉由

卅一年十一月十八日

案奉

鈞會調[illegible]鼎動字第42號代電以附發收据三紙令仰依期募足送會憑轉[illegible]業已辦理完竣奉

電前因理將收据存根三紙並基金三十元隨文送請

鈞長核收彙轉

謹呈

縣長鄧

附繳收据存根三帋並基金三十元

蔣吳鄉鄉長楊兆綱

福鼎县第三区蒋吴乡公所关于送缴收据及基金三十元的呈文

（1942年11月18日） G133-003-0027

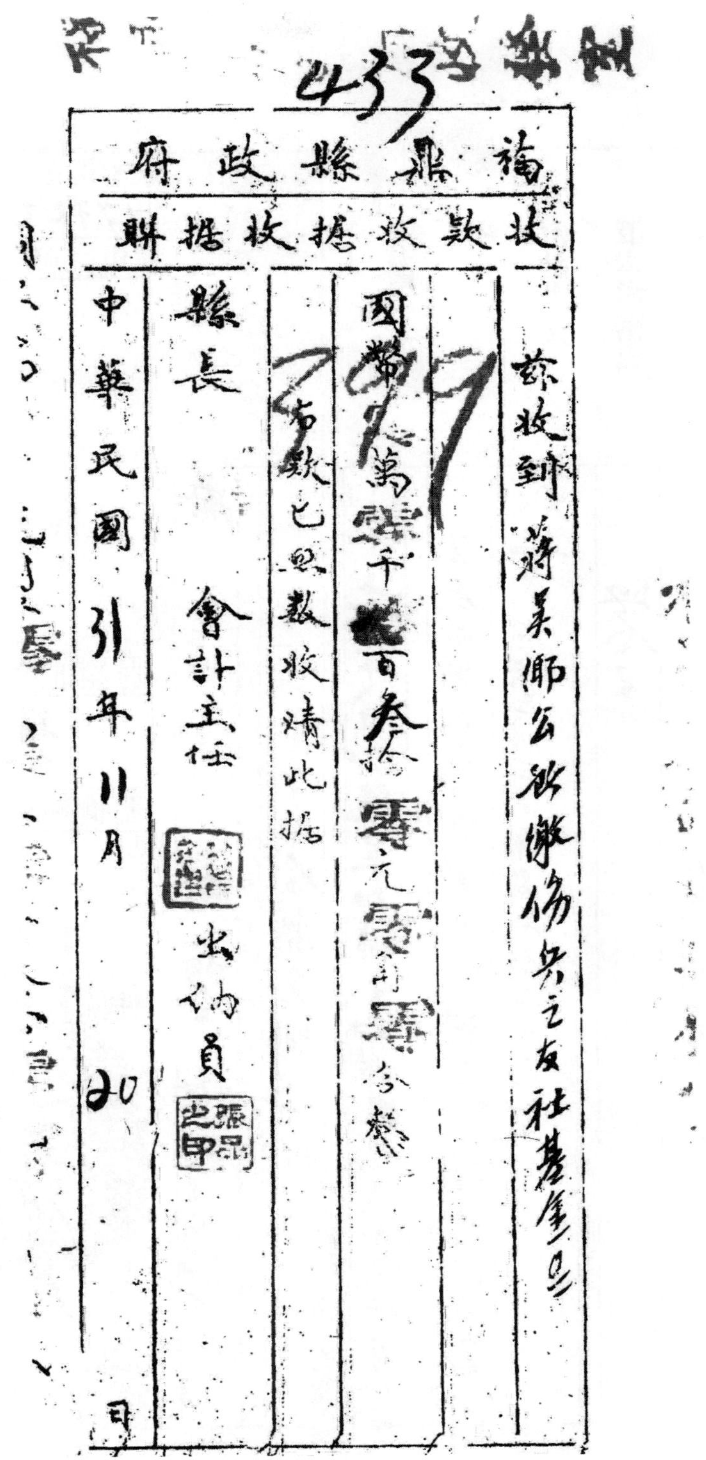

福鼎縣政府

收款收據收據聯

茲收到蔣吴鄉公所繳傷兵之友社基金

國幣參拾元

右款已照數收清此據

縣長

會計主任

出納員

中華民國卅一年11月20日

附件：福鼎县政府收到蒋吴乡公所缴伤兵之友社基金三十元的收款收据

（1942年11月20日） G133-003-0027

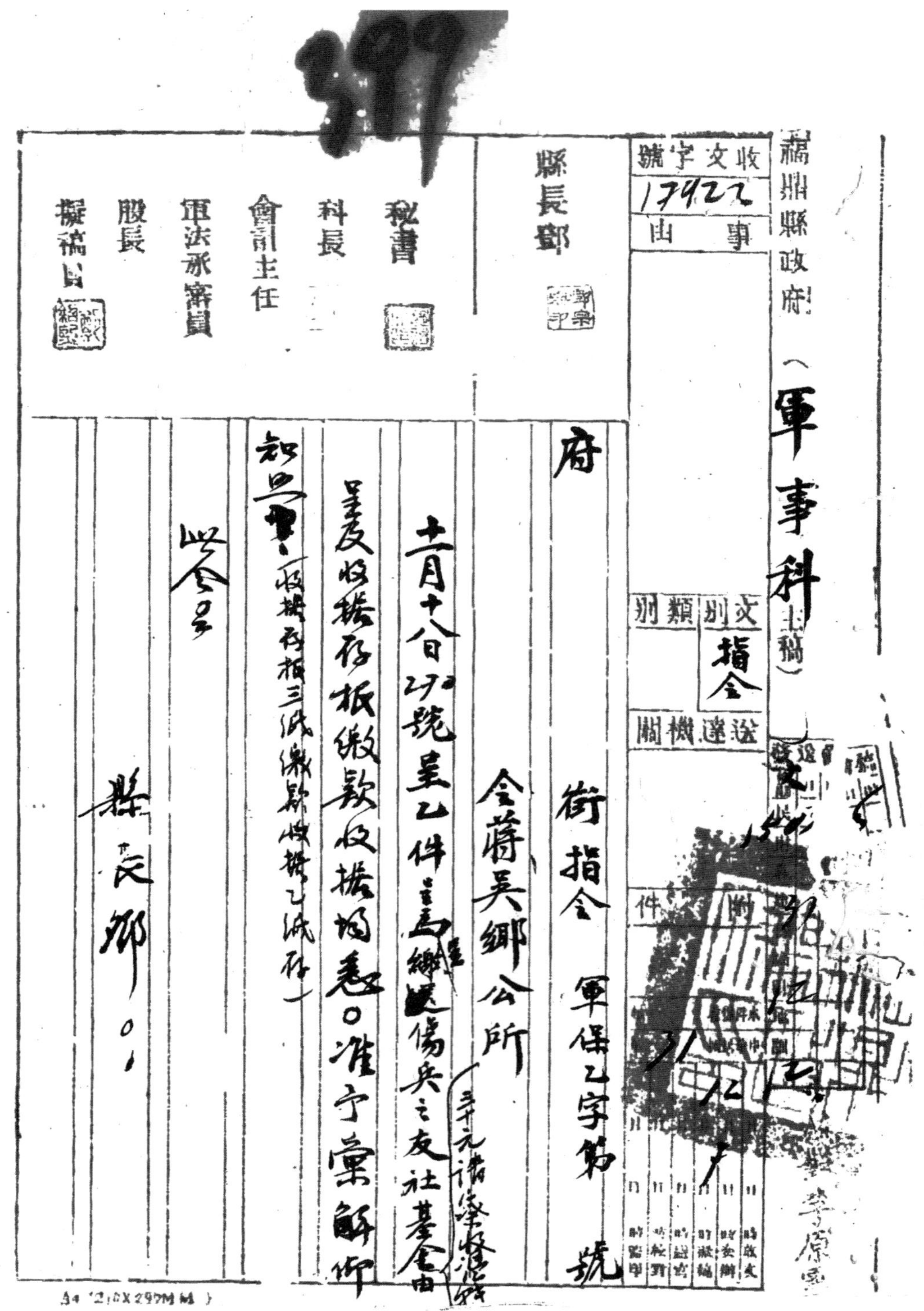
福鼎縣政府（軍事科主稿）
收文字號 17922
事由
文別 指令
送達機關
縣長鄭
秘書
科長
會計主任
軍法承審員
股長
擬稿員
府
衔 指令 軍保乙字第 號
令蔣吴鄉公所
十一月十八日270號呈乙件呈為繳送傷兵之友社基金由
呈及收據存根繳款收據均悉。准予彙解。仰
知照。（收據存根三紙繳款收據乙紙存）
此令
縣長鄭

福鼎县政府关于蒋吴乡公所呈缴伤兵之友社基金及收据均悉准予汇解的指令

（1942 年 12 月 12 日） G133-003-0027

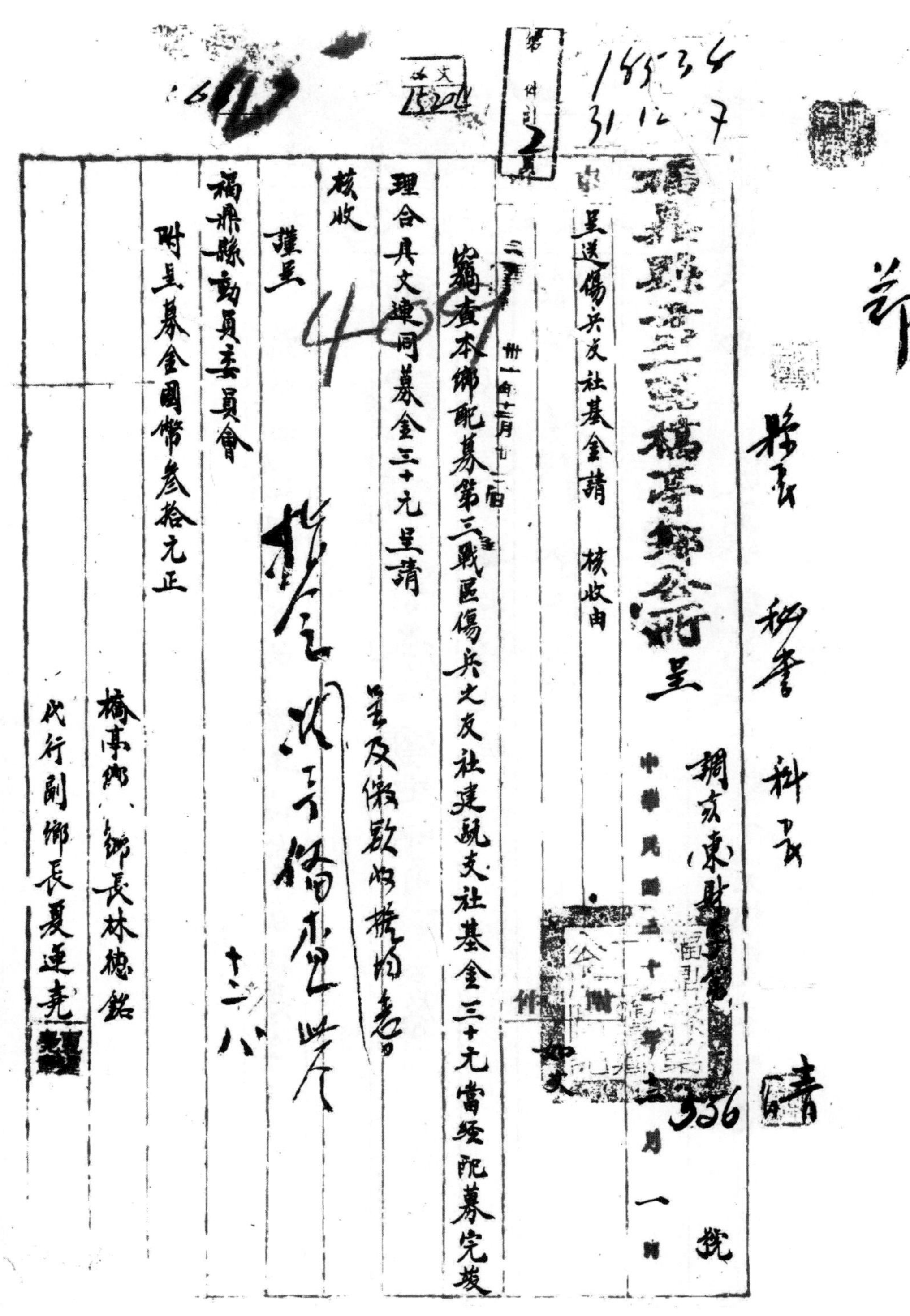

福鼎縣第一區橋亭鄉公所呈

事由：呈送傷兵友社基金請 核收由

中華民國三十一年十二月一日

竊查本鄉配募第三戰區傷兵之友社建甌支社基金三十元當經配募完竣理合具文連同募金三十元呈請

核收

謹呈

福鼎縣動員委員會

附呈募金國幣叁拾元正

橋亭鄉鄉長林穗銘

代行副鄉長夏運堯

福鼎县第一区桥亭乡公所关于送缴伤兵之友社基金三十元的呈文

（1942 年 12 月 1 日） G133-003-0027

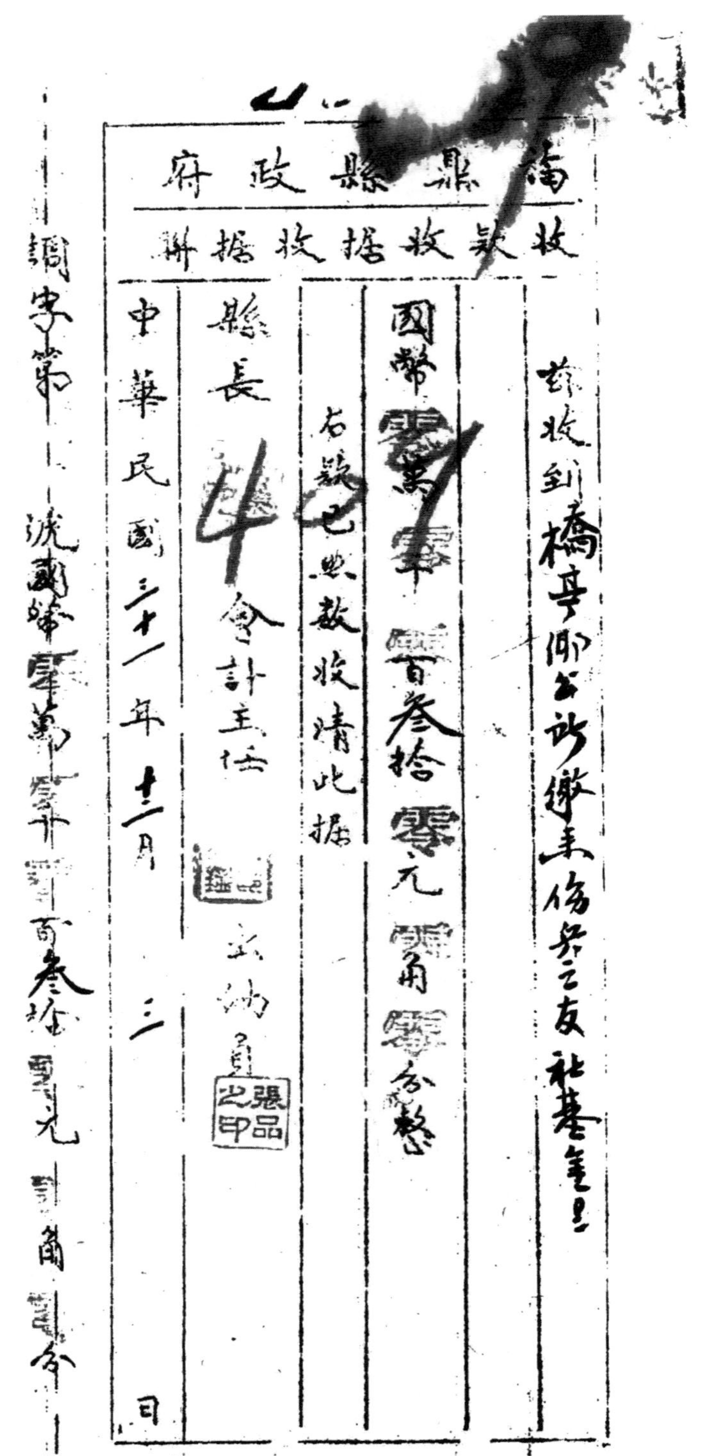

福鼎縣政府

收款收據

茲收到橋亭鄉公所繳來傷兵之友社基金

國幣零萬零千零百叁拾零元零角零分整

右款已照數收清此據

縣長

會計主任

中華民國三十一年十二月三日

調字第　號　國幣零萬零千零百叁拾零元零角零分

福鼎县政府收到桥亭乡公所缴伤兵之友社基金三十元的收款收据

（1942年12月3日）　G133-003-0027

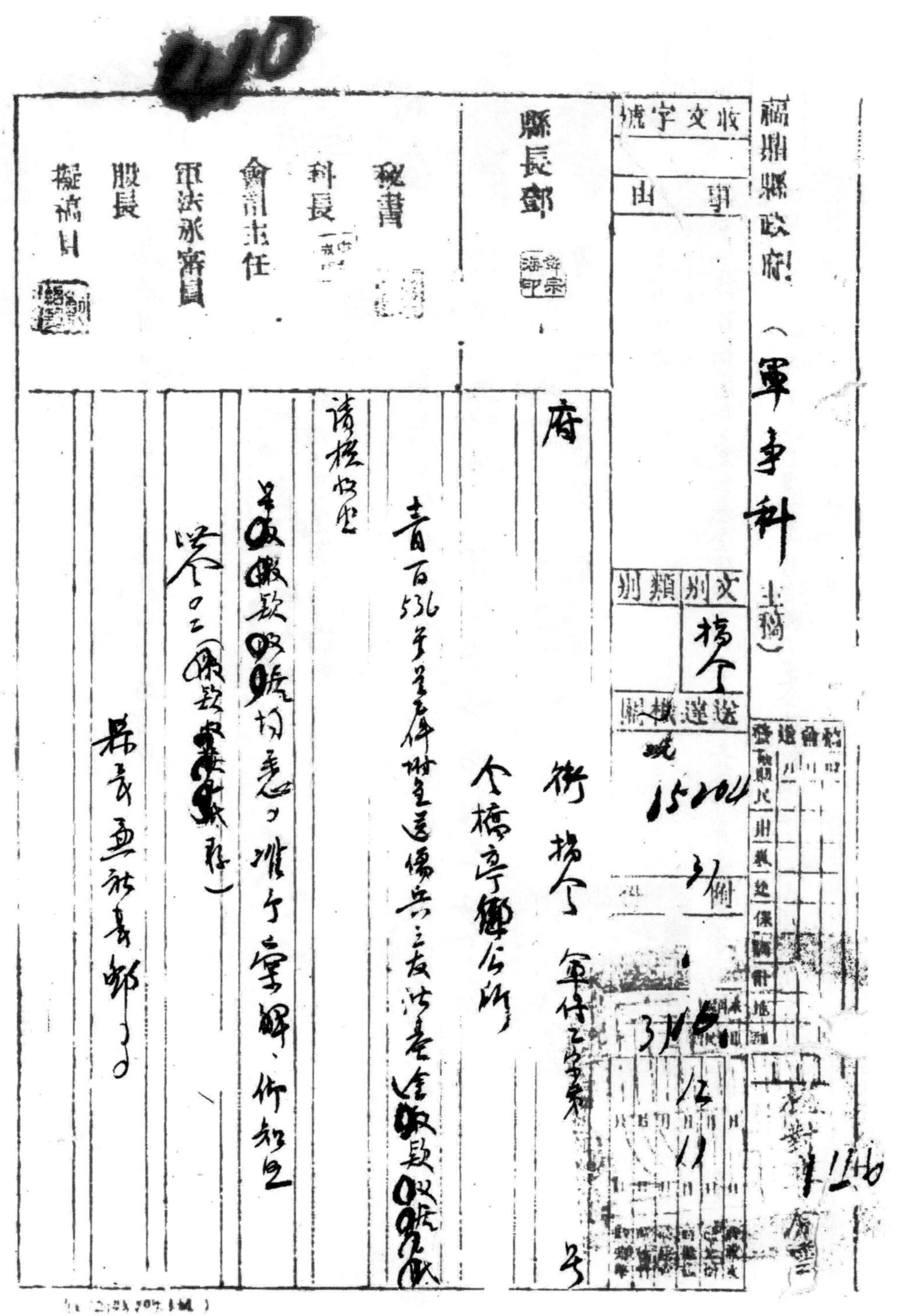

福鼎县政府关于桥亭乡公所缴伤兵之友社基金款收悉准予汇解的指令

（1942 年 12 月 16 日） G133-003-0027

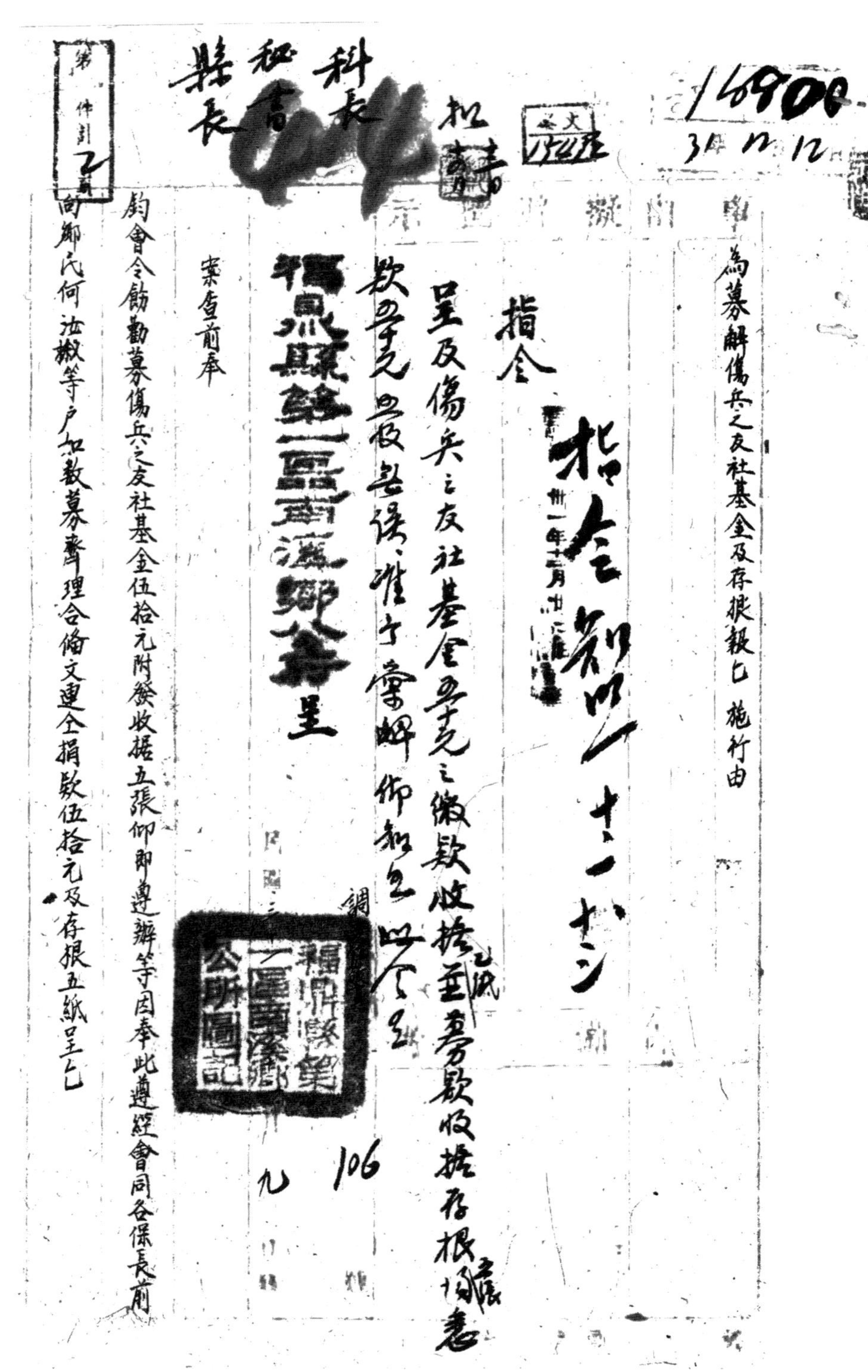

福鼎县第一区南溪乡公所关于募解伤兵之友社基金五十元及存根的呈文

(1942 年 12 月 9 日)a 面 G133-003-0027

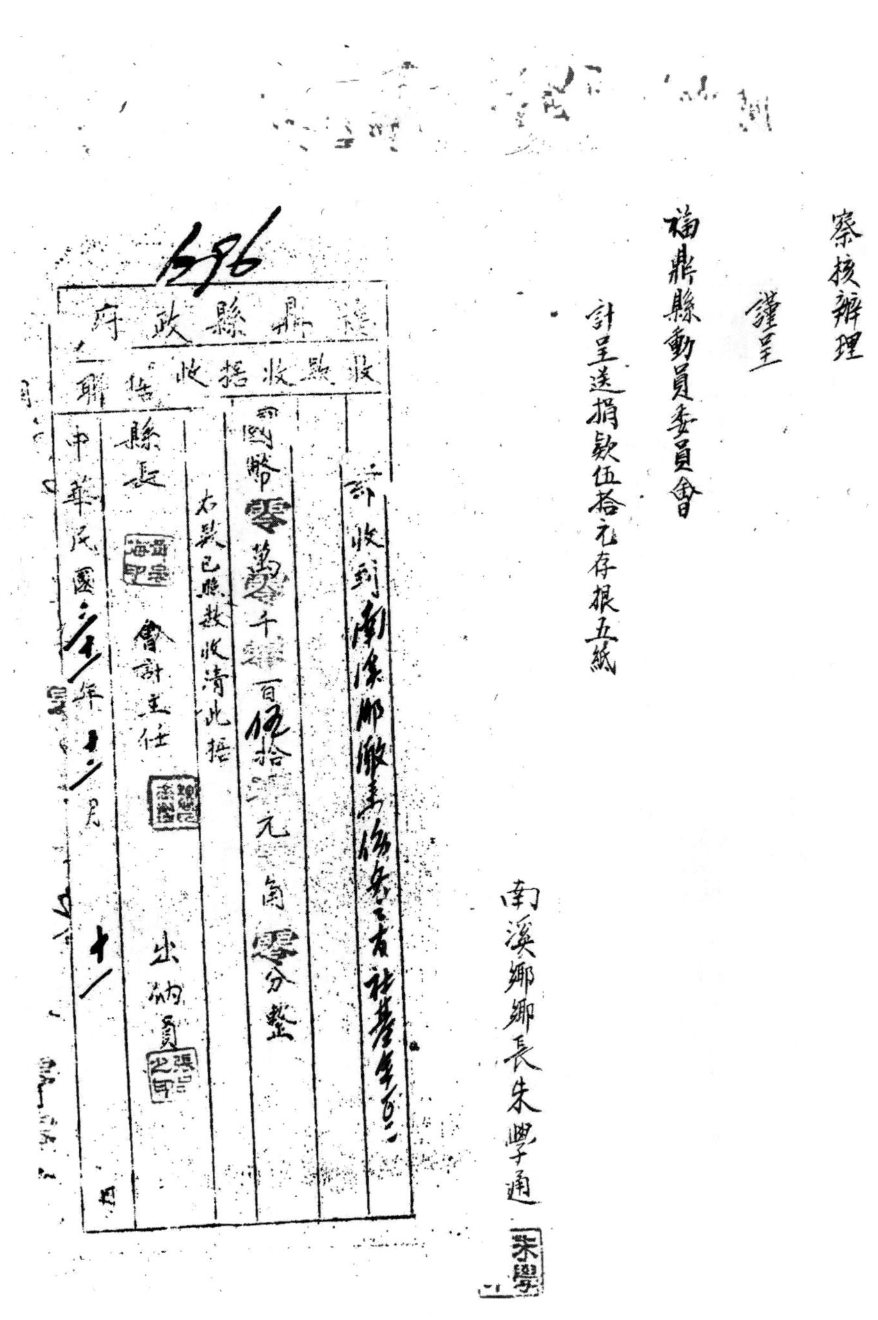

察核办理

谨呈

福鼎县动员委员会

计呈送捐款伍拾元存根五纸

南溪乡乡长朱学通

福鼎县政府收到南溪乡公所缴伤兵之友社基金五十元的收款收据

(1942 年 12 月 11 日)b 面　G133-003-0027

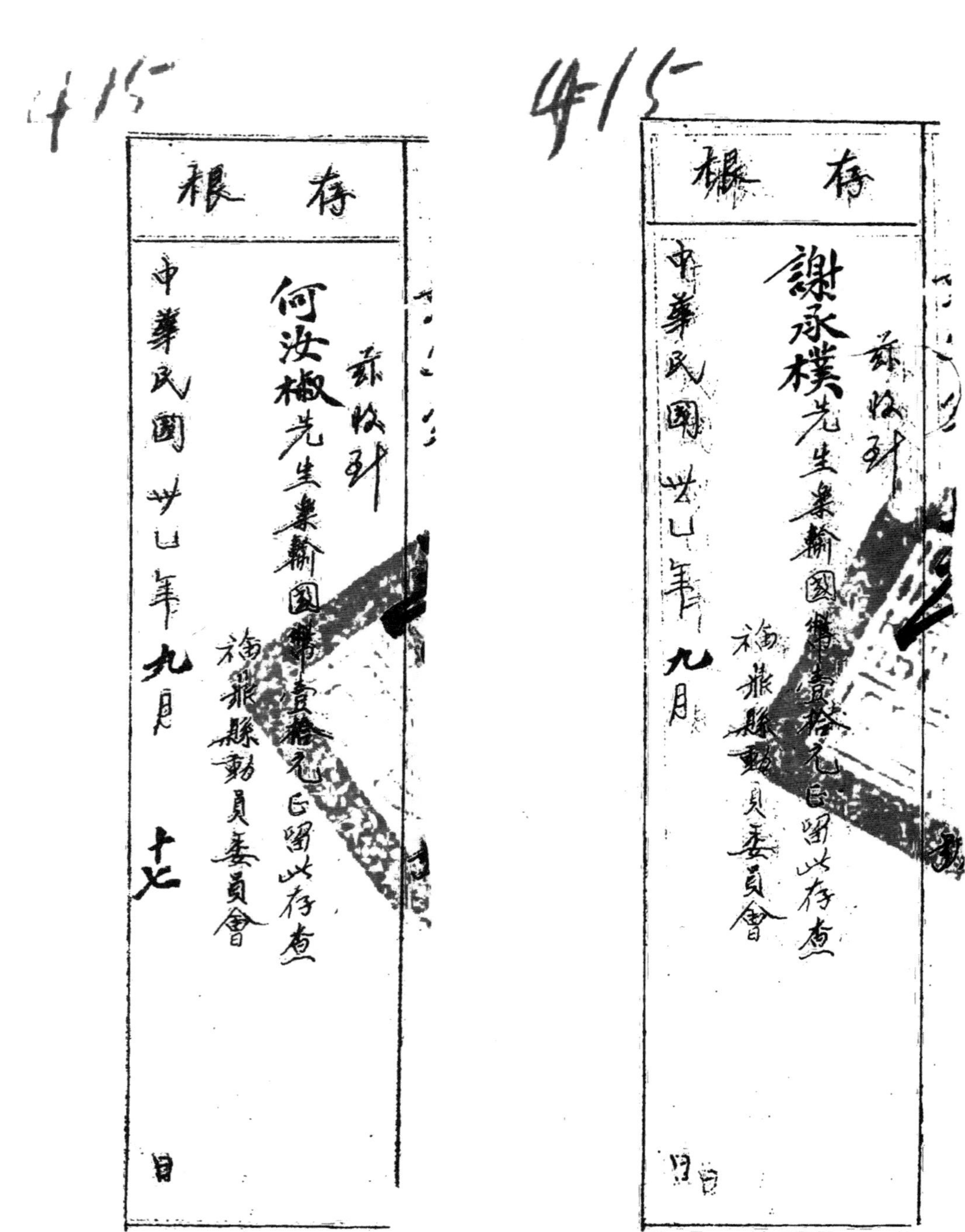
415

存根

何汝椒先生樂輸國幣壹拾元已照收存查

蘇收到

福鼎縣動員委員會

中華民國卅一年九月十七日

415

存根

謝承樸先生樂輸國幣壹拾元已照收存查

蘇收到

福鼎縣動員委員會

中華民國卅一年九月 日

附件:福鼎县第一区南溪乡公所附送福鼎县动员委员会收到何汝椒、谢承朴各一十元收款收据

(1942 年 9 月) G133-003-0027

415

存根

茲收到

王名光
王名訓

先生樂輸國幣壹拾元正此存查

福鼎縣動員委員會

中華民國卅一年九月 日

附件：福鼎县第一区南溪乡公所附送福鼎县动员委员会收到王名光、王名训一十元收款收据

（1942 年 9 月） G133-003-0027

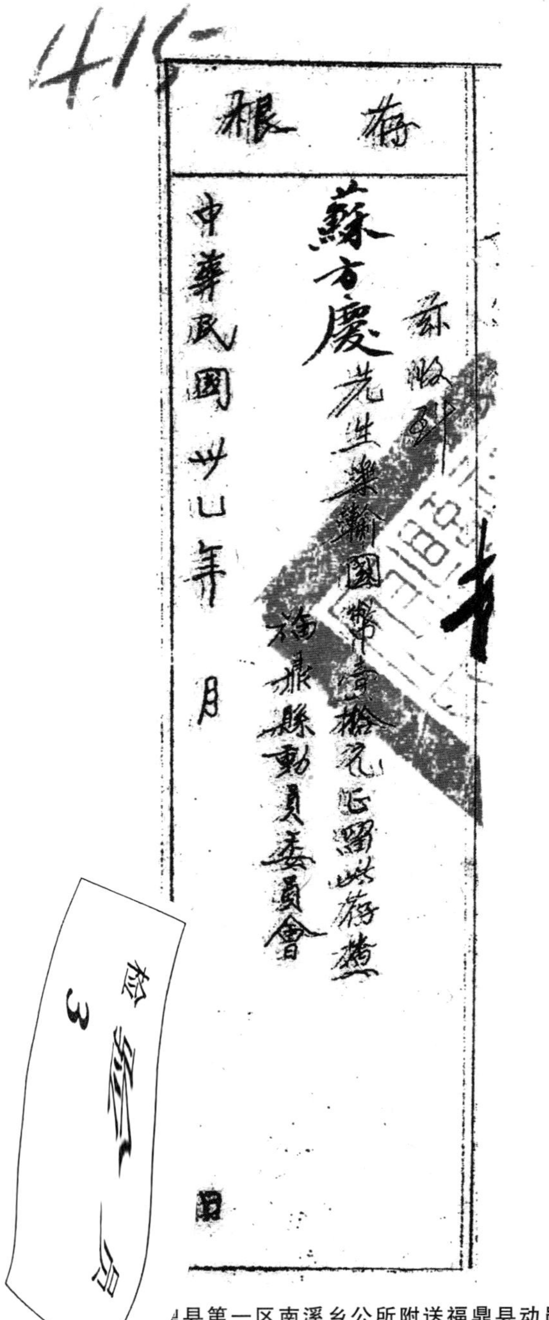

存根

兹收到

蘇方慶先生樂輸國幣壹拾元正留此存查

福鼎縣動員委員會

中華民國卅一年　月　日

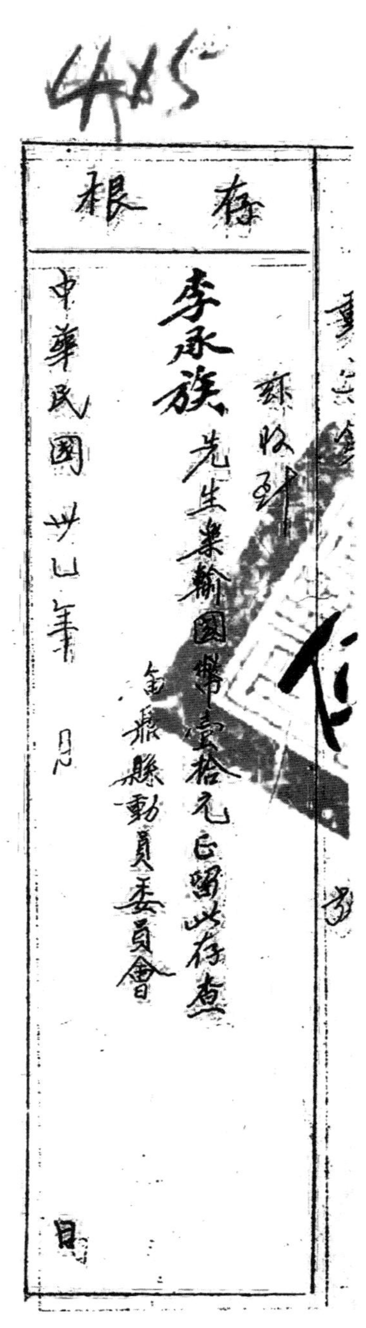

存根

兹收到

李承族先生樂輸國幣壹拾元正留此存查

福鼎縣動員委員會

中華民國卅一年　月　日

鼎县第一区南溪乡公所附送福鼎县动员委员会收到苏方庆、李承族各一十元收款收据

（1942年9月） G133-003-0027

福鼎縣政府 軍六稿

縣長鄧

秘書 科長 會計主任 軍法承審員 股長 擬稿員

府衔指令 軍保乙字第 號

令南溪鄉公所

三十一年十一月九日警字第106號呈乙件（叙原由）

呈悉。所收据存根均悉。經收款核收無訛，准予彙解，仰知照。

此令。

縣長鄧○○

福鼎县政府关于南溪乡公所缴伤兵之友社基金及收据均悉准予汇解的指令

（1942年12月20日） G133-003-0027

(九)征募伤兵棉被棉衣代金

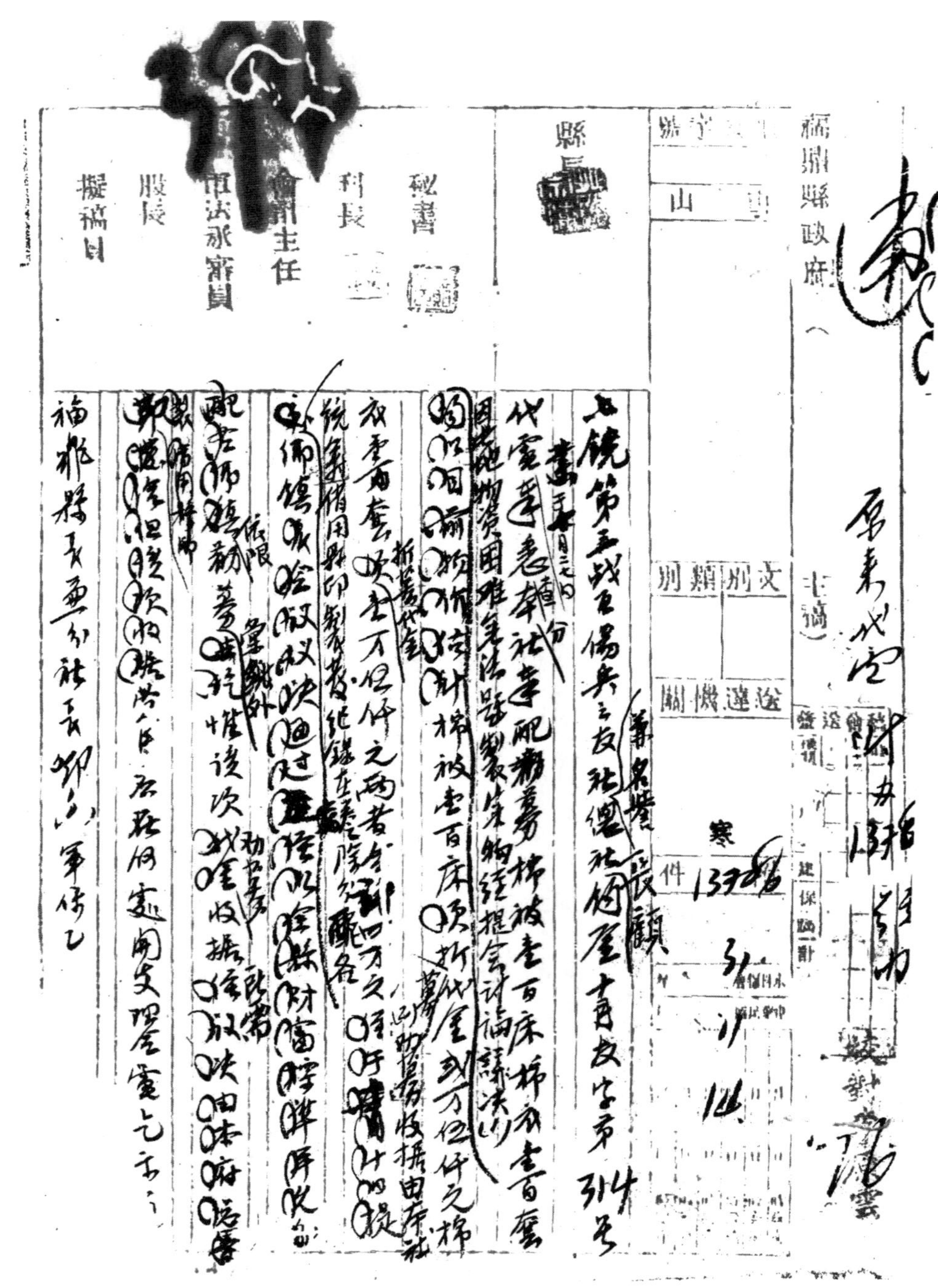

第三战区伤兵之友社建瓯支社福鼎分社关于征募棉被棉衣折代金劝募其收据费用应在何处开支的代电(1942 年 11 月 14 日) G133-003-0027

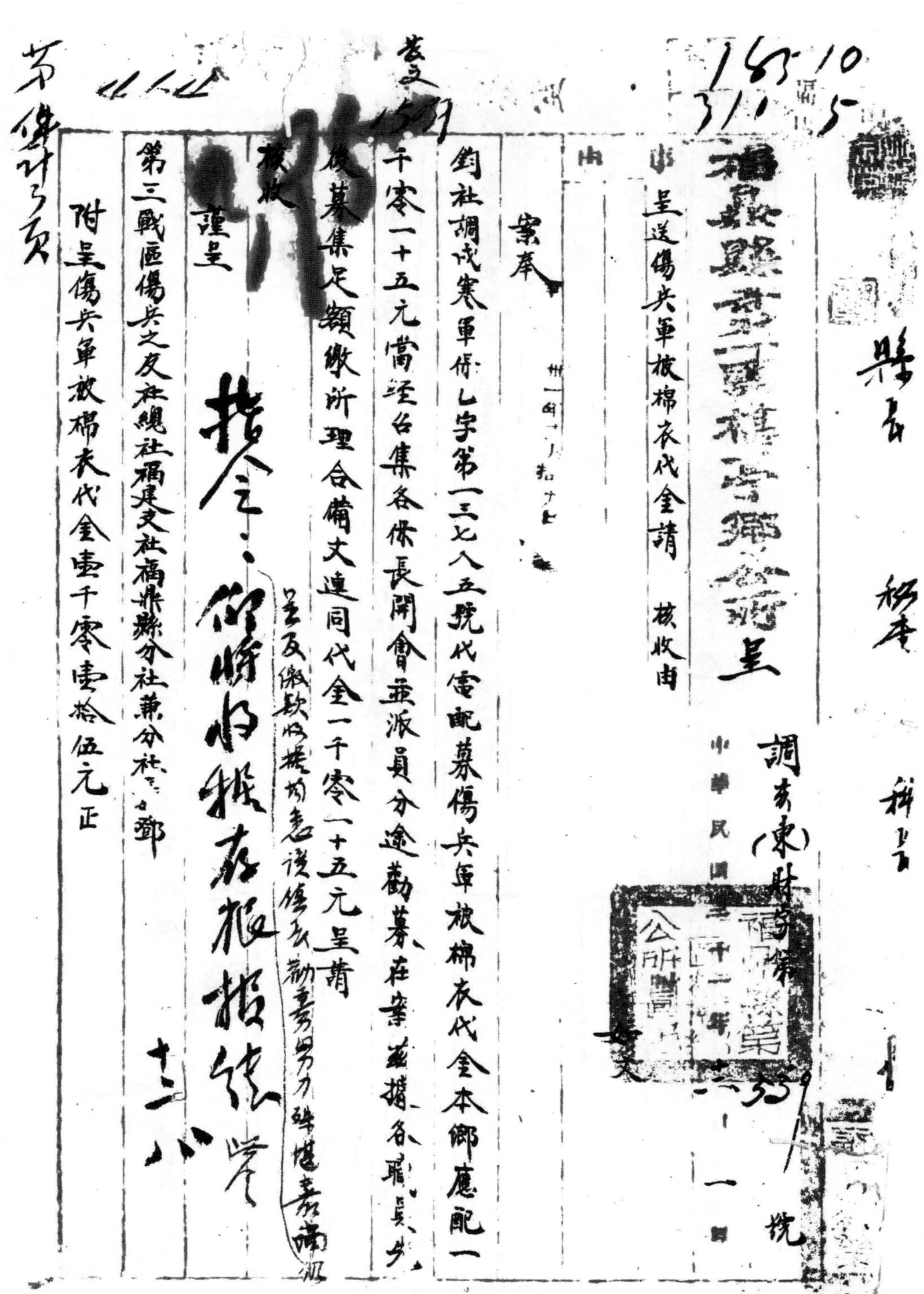
福鼎縣第一區橋亭鄉公所呈
事由：呈送傷兵軍被棉衣代金請核收由

案奉
鈞社調代寒軍條乚字第一三七八五號代電配募傷兵軍被棉衣代金本鄉應配一千零一十五元，當經召集各保長開會並派員分途勸募在案。茲據各職員、保長後募集足額繳所，理合備文連同代金一千零一十五元呈請
核收。
謹呈
第三戰區傷兵之友社總社福建支社福鼎縣分社社長鄧
附呈傷兵軍被棉衣代金壹千零壹拾伍元正

中華民國三十一年十二月一日

福鼎县第一区桥亭乡公所关于送缴伤兵军被棉衣代金一千零一十五元的呈文

（1942 年 12 月 1 日） G133-003-0027

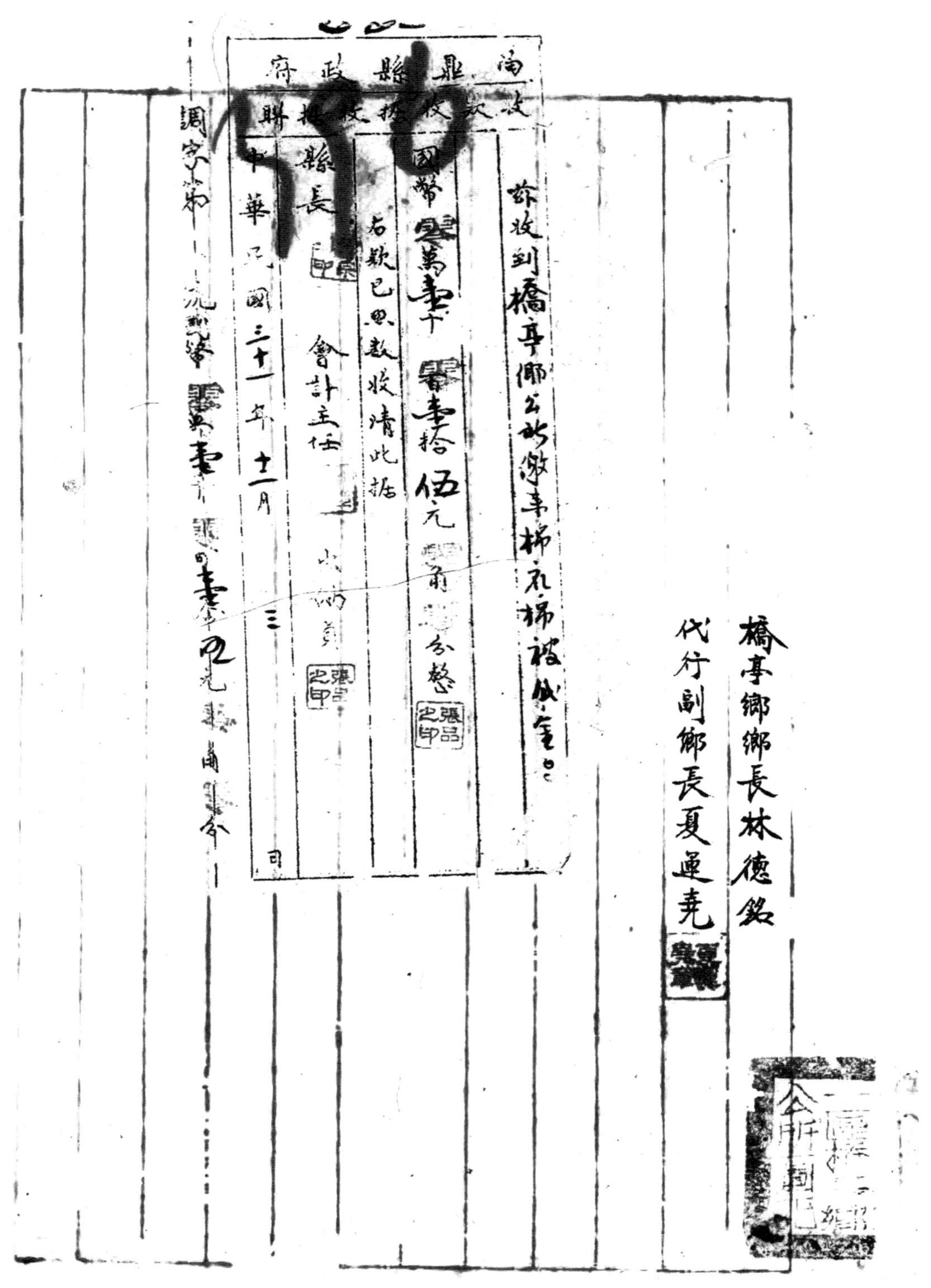
閩鼎縣政府

茲收到橋亭鄉公所繳來棉衣棉被代金○

國幣零萬壹千零百壹拾伍元零角零分整

右款已照數收清此据

縣長

會計主任

中華民國三十一年十二月三日

橋亭鄉鄉長林德銘

代行副鄉長夏運堯

福鼎县政府收到桥亭乡公所缴棉被棉衣代金一千零一十五元的收款收据

（1942年12月3日） G133-003-0027

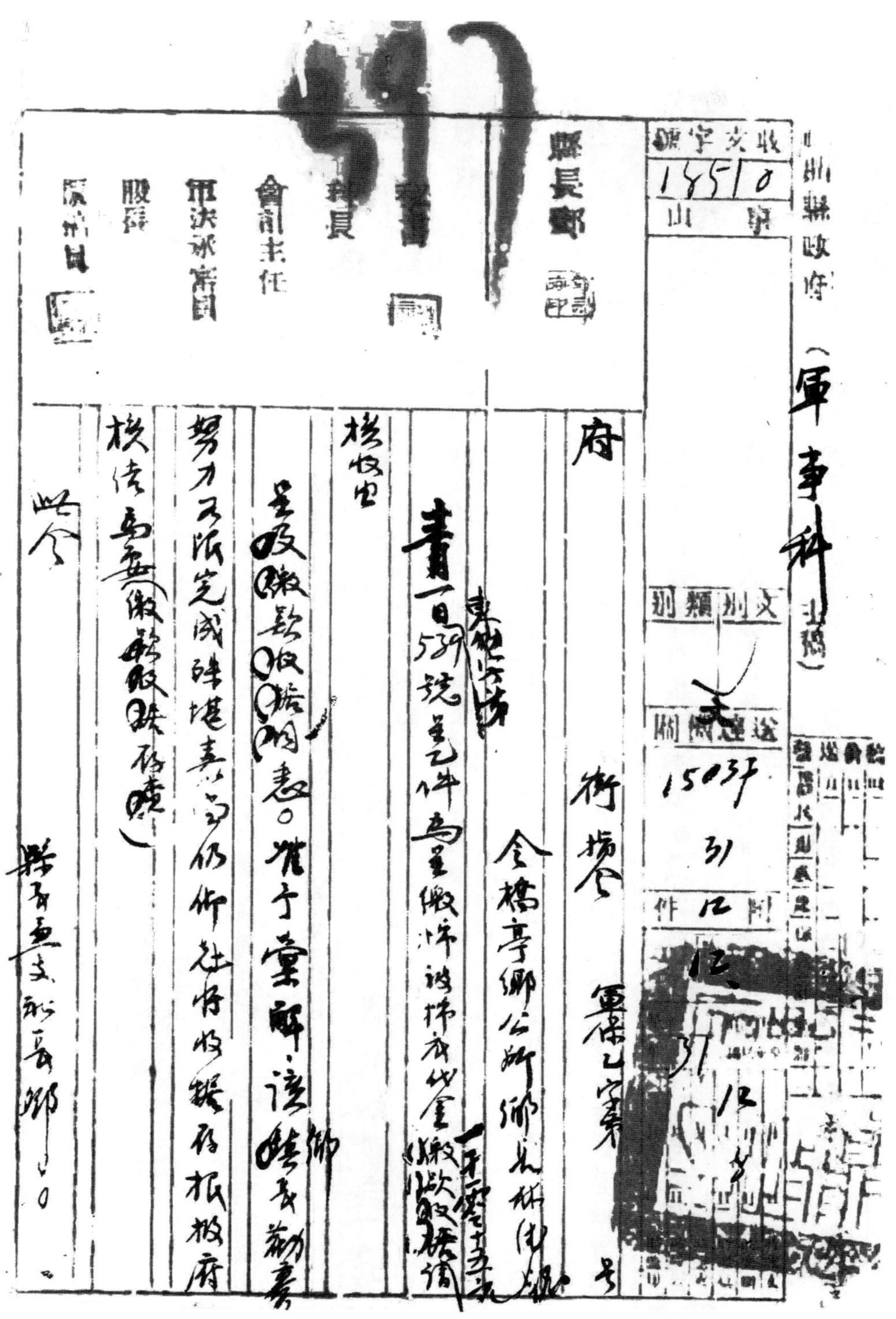

福鼎县政府关于桥亭乡公所如限完成劝募殊勘嘉尚仍仰克日将收据存根报府的指令

（1942 年 12 月 12 日） G133-003-0027

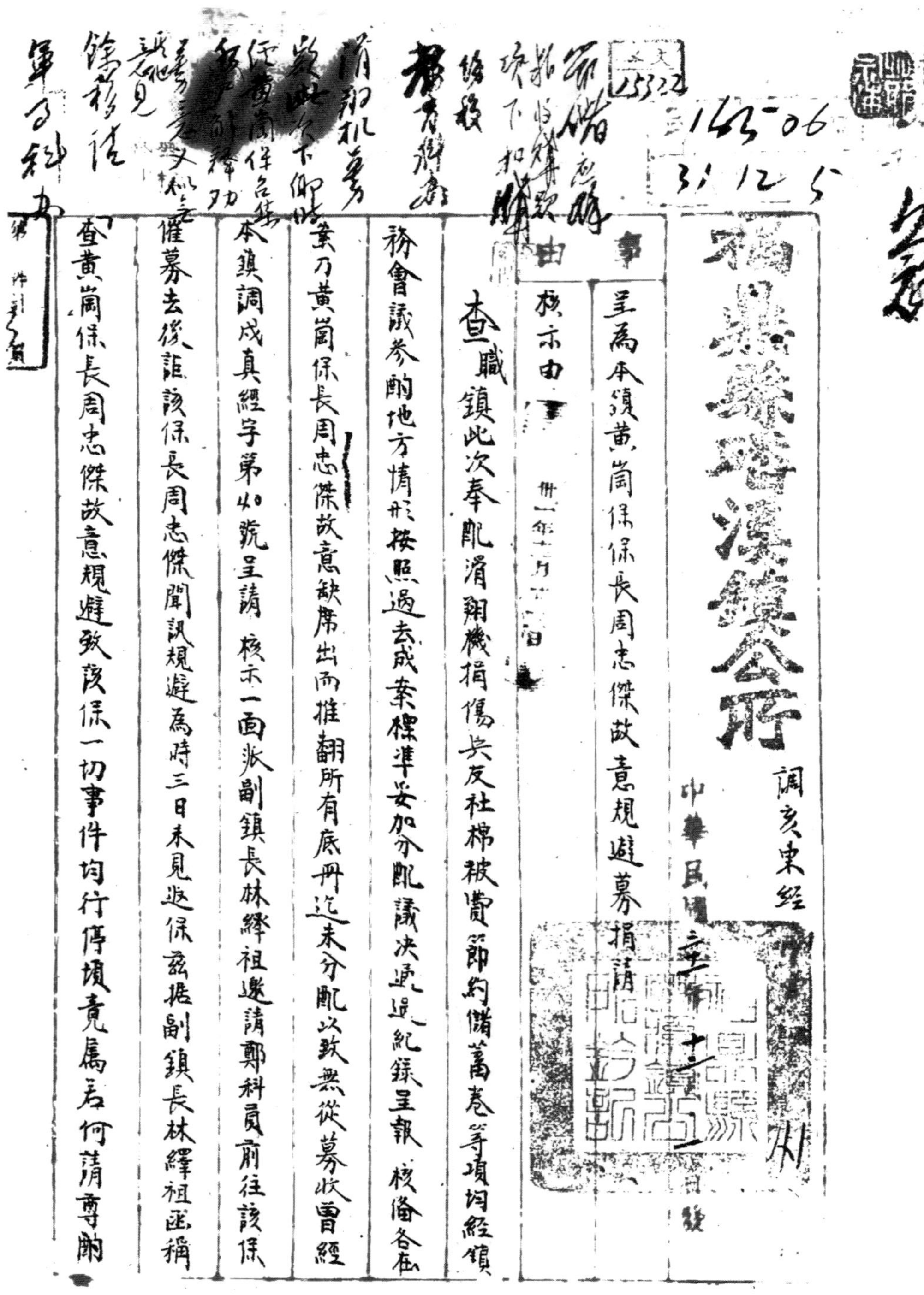
福鼎縣磻溪鎮公所 呈

事由：呈為本鎮黃崗保保長周忠傑故意規避募捐請 核示由

中華民國卅一年十二月一日

查職鎮此次奉派滑翔機捐傷兵友社棉被費節約儲蓄卷等項均經鎮務會議參酌地方情形按照過去成案標準妥加分配議決通過紀錄呈報 核備各在案乃黃崗保保長周忠傑故意缺席出而推翻所有底冊迄未分配以致無從募收曾經本鎮調成真經字第40號呈請 核示一面派副鎮長林繹祖邀請鄭科員前往該保催募去後詎該保長周忠傑聞訊規避為時三日未見返保茲據副鎮長林繹祖函稱查黃崗保長周忠傑故意規避致該保一切事件均行停頓竟屬若何請尊酌

福鼎县磻溪镇公所关于黄岗保保长周忠杰故意规避募捐应如何处置的呈文

（1942 年 12 月 1 日）　G133-003-0027

切切」等語前來。又查本年度應募各項急待清繳，該保配額爲本鎮之冠（如吳世紹、周忠傑、周忠亨、周枕聲等戶均屬該保住民），以求有錢出錢之目的，似難任其規延，但事屬勸募，未便强制執行，應如何處理，未敢擅專，理合呈請

察核，俟令祇遵。

謹呈

縣長鄧

磻溪鎮長陶肇貽

福鼎县磻溪镇公所关于黄岗保保长周忠杰故意规避募捐应如何处置的呈文

（1942年12月1日） G133-003-0027

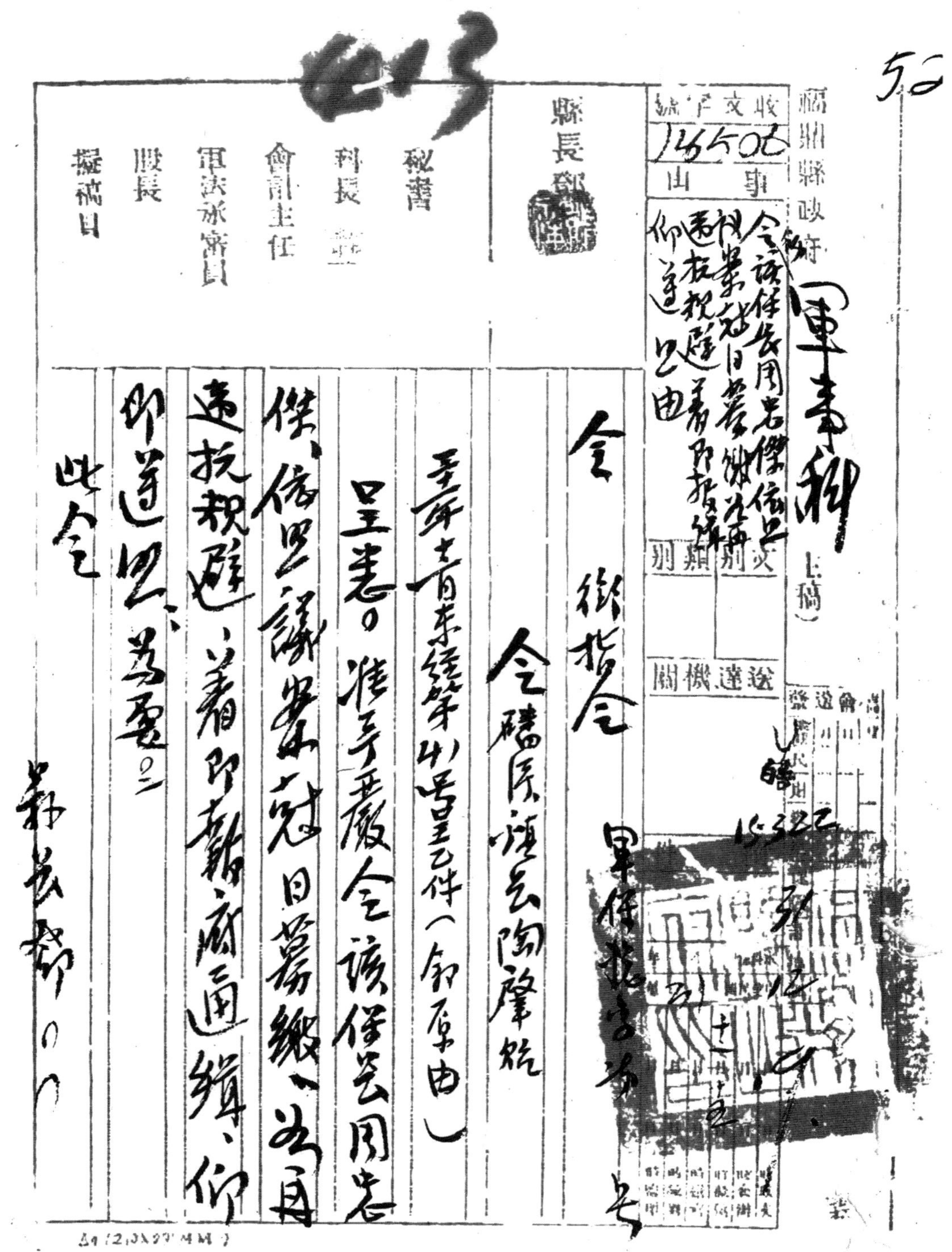

福鼎县政府关于饬黄岗保保长周忠杰依照议案克日募缴如再违抗规避着即报府通缉的指令

（1942年12月19日）　G133-003-0027

指令：收據已寄，隨發具領，即填發募人，并將存根報核。一八

福鼎縣前岐鎮公所 呈

中華民國三十一年十二月二日發　調玄字財第101號

事由：為呈繳配募第三戰區傷兵之友社棉衣棉被代金貳仟叁佰陆拾元繳案收并請補發募捐收據以便填發并乞示遵由

案奉

鈞社調民寒軍保乙字第一三七八五號代電開：

「呈反繳收據原文有案，邀免冗叙，末以當茲天氣漸寒，勸募棉被棉衣慰勞傷兵事關緊要，幸勿延誤至要。」

等因附發代金分配表一份，奉此，查本鎮應募額貳仟叁佰陆拾元，遵即如數募足繳送，金額國幣貳仟叁佰陆拾元，其募捐收據未蒙頒發，理合備文呈請

福鼎县第一区前岐镇公所关于送缴配募慰劳伤兵棉衣棉被代金二千三百六十元并请补发募捐收据以便填发的呈文(1942年12月2日)　G133-003-0027

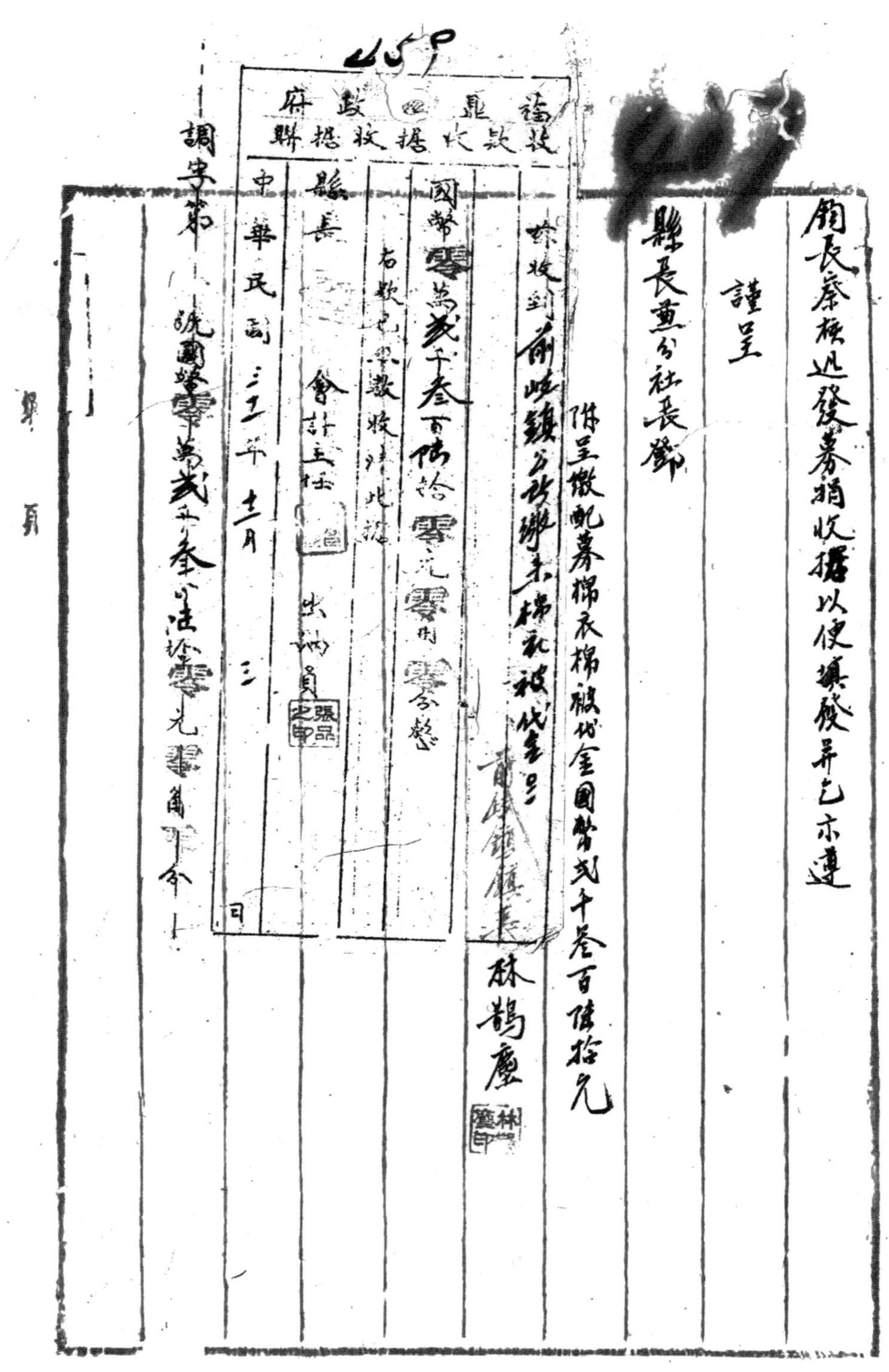

福鼎县政府收到前岐镇公所缴棉被棉衣代金二千三百六十元的收款收据

（1942 年 12 月 3 日） G133-003-0027

福鼎縣政府（軍事科主稿）

收文字號 18512

事由

縣長鄧

秘書

科長

會計主任

軍法承審員

股長

擬稿員

文別 指令

府 衔 指令 軍保乙字第 號

令前岐鎮公所

呈一件呈解棉衣棉被代金收據存根由

呈暨款收據均悉。准予彙解，棉衣棉被代金收據業於本年十二月八日由該鎮長親自領用矣，仍仰按照勸募之户填發收據存根報府清結為要。

此令（附收據存根）

縣長鄧 社長鄧〇〇

31 12 11

福鼎县政府关于前岐镇公所缴棉被棉衣代金收悉准予汇解，收据业于八日由该镇镇长领用填后将存根报府清结的指令（1942 年 12 月 11 日） G133-003-0027

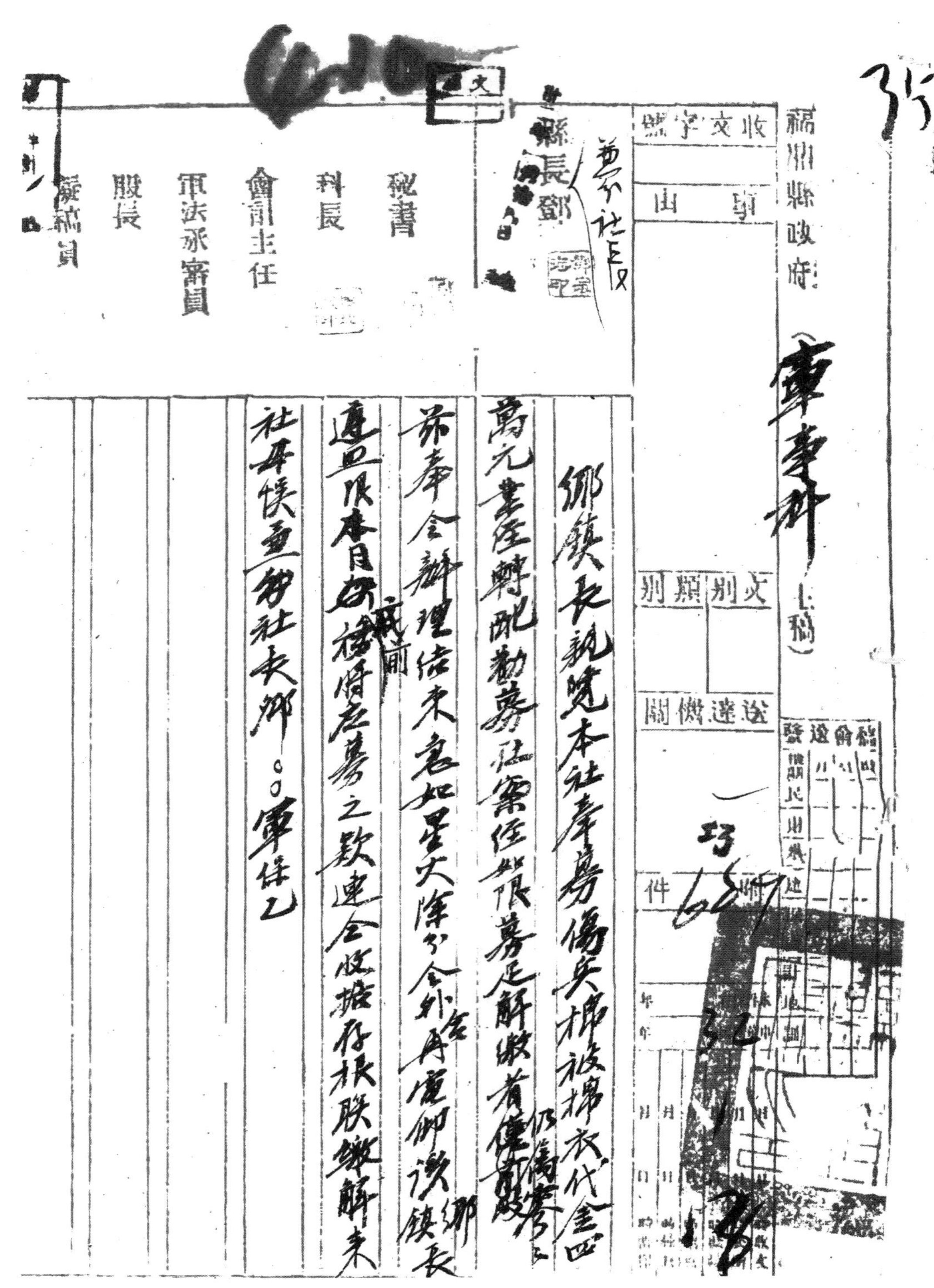

福鼎縣政府（軍事科）稿

收文字號　事由　文別　類別　送達機關　件數

縣長鄧

秘書　科長　會計主任　軍法承審員　股長　擬稿員

鄉鎮長鈞覽：本社奉募傷兵棉被棉衣代金四萬元，業經轉配勸募在案，經照限募足解繳者，僅前殷仍屬寥寥。茲奉令辦理結束，急如星火，除分令外，合亟電仰該鄉鎮長遵照，限本月底前將應募之款連同收據存根照繳解來社，毋違為要。分社長鄧○○。筆侯乙

第三战区伤兵之友社建瓯支社福鼎分社关于未如限缴足棉被棉衣代金的乡镇限于本月底前将应募款连同收据存根缴解来社的电令(1943年1月18日)　G133-003-0027

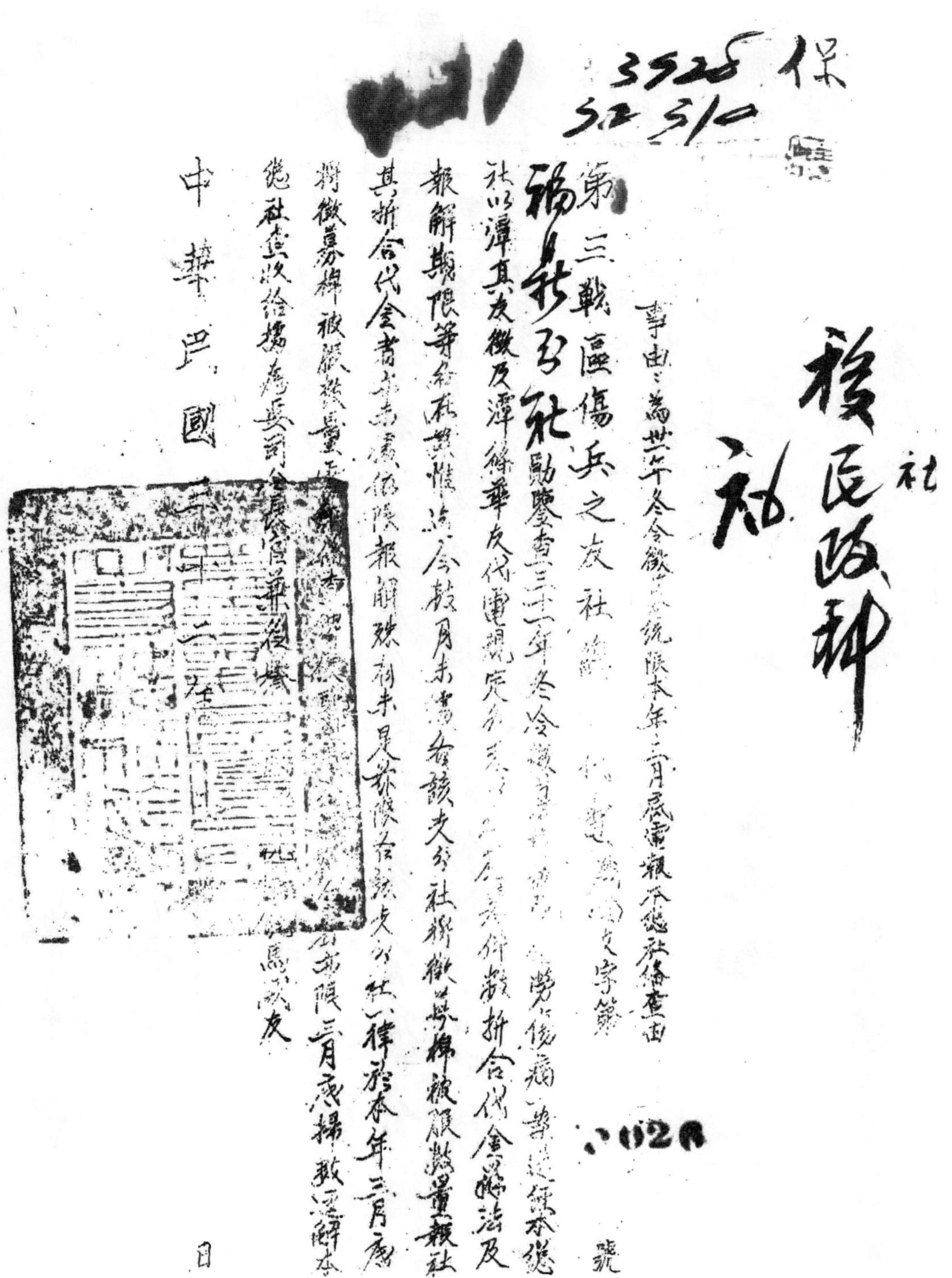

事由：為卅一年冬令徵募棉被棉衣情形統限本年三月底電報本總社備查由

第三戰區傷兵之友社

福鼎分社

中華民國三十二年二月　　日

第三战区伤兵之友总社关于三十一年冬令征募棉被棉衣情形统限本年三月底电报本总社备查的代电

（1943 年 2 月 21 日）　G133-003-0027

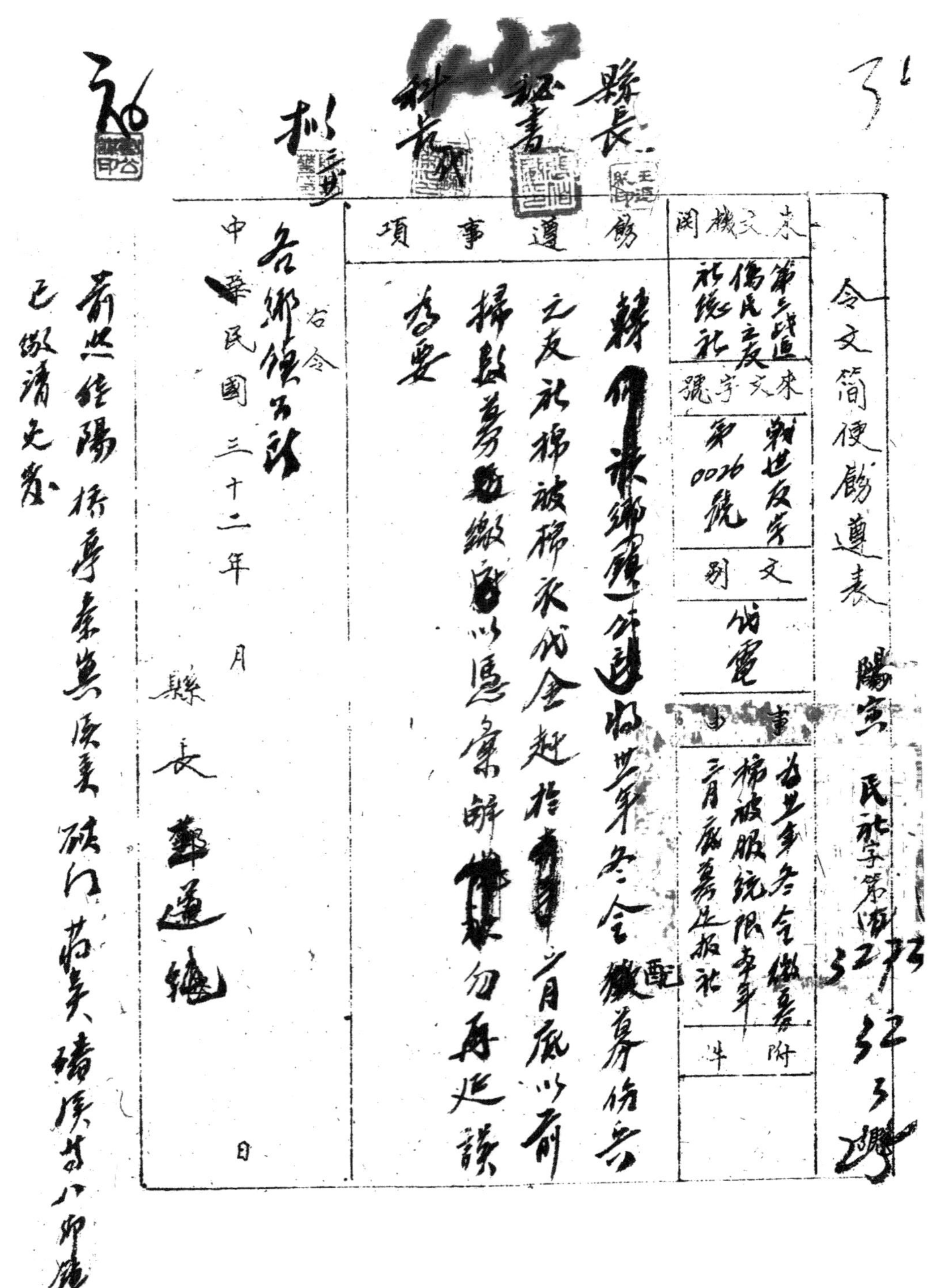

縣長　秘書　科長　擬

令文簡便飭遵表

來文機關	第三戰區傷兵之友社總社
來文字號	戰世友字第0026號
文別	代電
事由	為卅年冬令徵募棉被服統限本年三月底募足報社
附件	

飭遵事項

轉飭該鄉鎮迅將卅年冬令徵募傷兵之友社棉被棉衣代金趕於本年三月底以前掃數募繳以憑彙解，勿再延誤為要

右令

各鄉鎮公所

中華民國三十二年　月　日

縣長　鄭[illegible]

已繳清完案

令文简便饬遵表：福鼎县政府饬赶三月底前扫数募缴棉被棉衣代金的令文

（1943年3月25日）　G133-003-0027

福建省政府代電

事由：電仰將三十一年冬令徵募棉被數量迅予報府以憑彙轉由

中華民國三十二年四月 日

陽卯江府社乙永

福鼎縣政府：社會處案呈准第三戰區傷兵之友社總社三十二年二月戰(辶)友字第二五號代電開："查本總社三十一年冬令徵募棉被服慰勞傷病官兵業經以漁佳友徵代電請轉飭所屬各專署各縣府竭力辦理俾襄義舉而收宏效並請依照統一捐募辦法隨時派員考查各在案惟迄今數月尚未據各支分社將徵募情形及募得數量報社殊有未是用特電達至希查照嚴飭所屬各專署各縣府竭力舉募並限本年三月底遝報本總社備查其折合代金亦限本年三月底遝解本總社查收給據為荷"等由；呈轉到府。查本案前經本府於三十一年十二月以調戌篠府社乙永字第11996號代電飭遵在案，迄未據報，准電前由，除分電外，合亟電仰于文到三日內將募得數量報府以憑彙轉為要。省政府永社乙(八)印

校對趙守德

福建省政府关于将三十一年冬令征募棉被数量迅予报府的代电

（1943年4月3日） G133-003-0027

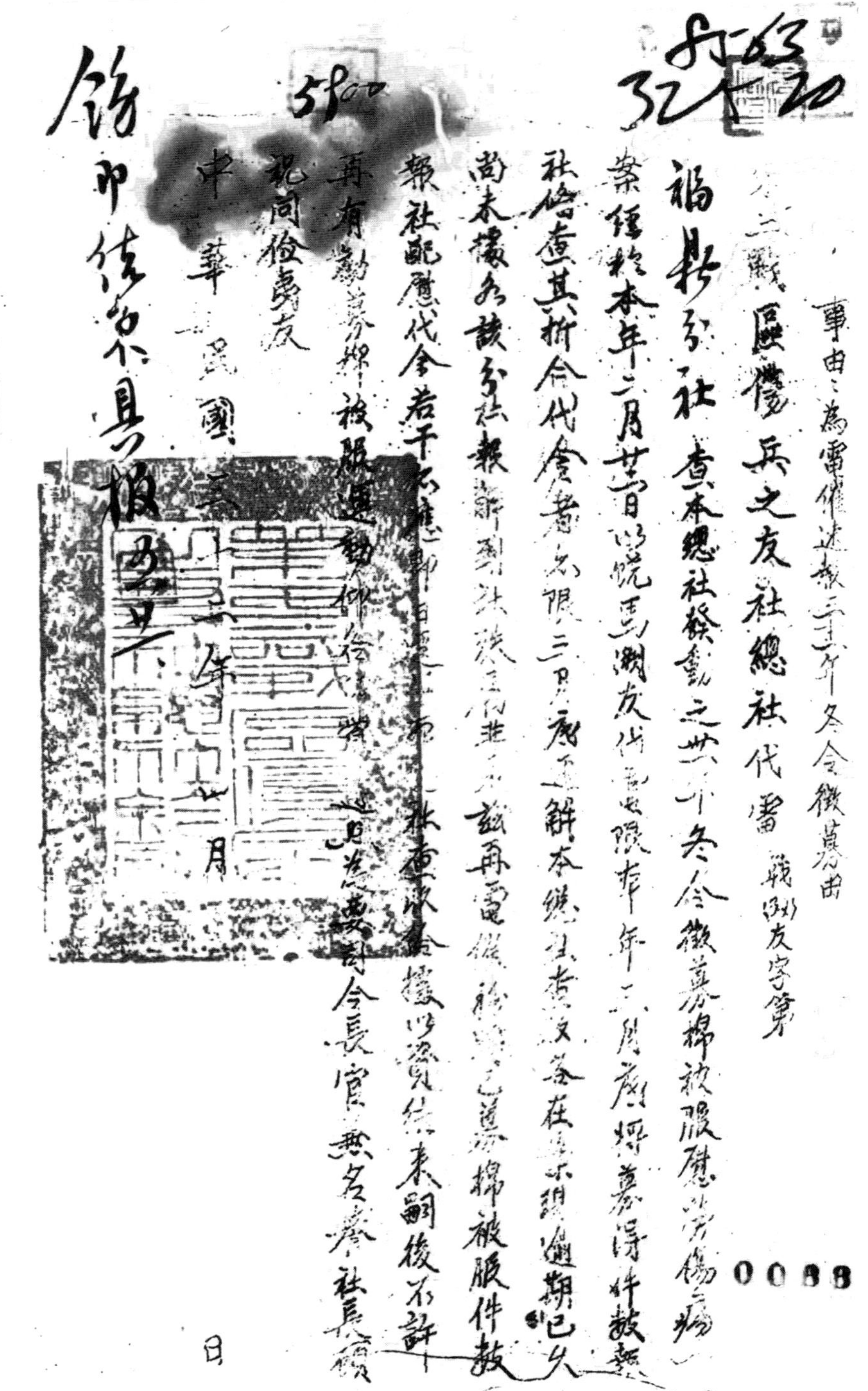

事由：為電催速報三十一年冬令徵募情形由

第三戰區傷兵之友社總社代電 戰傷友字第 號

福鼎分社：查本總社發動之卅一年冬令徵募棉被服慰勞傷病[illegible]案經於本年二月廿二日以[illegible]傷友代電限本年三月底將募得件數[illegible]社備查其折合代金者亦限三月底前一併[illegible]本總社查收各在案現逾期已久尚未據各該分社報[illegible]茲再電催[illegible]已募棉被服件數報社暨應代金若干[illegible]再有勸募棉被服運動[illegible]

祝同[illegible]傷友

中華民國三十二年四月 日

飭即[illegible]具報 四廿八

5800

0088

第三战区伤兵之友总社关于催报三十一年冬令征募情况的代电

（1943 年 4 月 28 日） G133-003-0027

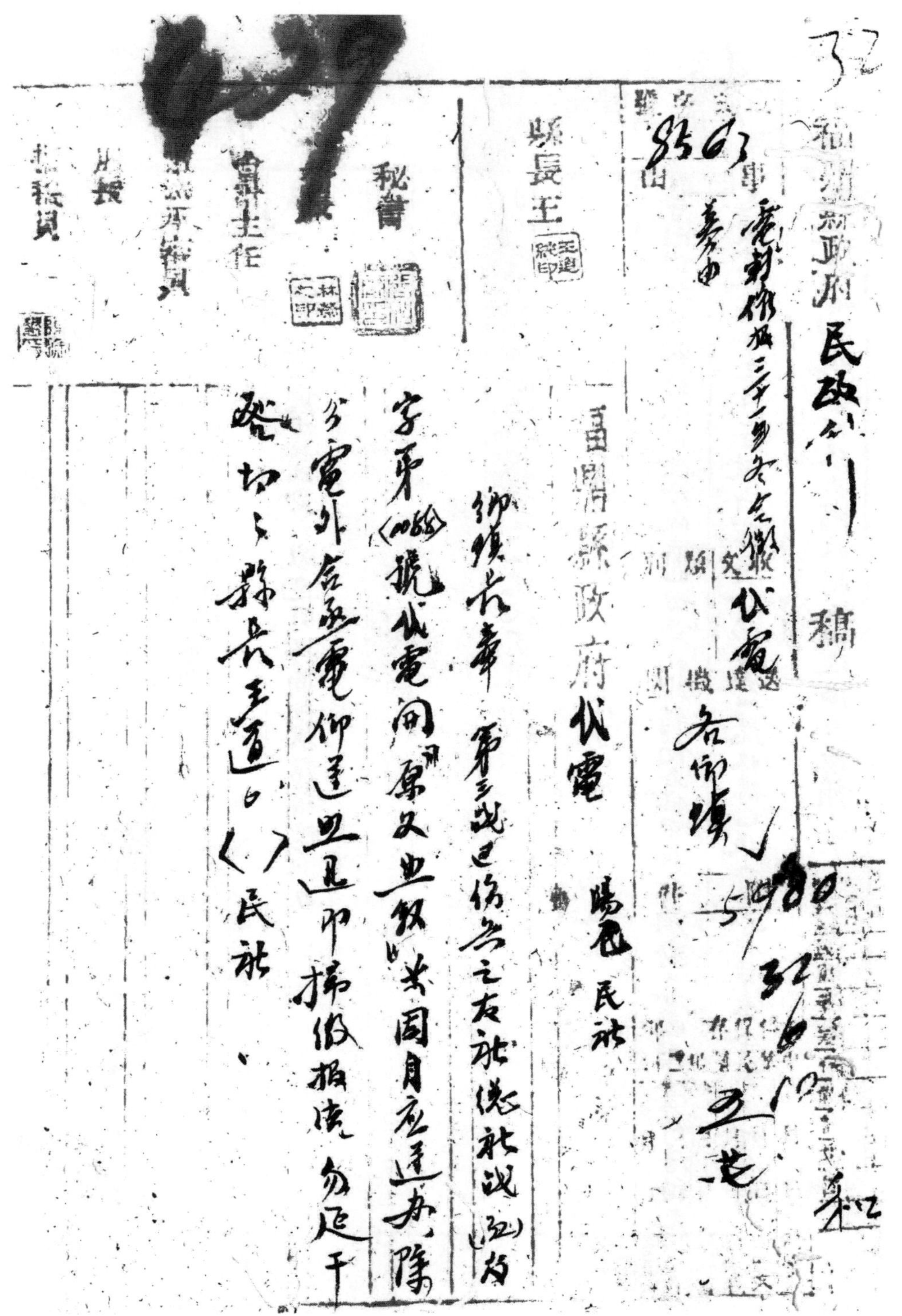

福鼎县政府关于转总社催报三十一年冬令征募情况仰迅即扫缴报结的代电

（1943 年 6 月 10 日） G133-003-0027

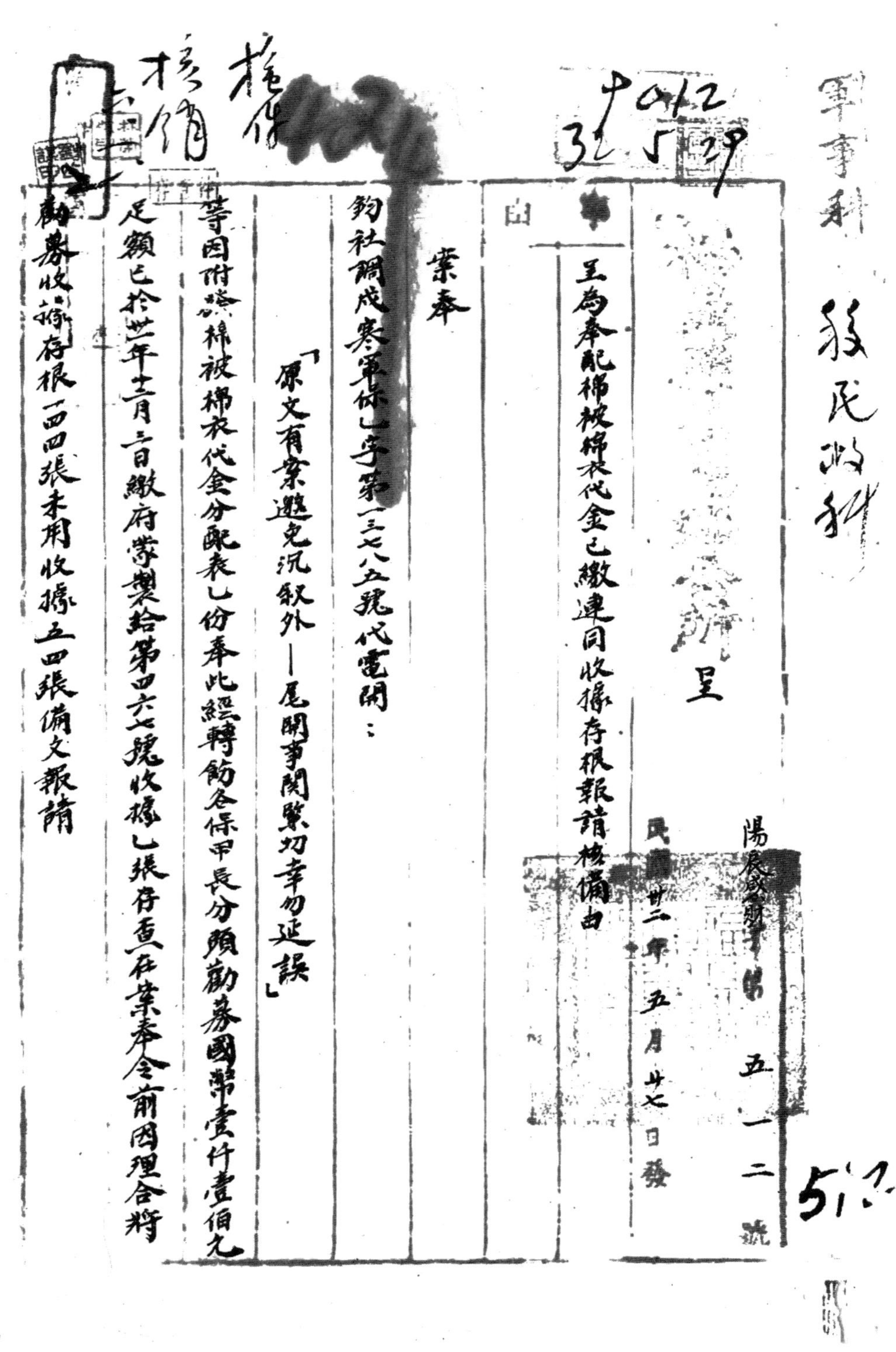
福鼎縣佳陽鄉公所　呈

陽民戌財字第五一二號

民國卅二年五月廿七日發

由：呈為奉配棉被棉衣代金已繳連同收據存根報請核備由

案奉

鈞社調戌寒軍保乚字第一三七八五號代電開：

「原文有案邀免沉叙外——尾開事関緊切幸勿延誤」

等因附發棉被棉衣代金分配表乚份奉此經轉飭各保甲長分頭勸募國幣壹仟壹佰元足額已於卅年十二月三日繳府掌製給第四六七號收據乚張存查在案奉令前因理合將勸募收據存根一四四張未用收據五四張備文報請

福鼎县佳阳乡公所关于本乡奉配棉被棉衣代金一千一百元已缴连同收据存根报请核备的呈文

（1943年5月27日）　G133-003-0027

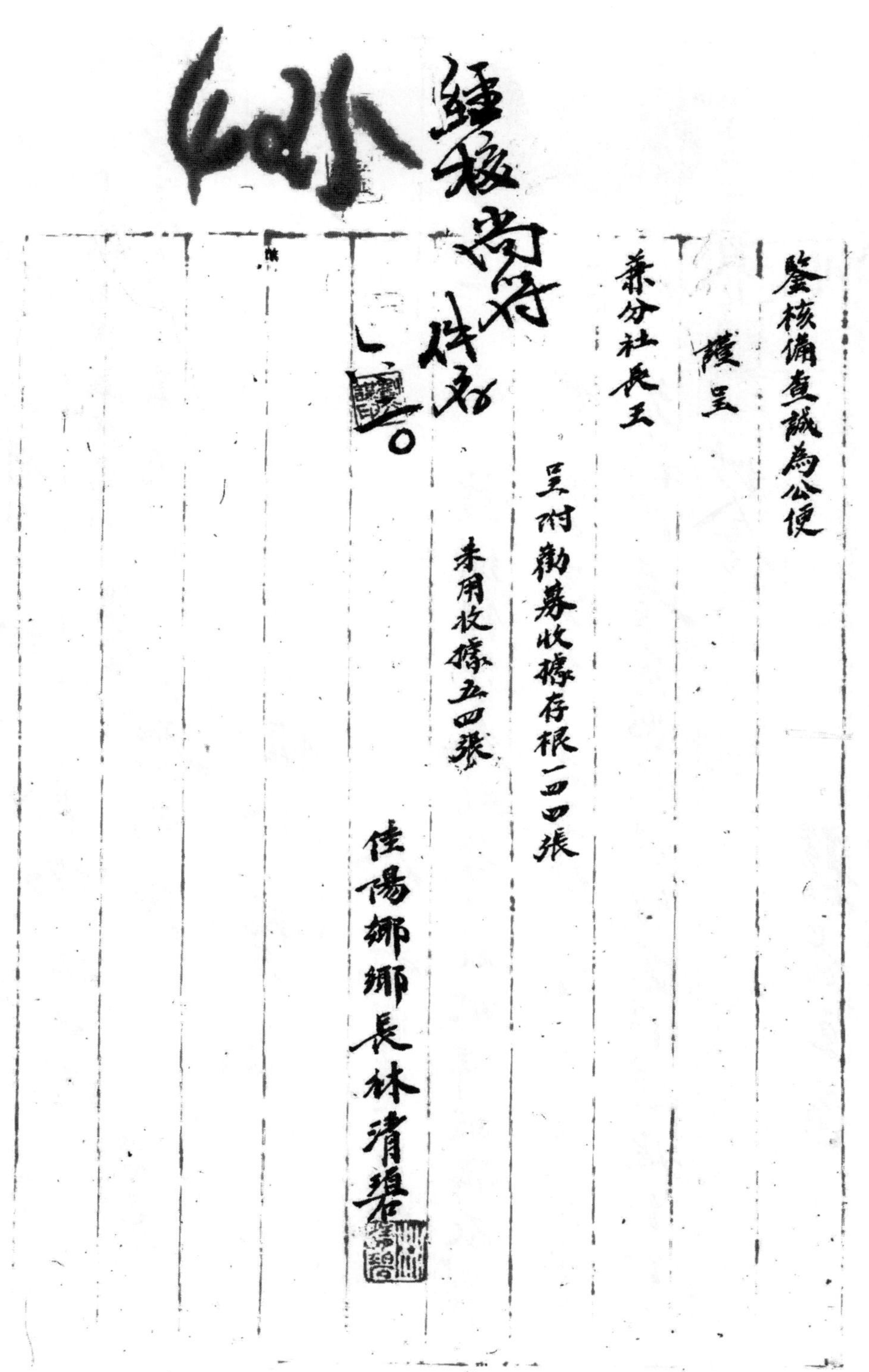
鑒核備查誠為公便
謹呈
兼分社長王
呈附勸募收據存根一四四張
并用收據五四張
佳陽鄉鄉長林清碧
綿被
尚存件存
六、二、

福鼎县佳阳乡公所关于本乡奉配棉被棉衣代金一千一百元已缴连同收据存根报请核备的呈文

（1943 年 5 月 27 日） G133-003-0027

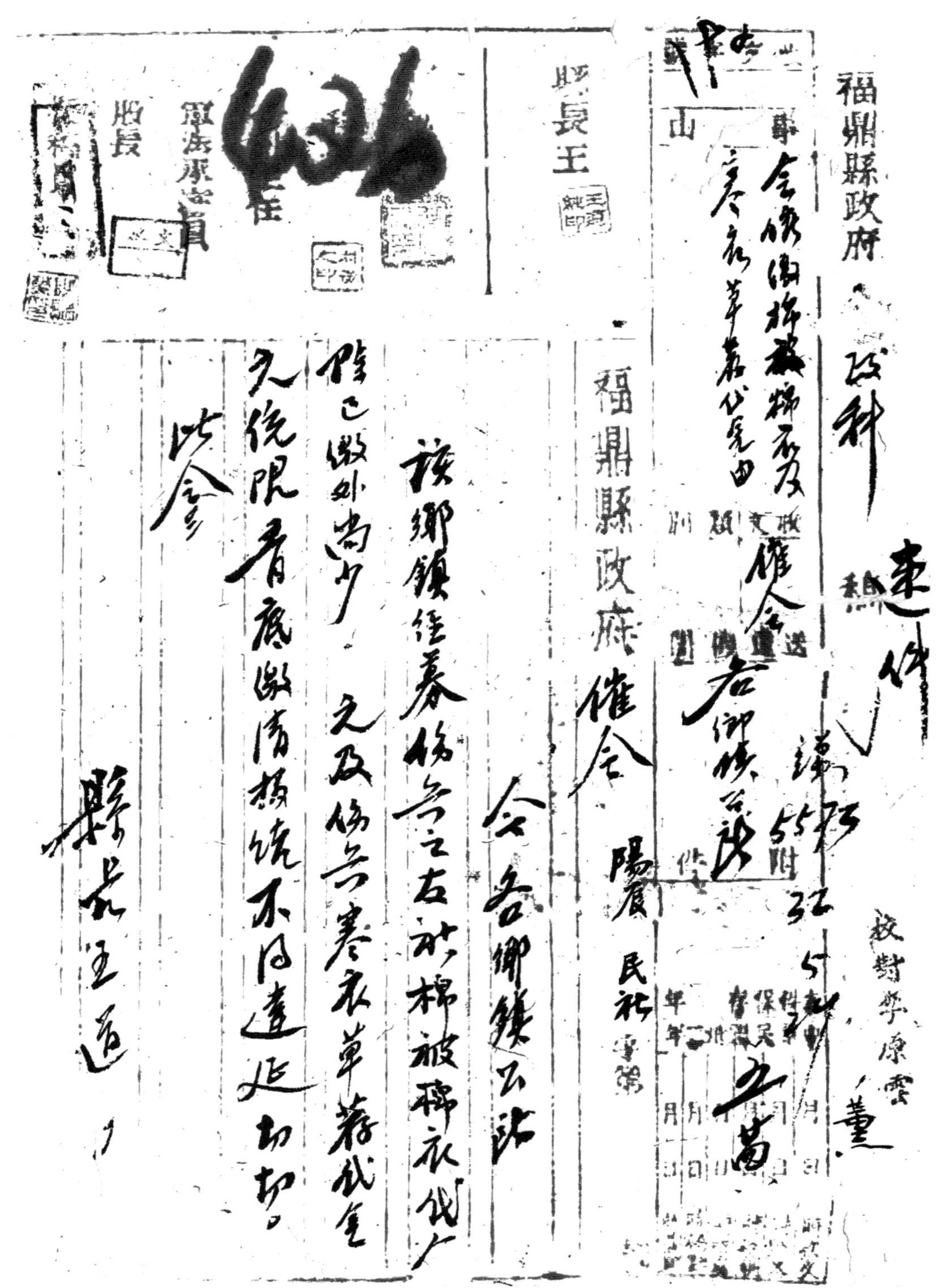

福鼎縣政府 政科 速件

事由：令催繳棉被棉衣及寒衣草蓆代金由

縣長 王

福鼎縣政府催令

令各鄉鎮公所

該鄉鎮征募傷兵之布料、棉被棉衣代金除已繳外尚少 元及傷兵寒衣草蓆代金 元仰限月底繳清，毋得違延，切切。

此令

縣長 王道

福鼎县政府关于催缴棉被棉衣及寒衣草席代金的令文

（1943年5月29日） G133-003-0027

福鼎县各乡镇短少棉被棉衣及寒衣草席代金表

（1943 年 5 月 29 日） G133-003-0027

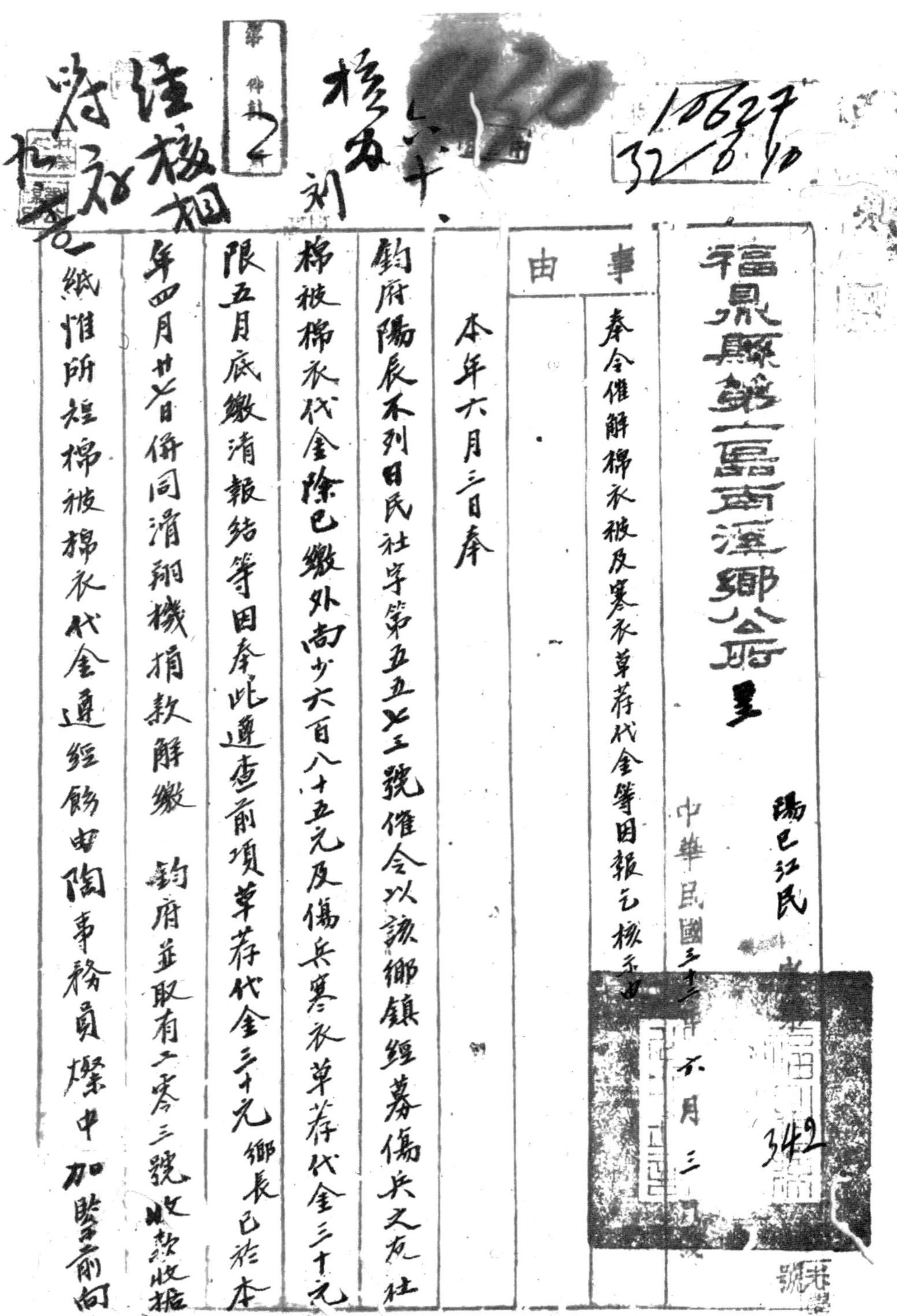

福鼎縣第一區南溪鄉公所呈

事由：奉令催解棉衣被及寒衣草荐代金等因報乞核示由

中華民國三十二年六月三日

陽巳江民

本年六月三日奉

鈞府陽辰不列日民社字第五五七三號催令以該鄉鎮經募傷兵之棉被棉衣代金除已繳外尚少六百八十五元及傷兵寒衣草荐代金三十元限五月底繳清報結等因奉此遵查前項草荐代金三十元鄉長已於本年四月廿七日併同滑翔機捐款解繳 鈞府並取有一零三號收款收據一紙惟所經棉被棉衣代金遵經飭由陶事務員燦中加緊前向

福鼎县第一区南溪乡公所关于奉令催解棉衣被及寒衣草席代金等因报乞核示的呈文

（1943 年 6 月 3 日）　G133-003-0027

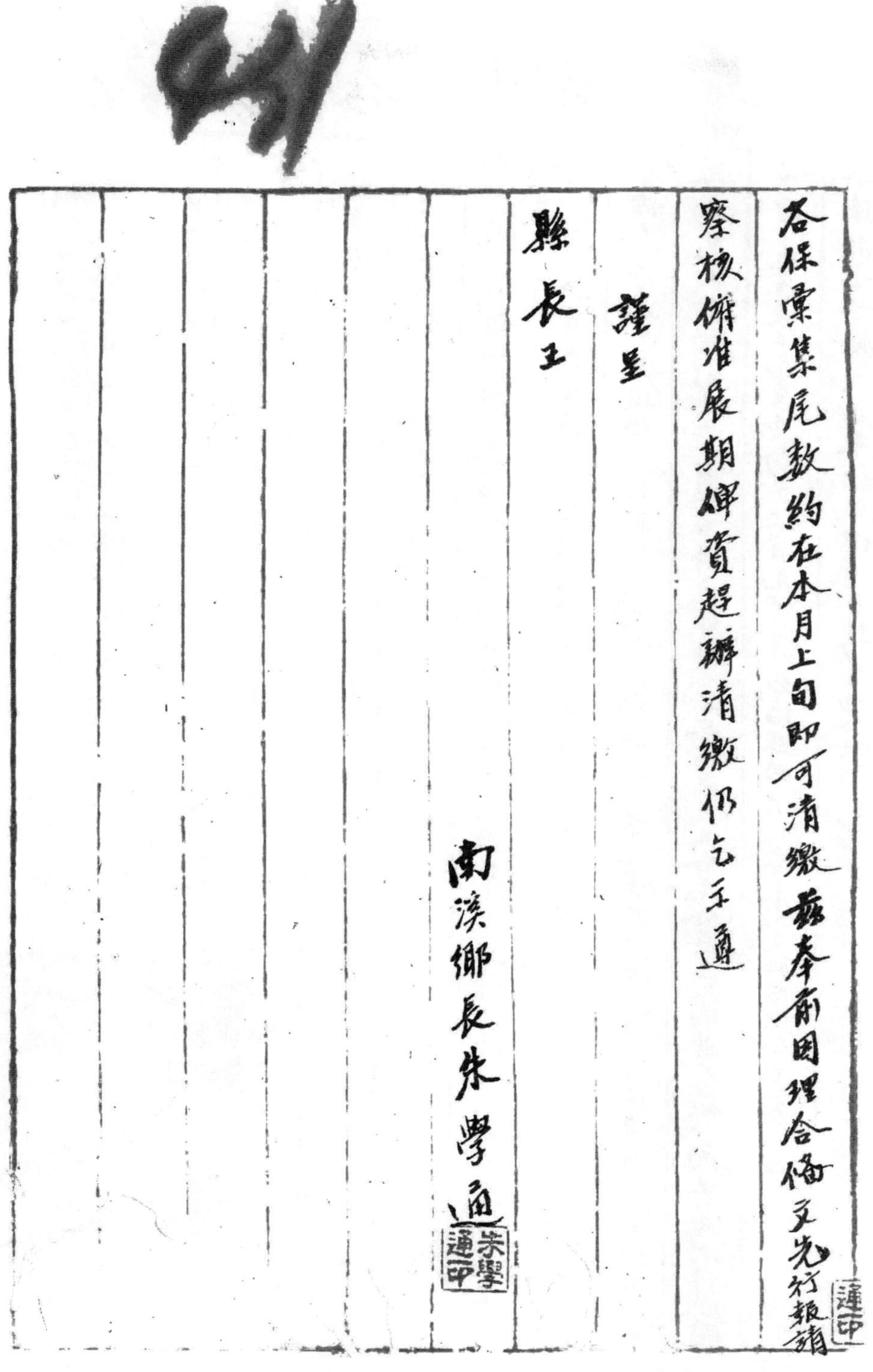
041

各保汇集尾数约在本月上旬即可清缴兹奉前因理合备文先行报请
察核俯准展期俾资赶办清缴仍乞示遵
谨呈
县长王
南溪乡长朱学通

福鼎县第一区南溪乡公所关于奉令催解棉衣被及寒衣草席代金等因报乞核示的呈文
（1943年6月3日） G133-003-0027

福鼎縣磻溪鎮公所　呈

事由：呈覆棉衣代金欠額四百元實係鄭紹熙挪用請令飭補繳由

案奉

鈞府陽辰民社字第五五七三號代電開：

「該鄉鎮經募傷兵之友社棉被棉衣代金除已繳外尚少肆百元及傷兵寒衣草些代金……限五月底繳清據報結不得遲延切切此令」

等因奉此遵查是項棉衣棉被代金職鎮應配一千三百五十元業於卅一年十二月六日送繳會計室陸百元收據(66)號又卅二年元月十日由軍事科員鄭紹熙手收去柒百五拾元給有私人臨時收據一紙以上兩次計繳國幣壹千叁百五十元至其尚少四百元實係鄭紹熙挪用欠繳奉令前因理合具文呈請

察核准予令飭鄭紹熙補繳俾清手續實為公便

中華民國……三日

福鼎县磻溪镇公所关于棉被棉衣代金欠额四百元实系郑绍熙挪用请令饬补缴的呈文

(1943年6月3日)a面　G133-003-0027

謹呈
縣長王
福鼎縣磻溪鎮長陶峯貽

福鼎县磻溪镇公所关于棉被棉衣代金欠额四百元实系郑绍熙挪用请令饬补缴的呈文
(1943 年 6 月 3 日)b 面　G133-003-0027

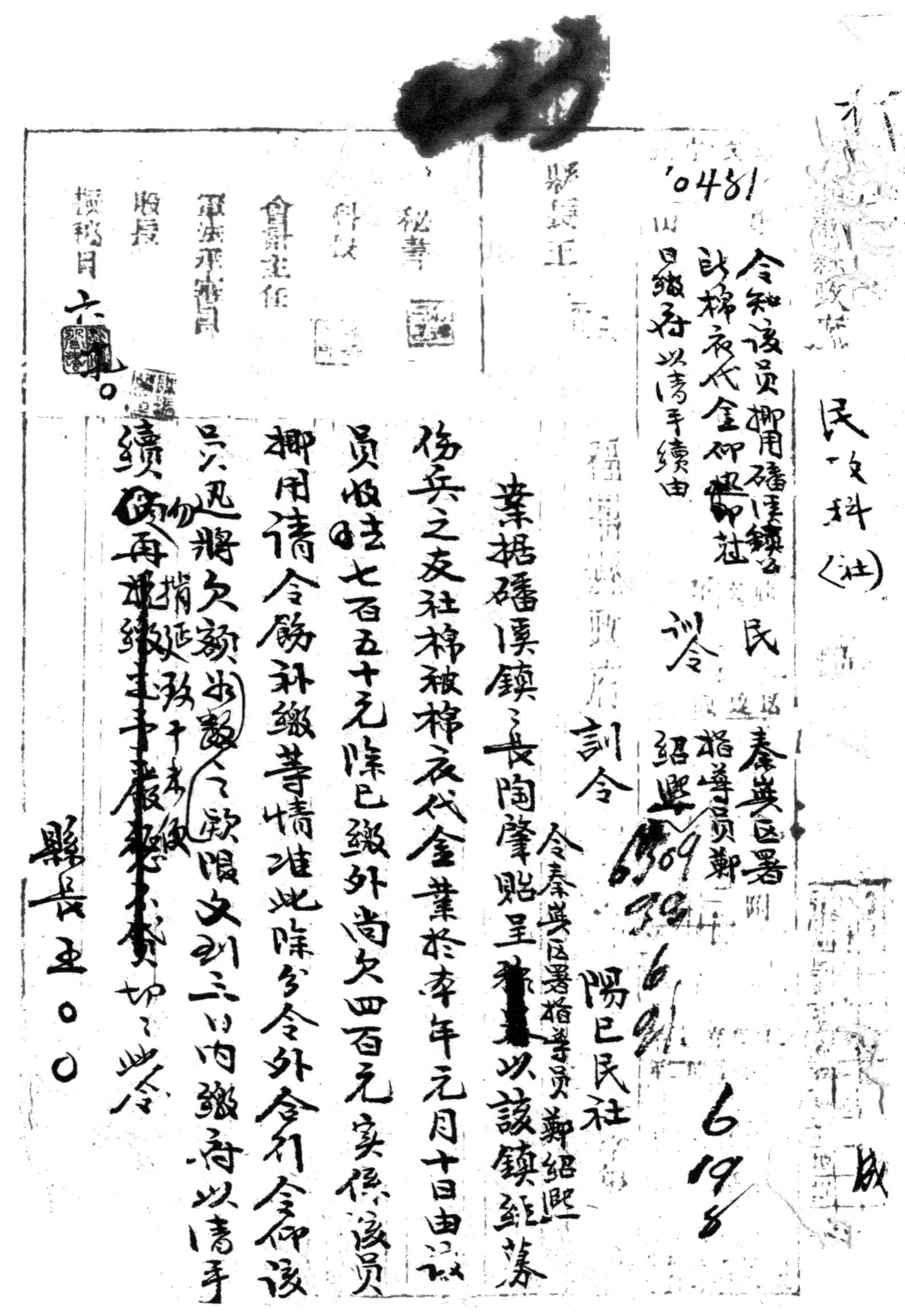

0481

令知该员挪用磻溪镇公所棉衣代金即缴府以清手续由

民政科（社）

训令

秦屿区署指导员郑绍熙

阳巳民社

训令

令秦屿区署指导员郑绍熙

案据磻溪镇镇长陶肇贻呈称：以该镇经募伤兵之友社棉被棉衣代金，业于本年元月十日由该员收去七百五十元，除已缴外，尚欠四百元，实系该员挪用，请令饬补缴等情。准此，除分令外，合行令仰该员迅将欠额（款）限文到三日内缴府以清手续，毋再延缓，切切此令。

县长 王〇〇

福鼎县政府关于秦屿区署指导员郑绍熙挪用磻溪镇公所棉被棉衣代金克日缴府以清手续的训令

（1943 年 6 月 21 日） G133-003-0027

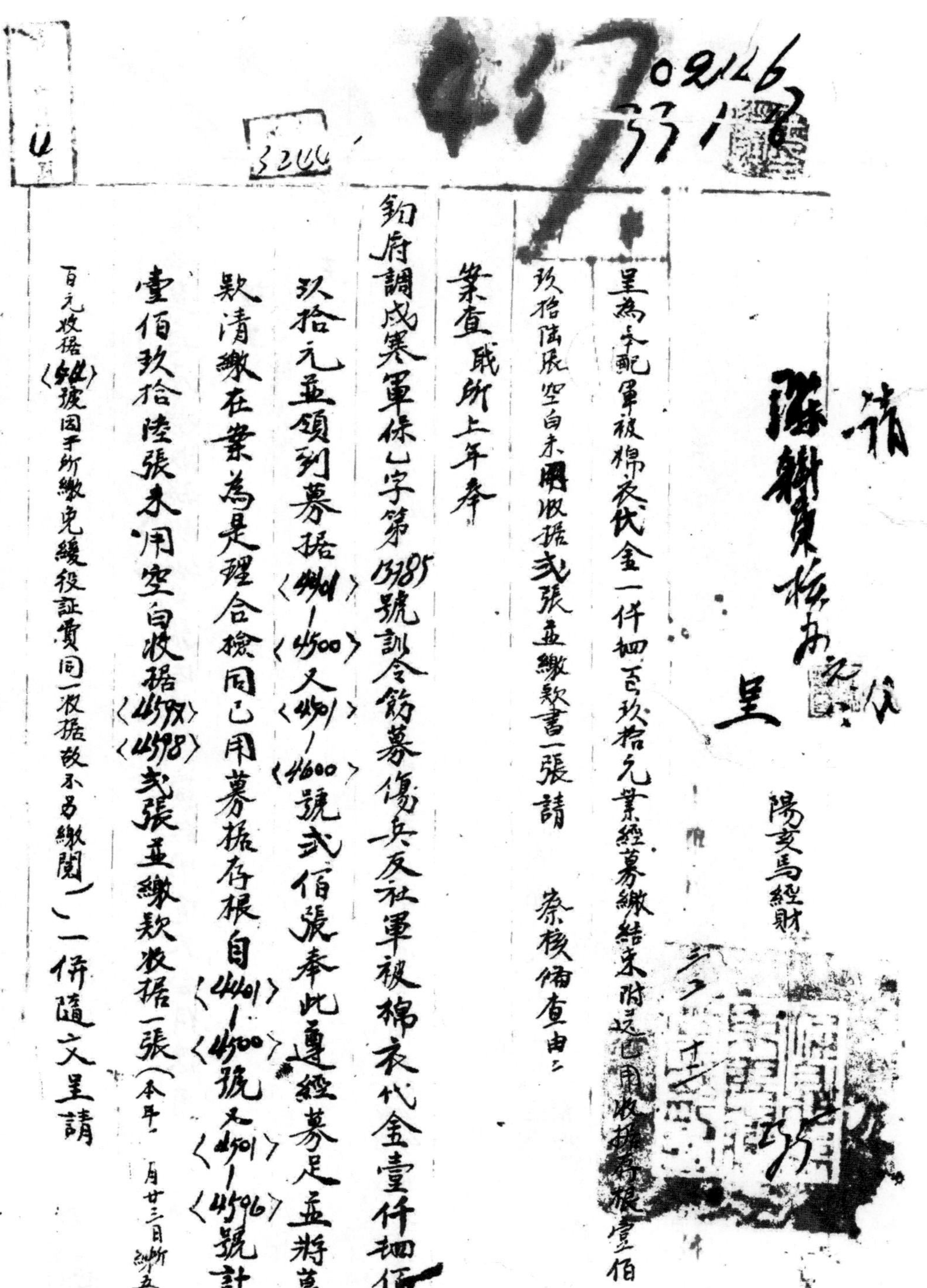

呈為解配軍被棉衣代金一仟四百玖拾元業經募繳結束附送已用收据存根壹佰玖拾陸張空白未用收据弍張並繳款書一張請察核備查由

案查職所上年奉
鈞府調成寒軍保山字第1385號訓令飭募傷兵友社軍被棉衣代金壹仟四佰玖拾元並領到募据〈4401/4500〉又〈4501/4600〉號弍佰張奉此遵經募足並將募款清繳在案為是理合檢同已用募据存根自〈4401/4500〉又〈4501/4596〉號計壹佰玖拾陸張未用空白收据〈4597〉〈4598〉弍張並繳款收据一張（本年一月廿三日浙五百元收据〈……〉據因手所繳免緩役証費同一收据故不另繳閱）一併隨文呈請

福鼎县果阳乡公所关于送缴棉被棉衣代金一千四百九十元及收据存根、缴款书的呈文

（1943 年 12 月 21 日） G133-003-0027

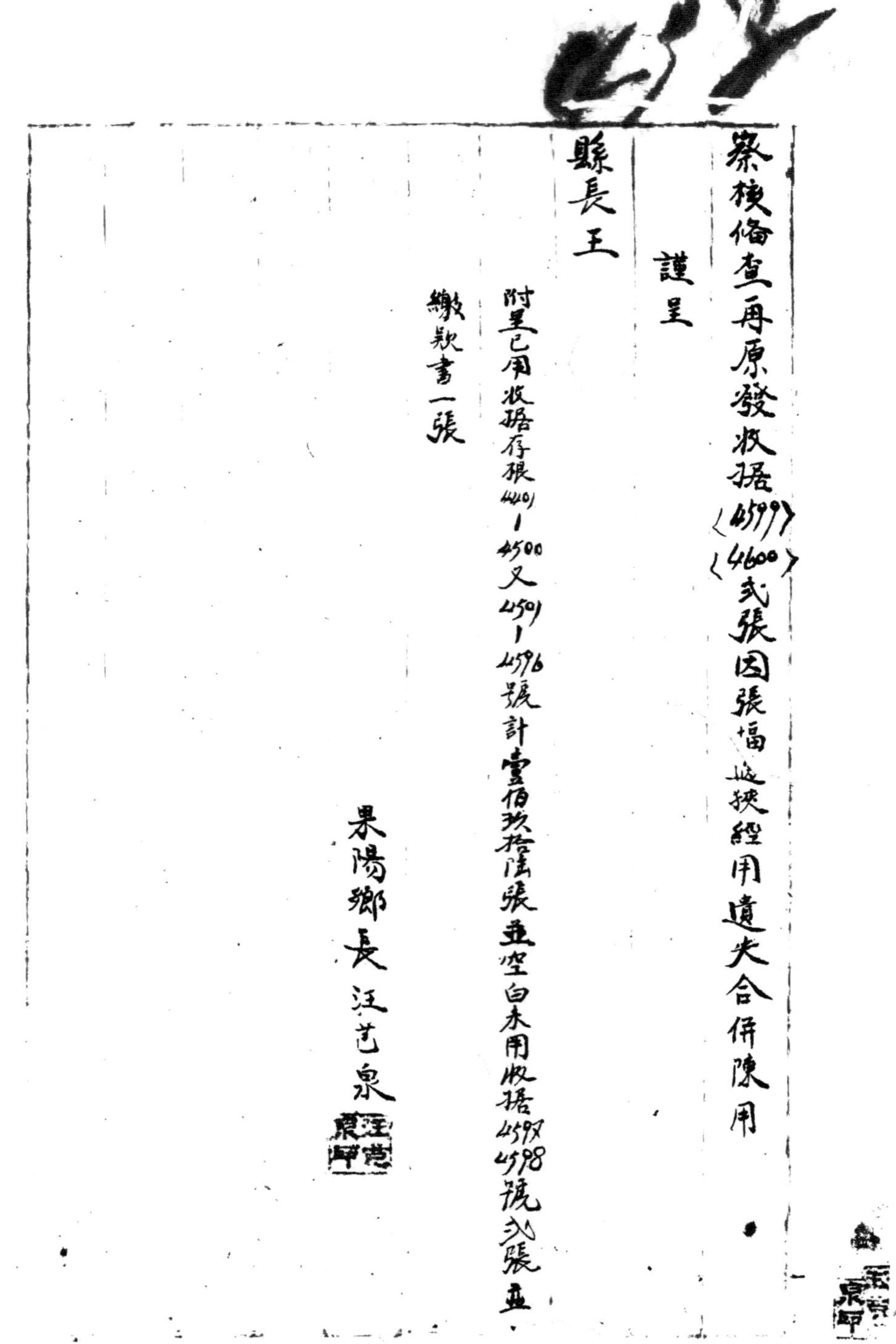
察核備查。再原發收據〈4599〉〈4600〉貳張因張福遠挾經用遺失，合併陳明。
謹呈
縣長王
附呈已用收據存根4401—4500又4501—4596號計壹佰玖拾陸張並空白未用收據4597、4598號貳張並
繳款書一張
果陽鄉長汪芑泉

福鼎县果阳乡公所关于送缴棉被棉衣代金一千四百九十元及收据存根、缴款书的呈文
（1943 年 12 月 21 日） G133-003-0027

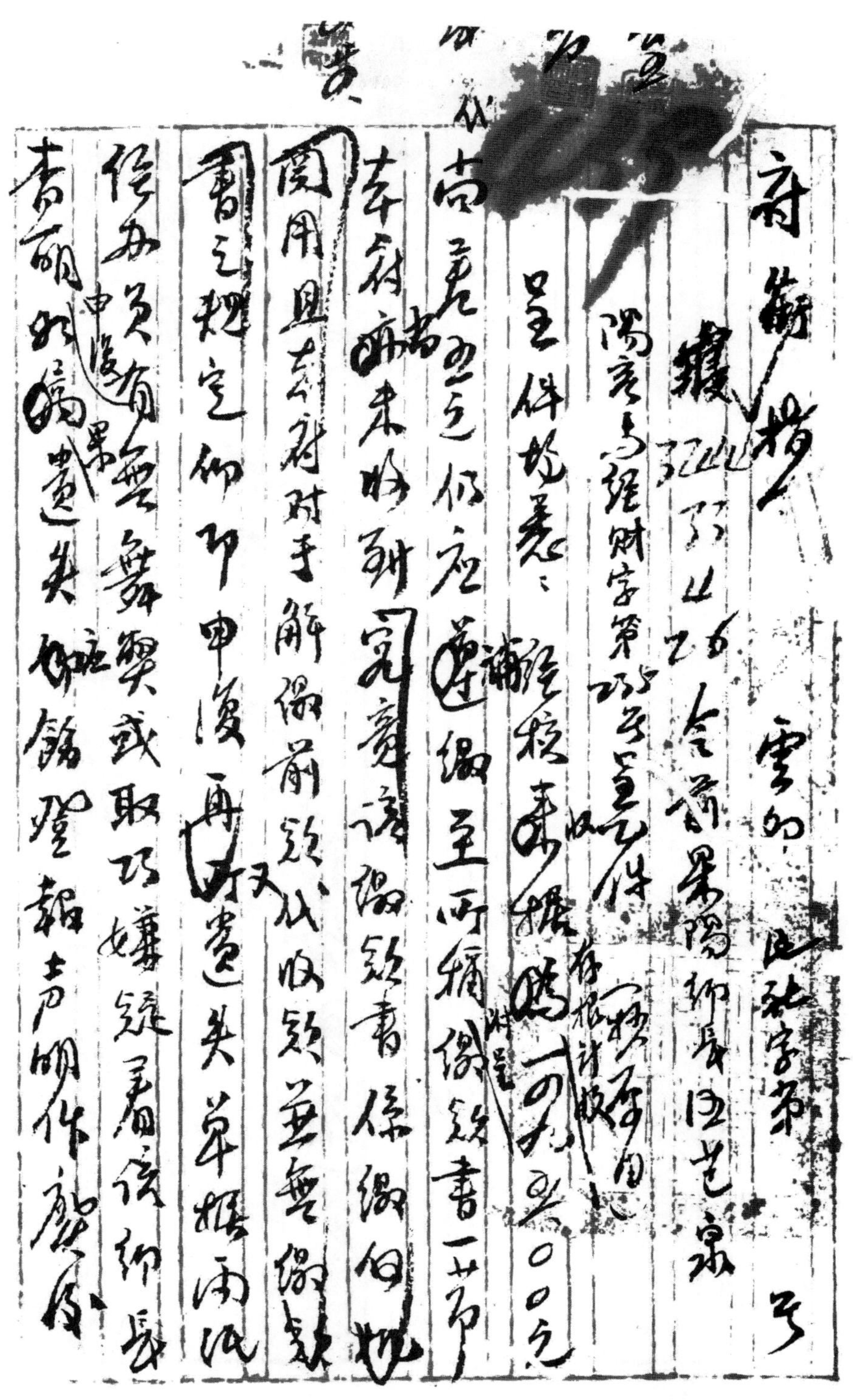

福鼎县政府关于果阳乡需补齐棉被棉衣代金、缴款书与遗失单据一节着即申复的指令

（1944 年 4 月 26 日）　G133-003-0027

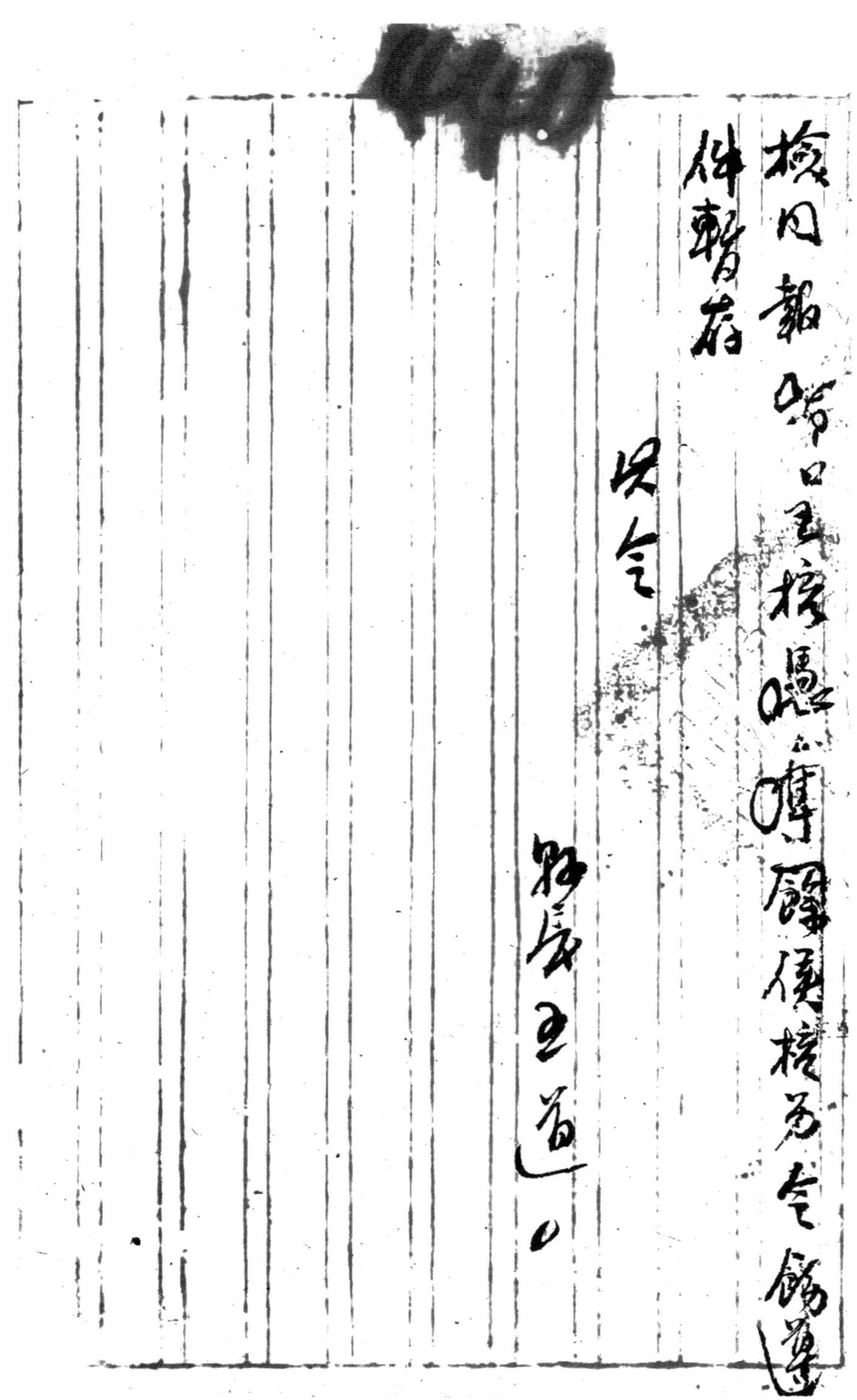

福鼎县政府关于果阳乡需补齐棉被棉衣代金、缴款书与遗失单据一节着即申复的指令

（1944 年 4 月 26 日）　G133-003-0027

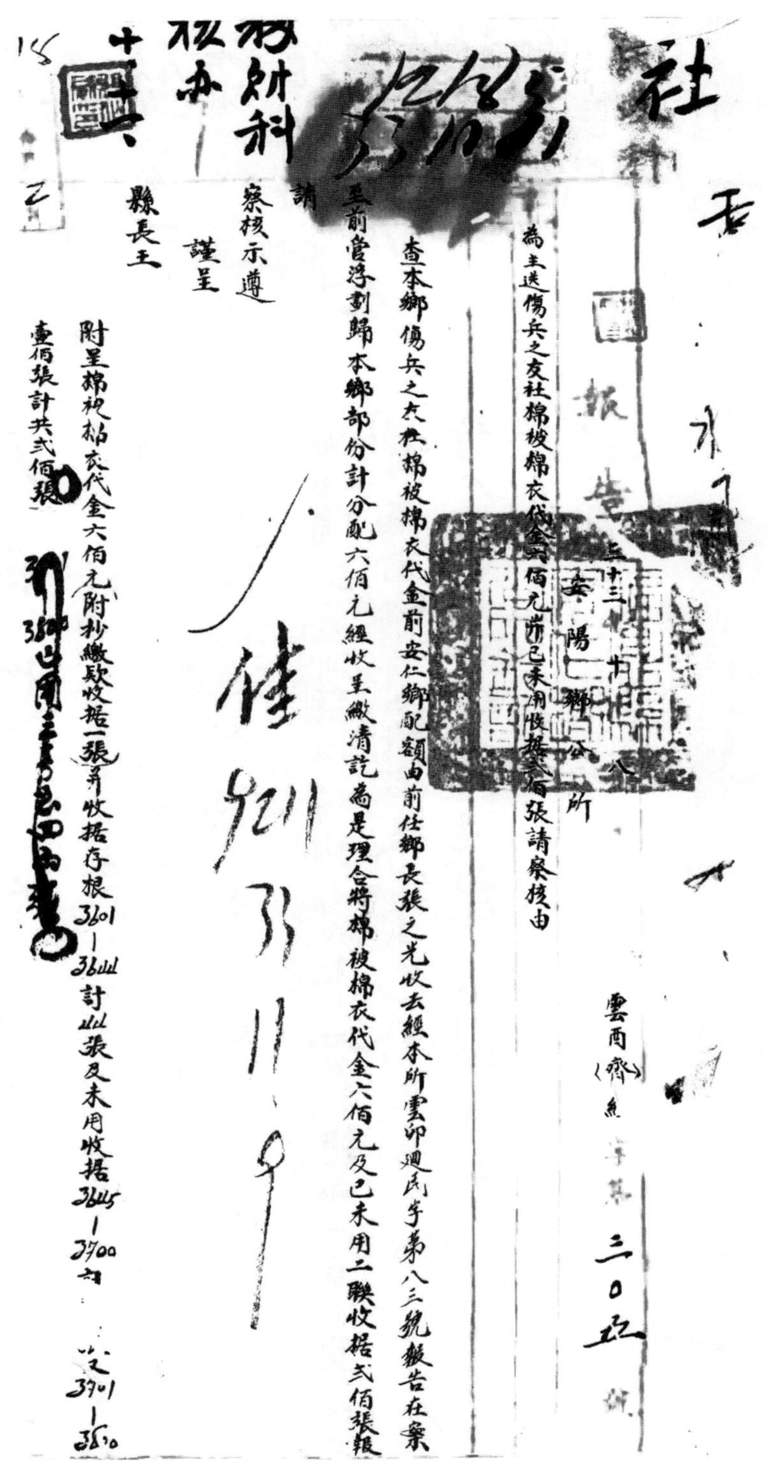
為呈送傷兵之友社棉被棉衣代金六佰元並已未用收据貳佰張請察核由

查本鄉傷兵之友社棉被棉衣代金前安仁鄉配額由前任鄉長張之光收去經本所雲卯迴民字第八三號報告在案。茲前曾浮劃歸本鄉部份計分配六佰元經收呈繳清訖，爲是理合將棉被棉衣代金六佰元及已未用二聯收据弍佰張報請

察核示遵

謹呈

縣長王

附呈棉被棉衣代金六佰元附抄繳款收据一張並收据存根3601—3644計44張及未用收据3645—3700計……3701—3800

壹佰張計共弍佰張

福鼎县安阳乡公所关于送缴棉被棉衣代金六百元并已未用收据二百张请察核的呈文

(1944 年 10 月 8 日)a 面　G133-003-0027

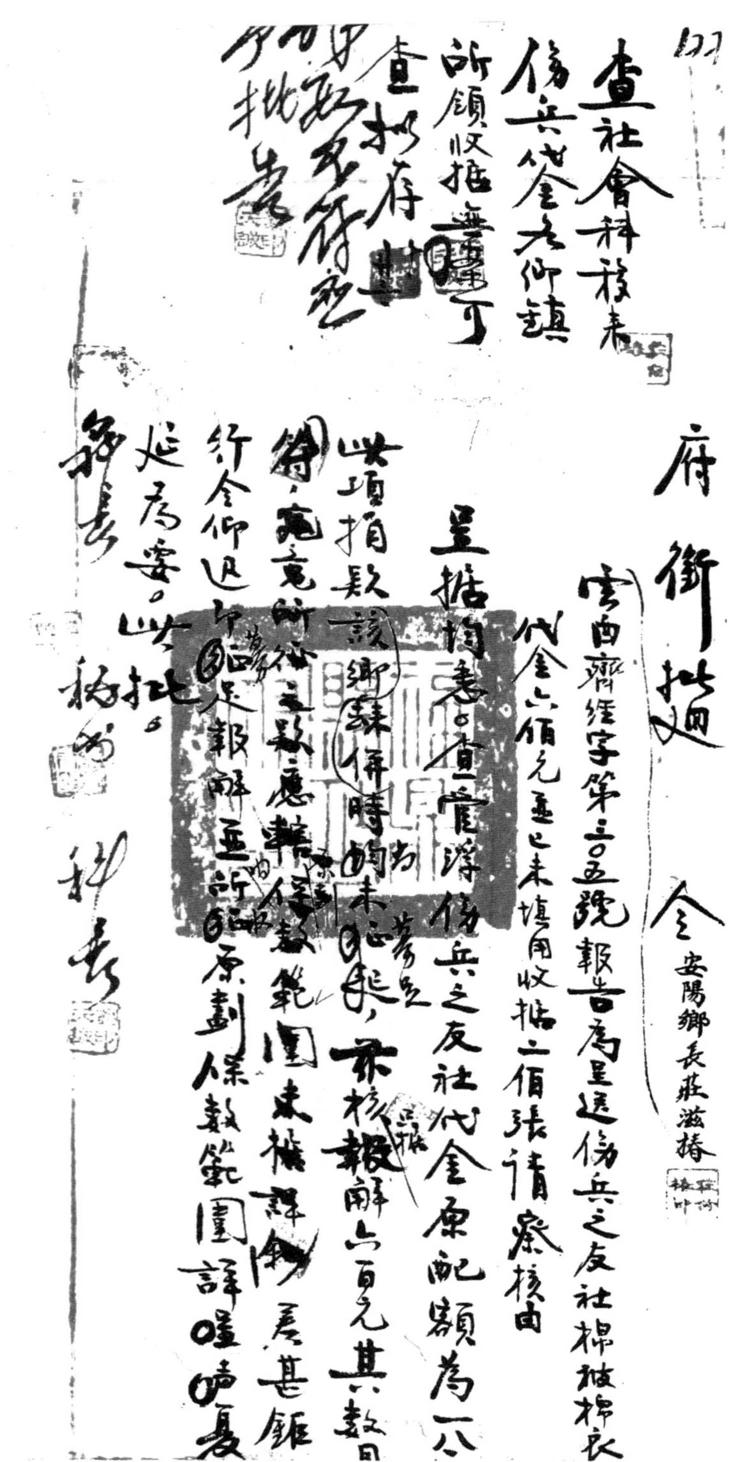

福鼎县安阳乡公所关于送缴棉被棉衣代金六百元并已未用收据二百张请察核的呈文

(1944年10月8日)b面　G133-003-0027